THE HABSBURG MONARCHY c. 1765-1918 by Robin Okey

日本語版によせて

これまで日本の研究者ととても実り多き関係を享受してきた私にとって、拙著『ハプスブルク君主国』が日本で刊行されることは非常に光栄なことです。一九八九年に拙著『東欧近代史』の日本語訳が刊行されたあと、私は南塚信吾教授のお招きを受けて、日本の文部省の招聘プログラムの一環として千葉大学で三ヶ月間、教鞭をとる機会を得ました。このプログラムの期間中、私は東ヨーロッパ史とイギリス文化について、それぞれ一時間半の講義を一日のうちに四コマという集中講義で行いました。その間、南塚教授、そして今は亡き水之江有一教授から惜しげもない友情と手助けを受け、また、日本の学生たちの真摯な取り組みにも触れることができ、この経験は、私にとって何にも代えがたい実り多きものになりました。ただこの滞在は、困惑とともに始まりました。私の授業がまだ開講されてもいないのに、どういうわけか、私の名前が学生室からたびたび聞こえてきたのです！　私の名前「おーきー」が、日本語で「大きい」を意味するとは、その時はまだ知りませんでした。

この日本滞在で私がとりわけ強い印象を受けたのは、日本の大学における学生と教員のとても密接な関係でした。教授たちと大学生たちが一緒に食事ししかも相互に招待し合い、そして、相互に贈り物を交換することで築き上げられた関係です。こうしたエートスには、二度にわたって私を月例会に招いてくれた東欧史研究会においても遭遇しました。また、北海道大学スラブ研究センター、さらには広島、長崎を訪れることもできました。この長期滞在のあとにも三度にわたって千葉を訪問し、それぞれ「東欧と一九八九年」、「一八世紀の都市」、「社会主義の遺産」をテーマにした国際会議に参加する幸運にも恵まれました。一九九五年にモントリオールで開催された第一八回世界歴史学会議では、南塚教授とスラブ研究センターが企画したセッション、「東・中欧の農村社会の変貌」に参加しました。さらに一九九〇年代には、千葉大学文学部とウォーリック大学文学部との間の提携協定に基づいて、数回にわたって千葉の同僚たちをウォーリックで開催したシンポジウムに招くことができました。これらの経験と日本で受けたもてなしに対して、皆さんに感謝したいと思っています。

日本語版へのまえがきという場を借りて、この本の英語版への書評において指摘されたいくつかの論点について言及することは許されるでしょう。評者たちが指摘した本書が抱える矛盾のひとつに、私が君主国の延命に懐疑的であると同時に、一九一四年以前のクラマーシュやベネシュといったナショナリストたちを引き合いに出しながら連邦化された君主国を支持していることがあります。しかしながら、本書ではまた、君主国内の諸国民体が君主国に与えた支持表明は、両立しない筋書きを前提としていたということも指摘しています。私は、君主国は、一九一四─一八年の戦争がなかったとしても内部崩壊していったような切迫した危険にさらされてはいなかった、という見解に賛成します。しかしだからといって、それが実現可能であったと断言することはできないのです。というのも、二〇世紀初頭においてこのような戦争が勃発する可能性は非常に高かったからでもあり、また、少なくとも部分的には、保守エリートたちは膨らみ続ける国内の混乱を解決する方策として、戦争を位置付けていたからです。アメリカでの最近の歴史叙述では、君主国を、ナショナリズムによって挫折させられた多文化的市民社会として描く傾向がありますが、これは、ハンガリー問題を過剰評価しすぎているといえるでしょう。私は本書では、帝国についての諸理論をめぐる論争に関わろうとしていませんが、私の立場は最終節で暗に言及しています。ハプスブルクの多文化主義は、その肯定的な側面にもかかわらず、結局は、近代的市民民主主義のもつ下から積み上げていく同意調達というものに立脚することがなく、ヨーゼフ主義によって改革されたプレ民主主義的な帝国という上からの同意調達に拠っていました。この帝国において、皇帝権力は臣民たちの上に立つことを常に希求し続けていたのです。国民問題と社会問題が複雑に絡み合っていた君主国において、これらの構造が完全に民主化した姿を想像することは困難なのです。そして、これらの諸問題は、たとえ民主化が達成されたとしても、解決されず、おそらく、かえって悪化したことでしょう。

二〇一〇年二月

ロビン・オーキー

まえがき

ハプスブルク君主国は何世紀もの間、ヨーロッパの地図上にあまりに広大な版図を占めていたため、一九一八年に崩壊したあとも今日まで、歴史家がこれを完全に無視することはできなかった。一九八九年に始まるさまざまな変動によって、君主国がかつて包含していた多くの地域に再び注意が向けられ、この国の最終局面にとくに表面化した国民体の問題に光があてられている。そうしたなかで、『オーストリア歴史年鑑』の拠点であるアメリカ合衆国、あるいはとりわけ、オーストリアやハンガリーといった旧帝国の後継諸国で個別研究が増加しているものの、君主国を対象とした主要言語による概論は、毎年のように出版される他の列強に関する研究と比較するとまだまだ少ない。そのため、一九六八年にC・A・マカートニーの権威ある著作『ハプスブルク帝国』が公刊されて以降の研究成果を踏まえた、一八世紀後半以降の君主国を概観する余地はあるといえる。

研究をさらに進めるうえで障害になっているのが、この帝国についてもっともよく知られている二つの特徴、王朝的性格と複雑な多国民的性格である。ハプスブルク史は、一般読者むけにはこの王朝に登場する多彩な顔ぶれを並べる以上のことは行っていないし、より学術的には国民体問題にとらわれるあまりに、言語上の障壁やともすれば偏見のために個々の国民史に分断され互いに大きく隔たってしまっている。いずれの場合も、君主国をエキゾチックな例外と見なす傾向があり、そのためこの国が同時期のヨーロッパ諸国のほとんどと同様の歴史的過程をたどってきたことを、ひかえめにしか評価していない。都市化、ブルジョア化とプロレタリア化、大衆教育や交通網の発達、あるいは、絶対主義から立憲主義への転換、宗教の権威的な支配から世俗の規範と聖職者の規範が競合する世界への移行など、みなしかりである。一九一四年に先立つ数世代における君主国の歴史の三つめの大きな主題は、社会の「近代化」なのである。しかし、だからと言って王朝の権力と諸国民間対立という伝統的な主題が意味を減じることはなく、むしろ、これらの主題が位置する文脈全体のなかに組み込まれることで、その重要性は大きくなるのである。

　とくに近年の歴史叙述は、末期の君主国を評して「諸民族の牢獄《プリズン・オヴ・ザ・ピープルズ》」、あるいは、国際連盟《リーグ・オヴ・ネイションズ》設立前に見限られた諸民族の同盟《リーグ・オヴ・ネイションズ》などとする偏向したきめつけを離れ、より長期の歴史的過程に焦点をあててきている。また、君主国におけるさまざまな社会的な分裂とそれらが民族的な分裂と重なり合う領域に対する認識が深まったことで、オスカール・ヤーシがその先駆的著作『ハプスブルク君主国の崩壊』（一九二九年）において簡潔に提示した見解、すなわち、実際に君主国を崩壊させた第一次世界大戦がなかったとしても国際関係上の勢力均衡が君主国の延命を妨げたのだという議論を補強する方向に、研究は向かっている。一九八九年に始まった東ヨーロッパの多国民国家の崩壊と、他地域の多国民国家が直面している困難は、君主国が抱えていた方向性と同様のものである。だが、多国民コミュニティが注目すべき問題でありつづけていることで、国民問題の病理学の古典的な症例としてのハプスブルク帝国への関心は、高まることはあっても減じることはない。社会的な要因と民族的な要因はどのように相互に影響するのか？　社会問題に対する関心の増大によって、民族間対立は影を薄めるのか、それとも激しくなるのか？　ナショナリズムは、勝者あるいは敗者しかありえないという意味での「ゼロ・サムゲーム」なのか、それとも双方が受け入れられる妥協に達するのだろうか？　これらの問いの背後には、さらに多岐にわたる問いがひかえている。すなわち、多国民政体を維持するうえでもっとも重要な要素は何なのか？　それは、ハプスブルクのヨーゼフ主義的伝統が擁護し、さらにその合理主義の後継者たる社会主義者などがさらに発展させた、一般的市民権や寛容といった合理的価値が担うものなのか？　それとも、王朝に対する忠誠や文化・慣習の共通性といった心情的要因が担うのだろうか？　あるいは、この王朝が長らく代表し、イギリスの歴史家アクトン卿が君主国の支配的国民たるドイツ人の主導的役割のなかに見出したような、権力とヒエラルキーの中枢が担うべきものなのだろうか？

もとより、ハプスブルク君主国の臣民の大部分はこのような不吉な問題を深く考えたことはなかったし、歴史家の主な仕事はこうした人々の足跡をたどり、不十分ではあっても彼らが生きていた生の枠組みの再現を試みることにあるはずだ。これを試みようとすると、保守的な価値とリベラルな価値の奇妙な混合と、さまざまな度合いで権威的でかつ穏健な様式に特徴づけられるような、特異な状況に直面するのである。これらは、その後ほとんど恩恵を受けることのなかった諸民族の記憶の中に刻印されているのだ。おそらく、後期ハプスブルク君主国の問題をもっとも大づかみに系統だてる方法は、次のように問うことだろう。すなわち、一九世紀的「近代性」に対する君主国の保守的でありリベラルでもある適応の背景には、過去に抜きがたく根を下ろしていたヒエラルキーがあったのか？　あるいは、そこには民主的な時代へと進化するための種子が秘められていたのだろうか？

副題にある本書の出発点について、多少の説明が必要だろう〔原書の副題は「一七六五年頃―一九一八年：啓蒙から没落へ」」。一七六五年は、ヨーゼフ二世が神聖ローマ帝国皇帝となり、彼の母であるマリア＝テレジアとともにハプスブルク諸邦の共同統治者となった年である。それまでのテレジア主義改革が実を結びつつあったこの時点から詳しい記述を始めることは、この偉大な女帝を単に背景として扱わなければならない一七八〇年まで記述の出発点を遅らせるよりも、あるいは一七四〇年の彼女の即位までさかのぼるよりも、バランスのとれたものになるように思える。

今日の概説書は、一世代前に必要とされた社会的・経済的視点を残しつつ、史実についてより広範な情報の提供がもとめられている。こうした要請に応じ、かつ最後の数十年、徐々に危機が高まっていった政体のなかで、事態が進展している様子を感じとってもらえるよう、第二部の各章では主題に従う節と、物語を展開する叙述的な節を組み合わせた。政治・経済・社会という三つの主題を十分に論じるだけでも大著になりかねないため、文化史や精神史といった他の話題は残念ながら限られた紙幅でしか書くことができなかった。また、オーストリア・ドイツ人、マジャール人、チェコ人の扱いが相対的に大きくなることは避けられないが、君主国の他の人々についても可能なかぎり目をくばるよう努めた。政治に関しては、他の概説書ほどには軍事・外交上の事項を突出させていないが、だからといって、これらが君主国にとってたいへん重要であったことに異を唱えたいわけではない。とはいえ既存の多くの概説が、これらの事項について、社会・経済的な問題、あるいは内政をめぐる問題よりも多くの紙幅をさいている以上、本書が貢献しうる点は、軍事・外交政策上の顕著な主題をできるだけ簡明に描くことで、議論上のバランスをとりもどすことにあろう。描きうる君主国史は一種類とはかぎらない。それでも、君主の周辺は軍事・外交といった「大政策《ハイ・ポリシー》」に没頭していたし、またその国土の運命はとりわけヨーロッパの勢力均衡に依存していたという、もっともな反論が出されるだろう。これに対しては、国家エリートの自由な行動の余地を徐々に限定していったナショナリスト政治家をも含む、大多数の臣民を無視していると指摘すればよい。国際舞台での君主国の活動能力は、周知のとおり国内の病弊によって束縛されていたのだ。結局のところ、君主国に関する総合的な考察が求められている理由は、国際関係上の影響も当然含んだ、その異常な国内構造と経験なのである。

このような趣旨の書物に、内容の包括性を求めることはできない。本書では、英語とドイツ語の資料だけでなく、ハンガリー語、セルビア・クロアチア語、そして（大半は近年の著作から）チェコ語の資料を広く参照し、分量は劣るもののポーランド語、スロヴェニア語、スロヴァキア語資料にも依拠することで、いくばくかの新味が出るよう試みた。錯綜したハプスブルク国家について従来事実と見なされてきたものならいくらでも挙げられるが、正確を期するとなると大半は厳しい審査を要するので、理解の補助に使った例証や引用に、時に偏向があってもお許しいただけるだろうし、そうであることを願っている。概説書では注は付さないというかつての慣行に若干変更を加え、直接引用したものについては出典を示し、またとりわけ刺激的ないくつかの事例や、歴史上とくに重要なポイントについても確証のための典拠をあげた。代表的な歴史研究については、巻末「文献案内」の該当する章に関連する著作を挙げた。地名の異称については、おおむね初めて登場するところで括弧内に注記し、その後は主として現代地図に使われている形で記した。

ネットワークの時代にうまく適応できない人間の一人として、それぞれの分野の専門家とは主にその著作を通じて知り合った。この関連で、あるいは別の方面でご助力いただいた研究者の各位、とりわけ次の方々に謝意を表したい。オクスフォード大学のロバート・エヴァンス教授（教授のおかげで多くの誤りを防ぐことができた）、ロンドン大学のラースロー・ペーテル教授、ウィーン大学のゲラルド・ストゥルザ教授とペーター・ウルバニッチュ博士、プラハ大学のヤン・ハヴラーネク教授、ザグレブ大学のミリヤナ・グロス教授、ブラチスラヴァ大学のドゥシャン・コヴァチ教授、リュブリャナ大学のペテル・ヴォドピヴェツ教授、そしてウォーリック大学の同僚、コリン・ジョーンズ教授とイアイン・スミス博士である。

ロビン・オーキー

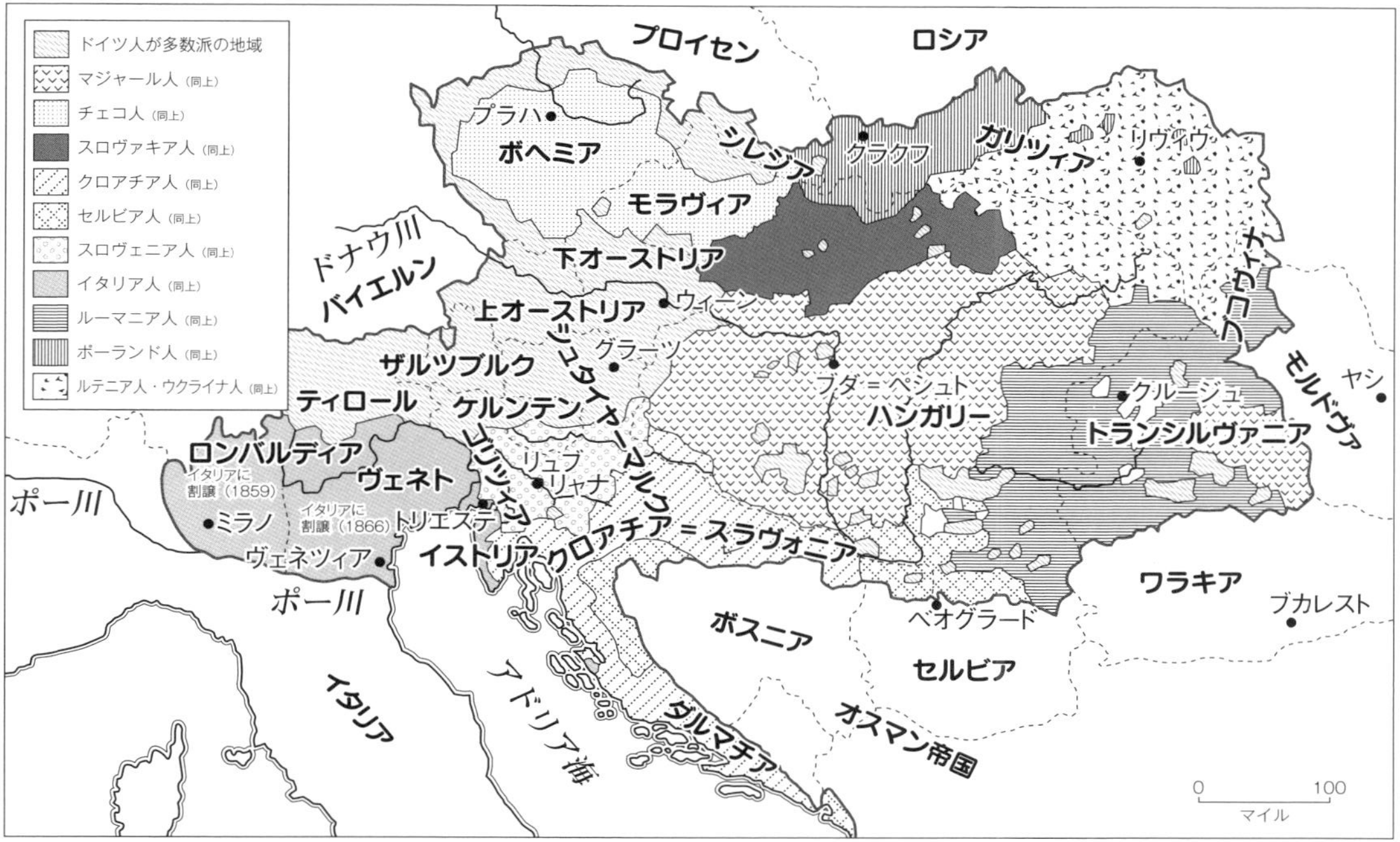

ハプスブルク君主国の国民体（1848年）

西ガリツィア
(1795-1806)
ブロツワフ
シレジア
(1742まで)
クラクフ
リヴィウ
オーストリア領シレジア
ガリツィアおよびロドメリア (1772)
オロモウツ
ブルノ
モラヴィア
スロヴァキア
下オーストリア
ウィーン
ブラチスラヴァ
ブコヴィナ
(1775)
ブダペシュト
グラーツ
ハンガリー王国
トランシルヴァニア
ティミショアラ
バナート (1718)
ワラキア
スラヴォニア
オルテニア
(1718-39)
クロアチア
ベオグラード
ポジャレヴァツ
ボスニア
セルビア
(1718-39)
ダルマチア
オスマン帝国

ヘント
ブリュッセル
オーストリア領ネーデルラント
(1714-97)
プラハ
ボヘミア
バイエルン
フォアラント
リンツ
上オーストリア
インスブルック
フォア
アールベルク
ザルツブルク
(1805)
シュタイヤー
マルク
ティロール
ケルンテン
ヴェネト
トリエステ
クライン
ロンバルディア
マントヴァ
ヴェネツィア
イストリア
パルマ
(1737-48)
フィレンツェ
トスカーナ
(1737-1801)
ナポリ (1714-35)
ハプスブルク帝国
縮尺
100
200 マイル
100
200
km
ハプスブルク諸邦（1700 年）
1700-65 年に獲得
1789 年の神聖ローマ
帝国の境界

ハプスブルク帝国

ハプスブルク君主国　1765—1918

マリア＝テレジアから第一次世界大戦まで

目次

日本語版によせて　i
まえがき　v
地図　xi

第一部　王朝的帝国　一七六五―一八六七年　1

第一章　ハプスブルク君主国の基礎　3
政府とエリート　4
諸邦と住民　14
オーストリア啓蒙主義への道か？　31
マリア＝テレジアの改革　41

第二章　ヨーゼフ二世とその遺産　49
啓蒙絶対主義の危機――一七九五年まで　58
ヨーゼフ二世と歴史家たち　68
ヨーゼフ主義の遺産　75

第三章　メッテルニヒのオーストリア　外では犠牲多き勝利、内には社会不安　85
反革命戦争　85

メッテルニヒ、フランツ、そして保守絶対主義　90
産業の根付き　101
改革派領主と怒れる農民　110
袋小路の政府　117

第四章　リベラリズムとナショナリズム　123
ナショナリスト・イデオロギーの台頭　133
ハンガリー以外の諸領邦での発展　142
三月前期のハンガリー　150

第五章　一八四八―四九年　161
第一の局面　161
保守派、リベラル派、急進派　166
ドイツ人、マジャール人、スラヴ人　178
保守的な大団円　186
一八四八―四九年への視角　189

第六章　波乱の移行期、一八四九―六七年　197
新絶対主義の台頭　199

経済の近代化？　208
広がりすぎた帝国　216
袋小路の立憲制――ハプスブルク多元主義の開始　221
サードヴァーへの道、そして妥協　231

第二部　立憲君主制　一八六七―一九一八年　239

第七章　リベラリズム　241
オーストリアにおける一八六七年体制　247
オーストリア・ドイツ人リベラル派とその信条　252
非ドイツ人地域のリベラリズム――一八六九―七〇年代　263
シスライタニアの政治――一八六七―九九年　274

第八章　経済、一八六七―一九一四年　283
二重君主国の産業化――シスライタニア　284
二重君主国の産業化――マジャール人とスラヴ人　288
二重制下の農業　296
オーストリア＝ハンガリー経済の問題　302

第九章　社会と社会運動　309
伝統的エリート層　309
農民、プチ・ブルジョア、労働者　317
反リベラル政策——一八七九—九三年　329
リベラル派の残存　339
第一〇章　ナショナリズム　347
国民の動員・結集——「内的主権」に向けて　348
国民抗争の心理学　358
同時代人の見たナショナリズム　366
ナショナリズムの政治——バデーニ危機に向かって　374
第一一章　ハンガリー　381
マジャール人のヘゲモニー——独特の社会民族的構造　384
二重制ハンガリーにおけるエリート政治——一八七五—一九〇五年　393
国民体問題　400
社会問題と一九〇六年四月の敗北　406

第一二章　二〇世紀初頭のオーストリア＝ハンガリー　415
二〇世紀初頭のハプスブルク社会　416
シスライタニアの政治――一九〇〇―一四年　429
ハンガリーの政治　440
南スラブ問題　445
第一三章　世界大戦へ、そして崩壊　457
望みなきにしもあらず――一九一四―一六年　470
暗雲　477
崩壊　485
評価　490
ひとつの国家としてのハプスブルク君主国――監訳者解題　499
監訳者あとがき　509
文献案内　41
注　27
索引　2

第一部

王朝的帝国 1765–1867年

第一章　ハプスブルク君主国の基礎

一七八二年、B・F・ヘルマンが『オーストリア諸邦の国制について』という本を出版した。そこで論じられている地域は二五〇年間にわたって同じ支配者に治められてきたというのに、この本のタイトルが示すように、全体としての正式名称をもっていなかった。それ以降、帝国最後の日までつきまとう問題点がこの呼称から透けて見える。この帝国の起源が、ナショナリズムが台頭する大陸での諸民族連合ではなく、王朝だったことである。一八世紀、民族と政治の境界が一致するなど誰も考えていなかったときですら、ハプスブルク諸邦ではそれぞれが誇りある国民的伝統に固執していた。だが、この問題に特異な意味合いを添えるのは、それがついに解決されないまま終わったことではなく、アイデンティティの諸要素がいっそう強くなっていったことである。ヘルマンは、ハプスブルク帝国内ではいま、新しい絆を作り出す試みが行われている最中だと書いているが、その試みこそが失敗を重ねつつも、帝国の後半生において、主家への忠誠よりも多くの点でその臣民を結びつけることを促進したのである。動きは鈍重だがそれなりに公正で有能な君主国後期の官僚的伝統、教養層のドイツ文化志向、マニュファクチュア地帯と農業地帯との連結、また半ば国教であったカトリック教会と寛容されるにとどまっていた宗教的マイノリティとの結合といったすべてのことが、一八世紀後半の改革期に端を発する。この意味で、この時代がこの地域の大部分でいまだに鮮明に記憶される君主国の基礎構築期なのである。ハプスブルク諸邦における諸改革は、なかんずく君主が上から主導するものであったが、同時により広範な中央ヨーロッパの、あるいはヨーロッパ全体の発展の影響を反映していた。多国民政体が創りだされ解体されるなかで、君主国そのものの複雑な構造と外部からもたらされた広範囲の影響との間でおこった相互作用こそ、ヨーロッパ近代史においてハプスブルク君主国に他に例をみない位置を与えているのであり、これが本書の主題となるだろう。

政府とエリート

王朝の隆盛は、ドイツ南部とアルザス地方を領有していたハプスブルク家のルドルフがオーストリアとシュタイアーマルクのアルプス辺境伯領をボヘミア王オタカルから奪い取った一二七八年にはじまる。ローマの砦ヴィンドボナ（ウィーン）に起源し、シャルルマーニュのキリスト教帝国の「東征」を経て、長い間バーベンベルク家に治められてきたオーストリアは、その後二〇〇年以上にわたってルドルフの子孫が、西はティロールやフォアアールベルクへ、南西はドイツ・スラヴ境界のケルンテンとクラインからアドリア海の港町トリエステそしてゴリツィアまで広げた領土の核となった。一四四五年から一七九二年までハプスブルク家の長は神聖ローマ皇帝に選出された。だが飛躍的な前進は、一五一九―二六年に訪れた。以前からの結婚契約によって、マクシミリアン帝の二人の孫、カールとフェルディナントがそれぞれスペインとハンガリー・ボヘミアの王位を継いだのだ。ハンガリー王国はクロアチア王国と連合し、モラヴィアとシレジアの諸領邦はボヘミアに付属し全体でチェコ諸邦と呼ばれた。この東と西の領土は別個に世襲されたが、一六世紀のハプスブルク家は新旧両世界で支配的な勢力として登場したのだった。

中世後期の政治ではよくみられる結婚契約は、一時的な同君連合を作り出した。ハプスブルク家によるハンガリー王位とボヘミア王位の継承が異例の長きにわたったのは、オスマン帝国の脅威と対抗宗教改革と不可分の関係にあった。フェルディナントがこの二つの王国の国王となったのは、先王ラヨシュ（ルドヴィク）が子供がないまま、オスマン軍とのモハーチの戦いで一五二六年に戦死したためだった。ブルガリア、セルビア、ハンガリーという民族王国家《ネイション・ステイト》が崩壊すると、ハプスブルク家が民族王国を超えたイスラムに対するキリスト教の守護者となったのである。同時に、プロテスタントが支配的になった東・中央ヨーロッパの貴族所領や諸都市に対峙するカトリックの防波堤ともなった。こうしてハプスブルク家は、近世ヨーロッパのほぼ全域で見られた権力集中を媒介とした絶対主義への移行を、プロテスタンティズム弾圧を通じて達成しようとしたのである。

この意味でボヘミアは決定的な意味をもった。一六二〇年、プラハ郊外のビーラー・ホラの戦いで蜂起したプロテスタント勢力が総崩れになったことで、ハプスブルクはボヘミア議会の主要な権限であった立法権・貴族特許状承認権・任命権を掌握した。また土着の中貴族が所領没収や追放によって排除され、大部分が非チェコ人からなるカトリックの小規模官位貴族が急速にその後釜を占めていった。ハプスブルクによる反逆貴族への報復だけでない他の要因も手伝って、二世紀前は貴族全体の収入の半分を占めていたボヘミア騎士身分の所得は、一七七〇年頃までに四%にまで低落した。プロテスタンティズム禁止に並行して起こったのは、カトリック教会への再寄進だった。大がかりな教会建設が行われたほか、対抗宗教改革的愛国主義を鼓舞する聖なるボヘミア《ボヘミア・サクラ》の理念を植え付けるために一四世紀に生きたネポムクの聖ヤン崇拝が唱導され、それに対してはじめは冷淡だった人々も次第に受け入れていった。一七一七年にその言動が「潔白だった」と認められてからの二〇年間に、ウィーンのドイツ語系教区に建てられた彫像の半分以上がネポムクにささげられたものだった。この事実は、けばけばしいバロック・カトリック的なフランボワイアン様式の象徴や儀式が、いかにハプスブルク諸邦と人々を結びつける絆となっていたかを示している。一八世紀には毎年一五万人がシュタイアーマルクにあるマリア＝ツェルの奇跡の地へ巡礼に行った。ここは一九八五年に、九〇歳を超えたハプスブルク王家最後の生存者であった皇后ツィタが生涯にわたる亡命のはてに巡礼を行ったところでもある。このときまでに、力を盛り返したカトリックとドイツ語系官位貴族が、ボヘミア王国諸邦をハプスブルク家の本拠地たるアルプス諸領とを緊密に結び付けたため、この両地域はともに「世襲諸領」とみなされるようになった。

ハンガリーでも、ハプスブルクの権力が確立するにあたって対抗宗教改革が大きな役割を果たした。だが、ここでの状況はより複雑だった。約一世紀半にわたって、ハンガリー中央部の大部分はオスマン帝国の支配下にあり、東部のトランシルヴァニアはプロテスタントのハンガリー貴族出身の侯を戴く独立侯国になっていた。一六九九年までにはハンガリーのほぼ全土がオスマン帝国から解放されるが、その前も後もハプスブルクと土着の対抗勢力の間で長期間にわたる戦争が展開された。そのため、一七一一年に両者の間で結ばれたサトマールの和約は、妥協的な性格をもっていた。地元支配階級はチェコに比べてはるかに多く生き残り、ティサ川以東のハンガリー語圏で多数派をなしたカルヴァン派や、数はそれほど多くないものの大半がドイツ人かスロヴァキア人からなる北部ハンガリーのルター派を含めて少なくともハンガリー総人口の四分の一はプロテスタントのままであった。また、ハプスブルクの君主はなおも、ハンガリーの諸権利を守る旨の宣誓をおこなう義務を負った。ハンガリー議会と自治権をもつ諸県は少なからぬ権力を保持したのである。ボヘミアでは、一六二七年の改訂領邦条例でハプスブルクの母語であるドイツ語がチェコ語と対等にその地の行政用語とされたのに対し、多言語のハンガリーでは、ラテン語が公用語でありつづけた。

これまで一般的に指摘されてきた絶対主義のオーストリア・ボヘミアと立憲的なハンガリーという区分は誇張されすぎかもしれない。通信手段に乏しく識字率も低かった時代、絶対君主制はオーストリア・ボヘミアですら限界があった。これら諸邦の等族制議会は一八世紀半ばまで実質的な行政機能を担い、軍税《コントリブティオ》と呼ばれる軍事目的の直接税を承認する権限をもっていたからだ。王朝当局はこの点で、王朝の利害と領邦大貴族の利害が収斂するところに依存していたのである。それは領邦役人が議会と君主に対して二重に責任を負っていたことにも表れている。一方、ハンガリーの自由裁量はそれほど限定されていなかった。君主国の他の地域と同じように、一定の分野では中央の君主国諸機関に事実上従属していたが、それらへの参画はおおむね軽微なものであった。ハンガリーに関わる君主国の機関は、軍事では宮廷軍事会議《ホフクリークスラート》、外交政策では一七四二年にオーストリア政庁《ホフカンツライ》から分離した宮廷政庁《ホフ・ウント・シユターツカンツライ》、王領地経営、関税や間接税、専売その他の国王の経済的特権を管理する財政面ではハンガリー財務局《マジャール・カマラ》を統括した宮廷財務局《ホフカマー》などが設置されていた。一五二七年以降、枢密院《ゲハイマー・ラート》あるいは枢密会議《ゲハイメ・コンフェレンツ》と呼ばれた機関が君主国全体の事柄を監督していた。また、ハンガリーの立憲制（時代錯誤の用語かもしれないが）も未熟なものだった。あらゆる政治的権利が貴族の手のうちに限定されていた。たとえば一七一五年に常備軍事司令官をおくことを政府に対して承認したように、ハンガリー議会は立法権を保持していた。しかし一八世紀にはこの議会はほとんど召集されず、王権が宗教的事柄への監督権を掌握したり、教育・福祉などの分野に手を伸ばしてくることに対してもめったに抵抗しなかった。それらは伝統的な貴族の主要な関心事ではなかったからだ。官職任命、貴族特許状付与、国王大権について、ハンガリーの法は広く君主の特権を認めていたため、一七二三年にウィーンにあるハンガリー王国政庁《マジャル・ウドヴァリ・カンツェラーリア》に従属するかたちで、ブラチスラヴァ（ポジョニ、プレスブルク）にハンガリー総督府《ヘイタルトータナーチ》がおかれると、それを通じてのハンガリーへの関与はいっそう増していった。トランシルヴァニアはハンガリーから切り離されたままで、独自の議会と政庁長官《カンツェラール》を有した。オスマン帝国との国境に沿う要塞として一六世紀以来増強されてきた「軍政国境地帯」は宮廷軍事会議が直接統括した。こうした状況にあって、ハンガリーの立憲制は追い込まれ、定期議会の開催といった原理原則を主張するだけで議会を強化することはせず、もっともハンガリー的な制度である法廷や県を運営する貴族の頑迷なカースト意識にその力の源泉を見出すことに安住するようになったのである。

それでもハプスブルク支配下でのハンガリーとボヘミアの違いは重要である。ハンガリーでもごく一部の例外を除いて有力な大貴族は完全にカトリックになったものの、ハンガリー以外から移住してきた大貴族はまだ少数派にとどまっていた。さらには、一七三一年にプロテスタントの礼拝の自由、公職の自由に関する制限が再認されたにもかかわらず、しばしばプロテスタントからなる分厚いジェントリ層がそのまま残ったのである。ハンガリーとボヘミアの王朝に対する関係は、一八六七―一九一八年のオーストリア＝ハンガリー「二重制」で頂点に達する非対称性をはやくも現出させていたのである。

ハンガリー中央部がオスマン帝国に占領されていたこと、スペイン・ハプスブルク家のほうが古顔だったこと、輪郭が不明瞭ながら威信ある「ドイツ国民の神聖ローマ帝国」の長としてのドイツ・ハプスブルク家が主導的な役割をになったこと、これらのために一七世紀の終わりまで独自の帝国としてのドイツ・ハプスブルクの諸邦は、漠然とした一体性しか持ちえなかった。一七〇〇年にスペイン・ハプスブルク家の血筋が途絶え、オスマン帝国と神聖ローマ帝国が次第に弱体化していくと、こうした状況は変化した。その君主の称号は一八〇四年までシャルルマーニュに由来する皇帝でありつづけたが、この期を境にして、いよいよ「オーストリア君主国」としての性格が突出するようになったのである。一七一三年にカール六世が出した国事詔書《プラグマティカ・サンクティオ》は、紆余曲折を経ながらもすべての王朝諸邦の等族によって承認され、諸邦を共通の国家へと近づけた。この詔書が、王位継承者の性別に関わらず諸邦が分割されずにハプスブルク家系に世襲されることだけでなく、共同防衛の義務をも宣言していたからである。国事詔書は、当時相続者がおらず、のちにも息子ではなく娘（マリア゠テレジア）しか授からなかった君主の王位継承を確保するためにもくろまれたものだった。しかしこの試みは率直に言って失敗であった。一七四〇年にカール六世が死去すると、バイエルン選帝侯が王位継承権を主張したことに端を発し、プロイセンのフリードリヒ二世によるシレジア占領に始まるオーストリア継承戦争（一七四〇―四八年）が勃発した。さきのスペイン継承戦争（一七〇〇―一三年）の主題であったハプスブルク家とフランス・ブルボン家の伝統的な確執に、いまや新興プロイセンのホーエンツォレルン家が加わったのである。だが、一七四一年のハンガリー議会が若き女王の大義のもとにはせ参じたという有名なエピソードは、生存可能な政体がそれにもかかわらず出現していたことを表している。忠誠と自己利害の紐帯で結びつけられた、王朝、大貴族、カトリック高位聖職者がいわゆる宮廷社会《ヘーフィッシェ・ゲゼルシャフト》の頂点に立っており、大貴族エリートが占めた教会や国家における主導的地位はほとんどがハプスブルク自身が設立したものであった。少なくともこのような上流社会レベルでは、オーストリア君主国は独自の団結心《エスプリ・ド・コール》を獲得していた。むろんこの団結心は、ボヘミアと上オーストリアの貴族の多くが、一時的に当地を占領したフランスとバイエルンに協力したことにみられるように、もろいものではあった。

一六二七―九八年の間にボヘミア議会に派遣された国

王委員は八つの家系の官位貴族に独占されていた。一七五六年には、ハンガリーの一二の首席県令職をハンガリー人司教九人が分けもっていた。ほとんどのオーストリア司教座聖堂参事会の参事会員は、四代さかのぼり曾曾祖父母一六人全員貴族であることが条件とされた。最も注目すべきは最高位における重複であろう。ハプスブルク皇帝は使徒であるハンガリー国王として教皇選挙のコンクラーヴェで拒否権をもっており、これは一九〇三年までクラクフの大司教によって代行された。君主、祭壇、貴族をこのようにスムーズに一体化したのが富だった。

一八世紀の君主国では封土制に起源する「世襲隷属制《エルプウンターテニヒカイト》」が維持されていた。それにより、ティロールの自由農民やハンガリーの歴史的起源に根ざした自由民共同体などを除いて、広大な土地を特権身分が所有していたのである。この土地は、領主の直営地として耕作されるか期限付きで小作に貸し出される領主地《ドミニカル》（ハンガリーでは領主直営地《アロディアル》）と、農民が諸々の義務を課せられたうえで作物に対する権利を有する農民地《ルスティカル》（ハンガリーでは分与地《ウルバリアル》）に分類される。近世に貴族が所領を直営する農場領主制《グーツヘルシャフト》に転じたところではどこでも、農民を犠牲にして領主地を拡大していく圧力があった。かくて一八世紀後半、ボヘミアでは領主地は土地全体のおよそ五分の二にのぼり、ハンガリーでは貴族が耕地とは対照的に森林をほぼ占有したことによりこの比率が上昇した面があるとはいえ、領主直営地が大半を占めるようになった。農民の義務は細部では限りなく多様だったが、乱暴にまとめれば次のような共通の型があった。現金や現物による税、領主直営地での運搬役や無償労働（悪名高き賦役《ロボタ》）のような義務労役、さらには領主のワインやビールを買い、領主の製粉所を使用する義務、などである。一七八四—八七年の国勢調査で記録が残っているハンガリーの五分の三では、ミクローシュ・エステルハーズィ公が領地にかかえていた戸数から見て、大貴族はそれぞれ三万五〇〇〇もの戸数を所有していたと思われる。この場合、収入は年に七〇万フローリン（約七万ポンド）という巨大な額にのぼり、おそらくはシュヴァルツエンベルク家やロプコヴィッツ家をも大きく上回っていたことになる。一七七〇年ごろのボヘミアでの大貴族上位一〇人の公表された資産評価額は七一〇〇万フローリンに達し、一七六七年の繁栄をほこるトリエステでの大商人上位三〇人の資産が五〇〇万フローリンにすぎなかったのと対照的である。聖職者たちの富も目をみはるものがあった。当時、領主地からの収益全体のうち聖界所領の割合はさまざまで、かつてプロテスタントだったボヘミアでは六分の一、上下オーストリアでは五分の二を占めた。またハンガリーでは、一七九〇年代まで都市の歳入が一〇万フローリンを超えなかったのに対し、エステルゴム大司教の年収は三六万フローリンだった。

確かに、官僚機構が未発達な社会では、こうした富は大貴族や聖職者が公的役割を果たすための必要条件であることが少なくなかった。リヒテンシュタイン公は、マリア゠テレジアの大砲を修理・整備するのに私財一〇〇〇万フローリンを投じ、エステルハーズィ家とパールフィ家は私費で連隊をかかえていた。広大な貴族所領は、オーストリア重商主義がこころみた最初のマニファクチュア事業に労働力と資金を提供した。ハンガリー国立劇場は、ハイドンのようにエステルハーズィ家が召し抱えていた俳優一座から誕生しており、舞台背景もバッチャーニ家の所領劇場から取り寄せられたものだった。ボヘミアではクルムロフのシュヴァルツェンベルク城の劇団が同様の役割を果たした。一七八四年、エステルハーズィ家の最も華麗な野外劇に灯された四二六八本という獣脂ろうそくの数は、ウィーンの街に六歩ごとに設置されたランプ灯の数三四四五本をはるかにしのいでいた。このランプ灯によってウィーンは、三〇〇〇本の街灯が一七九〇年に導入されたペシュトをはじめ、ヨーロッパの他の都市に先駆けて常に明かりのともされた最初の町となったのである。だがこういった基調を作ったのは、王朝だった。一二時まで公衆に開放された蔵書三〇万冊の宮廷図書館、一七五二―五三年に完成したシェーンブルン宮の動物園や植物園、一七五五年以来ハプスブルク君主たちが派遣し、オーストリアの自然史・民族誌博物館の基礎をつくった大掛かりな科学探検隊などに太刀打ちできる貴族はいなかった。「近代」文化へと向かう社会はいまだ旧来の体制に根ざしていたのである。

貧弱ながら、都市もこの風景の一部分であった。一七世紀から一八世紀前半、全般的な人口増加基調とは異なり、多くの都市の人口は停滞していた。東・中央ヨーロッパの都市は新航路発見の時代の通商路から離れていたし、貴族たちは儲けのでる西ヨーロッパ向け穀物取引を自ら管理することにこだわっていたうえ、市壁内の都市民の住宅は貴族の都市内邸宅や修道院などに場を明け渡していったからである。一七八〇年のオーストリア・スラヴ諸邦で実質的に都市と呼べたのは、二〇万人の居住者を抱えていたウィーンと七万人を超えていたプラハだけであり、ハンガリーにいたっては、三万人の人口を有しておもに石造りの建物からなる都市はブラチスラヴァのみであった。また、都市居住者の大半は、市民権を有した「都市民」ではなく、混乱したオスマン占領期に農民や他の住民が安全を求めて流入したハンガリー大平原のいわゆる村落都市のようにもともと農業に従事していた人々であった。領主の土地に建設され、しばしば住民自身で不安定ではあるものの自治権を買い取るなど、より進取の気性に富んだ「領主都市」や、定期市開設権を得た村が拡大しただけのつましい「市場町《マルクトフレッケン》」に比べれば、勅許による地位や都市民の自治権を享受していた王国自由都市は都市的集落のごくわずかな部分を占めるだけだった。かくてハンガリーには七〇〇あまりの市場開設地があり、総人口の五分の一が人口二〇〇〇人以上の集落に居住していたが、約四〇あった王国自由都市に住んでいたのは総人口のたった五%であり、家屋を所有する都市民や親方資格をもつ職人となると二%を割っていたのである。オーストリア・ボヘミア諸邦でも、やや密度は高かったとはいえ似たような傾向を示していた。一七六二年の記録では、七二の比較的大規模な都市に対して、小都市は三七七、市場町は八八八あったのである。

だが、こうしたわずかな都市世界をハプスブルクの権力連鎖に組み入れることは、必ずしも意味のないことではなかった。諸都市は、行政、教育、文化の中心であった。この時代に建てられた優雅な公共建造物は、スロヴァキアのブラチスラヴァからクロアチアのザグレブ、トランシルヴァニアのクルージュ（コロジュヴァール）にいたる諸都市が有している共通の過去をみごとに映し出している。バロックの敬虔な生活が最も熱心に展開されたのは、貧しい田舎ではなくこれら諸都市であり、一七八〇年のウィーンには一〇三もの平信徒信心会があった。さらには伝統的な形態の慈善団体、施療院、寄進による礼拝堂、施薬所などがあり、また近代的な形態の初期の病院、収容施設、孤児院・養育院などがあった。教育は、村落ではごく初期段階にとどまっており、大半の人々には無縁な存在であったが、都市には比較的発達した中等学校網があった。これらの学校の多くはイエズス会あるいはピアリスト会に担われていたが、ハンガリーにはルター派やカルヴァン派の学校もあり、これらの学校を卒業した非特権層の子弟は、勉学によって厳格な規律に慣らされ、厳しい世の中にあっていかなる安定にも感謝する態度を身に付けたがゆえに、宮廷社会がもとめる行政職や聖職に身をささげた。なんらかの初等教育を受けた子供はせいぜい四分の一だった一八世紀半ばのハンガリーには、一三〇ほどの各種の中等学校があった。

都市はまた、強く結びついた君主国のエリート同士のコミュニケーション手段として、ドイツ語を普及させるのに一役買った。中世から存在するチェコ諸邦やスロヴァキア、トランシルヴァニアのドイツ人諸都市に加えて、一七世紀後半からプラハをはじめとするボヘミア・モラヴィア中央部の諸都市への、またオスマン撤退後には人口が希薄化したハンガリーへのドイツ語話者の新たな移住によって都市のドイツ化が進行した。こういった過程が、上流階級の間でのドイツ語の流行を促進したことは疑いない。一七二〇年代には、エステルハーズィ家の子供たちは母語のハンガリー語ではなくドイツ語で教育を受けるようになった。一七八〇年代、ハンガリーの大法官ウルメーニは母語が満足にできなかったといわれている。一八世紀半ばにはすでに、ボヘミアの上層中産階級の大半と、少数派のチェコ系を含めたほぼすべての貴族が、ドイツ語を第一言語として用いていた。

こうした言語の趨勢は、基盤が固まりつつある君主国にあってエリート集団の社会意識の変容と明らかに関わりをもっていた。もっとも、その変動は急速でも均質でもなかった。最後のボヘミア政庁長官ハラッハ伯は、一七四九年にマリア゠テレジアの指令に従い政庁を廃することを宣言して居室にもどるや涙を流したが、一方、自らもモラヴィアのチェコ系貴族の後裔であるカウニッツ公は、女帝のもっとも卓越した宰相として、人々が「国家」の利益よりも「領邦」への忠誠心を優先するものだということを、理解できなかった。だが、ハプスブルク家は、君主国内の上流階級に広く国家への忠誠心を涵養することに成功した。その忠誠心とは、カウニッツが考えたより厳密に王朝へ向けられたものだったかもしれない。それはまさに、狩猟での事故でカール六世に撃たれたシュヴァルツェンベルク公が臨終にあたって「命をわが君に捧げるのは私の本懐だ」と叫んだ言葉のなかに見てとれる。(1)一七四一年の王位継承をめぐる一時的な背信行為をみてもわかるように、この言葉は全面的に信のおけるものではないかもしれない。だがいずれにしても、かねてより穏やかでないハンガリー貴族が、いざ危機という時にみせた忠誠心のほうが価値があるのだ。全体的な趨勢ははっきりしていた。

一七四一年以降ボヘミアの貴族は誰一人として追放されたり財産を没収されなかったことが、このことを裏付けている。それは七〇年前にハプスブルク王権転覆の陰謀のかどで処刑されたクロアチアの反逆者フランコパン家とズリンスキ家の場合とは異なるものだった。一八世紀を特徴づける礼儀作法の洗練化もすすんだ。同時代人が歓迎したこの趨勢が君主的権威を強調し、分権主義と「封建主義」を弱めるものとなったことは、この王朝の切り札として機能した。ウィーン大学教授のユスティは一七六四年に、当時の社会における「動乱」の減少について論じ、その原因を常備軍の増強に帰している。(2)常備軍は、絶対主義的支配の特色の一つでもある。恒常性を増すと同時に恣意性を減らすことにより、権力もまたいっそう中央集権化したのである。こうした過程はハラッハのような人物にノスタルジアを喚起したかもしれないが、君主と官位貴族層の利益の相互補完関係があまりに大きくなっていたため、有能な伝統主義者による巻き返しも、歩を進めつつある絶対主義の主唱者には恐るるに足りないものだった。しかも、彼らの活動は封建的規則で認められ、いまやもっと強硬に行使されていた国王特権によって正当化されるのがふつうだった。次のようなある小さな展開が、見えないところで作用しているプロセスをあらわにすることがある。一七四九年、下オーストリア議会によって設立された騎士アカデミー《リッター・アカデミー》が中央政府の管轄に移行した。この種のアカデミーはそもそもが登用をもとめる貴族を訓練するために設立されたものだったが、貴族が登用される主な先はいまや拡大する国家行政機関であったため、独立していることにもはや切迫した必要性がなくなったとみなされたのである。政府とエリートの相互依存がますます強まる時代にあっては、政府が切り札を握っていたのだ。マリア＝テレジアの治世にはすでに、直面する難題は反抗的な国内のハンガリー人やボヘミア人ではなく、政治的により統合のすすんだプロイセンであった。まだ組織的に散漫な君主国は、プロイセンの野望にとって格好の獲物だったのである。

諸邦と住民

一七四〇年におこったフリードリヒ大王によるオーストリア領シレジアの大胆きわまる占領は、ハプスブルク権力の基盤の浅さが見抜かれていたことを示している。たった数百の官位貴族家系が多文化のエリート集団を構成し、王朝は彼らによって因習的に動かされていた。彼らの下には何千ものジェントリ、何万もの小貴族と都市民、そして何十万もの職人と都市労働者が存在し、さらに最下層には、ハプスブルクの支配とはほぼまったく無縁の伝統を生きる何百万もの農民がいた。彼らの忠誠心が向けられたのは、王国、侯国、大公領、公領、県、そのほか国事詔書の範疇に従う種々の枠組みであった。これらは、それぞれが独立した法体系と由緒ある法廷、さらには独自の税制度を用心深く護持していた。

このような状況のなかでは、中央政府がきめ細かな国勢把握をしうるはずがなかった。ましてや、教養層が入手しうる知識が目も眩むほどあいまいなものでもあったのだからなおさらである。「書き手によってはモラヴィアの都市の数は五〇〇で、村の数は一万五〇〇〇だと考えている」と有名な旅行家のカイスラーは、別の書物に書かれた三万三五五九という数字のどちらも誇張だと辛辣に付け加えながらも、頭を抱えてしまうのだ[3]。一七五〇年代から政府が蓄積してきた極秘の統計情報を見れば、当局がハンガリーの人口をあまりに低く見積もっていたことがわかる。一七八七年の人口調査までそれは続いた。さらに、多様な度量衡の存在が混乱に拍車をかけた。カイスラーが記しているところでは、「幾何学的な」ドイツ・マイルでは、一五マイルで経度一度になる(イギリス・マイルでは約四度)。だが「計算してみると」一度はしばしば五―六イギリス・マイルになるのである。一二六八年にオタカル王によって決定されたボヘミア・マイルはたった四七五五・二歩幅〔約一四五〇メートル〕でなんと三分の一も短いのである。

前近代的社会の官僚機構と統計の支離滅裂さは、ハプスブルク諸邦の徹底的に多国民的な構造によって増幅された。飛び地であったオーストリア領ネーデルラント（ほぼ現在のベルギー）そしてロンバルディアのミラノとマントヴァの両公国（一七一四―一五年に獲得）、南西ドイツに散在するフォアランデ（フライブルクを含む）を除いても、君主国中心部には、一七八〇年までその九割をドナウ川が潤す二三万平方マイルという比較的まとまった地域のなかに、十数もの国民体が住んでいた。この地域の人口はおよそ二二〇〇万人（内訳は、ハンガリー諸邦四五％、チェコ諸邦とアルプス諸邦四〇％、ガリツィアとブコヴィナ一五％）。これ以外に、ベルギーに二四〇万人、北イタリアに一五〇万人の人口を有していた。ドナウ川は、この地域のなかをウィーンの森のアルプス側に沿って南下し、ハンガリーに入ってから東に流れ、さらに南へと向きをかえてハンガリー大平原《アルフェルド》を縦断していく。そのドナウ川のたもとに位置するウィーンは、ハンガリーの中世の首都ブダからわずか一三四マイル、近世の首都ブラチスラヴァからは四〇マイルしか離れていない。プラハは北西一八〇マイルにある。この位置関係から、ウィーンは一五二六年以来、ドイツ人、マジャール人、チェコ人（それぞれ君主国中央部の人口の四分の一、五分の一、六分の一を占める）を三本の主軸とする車輪のハブとなった。

この三つの主要グループのうち、王朝が最も頼ったのは当然ドイツ語話者だった。彼らは、アルプス諸邦とチェコ諸邦にまたがって居住し、ハンガリーやトランシルヴァニアにも散らばっていたため、領邦や王朝、場合によっては神聖ローマ帝国への歴史的忠誠心に見合うドイツ人としての集団的アイデンティティをもつことはなかった。ゼメリンク峠を生き生きと描き出した一八〇四年の「オーストリア西部諸邦」に関する著作の中で統計学者ヨーゼフ・ローラーは、「友よ、山へ！」と声高に呼びかけたが、これを近代的な意味でのオーストリア自己認識の端緒とみなすことはできるだろう。もっとも彼は、読者がこれを山の雪崩に対する不平として理解してしまうことを予期してはいたのである。(4)

一七五四年に約二二五万人いた今日のオーストリアにあたる地域の住民は、王朝との摩擦が最も少ない人々だった。その背景には、一七五〇年代になってもなおプロテスタントの生き残りが追放されるような事実もあったものの、ここでの対抗宗教改革が比較的平穏に進められたこともあった。ここでも、ボヘミアと同様にかつてプロテスタンティズムを支持した小貴族が没落したが、ボヘミアほど苛烈ではなかった。耕地中心の領主直営地経営に立脚する農場領主制《グーツヘルシャフト》に移行した貴族の大所有地《ラティフンディア》はまれで、一七五四年の下オーストリアでの領主直営地からの収益は、貴族の収入の九%を占めるにすぎなかった。これは、ボヘミアで三八%にものぼっていたのと対照的である。それに比例して、悪名高い封建賦役《ロボタ》の役割も限定的で、週二日から四日（上オーストリアではもっと少なかった）の労役の大半は金納に代わり、その負担は減少していた。実際、オーストリアの貴族が農民から徴収していたのは、賦役買戻し金、「家産的」裁判あるいは貴族裁判における科料、農民が必要とする文書に課される文書税、農民分与地の譲渡や相続に伴う税、貴族のつくるビールやワインの売り上げなど、おもに現金からなる収入であった。これらの徴収は煩雑なものであり、そのこと自体、貴族の所領が地方政治の基礎単位となっていたことを反映している。また、賦役の金納や文書が重要性をもっていたということは、当時の農民共同体が、少なくとも富農層にとっては、生存レベルをいくらか上回る生活水準にあったことを示唆している。一八世紀までには人口の増加に伴い、家内工業や運搬業などによって一定の副収入を得るようになった農村社会では、住民の階層分化がすすんでいった。上述の封建負担を課される「完全分与地」を保有する者はごく少数になり、農民《バウアー》という名称は慣習的に四分の一かそれ以上の分与地を保有する者に対して用いられるようになった。分与地保有の減少に比例して、封建負担は減少した。農村共同体の大部分はすでに、小屋住み《クラインホイスラー》や、さまざまなレベルの寄住者《インロイテ》（農民《バウアー》の保有地を又借りしたり農民《バウアー》の家に寄宿する人々）、さらには農民の下僕《ゲジンデ》にまで身を落としていた。一八世紀末の農民《バウアー》の伝統的家屋では、主人の居間に接する共同部屋が下僕にあてがわれるようになった。村落共同体が古き自己調整機能を失うと、家屋敷の主人は、宮廷中心社会の道徳規範を模倣した家父長的役割を身に付けた。推計では、一八世紀末のザルツブルクのピンツガウ郡の農民は、一〇人から一五人の下僕をかかえるまでになっていた。

　とはいえ、ウィーン郊外で石造りの家に住むブドウ栽培農民が朝のコーヒーを飲んでいたのは例外として、農民の生活は都市よりずっと質素であった。凝乳をつけたライ麦パンを水で流し込む食事が一般的で、小麦粉のパンにワインやビールをつけて定期的に肉料理を食した都市とは対称的だった。一八〇〇年の農村での肉の消費量は、ウィーンの三分の一にすぎなかった。スプーンはしるしをつけて個人個人で使っていたが、フォークと平皿はまだ普及していなかった。しかし、オーストリアの農民が自尊心をもっていなかったわけではない。「ごらんください、女帝さま」と、若きペーター・プロシュはマリア＝テレジアへの請願状を始める。「私は父も母もなく妹のもとに寄宿する貧しい若者です。……あなたがすばらしい君主だと聞いたので、ある夜、私はあなたの夢を見ました[5]」。ジーモン・ホルンマイスター（一七三七―一八二三）という人物は、村落共同体を代表して二〇回もウィーンに旅した。彼はストーブのそばで何度も皇帝に「あれやこれや」と話しかけ、皇妃が二人に軽食を出してくれたものだと、親しい農民に向かって吹聴している[6]。この話の真偽は別にして、いずれにせよ家父長主義が実体化された社会でなければありえない光景であった。

自尊心は、よりいっそうウィーン気質を特徴づけた。首都のにぎやかさ、昼も夜も閉ざされることのない市門、五五〇〇〇人もの外国人が住み、あつらえの服を着た女中たちが行きかうウィーンは彼らの誇りであった。市壁内の住人の四分の一はなんらかのかたちで宮廷に雇われていた。しかし、このような優越感シンドロームは首都だけにとどまるものではなかった。シュタイアーマルクのドイツ人なら短靴以外は履かない。裸足だったり長靴だったりでは恥しくて出歩けないだろう、と同時代人が書いている。それでは領邦の南部から来た「ヴェンド人」（スロヴェニア人）と同じではないか、というわけだ。マリア＝テレジアの大臣の一人、バルテンシュタインは、ボヘミアの都市に住むドイツ人の活力と、それに比べてチェコ人隣人のまるでかけ離れた精神について記述している。スラヴ地域におけるドイツ語話者の土地所有階級、ブルジョア階級としての広範囲にわたる役割が、こうした見方にあきらかに影響している。だがどのような階級であれ、君主国のドイツ語話者は他の人々より自分たちが優越していると考えていた。

ドイツ人がしばしば自分との比較の対象にしたのはス

ラヴ人、とりわけチェコ人だった。一八世紀ボヘミアでドイツ語で書かれた文章からは、同時代のゲール語話者アイルランド農民と変わらない、チェコ人下層階級の無力さゆえの疎外感を伝えている。これらの頑強な労働者は、よき兵士となる資質をもっているうえ、もうかる仕事につく能力もある、と一七五七年にある文筆家は書いている。だが、農奴制のくびきにあえぐうちに、臆病で貧しく「粗野で執念深い」人間になってしまったのだという。別の筆者が一七九四年に書いているところでは、チェコ人は「盲目的に従順で、人間としての尊厳を卑屈に拒絶する」のだ。[7] こういった論評のおもな標的になったのは、挿絵的に命名された「シュトックベーメン」、すなわちチェコ語しか話さない人々だった。彼らに対比されていたのは、「ウトラキスト」、すなわちチェコ語を母語とするバイリンガルのボヘミア人、あるいは、都市やなだらかな中央ボヘミア高原を取り囲む山裾のドイツ語話者だった。ドイツ人は全人口の三分の一を超えていた。ボヘミアのドイツ人をアイルランドのプロテスタントに、ウトラキストを一八世紀アイルランドのカトリック都市中産階級になぞらえてみれば、アイルランドとの類似点がさらにはっきりする。どちらの場合も、近世における土着エリートの失墜が回復不能な歴史的後退を生じさせ、指導者を失った大衆はきこりや水汲みに身をやつしてしまったのである。一六一五年にチェコ議会がチェコ語を王国の唯一の単一公用語と定めてから一〇〇年しかたたないうちに、上流階級はこれを事実上廃棄してしまった。ボヘミア人エリートにチェコ語で領邦のニュースを読ませようと一七一九年に創刊され、むなしい努力を続けていた「チェコ郵便新聞《チェスキー・ポスティロン》」は、一七七〇年代にローゼンミュラー家が発行権を売却したとき、新しい発行人のもとでも九人しか定期購読者をふやせなかった。

対抗宗教改革が強制され、一六二〇年以前は大半がプロテスタントだったチェコ人は自身の宗教を奪われてカトリックに再改宗させられた。しかしながら、このことはチェコ人が少なくともその時代の基準からすれば、カトリック教徒という点でオーストリア人征服者と同じ立場になったことを意味していた。それゆえ、チェコ系のウトラキストは、国家機構においてアイルランドの英語話者カトリック教徒ほどには無力ではなかった。そのうえ、チェコの国家機構はかつてのチェコ国家をさまざまな点で受け継いでおり、チェコ語はある種儀礼上の優越性を享受していた。その意味で、当時のチェコ語の立場は今日の英領ジャージー島におけるフランス語に近かったのである。多くが都市の教養層だったウトラキストがバイリンガルであったというのは、二重の意味で重要だった。ドイツ人にとっては、ボヘミアが正真正銘のドイツの領邦であり、少なくともそうなりつつあることを信じさせるに足るものだったが、一方で、チェコ人の心性を村落の域を超えて残存させ、チェコ語による牧師の説諭や初等教育を介して、ドイツ人が目にすることのないところで、チェコ人世界のささやかな基盤を存続することが可能になったのである。それゆえ、ボヘミアにおいてウトラキストは、アイルランドとは異なり、社会的・民族的対立を和らげる役割をはたしたのだ。付言するなら、彼らは中央ヨーロッパで最も音楽の才能にあふれた人々として有名であり、初等学校でさえも当たり前のように器楽教育が行われていたほどだった。音楽は君主国において、最後まで重要な位置を占めていた。

　しかし、近世をつうじて厳しくなっていった賦役の義務と貴族による農民地の収用は、一六八〇年、一七一七年、一七三八年に相次いで出された王令にも拘わらず緩和されることはなく、ボヘミアに緊張をもたらしていた。ハプスブルク史の文脈では農奴制《サーフダム》という用語、とくに対応するドイツ語の隷農制《ライブアイゲンシャフト》という用語がもつ農民の奴隷としての地位は、ハプスブルクの農民がツァーリの農民とは異なり、分与地から切り離されて売却されることがなかったことから、歴史家のなかにはこの概念に疑問を呈する向きもある。しかし、訴訟をおこすなどの農民の諸権利は、貴族が支配する当局の協力がなければ行使することはできなかった。さらに、ボヘミア、ハンガリー、ポーランドでは、農民はオーストリア・ドイツ諸邦ではほとんど見られないようなおぞましい身体刑を課されることもあった。それゆえ、西欧の啓蒙思想家の旅行者が、「シュトックベーメン」が抱いている憤懣の社会的背景はなんであるかということに注目したとしても驚くことではない。だが、アイルランドに関する近年の歴史研究が示しているように、こうした場合には、長い間にわたって民族が疎外されてきたという事実が社会的緊張を和解へと導くこともあったかもしれない。しかしながら、構図はそれほど鮮明ではない。ハプスブルク家は、最終的には疑いなく人々に受け入れられ、ともすれば彼らの忠誠心をも勝ちとった。君主は日常的に多くの人々の忠誠を享受していた。マリア＝テレジアのために七年戦争（一七五七―六三年）で戦う兵士の歌は、いまも残るチェコの民衆バラッドの中でもっとも好んでとりあげられる主題である。たしかに同時代人の中には、貧困層がひそかに抱く千年王国思想と、一四一五年に焚刑にされた初期プロテスタントの殉教者ヤン・フスの記憶との関連性を神経質に誇張する者もあった。しかし、一七八七年にリーズベック男爵がチェコ人のなかに見た「ある種の国民としての自尊心」に由来する「ドイツ人へのひそかな憎しみ」というものは、一八五〇年にハルティヒ伯が「けっして消え去ることのない、ドイツ人に対するチェコ人のひそかな憎しみ」と述べたものとみごとに一致しているがために、民衆的な民族感情がなんらかの形で持続したことを示唆しないわけにはいかない(8)。一八世紀の旅行家は、チェコ人はたとえドイツ語を知っていても、よそ者にドイツ語で話しかけるのをいやがると記している。ボヘミアはドイツ語圏のオーストリアと違って、当然のようにハプスブルク領域に帰属する地ではなかったのである。

このことは、オーストリアの他の非ドイツ語圏領邦にもあてはまるだろうか。この時代の民族的感情は、無視すべきものではないが、近代のナショナリズムとは異なるものだった。農民のアイデンティティは、宗教的・言語的・社会的・地域的要素がまとまりなく混合したものだった。一貫した政治の推進力としての「国民意識」は、ほとんどの場合、「歴史的国民」、すなわち、ハンガリーのようにかつて固有の国家をもち、特権的エリート層が残存したところでしか存在しなかった。ボヘミアのスラヴ人が独自のアイデンティティを創出していくうえで、重要な役割を担ったのは、独立ボヘミア王国の記憶であった。モラヴィアのチェコ語話者でさえ、同時代人たちが恐る恐る分類したように、ボヘミアのモラヴィア人、ハナカイト人、モラヴィアのスロヴァキア人、モラヴィアのヴラフ人（または山岳スロヴァキア人と呼ばれた）などからなり、彼らは単一のチェコ国民としてボヘミアに住む隣人たちと感覚的に同一視されることはできなかった。その理由の一つには、彼らの間にはモラヴィアのドイツ人マイノリティがより散在しており、これら二つの言語集団はボヘミアにおけるよりも関係が良好だったからである。

ウィーンからアドリア海に至るルートを横切って住む九〇万人のスロヴェニア人は、まぎれもなく「歴史なき」民である。彼らはウェールズほどの広さのアルプス山麓の地で、地域や方言の違いによって縦横に分断されていた。オーストリア・ドイツ人の支配下にあった一〇〇〇年以上を通じて、スロヴェニア人の居住地域は縮小し、クラインおよびその首都のリュブリャナ（ライバッハ）でのみ多数派を占めるようになり、シュタイアーマルクとケルンテンではドイツ人と、またゴリツィアとトリエステではイタリア人と入り混じって少数派となった。セルビア・クロアチア語に近いスロヴェニア語が書き言葉として開花したのは、短命に終わったスロヴェニア宗教改革の時期だけだった。その後の対抗宗教改革の時代には、わずかに説教集や教義録が出版されただけだった。一七六八年にドイツ語で刊行された『クライン語文法』の著者マルコ・ポーリンは、母語を軽視することに憤慨してはいるが、領邦という単位を超えていない書名そのものが、スロヴェニア人としての集合的アイデンティティがまだほとんど現れていなかったことを明らかにしている。おおよそ近代的な意味でのスロヴェニア人という言葉が最初に使われたのは、この本の刊行の一八年前でしかなかったのだ。一七八〇年には、クラインの子供の三％しか学校に通っていなかった。小民族であるスロヴェニア人は、一八〇〇年頃になっても九三％が農民であり、武器として駆使できるような輝かしい過去は何も持たず、ハプスブルク権力に対して長い期間なんら疑問を呈しなかったのである。

ガリツィアのポーランド人は、これとは話が違っていた。彼らはオーストリア、プロイセン、ロシアによる第一次ポーランド分割によって一七七二年にハプスブルク勢力圏に入ってきたばかりであった。ポーランド人は、卓抜《パル・エクセランス》した歴史的国民だったが、その構成員だったのは彼らのうちのごく一部であった。非特権諸階級の犠牲のうえに貴族がポーランド国家と一体化したことによってこの政治体は弱体化したため、一八世紀後半のオーストリアにおいて、ガリツィアは国民問題というよりも実際の行政問題としてたちあらわれたのである。一七七三年のガリツィアの総人口二三〇万のうち、大貴族と多くの小規模ジェントリからなる貴族は一四万一〇〇〇人あまりに上っていた。彼らは、当時の人々からはポーランド語を使う農民とは民族的にも別ものと見られていた。彼ら農民は、「シュトックベーメン」と似たような表現でマズルズィと呼ばれた。ポーランド人領主は西ガリツィアのマズルズィだけでなく、領邦東部で多数派をなしていたルテニア人をも支配した。ルテニア人の言語はポーランド語よりもロシア語に近く、現在のウクライナ西部をなす東ガリツィアは、いま、ウクライナ・ナショナリズムの急先鋒となっている。しかし一八世紀の住民にはこの優先的アイデンティティはなかった。観察者によって平原に住む「赤ルテニア人」と山岳の「ポクツィア人」に分類される彼らが共有していたのは、東方帰一教会（合同派教会）すなわちギリシア・カトリック教会だけだった。正教会式の典礼が行われ、聖職者の婚姻も認められた一方で、ローマ教皇に従属したこのギリシア・カトリック教会は、もともと正教徒であった人々を帝政ロシアの影響力から遠ざけるためにポーランド人である主人たちが設立したものだった。ガリツィアでは六つの都市を除くすべてが、王と貴族に従属していた。もっとも平均以下の貴族は田舎住まいだったが。多くのユダヤ人が厳しい封建体制の隙間で暮らしていた。君主国の歴史の中でやがて大きな役割を果たすことになるユダヤ人は、ガリツィア以外ではまだきわめて数が少なく、一八世紀半ばのボヘミアではおそらく約三万人、ハンガリーでは四万人程度しかいなかった。ハンガリーでは大半が地方に住んでいたが、急速に増加したのは一つには結婚の自由さえ制限されていたボヘミアからの移住によるものだった。一方で一七七七年にウィーンにいた五五〇人のユダヤ人の中には、すでにエスケレス一族やアルンシュタイン一族のように裕福な銀行家もいた。かくて一七万五〇〇〇人（一七七三年ごろ）ものユダヤ人をかかえていたことは、ガリツィアとドイツ人のオーストリアあるいはスラヴ人のボヘミアとの間につらなるカルパチア山脈という壁よりもいっそう両地域の違いを鮮明にしていたのである。ガリツィアの東に接するブコヴィナは一七七四—七五年にオスマン帝国からオーストリアに割譲された小さな領邦である。ここにはルテニア人、ルーマニア人、ユダヤ人がいた。

だが、ハプスブルク諸邦のなかでもっとも異質で、政治的にも問題をはらんでいたのは、ハンガリーであった。一七七四年に英国公使が語ったところによれば、そこは「周辺の国々とはあまりに異なっていて、ここ〔ウィーン〕から二日旅行しただけなのに、地球の反対側に来てしまったと感じる」ような地であり、（彼が断言するところでは）万里の長城と白海、あるいはザクセンとローマほどはなれたところに起源をもつものの雑多な「群れ」のなかにおかれているようだった。何百年もの間彼らは、「対立する特性から単一の国民的特徴を鋳造するにたりる理由」を見つけることがなかった、というのだ。(9)

とはいえ、九世紀後半にドナウ盆地に入った非インド・ヨーロッパ語族のマジャール人が、一九一八年までは、ハンガリー大平原と周辺の山々を一つにまとめる接合剤の役割を果たした。そこは西暦一〇〇〇年に王冠を戴いた最初のハンガリー王の名に由来する「聖イシュトヴァーンの諸邦」であった。中世にはこの地の人口の多数派を成していたと思われるマジャール人は、オスマン帝国の侵攻と非マジャール人の浸透、そしてハプスブルクの再入植政策のために、一八世紀後半には人口の四〇%にまで減少していたと思われる。だが、この国家のマジャール的性格は、「ナティオ」すなわち政治的国民に参与する者を圧倒的にマジャール人かマジャールに同化した家系からなる貴族に限定することで維持された。

ハプスブルク権力が大きく依存していた一六〇ほどのハンガリーの有力大貴族（トランシルヴァニアを加えるとその数はさらに三〇ほど増える）が、当然のようにこの地を不均衡な割合で所有していた。ドナウ川の西側では、一七六七年に農民地の四七%がたった二八人の領主に所有されていた。だが実質的に県の行政を取り仕切っていたのはもっと多数の所領所有層《ベネ・ポセソナティ》、すなわち中貴族層であった。三年ごとに行われる騒々しい選挙で次席県令の座をめぐって競い合っていた在地の中貴族たちは、国王によって任命される首席県令とは異なり、実際に県の意志決定に関わる役人として活動した。そのうえ、これら中貴族層のあいだではカルヴァン派が優勢で、彼らの多くはこの宗派を、ハプスブルク権力が根絶やしにすることができない「マジャール人の宗教」とみなしていた。ハンガリーのプロテスタントは、国家レベルの富と権力から遠ざけられていたがゆえに、残されている組織を必死に守っていたのである。たとえば、デブレツェンとシヤーロシュパタクの大きなカルヴァン派神学寮、北ハンガリーのルター派のリセ、また国外のプロテスタントとのつながりもその事例といえる。言語改革運動の推進者フェレンツ・カズィンツィ（一七五九—一八三一）はカルヴァン派で県の判事を長く務めた自身の祖父について愛情をこめて描写している。日干し煉瓦と草屋根のつつましい家で、祖父の生活は朝の祈りに始まり、たっぷりつまった納屋、ワイン蔵、馬屋をせわしなく見回り、それから家の前に腰を落ち着けて通りかかる人とおしゃべりをしたり、宗教書や国外の学生から届けられるドイツ語の定期刊行物を読んだりしていたという[10]。こうした人々がハプスブルクの絶対主義から守ろうとしていた「自由」とは、貴族のみがもつ官職への就任権、そして課税と徴兵の免除であった。ただし、一七四一年にマリア＝テレジアを支えたように貴族が自発的に立ち上がる封建的軍事動員《インスレクティオ》は別である。だがプロテスタントの貴族にとって、危うい状態にあった信教の自由を守ることは、同時に、牧師や神学寮の教師といった非貴族の家柄とより広範に結束するためにも必要でもあった。貴族以外のプロテスタントは、国外への留学生の大半を供給しており、一八世紀後半の一六年間にこうした学業に対する許可状は七〇〇通にのぼっていた。多くの地域では小貴族の数が急増し、ところによっては一八三二年の選挙法改正以前の英国下院議員選挙人よりも数が多くなった。そのことが、ハプスブルクに対する反乱にポピュリスト的な魅力を与えたのである。おそらくは全貴族の四分の三が極小貴族であった。すなわち、中貴族の周辺グループ（社会史家は一〇〇から三〇〇ヨーク、すなわち一四三から四二九エーカーの土地所有者の間で身分の転換が起こっていたと見ている）、共同所有の小地主、零落した小土地所有者、あるいは土地がないまま貴族となりしばしば土地持ちの同輩貴族に労働を提供している「アルマリシュタ貴族」などである。

　当然のごとく、ハンガリーの農民は、この国の民族的多様性をそのまま反映していた。ハンガリー北部と北東部にかけて連なるカルパチア山脈地帯にはスロヴァキア人とルテニア人が、東部のトランシルヴァニアにはルーマニア人とルター派のザクセン人が、大平原南部にはセルビア人とドイツ系カトリックのシュヴァーベン人が多数いた。だがマジャール人、非マジャール人に共通するのは後進性だった。ドナウ川西岸のドゥナーントゥール地方とドイツ人居住地域を除き、農業は二圃式で、焼畑段階のところさえあった。農民は家を自分で建て、衣服や家具を自分で作っていた。マジャール人の祖先であるフィン・ウゴル人の円形住居は、羊飼いの小屋の形として残っていた。こうした後進性は、オーストリア以上に強い村落共同体の伝統を生みだしていた。農民に課せられる負担は全般的な傾向としてしだいに大きくなっていった。たとえばトランシルヴァニアの税金は一八世紀のあいだに四倍から一〇倍に増加した。その一方で、地方史研究は村落共同体が示した興味深い弾力性を明らかにしている。貴族は、村長の任免権を掌握することに必ずしも成功したわけではなかった。エステルハーズィ所領の村人は分与地を譲渡する権利も保持しており、さらには、貴族判事はブドウ畑と農民が自ら開墾した土地に対して、農民の実質的な所有権を認めることもあった。大家族制は、南スラヴの「ザドルガ」を典型としてマジャール人と非マジャール人の間に多様な形態で残っていた。のちのロマン主義の時代に何千もの旋律を提供することになるきわめて豊かな民衆詩と民謡は、固有の要素と普遍的な特質をともに兼ね備えていた。学者たちがマジャール人農民の伝承の中に探索しようとしたフィン・ウゴル的主題にはまた、多くの地で見出される題材が織り込まれていた。死ぬまで踊る少女、心臓を布で包んで恋人に送りとどけてほしいと願った兵士、城の密室に乙女たちを閉じ込めた「青ひげ」……といったぐあいに。そして一五世紀のハンガリー王マーチャーシュ・コルヴィンは、スロヴァキア人とスロヴェニア人の民衆文化においても英雄として登場したし、セルビア・クロアチア語話者の軍政国境地帯の民が一七五五年の蜂起で拠って立ったのもマーチャーシュ王の記憶であった。こうした農民の生活に練りこまれた折衷的な奥深さは、啓蒙主義の理性からも、のちのナショナリズムの範疇からもかけ離れたものであった。

しかし、ハンガリーの非マジャール人のすべてが単なる農民からなる「非歴史的」民族だったわけではない。ハンガリー南西部のクロアチア人は、一一〇二年にマジャール人と共通の王を受け入れて以来、自治的な性格を保持していた。クロアチア社会は、貴族的国制と県を骨格とするハンガリー王国の発展に沿ったかたちで展開した。それとともに、独自の太守《バン》と議会《サボル》をもち、〔モハーチの戦いにつづく王位をめぐる混乱がおこっていた〕一五二七年や、一七一二年からの国事詔書をめぐる折衝ではハンガリーとは別個にウィーンと対峙した。だがこれも、クロアチアの領域を一体として維持するには十分でなかった。オスマン帝国からの解放後には、スラヴォニアの三県は狭義のクロアチアの三県よりもハンガリーと密接な関係を構築していき、クロアチア語と同じぐらいドイツ語、あるいはマジャール語に通じている大土地所有者階級が現れていた。さらに、いわゆる民政クロアチアと民政スラヴォニアは、ウィーン直轄の軍政国境地帯からも切り離されていた。クロアチアの愛国主義者が思い描いたようなクロアチア・スラヴォニア・ダルマチア「三位一体王国」の三つめであるダルマチアは、一四世紀以来ヴェネツィアに支配されていた。クロアチアの弱体化と分断化の認識と、だが一方で古代ローマのイリリアとしての自意識やオスマン帝国に対するキリスト教の最前線としての功績の自覚が、一七世紀の終わりに二種類のプロト・ナショナリズムを生じさせることになった。一つは、クロアチア人もその一部であるスラヴ人種の偉大さを説いたユライ・クリジャニチのパン・スラヴ主義の理論の中に、もう一つは、リッテル＝ヴィテゾヴィチのクロアチア国家の歴史的権利への賛美の中に見られる。だが一八世紀中葉のクロアチア社会は沈滞していた。一七一三年から五〇年にかけてザグレブで出版された六五点の書物の三分の二が祈祷書で、残りの大半は当地のイエズス会学校の教科書だった。

ヴィテゾヴィチはある意味でパン・スラヴ主義と国権の間をつなごうと試みてはいたが、クロアチアの近代史はこれらの間の断絶によって、さらには、さまざまな外国勢力によって分断され、栄えある過去と停滞する現在の間でも引き裂かれたことによって、期待と現実の間の緊張に満ちていた。これに、都市と農村の分裂を加えてもいいだろう。ダルマチアの港町がイタリア・ルネサンスにおいて果たした役割と同じように、民政クロアチアの小都市はオーストリア・バロックの重要な一部をなしていた。その一方で、ダルマチア内陸部と軍政国境地帯は、当時の言い方によれば「粗野な」スラヴ人の住み家だった。彼らの生活様式は、イタリア人アルベルト・フォルティスが一七七四年に著したダルマチアの「モルラチ（黒ヴラフ人）」に関する著作によって、ヨーロッパで悪名を馳せるようになっていた。凝乳や大麦の焼パン、「多肉質のハーブ」といった飲食物に始まり、家畜と共生する虫だらけの煤けた小屋、「芸術性とは無縁の心」を占める悲しげで単調な歌にいたるまで、フォルティスの描くスラヴ人は部族時代の質朴さのイメージそのものだった。[11] これと表裏をなしていたのが、軍政国境地帯の農民兵の悪名高き残虐さだった。彼らは七年戦争ではハプスブルク軍の四分の一を構成していた。後に書かれたある文章（一七八七年）によれば、農民兵は元来は「開けひろげでよそ者にも親切で、とても気さくで……まるで子供のようだった」が、オーストリアの軍律によって「不実で人をたぶらかす、卑劣な泥棒集団」へと堕落してしまったというのだ。[12] このように、相対的に小規模な民族にあってこれほどの複雑な歴史と社会構造をもつのは、クロアチア人以外にはまれであった。

軍政国境民は、要請された時に軍役につくかわりに、自由農民と同様自分の耕地をもっていた。彼らの半分近くは、バルカン半島のオスマン帝国の支配から逃れ、カトリックのクロアチアに入ってきたセルビア人、あるいは正教徒の流れをくむ人々だった。南ハンガリーとクロアチアのセルビア人は、ペーチ総主教に率いられた一六九〇年の最大の移住に際してハプスブルク皇帝からいわゆる「レオポルト王の特権」を得て、教会の聖職者を独自に選出するなどの宗教的寛容を認められていた。こうして一八世紀には、成長著しい商業の中心地ノヴィ゠サドや、裕福な修道院があるスレムスキ゠カルロヴツィ（カルロヴィッツ）総主教座を中心に、中世セルビアがオスマン帝国よって崩壊させられて以来もっとも活気のあるセルビア人社会が発達した。もっとも、セルビア人社会も諸々の問題をはらんでいた。セルビア人入植者は、マジャール人の封建領主からの圧力や、彼らを合同派教会信徒にしようとするカトリック教会の試みと常に衝突した。また、それ以上に、スレムスキ゠カルロヴツィ大主教の任免権を握ってこれをセルビア人コミュニティにおける自らの代理にしようとするハプスブルク権力の試みに対抗して、「レオポルト王の特権」をある種の国民憲章として護持する闘争の渦中にいたのである。かくして「レオポルト王の特権」は、中央権力による浸食に抗してまもるべき「歴史的諸権利」の位置をしめるようになったのである。

スロヴァキア人は、一八〇四年時点で一二〇万人あまりの人口を有し、君主国内では合わせて一四八万人だったセルビア人やクロアチア人より多かった。しかしスロヴァキア人は、古典的な「非歴史的」民族であった。この頃、スロヴァキア人が歴史的権利の源泉であると主張する九世紀の大モラヴィア帝国は、いまだその首都さえ場所が確定されていないし、その後ほどなくハンガリーの支配下に入ってしまった。一八世紀になるまでスロヴァキア人は山あいの従順な農民で、彼らが居住する市場町や鉱山町もマジャール人やドイツ人に支配されていた。とはいえ、スロヴァキア語話者の熟練職人や小ジェントリの割合が、この世紀を通じて増えた形跡がある。人口全体の約六分の一を占める少数集団のルター派は、かつてはプロテスタントだったボヘミアと密接な関係を保ち、ボヘミアのチェコ語を書き言葉として使用していた。だがスロヴァキア人のアイデンティティはまずもって、「ハンガリーのスラヴ人」として、長い期間その一部であったハンガリーの王国と密接な関係をもっていた。偉大な博学者マチェイ・ベル（一六八四―一七四九）が自分自身のことを、母語においてはスラヴ人であり、国民帰属においてはハンガリー人であり、受けた教育においてはドイツ人であると書いたとき、スロヴァキア人のアイデンティティがよく言い表されている。

ハンガリーの住民層のもっとも下には、ハンガリー王国北東部のルテニア人とトランシルヴァニア侯国のルーマニア人がいた。彼らのあいだの知識人層は一七世紀末に導入された合同派教会の聖職者に限られ、重要な施設といえばトランシルヴァニアの小さな町ブラージュに一七三〇年代から建てられはじめた合同派の神学校と学校だけだった。一八〇四年にオーストリアの士官デミアンは、彼が「ワラキア人」と呼ぶところのルーマニア人の「一般的な風貌」を次のように記している。

あらゆることに節制がない性向をよく示している。若くして皺のよった狭い額、目まで垂れたぼさぼさの茶色い髪、もじゃもじゃの濃い眉ときょろきょろする小さな目、ひげだらけのそげた顔、そして骨ばった体つき――これらは彼らに活力を与える野蛮な精神を反映している。[13]

だが皮肉なことに、ワラキア人《ヴァラクス》というぎこちない名称（ウェールズ人と同語源《ウエルシュ》）はもともとゲルマン語話者がローマ帝国と関わりのある外国人という意味で用いていたものだったが、一七七四年に合同派司祭サムエル・ミク＝クラインによって、古代ローマの属州ダキア時代（一〇七—二七〇年）からトランシルヴァニアに持続的にルーマニア人が居住していたという理論が打ち立てられることになる。ハンガリーの歴史家がルーマニア人の痕跡が確認されるのはようやく一二世紀になってからだと主張しているように、この理論が正しいかどうかはさておき、一八世紀にはすでに、トランシルヴァニアとこれに隣接するハンガリーの諸地域ではルーマニア人が多数派集団となっていた。しかしながらルーマニア人は、マジャール人、マジャール語民のセーケイ人、ドイツ系のザクセン人の間での権力分有を定めた一四三七年のトランシルヴァニア同盟からは排除されていた。「ワラキア人」が支配権力から乖離していたことは、ハプスブルクが支援した合同派教会が、圧倒的に山岳部の牧畜の民からなるこの人々を正教会の伝統から引き離そうとして失敗したことに顕著に表れている。合同派教会の試みの失敗は、一七六一年にマリア＝テレジアが正教会のトランシルヴァニア主教を任命したことで白日のもとにさらされることになる。この主教がセルビア人が主導するスレムスキ＝カルロヴツィ大主教の管轄下におかれたことは、民族を含めてあらゆることを位階的に位置づけようとする帝国の精神を表している。

一八世紀のハプスブルク領には、君主国中心部の封建体系に簡単に分類できない二つの地域があった。ロンバルディアとオーストリア領ネーデルラント（ベルギー）である。これらは東・中央ヨーロッパから地理的に離れているばかりでなく、社会的にも政治的にも大きく異なっていた。そこには、大きな都市があり、有力な貴族社会があり、さらには、栄えあるイタリア語やフランス語が話されており、ベルギーの場合では独自の領邦等族とブラバント公国の歓喜の入城《ジョワユーズ・アントレ》に代表される自由憲章を有していた。ロンバルディアとネーデルラントは、冷たくも寛容な中央権力に総じて忠実だった。ハプスブルク権力は、これらの地域を公債と税金の源とみなしながらも、ベルギーでは小刻みに、ロンバルディアでは大胆に土地税改革を行うことによってその収入が漸増することで満足していたからである。この改革は一七六〇年に完了し、一八世紀の国家施策の大きな成果とされている。

以上述べてきた君主国は、この国を産業化以前の「伝統型」社会であったとみなす現代の多くの紋切り型の見解を拒否するものであった。同時代の文章を読めば、そこにはイギリスに劣らず活気に満ちた世界だったことがわかる。何千人ものチェコ人職人が西ヨーロッパを遍歴し、スロヴァキア人がハンガリー中で物を売り歩き、その多くが貧しかったオーストリアの村人の三〇%が毎年住居を変え、ルーマニア人がトランシルヴァニアとワラキアやモルドヴァの間で移住を繰り返し、セルビア人が何万人もの規模で君主国からウクライナへと流れて行った。それゆえ、民族帰属意識は、一部の理論が説くような副次的問題ではまったくなく、しばしば社会的解釈の道具として、頻繁かつ騒々しい一般化の問題であった。ボヘミアのスラヴ人がボヘミアのドイツ人に五〇年間の後れをとっていたとしても、ルーマニア人がその隣人たちから数世紀間も後れていたとしても、この事情は変わらなかった。民族的・文化的差異の中に危機の素材そのものを見てとることに慣れた現代の読者なら、このきわめて不安定な地域で執行される権力というもののもろさは、容易に、後知恵をもってすれば正しく推論できるだろう。

しかし、一八世紀の著述家たちの見方は違っていた。もとより大半が支配的集団からなるこれらの著述家たち自身の経験からすると、状況はそうしたものではなかった。当時の論者にとっては、きわめて多様な人々が少数のエリートの支配のもとに生きることは、懸念ではなくむしろ信頼を熟成させるものだったのである。支配権力がこうした状況でいままでうまくやってきたのなら、かつてない知的活動の時代にあって、行政面の新たな機構、技術、情報で強化された権力にできないことなどあるだろうか。統治者にとって一八世紀が政治的楽天主義の頂点であったのは、文明の進歩がエリート層のみ強化し、大衆はまだ強化されていなかったからである。アイルランドのプロテスタントにしてもバルト・ドイツ人の貴族にしても、あるいはヘルシンキのスウェーデン語話者にしてもプラハのドイツ語話者にしても、さまざまな「優越性」は、人間本性やそれに類すると想像されるものが自ずと赴く方向に従っているまでだ。彼らは、彼らの下で膨大な人的労役が起こっていることはわかっていたし、もっと効率的に指揮しなければならないということも意識していた。知的にはより情報を網羅し、心理的にはより安定感を得られるようにするため、権力を抑圧的にだけでなく建設的に行使する必要も徐々に感じていた。後世の基準から判断するなら、一八世紀はまだまだ遵法的な時代ではなかった。マリア＝テレジアの治世は農民の暴動にたびたび見舞われた。だがこれに関していうなら、重要なことは、統治のうえで暴動はもはや避けられない災厄であり原罪の果実であるとはみなされていなかったということである。そうではなく社会秩序がはらむ、修正が可能でまたそうしなければならない欠陥の証拠として見られるようになったのだ。群雄割拠するヨーロッパ大陸にあってハプスブルク君主国が競争力を維持しようとするにあたって、君主国のはらむ極度の多様性と脱中心性はその後進性シンドロームの一部になっており、取り組まなければならない問題であった。啓蒙絶対主義の枠組みが席巻しはじめたのである。

オーストリア啓蒙主義への道か？

マリア＝テレジア（在位一七四〇―八〇年）とヨーゼフ二世（在位一七八〇―九〇年）の統治期間と結びつけられる、一八世紀のオーストリア改革運動には二つの要因がその基礎にある。一つはオーストリア継承戦争（一七四〇―四八年）であらわになった弱点の手当てを行い、新たな紛争を見越して君主国の軍隊と財政を全面的に立て直さなければならないことだった。ポーランドとオスマン帝国が衰退し、将来的な分割が視野に入れられるにつれて、この時代の国際政治で目ざされた勢力均衡は絶えず脅かされ、それをめぐる国際紛争はますます差し迫ったものになっていた。改革に拍車をかけたもう一つの要因は、ヨーロッパ啓蒙主義だった。考え方の世俗化が進み、人間のさまざまな問題を解決するものとして、理性にますます信頼がおかれ、さらにはこうした潜在的にきわめて急進的な西ヨーロッパの思想が政府に友好的な中央ヨーロッパ版に仕上げられていったのである。こういったすべてが、変革への心理的背景と知的基盤とを提供したのである。

この一対の、実際上かつイデオロギー上の要因は、オーストリアの改革を説明しようとするとき、相対立するものとしてとらえられることが少なくない。そもそも改革とは啓蒙的意識を満足させるためではなく、国家を強化するために意図されたものではなかったか？ なるほど、マリア＝テレジアにとってはまったくそのとおりだが、それと相反する性格もきわめて鮮明に見て取れる。問題は、支配者たちが当然のように意図するように、彼らが国家を強化しようとしたかどうかではなく、どのような方法が有効だと彼らが考えているかにある。さらには、政治家たちが、なにがしかの啓蒙思想家《フィロゾフ》が描いた設計図に忠実に従って知的影響力をひけらかそうとしたなどということを証明する必要もない。むしろ、政策と、政策が練り上げられた参照枠組みの背後にある大前提こそが問題なのだ。オーストリア啓蒙絶対主義の擁護論はこうしたコンテクストの中で精査されなければならない。

思想の伝達は通常、直接的なものではない。西ヨーロッパの啓蒙主義を、民主的なルソーから無神論のドルバックまでまるごとそっくりオーストリアに持ち込めるはずもなく、それどころか、この国には独自の改革の伝統があり、一七世紀後半から「カメラリスト」が国家が支援する経済発展を唱えていたのである。君主を同輩中の第一人者《プリムス・インテル・パーレス》としての封建的首領から、法による支配の遵守のみを義務付けられた、公共善に尽くす主権者へと変貌させることを主張した、啓蒙主義の北ドイツ版、クリスティアン・ヴォルフ（一六七九―一七五四）にさえプロテスタント起源の痕跡が認められるのだ。確かに、オーストリア貴族は一七三〇年代から、ドイツ系プロテスタント大学でのイエズス会士による教育に見切りをつけていた。一七六〇年代にはすでに隣接したボヘミアでは、ザクセンとプロイセンの啓蒙主義が相当勢いをもつようになっていた。カトリック史家のマースは、ネオ・プロテスタント合理主義が近世オーストリアのイデオロギー上の接合剤であった対抗宗教改革の遺産を弱める役割を果たしたと指摘している。だが同時に、プロテスタントや合理主義と並行してカトリシズムそのものに根ざした伝統もはたらいていた。たとえば、オーストリアの支配者のもとでのエラストス的国家教会を追求したオーストリア版ガリカニスム、教皇ではなく公会議による教会統治を主張したドイツ・カトリシズムの運動であるフェブロニウス主義、そして最も興味深いものとして、ローマから公式に有罪宣告されつつもカトリック・ヨーロッパの信仰形態に大きな影響を与えつづけたジャンセニスムなどがあった。

ジャンセニスムはカルヴァン主義のなごりを残す禁欲的な教義であり、バロック的信仰の華美で外面的な祈祷よりも日々の感謝の祈りを、諸聖人の祝日や聖体行列よりも平素の日曜礼拝をよすがとしていた。オーストリアにはネーデルラントやイタリアなどからもたらされ、ジャンセニスムに傾倒したイタリア人司祭ムラトーリが書いた『真の帰依』は、一七五二年から九五年の間にウィーンで八回も刊行されている。ウィーンのトラウトソン大司教（在職一七五〇―五七年）は、司祭たちが信者に向かってイエス・キリストを語るよりも、ロザリオの祈りを説くことのほうが多いと嘆いているが、ここにはムラトーリの影響があった。その後任者ミガッツィは『真の帰依』の一七六二年版に序文を寄せている。一七六〇年代にはオーストリアの司教の三分の一がジャンセニスムに共鳴しており、マリア＝テレジアの主治医として影響力の大きかったゲラルド・ファン・スヴィーテンもそのひとりだった。ジャンセニスト批判の主翼をになっていたイエズス会は陰りをみせており、教育の分野では競争相手のピアリスト会が学校での母語や現代語、それに自然科学の教育に重きを置いた運動を主導していた。こうして一七六〇年代にはオーストリア・カトリック啓蒙主義が姿を現したとみることができる。これは、部分的にはプロテスタント啓蒙主義に示唆を受けて、敬虔の再認識と最先端の知的主題の融合のなかにおいて展開された。これは、プラハ大学の哲学教授でカリスマ的存在のカール・ハインリッヒ・ザイプトらによって支持された。「国家の幸福への教育の影響」を題目とした教授就任講義でザイプトは、知的に開かれ再補填されたカトリシズムの影響力のもと、オーストリアは近隣のプロテスタント諸国に追いつき、追い越さなければならないと主張した。ボヘミアの強制的改宗といった微妙な問題も含め、対抗宗教改革的信仰が行き過ぎたことに不安を感じていた改革派の間で、旧弊を一掃しなければならないという意識が高まった。おそらく、心理的にはソ連のペレストロイカ初期の興奮気味だった改革共産主義と同類だったといえる。

改革的カトリシズムと呼ばれるようになったこの運動は、旧態依然たる宗教形式に反発していたがゆえに、古臭い封建的規範への批判も内包していた。個人主義が芽吹きはじめたのである。ムラトーリは聖人の日が増加していたことを批判していたが、それは労働者がまっとうに金銭を稼ぐ妨げになるという理由からだった。ハプスブルク君主国が現代へとつながるヨーロッパの人口増加と経済的拡大の一翼を担うようになると、価値観は塗り替えられるようになった。ハンガリー諸領の人口は一七二〇年の約四〇〇万から一七八七年には約九五〇万人に急増し、ボヘミアでは一六四八年から一七七一年の間に人口は三倍も増加し二六〇万人となった。こうした人口増加は主として戦争と荒廃からの復興によるものと説明できるだろう。アルプス諸邦におけるやや小規模の人口上昇は、おそらく一八世紀前半の農業の振興によるものであろう。

その原因はなんであったとしても結果的に、一八世紀を通じて、小屋住みや不完全分与地農民、労働者、さらには完全な貧困層の割合が増大した。一七二七年には上オーストリアの人口の一二分の一が物乞いだったと記録されている。一八世紀の物乞いは年寄りと女性が不釣り合いに多かったという証拠が残っているものの、同時代の人々が物乞いを警戒し、彼らと犯罪とを結びつけるようになったのは、健康な貧民が増えたからであった。モラヴィアの首都ブルノ（ブリュン）に矯正施設をつくる提案が一七七〇年に政庁長官からなされたが、それは犯罪者、叛徒、農奴、物乞い、浮浪者、精神障害者を対象にしたものであり、そこには興味深い発想の連関がみてとれる。[14] 世紀半ばから君主国では国が資金を提供した作業場や孤児院、捨て子養育院、紡績学校、「保護施設」などが急速に設立されていった。そこには社会的規律を維持しようという配慮と、それまで教会が担ってきた福祉を国家に移管しようという暗黙の認識の両方が見てとれる。かつての家父長制の形態は弱まっていた。他の局面では保守的な上オーストリアのヘレンバッハ男爵でさえ、一七四二年に、物乞い行為を擁護している貴族たちについて、彼らが所有する居酒屋で好き放題に物乞いさせるのは、そこから得られる利益と、挙句の果ての乱闘に科す罰金のことしか頭にないからだと非難している。

一六八五年には失業者が増えることを理由に水力織機の使用を禁じたモラヴィア政府であったが、一七五一年になると、その通商当局は一〇人の貧者より一人の富者のほうが国家にとって価値があると言明するまでになった。[15]

啓蒙絶対主義政策の社会的コンテクストに注目する近年の歴史家は、これらを、社会の下層から盛り上がる圧力を恐れた支配者の反応であり、ある種のフーコー流の社会統制実践であるとみている。しかし、こうした解釈は事態を単純化しすぎているだろう。一八世紀の支配者には社会的規律を維持しようとするまぎれもない欲求があったとともに、ヨーロッパ中で模倣されていた新しい制度がもつ問題解決能力に対して絶大な信頼をよせてもいたのである。さらには、上述の解釈が正しいとしても、改革が順調に導入されていった背景には、共同体的なあるいは具現的な信仰形態が弱体化し、理性的な宗教と個人責任に対する内的意識の高まっていたことがあった。イングランドのメソディスト派とドイツの敬虔主義がその典型であった。

このような態度は、オーストリアの消費社会の歴史の研究者ザントグルーバーが言うところの一八世紀のパラドクスと関連づけることもできるだろう。つまり、実質賃金は上がらなかったにもかかわらず消費は伸びていたのである。人々はより勤勉に働くようになったと思われる。伝統的に職人の労働時間は途方もなく長かったが、数多くの宗教的祝祭日に休みを与えなければならなかった。一七七一年に祝祭日の削減が布告されると、憤慨したウィーンの労働者は「憂鬱な月曜日《ブルーマンデー》」すなわち長い週末を制度化することを求めたほどであった。それとは対称的に、新たな国家施設や「作業場」で極めて厳格な労働規則が適用された。一七五二年に創立されたヴィーナー・ノイシュタットの士官学校では起床時間が五時であり、織物工場の労働時間は一六時間に及んだのである。こうした労働の強化は、収支をあわせるためによりいっそうの労働が必要とされたからであろうが、同時に、その報償や仕事の機会が余分な労働に見合うかたちで与えられたということも意味しており、このことは消費行動からもみてとれる。実際、ハプスブルク君主国経済は拡大しており、農村における家内工業の発展などの君主国経済の特徴も、上述の仮説を裏付けるものである。この経済成長は、技術革新よりも生産の組織化と輸送の改善によるところが大きかった。農業以外の分野では商業のもたらす富が工業のそれを相変わらず圧倒していたし、マニュファクチュアはブルジョアジーではなく貴族がほぼ牛耳っていた。運河をはじめとするインフラの整備は、一八世紀にはまだその多くが計画段階にとどまっており、実行に移されたのはわずかであった。もっとも、注目すべきことがいくつかなされている。バナートの穀物をアドリア海まで輸送できるようサヴァ川の航行範囲が延長され、ドナウ川の運航が黒海に至るまで開放されたことで（最初のドナウ川航運令は一七七〇年に発布された）、ハンガリーの小麦輸出は一七四八―八二年の間に五倍に、毛織物の輸出はほぼ六倍に伸びた。クロアチアでは一八世紀後半に定期市の数が四八から一八七に増加した。ハンガリーやトリエステを拠点にした正教徒のバルカン商人は、ペシュトの大穀物市場を経由してウィーンやその先にまで商業ネットワークを広げており、彼らの役割は、ウィーンのフランス人・イタリア人・ドイツ人商人のそれに匹敵した。これらウィーンの商人は卸売を独占していたが、地元のオーストリア商人と次第に共生するようになっていった。地域間交易のこの発展は、ドイツ・オーストリア諸邦と、とりわけ織物家内工業の長い伝統があったドイツ語圏ボヘミアの不毛な山裾地方で、プロト工業化と人口増加に拍車をかけた。

農業においても、大規模所領に限定される現象とはいえ、進取の取り組みが試みられた。一七六〇年代にはオーストリアで最初の領邦農業協会が設立された。訓練された所領管理人たちは、根菜栽培や計画的な施肥方法、さらには品種改良などの西ヨーロッパの知識を普及させていった。シュヴァルツェンベルク家の所領では、管理人のペトル・スヴェテツキーが領主直営地を農民に分配する提案をしたが、これはフランス重農主義の富農重視思想に影響されたものだった。同様にハンガリーでも世紀半ばから所領経営の専門化が観察できるようになる。オーストリアなどとは異なりハンガリーでは、所領経営の専門化は富農の生産性の上昇をもたらしたのではなく、貴族の生産性増大を結果としてもたらした。貴族の所領では家畜の飼育から耕作へと土地用途が徐々に転換させられていったのである。もっとも、この時期にはまだハンガリーの輸出品の大部分を畜牛や（おもに農民が生産する）ワインであることに変化は起こってはいなかった。

これらの新農法に関する専門知識は、ブルジョア階級の学識者に多くを依存していた。プラハでは、民間の学術協会にきわめて才能豊かな数学者、統計学者、植物学者、地質学者が集まっていたし、ハンガリーの初期の旅行記はほとんどが地質学者による地勢に関する記述だった。科学が経済発展に付随していたことを反映して、大学では新講座が設置され、工学研究が進展した。プラハ大学で工学を学ぶ学生は、一七六七年に二四人だったのが、一七八〇年には二〇〇人に、一八世紀末には一〇〇〇人に達した。ウィーンとプラハでは、世俗思考のブルジョア知識人層が台頭しつつあり、科学への関心だけでなく文学も開花しつつあった。ウィーンを代表する出版人ヨハン・トラットナーは、ブルジョア出身の者としてはじめてこの都市で一代出世した人物だった。彼が専門的にあつかったのはドイツ啓蒙主義の著作だった。それらはフランスやイタリアの貴族趣味からくる「人為性」とは対照的に、ドイツ人ブルジョア文化がもつ「質朴さ」と「自然さ」の観念を育んでいこうとするものだった。

改革派カトリシズム、経済発展、ブルジョア文化の出現はそれぞれ別個のことがらだが、移行期にある社会において全く無関係の側面だったわけではない。いずれもヨーロッパの、とりわけ中央ヨーロッパの思想と特徴を共有していた。オーストリア啓蒙主義とでも呼ぶべきものの性格と範疇を明らかにするために、何人かの特色ある人物を例に挙げよう。

一七五二年からマリア゠テレジアの宰相をつとめ、実質的な外相でもあったヴェンツェル・アントン・カウニッツ公（一七一一―九四）は、ドイツ化したモラヴィア貴族の出であった。啓蒙思想家《フィロソフ》を自認し、合理的システムを愛好する啓蒙主義者の典型であった。欠点ですら啓蒙的で、細菌の侵入を恐れて窓は閉めっぱなしだった。とはいえ、彼のリベラリズムは才能ある者には経歴上の道が開かれるという考えまでには達しなかった。かつて彼は、「市民がそれぞれの階級に対応した教育によって、それぞれの責務について健全で明確な考えを若者たちに植えつければ、国民は強大になるだろう」と語っている[16]。カウニッツは一七五六年の「外交革命」を画策した張本人であった。ハプスブルク朝オーストリアはこれによりブルボン朝フランスとの長年の確執に終止符を打ち、フリードリヒ大王のプロイセンを叩き潰すことに集中しようとしたのだ。これが失敗したことから、国家の真の強さとは国内の繁栄と「偏見」の漸減にあるという考えを確信する。これぞ部屋着で教皇を迎え、接吻のために差し出された手を握手した男である。ドイツ語と同様にフランス語も流暢に操り、ディナーには一六皿が出される大貴族カウニッツ（もっとも個人的には節制していたが）の例が示してくれるのは、ハプスブルク国家の心臓部にまでいかに新しい思想が浸透していたかということであると同時に、それが必然的に限定的なかたちにならざるをえなかったということであった。

国家の高官は相変わらず大貴族が独占していたが、改革の理論的な支柱を提供していたのはたいていブルジョア出身者だった。ウィーン大学の法学教授マルティィニ、リーガー、ユスティらは、普遍的に適用できる原則にもとづく（と考えられた）「自然法」の擁護者だった。彼らは名士として政府委員会で活躍し、教科書や覚書を執筆し、貴族の個人教授をするなどした。ウィーン大学の政治学教授で、カトリックに改宗したユダヤ教ラビの息子ヨーゼフ・フォン・ゾンネンフェルス（一七三二―一八一七）の業績から、絶対主義国家に従属した改革運動の範囲と限界がわかる。ゾンネンフェルスは、ルソーの「社会契約」「市民社会」といった概念を読み替えて、個人はその意思を公益に従わせる義務があるという意味に理解することで、純粋な啓蒙専制思想に陥った。だが、国家はその人民に対し「最善」をつくすために存在するという彼の主張は、上記の意図からはずれた人民の自己実現の権利を含意するものでもあった。また彼は、臣民を「市民《ビュルガー》」に格上げしたことで貴族の意味合いも微妙に変化させた。貴族の指導的役割に対しては異議を唱えなかったものの、ゾンネンフェルスにとって貴族は「市民社会」の中の一つの利益集団であり、その特権は啓蒙主義的統治原理に精通してこそ正当化されるものであった。実際、ゾンネンフェルスはドイツ啓蒙主義のブルジョア的価値観を市民社会の標準として考えていた。演劇検閲官として彼は、ウィーンの伝統である民衆喜劇にも上流階級お気に入りのフランス演劇にも異を唱えた。この点で彼は、この時代に育まれていった誠実さにいかにも忠実だったのである。

同じく国家役人であったイグナーツ・ボルン（一七四

二―九一）は、この時代の科学の進歩をみごとに代表する人物だった。ボルンは、トランシルヴァニアのザクセン人で、ウィーンとプラハで教育を受けたあと、国家鉱山局に入所し、のちに地質学者、鉱物学者、そして化学者として国際的な名声を博した。造山に関する火山説や、過去の気候を研究するうえで化石の重要性を説いた初期の学者である。学術上のライバルであるイエズス会士が証明しようとしていた聖書の洪水物語を神話として退け、同様にチェコの起源について脱神話化していたボヘミアの歴史家を支持していた。ボルンは一七七三年に、発起人としてプラハに学術協会を立ち上げた。チェコ科学アカデミーの前身である。アイスランドとシベリアが研究調査の対象とされているなら、なぜオーストリアが対象にならないのか、と不満を述べている[17]。ボルンは、帝室自然史博物館の館長となるためにプラハからウィーンに移ると、ウィーンのフリーメイソンを代表する顔になった。モーツァルトの「魔笛」に登場するザラストロのモデルとして、彼は今も生きつづけている。

ドイツ化したスラヴ人の家系出身のカウニッツ、プロイセンのユダヤ人家系のゾンネンフェルス、トランシルヴァニア・ザクセン人でプラハとウィーンで活躍したボルン。この三人を見ると、ハプスブルク君主国が一八世紀の終わりの三分の一までに、話されるドイツ語方言はまちまちであっても、その中で優勢な「高級文化」をいかにして獲得してきたかが、また、文化の進んだ隣人諸国の経験を学び、あるいは改変してでも自分のものにしようと、いかにして結束してきたかがわかる。だがその範囲はほとんど官位貴族と上流ブルジョア層に限られていた。大半のハンガリー貴族は以前のままだった。ハンガリー議会が一七六四年に、ある新絶対主義的な論考に対して、ジャンセニスム的異端と、グロチウスの「リベラルな」原理と、ルターの「罰当たりな」誤謬と、マキャベリやホッブズの「瀆神的な」教義に染まったものとしてこれを罵倒したのであるが、そこにはわずかな知的活力さえ見いだせない。包囲されていた少数派プロテスタントの指導者たちも、偏狭な信仰の正統性にしがみつくばかりで、新しい思想とそもそも手を結ぶつもりもなかった。デブレツェンのカルヴァン派神学寮の革新的な数学者ハトヴァニが、先達とのやっかいなつじつま合わせに直面しながら気づいたのは、プロテスタントのそうした状況であった。クロアチアのオルシッチ伯が一七七〇年代につづった日記には、田舎の家父長主義へのノスタルジーと、そこにはじめて姿を見せた最初のブルジョア弁護士に対する憤慨がつづられている。お膝元のウィーンでも、英国人ラクソールやプロイセンのニコライらプロテスタントの高慢な傍観者が、オーストリア上流社会に見られる迷信と浅薄さを嘲笑していた。

だがはたして、こうした外部の人間が決めつけたとおりだろうか。一八世紀後半の君主国は、独特なかたちで思想の変貌を経験していた。そして、それは明らかにエリート社会以外にも浸透していた。チェコの農民判事で日記を残したヴァヴァークは酒を飲まず、聖書から基本的なキリスト教精神を身につけ、チェコ語の農業手引書を書き、一言でいえば模範的なひたむきさで公務と改善に身を捧げた。クロアチア軍政国境の士官マティヤ・アントン・レリコヴィッチの極めて人口に膾炙した『風刺』(一七六二―七九年)二部作は、土地の人々の「偏見と悪習」をこきおろし、ガラス窓や国道、政府推奨の養蜂・養蚕技術を絶賛している。彼の世界の中でこれらは近代性そのものとして受け止められていたのだ。セルビア人ではザハリイェ・オルフェリンとドシテイ・オブラドヴィッチが、それまでの書き手が用いたロシア語風の難解な用語ではなく、通常の口語を生かした言葉で反啓蒙主義に対抗した。見落としてならないのは、ハプスブルクの臣民が規律をもったつつましい国家という概念にいっそう慣れつつあったということだ。オーストリアの初代ガリツィア総督ペルゲン伯の報告書全体を通じて、傲慢で搾取的な貴族や怠惰で無知な聖職者、養成された助産婦も規則に則った薬屋もない不衛生な都市、その他もろもろが痛罵されている。

これをもって、オーストリア啓蒙主義なるものがあったということの証拠になるだろうか。懐疑的な論者なら、ペルゲンはヨーゼフ二世の警察長官として、絶対主義の啓蒙されていない一面を露呈するプラグマティックな政治家だったと言うだろう。だが別の見方もありうる。貴族にしても、聖職者にしても、役人任命の問題にしても、これらの標的に対してプラグマティックなペルゲンが抱いていた前提には、「啓蒙主義的な」言説が反映されていたのであって、これは大きな意味をもたないだろうか。一七七〇年代までにオーストリア絶対主義が啓蒙主義の色合いをどれほど帯びていたかを、彼の報告は示してくれる。権威主義と慈愛が奇妙にまじりあいながら、近代ハプスブルク政治の基礎が敷かれつつあった。

マリア＝テレジアの改革

一七四八年のオーストリア継承戦争終結を機に改革運動が歩をはやめた背景には、次のような事情があった。直接の動機は完全に実際的なものである。マリア＝テレジア治世の初めから見られる分裂傾向に歯止めをかける必要があったし、不安定な国家財政も近い将来に予想される戦闘にむけて強化される必要があった。はたして七年戦争が一七五六―六三年に起こることになる。一七四八年から四九年にかけての改革第一期の改革計画を設計したのはカメラリストに影響されたF・W・ハウクヴィッツ伯だった。彼は、女帝自身がそうであったように、啓蒙思想家《フィロソフ》には興味がなかった。マリア＝テレジアは聡明で意志の強い女であり、深遠な思想よりは自らの信仰、自らの権威、そして夫フランツ＝シュテファンとの間に生まれた一六人の子のほうに関心があった。夫は事業家風のスポーツ愛好者で、政治は妻にまかせきりだった。ハウクヴィッツは、一〇万八〇〇〇人からなる常備軍を支えるべく世襲領の軍税《コントリブティオ》の水準を引き上げるとともに、領邦議会には毎年ではなく一〇年に一度だけ承認させることにした。世襲領の行政を共通の管理庁政庁のもとに一括し、領邦議会ではなくウィーン政府に責任を負う地方行政機関を設立した。続いて一七五一年にはウィーンに司法庁が設けられ、これを通じて進められた法体系の統一作業が、領邦の独自性をさらに脅かすことになった。それゆえに起こった抵抗運動のために、オーストリア領邦を包括する民法典のもっとも重要な部分の公布は一七八六年までずれ込むことになった。一方で、一七六六年に制定された暫定テレジア刑法には拷問の条項や、冒瀆や魔術に対する刑罰など、伝統的な法令の特徴が残存していたのである。領邦側の意向は一定程度反映されることもあり、一七六〇―六二年に動きの鈍い管理庁が分離解体されるにともなってかつての所領管理庁のいくつかが復活した。もっとも、ハウクヴィッツが廃止したボヘミア政庁の再建については、領邦の重要な要求であったにもかかわらず、却下された。政府を牽引する人物はいまや、啓蒙主義者を地で行くカウニッツになった。一七六一年に設置された国家会議《シュターツラート》の陰で、勧告書を手に君主国全体を動かしていたのだ。領邦の地位低下はこうして確固たるものになった。もっとも、領邦議会の常設委員会は切羽詰まった中央に対する領邦からの信用貸付のパイプ役として一定の重要性を保っていたし、細部に関する法律はそれぞれの領邦で別個に制定され、それにはその地方のさまざまな状況も勘案されてはいた。

こうして活気づけられた政府はまず、貴族によって農民の担税能力が弱められることを回避しようとした。ボヘミアで導入された郡《クライス》レベルでの官吏任用制度が他にも行き渡ったことで、ウィーンは貴族による農民地の占有を監視する手段を手に入れた。貴族地は一七四八年から課税されてはいたが、農民地より税率が低かったからである。しかし、カウニッツの登場以前に他の分野でとられた方策は、はっきりとした実利性に欠けるものがあった。教会葬儀の簡素化、教会の行列でのトランペットの禁止、一七四九年に始まるイエズス会による大学支配に対する攻撃、一七五二年の宮廷検閲委員会設置に先んじてますますリベラル化する諸政策、これらはいずれもバロック的伝統の拒絶を表していた。魔女とみなされていたクロアチアの女性を審問し赦免したのは、検閲委員会の議長でありジャンセニストの医師ゲラルド・ファン・スヴィーテンだった。一七五八年に彼女に下された宣告のなかで、マリア゠テレジアは他の国々ではそもそも魔女を迫害しておらず、魔女を審理するということ自体、私を審理するのと同じではないか、と言って疑念をはさんでいた。

治世の後半には、農民保護はより包括的なものとなっていた。国家が領主・農奴関係に直接介入しはじめるとともに、富裕農民層を最も重視する重農主義的立場を取り入れていった。このことは、将来の戦争の資金調達をするのに、外国の傭兵や英国の援助金に頼る必要がより少なくなるという意識の反映だったが、一方、一七六〇年代の農民問題に関する政府のすぐれた専門家フランツ・アントン・フォン・ブランはまさに自然法の観点から、農民の生存権は領主や国家に対する義務より優先されると論じている。マリア゠テレジア自身の動機はより複雑だった。少数の身勝手な貴族によって公正な政策が妨害されれば、私は地獄で永遠に苦しむことになるかもしれない、そんな危険は冒したくない、と言っている。だが同時に彼女は位階制社会を正しいものと信じ、なにかにつけて反抗的な農民を信用してはいなかったのだ。その結果政府と貴族の間に一進一退の攻防が繰り広げられ、その最中に繰り返された農民の蜂起の矛先が彼らの障害となる領邦議会に向かったことが、さらに政府による介入の中身を是正する好機となった。一七五八年のスラヴォニア、一七六七年のハンガリー、一七七五年のボヘミア、一七七八年のシレジアを対象とした勅許はいずれもそうした状況の産物であった。これらの勅許は、貴族が要求できる賦役《ロボタ》の規模を法制化し、その他の法令は農民の生産物に関する貴族の優先買取権を徐々に剥奪し、相続に際して課すさまざまな徴収金に制限を設け、農民の土地保有の保障を拡大した。最も革新的だったのは、ボヘミアの王領地に一七七五年から取り入れられたいわゆるラープ制度で、賦役を全廃し、地代を支払う小作人に土地が分配された。これは、イングランドに倣った土地所有の封建制以後の形態での組織化を目指すものだった。

農民の大半には、責任感を身に付けるべく教育を受けさせる必要があった。一般教育令は、オーストリアでは一七七四年、ハンガリーでは一七七七年に布告された。学校は、村や小都市の一ないし二学級校、大きな都市の三学級の本課程学校《ハウプトシューレ》、領邦の中心地におかれた教員養成施設を備えた四学級の師範学校《ノルマルシューレ》というように等級が付けられた。オーストリア啓蒙主義の特徴として、上流階級のためのラテン語学校ではなく、大衆のための初等教育に力が注がれた。実際上の理由から、教育のこの新たな試みにおいてもひきつづき聖職者が主導的役割を果たしていた。もっとも、その指導的人物は、一七七四年の教育令の起草者アボット・ヨハン・イグナーツ・フェルビガーら改革派カトリックに属していた。フェルビガーは出身地のシレジアでプロテスタント敬虔派の影響を身につけていた。

一七六九年に統一宮廷政庁（ハウクヴィッツの管理庁の主たる継承機関）の下に教会局が創設されてからはとくに、伝統的な発想の聖職者にとっては、ますます承服しがたい雰囲気になっていた。ここのトップにいたF・J・ハインケは貴族に列せられたブルジョアで、カウニッツがミラノ公国ですでに進めていたエラストス主義的政策を支持していた。彼らはともに、教会は国家の中で最高位を占めるとはいえ団体組織の一つに過ぎず、したがって、彼らがきわめて狭く定義しているところの純粋に宗教上の問題を除いて、国家の監督に従わなければならないと考えていた。かくて二人は、教会生活の多くの特徴は修道院のように原始キリスト教の素朴な形にあとから付け加えられたものであると非難した。ハインケによれば、「あらゆる自然権に反して不敵にも巧妙に仕組まれたもの」が修道院なのである。[18] 教皇は一七七一年にしぶしぶ聖人の日を減らすことに同意し、一七七三年には自らイエズス会を解散させたものの、修道生活の制限と、イエズス会や兄弟団の財産の国による没収については、教皇の同意を得ず一方的に行われた。敬虔なるマリア゠テレジアも、国益のために「啓蒙主義的な」陣営と手を結んだのだ。だが彼女はカトリック教徒として、また君主として、宗教上の多元主義は拒絶した。治世の終わりにも彼女は、モラヴィアの隠れプロテスタントのコミュニティに信教の自由を与えたいとする、カウニッツとヨーゼフの強い嘆願を拒絶した。

イデオロギー的な理由はともかく、教会の資産は資金の乏しい政府の圧力にさらされただろう。もっとも、近年の評価によればイエズス会の歳入は一〇〇万フローリンにすぎなかった。マリア゠テレジアも、教会の財産が公益に最大限向けられていないことを認識していた。ハウクヴィッツの強圧的方策（カウニッツはこれに批判的だった）にもかかわらず、膨らむ一方の国家予算の中で直接税の占める割合が急降下しているいま、間接税の源泉となる経済管理を改善することは説得力のある課題だった。かつてカール六世はカメラリストの影響下で道路や「作業場」を造った。だが発展を促進したのは彼ではなく、その娘である。中央と領邦レベルで商業会議所が新設され、前者は一七四六年から繰り返し改編された。一七七五年にはオーストリア領ボヘミア諸邦の大部分で関税が一本化された。北部ハンガリーのバンスカー゠シュチアヴニツァ（シェムニッツ）の鉱業協会など諸機関が生まれ、トリエステの協会への政府支援は三倍になった。こうした発展が目に見える成果をもたらすようになるのは主として一七七〇年以後のことである。そのころ国は、直接的な助成金あるいは独占権の付与から、税金控除や土地の下付、さらには労働力や原料の優先的な供給などによる間接的な援助に切り替えており、これがいまだ脆弱な企業家精神をいっそう刺激したのである。しかし、マリア゠テレジアの治世を通じて、ブルジョア出身の職業人への移行傾向が明白なのは、中央政府の官職においてである。もっとも、通常、ブルジョア出身者を任用にするにあたって貴族特許状の付与が伴いはした。一七五四年には、政庁を構成する二四人のうち八人を占めた伯位保持者が、一七七五年の統一宮廷政庁では一五人中たった一人になっていた。

政府の首尾一貫性が増してきたことを如実に示すのが、軍制の刷新だった。軍にはかの有名な黒と金の軍旗が与えられ（一七四五年）、軍服が統一され（一七五〇年）、徴兵管区が導入され（一七七〇年）、若い尉官の給与が上げられ、上流階級の中隊保護者がもっていた体刑と昇進に関する権利に制限が加えられた。傷病将校のための年金基金も設立された。だが決闘の禁止は守られなかったし、将校団を統合するためには、平民出身の将校を貴族に列するなどより伝統的な価値観が必要だった。軍制の刷新のなかにはあまり根づかなかったものもあったし（一七五八年に導入された参謀本部など）、兵卒の厳しい状況はほとんど問題にされなかったが、臣下の意識をもって王朝と強く結びつきはじめた軍が形成されつつあった。

ブルジョア化、商業化政策、財源豊かな軍隊といった試みは、それ以外の様々な施策と同じように、ある強固な壁にぶつかった。ハンガリーである。そこでも、マリア゠テレジアの治世を通じて、政府の専門部局拡大に伴い四三〇人を新たに貴族に列してはいた。教育政策などいくつかの主要な政策はハンガリーでも忠実に実施されていたが、貴族の税金免除を停止するといった最も重要な政策はちがった。オーストリアの意見は厳しかった。ハンガリーにおける宮廷財務局管轄の歳入と軍への糧《りょう》秣《まつ》供出が、ハンガリーの相対的な不足額を一部埋め合わせていたものの、ウィーンの憤りは、ハンガリーの軍税が貴族の免除特権のゆえに、たとえば一七四九年にはボヘミアの半分以下に抑えられていたことに向けられていた。この時期、ハンガリーと君主国ののこりの部分との間にあった不調和のおもな原因は、おそらく女帝自身の態度のなかにあった。一七四一年にプロイセンに抗してハンガリーが示した忠誠心からくる好感と、教会に対しても示された彼女自身の強い権威意識が結びついたものであった。そのため、マリア＝テレジアは、オスマン占領期にハンガリーから切り離された広大な地域をハンガリーに返還した一方で、治世の四〇年間にわずか三回しかハンガリー議会を召集しなかったのである。その最後の議会でハンガリー貴族の協力を断られると、マリア＝テレジアは自ら一七六七年勅令、いわゆる土地台帳令《ウルバリウム》を制定しハンガリーに押しつけた。これによって、耕作用の牛馬をもつ完全分与地農民の賦役は週一日に制限され、オーストリアの農民がもっていた国王裁判への上告権がハンガリーにまで拡大された。ハンガリーの植民地的立場を示す代表例としてハンガリーの歴史家が最も頻繁に俎上に乗せるのは、一七七五年に導入された二重関税規定であろう。これにより、ハンガリー産品の君主国外への輸出に高関税が課され、一方で君主国内ではオーストリア産品が一方的に優遇され、ハンガリーの経済的利害はオーストリアに従属するようになったのである。ハンガリーでマニュファクチュアを発展させようという試みはまったくなかった。一七六〇年から一七九〇年まで、ハンガリーの貿易の八六%が富める隣国オーストリアを相手にしたものだった。

このようなハンガリーの事例が示しているように、マリア＝テレジアは均質的な国家の幻影を追っていたわけではなかった。一七四八—四九年の行政「革命」にもかかわらず、行政構造はおそろしいほどに複雑であった。政府のなすことにはむらがあった。徴兵のための全戸番号付け（一七七〇年）、国境での効果的な検疫手続き（一七七三年）、地方の食品価格の統制など、いくつかの分野についてはきわめて効率がよかった。一七七三年一一月一七日に、北東ハンガリーの都市プレショフ（エペルイェシュ）の食肉業者が提出した牛の放牧地を求める請願書は、何段階も経て女帝まで上がったあと、一二月六日に回答が出されるほどであった[19]。しかし、一七七一—七二年にボヘミアの飢饉を回避しようとする試みはすべて、はかなく失敗した。また、国家破産を免れ国家財政を立て直すという改革の全体的目標にはほとんど達しなかった。七年戦争では、君主国は一七六〇年までに再訓練した二五万人の部隊を戦地に送ったにもかかわらず、指揮官たちの慎重な戦術と援軍の減少のために、一部を除くシレジア全体のプロイセンへの割譲というフリードリヒ大王が提示した条件をのむかたちで戦争を終結させることになった。経常歳入はこの治世を通じて二〇〇〇万フローリンから五〇〇〇万フローリンに上昇していたが、一七七八―七九年にオーストリアとプロイセンの間でたたかわれたバイエルン継承戦争は、ほとんど戦闘もないまま不首尾のうちに終結したにもかかわらず、戦費は六五〇〇万フローリン近くかかった。平時の国家予算の四〇%以上が軍事費に、さらに二五%が国家債務の利息返済に費やされた。一方で、教育や貿易振興、都市の公共事業にまわったのはいずれも一%に満たなかった。このときにバイエルンを獲得できず、さらに住民の大半がドイツ語話者であるシレジアを奪回できなかったことが、オーストリアのドイツ人が、一九世紀になってその文化や経済における実力に見合っただけの人口上の比重を持ちえない遠因となったのである。君主国内のスラヴ系住民の数は、オーストリア、プロイセン、ロシアの間で合意された一七七二年の第一次ポーランド分割への参加でさらに増加した。敬虔な面と現実的な面をもつマリア゠テレジアは、その性格からしてポーランド分割を不道徳と考えつつも、蚊帳の外に置かれるのは嫌がったのだった。

単純ではないにしても、マリア゠テレジアのこうした履歴は、彼女の置かれた啓蒙主義的なコンテクストに対して、むしろ「活動的な封建支配者」[20]として考えるほうが適切であるとする見方を、十分に正当化してはいないようだ。この章では、封建的価値観や封建的諸制度に対する支持が衰えたことによって、ハプスブルク諸邦では絶対君主制の要求が受け入れられる余地が作りだされたということを明らかにしようとしてきた。こうした要求を貫徹するにあたって、マリア゠テレジアは多くの助言者の啓蒙主義的信条を採り入れてきたのである。彼らの計画が時にかなり急進的になることができたのも、政府が公衆による統制を受けないで済んだからであった。彼女の治世は、君主と祭壇と貴族が一体化した宮廷中心のオーストリア型バロック社会から、その息子のポスト封建的未来像への移行を示している。移行期の常として、そこにも妥協と未解決の緊張関係があった。マリア゠テレジアとカウニッツとヨーゼフの間にあった緊張、あるいは、共通の君主国とハンガリーの自治、農奴制と市民権、国家宗教と良心の自由、これらの間に存在した緊張は、解決をみることはなかったのである。新しいオーストリアの基礎は築かれつつあったが、多くのあいまいさや限界を伴っていた。これらにだれよりもうんざりしていたのは、マリア＝テレジアの共同統治者にして息子であり継承者であった人物、すなわちヨーゼフその人だった。その短く波瀾に富んだ治世とともにハプスブルク近代史の長い終局が始まったといえるだろう。

第二章　ヨーゼフ二世とその遺産

ヨーゼフ二世ほど期待をもたれて統治についた人物も珍しい。一七六九年にはすでにドイツの叙事詩人クロプシュトックが、戯曲『ヘルマンの戦い』をヨーゼフに捧げ、冒頭の献辞で彼のことを、「学問のあるシャルルマーニュ」と呼んでいる。哲学者のヘルダーはヨーゼフに対して、祖国たるドイツをそれを必要としている人々に与えてほしいと求めた。けっしてハプスブルク家の友人ではなかったプロイセンのフリードリヒ大王でさえ、ヨーゼフの即位を新秩序の幕開けだと評している。

のちにこれほどの注目の的となる人物は一七四一年に生まれ、偉大な教育顧問バルテンシュタインから、リーガーやブランといった穏健な啓蒙主義のスポークスマンまで多彩な個人教授陣によって教育された。バルテンシュタインは中世オーストリア史に関する六〇〇〇ページもの覚え書を用意し、この少年に与えている。ヨーゼフは彼らから、啓蒙思想を学んだだろう。だがそれらは節度をもった絶対主義やひかえめな信仰と相容れないものではけっしてなかったはずだ。それゆえ、一七六一年と六五年に彼が書いた初期の覚え書に記されたような君主国の統治機構、とりわけ貴族層への攻撃の激しさは、学習のたまものであると同時に、オーストリアがかかえる諸問題に対する彼の鋭敏な知性と活発な気性のあらわれだったのである。「誕生の時両親から受け継ぐのは動物的生命だけである」と、一七六五年に父親が死に母とともに共同統治者として布告されたあと、彼は書いている。[1] だが、新しく得られたこの地位で、彼が自分の考えを実行に移す機会はほとんどなかった。マリア゠テレジアは、息子のみを共同統治者としたのであって、自身は全権をもつ統治者として君臨しつづけたからである。マリア＝テレジアは、ヨーゼフにまかせたはずの軍事関係でさえ陰でひそかに官僚と連絡を取りつづけていたし、ヨーゼフは行政改革に関する重要な問題について母を納得させることができなかった。彼に対する母親の態度を、傲慢な愛し方だとヨーゼフ自ら書いているのは、まさにこの時期二人の関係が不安定であったことのあらわれである。

改革への意欲をそがれたヨーゼフは、制約のない世界にはけ口を見いだした。宮廷の儀式の簡素化にしても、国の負債を縮減すべく父親の資産を投入したことにしても、公的な役割を果たしたいという彼の願望を物語る全領土への劇的な旅行にしても、いずれもそうである。一七六五年から死に至るまで、ヨーゼフ二世はその治世の三分の一を移動に費やした。これらの旅は、一七六八年にバナートを訪れた際には一三台もの乗り物が彼につき従ったように、必ずしも伝説に伝えられているようにつましく簡素なものではなかった。しかしそれでも、馬上の皇帝がわけ隔てなく人々に質問したことや、宿泊施設が粗末だったこと、それに沿道の農民がこっそり請願書を入れられる袋のことなどはおそらく事実である。当時の人々が、このいっぷう変わった君主は啓蒙運動が掲げる最も重要なテーマに深く共感しているとみなしたのも当然だった。彼は、すべての人間は社会的地位にかかわらず、幸福追求の権利をもった理性的存在として扱われるべきであり、良心の自由と出版の自由はこの目的を実現するための手段であることを信じており、さらには、封建的な連中や聖職者はこうした改革に抵抗するだろうと考えていた。だが彼は同時に確信的な絶対主義者だった。全体の繁栄があってこそ個々の繁栄があるのであり、全体の繁栄を見通せるのは君主と側近顧問しかいないということに疑念をもっていなかったのである。一七八〇年一一月にマリア＝テレジアを継いだヨーゼフには、人々に恩恵を施す人間と全体のために服従を強いる人間が奇妙なかたちで同居していた。

それでも、短期間で終わってしまうことになる統治の始まりにあたって、ヨーゼフは弟のレオポルトに、しばらくはゆっくりやっていくつもりだと書き送っている。彼が国務に関与することそれ自体について、行政官を納得させることが、まず必要だったのだ。初期の布告の一つでは、官僚の業績について監督上司によるプロイセン式の年次報告書制度を採り入れ、別の布告では官僚に自動的な年金受給権を与えている。だが物質的な報償より、やる気を起こさせるもっと大事なものがあった。一七八三年のよく知られた回状の中で、オーストリアが必要としているのは公共の福利のために人生のあらゆる欲望を放棄できる人間である、とヨーゼフは書いている。かつてボヘミア長官に、日程のわずか二日前に巡幸を通告したこの要求のきびしい支配者は、郡《クライス》長官が巡察で網羅しなければならない数百項目にも及ぶリストを送りつけた。そこには邪信がどれほど残り大道曲芸師がどれだけいるかといったことから、障害をもった子供たちや「不幸な少女たち〔売春婦〕」に対する処遇状態まで含まれている。一方で、統治機構を効率化した。ハンガリー以外の諸邦では、領邦政府の数が六つに減らされ、それぞれに控訴裁判所がつくられ、領邦議会は常任委員会を失い、都市の自治は大幅に縮小された。しかし中央レベルでは、ヨーゼフは多くの貴族出身官吏に対し、おそらくは代わりになる者が不足していたからだろうが、叱責はしたものの彼らをクビにしない方針をとった。それでも、高級官吏の一人、ツィンツェンドルフ伯が日記に書いているような印象を与えることになる。つまり、国を愛し、真実がわかるのは彼自身だけであり、官吏は全員ごろつきか、そうでなければ馬鹿だ、と。

ぶっきらぼうで機転がきかないヨーゼフは、当初は、ほとんどの分野で母の歩んだ道筋を歩んだ。顕著な例として農民改革がある。一七八一年秋の二つの勅令で、貴族が農民に罰金や体罰を科すことを禁止し、農民の結婚や移動、職業選択に対する貴族による統制を廃止した。だが、この一一月勅令で使われている「農奴制の廃止」という語句は、言葉の印象ほどには劇的なものではなかった。体僕制は廃されたものの、経済的義務である賦役《ロボタ》は廃止されなかった。アルプス諸領邦は、農民は農奴（体僕《ライプアイゲネ》）であったことはなく、すでに結婚の自由を保障された世襲隷属民《エルブウンタータ－ネ》であると主張している。さらにシュタイアーマルクおよびガリツィア向けの勅令では、分与地を引き継ぐ者が見つかった場合に限って、農民に移動の自由が与えられた。兵役に服している農民は、旅行するのにも国家当局からの許可が依然として必要であった。とはいえ、君主国のより後進的な地域では、この改革が革新的な影響力をもったことは間違いない。だからこそ、ハンガリーでの反響を危惧して、そこでの同様の勅令は一七八五年まで遅れることになったのだ。

一七八一年の勅令は、一七五〇年代に始まった親農民政策の一段階として考えるのが適切だろう。結果としてこれが農民の人格的地位と土地保有権を強化し、発展しつつある地方行政ネットワークに領主の家産的裁判権を吸収統合していった。家産官吏には法律知識の習得が必要となったため、多くの家産的裁判所が統廃合されていった。ヨーゼフ主義が目指した土地制度は、すでにマリア＝テレジア期に小規模ながらも側近顧問のラープによって遂行されていたものだった。すなわち、賦役制度を撤廃し、地代を支払う小作人に（領主直営地を含む）所領農地を分配するというものであった。ヨーゼフは一七八三年にラープがつくった見取図を、ボヘミアとモラヴィアの直轄地すべてで実施するよう命じた。この政策の最終的な目論見は、領主地農民と分与地農民、あるいは「買い戻された」土地保有権と「買い戻されていない」保有権といった古い区分に替えて、法的に均質な農民層をつくりだすことにあった。たとえば、一七八四年に導入された私有林への公的監督が、アルプス地方の貴族の所領経営において、近い将来、林業の商業化が重要になることを見越していたことからも伺えるように、こうした政策は、社会の組織化に新しい原理を注入しようとするものでもあった。ただ、システムの変容は後世から見てこそ理解しやすいものである。ヨーゼフ自身は、貴族である監督官たちが、いくぶん保守的で領主寄りの姿勢でラープ改革を推進していくのを放任していた。

確かにヨーゼフ主義の土地政策には、細かくみると重要な点で曖昧な部分や非効率な部分があった。農民の分与地は、人口増加が経済成長をもたらすと説く諸理論に忠実に、子供たち全員に分割されるべきなのか、あるいは、土地保有農民は兵役が免除されることから、長子相続権を重んじるべきなのか。一七八六年民法では前者が明示されたが、一七八七年の布告では長子相続権に傾いていた。また、村落の共有地は分割すべきなのか。ヨーゼフがたびたび出した布告では、もともと一七六八年に発布された勅令に従って分割を推進しているが、布告が繰り返されたということ自体、この法規がほとんど無視されていたことを示している。

宗教問題にしても、ヨーゼフは、すでに現れていた改革の機運に乗じただけであった。一七八一年に発布された宗教寛容令の内容は、カウニッツがマリア゠テレジアに対して強く主張していたものであった。この寛容令は、特定の宗派に限って適用され、非カトリック系の礼拝所は鐘を設置したり、目立つ場所に建てたりすることを認められなかった。プロテスタントへの改宗は個人として行われるべきとされ、集団としては許されず、しかも改宗の堅信礼を授かる前に、カトリックの司祭から一連の説教を受けなければならなかった。新たにつくられたプロテスタントの教会会議はカトリックによって監督され、カトリック司祭はプロテスタントの洗礼式や結婚式から報酬を得る権利を保持していた。この勅令の大部分は、地下で蔓延しているプロテスタント思想への杞憂を映し出している。こうした思潮は結果的にはほとんど確認されず、ハンガリー以外の諸邦で一七八五年までにプロテスタントとして登録されていたのは一五万一〇〇〇人ほどであった。だが、限界はあったものの、改革はヨーゼフの信念にもとづいて徹底的に行われた。改革に反対の姿勢を見せていたボヘミア総督は罷免されたし、ウィーンの師範学校長にはプロテスタントが任命された。ヨーゼフが非カトリック系の実業家を活気づけるという実際的な動機から宗教寛容を導入したとする見方は過大評価である。彼の母にしても、スイスのカルヴァン派の銀行家ヨハン・フリースを貴族に列するのに、もはやなんのわだかまりもなかった。とはいえ、個々の例外は別にして、マリア゠テレジアが宗教的一体性を国益の重要事項とみなしていた――「私はキリスト教徒としてではなく、政治的に話しているのです」――のとは異なる観点から、ヨーゼフは国益を考えていた。各宗派に対して公平に対峙する国家が市民に求めるのは、市民としての忠誠だけであり、宗教的少数派の感謝の気持ちが国家をさらに強固にするというのだ。この本質的に近代的な発想の中では、信仰は国家が介入する必要のない、神と人の間の問題になったのである。

このような手法は、ヨーゼフのユダヤ人政策の基礎をもなしていた。これはもともと宮廷政庁が慎重に進めていたものに拍車をかけたものだった。一七八二年の勅令ではユダヤ人の服装制限を廃し、従事できる職の範囲を広げたが、都市に居住するユダヤ人を数の点でも規模の点でも拡大することを歓迎する意味合いはなかった。さらにこの勅令は、君主国内でユダヤ人の最も多いガリツィアには適用されず、ここでは一七八五年と一七八九年に別のより踏み込んだ勅令が発布された。これにより、マリア゠テレジアによってユダヤ人とキリスト教徒を分割して統治するために設けられたユダヤ人監督庁が廃止され、ユダヤ人にも兵役が課せられるようになった（当初は兵站要員として）。さらに今後は、ヨーゼフ言うところの「おぞましいユダヤ的特質」を拭い去るべくドイツ語の学校に通学した証明があるものに限って、結婚ができるようになった[2]。多くのユダヤ人にとって、これらは統合政策の受け入れがたい一面だった。

ヨーゼフの宗教政策にもっとも憤ったのは伝統的なカトリック教会であった。オーストリアの司教らがローマ教皇庁と直接接触することや、許可なく教皇の回勅を出版することが禁じられた。オーストリア・スラヴ諸邦の一一八八の修道院のうち約五三〇が、さらにハンガリーの一一七の修道院が解体され、六〇〇〇万フローリンに上るその資産が国によって没収された。修道院は単なる「瞑想のための」施設にすぎず、教育的役割も福祉的役割ももっていないというのがその根拠であった。これら修道院の蔵書は教育団体に配られるかパルプと化し、没収された衣装はウィーンの倉庫に放り込まれて朽ち果てた。一八世紀における修道院の収用は、二〇世紀における、自称進歩主義者が唱えた私企業の国営化に相当するものだった。その豊かな資産は、公共の文化的・宗教的目的のために過去に寄進されたものであり、その意味ではこれまでも一貫して国民のものだったのだ、という論理である。したがって、国家に没収されたこれらの資産によって「宗教基金」が設立され、それを基にして約一七〇〇の新しい教区と、多くの福祉施設がつくられた。ウィーンの産科医院や聾唖者施設、二〇〇〇床もある総合病院などが、この時期に創立した。さらに、増大した聖職者は、トリエント公会議で促進された修道院や教区の神学校ではなく、新たに設立された六つの「総合神学校」で養成されるようになった。一七八三年の婚姻勅令では、結婚を基本的に市民的契約とみなしている。

だがこれらの変革がたんに冷徹な国家による一方的な指令ではないことは、学究的なカトリック改革派が進んでこれに参画したことからもわかる。モラヴィアの総合神学校を率いたチェコ語学の父ヨセフ・ドブロフスキーや、神学の総括を試みたアボット・ラオテンシュトラオホなどである。没収した修道院の書物の目録づくりは、「迷信や子供じみたもの」は破棄されるにしかずと考える、ヨーゼフ主義に傾倒したある司祭によって行われた[3]。君主国から全面的に権限を与えられたラオテンシュトラオホの履修プログラムでは、スコラ神学は格下げされ、伝統的にプロテスタントが力を入れていた倫理学や牧会学に重きがおかれた。牧会学のギフトシュッツが一七八七年に書いているように、宗教教義の相対的重要性は、キリスト教徒の行動や人間の進歩・幸福にどのような影響を与えるかで判断された[4]。これほどはっきりと啓蒙思想とカトリック改革派の連携が表明されたことはなかったといっていいだろう。

もちろん、すべての聖職者がこのような考えを抱いていたわけではない。ウィーンの大司教ミガッツィは、フェブロニウスによる一七六三年の教皇権力批判をはねつけることで改革路線と手を切った。一七八〇年代には彼の教区の急進的な司祭と論争するなかで、いわゆる教会の刷新と称して求められているものは、教会の主張を強化するものではなく、教会の敵に勇気を与えているにすぎないと論じている。ここでは、一七八一年にヨーゼフが検閲を緩和したことが決定的な意味をもった。地方の検閲機関は廃止され、カトリック信仰を組織的に攻撃しないかぎりどんなものでも配布が認められるようになったのである。その結果、ウィーンでは大量の冊子が出回り、素朴な読者は、教会に代表されるあからさまな権威の象徴をだしにした新趣向の風刺やこきおろしを、おおいに満喫するようになった。ヨーゼフは反教権的なヴォルテールのドイツ語訳までは許可しなかったものの、虫になぞらえて宗教的位階を分類したイグナーツ・ボルンの著述〔『モナコロギア、あるいは僧侶の博物誌』〕や、アイベルの敵意むき出しの著作『教皇とは何か』も新検閲基準を通過したのである。ヨーゼフ主義的風潮のなか、ますます騒然とするオーストリアでは、ジャンセニストおよびカトリック改革派の思想は、大都市の一部急進的な職人の間に広まっていた反教権主義と懐疑主義に屈しつつあったのであり、その明らかな証拠も残っている。教会の運命に対する強い不安と支配権をめぐる争いが、一七八〇年代には教皇と皇帝の対立を煽った。これは、一七八二年にピウス六世がヨーゼフをいさめにウィーンを訪れることで最も劇的な局面を迎えることになった。

ヨーゼフはこの建前だけの益体もない訪問で、教皇との間に交わされた長々しい日々の会話について、「二人ともわかっていない言葉で……神学に関する無意味なことを話していました」[5]と、ロシアの女帝エカテリーナに宛てて皮肉をこめて書き送っている。だが実際には、国家改革をすすめる勢力と教会の伝統勢力は、ヨーゼフが書簡でほのめかしている以上に力が拮抗していたのだ。双方とも強力な武器をもっていた。ウィーンがローマを脅すなら、司教の世俗的財産接収か、あるいは、いざとなったら、ローマから独立した、フェブロニウス路線のオーストリア司教会議招集のことをもちだしてもよかった。一方ローマ側には、ヨーゼフがルターの道を歩んでいるとほのめかす手があった。両者が正面から対決したのは二回あった。教皇がヨーゼフをマルティン・ルターになぞらえたとき、皇帝は高飛車にその手紙をローマに突き返したが、直後に和解のため自らローマに赴くはめになった（一七八三年）。二度目は、ピウスがヨーゼフ主義者であるリュブリャナ司教に、問題の寛容令賛美の撤回表明——こうした表現で異端性をにおわせている——をするよう求めたときである。直接的な衝突が避けられたのは、この司教が折よく死去した（一七八七年）からだった。最終的にヨーゼフは、カトリックの君主として、これ以上亀裂を拡げるわけにはいかないと悟ることになった。

だが国内の対立陣営に対しては、そのような抑制は必要なかった。ヨーゼフは一七八三年にこう書いている。「君主国に属する諸領邦はひとつのまとまりを構成しているのであるから、領邦と領邦、国民と国民のいさかいのもとになってきた、あらゆる敵対意識や偏見をなくしていかなければならない。意識が一つにまとまらなければだめだ」[6]。だが数年の間は、ヨーゼフはオーストリアとボヘミアの外にまで積極的に介入していくことは控えていた。その後、一七八四年春になってついに、ほぼ並行していくつかの政策に手をつけた。まずヨーゼフは、ハンガリーの主権の象徴である聖イシュトヴァーンの王冠をブラチスラヴァ城からウィーンに移した。この王冠は、ハンガリー国制に対する宣誓を回避するためにヨーゼフが戴冠を拒んでいたものだっただけに、その日、怒れる天空には雷鳴がとどろいたといわれている。ついで、ハンガリーで初めての人口調査が命じられた。これはオーストリア式徴兵制度導入のための基礎作業となるべきものだったが、これまで人口調査なるものは一般的に課税資産の査定を目的としたものであったため、免税特権を有する貴族をも対象に含めた前例のないやり方が、調査をなおさら険悪なものにした。さらに、ハンガリーの行政言語がラテン語からドイツ語にかわり、すべての官吏が三年間のうちに習得しなければならなくなった。これらの革新は、即座に深刻な抵抗に直面することになる。抵抗にはハンガリー政庁長官自身も関与していたが、ヨーゼフは彼に対して、周囲が騒いだからといって思いとどまるつもりはないと厳しく返答した。同様に初めて徴兵制度を導入しようとしていたティロールに対しても、ヨーゼフは妥協的な態度を示すことはなかった。

当初、この強硬路線はうまくいくように思われた。混乱は、ヨーゼフの側近顧問が予告していたとは別の地域で起こった。ホレアに率いられたトランシルヴァニアのルーマニア人農民の蜂起である。ホレア自身も農民で、かつてヨーゼフに謁見し、ヨーゼフの名において不正な領主に立ち向かいたいと強く申し出ていた。蜂起は簡単に鎮圧されたが、これをきっかけにヨーゼフは体僕制の廃止をハンガリーにまで拡大した（一七八五年）。これが成功すると意気の揚がったヨーゼフは、今度は矛先をハンガリーの県に向けた。彼の許可なく県議会を開くことを禁じ、次席県令を政府による指名制にし、一〇人からなる新たな国王委員の管区に県を従属させた。一七八四―八五年はヨーゼフの治世の転換点をなした。国内および外交において解決しなければならない問題が積み重なった時期だった。一七八五年に弟レオポルトに送った書簡によると、ヨーゼフはこの時期の苦悩を啓蒙思想寄りの『ヨーロッパ総合雑誌《ジュルナル・ジェネラル・ドゥーロプ》』の路線におおいに沿ったものであると解している。

この改革が対立をともなう不満を呼んでいること自体は意外なことではない。しかし啓蒙的で確固たる政府は、そうした不満を越えて果たすべき役割を見いだすのであり、人民の意思はどうであれ、彼らの福利に注視しつづけていく[7]。

だがそれほど悠長に構えていられなかったことは、その後の出来事が示すとおりである。

啓蒙絶対主義の危機——一七九五年まで

ヨーゼフの治世が中頃にさしかかった頃、国内の反対勢力は苛立ちをつのらせ、国外でも不満が沸騰しはじめていた。ヨーゼフの改革はそもそも、彼自身の軍事的栄光の道具として国家を強化するために意図されたものである、というのが常識になっており、当時の人々もすでに口にしていた。だがこの男は、部隊に別れを告げるにあたって、一介の兵士であることをなによりも望んでいたと語るような、フリードリヒ大王の世に聞こえた宿敵ではなかったのか。

だがこの複雑な人間においてはよくあることではあるが、物事は必ずしも見かけどおりではないのだ。バイエルン継承戦争（一七七八—一七九年）の遠征中に出されたヨーゼフの書簡には、戦争に対する嫌悪感が吐露されている。「恐ろしいことだ……想像していたよりはるかにひどい。……こんなにも大勢の無辜の民が果てていく(8)」。一七八〇年代になると、各国の外交官はヨーゼフの軍事的欲望が衰えているとみていた。ヨーゼフが、彼がもっとも信頼したラシ将軍と同じように、好戦的な司令官というよりいつも軍政官のような人物であって、彼が遠征中に気に懸けたこととは、オーストリア・ドイツ人部隊に配給されたハンガリー製のリネン靴下のせいで兵士の足にまめができているとかその種のはなしであったというのはいかにもありそうなことだ。彼にはおそらく対外政策の基本計画はなかったが、なにか事があればその機に乗じて領土を統合強化しようとねらっていた。この点でオーストリアの対外政策の基調と通じるものがある。すなわち、ハプスブルク軍の卓越した将軍であったサヴォワ公オイゲン（一六六三—一七三六）がすでに主張していたように、散在する帝国領土をきれいにまとめあげることの必要性だった。かくてオーストリア領ネーデルラントやガリツィアですら、失ったとしてもしかたない地域とみなされた。一方でバイエルンを獲得することは、一七七八—七九年の戦争で見られるように、常にもっとも魅惑的な目標であり続けた。

このように曖昧模糊とした目標しかもたない外交政策

は、まだ不十分なものがあった。プロイセンのフリードリヒ二世は和解を許さぬ敵に見えた。一七五六年の外交革命の後オーストリアの同盟国としてイギリスにとって代わったフランスは、気まぐれな友人であることに変わりはなかった。エカテリーナ二世のロシアは同盟候補のひとつだったが、弱体化したポーランドやオスマン帝国に対して当惑するほど拡張主義的だった。こうした状況のなか一七八一年五月にロシアと結んだ防衛協定が、彼の治世を左右するものとなった。これによりオーストリアはプロイセンに対するロシアの保護が得られるし、またエカテリーナのもくろみを牽制できる機会、さもなければそこから何か利益を引き出す機会が得られるように思えたのである。実際は、対プロイセン作戦に縛られて行動が制約されていたため、オーストリアは同盟パートナーとして弱い立場にあった。そのうえオスマン帝国分割によってオーストリアが獲得できるはずのバルカンは、人口が減少し、貧困化がすすんでいたため、一八世紀の啓蒙主義的政治では、ほとんど評価されていなかったのである。もしこの時期にセルビアとボスニアを手に入れていたら、君主国の後年の「南スラヴ問題」はまだ扱いやすくなっていただろうか。それともむしろ事態の表面化を早めただろうか。これらは推測上の問題にすぎない。

ヨーゼフ自身は当初、別の方面に意欲をもっていた。オーストリア領ネーデルラントに隣国オランダと競合できるだけの力をつけさせ、ひいては新たに開いたアメリカ市場に先頭を切って参入したいと考えていたのである。この野心を実現するには、スヘルデ川を国際交易から閉ざした一六四八年および一七一三年の条約の修正が必要となるはずであった。だが、ロシアの外交支援があったにもかかわらず、フランスが支援の姿勢を見せなかったこともあって、オランダを威嚇してその権利を放棄させることはできなかった。一七八五年、ヨーゼフは妥協案を受け入れた。ひとつには、ベルギーの自領とバイエルンとの交換をすでに考えはじめていたからである。計算は十分理にかなったものだった。だが実行に手間がかかりすぎたため、当初ヨーゼフが囲いこんでいたバイエルンの王位継承者は、そそくさとフリードリヒ側にかけこんでしまい、プロイセンに、オーストリアの主張に対抗すべくドイツ諸侯連盟を招集する機会を与えてしまった（一七八六年）。この取引がベルギーの臣民の頭越しに行われ、結局実を結ばなかったことは、ある種の不吉な兆候でもあった。一七八七年一月一日、ヨーゼフは、二年前にハンガリーで、一年前にロンバルディアで強行した行政の合理化を、オーストリア領ネーデルラントにも押しつけた。伝統的国制を無視したやり方にブラバントの等族議会が先頭に立って反対ののろしを上げた。民衆の示威行動を背景にして、彼らは改革を棚上げするよう、ブリュッセルの総督夫妻に迫った。ヨーゼフの妹マリア＝クリスティーナとその夫である。ヨーゼフに言わせれば、ベルギーの反対派は、「腹にいちもつある法律家や、頑迷固陋の聖職者、それに奇をてらった一部の名門出で、よくわかっていない愛国主義をふりまわす連中」[9]に操られているにすぎなかった。総督夫妻は弱腰な姿勢を譴責され、そのあとを継いだ軍司令官たちに強硬路線の遂行が委ねられた。ヨーゼフはここで世襲領以上にことを急ぎすぎたのである。

これらはベルギー人の不満が爆発して公然たる蜂起となり、それによって、国内で進められていた主要な改革がついに停止されるにいたる二年前のことである。治世の中盤の数年間は、経済と司法に関わる立法が相次いだ。前者については先帝たちと同様ヨーゼフは折衷的であった。一七八四年には輸入品に六〇％の関税をかけ、一部の外国産品の輸入を完全に禁じてオーストリア的重商主義の精神を見せつけたものの、国内経済では国家統制も直接的な産業振興も減退した。探究心の衰えない皇帝は、即位後まもなく旅したウィーン直轄下のバナートでの経験を踏まえて、国家主導の経済はうまく機能しないことをすでに学んでいた。ギルド規制を緩和するという方向性は、一七三〇年代からの農村での手工職人の活動の容認に加えて、一七五四年の「商業」ギルドに認めたより緩やかな規制（日々の消費のために生産する「規制」ギルドとは対照的に）にすでにはっきりしていたが、一七八四—八六年の布告でさらに進められた。一方で、ヨーゼフの政策には、重農主義者から受けたとおぼしき影響が現れている。彼らとは一七七八年にパリで会っており、カウニッツも彼らが鼓吹する穀物の自由交易を七〇年代にミラノ公国で試みていた。何からヒントを得たのかはともかく、一七八五年に命じた新たな地籍調査をきっかけとして、ヨーゼフは土地の単一課税を軸にした税制簡素化の立案に取りかかった。そこには、富の源泉は重商主義者が考えるように交易にあるのではなく、土地にあるという重農主義者の信念が反映されている。この作業をやり終えるのに、養成された土地調査員が二〇〇人がかりで四四年かかると告げられたとき、ヨーゼフは農民を徴募し、基本的な訓練を受けさせ道具一式を与えて、一七八六年末までにオーストリアの村落の四分の三を網羅した。

一方、一七八六年一一月に新民法の第一部が、八七年には刑法が公布された。一七六六年のテレジア法典ではまだ少なからず残っていた旧世界的偏重がここでは消えている。死刑や魔術罪、高利貸付罪は廃され、姦通、涜神、男色も重罪ではなくなったし、非嫡出にともなう法的不利は大幅に減少した。犯罪者の動機にさらに注意が向けられるようになり、社会的地位にかかわらず誰であっても同じ刑罰が科されるようになったのである。君主が伝統的に有する大権裁定《マハトシュプルフ》、すなわち裁判の経過に介入する権利を放棄することにより、旧い社会秩序の力が衰えているいま、国家権力が増大傾向にあることを一定程度覆い隠すことができた。あらゆる犯罪は国家に対する犯罪と宣言され、疑わしい場合の法解釈の権利をヨーゼフは自ら保持し、裁判官に与えなかった。彼がどんな空気の中で職務に取り組んでいたか、それを彷彿とさせる話が理解に役立つかもしれない。怒りっぽいトランシルヴァニアのヴェッシェレーニ伯が、彼の嫌いな隣人の邸宅に六〇〇人もの男を送り込んだ。彼のようないかにも領主然とした人間に対して裁判を執行すべきかどうか、当局者はヨーゼフの意向がわかるまでためらったのである[10]。

貴族の犯罪者が一般の罪人のように通りを掃いている姿ほど、ヨーゼフの治世を強く喚起させてくれるイメージはないだろう。これより以降、戦費がかさみ不首尾に終わった露土戦争に君主国がずるずると巻き込まれていくなか、エリートの憤りと国外の紛糾要因、それに民衆の幻滅が、それぞれ補完しあいながら大きくなっていく。戦争の遠因は一七八七年、ヨーゼフがウクライナにエカテリーナを訪問したことにあった。実際には、この訪問が暗に意図したロシアとの提携強化は、彼の意向というよりもカウニッツの選好だった。ヨーゼフのイメージに反して、前年のフリードリヒ死去のあと、この宰相はプロイセンとの和解になおのこと反対したのである。だがトルコが憤ってロシアに宣戦布告すると、ヨーゼフは同盟者エカテリーナの助勢に参じたばかりか、自ら緒戦の指揮をとってしまった。結果は惨憺たるものだった。臣民の生命と国家の「真正なる資本」をかけて、「いくばくかの重要ならざる占領地」のために敵と交戦することに嫌気がさし、[11]ヨーゼフは優柔不断になったようだ。その間部隊は、ハンガリー・トルコ国境の沼沢の地にあって疫病に見舞われ壊滅状態となり、その位置関係から、ハンガリーの不満分子に、彼らの政体の回復を迫る実力行使の機会を与えてしまう。ハンガリーの反体制リーダーとプロイセンとの反逆罪的連携が深まるなか、ウィーンのプロイセン公使は、ハンガリーの分離のためにもオスマン帝国を破らなければならないと論じた。

ハンガリー危機は、ヨーゼフがかつてハンガリーの人々から一定の好意をもたれていただけに、とりわけ皮肉だった。中央集権化への彼の取り組みは、ハンガリー政庁の管轄下でトランシルヴァニアが再統合されたように、時にハンガリーに有利にはたらいたし、宗教的寛容を擁護したのもマジャール人プロテスタントの支持を得ようともくろんだからである。たとえば、カルヴァン主義者のフェレンツ・カズィンツィ——やがてマジャール語復興運動の先頭に立つ人物だが、当時はヨーゼフの取り組んだ学校制度のドイツ語化に携わる官吏だった——や、一〇人の新たな国王委員の一人、シャームエル・テレキ伯などがいる。だがカーロイ・ズィチ伯——一七八二年までトランシルヴァニア政庁長官——や、ハンガリーとトランシルヴァニアの長官を兼任していた（一七八三—八七年）カーロイ・パールフィのように、カトリックの貴族でフリーメーソンに共鳴している人々も当初は等しく忠誠を示していた。ハンガリーには一七八〇年時点で、三〇の支部に約九〇〇人のフリーメーソン会員がいたのである。だが時がたつにつれその多くが、ルター派のベルゼヴィツィの言うように、ハンガリーが自由な国であることをヨーゼフが認識しそこなったために彼を見限ったか、あるいは対立陣営の上げ潮に呑みこまれてしまった。オーストリアの経済的利害を重視する現状の差別的優遇策の撤廃をヨーゼフが拒否したり、投資の拡大と信用銀行の設立を求めるオーストリア政庁の請願を承認しなかったりしたことで、彼らの地位はいっそう危ういものとなった。主導権はいまや、貴族的立憲政治にもとづく改革なら受け入れようとする者、さらにはまったく改革を望まない多数派の貴族の手に移っていった。とはいえこうした人々の改革に対する抵抗が、モンテスキューに由来するリバタリアン的言辞で武装されていたとしてもおかしくない。「憲法」なるものを起草するにあたって、伝統的諸権利に目を向けるよう彼らに初めて教えたのは、まさにモンテスキューによるハンガリーへの言及だったのである。一七八八年秋から政府の指令を無視して県議会が開かれるようになり、トルコ戦争への補給の拒否が議論された。ほどなく、新たな不満要因がもたらされることになる。一七八九年二月の税法である。

この税法はヨーゼフの地籍調査にもとづくもので、調査自体はそもそも、一七四八年改革における農民地と貴族地の不平等な課税を修正するための、基礎資料として用いるよう意図されたものだった。だが出来上がった法は、当初の意図よりはるかに踏み込んだものになっていた。年に二フローリン以上納税している分与地農民には国や領主に対するあらゆる義務が免除され、代わりに個々の総生産高から単一課税として三〇%を納めるというものである。そのうち一七・八%が領主に、一二・二%が国に回ることになっていた。これによりラープ・システムが全面的に展開し、農奴制が完全に終結したといってよい。このように税制委員会の当初の報告書の想定を超えたところでヨーゼフは押し切った。政庁長官のホテク伯や、会の委員長で改革志向のカール・ツィンツェンドルフ伯の進言を無視したものであり、ホテクは辞任した。ツィンツェンドルフはこの税法を財産権の侵害だと評して、ブルジョア顧問官のエーガーの意見と対立し、彼の考えでは社会の成立基盤である領主と農民の強い関係が突き崩されていくことを危惧した(12)。

この注目すべき法令をどう見るかが、ヨーゼフの統治を判断するさいの核心になる。よって立つ土地調査自体があまりに性急で、ずさんなものであったという一般的な批判は不当であろう。一九三〇年にポーランド人が行った再調査によれば、ガリツィアについてはおおむね信頼に足るものだったとしている。だがほとんどの場合、この法令が貴族にもたらしたものは、それまでの農民の労働奉仕で得ていたものに及びもつかなかった。そしてそれら貴族が恐れていたのは、この改革が領主地農民にまで及ぶのではないかということであった。ガリツィアの貴族はおそらく収入の六〇％が失われたと思われるし、オーストリアのドイツ人領主層が農民から徴収するのは、それまでの収穫量の平均二五―四二％から、いまや一八％しか認められなくなったのだ。直営地を耕作する労働力を欠くようになると、大半の貴族は農民に土地を移譲せざるをえなくなっただろう。この世紀の半ばから改革派が唱えてきた農場領主制《グーツヘルシャフト》のシステム再編が、ここに完成したことになる。だからといって一七八九年の法令がむこうみずでなかったことにはならない。オーストリアとポーランドでは初期のラープ制所領や少数の大貴族の所領においては、農民主体の農業への転換は利潤を挙げるもののように見えた。しかし、歴史家のあいだには、大半の領主には限られた資本しかなかったため、その後半世紀の経験を観察すると、広い範囲であてはまる事例だったわけではないと考えるむきもある。貧窮化した貴族はもはや行政上の職務を遂行できなくなると、ホテクが気づかっても無駄だった。彼らはなおも職務権限を申し立ててくるに違いないが、身勝手な言い分として一蹴されるだけだろう。貴族たちの警戒心はもっともなことだったし、ハンガリーではとりわけ理解できる。土地から切り離された貴族の多くは、ヨーゼフがドイツ語を公用語にしたために官庁に避難場所を見つけられなかった（次の世紀では見つけるようになる）のである。一七八九年の秋になると、ハンガリー東北部や東部など貴族とプロテスタントが多数いる地方で最も激しく生じてきた抗議行動のうねりの中で、彼らは一七六七年以来となる全国議会の開催を求めた。一方でそのころ、ブリュッセルは一二月に、ベルギー反乱者の手に落ちていた。

このころ、ヨーゼフは瀕死の状態だった。かつての精力的な君主も、不眠でやつれ、化膿性膿瘍に苦しみ、肺に水がたまって発熱と悪寒に交互に襲われ、胃と肝臓と腎臓が弱り、そのうえ水腫も併発していた。一七九〇年一月、ベルギー人が独立を宣言した。ティロールの人々は徴兵と宗教革新に反対して騒然としていた。インフレが進み通常歳入は国家歳出の三五％にまで落ち込んでいた。戦費を調達するための新たな強制的取立て、フリーメーソンへのさまざまな規制（一七八五年）と報道への規制、下オーストリア総督ペルゲン伯（一七八九年には新設の「警察長官」になった）の警察力にものをいわせたいやがらせが、改革志向の諸勢力の間の提携を強めていた。ウィーン街頭で口にされた瀕死の皇帝に対する野卑な嘲笑は、一七八九年一〇月にラウドン元帥によるベオグラード占領の際に一時的に静まっただけであった。死期が近づいていることを意識したヨーゼフは、一七九〇年一月にプロイセンとオスマン帝国が敵対的な同盟を結んだことを知ると、寛容令と体僕制の廃止、および教区の新設を除いて、ハンガリーで実行された改革のいっさいを撤回した。さらに、弟レオポルトに対しては、彼がひそかに自分のことを憎んでいたことにまるで気づいていないかのように、兄弟愛の名のもとにトスカーナからすぐ駆けつけるよう懇請した。弟は慎重に出発を遅らせ、三月一二日にウィーンに到着したときは、我慢強く耐えた最後の病がヨーゼフの命に終止符をうってから三週間がたっていた。

だが啓蒙君主政がヨーゼフの死をもって終止符が打たれたわけではない。一七六五年からトスカーナ大公であったレオポルトは、モンテスキューの『法の精神』が置かれたテーブルの前にヨーゼフと並んで座る一七六九年の有名な絵〔ポンペオ・バトーニ作〕が表しているとおりの人物だった。レオポルトが嫌っていたのは、ヨーゼフの高慢さであった。彼が残した文書から、啓蒙専制君主に共通する司法改革、宗教改革、社会改革に加えて、代議制に沿った諮問機関的なトスカーナ議会の設置を構想していたことがわかる。高い目標と抜かりなさを併せもつ、いくぶん秘密主義的で気難しいこの男は、性急な兄が呼び込んださまざまな危機を取り除くべく手際よく立ち回った。領邦議会を召集して彼らの不満をやわらげようとする一方、国内の反対派が国外から支援を受ける機会を奪うために、オスマン帝国およびプロイセンとの和平交渉を進めた。さらに、セルビア人にティミショアラで国民教会会議を開催することを許可し、クロアチア人とセルビア人が代表を送る「イリリア」政庁を再設するなど、マジャール人に対抗して「分割して統治する」切り札を切りもした。その間、独自の行動計画もひそかにあたためており、それを介して、ヨーゼフの社会改革を可能なかぎり活用していこうとしていた。

プロイセンとの関係を修復した一七九〇年七月のライヒェンバッハ条約に続いて、ベルギーが奪回され、一七九一年八月には事実上の原状復帰を旨とするスヴィシトフ講和条約がオスマン帝国との間で結ばれた。レオポルトには、諸領邦の議会がかつての権力を復活させるために出してくるであろう諸要求にどのように応じるか、慎重に検討する余裕があった。農民に対して厳格な施策を採ること、貴族の債務を軽減することなどが予想された。ボヘミア議会からは、教育におけるチェコ語の役割をより重視するという要求が出てくる可能性もあった。重要なのは、一七八九年税法の一時停止が、オーストリア・スラヴ諸邦では貴族の怒りを抑えるのにききめがあったということだ。ヨーゼフ期の郡制度に不満を抱いていたのがティロールとガリツィアだけだったということは、官僚主義的制度がこの点でいかに浸透し、受け入れられていたかを示している。もちろん、ここでもハンガリーは別である。ここで出まわっていた五〇〇冊ほどのパンフレットを見ると、進歩的な意見や反動的な意見、マジャール人の意見や非マジャール人の意見、貴族の意見やブルジョアの意見等々、驚くほど多様な意見があったことがわかる。だが、ライヒェンバッハ条約によってプロイセンの支援がなくなったことで、その結合力と社会的地位のゆえに全国議会に活動計画を押しつけてきたあるグループの自信が損なわれてしまった。中貴族層である。結果は妥協だった。ハンガリーは、独自の法により統治される権利、三年に一度の議会を開催する権利、そして国法に対する国王の誓約を求める権利を有する独立国家として承認された。だが、反対派が新たに力を入れて主張するようになった、教育の場や公式文書でのマジャール語使用の拡大といった要求にはわずかな譲歩しか行われず、行政の中枢である総督府を廃止し、それにかえて選挙に基づく上院を設立するという要求は完全に無視された。貴族の免税特権は再確認され、啓蒙派貴族たちも、社会問題に関しては穏健家父長主義の域を脱することはなかった。あるカルヴァン派の伝統主義者《ビアン・パンサン》が言うように、「フランスの例からわかるのは、暗い地下牢に長く閉じ込められていた民衆の朦朧とした目は、突然ふりそそぐ真実の光は耐えられそうもない[13]」のだった。

次の事実は、社会改革に対するレオポルト自身の気持ちがいっそう強くなっていたことの興味深い証拠といえる。レオポルトは、ハンガリーのドイツ系都市民が新聞上で匿名で展開していた反貴族キャンペーンをひそかに支援していたのである。また、税法の棚上げ後も、オーストリア・ボヘミア諸領邦の議会に対し、賦役《ロボタ》廃止に向けた議会独自の計画案を提示するよう圧力をかけつづけていた。議会におけるブルジョア勢力の強化を支援したこと、ペルゲンの警察庁の縮小、とりわけこの機関による令状なしでの拘留の廃止を模索したことは、同じ改革派的な志向性を表している。とはいえ、レオポルトが最終的に君主国をどのようなものにしたいと考えていたかは、一七九二年三月一日のその突然の死のためにはっきりしないまま終わった。旧守より変革に心ひかれた最後のハプスブルク君主だった。

レオポルトの息子フランツ二世のもとで、啓蒙絶対主義はついに息絶えた。フランツは実直ながらも鈍感な青年であり、長い治世の前半はフランス革命との戦いに費やされることになった。ペルゲンとの関係を修復し、その手法を重用したことによって、彼は陰謀説の虜となり、外国人やフリーメーソン、その他同様の党派メンバーすべてを疑惑と監視の対象とすることになった。こうした強迫観念はまったく根拠がないわけではなかった。ジャコバンのフランスは、のちのボルシェヴィキのロシアのように、当時の人々にとって憂慮の種だったのである。整然とした知的ラディカリズムはまだ大都市の一部少数のものでしかなかったものの、オーストリアの啓蒙主義とヨーゼフの改革、それにフランスの革命があいまった結果、ある種の不安定要素がきわめて広範にばらまかれようとしていた。ボヘミアの農民は、一七八九年にはフランスのニュースに熱狂し、一七九三年には領主に対する憎しみに満ち満ちていたと報告されている。これまでの研究が明らかにしてきたように、君主国のほとんどの領邦で、さらには聖職者、公務員、将校を含むあらゆる職種の人々のあいだで、フランス革命が目指しているとみなしたものに共感し、当局の消極的体質に同意しない人々を見出すことができるのだ。痛烈な例としては将校で工学教授だったアンドレアス・リーデルが、なかでも刺激的だろう。レオポルトの腹心でフランツの個人教授を務めたこともあるリーデルは、フランツから爵位を授与されたまさにその頃に、当局に改革を支持する覚書を送るやり方から、彼の意見への支持者を動員すべく策謀をめぐらす方法へ転向した。

ハンガリーでは、一七九〇―九一年議会で不満足な成果しか得られなかったために、失望したマジャール語系改革派の知識層が中貴族の運動から離れていった。

「知識層《インテリゲンツィア》」というレッテルを、封建末期ハンガリーで生まればかりの階層に貼り付けるのは時代錯誤とされるかもしれない。しかしこの層は、政府や所領役人、教育程度の高い専門職や教師、一部の聖職者・貴族・ブルジョアを合わせて、全部でおそらく一万五〇〇〇人程度であった。これらの人々のうち、社会的ネットワークや読書クラブを通じて二〇〇人から三〇〇人が、元フランシスコ会修道士イグナーツ・マルティノヴィチによって一七九三―九四年に秘密裡に組織された「改革派協会」に動員されたと思われる。マルティノヴィチが書いたその綱領には、啓蒙貴族の庇護のもとでのハンガリーの独立が記されていた。だが彼は同時に、第二の組織（「自由と平等協会」）のために、封建制度からの農民解放をめざす熱情的な賛歌も書いている。これは「改革派協会」には知られていなかった組織であり、ハンガリー・ブルジョア革命へ向けた媒体であったと見る歴史家もいる。だがほんの一握りのハンガリー「ジャコバン」の中の、さらに少数派であったに違いない集団から、あまりに多くのことを読み取るべきではないだろう。マルティノヴィチは裁判で、急進的な蜂起が起こったときどのように舵を切るか、「きわめて一般的な構想」しかもっていなかったと告白しているのだ(14)。ラテン語六歩格で露骨な革命詩を書いていた飲んだくれの大尉ヘーベンシュトライトがスパイにはめられたあと、マルティノヴィチが五〇人ほどのメンバーおよび二六人のオーストリア人ともども逮捕されると、事件は物議をかもした。オーストリア人が起こした反逆罪が、どのくらいの刑になったのかは明らかになっていない。マルティノヴィチは絞首刑になり、リーデルはブルノのシュピールベルク監獄に投獄されたのち、一八三七年にパリで名誉ある市民として死去した。

ヨーゼフ二世と歴史家たち

啓蒙絶対主義興亡の物語を一七九五年までたどるのは意味あることだとしても、探求の中枢に位置するのはやはりヨーゼフ個人の人となりと業績である。この点に関する歴史家の議論は、ヨーゼフの時代のみならず歴史家自身の時代をも浮き彫りにしてきた。一九世紀には、リベラリズムの先駆者とみなされたかと思えば、わがままな自由思想家ともされたし、ナチからは国家社会主義未生《みしょう》以前の国家社会主義者と見なされた。裕福でかつ空想主義的な一九六〇年代には、自らが吹き込んだ新思想に自らはむかう、時代に取り残された男として見られることさえあったのである。最も一貫している保守的な批評では、ヨーゼフはつねに底の浅い合理主義者の典型とされ、そのために貴族への報復を平等主義と錯誤し、教育における実利主義を大衆の啓蒙と錯誤し、国家が管理する無味乾燥な宗教をして人間の魂が繊細にも必要としているものであると錯誤したことになっている。この見方ではなによりも、彼は合理主義的な自然法を課し、伝統的諸制度を撤廃して行政機関を形式化することで、生活の実態から法を切り離し、君主の専制的意思にほかならない抽象的主権概念の下位に法を置いたことになる。かくて保守主義者によって、ヨーゼフはリバアタリアンでありかつ専制君主であると評されるのだ。彼らから見ると啓蒙主義を公言することは、社会が不安定化することによって利益を得ようとする個人や利益集団の、権力への衝動を覆い隠したにすぎないのだった。だからこそヨーゼフの慣習や伝統への攻撃、とりわけ宗教的な攻撃に対する民衆の違和感が強調されるのである。

　人柄を難じるのはルール違反ではない。ヨーゼフが干渉癖のある癇癪持ちで、けちで実利主義者であったというのは確かな事実である。だが、統治基盤が堅固になれば人々のおとなげない衝動は自ずからなくなるだろうと信じこむ、まさにそのシニカルな態度の中に、攻撃性ばかりでなく四囲を無視した単純なあどけなさが見られないだろうか。ヨーゼフの複雑な人格に関心を向ける心理史家はほとんどいなかった。唯一、フランソワ・フェイトだけが、ヨーゼフの不幸な情動にひそむ激情と抑制の特異な混交を強調し、それが中途半端な冷徹さしか引き出さなかったとともに、やもめ生活と国務への引きこもりをもたらしたことを強調している。加えて、デレク・ビールズは母親との親密ながらも一筋縄ではいかない関係も指摘している。だが、英国大使のキースは「ヨーゼフは外見にもふるまいにも、とても気さくで気立てのいいところがある」と記し、他にもそのように述べている人たちがいる。こうした面も見逃してはならないだろう。我々はロベスピエールやサン・ジュストのような人物の、冷たく観念的な博愛心について論じているのではないのだ。

　ヨーゼフの改革では、直接国益にかかわることであっても、人間的な心づかいがしばしば顔をのぞかせた。結婚して子供を育てる兵士のための新たな配慮、若い囚人の人道的扱いに関する特別規定、市民の義務として求められる犯罪の告発が親子の間に限り適用されないようにすること——などに見られるものである。彼は必ずしも、特別手当てを付けずに過剰な仕事を求める厳しい管理職でもなければ、巷で描かれているような、人の意見も聞かない独断主義者でもなかった。裁判官の年俸を八〇〇フローリンから三〇〇〇フローリンに引き上げたし、フライブルク大学をギムナジウムに格下げする実利的な決定を下すなど、閣僚の助言に従ってつくった初期の施策のいくつかを修正しもしたのである。「私も人間だから間違いをおかすこともある」。この言葉は、宮廷教育委員長のゴットフリート・ファン・スヴィーテンに向かって、以前「不機嫌」だったことをわびているにすぎないものだが、おそらくはいつものとおりひどく尊大な言い方だったに違いない[15]。バルカン半島に対する攻撃的な外交は、ヨーゼフ自身の政策であると同時に、カウニッツの政策でもあった。国内問題に関していえば、皇帝と側近顧問団は、それまで道徳律やタブーのために手が打てなかった諸問題に対して周到な解決策をつくりあげるために、ほぼ共同で取り組んでいたと思われる。だからこそ「民法」の非嫡子の地位をめぐる議論の中で、婚外交渉の経済的要因に対してヨーゼフとカウニッツが示した寛容と認識が、印象深いものとして読み取れるのだ。ヨーゼフ主義は単なる一人楽団《ワンマン・バンド》ではなかった。が、社会の改良や国力の強化について思索していた世代が、オーストリアの支配集団として頂点に達したことを意味していたのであり、そこには知識や技術を獲得することで、バロック時代とは異なるやり方で君主国を運営することができるはずだという前提があったのである。

　だがそのやり方はどれほど違ったものになっていたのだろうか。この点についての非保守的な審判は、右派がヨーゼフに下した審判ほどには一貫していない。一九世紀に流通した、市民の自由のために闘うリベラルな皇帝という見方は、一九一〇年にロシア人のミトロファノフが資料に基づいて書いた伝記ではもはや消え去っていた。ヨーゼフは啓蒙専制政治の伝統の中にしっかり位置づけられ、オーストリアのリベラリズムそのものも、リベラル派、ナショナリスト、社会主義者のそれぞれの運動に分割された。しかし、第三帝国下の一九四三年にヴィクトール・ビーブルが描いた権威主義的な改革者という像にしても、同じく一九四〇年代の著名な二著、A・J・P・テイラーの『ハプスブルク君主国』（邦題『ハプスブルク帝国』）やフランソワ・フェイトの『ヨーゼフ二世』にしても、そこで強調されたのはやはり変革だった。一九世紀の伝統的な見方を固守しつつ、ヨーゼフをリベラルどころかラディカルだったと見ているのだ。フェイトに言わせれば「王位にある革命家」であり、テイラーに言わせれば「一個人の中に設置された国民公会」だった。だが、近年の研究を加味するなら、フランス革命との類比は誤解を招きかねない。ヨーゼフ主義は、一七八九年から九四年にかけて起こった新たな社会秩序の創出とはなんらかかわりがなかったし、貴族制を廃止しようというのでもなければ、カトリック教会を見限り何か別の最高存在への崇拝に変えようとしたわけでもなかった。確かに、ヨーゼフは異例なほど力を注いで中産階級の企業家を鼓舞しようとした。だがそれは安易な貴族特許状付与による後押しだったということが特徴的なのである。母親が行ったこの種の貴族化が貴族特許状取得者の七％にすぎなかったのに対し、彼の場合一八％にのぼった。一七八二年の布告で農民がはっきり気づいたのは、皇帝の改革は主人への服従を終わらせるものではないということだった。真の幸福は心のうちにある、と新しい学校教科書は説いた。ヨーゼフは教区の聖職者の数を増やし、誰でも教会まで一時間以上歩かなくてもすむようにした。ブラバントの反逆に冷ややかだったことは、彼が中産階級を自立した社会的勢力としてとらえていなかったことを示している。有力な側近顧問官はいまだ官位貴族だったし、行政官には貴族を選好していると彼自身語ったことがあるのは、彼らが物欲に支配されにくかったからだ。彼が抱いた理想的な社会像は、ゾンネンフェルスのそれと同じであり、ルソーのそれではなかったのだ。

オーストリア啓蒙運動の過程についてそのコンテクストの解明が進むなか、一九六〇年代以降、歴史家の間で興味深い方向転換がなされた。歴史家のなかには、勃興するウィーンの自由出版を攻撃の対象とした時点で、ヨーゼフはもはや革命家ではなくなったとする見方がでてきた。そもそもが、出版の自由化にしても、ヨーゼフの敵である聖職者グループに対抗し、彼を援護させるのが目的だったというのだ。我々は利用されていた、と書き手たちは思うようになった。ヨーゼフ・グロッシンクは一七八五年に、ハンガリーにおけるヨーゼフの専制的手法に言及しながら、「一般の読者が、教会の威厳を侮辱する本や、三行に一度は慈悲深い君主をたたえる本しか手にできない、そんな国で真の啓蒙教化がなしうるとは考えにくい」と書いている。[16] エルンスト・ヴァンガーマンは、職人の間にさえラディカルな知的影響の形跡が見られるとしている。こうした動きを前にして体制側は、フリーメーソンに対する規制（一七八五年）、カトリック教義に関する厳格な教育指導の指示（一七八六年）、ペルゲンの警察庁の創設（一七八九年）、そして一七九〇年一月の検閲規定をもって応えたのである。ヴァンガーマンによれば、ヨーゼフの統治が背負った悲劇は、政府のあらさがしをするような批判的な世論を引き起こす素地を改革自体がつくったこと、そして、いったん批判が昂じるとヨーゼフは改革の崇高な任務を拒否してしまったことであった。ポール・バーナードは、ヨーゼフが君主の権利である大権裁定《マハトシュプルフ》を放棄したにもかかわらず、裁判のなりゆきにしきりに口出ししていたことを明らかにしている。なかには政治的理由から独断的に投獄した例も五、六件あったとされる。

これらは興味をそそられる見方ではあるが、ヨーゼフが統治末期に進歩的な文筆家とたもとを分かったことは、啓蒙主義全般を拒絶したというよりも、その特定の一派に愛想を尽かしたのだとみなしたほうが適切だろう。改革運動の挫折は、運動の分裂の結果としてすでに始まっていたのであり、ヨーゼフが支持を撤回したためではなかった。初期の改革運動の拡大に決定的な意味をもったのは、一八世紀オーストリアにおけるカトリック改革派とジャンセニストとの対立だった。それは君主と聖職者、官位貴族による旧来の同盟関係を支えていた思想的基盤を効果的に解体した。功利性重視の政府に改まり、両脇を官僚貴族と聖職者でかためられることで、ハプスブルクのエリート層はマリア＝テレジアとヨーゼフの時代にはすでに、勃興する中産階級や一部の富裕農民層にさえアピールしうる信条を身につけていた。知的前衛が理神論や自由思想へと舵を切っていくなかで、カトリック改革派が危機に直面していったことは、改革に対するコンセンサスが全体として四分五裂していたことを反映していたのである。

こうした文脈のなかで、ヨーゼフが一七八〇年代後半のより急進的なブルジョアおよび平民の動向を拒絶したのは現実的だったといってよいだろう。ウィーンの文芸作品を理想化してはならない。それらの中には、とるに足りない司祭や邪悪でみだらな貴族、さらには架空のモロッコ人あるいはホッテントット〔コイコイ人に対する侮蔑的呼称〕が観察するウィーン社会といった、一時代前の西欧の紋切型に追随したものが少なくないのだ。中には革命前夜のフランスで見られたような欲求不満のために、低俗ジャーナリズムの「三文小説」になってしまったものもある。「見識ある人々」や「愛国者」に公的な職務を与えてほしいという要求そのものが、高度の教育を受けた市井の知識人でさえ、多国民的な王国において愛国主義の概念が多分に問題をはらむということを知らなかったことを物語っている。フリーメーソンの講話（モーツァルトの「魔笛」が書かれたのは一七九一年である）の中によく引かれたような、光と真理の新たな王国への神秘的ないざないは、現実の社会的活動の根拠となるものではなかった。一七八〇年代の啓蒙主義的な文筆家がその後たどった運命から浮かび上がるのは、彼らが結束力を欠いていたということである。ますます急進的になったリーデルのような人物もいる一方、ハシュカやリヒターのように、より保守的な立場に近づいていった人物もいる。人類が犯した残虐行為や愚行の記録と対比するなら、ヨーゼフが行った抑圧はそれほど非道なものではなかったように見える。もっともとりざたされたのが、ヴーヘラーという名前の反政府冊子出版者へのいやがらせでしかないのだ。ペルゲンの警察庁にはほとんど資金源がなかったし、領邦の総督をおさえつける力もなかったのだ。

一八世紀後半のオーストリアで改革を通じて達成しえたのは、せいぜいのところ、啓蒙貴族と官僚との提携であり、そこに生まれたてのブルジョアジーが従属的な役割で加わったにすぎなかった。これですら、君主国の民族構造のために隣接するポーランド以上に不安定なものであった。ポーランドでは短期間ではあるが確かに、不運な一七九一年憲法〔五月三日憲法〕の中でこの種の提携が達成されている。この点から見ると、ヨーゼフがツィンツェンドルフやハンガリーのベルゼヴィツィといった、経済の近代化を推進する改革派貴族を遠ざけたことは、ウィーンの文筆家連中と決裂したことよりずっと致命的だった。なぜ彼らの支持を失ったのだろうか。彼自身の個人的な欠陥、気が短く尊大で権威主義的なところが問題だったのだろうか。それとも、フリードリヒやエカテリーナら君主仲間に見られるあやしげな啓蒙主義を乗り越えようと、なしえない試みを企てていたのだろうか。この二人はけっして貴族層主流の利権を損なうようなことはしなかった。ならばとりうる中間項はあっただろうか。

一九一〇年のミトロファノフによる伝記では、答えははっきりしている。ヨーゼフはその土台が崩されないかぎりにおいて改革を実行したのであり、その意味で絶対専制主義の行き詰まりを体現していた。彼の急進主義と権威主義は切り離すことのできない一体のものであった。したがってリベラリズムへの道は閉ざされていたのである。だが近年の研究は、王朝とはかかわりなく存在していた改革への圧力を明らかにし、かつレオポルトという得体の定かでない人物に焦点をあてることで、急進主義と権威主義というこの二律背反をやや柔軟にとらえるようになっている。もし、このヨーゼフの弟が長く生きていたら、漸進的移行期を安定させ、穏やかな進化の前例をつくりつつ、改革派エリート同士の連携を再構築できただろうか。レオポルトが即位後数ヶ月間で早くもあまたの難局を緩和しえたことで、政府の潜在的な力が示された。だが彼の治世には疑問符をつけるべき側面も存在している。レオポルトは、オーストリア諸等族に賦役廃止の原則や、ブルジョア議員の拡大を承認させるという点では事態をほとんど進展させることができなかったし、ハンガリーでは反貴族反体制派との裏取引きがリスクを膨らませていた。彼はあきらかに、跳躍のための後退という戦術をとっていた。だがこの戦術は跳躍の段階で、兄の強情さを取り入れざるをえないような、あるいは母の旧習路線にまで後退せざるをえないような、衝突の再現を招きかねないものだった。改革君主制の社会的基盤は、中間エリート層にまで広がってはいなかった。とりわけハンガリーではそうだった。彼らは後から見て無難な、しかるべき中庸路線を選んだのだ。イングランド社会はリベラルな伝統を発展させるのに何世紀もかかったと、ベルゼヴィツィは述べたことがある。兄と異なり少なくともレオポルトは、改革には倫理的な要請だけでなく社会的な基盤が必要なことを認識していたのである。

だからといって、レオポルトがより重要な人物であったというわけではない。後世の人々の審判はしばしば感傷に左右され、慎重さがもたらした成功よりも輝かしい失敗を高く評価することがある。ヨーゼフがあとの世代の心に彼の伝説をしっかり植えつけたのは、悪徳貴族に対してであれ、職務に全力を注がない官僚に対してであれ、彼らに対する鞭となったおおいに挑発的な倫理観だったのだ。ヨーゼフの問題点には二重の要素がある。彼は腹立たしいところはあってもおそらくは善人だった。だが自らを信じ、その運命を自覚している従来型の偉人としては失格だった。ベルギーとのかけひきのように、重大な局面で優柔不断になることがあったのだ。さらには彼は弟とは異なり、この王朝も結局のところ数ある制度の一つであり、改革のためには他者の伝統も尊重しなければならないということを理解しなかった。かくて後継者たちに彼が遺したものは、かみあった統一体でも、「継続事業」でもない、無造作に並べられたシステムの部分品にすぎなかった。社会改革、宗教的寛容、官僚主義的国家業務、そしてドイツ人中心の中央集権主義の伝統などいずれもそうである。だがこうした部分品には、来たるべき諸世代にとって、ハプスブルク政体の基本的な構成要素となる力が内在していた。これらを君主国の、これ以上単純化できない伝統の多元主義とどう調和させるのか、また新たな状況にどう適応させるのかが、ハプスブルクの国家運営に大きな課題となってきた。ヨーゼフの治世はこのように、将来に向けて実行課題をそろえ、お膳立てしたのである。

ヨーゼフ主義の遺産

前節の終わりに列挙したようなヨーゼフの業績は、未完成のものではあったが、その哀れな死のあとも長く生きつづけた。この世紀の終わりにかけて経済生活・国民生活が活性化していったが、これは、他の要因も作用したとはいえ、彼が意図したことでもあった。推定で二三万七〇〇〇人だったボヘミアの織物工は、一七九八年には五二万九〇〇〇人になり、一七八〇年代の下オーストリアではその数がほぼ倍増した。もちろん、この増加分には多くの女性家内労働者が含まれている。女性の就業は、急速に増加する人口に対して余剰生計手段を提供したのである。コムローシュが論じるところでは、これにより人々がマルサスのわなに陥らずに済んだのだ。一方で工場労働者の集中も進み、一七七五年に五〇〇人だったボヘミアのリベレツ（ライヒェンベルク）の絨毯工は、一七九四年には二五〇〇人に増加した。一七七五年と一七八四年の保護関税がこの動きに拍車をかけ、君主国全体では一七八〇年代までに、輸入の六分の一を占めたに過ぎない完成製品の割合が、輸出では六五%を占めるようになっていた。後の対仏戦争も、こうした傾向に拍車をかけることになる。ヨーゼフ主義国家はさらに、労働力不足を緩和するために農民に移動の自由を与え、没収した修道院の土地を貸しだし、ギルド規制を緩和することを通じて、産業を振興した。一方で、国家が企業家に対して直接的に支援することからの移行が、産業における専門意識を高める要因になったのかもしれない。ブルジョアの企業家と資本の割合が以前より高くなっていること、経営上の裁量に関心が向けられるようになったこと、労働力の確保が安定してきたことなどもきっかけとなっていよう。

　農業でも進歩がみられた。一七八〇年ごろからハンガリーの穀物生産量は中世以来初めて増加に転じ、播種量の三倍ないし四倍の収量が、五倍程度にまで上昇した。ルター派牧師のシャームエル・テッシェディクが一七八〇―九六年の間、サルヴァシュで運営していた農業学校や、セーチェーニ、フェシュテティチなど啓蒙主義的な大貴族が設立した学校では、先進的な農業技術が教えられるようになった。オーストリア諸邦では、イングランドやオランダで導入されていた四季を通じての家畜の舎飼いが普及し、これが農場の大幅な増加と改造につながった。下オーストリアだけでも、一八〇〇年から一八一〇年の間に二万二〇〇〇の建物が建てられ、一八一五年までにはこの領邦の家屋の六〇%が石造りになった。少なくとも農民《バウアー》たちにとっては、一八世紀後半の農産物価格の上昇と、重農主義的政策による農民重視は、生活水準の向上をもたらした。オーストリア軍新兵の平均身長が一七六〇年代以降低くなっていった一方で、一七九七年の日雇い労働者は雇用条件として白パンを要求するようになっていたのだ。施療院など国営施設の食糧配給規則からは、もはや収容者が食べることができるパンの量を推定することはできなくなっていた。かつてのように配給されたものだけを食べるのではなくなっていたのである。オーストリアの富農の間ではコーヒーが朝食の通常の飲み物になり、一般の農民の家でも、スプーンのほかにフォークがあたりまえの食器になった。さらには、ハンガリー西部の農民のなかには自分で家を建てずに地元の大工を使い、リネンの上着を脱ぎ捨ててより軽い素材のものに変え、明るい色彩の家具を持つような者もでてきた。こうした新旧の変化の境界をなしていたのはドナウ川だったが、君主国の各地で、のちに人々が感嘆の声をもらすことになる伝統的「民俗衣装」が出現したのもこの時代である。

都市ではやや様子が異なっていた。一八世紀末になると、実賃金が下落したことで（もちろんこの統計数値が完全に信頼できるわけではないが）、肉の消費量が下降した。労働者が家族を養うには月に九フローリンあればよいと考えられていた時代にあって、ウィーン近郊シュヴェハトのある工場の労働者は年に五、六〇フローリンしか収入がなかったようだ。また、ある馬車の御者に至っては食事つきで二〇フローリンの収入にとどまっていた。にもかかわらず、ウィーンの日雇い労働者が安い代用物だったとはいえコーヒーを嗜んだように、都市でも新しいものへの嗜好が現れつつあった。一七七二年には砂糖を贅沢品だと言ってはばからなかったカール・ツィンツェンドルフだったが、一八〇二年までにはそうした考えは捨て去っていた。ザントグルーバーは、この時代、実質賃金が上昇しなかったにもかかわらず、こうした消費の変化が起きた理由として、労働の強度が高まったことをあげている。この説明がより当てはまるのは農村部だった。ここでは種々の収入が増額していたが、一方で増税のために農民は市場向け作物の増産に追われていた。それゆえ、農民たちは家族が着るリネン服を作ることに時間を割くことをやめ、代わりに木綿の衣類を買ってくるようになった。伸び続ける市場の要請を完全に反映して、時間の再配分が完了したのである。

農民が非支配国民体からなっていた地域では、農民教育と農民の地位の改善が民族にとって重要な問題となった。このことは、知的に貪欲な啓蒙思想が、非支配民族の歴史・文化研究を促進したことにも刺激を受けていた。啓蒙主義は、中高等教育ではドイツ語化を進める圧力となった一方で、農村部では、母語で効率よく運営できる初等教育を適度に供給することによって、疑いなく民族意識を強化していった。都市部では、「本課程学校」がほとんどドイツ語による学校であったため、教育が与えた影響はより複雑なものだった。ヨーゼフ期に就学割合が五分の二から三分の二に上がったボヘミアの事例がわかりやすい。ここでは一七八四年の地方制度改革によってプラハの公用語がドイツ語になった一方で、大学ではチェコ語とドイツ語の司牧神学講座（一七七八年）およびチェコ語・チェコ文学講座（一七九一年）が設立され、チェコ語による教科書は空前のブームになった。啓蒙主義の洗礼を受けた行政官がチェコの農民に推薦したのは、自身が村長を務めたこともあるヤン・ヴァヴァークの詩だった。なかでも、一七六九年にヨーゼフがモラヴィアの一村スラヴィーコヴィツェで、自ら鋤を操り耕作したことを追想する詩作品の一つが取り上げられた。写真宣伝術のさきがけともいえそうな描写である。

プラハでは、系譜のことなる二つのチェコ文化復興運動が、教養層と民衆の双方で起こった。カトリック改革派の司祭でボヘミア貴族の庇護を受けていたドブロフスキーのような人物にとっては、スラヴ文献学と文学の起源を探ること、さらには殉教の異端者ヤン・フスの役割を含め、チェコの歴史を復権させることが使命であった。新聞編集人で版元でもあったクラメリウスのような人物にとっては、チェコ人職人層の求める新聞・雑誌や劇場などのメディアを開花させることが肝要であった。一七八四年以降、チェコ語の演劇はプラハで定期的に上演されるようになった。クラメリウスの旺盛な出版活動の中心はヨーゼフ主義者の文章の翻訳であったが、その中にはヨーゼフが死の床で語ったとされるものもあった。こうした文章のなかには、「民衆」に対して、神が彼らを過酷な代官から救い出してくれると断言しているものもあるのだが、このことは、クラメリウスの活動とその読者・聴衆の性格を非常によく伝えている。

洗練されているとは言いがたいものではあったが、クラメリウスの文章は近代的なチェコ人意識に形を与えつつあった。もっとも、意識の底流にある急進性は巧妙に覆い隠されてはいたが。彼はそれまで軽蔑的に用いられることが多かった民衆《リド》という語を国民《ナーロド》と同一視し、これを成すのは貴族ではなく平民だと考えた。と同時に、一七九〇年の封建議会に関しては地方分権主義者の要求を支持し、当初賞賛していたフランス革命がたどった道筋を非難した。これは、同時代のアイルランド・カトリック指導者たちがプロテスタントのグラタン議会に服従していたのと似ているし、原因も似ている。土着の人間集団に社会的・精神的な自己主張能力が欠如していたのである。農民の間でヨーゼフ二世善人信仰が広まっていたことを、最後に付け加えよう。チェコ人の国民復興期に最も人気のあった小説、ボジェナ・ニェムツォヴァーの『おばあさん』（一八五五年）の中で主人公のおばあさんは、むかし農家の子供だった時、簡素な服装で思いやりのあるヨーゼフ皇帝と出会った様子を細かく語っている。ヨーゼフが横暴な役人から農民を救い出し、最後に記念の銀貨を彼女に与えて、ようやく自分が誰であるかを明らかにしたというのである[17]。

　ヨーゼフ主義に対して、ボヘミアとは大きく異なる反応をしたハンガリーにおいては、独特の両義性が見て取れる。文学の重要作品では、旧い貴族的価値観にもとづいてヨーゼフの改革が痛罵されている。ある作品では、ハンガリー国王として戴冠しなかったヨーゼフは「帽子をかぶった王《カラポシュ・キラーイ》」と揶揄されたし、別の作品では、ブダに出てきた田舎紳士が外国仕込みの服装でめかしこみ母語を見下す青年たちと対決する。だがこうした作品の質そのものが、少なくとも部分的には、啓蒙の刻印をおびた文学的覚醒があったことを証明している。一八世紀にハンガリーで出版された本の三分の二が一七六五年以降の出版であり、ほぼ同じ時期に印刷機の数は三倍の五一台に増えた。一七九〇年代には、八つの書店と「都市美化委員会」を有することになるペシュトは、ウィーンが一世代前に経験した文化の開花の歩みを進めていたのである。ハンガリーの言語的起源に対する初めての冷静な分析にしても、ハンガリー語で書かれた物理学（一七七七年）、自然科学（一七八三年）、生理学（一七九一年）に関する先駆的著作にしても、さらにはマジャール語による初期のジャーナリズムあるいは演劇にしても、いずれもそこからは啓蒙思想に特有の教訓的口調が聞き取れるだろう。「だからこそ紳士諸君、我々の心を広げよう。それにより、地球全土の……考察から得た知見が増せば、我々は鏡に映したように我が国の利点と弱点を見ることができるはずだ」と、マリア＝テレジアの親衛隊員で詩人のベッシェニェイは、一七七八年の冊子『マジャール世界』の中で書いている。(18) 最初のハンガリー語新聞『マジャール通信《ヒールモンドー》』がウィーンで創刊（一七八〇年）されると、ブラチスラヴァ、ペシュト、北部ハンガリーのコシツェ（カッシャ）、トランシルヴァニアの首都クルージュ（コロジュヴァール）などで熱心な同志が現れた。ハンガリー語の体系的発展に献身すべく、全国規模の組織を設立しようというベッシェニェイの夢に鼓舞された人々である。一七九二年時点で、ハンガリーの新聞一八紙のうち半分がマジャール語で、最大の購読数は一三〇〇部だった。

　これらの新聞には啓蒙された忠誠心が備わっていたにもかかわらず、オーストリア・オスマン戦争の際には政府と対立した。一七九〇年には、多くの新聞が議会に味方した。だがこの仲たがいはもとに戻らないものではなかった。ベルゼヴィツィは回想の中でヨーゼフについての「栄えある追憶」を語っているし、一九世紀の改革派貴族ヴェッシェレーニは父をヨーゼフによって投獄された経験があるにもかかわらず、個人としてはヨーゼフの名を讃えるが、愛国者として言えば、法にもとづいて行動してほしかったと記している。カズィンツィのような人物は、ヨーゼフの改革から受けた刺激は、最終的には後進ハンガリーの利益となると信じていた。熱意あふれる若き知性が外国から帰ってくると、狩猟や猟犬レースの世界に没頭し、彼らを無気力から奮起するのは放埒なお祭り騒ぎしかない——そんなありさまを書いた若きヨージェフ・カールマーンの報告は、伝統をないがしろにすることへの嫌悪が一部にあったことを示している。

　だからこそ、一七九二年以降のハンガリー改革運動の瓦解には、君主国のどこにも見られない痛々しさがある。君主派、貴族派、ブルジョア派への啓蒙運動の分裂は、すべての挫折を意味するものだった。一七九〇—九一年議会の委員会が準備した改革のための膨大な資料は、それらを議論するはずの一七九三年議会の召集をフランツ帝が拒んだため、使用されることはなかった。改革派の何人かが処刑され、それ以外にも、カールマーンも、すぐれた詩人チョコナイといった人物も若くして死んでいった。変革を後援していた大貴族は自制してしまった。シャームエル・テッシェディクは先駆的な農業学校の閉鎖を余儀なくされた。当時のイングランドと同様、フランス革命戦争が改革のかすかな灯をかき消してしまったのだ。

純粋なヨーゼフ主義者が現れたのは、君主国の小規模民族の間からであった。ハンガリーと並行して行われた一七九二年貴族議会がハンガリー総督府に服従したクロアチアにあっても、ザグレブの司教ヴルホヴァッツはゆるぎないヨーゼフ主義者だった。リュブリャナのリセの教授アントン・リンハルトや、スロヴェニア覚醒運動を牽引した彼のパトロンでフリーメーソンのゾイスらも同様であった。リュブリャナとリヴィウの普通神学校では、それぞれスロヴェニア語とルテニア語が教えられた。また、それまでカトリック聖職者と大きな格差のあった合同派教会聖職者の俸給が引き上げられた。自信が自信を生み、ルーマニア「ワラキア人」の誇るべき祖先としてのローマ人（一七九一年の「ワラキア人請願書」は、効果はなかったがトランシルヴァニアにおける民族同権を訴えている）、あるいはスロヴァキア人の祖先による九世紀の「大モラヴィア帝国」の樹立といった仮説が打ち立てられた。広い影響力をもつことになるライッチの『スラヴ史』が刊行されたのは一七九四―九五年のことである。君主国周縁部に対して新たに関心がむけられたことによっていちばん恩恵を受けたのは君主国内の正教徒たちだった。バナートにあるセルビア人、ルーマニア人の学校は、精力的な教育改革者エマヌエル・ヤンコヴィッチの指導下で、一七七七年のハンガリー教育令施行から五年たたないうちに二〇五校から四五二校に増えた。スレムスキ＝カルロヴツィの教会管区では、カトリック型の教会会議（一七八二）と神学校が設けられ、ウィーンでも最初のセルビア語新聞が認可された。もちろん、これらに下心がなかったわけではない。セルビア人もユダヤ人におとらず、西欧化されるべき存在だったのだ。開棺したまま土葬する伝統的な埋葬方式が衛生上の理由から禁止されたことを原因にノヴィ＝サドで暴動が起こったのは、そうした動きに対する強い抵抗だった。だが、時代の知的先駆者で、もと修道士のセルビア人指導者ドシテイ・オブラドヴィッチは、一八一一年の死の直前に、自分がここまで到達できたのは、崇むべき故ヨーゼフのおかげであると言明しているのである。

周縁部に対するこのような精神的征服は、これまで歴史家があまり重視してこなかったことである。確かに一七九〇年のボヘミア議会は、オーストリア君主国などというものはないと気炎を吐いたかもしれない。だがこれは、統計学者や民族誌学者の新学派が説いていた現実から逃避していたのだ。これらの学者は誇りがにじみ出るような綿密さで、君主国の特徴を論じていた。リーガー、デミアン、リヒテンシュテルン、デ・ルカ、シュヴァルトナー、ローラーらが主要人物である。このように、ハプスブルク諸領全体を手中に収めているかのようにふるまったのは、当然のことながら、ほかでもないドイツ語話者たちだった。他の国民体と同様、彼らのなかにも文化意識の高揚があった。マルティニは肯定的に「国民精神」という表現を用いている。だが、多国民的なオーストリアにおいてこのような概念が内包する問題は、まだ十分に理解されているとは言い難かった。オーストリア・ジャコバンの一部が、民族的多様性が「フランス革命の路線にそった、迅速で強力かつ全面的な革命」を妨げたと認識していた一方で、リーデルはレオポルト二世に、「さまざまな諸国民」の代表から成るものの、「〔単一の〕国民の至高の権威」の代理を務めるべき君主国全体の「国民議会」について書簡を送っている[19]。さらにいうなら、一七九二年以後、ドイツ語話者たちが対峙しなければならなかったのは、国民文化をめぐる問題ではなく、反動との闘いだったのである。

この闘いのゆくえはさまざまだった。ペルゲンは警察庁の再建をなしとげ、一八〇三年以後の再検閲委員会は、一七八〇年から九二年の間に刊行されたものの中から二五〇〇点を発禁処分にした。賦役は存続した。だがフランツの治世の初期にはまだ、マルティニ、ツィンツェンドルフ、ゾンネンフェルスといった改革派は地位と影響力を保持していた。オーストリア・ジャコバンの裁判にあたって、正当な法手続きを求めたのはマルティニだったし、ハンガリーの教授連が体制にとって迷惑なテーマを講義する権利を制限しないよう抗議したのはツィンツェンドルフだった。そしてなによりも、マリア゠テレジアの治世が終わるとほぼ同時に保守派によって停止されていた法の成文化が再開され、それは、一八一一年の民法典に結実した。たしかに、この法典には、思潮がより自由な頃には大いに議論されていた、統治者の責任についての記述は入らなかった。しかし、あらゆる個人は理性にもとづく生得の諸権利を有する者として、市民であり、したがって奴隷制や農奴制の対象ではないことを宣言しているのである。北ドイツのプロテスタントであるカントの道徳哲学（これ以外は、一八六〇年代まで事実上オーストリアの学問の場から締めだされていた）に依拠しつつ、法典編纂者は公法と私法を明確に区別した。後者では、市民は他人の利益を侵さないかぎり、自らの意思で何を行おうと自由でなければならなかった。官僚主義的・絶対主義国家の枠組みの中ではあっても、市民的自由の観念に対する柱となる保証ができたのである。

　これは重要なことだ。ヨーゼフ的啓蒙主義にまつわる権威主義的要素を、ヨーゼフ自身の威圧的性格に帰したり、ミトロファノフのように啓蒙的専制政治のアキレス腱としてしまうのは簡単にできることかもしれない。だが権威主義の鉱脈は啓蒙運動全体に貫かれていたのであり、なにも統治において、あるいは中央ヨーロッパにだけ顕在していたわけではない。社会的・倫理的規範に対する執着はかのルソーにさえ見られた。市民の宗教を提唱した彼は、これを犯した者は死をもって罰せられるとしている。こうした管理統制は確かに二〇世紀後半のリベラリズム理解とは相いれないものであるが、一九世紀リベラルの実践からはそうかけ離れたものではなかった。リベラリズムへの道を歩みはじめた啓蒙運動には、ある種の弁証法がはたらいていた。社会をまがりなりにもつなぎとめていた旧体制《アンシアン・レジーム》という体制が弛緩すると同時に、独自の規範と構造をもつ別の体制の輪郭が現れはじめたのだ。オーストリアの文脈では、この移行は、「宮廷中心社会」を支える封建的な、トリエント公会議に基づく理念から、市民の平等や市民権により重きを置く体制への移行であった。新しい種類の国家権力にとって鍵となるのは公民精神であり、それにもとづき権力は個人の宗教意識や経済的自由といったものについて、明らかな譲歩を迫られたのである。

　もちろん、ヨーゼフの仕事は未完成のままだった。改革の総仕上げともいうべき封建的賦役の廃止が、フランツ皇帝のもとで取り消された以上、市民の平等を誇りえたかどうかも疑わしい。ヨーゼフは、世論が政府の意志から完全に独立して存在しているとは思いもしなかったし、多民族社会の中で市民の忠誠心が向けられるべきなのは何かという問題が存在していることも理解できなかった。だが我々は、当時の思慮深い人々が日常生活の中で自覚していた相互連関性に注意すべきだろう。ウィーンやプラハ、あるいはブダペシュトの、わきたつばかりの知識階級とはかけ離れていた若きヨージェフ・カールマーンでさえ、さまざまな要求が膨らんでいるいま、「改良」に向けた新たなやり方と新たな意欲が有する意義、さらにはハンガリーの地方貴族に見られる伝統的道徳観を切り崩していくことの意義を語ったのである[20]。君主国内の地域によって変革の速度はばらばらであっても、人々の心理は同じだった。慣習の旧いかたまりは崩されたのだ。国の中心部で多くの人々に「幸福な市民」という二重の目標が支持されたというのは、ヨーゼフ最後の数年の座礁が示唆するよりもっと深いところで、政治的・社会的な流れが合流したことを意味している。このことはもとより、彼がこうした流れにそむいたという批評にくみすることになるだろう。近代の歴史家以上に現実に近づいて眺めるなら、ヨーゼフに近い時代の人々はずっと寛大だったのだ。オーストリア啓蒙主義の主たる遺産である良心的公務の精神は、いみじくも「ヨーゼフ精神」と呼ばれるようになった。

第三章　メッテルニヒのオーストリア　外では犠牲多き勝利、内には社会不安

一七九〇年代から一八四八年までの時期は、近代オーストリア史の中でもっとも扱われることがまれな時代である。これは喜ばしいことではない。なぜなら、君主国がどこかで、逆戻りできない崩壊への長い下り坂を転げ始めたとするなら、それはおそらくこの逆説的な時期だったからである。この時期は、ヨーゼフがめざした多くの目標に向けて地道な改革が見られるいっぽう、頑迷固陋のエリート官僚は彼の急進主義を受け入れなかった、そうした矛盾をはらんだ時代だった。帝国（フランツは一八〇四年からオーストリア皇帝と名乗っている）の大部分で、ドイツ語を共通語として使用する中央集権化された官僚国家の輪郭が明瞭になりはじめた。限定的ながらも経済の近代化が始まり、ヨーゼフ主義的な国家による教会への介入と初等教育への関与が強化されていった。

しかし、ヨーゼフ主義の実験を特徴づけていた中央集権化と社会改革との連動がこの時期には欠けていたために、牛歩のごとき君主国の進歩は、多言語の臣民に意識されることがなかった。内なる活力に欠如しているという意識、ヨーロッパの規範から逸脱しているという意識、君主国最後の数十年にしばしば現れるこうした意識は、一八四八年のはるか以前から非難合戦の主題だったのである。

反革命戦争

革命フランスおよびナポレオンのフランスとのだらだらと長い戦争は、オーストリアのヨーロッパ主義に強さと弱さの両方をもたらした。一七九二―一八一五年の全

五回の対仏同盟すべてでイギリスと組んだのは、大陸諸国ではオーストリアだけであった。つまりこの間、フランス革命の口車に乗らず、王朝下の人々はしっかりと団結していたのである。だが一方、改革者ヨハン・フィリップ・シュタディオン（一八〇六―〇九年在任）の影響力は、同時代人であるプロイセンのシュタインとハルデンベルクには比べようがないものだった。プロイセンでは、彼らのもとで農奴制が廃止され、真の意味での行政改革が成し遂げられた。一八〇九年の不運な会戦（ワグラムの戦いで、オーストリアはナポレオンに敗北）をうけて起こった愛国主義運動は、ほかのドイツ地域ほどには持続しなかった。これを境にオーストリアは、フランス寄りの強制された中立の立場から、プロイセン・ロシアの側に立ってライプツィヒの戦い（一八一三年）に臨むまで、右往左往を続けることになる。これは、メッテルニヒの優れた外交手腕の賜物であるとはいえ、こうした一大事に直面した指導者が傷つき、慎重を期したことの表れでもあった。

その傷は、戦いが続く限り深くなっていった。当初はフランス革命を歓迎したレオポルト二世も、妹マリー＝アントワネットのために威圧的な姿勢をとらねばと感じるようになった。一七九二年二月にオーストリアがプロイセンと同盟を結ぶと、フランスの革命勢力は四月、彼らを取り巻く「反動」に対して宣戦を布告した。フランスの好戦性、レオポルトの息子にして後継者フランツ（一七九二―一八三五）の保守主義、ベルギー、イタリア、アルザスにおいてハプスブルク諸邦や神聖ローマ帝国領が拡張主義的フランスと国境を接していたことにより、この両国の共存は不可能になった。一七九三―一八〇一年のオーストリア外相、頑強なトゥーグートに対して、一八世紀型の勢力均衡外交を、革命による挑戦という新しい外交へと転換するという難問が降りかかってきた。第二次・第三次のポーランド分割（一七九三年、九五年）が起きたちょうどそのころ、フランスがオーストリア領ネーデルラントに侵攻し、ベルギーとバイエルンの領土交換という古証文にふたたび息を吹きこんだからだった。オーストリアは第二次ポーランド分割には加わらず、第三次分割だけに参加したが、これによってポーランドは地図から姿を消してしまった。しかし、ナポレオンが北イタリアからオーストリア領アルプスへ侵攻し

（一七九六―九七年）、あるいは北イタリアのマレンゴおよび南ドイツのホーエンリンデンで勝利（一八〇〇年）したため、オーストリアはカンポ・フォルミオ条約（一七九七年）、リュネヴィル条約（一八〇一年）を結び、それぞれ第一次・第二次対仏同盟から離脱した。ボナパルトのような精力的な人間に対し、典型的ウィーン育ちを使ってどうして対抗できるというのか、とカンポ・フォルミオ条約の後トゥーグートは嘆息した。旧市壁の上（いまや憩いの場になっていた）を散策し、ローストチキン《バクヘンドル》を心穏やかに堪能できるかぎり、「君主国の名誉」もその長期的展望も、何一つ気にかけないのが彼らなのである。[1] 実際、この二つの条約においていくつかの部分で従来のごとく均衡がはかられた。オーストリアはベルギーとロンバルディアを失うが、その見返りにヴェネツィアと、そのイストリア、ダルマチアの領土を取得する。一五〇〇万人を得るために四〇〇万人を失うことになると、苦々しい思いでトゥーグートは計算したのだった。

　だが、一八〇三年にイギリス、ロシアとの間で結ばれ、その後アウステルリッツの会戦（一八〇五年一二月）でオーストリアにとっては終止符をうたれる第三回対仏大同盟は、事情が違った。プレスブルクの和約でオーストリアはダルマチアをフランスに、ティロールをバイエルンに割譲することを余儀なくされ、残っていたフォアランデを失い、取るに足らない交換で得たのはザルツブルクのみだったのである。この時はウィーンまでフランス軍に占領されてしまった。冷静沈着なウィーン市民がこの招かざる客人に憤ったようには見えないが、自己主張へと駆りたてられるオーストリア社会上層の姿は、イエーナ会戦の敗北（一八〇七年）に対するプロイセン人の反応と大差なかった。オーストリアで最も名声を博した将軍でフランツ帝の弟カール大公は、このころ軍事相の職についていたが、さらに大元帥として軍制改革を遂行する権限が与えられた。ラインラント出身の反仏主義者で神聖ローマ帝国に代々仕えてきた家柄の、ヨハン・フィリップ・シュタディオン伯が外相になったのは、皮肉なことに、フランツ帝がフランスの圧力のもとでこの帝国の終焉を宣言したまさにその年（一八〇六年）だった。しかし、この行動もこれに先立つオーストリア皇帝位への就位も、ナポレオンのドイツへの野心に実力行使の手段を与えず、ウィーンの安全を保つために企てられたのである。シュタディオンの要請に従って検閲が緩和され、「公徳心」に訴える刊行物が続々現れた。革命フランスを驚嘆すべき存在に押し上げ、プロイセンにおいてはシュタインが動員しようと努めていた、あの公徳心である。一八〇八年に創刊されたヨーゼフ・ホルマイアの『オーストリア帝国愛国ジャーナル』と、サルトリの『オーストリア帝国文芸年報』（一八〇六―一〇年）が、新しい愛国主義を知的に支えた。政府自体も、カール大公の改革で世襲領につくられた国防軍《ラントヴェア》を祝する愛国詩集の編纂を命じた。一方、ドイツ語話者の知識層がオーストリアの首府に集結してきた。カトリックに改宗したフリードリヒ・シュレーゲルとドロテーア・シュレーゲル夫妻が宗教において、アダム・ミュラーとヨハネス・ミュラー（血縁関係はない）が政治において、再評価された中世精神の擁護者となり、位階と信仰に基づいた有機的社会の美徳を宣言した。保守派の大物でプロイセン人のフリードリヒ・ゲンツは、ヨーロッパの勢力均衡に対するフランスの脅威を除去しなければならないと説き、一八〇九年四月にフランスに対する宣戦布告を起草し、オーストリア人に対して「特別な祖国の理念と深く結びついた、甘美で神聖で永遠なるあらゆるもの」のために戦うことを呼びかけた(2)。民衆は、オーストリア開戦を知らせる軍事指令書を、先を争って求めた。

今度だけはその熱狂は、君主国の非ドイツ人地域でも同じだった。ハンガリー貴族のウィーンへの不満がフランスに有利になるかどうかについて、フランスの密使たちの意見は異なっていた。革命フランスの将軍、大臣、演説家たちの名が、ハンガリーのジェントリ（反動的ではあったが）にとって身近なものであると主張する者もいた。結局ハンガリーの人々に蜂起を呼びかけたナポレオンの檄文がフランス語、ラテン語、ハンガリー語でまかれたが、馬の耳に念仏に終わった。パリに住んでいた急進的なハンガリー貴族バチャーニは、そのハンガリー風生活を改めたらしく、貴族仲間からは孤立していた。ハンガリー議会は、一八〇七年には国王が彼らの不満を無視していることに抗議したが、一八〇八年には必要時に徴兵する権限を国王に前もって与えたため、その翌年の新兵徴募は順調に進むことになった。ボヘミアも平穏であった。忠実な農民ヴァヴァークが作った「我々にはいまだチェコの血が流れている。……我々の王冠があり、われらの王が玉座についている」という国防軍の歌は、チェコの「国民性」には好戦的に過ぎるとみなされ、彼はこれをすぐに書き直した。「これ以上何を望もう。何の欠乏も苦悩も憲法もない。あるのは平和のみ。飲み物もたっぷりある。……ご主人はまっとうに扱ってくれる。……兄弟たちよ、嘆くな。明るく言おう。ボヘミアの君主とともに立とう。あらゆる社会秩序が末永くありますように」(3)。

こういったすべてが役に立たなかった。一八〇九年四月、カール大公の準備が整わぬうちにオーストリアは戦争に突入した。大公はアスペルンで勝利を収めた後でさえ講和の主唱者だった。この戦争の終結を決定づけたのは、ナポレオンがウィーンを占領しヴァクラムで勝利したこと、そして同盟相手であるイギリスやプロイセンからの効果的な支援が得られなかったことだった。シェーンブルンの和約でオーストリアは、フランスが支配する新しい「イリリア州」にスロヴェニアとクロアチアの領域の大半を奪われ、ザルツブルクとイン川流域をバイエルンに併合され、第三次ポーランド分割で得た地をこれも新たに作られた「ワルシャワ公国」に譲り渡すことになった。取引の中には、フランツの娘マリー＝ルイーズがコルシカの成り上がり者ナポレオンと結婚することも含まれていた。このことは、一八〇九年にティロール人が新しい支配者であるバイエルンに対して起こした反乱の愛国主義的な指導者、アンドレアス・ホーファーが処刑されるのを見まもるしかなかったのと同様、フランツにとって不名誉な屈辱であった。愛国的プロパガンダは禁止され、ホルマイアはさらなるティロール蜂起を企てたかどで、一八一三年に投獄された。実際のところ君主国全体を包括するような反仏愛国精神を作ろうとする試みには、非現実的なところがあった。それにかかわった人々の圧倒的多数が訴えかけていたのはドイツ的国民感情だったからだ。そもそも、ティロールで活動したヨハン大公は、自分の心と魂はドイツのものだと叫んでいたのではなかったか。民衆に愛国心を注入するためボヘミアの軍と政治指導者が設立した秘密結社の閉鎖をフランツ皇帝は命じたが、これはチェコ人のことを疑っているのとかわらなかった。革命フランスとの長年の戦争が、結局、オーストリア国家の保守的性格を決定づけたのである。

メッテルニヒ、フランツ、そして保守絶対主義

対外政策においては、カウニッツやトゥーグートの反プロイセン路線や、オスマン支配に抵抗するバルカンのキリスト教徒支援といった伝統的な政策の継続が困難になり始めていた。既存権力に対する抵抗を抑え込む必要に迫られるようになったからである。一八〇一年にトゥーグートが失脚すると、勢力均衡論者ゲンツと若い外交官メッテルニヒの影響力が目立つようになった。オーストリアは、セルビア人の一八〇四年対オスマン蜂起を支援しなかったが、これは独立セルビア再生の第一幕となるべきものだった。また、ドイツなどのように旧状に戻すことが不可能な地域では、ウィーンは、できるかぎり旧来の優位性を守ることを政策の主眼においた。このことは、ドイツを新たに「国民」を単位とした国家に再編するという野望だけでなく、ロシアとプロイセン、あるいはロシアとフランスと手を組んで周辺諸国をドイツにつなぎとめようとする伝統的な政策も破綻をきたしたことを意味している。しかし、これらはまだ少し先の話である。なによりもまず、屈辱的なナポレオンの覇権に立ち向かい、これを打ち倒さなければならなかった。はじめのうち、一八〇九年以降の数年間は、これが実現する可能性は低いように思われた。フランスの同盟国となっていたために、オーストリアはナポレオンのロシア遠征（一八一二年）に参戦せざるを得なかった。その間、ドイツ国民運動が愛国的名士や学生組合《ブルシエンシャフト》の間で急速に広まり、それに対しオーストリアは（ましてやプロイセンは）、今度は口をつぐんだ。一八〇九年にパリの大使館からウィーンの政庁に呼び戻され、外交を取り仕切ることになったメッテルニヒはその間、ヨーロッパ外交史にその名を刻みこむことになった。ロシアでのナポレオンの敗北をたくみに利用して、彼はオーストリアをまずはフランスと他の列強の仲介者として、次に中立の仲介者に、最後に戦争の当事者へと変貌させていった。かくして、オーストリアは、ナポレオンから先制攻撃を受けることなく、一八一三―一五年の第五次対仏同盟に参加していったのである。カール・シュヴァルツェンベルク元帥に指揮されたオーストリア軍は、ロシア軍、プロイセ

ン軍とともに一八一三年一〇月、ライプツィヒの会戦でナポレオンに初めての大敗北を味わわせた。この戦いには、都合三〇万人が従軍した。その年の二月にロシアとプロイセンがカリシュで同盟を結んだことは、中央ヨーロッパにロシアを招き入れるという、メッテルニヒがかねてから危惧していた状況が生じたことを意味していた。しかし彼は、むしろフランスに対抗するためにロシア軍の西進を受け入れ、事後にポーランドに対するロシアの野心を挫けばよいと信じていた。反ナポレオン潮流を一気につくりだしたこの決断によって、オーストリアは対仏同盟における威信を得、メッテルニヒは戦後の保守体制における影響力の基礎を築くことに成功した。このため、歴史家たちはそれに彼の名をつけてメッテルニヒ体制と呼ぶことが多いのである。

このことが、一八一五年にオーストリアの立場がもった潜在力を過大評価させる原因となった。一八世紀半ばには消滅の危機にあると見えたこの帝国は、ヨーロッパにおける自らの役割について、あまりにひとりよがりな視点をもって一九世紀に臨んだのである。だがそれは、結果的には払った犠牲のほうが大きい「ピュロスの勝利」でもあった。オーストリア最高の軍事指導者であったカール大公は、メッテルニヒよりも君主国にひそむ脆弱さに危機感を持ち、フランス革命に対しても含みのある態度をとっていたが、オーストリアが危機から脱したために、すでに完全に脇に追いやられた。時代精神に敵対することに抵抗を感じていたため、カール大公はフランスとの戦争を回避しようとしていた。その一方で、彼の積極的な軍事戦略と軍事相としての改革は革新的なものだった。軍医療および軍事記録保管を整備し、軍役を終身から一四年間に短縮し、一八〇七年には新しい規則を発布して過酷な軍罰を廃止した。一般兵士に対する配慮があらわれたのも初めてだった。それでも鞭打ちの刑は残ったし、軍隊階級の売買を廃止しようという大公の努力は失敗に終わったが、俸給はマリア゠テレジアの時代のまま高い水準を保つことができた。ナポレオン戦争の中で台頭した軍隊は、ヨーロッパにおけるオーストリアの卓絶した地位を保証するほどの装備はとても持っていなかった。そのうえ、一八一一年に発行された新紙幣は回収された旧紙幣の五分の一の額面（つまり八〇％の実質的切り下げ）で、君主国がその宿痾である財政困難から抜け出せずにいることを示していた。戦争に誘発されたインフレで、紙幣の流通量は、一七九五年の三五〇〇万フローリンから一八〇二年の三億三七〇〇万フローリンに、一八一一年には一〇億六〇〇〇万フローリンにまで膨れ上がっていた。

いずれにせよ、ウィーン会議（一八一四―一五年）の講和条件は、メッテルニヒにとって条件付きの勝利を反映するものでしかなかった。ウィーン会議は、メッテルニヒが主張したフランスとイタリアの王位の正統性を是認し、今はなき神聖ローマ帝国にかえて、オーストリアを盟主とし、三九ヶ国からなる「ドイツ連邦《ブント》」を設立し、フランクフルトにその議会を置いた。しかし、メッテルニヒは、ツァーリ支配下のポーランド会議王国ができることで、ロシアが中央ヨーロッパへ進出することは防げなかったし、その代償にプロイセンがザクセンの半分を獲得することも防げなかった。ただ、ネーデルラントと南西ドイツ諸領邦を北イタリアのロンバルディア＝ヴェネトと最終的に交換したことにともなって、君主国は初めて領域的に一体化することとなった。だがそれは、ラインラントを手に入れたプロイセンがドイツ人の信任を強めるまさにその一方で、君主国ではドイツ人色が弱まったということでもあった。

クレメンス・フォン・メッテルニヒ公（一七七三―一八五九年）は、一八一五年のウィーン会議から一八四八年の三月革命までのこの帝国で、フランツ皇帝に次いで重要な政治的人物であった。宰相として（一八二四年以降は首相）、彼の影響力は主に外交に限られていたとする説は、構成諸民族が国境をまたいで広がっている国において、内政と外交がもった内的つながりを見落としている。メッテルニヒの官庁には警察庁と直結して内政問題を扱う部署があったし、彼自身、思想傾向の調査や内外における君主国のイデオロギー的立場（現代で言う君主国の「イメージ」も含めて）の操作にも乗り出した。彼は一八世紀型の合理主義的大貴族の知的武装をもって、この仕事に臨んだ。リベラルな民主主義にもフランス革命期のロマン主義的な反動にも無縁で、いかなる角度から吹いてくる熱血主義の風に対しても、政体のバランスを保つことに集中した。国際政治面では革命的な流れに力を合わせて対抗するため、列強の定期的会合による会議体制なるもの（一八一五―二二年）を唱道した。中央ヨーロッパ政策では、言論の自由や、リベラルなナショナリズム、ドイツ・ナショナリズムの理念が最も強かった大学の自治に制限を加えるカールスバート決議(一八一九年)が、連邦議会で承認されるのを保証した。君主国内政においては、メッテルニヒにとっての均衡とは、オーストリア地域とハンガリー地域の不均衡をなくすことであった。オーストリアでは中央集権主義的色彩を弱め、ハンガリーではマジャール人分離主義者の運動を牽制することによってそれを行おうとしたのである。この目的のために、北イタリアと「イリリア」、そしてガリツィアをそれぞれ行政単位とすること(国民でなく地域への忠誠を基盤としたものではあるが)を唱道した。一八一七年のころ彼が描いたいくつかの改革計画のうちもっとも野心的なものによれば、これらの行政単位は、新設される内務省の管轄になるはずだった。そこには、ハンガリーとトランシルヴァニアもその程度に格下げできるかもしれないという思惑も働いていた。

メッテルニヒはここにきて、ハプスブルクの行政を長年悩ませてきた問題に気づいた。協調の欠如、政策の立案と実行の間の混乱である。彼は省庁制を導入することで、君主国統治のこれまでの方法であった時間のかかる伝統的合議制とは縁を切ろうとした。各省庁は日々の業務を効率よくこなし、一方で少数のエリート集団が君主に国全体の政策について助言するというものである。第二の目標は、カウニッツが一七六一年に作った国家会議《シュターツラート》の基本原則であったが、時を経て、この最高機関は統治政策の細部の適用にはまりこむのが常となっていた。問題を各々の部署と共に自分で直接決済したがるフランツの性癖と、その細部へのこだわりがいかなる種類の政府の一体意識の形成をもさまたげていた。一八〇二年には、皇帝の読むべきファイルが二〇〇〇冊も山積みになっていたという。それゆえ、メッテルニヒによる行政再編提案は新奇なものではなかった。国家・会議省の設置(一八〇一年)や国家会議の改造(一八〇八年、一四年)はいずれも、日々の些事から解放された中央の諮問機関という発想を具現化しようとして失敗したものだった。

メッテルニヒに対する評価は、一九世紀には彼を反動の悪霊として中傷するのがふつうだったが、二〇世紀を通じて久しく、その政治手腕を持ち上げるのがほぼ一般的になっている。一八二四年にヨーロッパ全土を祖国のように思っているとウェリントン公に語ったこの男について、その代表的な伝記作家であるハインリヒ・フォン・スルビクは、国家や国民の個別性は認めるものの、さまざまなエゴイズムをより広い公益に従わせるような体制の中で、オーストリアが全ヨーロッパ的役割を演じるための守護神として描いた。これはメッテルニヒの自己イメージをかなり反映しているが、一方でそれを無批判に受け入れているきらいがある。この宰相の万能策は、静止状態を前提としていた。人間性は変わらない。人々の大半は常に保守的で、変化の勢いと安定の勢いの振幅から認められるのは循環史観のみである。したがって、革命的ユートピアは危険な愚行であり、ナイーブな理想主義者（教授や宗教的な過激派——メッテルニヒは一八三四年のラムネに対する教皇の断罪に一役買っている）や、「自分で火をつけた家にもぐりこみ、貴重品を守るのではなくそれを持ち逃げする」ような利己的エゴイストしか引きつけない。(4) 平等は幻想の産物である。賢者と愚者の間にいかなる平等があり得よう。君主制と健全な宗教こそ位階制社会に求められる忠誠の絆を固く結びつけるのであり、民主主義はそれをほどくものである——。

メッテルニヒの洞察は社会的な基盤を無視したものではなかった。彼は、一八三二年以前（選挙法改正以前）のイングランドの独特な立憲主義には、貴族政治の基盤があることを認識していた。また、可能性の限界もわきまえていた。ヨーロッパ中に蔓延している不平不満の原因が宗教改革にあるとアダム・ミュラーが主張した際には、メッテルニヒは、マルティン・ルターと言い争う気はないと返している。思想闘争においては検閲制度以外のものにも頼る必要があると気づき、警察長官セドルニツキの意見を無視して、当時のドイツ語有力新聞でややリベラルな『アウクスブルガー・アルゲマイネ・ツァイトゥンク』のオーストリアでの発行を一八二〇年代に許可し、警戒心の強い同紙編集長のコリンには、発行免許の失効を脅し文句にオーストリア政府のネタも受け入れさせた。だがこんなことが、高度な政治的知見の持ち主であったという言い分を正当化するものだろうか。

メッテルニヒは賢明な人物ではあったが、知的にも社会的にも自己充足していたために想像力には限界があった。一八一三年、複数の愛人の一人に、自分の情熱の深さを証そうとして彼は書いている。「これが私の性格です。それがもし他の人と違うなら、彼らにとってはますます困ったことになるだろうが……時が証明してくれるでしょう。……私が誰で、心からの友たるあなたにとって、どんな人間になり得るのかを」[5]。実情に次第に立ちおくれるようになっていった原則をなかなか手放そうとしなかったのは、彼のすぐれた理性への自己確信のせいだった。そしてその確信は、すでに同輩たちのいらいらの種になっていた。フランツ・アントン・コロヴラート伯はメッテルニヒを、尊大な衒学者で、誰に向かっても「二たす二は四だよ。五じゃないよ」「すべての行動には結果があるんだよ」と常に説いて回る男だと不満を述べている。オーストリアのヨーゼフ的中央集権主義を批判することで、メッテルニヒは初期のエスニック・ナショナリストと波長を同じくしたとして彼を擁護する主張がある[6]。しかしそれは、地域への忠誠を国民への忠誠に置きかえようとした（ガリツィアのように）はなはだ非現実的な企てや、当のナショナリストたちがとらざるを得なかった戦術的な慎重さを解釈しそこなっているものと思える。

　別の意味でメッテルニヒは、偉大さに欠けていた。自分が思い描いているよりは弱い人間で、彼のもっとも穏やかな改革プランですら、近代においてもっとも凡庸な人物の一人といえるフランツ皇帝につぶされてしまうほどだった。啓蒙主義者の父を持つ平凡なフランツは、冷笑的なユーモアを好み、ウィーン方言で書かれた請願を直々に受けとるという旧来の伝統に固執したことには、やや人間味を感じさせてくれるが、自分より有能な弟たち――カール大公とヨハン大公が彼の衒学的な行政手法に苛立っていたことにも動揺することはなかった。皇帝は自分がいいと思うやり方で通せる、それが問題だったのだ。皇帝は凡人らしい猜疑とうぬぼれを持っていて、そのために、コントロールしにくい一人の大臣のもとでの首尾一貫したシステムよりは政府を解体することを望んだ。このため、一八〇九年以降、カール大公が政治的に引退せざるを得なくなったし、一八一七年のメッテルニヒの改革プランは引き出しにしまいこまれ、イリリア王国は建設（一八一六―二三年）されたが、結局廃止に至るまで影の薄い存在のままであったし、ガリツィアには議会ができて（一八一七年）、内務省も数年存続したが、それはハンガリー以外の諸邦を管轄しただけだった。

戦争の結果生じた好ましい状況を、まだ柔順で忠実だった帝国の重要な方針決定のために活用することができなかったことが、最終的にこの帝国が崩壊していく主因となっていくのである。

改革なきオーストリアは、メッテルニヒの外交目標にとってなくてはならない軍事力に資金を投入することができなかった。一八一七年には国庫収入の半分が軍事費に費消されたが、一八三〇年には二三%、一八四八年には二〇%と下がっていった。一八三〇―四八年の間に、重要なイタリア管区の兵員数は半減して五万人以下になった。兵力は、四〇万人という名目上の定数をいつも下回っていたし、収穫期には兵を一時帰休させるのが慣例だった。だからメッテルニヒは、外交に関しては、軍ではなく自らの説得力に頼るしかなかった。だが徐々にそれでは間に合わなくなっていった。

一八二一―二九年の東方危機がその最初の証だった。オスマン帝国が課す重荷に対してギリシアで反乱が起こったが、そこで列強は、反乱には敵対するという列強の原則によって、ツァーリとの間に緊張がしいられた。ただしこのときツァーリは、復活祭の日曜に、反乱の名目的指導者であった正教の世界総主教を正装させて、自らの大聖堂の扉のところでの絞首刑にするというトルコ的報復を認めはしなかった。その翌年（一八二二年）、イギリスの外相がカスルリーからよりリベラルなカニングに代わったため、メッテルニヒは同調してくれたかもしれない相手を失った。アレクサンドル一世を継いだニコライ一世はメッテルニヒを信用していなかった。ロシアはオスマン帝国に租界を作ろうともくろみ、イギリスをそのパートナーとみなすようになっていった。英仏と組んだロシアは一八二七年秋、ナヴァリノの海戦でオスマン艦隊を破り、翌年にはオスマン帝国との陸戦の火蓋を切った。一八二九年のアドリアノープルの和約は、その三年後、ギリシア王国が独立するきっかけとなるものだったが、オーストリアにはここでは何の出番もなかった。

一八三〇年、フランスに七月革命が起こり、「ブルジョア王」ルイ゠フィリップが王座についた。この革命は各地でさまざまな反響を呼び起こし、ベルギーやロシア領ポーランド、教皇領では蜂起が、ドイツ連邦《ブント》ではいっそうの立憲政治を求める運動が起こった。ドイツ、イタリアでリベラル派とナショナリストの動きを押しとどめ続けることが、相変わらずメッテルニヒの強い関心事だった。ドイツにおいては、この目標を達成しうるのはオーストリアだけだというのが彼の方針だった。そのためには、他国との連携をつぶしつつ、オーストリアが自分の特別な権益を押し付けないように見せかけることが肝要であった。たしかにドイツの諸侯たちの大半が彼と同じように革命に対する恐怖心を抱いているなかではあったが、メッテルニヒのこの姿勢は、経済発展に伴う痛みと世論のゆっくりした盛り上がりを経験しつつある社会の意に反する、あまりに消極的なものであった。さらにオーストリアの防御的姿勢が、多くの人々、とくに南ドイツ人にとっては、露出過多の立場を守るためにドイツを戦争に引きずりこむ危険があるように映った。とりわけイタリアをめぐるオーストリア・フランス戦争がそれであり、その危惧は一八五九年になって現実のものとなった。新しい構想が芽を吹こうとしていた。たとえばドイツ関税同盟の最初の立案者たろうとするプロイセン覇権主義者の野心、あるいはプロイセン財務相モーツの構想、またオーストリア、プロイセンと並んで、独立した地位を得ようとする、バイエルン、ヴュルテンベルクなど南ドイツ中堅諸国による「第三極《トリア》」計画などである。オーストリアは、いま考えれば、プロイセンの計画よりも南ドイツのほうに与していたのかもしれない。だが実際には、メッテルニヒは両方を簡単に片付けていた。オーストリアが主導権を持つなら、オーストリア＝プロイセンの二重体制もいいだろうというわけである。第二次世界大戦というこれもまたピュロスの勝利のあとで、イギリスがヨーロッパに対して、これと同じことを夢想していた。ドイツのリベラルかつナショナリスト的な気運のハルトブルク祝祭（一八三二年）のあと、オーストリアの宰相はフランクフルト議会で六つの議案を通過させて、ドイツの君主制（すなわち反立憲的）原則をいっそう固め、一八三四年には、支配者が厄介な議会を上訴できる仲裁裁判所もつくられた。だが仲裁裁判は議会の意志に反してこれを拘束しないというバイエルンの主張のために、実現したものはほとんどなかった。一八一五年のドイツ連邦憲章が参加諸国に付設議会と憲法を作ることを認め、かつ奨励したのは、中規模国家の多くがそうしていたからだった。有名な愛国歌「ラインの守り」を生み出すことになる一八四〇年の対仏戦争の危機に対するドイツ公衆の反応をみれば、ナショナリストの幻が抑えがたいものであったことがわかる。

フランスとの戦争に対する恐れが東方問題に新たなねじれを生み出し、さまざまな形をとるドイツ問題とならんで、国際政治の舞台装置となっていった。一八三四年、イギリスのホイッグ党の外相パーマストンが、英・仏・スペイン・ポルトガルのリベラル四国同盟を結成するが、これは前年に結ばれた保守的なオーストリア・ロシア間のミュンヘングレーツ協定に対抗するものだった。ポーランドとオスマン帝国の現状維持を誓うこの協定にはプロイセンもすぐに賛同した。ところが一八三九―四〇年、スルタンが名目上の臣下であるエジプトの太守メフメト・アリに脅かされたとき、ニコライ一世が事態の収拾を頼んだのはウィーンではなくパーマストンとロンドンでの交渉であった。六七歳になっていたメッテルニヒは無念に打ちひしがれ、立ち直るまでに五週間かかった。彼の外交キャリアで最後となるこのエピソードは、彼の影響力がすでに衰えていることを示すものであった。

このときまでにフランツ皇帝は死去していた。内政面では、彼の治世の大きな特徴はなりゆきまかせだったことであった。警察長官ヨーゼフ・セドルニツキ伯（一八一七―四八年在任）と、国家会議のメンバーで内政問題の責任者コロヴラート（その君主のことを猜疑の権化と評した）（一八二六―四八年在任）との老いたるトロイカに、メッテルニヒは加わっていた。あらゆる書物を四つのカテゴリーに分け、そのうちの一カテゴリーしか完全には許容しないという検閲制度が導入され、そのためはっきり許可されていなければ禁止、というような雰囲気が醸成されていた。オーストリアで一番有名な戯曲家フランツ・グリルパルツァーのある芝居を何度か鑑賞したあとで、フランツ皇帝はその版本をすべて買い占めようとした。それは中世ハンガリー王の忠実なる召使いをたたえた劇だったが、もしかしたらフランツは、そのような忠義に値しない王だとあてつけているとでも思ったのかもしれない。こうした状況の中で唯一の例外は、外国の新聞がオーストリア国内に持ち込まれるのが許されたことであった。メッテルニヒが作らせたオーストリアの主要紙『オーストリアの観察者』は、一八三一年春、ポーランド会議王国における革命勢力の軍事的勝利を報じることもしなかった。

だがそういった検閲の意図は、抑圧的であるのと同じくらい家父長的だった。フランツ帝とメッテルニヒは、外国の急進派の陰謀から庇護してやるべき、充足した従順な庶民という考え方を共有していたのだ。彼らのオーストリアは、「ビーダーマイヤー」になっていた。これはもともとは家具の様式を示す言葉だったが、やがて居心地のよいブルジョアの家庭生活、よい音楽、地方色豊かな芝居、お行儀のよい喜劇、そして家庭よりすばらしいところはどこにもないと示すべく人々を別世界に誘う現実逃避的で「魔術的」なジャンルといった時代全体と結びついていった。ベートーヴェン、シューベルト、古典的な悲劇作者のグリルパルツァー、皮肉な道化者ライムントとネストロイなどがこの時代のウィーンを代表していたのであって、特筆すべきジャーナリストや社会思想家はほとんどいなかった。権力側がこういった政治に関係ない牧歌的状況を作り出したことによって、都市住人の広い層にわたって市民的尊厳を重んじる意識、言い換えれば一八一一年の民法典で正式に記された市民権という啓蒙的発想を守ろうという意識が芽生えていった。住区ごとに教会を置くというヨーゼフ主義も生き残った。そのことで教会の大半が国家の従順な手足となったからだ。一八一九年、ローマを訪問した後、フランツ一世は保守主義的発想からヴァティカンと和解する気になったが、メッテルニヒの努力にもかかわらず、その実行はカタツムリの歩みのように遅々としていた。たとえば一八二〇年の教皇禁書目録に載っている教会法と教会史の教科書二冊が、一八三三年までオーストリアの大学および神学校から引揚げられなかったように、国家権力は方針を変更したことをどれくらいおおっぴらに認めるべきなのか決めかねていたのだった。この件に関する二件の提案書は、一八三七年に棚上げされたままとなり、オーストリアの初代教育相の机に置かれたのは一八四八年五月一日になってからであったのだ！

教育という分野にも、改革運動の遺産が生き残っていた。農民の子を就学させるのが必要かどうか疑問視する声も聞かれなかった。それは、使命感が低下しているこの時代、農民の子はますます聖職に求められていたからでもあり、教育を受けていない者が圧倒的に社会の厄介者や物乞いになっているという議論が大勢を占めていたからでもあった。一八〇六年のハンガリーへの二度目の教育令《ラテイオ・エドウカテイオーニス》によって、無料の義務教育の原則が女子にまで広げられた。ボヘミアでは一八三四年までに就学年齢にあたる子供の九三%が教育を受けていた。これと並行して中等教育の拡大により、貴族ではない名士たち（役人、諸分野での専門職など）が数を増し、ついにはオノラツィオーレンという独自の名を持つ階層を形成していった。かくてこの言葉はそれまでハンガリーでは、知的労働に従事する人全般をさすものであったのが、一八三〇年代までには生活様式は貴族風だが非貴族で知的労働をする者に限定されるようになっていた。それによって、均質的なブルジョアジーが出現したと断言することは、普通教育によるエリート層の融合がまだない段階であったため、当時の所領管理人、大商人、小さな都市の住民や専門職の人々相互の関係をあやまって伝えることになりかねない。とはいえ、歴史家たちは近年、のちのブルジョアジーの形成に関連して、一八四八年以前の諸要素に以前より大きな比重を置くようになってきた。（聖職者と初級学校の教師を除く）国家官僚と専門職の数は、オーストリア・スラヴ諸邦では一七九〇年から一八四六年の間に、約一万七三〇〇人から三万六七七五人に、ハンガリーでは同じ時期に、五〇〇〇人から二万四〇〇〇人に増加したと推定されている。

その成果の一つは啓蒙主義がかつて必死に求めていた訓練された官僚が生まれたことである。一七七四年以降、いろいろな官僚等級に必要とされる教育上の資格が次々と定められた。だが意欲より実務能力が評価されるようになったのは、一八〇〇年以降だった。新しい服務規定は、上司への絶対服従を強調していた（ヨーゼフの勧告にはなかった）。そしてたえず改定される教育要領は、しだいに、政治的に都合の悪い理論や歴史をないがしろにするようになった。制服が普及し、領邦議会にまで広がった。保守的ではありつつも帝国官僚は、社会身分によらず、一七八七年に規定された年功序列の原則を維持していた。一八四〇―七〇年、各省の書記官のうち、かつての名門貴族出身者は一割だけであった。それゆえに、伝統的なギルド特権とフランツの好みに反対して、経済上のリベラリズムに官僚たちが肩入れしたのかもしれない。一九世紀初めのオーストリア政府は、ヨーゼフ主義の計画表を引き継ぐ一方、それを打ち壊していく存在でもあった。

フランツ皇帝がこの矛盾にどこまで気づいていたのかは、はっきりしない。彼は、ウィーン市民独特の信念——時代の悪から自分たちを守ってくれる——によって支持されていたように思われる。だがその見せかけの確信の陰で、彼は克服できない強迫観念を抱えていた。一八三〇年のクリスマスイブに、皇帝は首都の聖シュテファン寺院を包囲するよう命じた。真夜中のミサに合わせて謀反人たちが蜂起するという情報があったからだ。メッテルニヒは何十万人というイタリア人が秘密結社に属していると信じていた。重要人物が自己充足やら強迫観念やらに陥っている状況は、ヨーロッパの中心であることを標榜しつつもヨーロッパの影響をせっせと排除しようと努めている体制内部の不安定さを暴露していた。それでも、フランツのオーストリアは、ニコライ一世のロシアではなかった。ヨーロッパ的用語で言えば、常にまっとうたらんとするこの感覚こそが、フランツの治世の用心深さと想像性の欠如を、機を逸したものに思わせるのである。

産業の根付き

一九世紀初期の君主国の経済面での好運を考えると、この印象がいっそう強まる。循環史観にとらわれていたメッテルニヒは、後戻りすることのない経済変化が始まったことを見逃していた。オーストリアの例は、ヨーロッパの産業化がひとつのプロセスとして見られるべきだとするシドニー・ポラードの説を裏付けている。すなわち経済活動の爆発的な活発化は、国から国へではなく、国境を越えて地域から地域へと移り、条件に恵まれた地域が互恵的関係のネットワークに引き込まれ、当初は先行者に依存するものの、やがては自身で新しい突破口を開いていくのである。オーストリアの工業化における明確な地域格差、イギリスの技術と起業家への依存、織物マニュファクチュアの成長におけるプロト工業化が果たした役割、鉄鉱業の発展などすべてが、より大きな流れと関連づけて考えることができる。とくにロストウ流の劇的な離陸による工業化という理論が、もはや標準的な経済発展の道筋であるとみなされなくなったわけだからなおさらである。

一九世紀前半のハプスブルク経済への関心が高まっているのは、大雑把にせよ、今ではその時代の経済規模が測定できるという自信を反映している。一八三〇―四五年に工業は年に三・三%ずつ成長したという、五年ごとの生産高に基づいたルドルフの試算、同時期の年成長を二・五%とするコムローシュの指標、一八二〇年代からの石炭消費量の急増から導くグロスの推論、一八二〇―五〇年代に年二・三%ずつ成長したとするグッドの結論などから、一般的なパターンが浮かび上がってくる。それは、一八二〇年代後半の戦後不況からの広範囲の、そしてそれゆえに持続的な好転である。工業生産の四〇%を占めたのは織物産業だった。綿紡績が一八二〇年代に、毛織物が一八三〇年代にそれぞれ機械化されて、能率があがったためだった。一八世紀には主要品目のうち毛織物とリネンはほとんど成長しなかったが、綿だけは年に七%の成長率を示した。オーストリアには一八四七年に一五七台の綿紡績機があり、紡錘の数はドイツ関税同盟《ツオルフエライン》より多かった。銑鉄もまた、一人当たりではドイツより多く生産していた。ボヘミアでは一八二〇年代以降、鉄鋼生産は二倍に、石炭は四倍にもなった。一八四一年に存在した二〇〇〇の産業組織のうち、近代的設備を整えたところは、整えずに仕事場が連結したところの三倍の実績をあげた。蒸気機関の数はフランスより少なかった（一八四〇年代半ばで五五〇対四一一四）が、一人当たりの工業生産高は同じだったし、工業・商業従事者が一七%という数字はドイツと肩を並べるものだった。ここではハンガリーは含まれていない。もちろん後代に比べれば、規模はまだまだ小さいものであった。たとえば、一九一三年には年間四三〇〇万トンになる石炭産出量は、一八五〇年には一〇〇万トンにとどまっていた。

どうしてこういうことが起こったのか。君主国には工業化のための先行条件となるものが、伝統的にいくつかあった。一八世紀後半から一八四八年までに人口は四〇%も増加して約三三七〇万人になっていた。さらに重要なのは、ドイツ語圏ボヘミアでの人口急増である。ここには、土地に頼るより多くの家族を養うことができる織物家内工業の強い伝統があった。それが労働者予備軍を形成したのである。炭鉱や鉄鉱山がシュタイアーマルクや上オーストリアと同様、ボヘミアやモラヴィアの主としてドイツ人地域にあったことが、オーストリアの発展の多分に地域的な偏りを増大した。すなわち文化的優越性、プロト工業化の伝統、天然資源が、同じところに存在していたのである。

この時代、交通網も飛躍的に発達した。約二〇〇〇マイルに及ぶ主要道路が建設され、もっと細い道路はその二倍半にも達した。ドナウ川からティサ川に至るハンガリー平原の大半では通商が自由化され、一方ではドナウ川（今や河川整備された）とヴルタヴァ川（モルダウ川）、さらにボヘミアの北海への出口であるエルベ川が、運河で結ばれた。アドリア海には一八一八年、ドナウ川には一八三一年に、蒸気船の定期航路が開かれた。政府はかなり早い時期に鉄道の重要性に目をつけていた。一八三六年、サロモン・ロートシルト（ロスチャイルド）が、ウィーンからモラヴィアのオロモウツ（オルミュッツ）まで北部鉄道《ノルト・バーン》を開設したすぐ後に、さらに南、南西、西への三本の主要路線を、必要なら国営で敷く、という公式プランが策定された。一八〇七年プラハに、一八一五年ウィーンに、一八四四年グラーツに工科大学を設置したこともあって、啓蒙主義時代に広まったオーストリアの技術の伝統はひきつづき向上していた。その教授陣は単なる教育者ではなかった。プラハの数学者ゲシュトナーは、馬に引かせるものではあったが、オーストリア最初の鉄道を設計した。それはリンツとヴルタヴァ川沿いのチェスケー＝ブジェヨヴィツェ（ブドヴァイス）を結ぶもので、一八三二年に彼の息子が建設にあたった。またウィーンの工科大学教授リープルは、錬鉄製法をオーストリアに導入するためにイングランドに研修に行っていた熟練工たちを呼び戻した。

ハプスブルク諸邦での初期の工業発展にとって、外国とくにイングランドの技術が大きな役割を果たしたことを、この例は示している。カール・ツィンツェンドルフ伯は一七六九年という早い時期からマンチェスターを賞賛していた。ロンバルド伯コンファロニエリは一八一九年にイングランドから戻るときに、ポー川の蒸気船のためのエンジン、ガス発生装置、それにランカスター学校システムについての情報を送るよう発注してきた。この人物はのちにカルボナリ運動に連座して、悪名高きブルノのシュピルベルク監獄に入れられた。そしてそこで革命的な人々のありようをさぐろうとするメッテルニヒの訪問を受けている。初期の技術借用は、しばしば人目を盗んで行わなければならなかった。ブルノのある会社は、一八〇五年、毛織紡績機の秘密をイギリスから盗むために七万フローリン使ったと言っている。時がたつとイギリスの技術も公開されるようになり、物自体が伝えられるようになったが、多くの場合、ドイツ人の仲介人とくにラインラントの人々が間に入った。その間にあってイギリス人技師エドワード・トマスとジョン・トマス、トマス・プレースガードル、デヴィッド・エヴァンス、ジョセフ・リーらは、のちにボヘミアの機械製造業の大工場となるもの三つを作るのに助力した。またイギリス人たちは、ヴィートコヴィツェでモラヴィアの鉄鋼業の指導、ドナウ川とアドリア海の蒸気船会社の創立、ブダペシュトのドナウ川最初の橋の建設、ウィーンのガス灯敷設などにも関与した。イギリスの威光が最高潮にある時代だった。ハンガリーの改革派大貴族イシュトヴァーン・セーチェーニは、ハンガリー人支持者に「〔アダム・〕スミスと〔アーサー・〕ヤングの遺灰、そして読者みなが知るであろう彼らの不滅の著作に、何千回もの祝福を」と書き送っているのだ。[7]

経済上のリベラリズムは行政機構の上層部にまで広まった。「あらゆる強制と制限は、産業にとって不倶戴天の敵である」と宮廷財務局は表明した。「リベラルな行政が、事業精神を自由に活動させてこそ、それは頭を力強くもたげ、翼を存分に羽ばたかせるのだ」[8]。地方権力が工場の免許発行を保留していると、中央政府が頭ごなしに押し切ることもしばしばだった。鉄鋼業や新しく興った農業主導型のテンサイ糖マニュファクチュアなどの分野では、大貴族がいまだ幅をきかせていたものの、こうして産業面でのブルジョア化がかなり進行した。一八四八年以前にハンガリーでつくられたテンサイ糖工場の四分の三は、貴族の所有で所領内に作られ、そこでは機械化された作業場があり、紙も製造していた。

中産階級の企業家がはっきりと前面に立ったのは、織物産業だった。取引の経歴をもつ者が一般的に金融や手工業よりも多くいたからだ。モラヴィアの絨毯工場では外国人の所有でないものはユダヤ系の毛織物商人が設立し、スロヴェニアの初期の産業はリュブリャナの卸売商人が開拓した。ユダヤ人は再び、ハンガリーで昔ながらの商人としての役割を演ずることになった。彼らは行商人や地域的な仲買人に始まって、バルカンのキリスト教徒地域に沿ってハンガリーの農産物を中央ヨーロッパの町々に供給する遠距離の商品取引までも行っていた。クロアチアの停滞した経済を近代化する柱となったアンブロズ・ヴラニツァーニもまた、内陸平原からアドリア海の港への穀物輸送を行う商人一家の出身だった。チェコ語系で最初の企業家の一人Č・ダニェクのように、イーバン&リー織物工場の一雇われ人として商売を学んだという、もっと地味な例もある。

工業化は、画一的なパターンを生み出すにはあまりに弱体だった。数の上では手工業や家内産業が、いまだに工場よりもずっと多かったが、ギルドへの圧力は増す一方だった。一八世紀以来のギルド特権を突き崩そうとする動きを引き継いだ一八〇九―一一年の立法の前にも、市民権《ビュルガーレヒト》認可の基準を緩和することで、工場所有者と親方職人との区別をあいまいにしようとする政策がとられた。工場所有者たちは、都市を拠点にした生産設備が合法的に稼働できるよう、市民権を要求していたのだ。それでもギルドは生き残った。ハンガリーのへんぴな地方では、初めてギルドが作られたぐらいだ。だが一八四八年が近づくにつれ、ギルドは昔どおりには機能しなくなっていった。ハンガリーでの研究（オーストリアの研究で裏付けられる）によれば、新規に設立されたギルドは商業にも従事し、ギルド員は一年のうち何ヶ月かしか技能労働に従事せず、親方は規定の通りには徒弟を雇わなかったという傾向があった――もっとも徒弟がいればの話ではあったが。一八四六年のハンガリーでは親方一人当たり徒弟〇・六七人、一八三七年のオーストリアでは一・三人しかいなかった。ギルド間の競争、ギルド内の競争も激化した。親方たちは商人から材料の支給を受けていたし、自らが他人に出来高払いで雇われている（ウィーンの織物工業では、一度に三、四〇件も仕事をかけもちしている）こともあった。これこそ、プロレタリアート化の始まりだった。

ギルド制が衰退する様相は、特許状のある「自由」都市に限定されていた手工業が、より制限の少ない田舎へ移動したことを特徴としていた。これは、ハンガリーではオーストリアよりやや遅れて起こった。だが、ギルド生産と「農村工業」を区別するのは、そう簡単ではない。ギルド組織は、妻がつむいだ綿糸を織ったり、自家産の革から長靴や短靴を作ったりする半農半工の農民を取り込むことができた。ギルド手工業には他の活動が付随していた。たとえば、石を用いるギルドの成員である石工職人がれんがや木を扱ったり、ギルド職人向けの割高な牛肉やパンを扱う市場の女たちが大勢の日雇い労働者に弁当を売っていたりすることもあった。人口がふくれあがったために、人々はしたたかにかつ臨機応変にやりくりすることで、ささやかな生計の道を模索したのである。一八四八年、ハンガリー南部の都市セゲド周辺にはいろいろな種類の農民石工が八〇〇人、船頭が八〇〇人、馬車引きが二〇〇人、人夫が二〇〇人、粉挽きが一二〇人、タイルれんが焼きが一〇〇人、粉パプリカづくりが八〇人、魚さばき女、道端で売るパン焼き女がそれぞれ五〇人いた。(9) こういった職業の中には組合的な形態をとるものもあった。漁夫たちは共同して川の使用権を買ったし、舟主たちの共同体は一〇〇人から一五〇人を雇うこともあった。しかしハンガリーの農村産業のうちもっとも活発になり得たはずの織物業は、オーストリア・ボヘミアの競争相手にあらかたつぶされてしまった。

これは、オーストリア・ボヘミアではすでに織物の家内工業が成熟して、マニュファクチュアへの移行や産業システムの基盤が整っていたからだった。その過程の進度はそれぞれ異なり、まず木綿、ついで毛織物そしてリネンというふうに機械化されていった。一八三〇年代半ばのボヘミアには三五万人のリネン家内労働者がいた。これは工場労働者の七倍の人数だが、この数はそれでも衰退を示していた。鉄鉱業の転換点は、一八三六年、ヴィートコヴィツェの工場でコークスによる溶鉱炉が使われたことだった。それでも、その後しばらくはボヘミアの鉄生産量は、旧来の技術を守るアルプス地方に遅れをとっていた。アルプス諸邦には木炭の備蓄が大量にあったからだ。ほかに機械化されていったものに、一八二〇年代後半から製紙・製糖、一八二〇年代末から醸造・蒸気製粉があった。昔ながらの方式で組織され、ウィーンやプラハといった大都市に集中していた産業——製革や手袋製造、絹——の中にも、成長は起こっていた。

以上の概観から、地域によって産業の性格や分布が大きくばらついていたことが容易に見てとれるだろう。もっとも発展していたのはロンバルディア＝ヴェネトだったが、ここはやがて君主国から分離することになる。ドイツ・スラヴ諸邦では、ボヘミアの重要性が突出しつつあった。一八四八年までには、ボヘミアがドイツ・スラヴの綿紡績工場の約半分を有し、石炭の半分を掘っていた。ボヘミアの織物家内工業が工場レベルへ移行を遂げた一方で、アルプス諸邦の織物家内工業は徐々に衰退していった。その間ハンガリー諸邦は、一八四一年の君主国の工業生産の八分の一しかあげておらず、その時点で狭義のハンガリーには一一台の蒸気機関しかなかった。だが一八四〇年代に入るころ、食品加工に代わって鉄鋼がもっとも成長の著しい産業となり、この時までにハンガリーのオーストリアからの輸入量が輸出量とかわらなくなっていたことは、農村部の自給自足が終わりつつあったことを示している。ハンガリー最大の都市ペシュトはこの時期、プラハよりずっと急速に拡大していった。一方クロアチアでは、ハンガリーの大所領では点在しはじめていた石灰窯や製糖所すらめったになく、何世紀にもわたって農産物取引が土地以外からの主な収入源のままだった。

君主国で一番進んだ地域においても、企業家志望者たちは孤立感や挫折感を味わうことがあった。ボヘミアの改革派貴族ブクオイ伯は一八一四年に、「公共精神」をもって有益な革新を進めようとする人々の「大きな障害」と「不幸な経験」について不満を述べている。[10] 信用の欠如がどこでも問題だった。一八一一年の通貨切下げによる回収資金を調達するため、オーストリア国民銀行が一八一六年に設立され、主として国に貸付を行った。しかしそれに続き領邦不動産銀行を作ろうという要求は、政府の信用を脅かすものだとして頑としてはねつけられてきた。ただガリツィアの場合は、ポーランド人への賄賂になりうるとして特別だったが。国民銀行のような商業資本から生まれた私立銀行は事欠かなかったが、そういうところの貸付は国や大富豪に限られ、一八二五—四六年には推定五〇〇〇万フローリンに上っていた。一八一七年、フランツから叙爵されたロートシルト兄弟がこの中心的役割を演じた。ハンガリーの大貴族は、旧態依然たる法的権利を放棄しない限りは、彼らの所領管理人たちに棒でもって債権者たちを追い払わせても何の役にも立たなかった。さらに弱小のハンガリー地主たちは、相続した土地は譲渡できないという慣習的な「アヴィティキタス」システムのために担保融資が受けられず、しばしば質に頼ることとなった。君主国全体としては企業家たちは自己資本によってこの債権の問題に対応し、景気後退のときもほかに方法がなく再投資を続けたようだ。最初の貯蓄銀行は、一八一九年に下オーストリアに設立され、続いて一八二五年にボヘミアに、一八三六年にハンガリーにできた。だがその原資は大きくなく、一八四八年、ハンガリーの三五行の貯蓄銀行の総資本は、四万九四六九フローリンでしかなかった。革命前夜、こういった財政状況への不満は、改革者予備軍たちの大きな訴えの一つであった。

もっと直接的な起爆剤は、経済変化に伴う社会情勢への不満であった。ギルド制は回復する力をすでに失っていた。一六七一年以来の伝統をもつ官営作業場は、いつも懲罰なのか最下層貧民への訓練なのかでむなしくゆれていた。一八四五年のウィーンには三万人の職人がいたが、その半数が税の不払いのために貴重品を競売にかけられていた。親方になれない職人はだんだん反抗的になり、ハンガリーの少し大きな町でもめごとを起こすのは彼らだった。また家内工業労働者たちは、工場との競争に苦しんでいた。刺繍職人の賃金は、一八三五年には一八〇〇年の水準の四分の一から五分の一に下がっていた。ボヘミアのエルツ山地にあるガラス職人の集団は、一八四三年冬には飢餓すれすれまでいった。工場労働者はそれよりはましだった。一九世紀後半にツェンカーは、一八四〇年代のウィーンにおける男性労働者の平均賃金を週五フローリンと見積もっていた。イギリスの旅行作家ターンブルによれば、それは心ゆくまで食べて飲んでタバコを吸うに足る金額だという。だが、ターンブルが述べているのは田舎のことである。町では高い家賃がかかることを考慮に入れると、三人から五人の子供がいる家族では、昼食だけで家賃を払った残りの半分以上を使ってしまうだろうという、同時代の計算もある。工場労働者にとっての深刻な問題とは、オーストリアの競争力が脆弱なために自営の職人よりもずっと雇用不安が大きかったことである。

不安定な経済は、いろいろな社会的苦難と呼応していた。地方から流入してくる人口に対して、都市の供給体制はきわめて不十分だった。殺到する人口に、ウィーンの住宅供給は間に合わず、そんな家は地面に建てたウサギ小屋になぞらえられた。急進派のヴィオラントは、ウィーン旧市街から離れた工場地域の郊外で恐ろしいことが進行している、と訴えた。若いウィーンの女性はウージェーヌ・シューのパリを舞台にした社会派小説を読んで、胸がつまりすすり泣いているが、それがどれほど自分たちに身近なところの実態なのか気づいていない、というのだ。一八四八年革命前夜の様子についての彼の熱気あふれる記述は、排水溝に住み、夜になると泥棒のために出かけるウィーンの家族とか、一八四五—四六年の不況のころのあまりに破廉恥な売春のために人目を引いてしまった下層階級などを描いている。それは、少女たちが「横になってする」仕事のためにベンチと枕を持ったヒモとともに徘徊するという光景で[11]、ヒモのほうは三〇〇人が逮捕され、軍隊に投じられたとされる。

こういった労働者の問題は、一八四八年以前にどこまで社会秩序を脅かしていたのか。ハンガリー大平原地方では、川の流路調整や浚渫《しゅんせつ》工事の日雇い労働者が流入して犯罪が増加した。鉱夫も手に負えなかったが、彼らは人里離れたところに集住することが多かった。トランシルヴァニアの塩山労働者は、一八〇四、〇七、一〇年に、鉄鋼労働者は一八三七年にストライキを実行した。巨大な貴金属鉱山であるトランシルヴァニア・ザラトナの七〇〇〇人から八〇〇〇人の鉱夫と三〇〇〇人の関連労働者はいつも騒擾状態にあった。一八一六年、ウィーンでは失業に反対するデモがあった。そして一八三一年、ブルノの騒乱のあとに政府が失業状況の調査にはいったが、たいしたことは判明しなかった。一八四〇年代にこういった不満が組織化された抵抗にふくれあがったのは、首都ではなくボヘミアであった。最初は機械の打ち壊しと賃金切下げのために入れられた時間雇い労働者たちへの襲撃で、次に一八四四年にはプラハの綿捺染労働者たちの起こした行動が、いくつかの綿捺染工場から集まった一〇〇〇人もの労働者がボヘミア総督の宮殿前に集まる統制されたデモにまで発展した。労働者共済基金を基盤とするらしい組織を背景にもつプラハの活動家は、北ボヘミアの織物工たちの連携した運動で活躍した。そうこうするうち、プラハ近郊の時間雇いの線路建設労働者が町に入って、ユダヤ人の商店を壊した。この事件はマルクスとエンゲルスを刺激し、労働問題はよその国の話だという政府見解が偽りであることを示した。このことは老いつつある政府に、膨大なハプスブルク臣民が今も暮らす田舎で直面している問題に加えて、もうひとつ処理しなくてはならない問題を背負いこませたのである。

改革派領主と怒れる農民

土地からの収入で暮らす人間の割合はこの時期、全体で約七五％から七一％前後へと、相対的には低くなっていた。が、絶対数ではかなり増えていた。たとえば、オーストリア領アルプス地方では一七八九年から一八三〇年までに耕地面積は三〇％も広がったことが背景にある。君主国全体の農業生産の成長率は、年〇・五％から少なくとも一％とするものまで推定に幅がある。正確な数字はともあれ、人口増加によって生じた増産圧力は、土地をめぐる社会秩序に緊張をもたらし、一八四八年に爆発することになるのである。

啓蒙主義者が予測したのとは異なり、農業の成長は土地所有農民という新しい階層から始まったわけではなかった。この階層は、一八二一年の王領地における賦役の金納禁止によって明確になったように、農村における領主関係が維持されたために、頭を押さえられていた。いずれにせよ、確立した信用貸し機構がなかったため、農民は土地を売ることでしか封建負担買戻しに引きあてる資金を工面できず、これだけでも彼らの意気を阻喪させるのに十分だった。同じ理由で、ラープ・モデルのもとで生まれた農民の耕作地も、絶望的なほど遅い成長しか望むべくもなかった。つまり、農業の改良とは主に貴族の問題だったのである。

一番重要だったのは交通網の発展である。ドナウ蒸気船会社が設立されたことに伴って、一八三一―四五年の間にハンガリーのオーストリア向け農業輸出高が二倍になった。ドナウ川沿いには一四七ヶ所の船着き場が稼働していた。船着き場の数ではウィーンに近いジェールに及ばなかったペシュトだったが、ここから年間一〇〇〇本もの蒸気船が川上に向かって出港した。ペシュト商人の数も、一八四六年にはジェールの二七二人に対して、一〇〇〇人以上に上った。ジェールの商人の半数以上は穀物・家畜を扱っていたが、これは先進諸国と比べてハンガリーの産業分化が遅れていたことを示している。ハンガリーの多くの小商人たちは、共同で貨物船を仕立てドナウ上流へと出港したようだ。これによる利潤は四〇

%前後にも達した。鉄道も同じように急速な発展を遂げた。北部鉄道《ノルトバーン》は一八四六年までに二二万一〇〇〇トンの貨物を運んでおり、そのうちの三〇%近くが農業生産物であった。一八世紀に構想された排水路や運河の建設事業が相次いで完成していた。フェレンツ・ズィチ伯がバラトン湖近くの沼地を干拓して何百平方マイルという土地を得たように、こうした土木工事はたいてい大貴族主導で行われた。なかでも大規模な事業だったのが、国家による支援も受けて行われたティサ川整備事業である。定期的に洪水にみまわれる流域五〇〇〇平方マイルの土地を農地にする目的で一八四〇年代にはじまったこの事業は、イシュトヴァーン・セーチェーニ伯が主唱した。

所領管理の専門化も急速に進んだ。一七九七―一八四八年の間に一四一四人が学んだハンガリー西部フェシュテティチ所領の農業学校（ゲオルギコン）やボヘミア南部クルムロフのシュヴァルツェンベルク家の学校は、所領管理訓練校としてはおそらく一番有名だった。シュヴァルツェンベルク所領のフランチシェク・ホルスキー、トゥーン所領のアントニン・コメルスなどのように、所領管理人は一八四〇年代までにはそのものとして重要な存在として見なされるようになっていた。政府の支援を受けて一七六〇年代につくられた農村部の小さな農業協会は、一八〇〇年代以降は領邦単位の組織に発展し、いくつもの支部や何百人（アルプス地方では何千人）という会員を抱えるまでになっていった。シュタイアーマルク（一八一九年）、ティロールとフォアアールベルク（一八三八年）、上オーストリア（一八四五年）の協会はヨハン大公の肝いりで設立された。村の郵便局長の娘と結婚して半隠遁生活を送ったヨハンは、一九世紀のハプスブルク家に対して人々がちょっとした想像力をかき立てるよすがになっている。

一九世紀のハプスブルク諸邦の農業経営においては、啓蒙主義という万能薬に加えて、穀草式農法が重要な要素となった。穀草式農法は一八四〇年代のボヘミアでは全耕地の七%にあたる一七〇の所領で実施されていた。しかし、もっとも先進的な所領においても、穀草式農法は、休閑地に根菜を栽培するという改良された三圃式農法と並行して行われていた。新しく導入された作物には、タバコ、テンサイのほか、収穫量の多いジャガイモなどがあった。こうして生産された農産物は、おもに貴族層が展開した工業によって加工されるようになる。収穫されたジャガイモのうち、ボヘミアでは二五%、ガリツィアでは六〇%がアルコール蒸留所にもちこまれ、そのほか、醸造所や製材所もつぎつぎと建設された。とはいえ、一九世紀初頭の領主たちによる最大の取り組みは、上等な羊毛を得るために導入したメリノ羊の飼育だろう。一八一九年に、エステルハーズィ公はこの羊を一五万頭も所有していた。さまざまな手段を使って三二あった所領の地代収入を増やしたシュヴァルツェンベルク一族の場合、一八二〇年代から一八四〇年代までの間に、総収入の三、四〇%(五〇万フローリン)だった地代は七〇%(一〇〇万フローリン)を占めるまでになった。

農民層、とくに領主関係の下に置かれていた人々にとっては、変化は総じてもっと地味なものだった。ハンガリーの農民のなかで市場との関わりをもつことができたのは、古くからの自由な特権集落や、農奴負担を買い戻した「村落都市(市場町)」などの住民として、なんらかの優越的身分に属するがゆえに、商品輸送路への接近がより容易だった人々であった。三圃式農法を実施するハンガリー農民の割合は、一七二〇年の四分の一から一八二八年には三分の二へと増加していたが、農民たちはさまざまな局面で農業改良に抵抗した。これにはもっともな理由があった。たとえば、彼らに言わせれば「高貴な」羊であったメリノ羊を飼いたがらなかったのは、彼らが重宝したのは、肉用にも羊毛用にもなる家畜だったからだ。しかしながら、農奴ですらより高い生産性を求める主人の積極性に影響された。生産性によっては昔ながらの賦役の効率性が疑問に付されるようになったからだ。ハンガリーを代表する改革派大貴族イシュトヴァーン・セーチェーニの推計では、賦役の場まで行くのに要する時間を含んだ不自由労働の生産性は、賃労働の三分の一にしか満たなかった。この見解は当時広く受け入れられ、進歩的な貴族のなかには、賦役金納化の算出の際にこれを参考にする者もいた。だが、いかに熱心な改革者であろうが、すべての賦役を金納に転換することはなかった。そのためには、保守的な国から許可を得る必要があり、農民のほうもじきに廃止されるであろう賦役のために金を払うことには消極的だったからだ。領主にしても、とりわけ荷車運送や道路補修といった定期的な労働に強制労役をまったく用いないわけにはいかなかった。

とくにウィーン近辺では、公共事業や建設現場での雇用機会が増加したため、所領の労働力が足りなくなると領主は嘆くことがしばしばだった。ハンガリーでは、地域的な労働市場統合が進んでいなかったため、労働力不足と雇用機会不足が並存していた。そのため、大領主のもとでですら、広く批判の対象となりつつあった無償労働が相当程度残存していた。ハンガリーで進歩的な農業を行う所領は、いってみれば後進性という海の中の孤島のような存在であったが、そこでも無償労働が労働需要に占める割合は一般に四五―五〇%にも上っていた。こうした労働力不足の結果として、三月前期（一八四八年の三月革命にちなんでこう呼ばれる）末の数十年間、農業労働賃金は上昇し続けたのである。

農業改革者は賦役を減らそうと望んでいたのに対して、中規模の領主はそれをふやすことを望んでいた。より大規模な所領のような融資を受けるための資産が欠けていたため、彼らがより大きな市場開拓の機会を得るためには、無償労働を増やすか、または可能であれば直営地を拡張するよりなかったのである。これが顕著なのは、ハンガリーとガリツィアであった。このような領主は、未耕地に対する権利を主張したり、牧草地に対しては農民の用益権を制限し、用益料を増額しようした。さらには、農民地を占有することさえあった。試算によると、ガリツィアでは一七八一―一八四八年の間に貴族によって農民地の六%が占有され、農民の封建負担も四〇%増加した。ハンガリーで争点となったのは、農民が開墾した土地、あるいは彼らが耕作しているが一七六七年の立法によって「農民分与地」とみなされなかった「残余地」の扱いだった。一八二八年には、土地全体の六五%が貴族の所有だったのに対して、分与地つまり農民の登録地は二八%に過ぎなかった。人口が膨張しつつある時代にあって、この数字は、個々の分与地が縮小し、小屋住み農民が増えていることを意味している。一七七七年には小屋住みと分与地持ちの農民はほぼ同数だったのが、一八二八年までには小屋住みが分与地持ちの二倍になった。一八四〇年代になると、完全分与地農民の割合は、モラヴィアでは三・五%、シュタイアーマルクでは七・五%になり、逆に四分の一以下の分与地しか保有しない者はそれぞれ六四%と六一%にも上った。

しかし、貴族たちがすべてを意のままにできたわけではなかった。まったく土地を持たない貴族と農民の割合を見積もることがむずかしいため、統計数値には不確定さが付きまとってはいるが、そこからは、不満を募らせる二つの社会集団のあいだのせめぎあいが浮かびあがってくる。両者の力関係は依然として不均衡なものではあったが、すでに、かつてほどではなくなっていた。ハンガリーの農民たちは、土地台帳に記載されたより広い分与地を実際には保有しており、そうした土地の割合は全体的に増加傾向にあった。これは、公式に登録されていない開墾地や「残余」地の多くや、領主が直営地を耕作させる賦役の権利を主張するために領主地を農民に使用させているところであった。こうした操作が行われたために、賦役をめぐる対立が劇的に増加することになった。さらに、読み書き能力の向上に伴い、農民が法律家や請願や代表派遣などに訴えるようになると、こういった法的なあいまいさが顕在化していった。一八二六―四八年の間にハンガリー西部ショモジ県の村落の三分の一は、分散した分与地をまとめるための訴訟にかかわっており、その大多数は農民が提訴したものだった。一八四〇年に、ガリツィア議会が農民がさらに自分たちに不平を持つようになるだけだとして、村の学校の拡大に反対したのもうなずけよう。こうして一八四八年以前にハプスブルク君主国にあった伝統的な貴族と農民の関係は二方向から蝕まれつつあった。一つは賦役の役割に対する議論が高まることから経済的に、もう一つは文字なき世界から農民が脱出してきたことから文化的に進行したのである。

それゆえ、一八世紀の親農民的な法規定を存続させつつ、保守的に運用していた政府は、貴族と農民の双方から疎まれる危険を冒していたのだ。一部の役人の間に残っていたリベラリズムと、異端審問官のような警察、そしてフランツ皇帝の常軌を逸した家父長主義の間にはまりこんだ厄介な体制を映し出しているのは、上オーストリアの「農民護民官」ミヒャエル・ヒューマー、別名カルヒグルーバーの悲喜劇である。カルヒグルーバーはアルプスの村長たちのうちでもっとも傑出した人物で、高圧的なやり方を糾弾して当局と衝突したときに、自分たちは皇帝に情報を流し続けよという皇帝の個人的指令を受けていると主張した。一八二一年に二ヶ月の拘留を勤め上げるどころか、彼は姿を消した。その首には多額の懸賞金がかけられ、読み書き能力を身につけた普通の農民がいつでも彼に接触して自分たちの不満を書かせていたにもかかわらず、二八年後に死ぬまで彼はつかまらなかった。事態に大いに憤りつつも、それでもその農民の不満について調査を続けさせていたのがフランツ皇帝らしいところだった。カルヒグルーバーは、フランツ皇帝とその死後はフェルディナント一世に送った一〇〇に近い請願の中でも最後のころの一通で、フランツは自分に、ヨーゼフ二世による「皇帝の計画」からみじんもはずれないと言ったではないか、という注文をつけて見せている。[12] 一八二八年には、自信満々のフランツに宛てて、「皇帝の臣民はロバのような間抜けではなく、君主のなすことなさぬことをよく見張っている。それは民法典三四四条にしたがって自らの財産を守らざるを得ないからだ」と書いた請願の筆者まであらわれる始末であった。[13] この筆者もカルヒグルーバーも、かつては富裕な農民であった。重い国税、高い物価、ずさんな所領管理、繰り返し襲う過酷な貧困などすべてが、アルプスの農民の不満を募らせた。しかし、もっとも表に現れた感情は、腐敗した所領管理人や横柄な役人にひどい目に合わされている、その憤りであったように見える。すなわち、ある社会集団が、尊厳と公平さをもって扱われたいと思う、新たな願望がそこにかけられていたのだった。

君主国のもう一方の端、ガリツィアの農民は、発展という意味ではドイツ語圏オーストリアの農民と対極にあった。当時の役人も急進派もともに彼らを、その飼っている家畜と大差ないと描写している。しかし、相似点もある。ハインコ・リウシュが不法な賦役を要請されルテニア人の聖日に働かされたことに抗議して、一八三〇、四〇年代に一三回投獄されたというような頑固さ、また、農民のウィーン詣で、あるいは一八四七年、所領地代ストライキの際に「一番声高で荒々しかった者」に地方長官が科した鞭打ちに耐えて示した団結などである。[14] 三月前期にもっとも劇的な反領主闘争を行ったのはガリツィアである。一八四六年、ルテニア人農民とポーランド人農民は、オーストリアに反旗を翻したポーランド貴族を急襲し、何百人という領主を虐殺したのだった。

地理的にも発展度合いにおいてもドイツ語圏オーストリア人とガリツィア人の中間に位置するチェコ農民は、このころはまだ謂わば不可解な存在であった。一八二七年に一輪鋤《すき》を発明したヴェヴェルカ従兄弟の生涯は、哀愁を伴っている。ドイツ人所領管理人に発明を横取りされかけただけでなく、貧困のために農場を売らざるを得ず、長生きすることもなかった。早く生まれすぎた天才の運命を象徴するかのような二人である。チェコの弁護士で愛国主義者のブラウネルが一八四七年に発表した文章には、厳しい農民の暮らしが綴られている。貧しさのゆえに家族が反目するのは日常茶飯事であった。仕事も技術もない者たちは破滅的な結婚に走り、養子が幼くして死ぬとその養母は羨望の的となった。別の子をもらえばまた養育費がもらえるのだ。農民は息子のうち一人をより上の階級へと這い上がらせるために教育を受けさせ、農業を捨てさせた。ブラウネルは、農業技術をこそ学校で教えるべきだと信じていたにもかかわらず……。この時期、チェコの農民社会での公然たる抵抗といえば、いくつか地域的なストライキがあっただけだった。

例によってここでも、ハンガリーは特有の役割を演じていた。多国民社会のトランシルヴァニアでは二〇〇あまりの農民騒擾がおこり、スレムとバナートでは同胞の対オスマン蜂起に刺激された教師と聖職者と、檄文に呼応したセルビア人農民が一八〇七年に蜂起し、そして一八三一年には北部ハンガリーでスラヴ系農民を中心とする反乱がおこった。そのいずれにおいても社会的不満と民族の違いがからみあって、ハンガリーでの異議申し立てに特別な色彩を与えていた。スロヴァキア人とルテニア人は、一八三一年に起こったポーランド会議王国の蜂起を鎮圧するために行軍中のツァーリの軍隊が自分たちのために介入してくれるだろうと信じた。貴族が井戸を汚染してコレラを流行させているという噂から発火した蜂起には、四万五〇〇〇人が加わった。鎮圧された蜂起農民のうち一一九人が、中央政府の制止を待たずに県当局によって即座に絞首刑に処せられた。この蜂起では、小屋住み農やその妻らが暴力の中心をにない、労働者が呼応する動きをみせていた周辺の都市に支援を求めるハンガリー語の檄文《バウアー》は小貴族が書いた。こうした事例は、本来的には農民の不満であったものが、より広い社会層を糾合するものとなりえたことを示している。圧倒的大多数の人々が知的に洗練されていなかったことは、一八一四年反賦役蜂起でライッチの『スラヴ史』（第二章八一ページ）が掲げられたとき熱狂的な反応をしたセルビア人農民、一八三六年の限定的な農民改革案がほんとうにフェルディナント王が命令したものであると認めなかったマジャール人農民の姿にあらわれている。

一八三六年の改革で、「長距離運搬」の賦役が廃止され、ハンガリーの農民には土地保有と相続の権利が保証されたが、これらはヨーゼフ二世による立法ですでにオーストリアの農民には与えられていた権利だった。これらの改革は、一八三一年のコレラ蜂起に対して貴族議会が慎重な対応を探っていたこと、また、旧秩序を維持することが難しくなっているとの認識が広がっていたことを反映している。多くの者にとって、どのみちせざるをえないことであったなら、手ぶらで追い払われるより先に特権を放棄する見返りをかちとりたかったからである。下オーストリア議会が一八四五年に出した賦役廃止の請願は、こうして貴族の諸権利が侵食されているという鋭い批判とともに始まった。ガリツィア議会は、一八四六年の蜂起《ジャックリー》の前に調査委員会を設置していた。しかし、純粋な情熱をかけて変革をめざしたイシュトヴァーン・セーチェーニ伯のような人物もあらわれていた。『信用』（一八三〇年）などの著作の中で彼は、封建的特権や賦役が、自由な結社と合理的な労働力の活用に基づく経済システムと相容れないものであると論じたうえで、長期的な利益のために、現在の利便性を捨て去るべきだと結論づけた。一八三〇年以降ますます、絶対主義は二重の挑戦を受けるようになった。不満をもつ農民は、ヨーゼフ二世の時代をなつかしんだ。教育ある改革家は西欧型ブルジョアのやり方にのっとって効率的に運営される社会を夢見た。君主国で実現していた非常に限定的な経済の「近代化」ですら、機能不全の行政が対応することのできない多くの問題を提起していた。

袋小路の政府

一八三五年のフランツ皇帝の死後、行政はどん底状態になった。長男である後継者フェルディナントは善良ではあったが知的に障害があったため、事実上ルートヴィヒ大公が摂政として行政を統括した。そして、ライバル関係にあったメッテルニヒとコロヴラートがそれぞれ外交と内政の総合的責任を担った。

ここで行政が停滞した一因は、メッテルニヒが、鉈《なた》をふるう肉屋ではなく、策謀家だったことである。宰相の我慢ならない特権意識に辟易してコロヴラートは口実をもうけボヘミアの所領に引っ込んだ。が、復帰を認められると、新たにてこ入れされてメッテルニヒの権力の道具となった国家会議《シュターツ・ウント・コンフェレンツラート》に参加して、そこに身を落ち着けることになった（一八三六年一二月）。二人ともそれぞれ役割を誇示した。メッテルニヒは、コロヴラートがリベラル派に身を売ったと確信していたし、コロヴラートのほうは、自分はのっぴきならない破局からオーストリアを救う改革派だと自認していた。メッテルニヒが再興されたイエズス会を支援していることにコロヴラートは息巻く一方で、メッテルニヒはコロヴラートのせいで軍隊が財源不足に陥り、自分の外交的影響力に傷がつけられると罵っていた。そこで、二人とも自陣の支持者を他の官職につかせようと画策した。とりわけ宮廷財務局がその対象であったが、一八四〇年からその長官であったカール・キューベックは二人の対立を嘆くしかなかった。意思決定機構が消失していたとしても、驚くにあたらない状態だったのである。

　とはいえ、三月前期の政府がまったく機能していなかったわけではない。キューベックは有能で精力的にして勤勉な文官であった。彼は名家の出身ではないが、アダム・スミスやリカードの理論に精通していた。キューベックの経済近代化案は、自身が進歩的な所領経営者でもあるメッテルニヒの強い支持を得ていた。二人は一八一八年以降プロイセンを盟主として発展していたドイツ関税同盟に君主国も参加すべきだと論じ、後にはオーストリアとハンガリーの間の関税廃止も主張した。また国営鉄道建設計画や民間路線買い上げを援助したが、これが一八四七年の財政危機の大きな原因となった。これらすべては、経済的優位にあるドイツ語系住民の存在感が増していく状況の中で、君主国のさまざまな地域をまとめ上げるために計画された事業でもあった。その中心理念はヨーゼフ主義であった。しかし結局、彼らの目論見は、乗り越えようとした多様性そのものに妨げられた。ボヘミアの産業界は競争を恐れて関税同盟参入に反対し、ハンガリーのナショナリストはオーストリアとの関税同盟に反対した。その結果、どちらも実現しなかった。ヨーゼフ主義の精力的な社会政策をすでに放棄していた保守的な政府はもはや、経済的な利益集団の抵抗も諸国民の反対をも克服する明確な構想を持つことはなかったのでである。

膨張した社会不安にゆえに変革の加速が求められているときに、社会がこのような保守気風にあったことは、権力当局にとってのアキレス腱であった。逆に台頭しつつある労働者階級は無視されるか、社会問題というよりは政治問題とみなされた。工場労働者は一八一〇年の下僕令に従うものとされた。「自分たち特有の行動原理を持った」民衆の群れを監督する難しさを早くも一八〇三年にこぼしていた警察に対して、宮廷財務局がとった態度は、雇用者が労働者を忙しくさせているのだから、連中の「ろくでもない行動」もさして悪いことにはならないだろうというものだった[15]。領邦をこえた枠組みで労働を規制しようとした唯一の試み（一八四二年）は、視察官を設置しなかったため、机上の空文であった。物価上昇と大衆消費財への増税（一八二九年）をもたらした財務・関税政策によって、自らを家父長とする政府の主張は突き崩されていった。歳入全体に占める土地税の割合が減少する一方で、少数の者が払っていた所得税は一八四〇年に万人に関係する印紙税に代わった。教会諸宗派がになった慈善活動に代えてヨーゼフ二世が導入した地域社会による救貧システムは、地域社会の資金不足と、財政的な自立性の欠如のために暗礁に乗り上げていた。一八一六年ウィーンの失業者デモのあとにそれを修復する好機が訪れたが、個人的慈善団体が公認されたために頓挫した。一八四八年のウィーンには、ほとんどが小規模のそういった団体が三〇近くあった。一八四五年、慈善事業を領邦議会に委任するとの提案は、政治的に危険だとして却下された。工場労働者は自ら共済基金を作ったが、相互援助基金として公認されたのは印刷工たちのもののみであった（一八四三年）。

こうして昔ながらの連帯は弱まっていったが、新たな連帯は未発達で、しかも当局から不信をもたれていた。このような状況とそして動きの鈍い政府が、全ヨーロッパ的不況によって起こった一八四〇年代の社会危機を悪化させた。こうして一八四六—四七年に救貧のために都市中心部に作られた民間のスープ配給所が、政府命令によって閉鎖されていった。

君主国が直面している最大の社会問題は、もちろん半封建的な土地制度の改革であった。賦役に対して何らかの手が打たれなければならなかった。たしかに、一八三二年にコロヴラートが賦役廃止を提起したが、フランツの下で死産に終わった。キューベックもまたひそかな土地改革論者であった。しかし、フランツが舞台から去り、一八四六年にガリツィアで蜂起があったというのに、その後に発せられた勅令は、農民は領主が同意すれば労働や賦役を金納に替えられるのだということを地方当局に思い出させたにすぎなかった。

この湿りきった線香花火のような幕ぎれはなんなのか。マカートニーは、一八四八年以前の農民問題の施策は、「君主国の構造を変えることなく（農民はだれもそのようなことを考えていなかった）、階級間関係の調整しか必要としないものだった」と記している。(16) これは、体制は変わらなかったと鋭い点を突いているが、当面の問題についてはややそっけない指摘でもある。問題は三種類あった。一番はっきりしているのは、技術的な問題である。賦役廃止の代償として、貴族はどれぐらいのものをどんな形で手にすることになるのか？　家産的裁判権は廃止されるのか？　一八一六年のロシア、バルト諸州のように自分が耕している土地の所有権を得られないまま、あるいは一八〇七年のプロイセンのように一部の土地のみの所有権を与えられて、農民は解放されるのか？　一八四六年勅令で認められたように、かつての農民分与地の一部を領主に割譲するという形での補償も可能なのか？　もしそうだったら、農民自営地の維持というヨーゼフ主義の原則はいったいどうなるのか？

次のもっと重要な問題は、「メッテルニヒは自分の権力を支えてくれる貴族を怒らせることはできない」と主張した当時の急進派の（例によって議論を個人化している）指摘のように、農民問題にはたしかに政府の構造もからんでいたことである。だがこの批判は、三月前期のオーストリアが官僚的絶対主義であったことを見逃している。官僚的絶対主義は、他の階級と距離を置くのと同じ程度に土地所有階級とも政治的に距離をおき、そのために彼らから疎まれていたのだった。一八四九年メッテルニヒはイギリスの上院に匹敵するものをオーストリアには設けないと言明することになる。しかしまさに、貴族層を政治面で疎遠にさせたそのことのために、政府は別の側面では貴族を孤立させることができなかったのである。急進派の批判は間違っていたというよりも、ことを単純化しすぎていた。そのうえ、改革に好意的だった貴族は、それを政府には受け入れられがたい線でもくろんでいた。たとえば、ボヘミアのレオ・トゥーン伯は、農民の所有権を認めるという方向で土地制度の変革を求めたが、それでも倫理的・社会的統一のために貴族の世襲権は保持したままの形を考えていた。ヨーゼフ主義的農民保護政策《バウエルンシュッツ》はこうして、キューベック流の官僚的経済リベラリズムに直面して、キリスト教の保守的なひねりを加える必要にせまられることになる。チェコ語に興味を持ち、中央集権主義の亡霊に辛口の批判を加えていたトゥーン伯は、この世紀後半に台頭するボヘミアの保守的連邦主義派の先駆者であった。しかし、こういった批判はウィーンを一向に沸かせなかった。

かくて、マカートニーの言い方によれば、農民は構造的問題に興味を持っていなかったかもしれないが、他の人々は持っていた、ということになる。彼らにとって「農奴制」問題は君主国の組織再編と固く結びついていったからだ。そして第三の、ウィーンにとって最大の問題は、一八四〇年代までにハンガリーのジェントリ・ナショナリズムにとって農奴制廃止が最大の眼目となっていたことだった。ハンガリーの愛国主義者たちは「封建制」こそが祖国の災いの元凶であり、経済的後進性、政治的弱体の原因であると信じるようになっていた。生まれに基づく優遇と貴族の世襲財産権の撤廃のみが、自らの運命を自らが決める道へとハンガリー人を動かし得るものである、と。農民問題はもはや階級の問題ではなく、官僚的絶対主義の中心、すなわちウィーンの権力に挑戦する国民の立ち位置の問題となっていたのである。

こうして一八四八年以前に、ヨーゼフ主義者のうちの保守派と急進派の分裂が袋小路を生み出していた。中央集権的・官僚的かつ半産業化された国家への保守派の関与が実を結びつつあった。しかし、農民の土地所有という急進的な目標を断念したことで、ハンガリーのジェントリ、あるいは西部の諸領邦では領邦の有力貴族に、改革に着手するための大義を与えてしまった。台頭しつつあるプチ・ブルジョアや非支配諸民族の中の専門職従事者については言うまでもない。そして彼らの手にかかった社会改革はほぼ常に、ヨーゼフ主義的中央集権主義と相容れない国民的または連邦的な色彩を帯びることになった。メッテルニヒは同輩たちよりは、この国民的な争点の重大性を見抜いていたようだが、そのことは彼がかなり広い見通しを持っていたことのあらわれである。そしてそのために同時代の人々からは、オーストリアの旧体制《アンシアン・レジーム》の黒幕とみなされたのである。逆にタカ派のドイツ中央集権主義者であったキューベックは、ボヘミアの大貴族層こそが君主国の諸問題の根源であるとみなし、またフランツ皇帝はハンガリーに対してリベラルすぎるとも感じていた。彼らの調停者になりえたであろうコロヴラート伯は、マジャール人のナショナリズムに関しては大して想像力をもっていなかった。だが、ナショナリズムが栄える条件をもっとももよく整えたのは、教条的な保守派メッテルニヒその人であった。このように社会問題と民族問題、さらにはリベラリズムとナショナリズムが相互連関して、三月前期体制最後の年月の火急の焦点となっていった。どのようにしてそうなったかは、以下の章で見ていくことにしよう。

第四章　リベラリズムとナショナリズム

一九世紀前半のハプスブルク君主国における知的生活は、その社会的発展を反映していた。後世の目から見ると、新しいものと旧いものがしだいに入り混じっていった様子が、当時の人々より理解しやすく現われてくる。邁進しつづけるドイツ語がもたらした空前の相互コミュニケーションの時代にあって、新たな文語が生まれつつあり、あるいは復活をとげた。体制批判的な思潮のひとつとして、封建的色彩を帯びがちなリベラリズムと、全般的に尚古的なナショナリズムが、明確な到達目標を持たぬままに登場してきた。とはいえ、精気に欠けた中央が臣民の願望と忠誠をくみ上げる力を失うにしたがって、徐々に新たな権力配置が発展してきた。

ドイツ語の命運がこの時代の一つの指針になるだろう。ドイツ語の使用が拡大していったのは、国家が命令したからだと言い切ることは出来ない。たしかに、ガリツィアでは公用語としてドイツ語を強制されたことが、ポーランド人エリートのハプスブルク枠組み内への融合を促進した側面はあった。しかし、ハンガリー、クロアチア、ボヘミアの農村部以外の経済活動においてドイツ語が支配言語としての役割をはたすようになったのは、移民であろうと在地の者であろうと当地の企業家や熟練労働者がドイツ語を話したためであって、自然なことであった。一八四八年のペシュトでは、少なくとも話し言葉の半分がまだドイツ語だったのである。教育制度もさることながら、ドイツ語による旅芝居の公演やドイツ語の小説、文芸批評の人気も高かった。このことが、一九世紀半ばにおけるセルビア・クロアチア語の代表的な抒情詩人、ラディチェヴィチやプレラドヴィチが、青春期に詩を書き始めた時に使ったのがドイツ語だったことの背景にあるのだ。女性が外国文学を庇護していると愛国者たちは不平をこぼしていたが、思わぬことに現代の社会言語学者の意見がこれを支持している。言語の流行に関しては、若い男性より若い女性のほうが影響を受けやすいという主張である。ゲーテがチェコ文学を自らの文化、すなわちドイツ文化を肥沃にするべき支流であるとみなしていたのは、こうした状況の中でであった。これは、同じ頃にイギリスの詩人マシュー・アーノルドがケルト文化に対して向けたまなざしと同じである。しかし、ゲーテは誤っていた。スラヴ人やハンガリー人にドイツ語で執筆させるかたちで刊行されていたヨーゼフ・ホルマイアのパン・オーストリア的な雑誌の試みは失敗したが、このことはドイツ語が、商圏拡大するための道具ではあっても、共通のオーストリア文化なるものを作り上げるための道具にはなりえなかったことを示している。

保守的な行政当局は、国を脅かしている道徳的な空白を、伝統的な手段すなわち宗教によって埋めようとした。中等学校に通うすべての生徒は教会での礼拝への出席と聖体拝領を受けることが義務づけられた。プロテスタントの大哲学者イマニュエル・カントの著作は、神の存在や道徳律、あるいは永遠性といったものを人間の理性のみに帰着させているとみなされたために、オーストリアでは教えられなかった。一八三六年から刊行が始まったフランチシェク・パラツキーの『ボヘミア史』は、それが纏うナショナリズムではなく異端者フスへの共感が読み取れることが、検閲官を悩ませた。しかし、ヨーゼフ主義的でエラストス主義的な教会は、信徒たちに力強い独自の精神性を提供する能力を失っていた。教会は国家の一部門へと縮小され、その組織としての権益を守ることに腐心しつつも、その利害を社会全体の希望や不安と一致させることができなかった。工業化がもたらした諸問題については、プロテスタントの移民労働者を受け入れるべきではないという提案のみで、それ以上具体的な考えをほとんど持っていなかった。その一方で、三月前期に教会がもっとも力を入れた闘争は、異宗派間の婚姻をカトリックの規則に基づいて行うようにさせることであった。このことは、宗派が混在するハンガリーで、とくにもめごとの種になった。

こうした傾向に対して、影響力は限られていたものの、二つの例外が特記されるべきだろう。一つは、レデンプトール会士クレメンツ・マリア・ホフバウアー（一七五一―一八二〇）を中心とした結社である。彼は一八〇九年にウィーンに移り住んでからというもの、ウィーン駐在の教皇使節セヴェローリがかつて「ヨーゼフ二世の地獄の立法」と呼んだ厳しい締め付けから宗教生活を解放しようと力を尽くした。もう一つの例外は、聡明なる司祭にして数学者、プラハ大学教授ベルナルト・ボルツァーノである。集まった学生聴衆に対する彼の説教は、新しく登場してきた宗教理念が訴え続けていることを宣伝するものであった。ボルツァーノは客観的な道徳的現実があると信じ、そのためには命をも捧げるべきよりよい世界の実現のために、共同体に尽くすことが人間の責務であるとした。彼自身はドイツ語話者であったが、ボヘミア人すべてが共有するアイデンティティを作っていかなければならないと考え、その当然の帰結として、これまでないがしろにされてきた多数派スラヴ人の社会・文化水準を向上させる必要があることを強調した。それゆえ、彼が一八二一年に教授職から追放されたことは、君主国が直面していた少なからぬ問題に対して建設的に対処しようという考え方に、大きな打撃を与えた。ボルツァーノは、フランツによる破壊を生き延びたネオ・リベラリズムの残滓のおかげで、おそらくはプラハ大司教の暗黙の保護により、さらに厳しい懲罰はまぬがれたのである。

挑戦的な宗教思想を抑圧した結果、支配教会の知的影響力に対して報復がはじまった。そこで登場してきたのが反教権主義であり、この時期ボヘミアのチェコ人の間で大衆的支持基盤を獲得しはじめた。それとならんで支持を広げたのが、プロテスタンティズムを自由の宗教と理解して共感を抱く潮流であり、さらには教会によって公式に説かれるものとは明確に異なる内容をもつ個人的信仰だった。実際にプロテスタント少数派に属していた者は、改革サークルの中で突出して目立つ存在であった。たとえば、パラツキーは禁教時代も一貫してプロテスタント信仰を守ったモラヴィアの一村落の出身だったし、文化的パン・スラヴ主義運動の創始者であるヤン・コラールやパヴォル・シャファーリク、そしてスロヴァキア文語の創始者リュドヴィート・シュトゥールらはみな、スロヴァキアのルター派だった。プロテスタント教養層の間では合理主義的な啓蒙運動の影響が大きかったようである。のちにハンガリーの国民指導者となり、ルター派でもあったラヨシュ・コシュートは、若いころに書いた手稿のなかで、聖書の物語についてノアの大洪水はなかったと科学的に証明しようとしたり、そもそもそのころそれを記録する人間がいなかったのだから天地創造の話は神話に過ぎないなどと書き記しているのだ[1]。意味深いことに、カトリック諸民族のナショナリズム運動では、おそらくはいちばん弱小なスロヴェニア人をのぞいて、聖職者が大きな指導的役割を演じた例はなかったのである。もっとも、消極的な役割としてであれば、チェコ諸邦でのように、初期の愛国的な刊行物の定期購読者としての聖職者の役割は確かに重要ではあった。チェコの新聞発行人カレル・ハヴリーチェクとフランチィシェク・カムペリークは、二人とも神学校に入学したことがあったが、のちに退学している。君主国の正教徒の間では、聖職者が指導的役割をはたすのが一般的だった。セルビア人ではストラティミロヴィチ府主教やラヤチチ府主教、トランシルヴァニアのルーマニア人ではシャグナ主教といった人物がいた。だが裕福なセルビア人社会では、それもはや絶対的なものではなくなっていた。

概して、まさに体制側が禁じようとした思想と表象が、道徳的権威をふりまわすことになったのである。当時の表現では「万里の長城」がオーストリアを取り巻いているがゆえに完璧であるといわれていた禁令であったが、実際は、それとはほど遠いものだった。事実、一八四〇年代、政府のプロパガンダは、読者が禁書の内容を知っていることを前提にしていたし、検閲も、個々の学者が求める著作を入手するのを認めるほど柔軟に運用されていた。ウィーンを訪れた旅行者たちは、フランス語や英語の新刊書がすべてここで手に入ると書き記している。しかし、領邦で育った若者にとっては、彼らの精神の地平にはめ込まれた箍《たが》は多分に深刻なものだった。のちに歴史家となるアントン・シュプリンガーは、プラハのギムナジウムでの学生生活について記すなかで、ゲーテやシラーについては何も教わらなかったと書いている。その理由は、彼らがプロテスタントだからというものであった。失ったものの大きさを知ったショックからシュプリンガーは、その後、死ぬまでルター派として、そしてドイツ帝国の臣民として生きることを選ぶのである。これが検閲がはらんだ危険性であって、それは絶対的なものというよりも、苛立たしいものであったのだ。アンドリアン＝ヴェルブルク男爵は一八四二年に、ドイツで語られる一語一語がオーストリアではこだまして何千倍にもなると言った。ここには誇張があるにしても、ランカスター式授業法やランボルドのスープ配給所から、フランスとポーランドの一八三〇年蜂起に至るまで、世間一般のことがらや劇的なものがさまざまなかたちで外の世界から侵入しつづけ、避けがたい刺激を若者にもたらしたのである。一八三〇年代にハンガリー西部を旅行したジョン・パジェットは、田舎の宿屋にイングランドの議会改革者たちの肖像画がかけられているのを目にした。巣立ったばかりのアメリカ民主主義に関する本は、当時ハンガリーのベストセラーだった（同じテーマでもトクヴィルの著名な本の訳書は禁書扱いだったが）。国内政治について発言することを禁じられていたチェコのジャーナリスト、ハヴリーチェクは、代わりにアイルランド自治運動について論じた。

　新しい政治意識の萌芽が組織的な形をとるようになるのは、やっと三月前期の末になってからである。一八四五年半ばには四六七人の会員を擁していた政治法学読書協会《レーゼフェライン》、あるいは、コンコルディア、下オーストリア商業協会といった団体はみな一八三九—四一年に設立され、オーストリアで初めて公共問題全般について議論する場となった。それらは疑似議会制を有し、公の場での活発な議論の伝統があるハンガリーに、君主国の西半分を近付けることになった。そのハンガリーでは、ロンドンの「クラブ」をモデルとして、一八二七年にイシュトヴァーン・セーチェーニ伯によってペシュトに社交協会《カシノ》がつくられていた。より小規模な国民体のあいだでも、このころ初めて事業化に成功した現地語新聞を拠点にして、議論の空間を獲得し始めた。こうした新聞は、クロアチア人とトランシルヴァニア・ルーマニア人の間では一八三〇年代、スロヴェニア人の間では一八四〇年代に現れた。中等学校と神学校においても、つぎつぎと団体が結成された。外国へ移住した不満分子は匿名のパンフレットや、ボヘミア・ドイツ人イグナーツ・クランダが編集するライプツィヒの『グレンツボーテン』誌上で体制を攻撃した。

　こういった展開は全体として、たくましい印象を与えた。批判勢力はもとより、結局は政府の多くの者が抱いた「たえまないせめぎあい」「抵抗し得ない」時代の力であるという見方を、これらは裏付けるように見えた。一八三二年にキューベックは、いま直面している政治的な革命は、「もっと大きくて根の深い、社会そのものの革命の兆しにすぎないのではないか」と、ピラースドルフ大臣に話したことを記録に残している。[2] 一八四〇年代までに君主国のほぼ全域で教養層の間に改革の必要について合意が形成されていくにつれて、体制側もあきらめの感覚を強くしていった。そこには、現にある不安感とともに、新たな時代の入り口に立っているという感覚、変動する国々の経験を通してすでにある程度わかっている世界に、彼らに続いて入ろうとしている感覚があった。この新しいより公正な世界では、教育が重要視されるべきであり、農民や労働者にもっと意が用いられ、検閲はなくなり、宗教の自由が広がり、政府はもっと公開性を高めるにちがいない。一八四八年の革命以前、このような信念は力強くゆるぎないものと考えられたし、その信念こそ革命をはぐくんでいたのである。そのあいまいさや支持基盤の限界は、後から見てこそ初めてわかるものだった。

では、こうした新しく現れてきた新聞を読んでいたのは誰なのだろうか? 君主国でもっとも影響力のあった反体制派の新聞『ペシュト新聞』は、ラヨシュ・コシュートによって編集され、定期購読者は五〇〇〇人だった。この数字をもとに推計すると、当時のハンガリーで新聞を読んでいたとされる五万人のうち、およそ四分の一がこの新聞に眼を通していたと考えられる。チェコ語では、最初の影響力のあるジャーナリスト、カレル・ハヴリーチェクは『プラハ新聞』の部数を当初の一五〇から一六〇〇部に伸ばした。しかし、ガイがクロアチア語で編集した新聞やバリツィウのルーマニア語新聞などは、三五〇部から最大でも八〇〇部で満足しなければならなかった。これらのささやかな数字は、たしかに、公的な出来事が領邦議会に議席をもつ貴族たちの領分であった時代にくらべ、関心が広まっていることを物語ってはいるものの、中等学校修了者や裕福な商人という狭く薄い層を取り込んで広がったにすぎない数字でもあった。自由な議論のできない社会が、たいていは借り物や消化不良の思想をどうやって建設的なものに変えることができるというのだろう？

たしかにオーストリアの情勢では、ヨーゼフ主義の行程表を上回るのは困難だった。また、ここで「リベラリズム」と称されるものは、国民衛兵や陪審裁判を要求するなど、当時の西ヨーロッパで掲げられていた綱領からむしりとってきて細部を付け加えたりしていたが、たいていは、さしたるものではなかった。だが後発の社会は、教訓的な実習として、あるいはありうべき新しい秩序の青写真として、新しい哲学を取り入れ得ることがあるのだ。イシュトヴァーン・セーチェーニ伯（一七九一―一八六〇）もその一例である。人は常に自らの運命をより良いものにしようとして闘うものだ、と彼は書いている。だが彼にとっての闘いは、戦争での英雄的な功名とか、恋や信仰とかいったもののためではなく、機械や貿易、結社活動に向けられるべきものだった。計算することへの情熱は、この世紀の思想であった。あらゆるイギリス競馬レースの裏に隠された原理は利益追求だ、というのが、彼がその最初期の著作『馬について』で読者に伝えようとしたこと（主題自体は彼らの牧歌的趣味に合わせてはいた）であった。[3]『信用』『世界』『段階』といったのちの著作でセーチェーニは、自由な労働力を確保するために賦役を廃止すること、抵当権を保証するための限嗣相続を制限すること、ハンガリーに必要なインフラ投資の資金を共同出資するための組合の原則を確立することなどについて論じている。大領主でもあったセーチェーニは、政治的にというよりも経済方面で冒険的だった。ブダとペシュトを結ぶドナウ川の鎖橋の建設や河川整備、干拓事業などを推進したことで有名である。政治における方針決定は、すぐれた法律家でもあったフェレンツ・デアークが指導した。あらゆる立憲的でリベラルな運動が必要とするような頑固なほどの穏健主義者デアークは、中世的で貴族的な国制を近代的なものへと変革する必要を強く主張した。土地所有権や議会代表権、そして公職を担う権利をあらゆる階級に拡大し、立法権への国王の介入を制限し、全国議会の議員を県議会が選出するがために議員の裁量が制限される委任制度を廃止し、政府の説明責任を要求した。デアークは純粋なリベラル派であった。死刑に関して行った一八二九年の彼の最初の重要な演説で、彼は盗賊団の首領を擁護して論じている。すなわち、人格を形成する多感な日々に孤児の少年は荒くれ男たちの仲間になるという不幸に会ってしまったのであって、社会は報復のためにのみ刑罰を科してはならず、彼は祖国のために全精力を捧げるべく免責されなければならない、と。[4] いったいなぜ、いわゆる改革期（一八二五―四八年）のハンガリーで、筋の通ったリベラル思想がこのように雄弁に説かれたのであろうか。それは、ハンガリーには遅滞する封建秩序を改革しようとする動機とその手段が、国制と自信に充ち溢れた貴族階級の内に備わっていたからなのであった。さらに、一八三一年の蜂起を契機として、リベラル派貴族は保守派の貴族たちを脅し改革へと向かわせるべく、なにかといえばスパルタクスの反乱に言及するようになった。もっとも、実際には、あらゆる穏健派が悪夢として恐れていたような下からの革命が成功するという危険性はほぼ皆無ではあった。

　ハプスブルク世襲領でセーチェーニに匹敵する人物は、ロンバルディアのカルロ・カッタネオであった。セーチェーニよりも数段急進的に資本主義的農業や共同資本事業の推進に力を注いだが、それは、なぜ信頼《トラスト》でなく信用《クレジット》が、同業組合《ブラザーフッド》でなく結社《アソシエーション》が必要なのかを問う、倫理的風合いを帯びたものだった。ロンバルディアのリベラリズムは、成長しつつある出版活動と、開花しつつある結社活動を通して喧伝された。「有用な知識」を広めるイタリアの定期刊行物は、一八三三年にはその三分の一以上が君主国内で出版されていた。そのなかで、蒸気機関が稼動するヴェネツィアの工場を見て、目を丸くした人物が語っている。「詩にしても記念碑にしても、我々の時代にないものはない。だが、これ以上に神が人間を創造物の筆頭に置き、最も寵愛しているということを表しうるものが、いったいほかにあるだろうか」[5]。ハプスブルク領イタリア以外で古典的リベラリズムを見出すのはより困難である。オーストリアのドイツ人は、ハンガリー貴族と比べて、経済的には強く、政治的には弱かった。そのため彼らが行う体制批判は、官僚制や検閲制の圧迫感、あるいは彼らが受けた「精神破壊的」教育に対するものに固執し、そのぶん、より視野の狭い、感情的なものであった。反対派の最も有名な著作、アンドリアン゠ヴェルブルク男爵の『オーストリアとその未来』は、一八四三年にハンブルクで、匿名で出版された。著者は、賦役制を放棄し、さらには、誤って中傷されている官位貴族に対して「ゲルマン系の」イングランドと同じように政治権力を放棄すべきだとよびかけるものであった。これはティロールで行われているように、ブルジョアと農民に貴族と同じ条件で議席を認めることで、領邦議会の権限を刷新するということを意味していた。再編された領邦議会は、下に向かっては自治体を監督し、上に向かっては、身分制帝国議会という権限が不明確な機関に代表を送り込むことになるはずであった。こうした発想は、同様の考えを抱いていた大貴族改革派アントン・アウアースペルクが一八四七年に辛辣にも述べているように、国家という船を「軽薄な愚かな」船員から守ろうとするエリート意識から出ていたとすれば、少なくとも政治的には理解可能なものであった。[6] ちなみにアウアースペルクは、アナスタシウス・グリュンの筆名をもつ反対派詩人でもあった。下オーストリア議会の萌芽期の反対派の指導者アントン・ドーブルホフ男爵もまたホイッグ主義的人物であり、政治的論議のためにサロンを開放していた。

中流階級が唱えた異議申し立ては、全く趣を異にした。これは、ウィーンの弁護士アレクサンダー・バッハが批判しているように、まずは一八四〇年代の社会危機を体制が処理しそこなったことや、中級役人が行政を牛耳るヨーゼフ主義的伝統に対する怒りから噴出した。あるいは、いまやブルジョアジーこそドイツ民族の最も上質な部分を代表しているというブルジョアジーたちの自信を背景にして溢れ出る不満もあった。ドイツ系ボヘミア人のシュセルカやクランダなどがその典型で、クランダが編集したライプツィヒの『グレンツボーテン』誌は多くのオーストリア亡命作家に愛読されていた。だがシュセルカの著述は、一九世紀のドイツ・リベラリズムにつきものとなるブルジョアの優越観と従属感とのぶざまな混合を早くもあらわにしていた。貴族たちはかつての輝きをもう失ってしまったが、貴族の名に付随する特別な「光輪」が、古の剣と同じように彼らをなおも国民の「精神的指導者」にするかもしれない、と彼は書いている。[7] 急進主義と漸進主義の対立も解消されなかった。こうした矛盾は、ドイツ・ナショナリズムを唱えつつ、オーストリアの集権的な代議制議会を擁護するといったかたちで、シュセルカ自身のなかにもひそむものであった。彼は経済的著述の中でメッテルニヒのロシア寄りの政策を批判し、のちに中央ヨーロッパ《ミッテルオイローパ》と呼ばれることになる地域でドイツが覇権を握るために、その鍵である大動脈ドナウ川をドイツの管理下に置くことを主張した。この種の覇権は産業保護を前提とするために、ここにも古典的リベラリズム理論にとって裂け目が現れた。広義にはドイツ人であり、狭義にはオーストリア・ドイツ人であるという複雑な立場、先進的な西と後進的な東のはざまに位置づけられるという立場のゆえに、イギリス人やフランス人のような強者の立場からにせよ、ハンガリー人のような弱者の立場からにせよ、単純にリベラリズムを支持するようなことはなかったのである。

君主国内の小規模な国民には、リベラルな政治文化を形成するのに必要な専門職や実業家、あるいは改革派の貴族が存在しなかった。三月前期クロアチアでは中貴族がイリリア運動の主力となったのに対し、トランシルヴァニアで最初のルーマニア語新聞が、有力なルーマニア商人社会があるブラショフで創刊されたのは象徴的である。小規模民族も独自の出版活動を展開したということが、新たな夜明けが訪れつつあるということをわずかながらではあるが彼ら自身に意識させることになった。「私が生きている間に、私たち自身の国民の言語で文芸誌や新聞を読めるようになったことを神に感謝します」と、あるルーマニア人司祭はバリツィウに書き送っている。(8) しかし少なくとも正教諸民族を除いて、進歩に対する楽天的な機運がヨーゼフ主義の理念に勝ることはまずなかった。チェコ人の間では、有能な編集者ハヴリーチェクが、一八四八年二月に、権力が人民にもとづくことを認識する政府なら、その形態はどのようなものでもかまわないと述べている。これこそが、負け犬と化した卑俗な民族のもつプラグマティックな急進主義であった。ハヴリーチェクはイングランドからのアイルランドの自治獲得のために闘っていた指導者オコンネルを支持していたが、一方でリベラル派のマジャール人貴族エトヴェシュはイングランド、アイルランド双方を批判していた。小規模な国民が特権を享受しているところでは、改革主義も相応に修正されたものとなった。イリリア国民党の一八四七年綱領には、賦役に関する政策は補償金が支払われるべきだということ以外にいっさい言及されていない。このように政策上の立場が幅広く、ともすれば一貫性もなかったということは、一八四八年前夜においては、教養層が一様に抱いていた変革への志向によって覆い隠されていたのである。

しかしどの改革的潮流にも共通していたのは、昂揚した国民感情であった。当時の人々にとって、これらの間のつながりは多様であった。市民の平等とは論理上、国民の平等を前提とするのではないのか？ 国民とは自由な結社の最高形態ではないのか？ 裏返して言えば、すべての住民が完全な市民的権利を得られない限り、諸国民がほんとうには自由になれないということなのだった。ハンガリーが農奴制を放棄しない限り、ハンガリーのウィーンからの自由は得られないというのが、ハンガリーのリベラル派貴族たちの改革運動が執拗に主張する主題であった。そして最後に、官僚的絶対主義の蜘蛛の巣を払うために、あらためて体制批判の声を挙げようという呼びかけは、アンドリアン゠ヴェルブルクが率直に認めていたように、国民精神への呼びかけそのものだった。改革者たちが、自由な組織に不可欠とみたのは、断固たる自助と独立の気概であったが、それをはぐくむであろうものこそ、この国民精神なのであった。シュセルカの著作はドイツ人への呼びかけに満ちている。いきいきと高貴であれ、強く勇敢で、山々の森林を愛するものになれ！ けっして、軟弱で臆病で自然から離れ、飼いならされ、卑屈で下劣で、腐った都市かぶれ、外国人の流行かぶれになどなるな！ と。

このように、絶対主義の最末期に満ちていた知的雰囲気を要約するのは簡単ではない。体制に対する軽蔑は共有されていたが、かといって官位貴族とブルジョアジー、保守改革派と急進改革派との間の分裂はそれほど単純なものではなかったのである。一八世紀後半の改革との興味深い連続性はあったが、この二つの時代の相違は、国民という主題がこの間にずっと明瞭に発言されるようになっていたことである。それについては、別個に検証する必要がある。

ナショナリスト・イデオロギーの台頭

ナショナリズムに関する学術文献で最も一貫して強調されているテーマが、その近代性である。エリー・ケドゥリーは一九六〇年に書いた有名な批評を「ナショナリズムは、一九世紀初めに発明された教義である」と書き始めている。その後の社会科学者による研究では、伝統社会と近代社会を区分することが定式化している。近代社会においては、諸個人の社会的役割は、その者が自ら獲得するべきものであり、太古からの慣習によって彼らに帰せられているものではないとみなされる。言語の標準化も含めて、標準化された規則や手続きが慣習的な地域的規範に取って代わって社会の枠組みを作るのである。それは、古くから続く民俗文化のうちどれが、ナショナリズムを生み出す近代的な「高度文化」の担い手となるかをめぐる競争でもある[9]。それゆえ、よく知られた過去との連続性を主張するナショナリストの議論は、現代の学問ではほとんど顧みられることはない。また、ナショナリズムが駆使する醜いばかりの誇張のゆえに、それがもつ近代性が、合理主義的な啓蒙運動との連関の中で論じられることが少ないのもわからないではない。ナショナリズムが声高に叫ぶ過去の輝かしい時代と現在の文化的排他主義は、むしろ、時代の変化にともなうストレスを軽減する役目を果たすものとみなされているのだ。

　こういったアプローチにはいくらかの矮小化があるかもしれない。初期のナショナリズムが展開したリベラル派の結社活動についてはすでに言及してきた。ゾンネンフェルスやゴットフリート・ファン・スヴィーテンのような啓蒙主義者が、官僚の至高の美徳として愛国心を称揚したり、フリーメーソンのイグナーツ・ボルンがそのウィーンの大ロッヂを愛国心の産物と呼んだのは偶然ではない。忠誠心の対象が信仰から祖国へと移っていったことを、フランツ主義の反動は見逃していた。中等学校、学寮、大学では、貴族のアカデミーが衰退するに伴って大貴族出身者が増加し、それによってある種の団結心《エスプリ・ド・コール》が芽生えていった。こうして少しずつまじりあっていった貴族と非貴族は、モリッツ・チャーキがハンガリーについて論じているように、血統だけでなく「愛国心」に基づいて国民の指導者たることを主張するような、新しいエリートを形成したのである。若きマジャール人たちの間では社会的な混合が中流階級より下まで達することはまれであったが、チェコではすでに一八二〇年代に生まれたナショナリスト活動家の五分の一は農民の出であり、一八四八年のウィーン大学に登録していた学生の三分の一は貧しい家の出だったと記録されている。君主国の非優勢国民体の萌芽期の運動を主に担ったのは、裕福な平民の教育を受けた子息たちであり、その父親は教師や正教またはルター派の司祭、所領役人、粉挽き屋、ときには商人であった。教育制度が生み出した知的エネルギーと文化的な広がりは、特筆すべきものである。たとえば、のちにラヨシュ・コシュートの右腕となるフェレンツ・プルスキは、一四歳でA・W・シュレーゲル、タッソー、カルデロン、ウォルター・スコット、ドルバック、ヴォルテール、ルソー、クロプシュトックなどの著作に親しみ、またコツェブーと、レッシングの全作品に通じていた。スロヴァキア文語を確立したリュドヴィート・シュトゥールは九ヶ国語を操った。隷属の対極にあるものとしての愛国主義を核としたリベラル・ナショナリズムは、階級・信条にかかわりなく共有しあえる場として若い知識人が育つ環境の一部となっていったのである。

逆説的に聞こえるかもしれないが、ナショナリズムは、このように国際的な運動であった。それはドイツに源を発し、君主国のスラヴ人やマジャール人などの多言語の組織でくりかえし利用されてきた思想なのである。スロヴァキア・ナショナリズムは、ブラチスラヴァとブダペシュトのルター派リセで誕生した。それらの学校はまた、マジャール人、セルビア人のナショナリストや「チェコ国民の父」フランチシェク・パラツキーをも輩出した。スロヴァキアの著述家・言語学者シャファーリクはノヴィ゠サドのセルビア系ギムナジウムで教え、ユーゴスラヴ主義の提唱者ヨシプ・ユーライ・シュトロスマイエルはペシュトとウィーンで教育を受け、またスロヴェニア最大の詩人フランツェ・プレシェレンはウィーンで愛国心を養った。このように、創造力豊かな著述家のなかで、均一の文化の枠内で活動していたのは極めてまれであった。近代セルビア文語の創始者ヴク・カラジッチは生涯のほとんどをウィーンで過ごした。セルビアを代表する作家ヤコヴ・イグニャトヴィチはハンガリー中央部で育った。当時のもっとも優れたドイツ系ボヘミア人の著述家たちはチェコの歴史を主題とした作品を多く残し、オーストリア・ドイツ人のアナスタシウス・グリュンはスロヴェニア民謡を翻訳した。こうした状況の中にあって、ナショナリズムが模倣をその使命としないはずはなかった。若者たちにとってナショナリズムは、すべての国民集団に対して自らの国で自由と進歩という規範を根付かせる試みであった。それは、ヨーロッパの諸国民の共同体に参加するにふさわしいということを証明するために必要だったのである。それは、友愛主義的で、合理主義的で、かつ普遍主義的なものであった。

若きナショナリストたちが変革へのリベラルな期待を分かち合っていた背景には、彼らが生きた社会的状況もあった。農奴制が終焉したことで、国民の土台を拡大するべきあらゆる手段が得られるようになったため、社会的に上昇していったし、また上昇することを望んでいた。彼らのすべてが、あるいはほとんどすべてが、より完全な宗教的平等を支持していた。理念としてはだれもがユダヤ人に市民権を付与することに賛成していた。もっともこれについては、その後、チェコでは、チェコ・ユダヤ人の概念にチェコ人が懐疑的だったために一八四〇年代に試みられたチェコ人とユダヤ人の連携が崩壊した。ハンガリーでは、マジャール人愛国者によって、ユダヤ人の解放をユダヤ人の文化的同化と対にした議論が展開されるようになった。あとにも先にもザグレブの正教徒の知識人にとって、クロアチア愛国主義者としてこれほど活動しやすい時期はなかった。

しかし結局のところ、ナショナリズムはある民族を背景として、そこにリベラルな理念を適用する以上のものであった。とどのつまり、ある者にとっての祖国とは何なのか？　王国としてのハンガリーや領邦としてのボヘミア、あるいは全体としての君主国のような領域的・政治的な単位なのか？　それとも母語が通じる範囲であり、基本的に文化的な概念なのか？　市民としての愛国主義に重きを置くリベラルなナショナリズムは前者を意味したが、実際には、一九世紀のハプスブルク君主国で展開したナショナリズムは次第に後者に変容していった。しかし、この二つの間の混同はその後も残存し、政治的局面で混乱を引き起こすことになる。

言語が国民なるものの鍵となる基準として登場してくると、国民を人類の発展に寄与する卓抜した文化集団であるとするロマン主義的な理念が重要な役割を演ずるようになった。ここにおいて、国民は世代から世代へと価値観が受け継がれる枠組みとして捉えられるのである。国民の成熟度は、これらの価値観を身につけ、特定の伝統に根を下ろしていくことという問題になった。伝統は言語を媒介にして伝えられるものだから、人類のなかで真に重要な集団を決めるのは、諸侯による権力奪取などではなく、言語なのであった。もっとも重要なことは、貧しい農民の歌も、啓蒙された教養人の著作と同じぐらいに深く、人間の本性を見抜くことがあるということである。のちに歴史家たちがロマン主義的ナショナリズムと名付けることになるものの種をまいたドイツのルター派牧師J・G・ヘルダー（一七四四―一八〇三）は、リガで聖職についていたときに聴いたラトヴィアの民謡に触発されたのである。彼はアメリカ先住民を擁護しつづけると同時に「今はかくも絶望しているスラヴ人」に、その「無気力なまどろみ」から起き上がって、祖先の地に平和で勤勉な生き方を復活させよと呼びかけた⑽。

このロマン主義的ナショナリズムがもつ過去への情熱は、アナクロニズムとして歴史家から非難されてきた。だがこの非難自体、明確でないところがある。そもそも一九世紀はじめの愛国主義者たちは「近代的」な都市の産業主義の枠内ではなく、対抗宗教改革派の教会や貴族議会、それに大貴族や総督、宮中伯の館が支配する小さなバロック都市で活動していたのである。三月前期クロアチアのイリリア運動は、いまや風光明媚な僻地であるザグレブ旧市街の家々ではぐくまれた。チェコ・ナショナリズムの先駆けであるドブロフスキーは、パトロンであった大貴族ノスティッツ伯の所領に長い間滞在したし、その後継者パラツキーは別の大貴族の雇われ人として出発し、封建制の枠内にあった三月前期のボヘミア議会で歴史編纂官を長くつとめた。こうした栄誉ある環境にあっては、現在ヘゲモニーを握るドイツ人に対する憤りの遠因を国民の暗黒の時代に求めるとき、彼らが前提としていた国民の連続性は、証拠も信頼性も欠くものとなった。しかし、近世に関する記述はいくぶんか妥当ではあった。一八三五年にリュデヴィド・ガイがクロアチアでイリリア運動を立ち上げたとき、彼の立場は、現代よりもリッテル＝ヴィテゾヴィチの愛国的な「再生クロアチア」（一七〇〇年）に近かった。クロアチアと呼ばれる行政単位の従属性、それがクロアチア人全体を包含するのに失敗したことへの嘆き、南スラヴというより広い次元への目ざめといった要素は、ガイとリッテル＝ヴィテゾヴィチがおかれた状況に共通していた。一七世紀と一九世紀初めのチェコ人著述家たちが、チェコ語へのドイツ人の横柄で傲慢な態度についてまったく同様の苦渋に満ちた表現をしていることは、すくなくとも彼ら自身にとって、心理的な意味で共通した憤りの構造を示していると言えなくはないのだ。ヨーロッパにおける一九世紀と近世の国民なるものの間に存在する連続性を過小評価する近年の定説は、やや大雑把にすぎるのである。

一九世紀前半における完全に新しい現象は、そのプロト・リベラルの風潮であった。そうした環境のなかで、「愛国主義者たち」は公的問題に関心を集中させることができたし、それらの問題はそれ以降、地域の課題から隔絶したものとはなりえなかった。しかしそれでも、伝統が完全に「創られた」ものであるわけではないということは言っておかねばならない。チェコスロヴァキア国民やイリリア国民などのような一九世紀の概念に先行するものが存在しないところでは、こうした概念を創出しようという試みは挫折した。ナショナリズムが確立しえたのは、それが実在する歴史的、言語的、あるいは社会的な現実を土台とした場合だけであった。ナショナリズムはまた、それらの現実を質的につくりかえて、新しいより強力なアイデンティティを作り上げようとしたのである。とはいえ、その過程は絶対化されたものではなかった。一九世紀以前にも、特権的諸階級でない下層の人々の間にも国民意識は存在しえた。たとえばチェコの農民ヴァヴァークが若き日に、愛国的な年代記を熱心に読んでいたように。ガイの有名な歌、「それでもクロアチアは亡んでいない」（一八三三年）の哀調は、当時のインテリ青年にとってのクロアチア史へのもっともらしい批評として読むこともできる。かつて自らの国家と社会的エリートを持っていた諸国民にとって、再生や再興といったナショナリストたちの主張は、空虚なものではなかったのである。

だが君主国には、スロヴェニア人やスロヴァキア人、ルテニア人やトランシルヴァニアのルーマニア人など、回顧すべき政治的国民としての伝統や、数百年の厚みをもつ独自のエリート層をもっていない民族も、たしかにいた。フリードリヒ・エンゲルスの有名な文章がいうところの、古典的な「歴史なき国民」である。しかし、彼らは君主国総人口の四分の一近くを占めており、その彼らに対してすら「高度な文化」を形作った経験がない単なる民族の原石だとみなすのは間違いであろう。のちに弾圧されることになるスロヴェニア宗教改革のなかでは、スロヴェニア語の聖書が現れたし、スロヴァキアのプロテスタントは一五七九―九四年に刊行されたチェコ語のクラリツェ聖書を使い続けた。ロマン主義的ナショナリズムにとってみれば、これらの民族が過去に国家を持たなかったからといって、まったく問題ではなかった。それは、民衆と彼らの記憶と習俗に対して示した敬意に、その根本原理を有していたのだ。それまで貶められていた素朴な文化をこうして再評価することには、民主主義の萌芽を見ることができる。伝統は特権身分だけのものではない。人間の心理と経験の点からすれば、あらゆる共同体は歴史を持っている。こうした極めて真っ当な信念が、ロマン主義の主旋律であった。パラツキーの出身地はチェコ・プロテスタンティズムとスラヴ人使徒伝承が残っているところだったし、シャファーリクはチェコからのプロテスタント移民であった先祖が語ったフスやコメンスキー（コメニウス）の記憶を受け継いでいた。また、コラールはスロヴァキア語がどこよりも純粋だといわれる高タトラ山地の出身だった。ヘルダーのイデオロギーに接した少数民族知識人にとって、健全な人が自らの生の中に感じる、あてどない感傷、自分は有用であり正常であるという感覚が、支配的文化への隷属状態からの心理的解放の現実的要因となるのである。たとえば、かつてはスラヴ人を先祖とするハンガリー人と自己認識していた人々が、新しいアイデンティティである「スロヴァキア人」として自らを「構築」できたのも、この要素のおかげだった。

もちろん、出現しつつある「歴史なき国民」の知識人層は、彼ら自身が存在するための民主的な権利を主張しただけではなかった。トランシルヴァニアのルーマニア人たちは遠いローマ人の祖先のことを熱く語ったし、スロヴァキアの愛国主義者は九世紀のスヴァトプルクの、スロヴェニアの愛国主義者は六世紀のサモの、いずれもなぞに包まれた王国について、それぞれ熱く語った。彼らがこうした空疎な自慢話をせざるを得なかったのは、おそらく、彼らに「国家形成能力」がないと決めつける強者が定めた民族間のゲームのルールに従うことを強いられたからである。ヘルダーの理論や、イタリアの革命家ジュゼッペ・マッツィーニが考えたような自由のためにともに戦う友愛諸国民という像においては、諸国民は力を合わせて人類に奉仕するべきものであった。だが実際には、国民のイデオロギーが結晶化するにつれ、過去の歴史の解釈や現在の利害をめぐって衝突するようになった。複数の国民が通う学寮の寛大にして競い合う精神は、今日の学生が抱く政治理想論と同じような関係を広い世界と取り持ったのである。

ナショナリスト・イデオロギーにおいて神話が果たした重要性は、現代の歴史家が強調する前に、すでに当時から予期されていたことであった。二〇〇年にわたって多くのチェコ人たちを下層の「シュトックベーメン」として見下してきた支配的なドイツ人たちにとっては、一五二六年のモハーチの戦い以前のチェコ国家の栄光が声高に云々されても、それはナンセンスな骨董趣味にしか映らなかった。しかし、バーク流の保守主義者でなくとも、未来への指針となるのは現代だけでなく、過去の人の行いもそれにふさわしいということはわかる。一九世紀はじめの世界を理解するにはたしかに二つの方法がある。一つには、経済の進展や科学的知識の道具としてドイツ語およびドイツ文化の役割が拡大していくという、その時にはまだ明瞭ではなかった趨勢がある。ここでは、非ドイツ語圏は遠ざかっていく過去をあらわし、探求精神はドイツ世界への同化を視野にいれるようになっていた。もう一つの見方は、時間軸がもっと長く、社会的な視野をもっと広くとる。そうすることによって、まだ同化していない非ドイツ人大衆も、ドイツ人と同じく否定することのできない現実として、さらには、非ドイツ系の知識人を十分に遠い昔と結びつけるものとして、より中心的に現れてくるのである。時代の精神に「目覚めた」これらの大衆が数の上で優っている状況を転化して国政においてより重要な役割を担い、歴史の誤りを正し、平等と実行力の時代へと案内してくれるかもしれない……。こう期待するのはけっして常軌を逸したことではない。これがナショナリストが視野に入れていたことであった。しかし、これら二つの見方のどちらかが優位にあったわけではなかった。支配的文化に民族として同化するかどうかの選択が、あらゆる小規模な国民体の教養層一人ひとりの前に立ちはだかっていたのである。

個々の例を挙げると、その過程がよくわかる。プラハ生まれのドイツ美術史家アントン・シュプリンガーの自伝から、同化がどのように行われたかが読み取れる。「スラヴ語の一方言が私の母語だった。だが自然の力に従って私はドイツ人になった。……私たちが子供のころは、ボヘミアの言葉で学校教育を受けるなんて考えられなかったのだ[11]」。シュプリンガーは、チェコの愛国主義者になった兄に勧められて一八四〇年ごろの草創期にあるチェコ文学を読み、取るに足らない、つまらないものとして嫌悪を感じ、自身のドイツ志向を確信するようになった。同様に、著名な自然科学者ヤン・エヴァンゲリスタ・プルキニエはチェコの国民復興運動の担い手となったが、その弟はドイツ国民運動に身を投じていった。また、リュデヴィド・ガイの母語はドイツ語だったし、クロアチア最初のオペラ作曲家ヴァトロスラヴ・リシンスキはドイツ語の洗礼名イグナーツ・フクスから改名している。さらに東では、トランシルヴァニアのルーマニア人正教徒の愛国主義の支柱となった主教シャグナは、若いころにはハンガリー語を話すローマ・カトリック教徒であったが、のちにアイデンティティの拠り所を変えた。この決断の背景にあったのは、彼の家族がバルカン半島出身のヴラフの家系であり、その言語がルーマニア語に近かったことだった。

アイデンティティを選ぶということは難しいものであるはずだ。しばしば過度の自己正当化さえも必要になる。しかも状況は流動的なまま、将来はあいまいなままだった。彼らに対して冷淡で、敵対的ですらある世界にあって、愛国者の心にとりついていたのは「国民の死」という考えだった。そうした状況で、ロマン主義的ナショナリズムが鼓舞する文化的な高揚の試みは、たがいを慈しむ精神ではなく、心理的な緊張状態と欲求不満、そして苦渋にさらされていたのである。様々な国民体の愛国者たちは、ドイツ文化という蜘蛛の巣でいまだつながってはいたが、しだいに互いに距離を置くようになった。ほとんど知られていない言語と愛国主義者の用心というベールによって半ば隠されていた勢力に関しては、政府は傾向に応じ過度にかかわりはしなかったが、いずれ反対派となるであろう知識階級の分裂を促すために政府は、ある言語運動に対抗して別の言語運動を支援することすらあった。しかしそれは近視眼的なやり方であった。母語への感情的な忠誠に切り替えることは、啓蒙主義が育てた帝国への忠誠の念からそれることであり、長期的には多国民国家の国益に対立する別の組織原理を生み出すことにもなった。しかしながらこの時期の非支配民族の

「国民理念」は、ミロスラフ・フロッホの便利な発展段階分類によれば、A段階の単なる懐古趣味と、C段階の大衆運動との間、すなわちB段階に位置した。この段階では、「国民」は聖職者のうちの主軸層、少数の知的労働者、専門職と学生、(そして徐々に)都市商人の一部、および極めてわずかな富農たちだけの関心事であった。このように、硬直化した体制と、いまだ取るに足らぬそのライバルが、公論を味方につけるため根気強く取っ組み合いをする一方で、見た目は特色のない、三月前期の君主国の風景が、永遠の関心を獲得していったのである。

ハンガリー以外の諸領邦での発展

穏やかな水面の下で破裂しやすい泡が湧きだしている。そのような人の目をあざむくこの時期の特質が最も顕著なのは、ハンガリーが有する各種の自由をまだ手にしていないところ、とりわけボヘミアだった。しかし政府が介入の口実を見出したのは、別の二つの地域、すなわち、もっとも新しく君主国に統合されたロンバルディア＝ヴェネトとガリツィアであった。

これらの地域で進められた政策は、メッテルニヒが目指した分散統治の限界を白日の下にさらすものだった。おそらくフランツ帝の反対にもかかわらず、イタリア人に称号と勲章と寡黙な議員を与える必要があると主張したのはメッテルニヒであった。ガリツィア＝ロドメリア「王国」とロンバルディア＝ヴェネト「王国」は、ウィーンから操られる中身のない入れ物でしかすぎなかった。ガリツィア＝ロドメリアでは、世襲諸領と同様に議会が復活し(一八一七年)、ロンバルディア＝ヴェネトでは、二つの中央「評議会」といくつもの地方「評議会」が設けられ、評議員は富裕な住民の中から皇帝によって指名された。たしかに、イタリア諸邦では、ガリツィアとその首都リヴィウの新設大学と同じようにドイツ語が公用語にはならなかった。しかし、高級役人の大半はイタリア人ではなく、オーストリアの検閲制度が適用されたことも文化的に進んだこの地域の人々の面目をつぶすことになった。一八四七年にここの大学で学んでいた学生にとって、ダンテ、ボッカチオ、アルフィエーリ、さらにはゲーテやヴィクトル・ユーゴーの作品はどれも禁断の果実であった。

地方の歳出入の数値は算出することが難しく、公債のための支出のような項目はナショナリストの試算からは削られてしまっていたのだが、経済的には、イタリア人もポーランド人も自分たちは搾取されていると信じていたし、まさにその通りであろう。しかし人口は君主国の五分の一に満たないのに、イタリア諸邦は君主国歳入の四分の一から三分の一に貢献していた。印紙税、人頭税と塩やタバコの専売はとりわけ評判が悪くなった。後進的なガリツィアでは住民一人が払う税額はハプスブルク君主国平均の三分の一以下だったが、それでも旧ポーランド国家の時期と比べると急上昇していた。そのかわり、ガリツィア人たちはより効率のよい行政と教育を享受するようになった。だが経済を発展させようとする当初の企てが頓挫してくると、それ以外の領域には拡大しなかった。ガリツィアより格段に先進的であったロンバルディア゠ヴェネトは、原料の供給地であり、一方でボヘミアとモラヴィアの織物の買い手でもあった。しかし、原糸や紡ぎ糸を輸出して栄えていた絹産業は、評判の悪い桑税をかけられることになり、ヴェネツィアの停滞は一八三〇年の自由港化と、一八四六年の本土との鉄道橋完成によっても、わずかに改善しただけだった。ヴェネツィアの人々は特恵関税をもつトリエステに対して、ロンバルディアの人々は帝国の保護政策により他の市場と切り離されてしまったことに対して、それぞれ憤りを覚えていた。

こうした状況に対する異議申し立ては、ガリツィア貴族の伝統と、北イタリアのよりブルジョア的な社会の伝統をそれぞれ反映して、異なる形をとることになった。ヴェネトでは、一八二〇―二一年にカルボナリ秘密結社が早々に弾圧されると、不穏な静けさが続いた。それに対して、一八三〇年にロシア領ポーランドで起こった蜂起は、亡命者たちが組織し、ロマン主義的な愛国主義に鼓舞されたパン・ポーランド革命運動に拍車をかけた。親農民的なポーランド民主協会（一八三二年パリで設立）の急進主義は貧乏貴族と若い学生の心を惹き、彼らは故国の地下組織であるポーランド人民連盟に結集した。だが一八三〇年代後半にガリツィア人活動家たちの大半が逮捕されると、亡命貴族アダム・チャルトリスキの路線に近い穏健派の人々によって連盟の活動は中断した。チャルトリスキはポーランドの大義を前進させるために国際外交を利用しようと考えたのである。一八四〇年代、ガリツィア議会の指導者レオン・サピエハ公（セーチェーニ型の穏健な改革者）の経済プログラムに政府が譲歩したことは、ウィーンが革命的反対派の裏をかこうとしたものと見ることができる。だがそんな姑息な策は、一八四六年、ポーランド人左翼が策動したガリツィア蜂起によって吹っ飛んでしまった。このとき、農民がナショナリスト貴族を血祭りに上げるのを黙認した地方役人がいたことで、公式の家父長主義の信用は失墜した。とりわけ同時代のヨーロッパの世論が中央政府も虐殺に関与していると誤信してからはそうだった。

それに続くイタリアでの反対運動の高まりに対して政府が及び腰だったのは、このときの困惑が関係しているかもしれない。一八四六年に大衆的人気を誇るピウス九世が教皇に選出されたことや、経済的な野望が盛り上がったことによるリベラルな国民的熱狂は、イタリアの他地域と鉄道網をつなげることに反対するオーストリアと齟齬をきたし始めた。さらに一八四六―四七年の経済危機での不手際のゆえに、オーストリアによる支配がイタリア国民の利害を損ねるものだという認識を強化した。一八四七年九月にヴェネツィアで開かれたイタリアの科学者の年次会合では、ジャガイモの凶作に関して、イタリア語での「ジャガイモ」の別の意味（ドイツ人の蔑称）にひっかけたコメントが好評を博したほどであった。

諸民族の序列のなかで、先進的なイタリア人と対極に位置づけられるのはルテニア人農民とスロヴェニア人農民であった。彼らは、相変わらず政府からほとんど顧みられることがなかったが、いくつかの兆候もあった。一八二〇年代、文法学者、民族学者、伝承学者たちはポーランド語、ドイツ語、ラテン語で、ルテニアのことを記した。一八三〇年代にはリヴィウの合同派神学校の愛国的文学サークルが『ドニエストルの妖精』（一八三六年）という年鑑を出版したが、それはルテニア語での文学の始まりを画すものだった。「オーストリアはルテニア人を我々にけしかけて、漁夫の利を得ようとしている」というポーランド人の告発を、リヴィウの警察署長は偽りだとする。「我々はすでにポーランド人という一つの国民体とだけで十分、厄介な問題をかかえている。あの狂った連中は、死んで墓にうずもれているルテニア人の国民意識をよみがえらせようとしている」[12]。また、ヤネツ・ブライヴァイス編集のスロヴェニア語での最初の週刊新聞（一八四三年）が、農民向けに出されたのも偶然ではなかった。異なる地方の伝統から苦労しながら抽出されつつあった文語は、すでに薄幸の教師F・プレシェレンの『ソネットの花輪』（一八三四年）という名作を生み出せるまでになっていた。それは一四のソネットの最終行が次の詩の最初の行となり、かつその最終行を並べて一五番目の詩を構成するという形の詩集であり、プレシェレンの報われなかった愛の対象は、彼女が嫌った母語の中に不滅の命を与えられている。

チェコ人たちはまた別格であった。ボヘミアは、中央からの疎外された地方とはどのようなものであるかのよい例であった。すなわち、権威主義的支配に対してひそやかな嫌悪を抱きつつ、それにとってかわるべき価値観を暗に希求していたのであり、これがこの時代を特徴づけた。一八〇九年以降、大貴族がウィーンから所領へ引き上げていったことは、他の領邦でもみられたことだったが（ヨハン大公がシュタイアーマルクの農業改良に参画したのが疑いなく最も有名な例である）、ボヘミアでは言語と歴史が果たした役割によってとくに尖鋭な影響が生じた。一八一八年にはカスパル・シュテルンベルク伯によってチェコ博物館が設立され、初期のチェコの文化復興において重要な拠点となる知識人にとっての教会となった。この伯の庇護のもとにパラツキーは名を挙げたのだった。レオ・トゥーン伯はドイツ語圏のボヘミアに所領をもっていたが、一八三〇年代にチェコ語を身につけてバイリンガルになろうと努めた。このように高位の人物がボヘミアに忠誠を示したことは、アイルランドでのプロテスタント優勢派や、一九世紀フィンランドでのスウェーデン語話者エリートが愛国的役割を果たしたことと類似の現象であった。

こうして、一七九〇年代のクラメリウスの保守的な路線転換ですでに予示されていたような、領邦志向の貴族と平民のチェコ愛国主義者の同盟関係は、この時期に確固たる姿をあらわすようになる。一八四〇年代までには、チェコの愛国主義者は三世代を数え、徐々に自信を深めていった。ドブロフスキー（一七五三―一八二九）の世代が成長したのは、ロマン主義ではなく啓蒙主義の風潮の中であり、彼らはチェコ語で書くよりもむしろチェコ語について書いた。ドブロフスキーは最後まで自分の母語の将来について悲観していた。転換点が訪れたのは、第二世代である。『失楽園』（一八一一年）の翻訳者であり、近代的な文語としての射程をチェコ語にもたらした五巻本の『チェコ語・ドイツ語辞典』（一八三五―三九年）の著者ヨゼフ・ユングマン（一七七三―一八四七）らの世代である。ユングマンが中年にさしかかった一八〇〇年ごろから一八三〇年代にかけては、持続する同化と高揚する自己主張の間の緊張関係が、思慮深いチェコ人たちに最も重くのしかかった時期であった。一方でヘルダーの影響が大きくなっていたにもかかわらず、チェコ人たちが母語で書きものをするのは、レオ・トゥーン伯が記したように「国民の名誉といった漠然とした感情から」であって、確たる希望や申し合わせた計画があってのことではなかったのだ。[13] ユングマンの書簡には彼が感じた重圧がしばしば顔をのぞかせる。「あなたを押しつぶし、私をも同じく押しつぶす悲しい考え」と彼は書いた。[14] その書簡では、ドイツ人の悪意、無理解な政府、友人のない見捨てられた人々への宗教的導きの必要性などが繰り返し書かれている。脆弱な国民体を救うために闘うことは、他の非スラヴ人の連帯より重大である――そうした人々にとっては、ユングマンのこれらの言葉すべてが、臨戦態勢の心がまえを意味するのである。ユングマンの影響下に、チェコ的なるものという観念はチェコ語と堅く結び合わされ、ボヘミア・ドイツ人ボルツァーノが期待したようなバイリンガルなボヘミア国民と比すると視野の狭いものになりつつあった。もっともユングマンは、スラヴ人同朋意識を基盤としたパン・スラヴ理念を声高に訴えることで、このことをあいまいにしようとしてはいた。このため、ユングマンの感情世界では、近くのドイツ系ボヘミア人よりも遠く離れたロシア人のほうが、親和的だった。ドブロフスキーや著名なスロヴェニアの言語学者コピタルと絶交し、ユングマンは、一八一七年に公刊された『ドヴール・クラーロヴェー手稿』の真偽を疑うことはすべて国民に対する裏切りだと罵倒した。これは、表面上はそれまで考えられていたよりずっと高度のチェコ文化を示す中世の詩集であり、反ドイツ的愛国主義の輝きを示すものだった。だが、この手稿とそれに続く発見物は、実際はその発見者ハーンカが偽造したものであった。世紀末までなくなることはないこうした偽造と知的な隠蔽は、ポーランドの歴史家フレボウチクが指摘するように、同化に直面する「非優勢集団」が不公平な戦いのなかで、まず初めにロマン主義的な神話創造の局面を必要としたということなのかもしれない[15]。振り返ってみてそのころの人々の母語に対する危機感が大げさすぎると見えるなら、一八一七年当時、アイルランド語とチェコ語を母語とする人々がほぼ同数だったことを思い起こせばよい。ボヘミアの中等学校でチェコ語を選択することが一八一六年に認められたにもかかわらず、実際に履修する学生の数は、目新しさが感じられた時期を過ぎると、急減したというのはいやな予兆であった。

しかし一八三七年になると、国民復興の第三世代を代表する歴史家フランチシェク・パラツキー（一七九八―一八七六）が、国民語が生き残ることは確かであり、その文法・語彙をめぐる論争も終わったと言ってよいと確信するほどになっていた。古典的なリベラル・ナショナリストとして彼は、チェコ人はいまや外へと目をむけ、自らの大義をより広い人類の進歩と一体化するべきだと主張した。実際、チェコ語文学の人気は高まり、チェコ語演劇は一四〇近くの場所で演じられるほどになっていた。また、社会の成熟度を反映して、詩人カレル・マーハのきわめて個性的な詩、有名な『五月』（一八三六年）には、同時代の他の詩人のようなありふれた愛国的教訓のかけらさえ見られない。三月前期の急進派編集者カレル・ハヴリーチェクは、パン・スラヴへの忠誠から顔をそむけ、ロシアのツァーリズムを乗り越えるべくチェコの民主主義の必要を唱えた。パラツキー自身は、限りなく保守派に近いとはいえ、根っからのリベラルであった。その意味でも、プロテスタント少数派でありかつ貴族的気質を持ち合わせていたという点でも、フランスの歴史家・政治家ギゾーと似通っていた。だがパラツキーの生涯と作品からは、ナショナリストがよくやるような弁明の気短かな繰り返しを避けるのがいかに困難であるかがわかる。「チェコの歴史は平和的なスラヴ人と襲撃者ドイツ人の絶え間ない争闘の歴史である」、「ドイツ人がボヘミアによいものをもたらしたのも確かだが、封建的束縛も持ち込んだ」、「チェコ人は残虐でずるく盗みを働く性質だという批判はドイツ人に汚される前のチェコ人にはあてはまらない」、「かつては粗野であったというののしりは『ドヴール・クラーロヴェー手稿』（パラツキーはその真正性を否定しなかった）の人間的な高貴さと愛国心の発揚によってみごとに論駁される」という彼の繰り返しを読めば読むほど、この長たらしい争いをする必要があったのか、という疑問が強くなってくる。多分、答えはイエスであろう。ナショナリズムは、アイデンティティや適応力の有無、自己嫌悪や自尊心といった感情、すなわち人間性の根源にぴったりと添うがゆえに、近代の人間生活において大きな役割を果たしたのである。ナショナリズムに関する包括的な理論は、これら人間的感情の諸問題を整理したり、それに取り組む手助けとなるという限りで、有用である。高みからの抽象論に我々が巻きこまれずにすむという点で、有用なのではない。とはいえ、パラッキーの場合は、その結果は予測がつくものであった。ドイツ人たちは彼のやり方に耐えられなかったのである。

　ボルツァーノ的なありふれたボヘミア主義に関わっていた小規模のサークルですら、内部は疑心暗鬼に満ちていた。アルフレート・マイスナーは、二国民グループ「赤い塔《ローター・トゥルム》」の仲間でユダヤ人である「ボヘミア人」作家モリッツ・ハルトマンに、「君の『ボヘミア・エレジー』にあるチェコ人に向けた、ドイツに泣いて訴え、永の恨みを忘れようなどという呼びかけを、〝生粋のチェコ人〟は決して認めないだろう」と書き送った。一方のハルトマンは、一八四四年の暴動でチェコ労働者が見せた反ユダヤ主義は、彼を体制の忠実な僕《しもべ》とするに余りあったと言明している。ドイツ人の苛立ちは、はじめは系統だった知的表現を見出すことができなかった。だがパラッキーの『ボヘミア史』（皮肉にもドイツ語で書かれている）の第一巻（一八三六年）が出た後、上層部に不満がたまってくると、チェコ博物館グループは領邦当局によって、ドイツ語系住人を軽視しているとして尋問されるにいたった。パラッキー批判の急先鋒だったプラハ大学教授エクスネルは、彼のいうところの象牙の塔的愛国主義に身をゆだねるチェコ人同僚に対して個人的な皮肉を浴びせるのに没頭した。

> たしかに〔ボヘミアの〕人口の四分の一以上がドイツ人だ。が、彼らは侵入者である。……たしかに彼らを招いたのはチェコの君主たちだが、それはチェコ人の不利益になっただけだ。……強力なオーストリア君主

国が存在する限り、偉大なるスラヴという母と結び付かない限り、〔チェコ人は〕目標を達成できないことはたしかだが、しかし……。[16]

それでも一八四〇年代になると、チェコ愛国主義の社会的基盤は拡大を始めた。かつては大貴族が中心であったボヘミア産業組合にチェコ人が大勢加入するようになり、組合内にチェコ人が中心となった技術者部門を設立し、また、プラハの特権的なチェコ人社交クラブ（一八四六年）の設立に参画するようになったのである。野心ある若者が町にやってきて、チェコの血が絶える寸前の家族の娘と結婚することによって、長いこと続いてきたドイツ化の過程を転換することもあった。ブラウネル、ボヘミア議会の法的連続性に関する理論家シュトロバッハ、産業組合のチェコ人指導者トロヤンといったチェコ語話者の専門職は、みな粉屋の息子だった。表面上は弱者のチェコ人は、そのライバルであるドイツ語系のブルジョアよりもボヘミアの貴族と近しい関係にあった。シュテルンベルク伯の庇護下におさまり、チェコ博物館のチェコ語・ドイツ語雑誌の編集者に任じられたパラツキーは、チェコ語新聞を大衆化させて愛国的な月刊誌にしていく一方で、ドイツ語のほうはしだいに縮小して季刊学術雑誌にしていった。一八三八年以降、国王と議会による共同統治を復活させるための闘争を展開していたドイツ語系貴族も、こうした愛国主義的な「ボヘミア」史を歓迎した。「目指すべきは国の利益である。強力な君主制はその手段であるし、等族制国制はその条件である」。議会の闘士ヴルムブラントは、一八四四年、こう主張した。[17] 議員に向けての演説を求められたとき、パラツキーはたくみなやり方で直言とお世辞をおり混ぜた。絶対制も封建制も過去のものとなったが、貴族制はその本質からいって、国民という外観をまとうことで世論という新しい力と結びつき若返ることができるのだ。この状況にあってチェコの大義を政治的に論ずるには、パラツキーにとってこれがぎりぎりであった。

ボヘミアや下オーストリアの領邦議会のような老朽化した組織が一八四〇年代に再活性化したことは、政府の中核部が空洞化しつつあったことを示している。一八四五年に、下オーストリア議会が検閲に反対して提出した請願を体制側が拒絶したのは、これをきっかけとして何らかの連鎖反応が生じることを恐れたからであった。そのころまだ体制を支えていたのは、生気を失った教会と萌芽期にあってまだ外国人によって一部を担われていた産業界だけになっており、それ以外のいかなる社会集団からの支持もすでになかった。一八四七年にウィーンで舞台にかけられたバウエルンフェルトの演劇『時代』は明らかにメッテルニヒを戯画化したもので、老いた後見人が、彼が面倒を見ている若者が身につけた新しい思想（別の登場人物が「今の流行」と断じる）をただ非難するばかりという筋だった。この劇が検閲を免れたのは、コロヴラートが、ライバルを貶めたかったからだった。同年、ヨーゼフ・ホルマイアからパラツキーに宛てられた手紙は、チェコ人とマジャール人は、オーストリアとの結びつきおよび千年にわたってスラヴ人をドイツ化しようとしてきた試みに対して謝意を示すと思われている、と皮肉っている。普遍的なオーストリアの愛国主義をジャーナリスティックに作り出すために尋常でない苦労をした人間であるホルマイアの幻滅は、バウエルンフェルトの公然たる嘲りと同じぐらい印象的である。オーストリアの三月前期《フォアメルツ》は、橋の下を、あまりにたくさんの水が通過できた時代であった。

三月前期のハンガリー

この世紀のはじめには、ハンガリー固有の伝統でさえ、君主国の西部諸邦に広がっていった文化的共生への過程を免れ得なかったように思える。ペシュトとブラチスラヴァのランデラー商会や、コシツェのヘッケナスト商会のようなドイツ人書籍商が書籍の流通を牛耳っていた。この時代のハンガリーの代表的な歴史家エンゲルとフェスラーは母語であるドイツ語で著作したが、マジャール語を母語とする作家（ガール、トルディ、マイラート）でさえも、文筆にはドイツ語を使った。マジャール文化は国内でさえ、明確なヘゲモニーを握っていなかった。一七七七―一八四八年の間に、ペシュト大学出版局は、ハンガリー語では一三四九点を出版したのに対して、ラテン語では一三二三点、ドイツ語では九二四点、そしてセルビア語でも六二四点の本を刊行した。やや後に始まったチェコと同様、マジャール文化の復興はバイリンガルのサークルから始まったのだった。

それはたしかに活気にみちたものだった。カズィンツィが主唱した言語改革をめぐる論争は一八一九年までにおさまったが、これは過剰なほどの専門的な辞書編纂活動を引き起こした。これによって一八三九年には総合的な辞書ができあがり、「文化的な劣等感」を拭い去る一助となった。ほんの数十年で、ハンガリー文学の精髄とされるいくつもの作品が生まれた。ヨージェフ・カトナの歴史劇『バーンク・バーン』、ミハーイ・ヴェレシュマルティのハンガリーの起源をうたった叙事詩『ザラーンの逃走』をさきがけとして、さらには、有名な国民詩人シャーンドル・ペテーフィ（一八二三—四九）の叙情詩が続いていった。リアリズム文学も、ヨージェフ・エトヴェシュが先鞭をつけて一八四〇年代から現れた。科学アカデミーの設立（一八二五年）を皮切りに、ペシュト劇場（のちの国民劇場）（一八三七年）、ハンガリー第一絵画アカデミー（一八四六年）などさまざまな団体ができることで組織化されていった。重要であったのは、ブダ＝ペシュトが国民的な中心都市に発展したことだった。一八四二年には、ハンガリー郵便によって郵送された定期刊行物のうち六分の五がこの街から発送されたものだった。封建的束縛を乗り越えるために改革派貴族が思い抱いていたハンガリー市民社会というものが、人口一〇万のこの都市で成長していくのを目の当たりにできたのである。

こうして国民意識が徐々に高まっていくことで、一八一一年以来フランツ帝が試みた一八世紀への逆行や議会の無視といった政策は次第に侵食されていった。国王による行政官の派遣や、ところによっては強制された徴兵や課税に対する県の抵抗が数年続いた結果、一八二五年、メッテルニヒは議会召集を国王に進言した。しかし彼の見かけ上の柔軟さは単なるその場しのぎの戦略だったことがまたしても明らかになった。すなわちメッテルニヒは、ハンガリーの議会主義を、国王から課される用務と貴族の権利侵害の訴えをめぐって口論を繰り広げる場として、貴族による伝統的な議会運営の枠組みの中にとどめておける、というまったく誤った仮定の上に立っていたのである。しかし、一八三〇年のヨーロッパの変動や、セーチェーニによる経済政策批判の出版を経て、一八三二年議会に向けて県は、農民問題を議事日程の頭に持ってくるというリベラル反対派の線に沿って準備をしていったのだ。たしかに、議会多数派は相続した土地の譲渡を禁止する伝統的システム（第三章一〇七ページ）を保持しようと望んでいたため、貴族は真の変革には二の足を踏んでいることは見て取れた。そのため政府は、言いなりになる層として一八一九年に選挙権を与えた貧乏な「サンダル貴族」の票を操作して、改革派貴族の票を無効にしようとした。そのため、一八三二—三六年議会はささやかな成果しかあげられずに終わった。この議会では、農民が原則的に恒久的に賦役を買い戻す権利と土地を所有する権利を承認し、ドナウ川をまたいで計画されているブダとペシュトを結ぶ鎖橋の通行税をすべての者が負うことで貴族の免税特権を象徴的に破棄したにとどまった。

それにもかかわらず、この議会は転換点を画すものであった。ヴェッシェレーニやコシュートら改革派の指導者たちを恣意的に投獄したことで落ち着きは取り戻したものの、それだけのことであった。政府は、代議員の補佐として、ほとんどが精力的な改革派である一五〇〇人もの若者が議会に出席することを妨害することには躊躇した。彼らの出席は慣習的に認められていたのである。ハンガリー社会は流動化していた。投票者の地位によって票に軽重をつけたり、可決しそうになると土壇場で議案を修正するなど、中世の集会のように議会を操ろうとする当局のやり方は、現実とは折り合わなかった。こういった矛盾の中から筋の通った方策を示したのは、リベラル派だった。財産権を一般化し、あらゆる階級を代表する議会に対して政府は説明義務を持つというものである。フェレンツ・デアークは、これらの原則が伝統的国制そのものの核心に由来するものだとする善意の作り話を披露したが、それもあってこうした認識は徐々に浸透していった。一八三九—四〇年、政府は近東の危機で痛い目にあって脆弱さを暴露したため、この年の議会は以前の会期で否決された農民関係立法、債権や通商、工場に関する法律など、一連の資本主義的規準を整備する法律の大半を可決した。

非貴族である専門職やかつては親ウィーンだった小貴族までも取り込んでこの計画をめぐる広汎な「世論」を作り出したのは、一八四〇年代という時代と、とくに土地なし貴族で『ペシュト新報』の編集者ラヨシュ・コシュート（一八〇二—九四）だった。コシュートは社説で社会経済的な刷新を強く主張した。一八四五年に、幼いハンガリーの産業の保護を訴えるために彼が設立した保護協会《ヴェードエジュレト》は、ハンガリー初の世論への大衆動員であった。だが、この計画およびそれを支持することは、経済だけでなく国家の再編を要求することでもあった。親オーストリアの官位貴族から行政権を奪い取ったハンガリー国民国家の中でのみ、ブルジョア専門職やコシュートのような貧乏貴族が活躍することができるのである。その後の議会では公用語をラテン語からマジャール語に変える法案が制定されていき、一八四四年にハンガリー語が行政・立法そして教育の分野で義務化されることで頂点に達した。公職採用にあたってのプロテスタント差別の撤廃、異宗派婚の許可は、マジャール人教養層を潜在的な国民の支配階級へと統合していくための、一つのステップであった。

　政府の旧来の位階制度に対するこうした攻撃によって、リベラルなナショナリスト反対派は、「若き保守派」の支持を得つつあった近代化プログラムよりもずっと先を行っていた。一八四六年以降、政庁長官アポニに支援された「若き保守派」の戦略は、ハンガリー資本主義の発展を支持しつつ、農奴負担の任意買戻し、貴族への課税などを盛り込んでいたが、一方で陪審制裁判とか死刑廃止といったリベラル派のプログラムからのつまみ食いも中には含まれていた。彼らはまたオーストリアとハンガリー間の関税障壁をなくすというメッテルニヒの意向を支持していたが、メッテルニヒのほうは発展のためにハンガリーが必要としていた国家による支援には反対していた。かつて「国民の父」と偶像視されたセーチェーニが、デアークら穏健派ナショナリストたちに、コシュート流の急進主義にひそむ危険性をわからせることに失敗したあとは、メッテルニヒは、政府に歩み寄ろうとするセーチェーニの画策に対しても冷たくなった。

　コシュートの試みに対するセーチェーニの警告の中心をなすのは、マジャール人の傲慢さと、非マジャール語を母語とするハンガリー人には慎重な態度が必要だということだった。言語運動は、ハンガリーの全住民に共通のアイデンティティという旧来の考え方の足元を蝕んでいた。ドイツ語話者でかつハンガリー人であることに忠実であったベルゼヴィツィは、旧来の忠誠が脅威にさらされていることを見越して、「我々ハンガリー人は、一つの国民ではない」と言語ナショナリストのカズィンツィへ挑発的に書き送っている（一八〇九年）[18]。しかし、この問題へのかかわり方は、非マジャール語話者すべてに均一だったわけではない。文化的強者であると自覚していたドイツ語話者の大半にとって「国民問題」は二義的な問題であったし、文化的弱者であったハンガリーのルテニア人のほぼすべてにとっても同様であった。ほかの非マジャール語話者による運動は、スロヴァキアの愛国者シュトゥールのヘーゲル主義にしても、あるいはルーマニアの編集者バリツィウ（一八四五年に西ヨーロッパを訪問）の古典的リベラリズムにしても、マジャール人の運動と同じような時代を反映したテーマを追求していた。ハンガリー人たちは、彼ら自身が自分たちのために要求している国民としてのリベラルな権利を、それら諸民族に対して付与したであろうか。マジャール人の改革者は、異なった判断をする。エリック・ホブズボームが注意を喚起した基準によると、たしかに「国民の理念」はある程度の規模をもった国民に、実際はマジャール人のような「歴史的」伝統を有した国民にのみ適用できるものであった。それゆえ、マジャール人が宗教よりも言語をアイデンティティの上位に位置づけたのに対して、信徒の三分の二をスロヴァキア人が占めるハンガリーのルター派の長ザイ伯が、言語を犠牲にしても同宗派のスラヴ人との宗教的アイデンティティに重きを置いたことは、マジャール人の目からすれば偽善とは言えなかった。スロヴァキア人は、マジャール人の目からは「国民《ネイション》」ではなく、せいぜい「国民体《ナショナリティ》」でしかなかったからだ。マジャール人論客は、非マジャール人の運動がマジャール人のリベラルなナショナリスト運動を模倣できるわけがないと考えていた。逆に、彼らは自分たちより力があり非リベラルな勢力である聖職者やパン・スラヴ主義と結びつこうとするかもしれない。これは、「スラヴ主義」を攻撃する、一八四一年のザイのパンフレットの主題であった。

スラヴ人の団結を訴えるパン・スラヴ主義が脆弱で孤立したスロヴァキア人の知識層に反響を及ぼすことは予測されることであったが、皮肉なことに、ちょうど同じ時期に、スロヴァキア人はシュトゥールの主導下で独自の文語を最終的に確立し、それによって、もっとも近接したスラヴ人であるチェコ人と同じ国民アイデンティティを持つことを決定的に拒否したのであった。チェコ人が自分たちの文語をなかなか整えようとしなかったのも、このことに幸いした。また、家でまだスロヴァキア語を用いている小ジェントリの間ではとくに、土着の言葉のほうが、マジャール化から身を守るのに有効であるという意識もあった。シュトゥールは少数派のスロヴァキア・プロテスタントに属していたが、この時代の精神においては、そのことは、一七八〇年代にベルノラーク神父が考案したカトリック・スロヴァキア標準語ではなく、シュトゥールの中央スロヴァキア方言が人々に受容されるにあたっての障害とはならなかった。しかし内部的歩み寄りは、スロヴァキア人の闘争の始まりでしかなかった。「ハンガリーが一つの国を成すように、その住民も一つの国民を成す」。一八四七年にスロヴァキア文化協会「タトラ」の認可に反対して、コシツェ学校区の視学官は記している(19)。

ハンガリーにおけるルーマニア人にも、民族と宗教的忠誠心の間の分断が見られた。一八二八年にアラドに初めてルーマニア人正教主教がおかれることで、ルーマニア人たちはセルビア人が主導するスレムスキ゠カルロヴィツィの二国民主教区から解放された。しかし、ルーマニア人が経験することには、一九世紀中葉に理解されていたようなリベラルの諸範疇には簡単にあてはめられない要素があった。それはシャグナ主教の個性であった。彼は、一八四六年にトランシルヴァニアのルーマニア正教会教区の主教となり、その七〇万人の信徒にスレムスキ゠カルロヴツィで標準とされている聖職者教育と節制をもとめた。シャグナの中では二つの強い信念が結びついていた。それまでこだわってきた国民なるものへのロマン主義的な関与と、彼の中にある古めかしい正教会の教義の再生に向けた深い献身である。彼の生涯は、昔から大事にされてきた価値観を活性化させるために、「近代的」とみなされる合理的な組織技術を駆使するという一つの例である。つまり、社会科学者が「伝統の近代化」と呼んだ過程であった。それ以前は、ハプスブルク君主国内のルーマニア人愛国主義者は圧倒的に合同派であったが、彼らの文化的使命に歩調を合わせるべく、シャグナは自らの教会を整備したのだった。

南スラヴ人はマジャール人ナショナリストにとって、より差し迫った脅威だった。これらナショナリストですら、クロアチアは単なる「国民体」ではなく独自の歴史的権利を有すると認めていた。しかし、その権利は狭義のクロアチア三県のみを対象としたもので、スラヴォニアの三県には認めなかった。その一方で、スレムスキ＝カルロヴツィのセルビア正教管区の信徒の半分はクロアチア＝スラヴォニアに住んでいた。クロアチアの立場は弱く見えた。そのことが、マジャール語を学ぶ猶予期間を設定しつつも、スラヴォニアを公用語法施行地域に含むとする一八四四年ハンガリー議会の決定に影響を与えていた。一八二〇年代にももっとゆるやかではあるが、言語面の圧力があった。それが、自国の経済の弱さとエリートへのドイツ文化の影響力拡大への認識とあいまって、クロアチア運動の発火点となった。ドラシュコヴィチ伯の『ディセルタツィア』（一八三二年）は、クロアチア語で書かれた最初の政治パンフレットで、また国民的自己主張への最初の代表的な宣言であった。その後のクロアチア運動の流れは、人種的に孤立したマジャール人にはまねのできないものとなった。すなわち、編集者ガイが散り散りになった同胞を集めて成し遂げようとした他の南スラヴ人との言語的統一のための「イリリア」計画である。選ばれたイリリアという歴史的名辞は、近代的な用語としてぬかりなく包括的であることが期待されていた。ガイが一八三五年に創刊した週刊新聞は、チェコ語の発音区分符号を土台にした新しい綴り字を採用した。そしてじきに、ザグレブのカイ方言をやめて、全セルビア人とクロアチア人の三分の二が話すシュトカヴィア方言を取り入れた。その運動は、表面上には南スラヴの文化的和解をめざすものであったが、ガイ自身は、ツァーリに秘密の反オーストリア覚書を送ったり（一八三八年）、セルビアと接触をもったり、さらにはオーストリアの諜報員として働いたことからもわかるように、活発な政治的人間であった。初期「イリリア主義者」の大半がそうであったように、彼もブルジョアの出であった。非常に早い段階で運動の重心は、クロアチアの中貴族に移り、その下で、それまでつねに主要な推進力であったものがより顕在化した。すなわち、ハンガリーの県の自治権と対等のクロアチア「地方自治権」を根拠とする本来のクロアチアの自治闘争を活性化するために、近代的な言語学上の主題を援用することである。この傾向は、イリリア主義者たちが主張するより広い南スラヴへの関心を、ほぼ全てのセルビア人とスロヴェニア人の大半が共有しなかったこととかかわっていた。

こうしてマジャール人のナショナリズムは、クロアチアにおいて鏡に映った自分と直面することになった。クロアチアの愛国主義運動は、文化の領域では文化協会「マティツァ・イリルスカ」で、経済領域では経済協会で、社会的には主だった都市の読書室というかたちで組織化されていった。演劇、美術、音楽そしてオペラまでが洗練されていった。政治面では、多くは小ジェントリ出身でカイ方言や伝統的秩序の堅持を主張する「マジャローン」との間で、県議会やクロアチア議会の主導権をめぐる争いが続いていた。そこでは、もっとも保守的なマジャローンがハンガリーの急進的なコシュート派を支持し、よりリベラルなイリリア主義者はハンガリー保守派を支持するというあべこべの関係になっていた。たしかに、後進的なクロアチアでは、イリリア主義者たちが農民問題に冷たかったのは事実だ。「イリリア」という名称の使用が一八四三年に政府によって禁じられてから四年後には、彼らは国民党を結成し、一八四八年まで議会の主導権を握った。

イリリア運動に対してウィーンがなまぬるい取締りしかしなかった——それ以上の必要もなかったからではあるが——事実は、とりわけナショナリズムに関しては、政府がジレンマに陥っていたことを示している。ウィーンは、当初はイリリア主義をハンガリー人に対抗するために「分割して統治せよ」の実践として容認していたが、いまやそれが手の内からすり抜けることを懸念しはじめていた。そうこうしている間に、ハンガリーの一八四三—四四年議会ではリベラル派がこれまでにない成功をおさめ、マジャール語の公用語化、プロテスタントに対する全面的平等、誰もが貴族の土地を所有できる権利や公職につける権利等に関する法律が成立した。しかし、自治権と刑罰の改革、国立債権銀行の設置など、彼らの要求の大半は、中央政府と上院によってつぶされた。そのうえリベラル派は、廃止しようと望んでいた賦役の買戻しがどのように遂行され、いくら支払われるのかについて、詳細に説明しなかった。また、県の自治を国民の伝統として維持しようとするコシュートらと、この制度が過去の封建制の色彩を強く帯びすぎていると考えるエトヴェシュら「中央集権派」に分裂していた。これに気を良くした政府は、改革派の意見を弾圧し、反対派の県の多くに国王委員を派遣して統括させようという挙に出た。起草すべき野党の統一計画のためにデアークが妥協案をまとめていた一八四七年になってさえも、リベラル派はその秋の議員選挙で下院で不安定多数を占めたにすぎなかった。一世代が労苦を積み重ねたというのに、ハンガリーの改革運動の運命は、いまだ揺らいでいたのである。

極めて保守的な社会的伝統を有する国において、改革がこのようにためらいがちに進んでいったことは、政府が慎重に対処したことの証なのだろうか。それとも水門を開けずとも、政府はもっと大胆になり得たということだろうか。公平に見れば、この時代の人々は規模・範囲ともに先例のなかった諸問題に立ち向かっていたのだ。言語をめぐる諸運動は、ハンガリーは多文化国家だという既存の観念に挑戦するものであったし、政治的には、封建起源の秩序からリベラルな議会主義への構造的な変革が提起された。経済的には、強制労働の上に成り立つ農村支配の運命だけでなく、近代的なコミュニケーションと商業ネットワークを構築することが課題であった。それによって、ハンガリーとオーストリア、さらには広く世界との関係を整理しなおす試みであった。こうした諸課題に対し、政府が完全に受け身であったとみなすのは、まちがいかもしれない。とくにメッテルニヒは一八四〇年代、ハンガリー問題ではさまざまな便法をこらした。メッテルニヒ期あるいは三月前期の体制に対して下された従来どおりの否定的な評価を改めるべき理由は果たしてあるのだろうか。

やはり、ないのだ。メッテルニヒ擁護派は、糾弾派と同様に神話化の罪をおかしてきた。彼の戦術的な巧妙さは、いかにも安易に戦略的な洞察であると受けとられてきたし、国民体をめぐる問題についての彼の発言のほとんどは、もったいぶったポーズと楽観的な思いつきに過ぎないのに、それ以上のものと見られてきた。出世街道に足を踏み入れたばかりの頃のメッテルニヒは確かに戦略的思考を持っていた。それは君主国の諸国民体をゆるやかな地方分権的枠組みの中で均衡させることであり、その中では、ヨーゼフ主義的法令よりもドイツ文化のほうが頼みの綱として受け入れられやすいと考えられた。均衡を保つメカニズムとして国家をとらえるこの考え方には、どこか一八世紀的なところがあった。そしてそれがハンガリーの特殊な国制上の立場を侵食することをも意味するのならば、ヨーゼフ自身と同様、それもまた歴史的現実からかけ離れていた。のちになってメッテルニヒは、ハンガリーには特別な政策が必要であったことを認識することになる。しかし、曖昧模糊としたものながらも保守主義の伝統が作り上げられたのは、まさにこの三月前期であった。そして、その権威主義的傾向がその後もっとも長く続いたのは二重君主国期のハンガリーと占領下のボスニアであった。出版機関へ秘密資金を提供し、名士閥を保護し、極左や急進派とみなされた者を孤立させ、市民権や国民体を尊重するという甘言によって、その実、厳格な位階制をおおい隠すことで、反対派をつぶそうという試みだった。これらすべては保守派の集団を作り出すためであったが、彼らの政策で社会の不満を緩和することができようなどありえなかった。メッテルニヒが高度な政治手腕をもっていたとする主張を不利な立場においこむ事実は、彼が経済的問題に関して、ハンガリーの「若い保守派」に対する全面的支持を与えなかったことである。のちに体制側は、ナショナリストの幻想とは異なり合理的な経済発展を擁護する立場をとることになるが、このときにも主張に実践が伴うための準備をすることはなかった。メッテルニヒは、個人的にはハンガリーが経済的泥沼に陥っていると考えていた。また、根は国王に忠実な大領主セーチェーニを信用せず、その対抗馬としてコシュートを操ろうとした一八四〇年代初頭の策もまた、近視眼的であった。

もちろん、別の政策が採られていたとしても体制が長続きしたとは言い切れない。萌芽期にあったほぼすべての愛国主義運動は君主国に対する忠誠をこぞって言い張ったが、それは、ウィーンが彼らの党派的目標を支援してくれることを前提としたものであった。これらは、しばしば対立することになった。これは、チェコ人のオーストロ・スラヴ主義がドイツ人に対峙したさまの中に典型的にみることができる。また、マジャール人リベラル派の場合は、君主国の他の地域とハンガリーとの絆をとにかく弱めたいというはっきりした願望をもっていた。リベラル派は、たとえばブダ＝ペシュトとアドリア海を結ぶ鉄道路線をウィーン路線よりも優先させたが、これは、ハプスブルク圏内市場よりも、外国との貿易を強化することを望んでいたからである。南スラヴ人についてみると、ガイが裏切りに身をやつしていた一方で、君主国内の多くのセルビア人や、ダルマチア人カトリック教徒マティジャ・バンは誕生したばかりのセルビア国家に身を捧げていた。

忠誠心の性格がこの世紀の後半に、オーストリア人としてのものから、より狭いナショナリストとしての忠誠心へと剥がれおちていったと考えてしまうと、それ以前にオーストリアなるものが所与のものとして存在したという錯覚に陥ることになる。ある人のことを愛国者だと告げられて、フランツ帝は「その人は私に愛を捧げているのかね」と応じたという有名な話がある。オーストリアの啓蒙専制の目標は、このような王朝への忠誠をハプスブルク国家という概念へ拡大することであった。しかし、ヨーゼフ二世の死に改革推進派が一掃されてしまったために、広い意味でのオーストリア主義の諸理念は何百年にわたる因習を乗り越える力を欠いていた。愛国主義に満ち満ちたリベラルの原型といえる感情は、のちに現れるさまざまなアイデンティティに作用しながら帝国全域に浸透していったのである。困難な状況におかれたメッテルニヒ期の政府が身動きがとれなかったのはいとも当然のことである。どんな政策を矢継ぎ早に打ち出していったとしても、流動化した社会は国民的かつ文化的なアイデンティティを作り出し、それによって君主国の一体性を脅かすようになったであろう。しかし、そこにあったのは独りよがりの満足感と想像力の欠如であった。一九世紀のイギリス、フランス、あるいはカナダをみれば、リベラルな伝統をもつ国家は、民族の多様性を中和するような方向で作用することもあった。もっとも、これらの国の状況はハプスブルク君主国が直面したほどには複雑ではなかったし、アイルランドに関してはこうした見方は当てはまらないが、いずれにせよ、三月前期の政府が新しいヨーロッパという刺激から目をそらしたのは戦略上の失敗であった。一八四八年の諸革命の成り行きは、この体制がどれほどまで腐食していたかをあらわにするものであった。そして、これらの革命は敗北して終わることになるが、実際にはその敗北は多くの犠牲を払いながらも得られた勝利であったことがまもなく明らかになるのだ。

第五章　一八四八―四九年

後世から見ると、一八四八年にヨーロッパで起こった諸革命ほど、前ぶれがはっきりしている事件はめったにない。君主国では、一八四六年のガリツィアでの反乱とハンガリーでの論争のあと、一八四七年一二月から、ロンバルディア＝ヴェネトでタバコ税をめぐる激しい騒擾が発生した。少し離れてフランスでは七月王制への反対運動、アイルランドでは自治運動、ドイツ知識人とイタリア人の間ではリベラルなナショナリスト運動などが、いずれも最高潮に達そうとしていた。ジャガイモ不作が引き起こした一八四五―四七年の経済危機が全ヨーロッパ規模での不況の最初の例であったように、大陸の政治的状況も共通の拍動を打つようになった。すでにイタリアでのあらゆる動乱がナポリ革命やピエモンテ＝サルディニアの立憲革命を引き起こしていたように、一七八九年以来ヨーロッパ革命の故郷となっているフランスで発生したルイ＝フィリップに反抗する二月革命がその火の粉を広範囲に撒き散らすことは明らかであった。

第一の局面

ルイ＝フィリップ廃位に続く不穏な情勢の中で、ウィーンに起こった最初の動きは貯蓄銀行の取り付け騒ぎだった。一八一一年と一六年に銀行券を減価していた秘密主義体制は、中流層の人々から、破産が近いのではないかという、実情よりも悪い疑いを持たれた。商業連合、読書協会、学生たちから出される改革の請願の主張は次第に声高になっていたが、政府は、譲歩することは圧力に負けた弱みを見せることだと考えていた。下オーストリア等族のリベラル派は、三月一三日に召集が予定されている議会の場で、知識層による改革への統一見解を提出することを決定した。すなわち、出版の自由、不穏な情勢を鎮めるための民兵あるいは国民衛兵の設置、予算を承認し立法を審査する一種の帝国統一議会を求めようというのである。その日、集まった数千人の群集は主に中産階級だったが、怒れる大学生の影響で急進化していた。そして無分別な一斉射撃で数人の死者が出たことで、彼らはメッテルニヒに辞任を迫り、他の政府要人たちに対しては出版の自由と学生たちの武装（いわゆる学生軍団）を迫った。すでに日が暮れたこの段階では、群衆は郊外から市内へ時々刻々となだれこんできた労働者と交代していった。二日間にわたる民衆のさらなる圧力で、国民衛兵が結成され、憲法制定も約束された。国民衛兵は四万、学生軍団は約六〇〇〇人にのぼったが、本物の学生ばかりではなかった。

これらの出来事は、君主国のほかの主要都市での出来事と密接に連動していた。三月三日に、ブラチスラヴァ（ポジョニ）のハンガリー議会でコシュートが、オーストリアでの立憲制導入のみがハンガリーの立憲制を保障するとの内容の演説を行ったことが、ウィーンの革命に拍車をかけた。一方で、ウィーンの出来事は、三月一五日にブダ゠ペシュトに集まったデモ隊二万人を勇気づけた。彼らは王宮に行進し、検閲制度の廃止を勝ち取り、さらにはバスチーユ襲撃を彷彿とさせるように、王宮唯一の囚人であった農民解放論者ミハーイ・ターンチチを解放した。ここにいたってハンガリー上院はもはやコシュートの計画、つまり責任内閣制および農奴制廃止も含むリベラルな改革全般に抵抗しようとはしなかった。三月一七日、独立政府について皇帝の同意を取り付けるため、ブラチスラヴァからドナウ汽船で代表団が出発した。同日、ザグレブでも拡大都市参事会が皇帝への代表団を任命した。そこではダルマチアおよび軍政国境地帯を含む再編クロアチアの議会召集を求める声明を出した。一六日夜、リュデヴィド・ガイは個人的にウィーンへ出発していた。軍政国境の士官ヨシプ・イェラチッチをクロアチア総督《バン》に任命するよう促すためだった。ウィーンもすでに同じ考えにあったため、これは二三日に認可された。

それ以外の地でも、ウィーンの動きに刺激されて事態が急進化していった。プラハでは、非合法のリピール・クラブが組織した三月一一日の二言語同権要求集会で決議した請願が、保守派寄りに（賦役の廃止ではなく農民の負担軽減、チェコ諸邦の政治的統一要求の緩和など）書き直されつつあるところだった。しかしウィーンからの知らせが届くと、一気に急進的な表現が復活した。この請願についてのらりくらりとした回答しか得られないとみると、第二の切り札が切られた。それはチェコにも、ハンガリーのようにウィーンから独立した内閣を要求するものであった。これに対しては、混乱して朦朧としている中央政府から肯定的な回答が寄せられたが、ボヘミアに限定されたものであった（四月八日）。チェコ語とドイツ語の対等化が、チェコのこれらすべての要求の眼目であった。北イタリアではウィーンからの知らせが、完全分離を求める行動へとかりたてた。三月二二日、ヴェネツィアは戦わずして、ミラノは五日間の市街戦の末にオーストリア軍を排除した。ヴェネツィア人はすぐにダニエレ・マニンの下に共和国を宣言し、ミラノ人はピエモンテ＝サルディニアとの連合を模索した。ガリツィアだけが、予想された範囲内の要求（三月一八日の自治請願と四月一四日のリヴィウでの国民会議）にとどまった。ここでは優勢なポーランド人が農民を信頼していなかったため、そして、亡命者たちによる国民運動がもっぱらプロイセン領ポーランドに目を向けていたからだった。だが相当神経過敏になったフランツ・シュタディオン長官は、危機が迫っているとの報告を矢継ぎ早にウィーンに送った。

一八四八年のヨーロッパの諸革命が、当初すみやかに成功したのは、旧体制《アンシアン・レジーム》の治安維持機構があまりに煩雑すぎたからだ。大勢の興奮した群集を前にして政府は、流血覚悟で軍を出動させるのでない限りは、屈服するしかなかった。その軍とても、ミラノにいるかくしゃくたる八一歳のラデツキー元帥以外の誰も、もはや何をしたらいいのか自信を持っていなかった。約一一〇〇人の憲兵隊をもつウィーンには、一万四〇〇〇人の富裕なブルジョアから成る市民衛兵もあったが、武装しているのはその三分の一で、しかも彼らは三月一三日にはデモ隊の側についた。ブダでは、主にイタリア人から成る守備隊の忠誠には疑問があった。請願者たちがその目標を早々と打ち立てていくさまは、旧体制《アンシアン・レジーム》に取って代わるリベラル派の影響が浸透していたことを証すものだった。彼らの計画には三つの側面があった。社会的には言論・出版・集会結社の自由、農奴制廃止、口頭弁論と陪審制度による公開裁判を求めた。制度的には代表制議会、予算の議会審議、国民衛兵、議会に責任を負う内閣制を求めた。国民体に関しては、君主から民衆へと主権を移譲することによって自由を得られると考えた。この民衆とは、言外にも明示的にも言語集団と結びつけられるようになっていた。

　もちろん各々の宣言や請願に、こういったすべての要素が見られるわけではない。小規模な国民体は結集が遅く、地域的な自治の要求にとどまっていたが、社会的要求では、大規模な隣人たちよりも急進的であった。かくてスロヴァキア人指導者たちは五月一〇――一一日に、北部ハンガリーにスロヴァキア人管区を設置することを要求したし、セルビア人は五月一三日、セルビア人によるヴォイヴォディナ地方あるいは公領の設置を、ルーマニア人はその二日後、自治トランシルヴァニア国制へのルーマニア国民としての参画を要求したのがそれである。いずれも大規模な民衆集会が行われ、いくつかの報告によればトランシルヴァニアでは三万人の農民が参集したという。さらにその開催地のもつ宗教的な意味（セルビア人にとっては大主教ラヤチッチが統括するスレムスキ＝カルロヴツィ、ルーマニア人にとっては合同派教会の中心地ブラージュ）が、ドイツ人やマジャール人リベラル派にとっては伝統的なうさんくささを醸し出していた。自治要求がそれ以上の野望（ワラキア＝モルドヴァを含めた「ダキア人」の統一とか、南スラヴ人全体のもっと緊密な連合）を覆い隠している以上、それは若い人々、世俗の人々が主導するものだった。そういった思想が現実的要求となったのは、南スラヴ《ユーゴスラヴ》だけであった。五月二日にリヴィウに設立され、合同派教会の聖職者が主導権を握ったルテニア最高評議会は、自らの大義の新しさにこだわりすぎていたため、ロシア帝国支配下のウクライナにいる同胞にまで眼が向かなかった。そして、言語の対等と、自らが東半分の多数派になるであろうガリツィア分割を強硬に主張した。「歴史なき」民族のうちでももっとも弱体であったのは、スロヴェニア人である。既存の四つの領邦を切り刻むことになる統一スロヴェニアの要求は、一八四八年においては現実的な論点とはならなかった。

こういった小規模国民の計画が形を整えていく間に、大規模な国民のほうは次の局面に入っていた。フランス革命では見えてくるまで何年もかかった急進化が、数週間に圧縮されたのである。三月二三日、ピエモンテ＝サルディニアのカルロ＝アルベルト王がロンバルディアに攻め込んだことで、北イタリアでの小競り合いは、イタリア国民の大義に転じた。また、フランクフルトに集まったドイツ愛国主義者たちは、一八一五年のドイツ連邦規約に代わるドイツ憲法を策定するためのドイツ国民議会選挙を要求した。五月一八日、正式に開かれたフランクフルト議会は、オーストリアと将来のドイツ国家との関係についてはっきりと問題提起した。一方ウィーンでは、編集人に多額の供託金を課すというかなり保守的な出版法が四月一日に、また上院が行政府の下に置かれるという憲法草稿が二五日に出されたことで、政府と学生軍団の若い急進派の間の不信が増大した。国民衛兵の中央委員会を解散させようとする保守派のはたらきかけは、大衆デモと皇帝のインスブルック逃亡（五月一五―一七日）を引き起こした。続いて、学生軍団の足元を崩そうとして大学封鎖が行われると、軍団は軍隊と衝突して、軍を撤退させた（五月二六日）。こういった事件の結果、一院制議会の設置と選挙権の拡大、国民衛兵や学生軍団、市民委員会の代表から成る公安委員会の設立が約束された。公安委員会は、三ヶ月間にわたって、疲弊した政府と並ぶ権力の二重構造として機能した。

ボヘミアでも、国民の問題というひねりを伴いつつ、同様な状況が進展した。チェコ人が少数派であった政府が支援する委員会と、三月の請願を受け継いで結成され、ほとんどがチェコ人からなる聖ヴァーツラフ委員会は、合併して強力な国民委員会にかたちを変えていたが、そのドイツ語話者メンバーはみな、五月前に袂を別っていた。リベラルな改革に向けて当初は二言語併存を前提に展開されていた運動がチェコ化したことの背景には、大半がチェコ人からなる下層中産階級と三五〇〇人という学生の存在の重みが増大したことがあった。しかし六月までは、そのチェコ人の潮流は、まったく違う二つのグループに分かれていた。一つは、三八五人が参加（その三分の二はチェコ人かスロヴァキア人）したプラハのパン・スラヴ会議で、変動するヨーロッパでスラヴ人が占めるべき位置を議論するものだった。もう一つは、六月一二―一七日の「聖霊降臨祭蜂起」（六月蜂起）である。これは、プラハ駐留軍司令官アルフレート・ヴィンディシュグレーツ公がチェコ人学生組織「団結《スヴォルノスト》」のメンバーと衝突した事件だった。学生たちもウィーンの五月事件によって好戦性が高まっていたのだ。学生たちは若い労働者や職人に助けられてバリケードを築き、一週間にわたる散発的な衝突で四三人が命を落とした。

振り返ってみれば、六月のヴィンディシュグレーツによるプラハ砲撃は、反革命の序曲だった。だがその時点では、これがもつ保守的な意味はウィーンの人々に理解されていなかった。これが、成り上がりのチェコ人に向けられたものだったからだ。ハンガリーは聖霊降臨祭の事件からはずっと遠くにあって、議会は、革命の成果を成文化した「四月法」の施行に没頭していた。ハンガリー議会に対して責任を負う独立した政府、農奴制および世襲裁判の廃止、トランシルヴァニアの再統合、債権や地方自治、出版の近代化、その他もろもろである。民主派クラブに集まったハンガリー独自の急進派は、ウィーン中央政府とハプスブルク軍に反対して四月初頭および五月に大規模デモを主導した。だが同時に彼らは、彼らが考えるところでは、北部のスロヴァキア人の悪人集団や、軍政国境で鍛えられた反抗的な南スラヴ人からハンガリーの自由を守ることに必死でもあった。さらにいえば、ウィーンとブダ＝ペシュトの関心は、オーストリアで七月二二日に、ハンガリーで七月五日に開かれる議会に向いていた。それこそが革命の赫々たる成果だからだ。一八四八年初夏までにはこの革命劇を最後まで演ずべき集団はすべて、最初の演技を終えていた。しかしその全体像と、これからの道筋は、まだ誰にも見えていなかった。

保守派、リベラル派、急進派

同時代の人々が混乱していたのは、驚くことではない。社会の難問も国民の難問も重なり合っていた。それでも社会的な問題のほうが、まだ、わかりやすく扱いやすいと考えられたはずである。単純化すれば、革命が要求していると思える社会秩序の再編成には三つの集団がかかわっていた。まずは旧体制《アンシアン・レジーム》の保守派で、彼らの最良の時代ははるか昔にあった。次に、自らの活躍すべき時がまだ来ない大衆、そして最後に時代の精神になったかに見える（概ね）リベラルなイデオロギーを共有するさまざまな階級の人々がその中間に位置していた。第三グループの人々が好機を活かしそこなったということが、一八四八年を分析するうえでの核心である。

一八四八年に保守勢力が当初見せた臆病さを理解する際には、伝統的保守派の二大支柱たる官位貴族と教会に及ぼした官僚制絶対主義の腐食効果を見落とすわけにはいかない。ヨーゼフ主義の大きな成果は、少なくともオーストリアでは、貴族と政治権力とのつながりを断ったことだった。オーストリアの貴族は、一方では、イングランド貴族のように地方政治を操れず、プロイセンやロシアの貴族のように国家行政を支配することもできず、自らを国家に仕える身と認識した者と、そして他方、地方の伝統を守る者と認識した貴族とに分裂していた（ハンガリーでは、親ハプスブルクの大貴族とナショナリストのジェントリが対立するという独自の形になった）。そのことが、保守的思想の確固たる基盤である土地に対する利害をいびつにし、また公の事柄への無関心にもつながった。もっとも急進的な状況にあった一八四八年夏のウィーンですら、例年のこの季節と同じく官位貴族は田舎の城で暮らしていると、ある保守派は日記に書いている。一八四八年三月には、ほんの一握りのハンガリー保守派以外は政治活動をやめていた。

教会については、ウィーンのミルデ大司教（一八三二—五三）のような指導者をヨーゼフ主義の枠内に組み入れたことで、教会は国家政策には忠実であるものの、独立した精神的権威のほとんどない道具になっていた。一八四八年には、その結果が三重になってもたらされた。一つめは反聖職者の機運であり、そのためにミルデは、四月にひとしきり非難の大合唱を浴びたあと、ウィーンを立ち去らざるをえなかった。二つめは、セバスチャン・ブルンナーの戦闘的な『ウィーン教会新聞』に感化された一般司祭の間の反ヨーゼフ主義的傾向であった。そして三つめは、神学教授アントン・フュスターとその革命的自覚に例証される急進的キリスト教という目立たない流れであった。このうち、二番目の傾向に輝かしい将来があるのだが、それはまだ先のことである。君主国のどこでも、カトリック教会は権力に強力な支援を与えることができなかった。リュデヴィド・ガイはザグレブ司教ハウリクの影響力欠如をあざけり、司祭の独身主義廃止が、三月二五日のクロアチアの「国民の要求」の一項に入れられた。一八四八年、ハンガリーの知識人たちの意見は圧倒的に不可知論であった。そして教会の声を代表する者が自分たちの特権（ことに教会の特権である十分の一税）にもっとも恋々としたことで、教会の威信は高まらなかったのである。国家と教会の分離を唱えるドイツ・カトリック運動は、君主国内で一時注目されたが、すぐ忘れられた。北イタリアではカトリック熱が起こったが、それは国民の大義のためであった。

旧体制《アンシアン・レジーム》の政府は、本質的に国家官僚制にのみ立脚していた。だがヨーゼフ主義を受けついだこの母体は、保守原理のしっかりした支えではなかった。隠れリベラルではなかったかもしれないが、一八四八年には、官僚の多くが三月から四月にかけて、旧来の審議機関に代わる新しい省に配属されることを喜んで受け入れた。メッテルニヒはイギリスに逃亡し、宮廷財務局長官のキューベックらが自領に引き込むと、フィケルモント伯、ピラースドルフ男爵、クラウス男爵が、新しい体制の外相、内務相、財務相となった。フェルディナント帝周辺では側近による反動的密室会議《カマリラ》がもたれていたが、皇帝一家と宮廷は団結しておらず、フランツ・カール大公とヨハン大公は三月一三日のメッテルニヒの辞職に賛成し、アルブレヒト大公とマキシミリアン大公は反対していた。

外交団には保守的心情の拠りどころがあり、軍にもいくらかあった。三月時点でナポリのオーストリア公使だったフェリクス・シュヴァルツェンベルク公にとって、帝国議会《ライヒスターク》選挙というシステムは、富裕で知性や政治経験を有する優れた人材をほぼすべて排除するものに見えた。軍の将軍たちには、軍事支出を拒否してきた体制を愛する理由はほとんどなかった。しかし彼らは、立憲制への共感からではなく新しい帝国組織のひとつだからという意味で、帝国議会を認めた。一〇月はじめ、ウィーンの群衆によってオーストリアの軍務相が殺されると、ラデツキーは自軍に次のような檄を発し、将軍たちの心の底にある保守主義をゆさぶった。

兵士たちよ、君たちの足元に開いている奈落に眼を向けよ。何もかもが不安定である、……財産も道徳も宗教も、危機に瀕している。……人にとって神聖で大切

なものすべて、国家を成り立たせ、国家が支えているものすべてを壊そうと人々は決心したのだ。(1)

だが三月から半年の間は、こういった雰囲気は停滞し、リベラル派は自由にふるまう時間を手にした。

では、ハプスブルク君主国におけるリベラルとは誰だったのか？ 大雑把に言うと、ドイツ語圏で言うオノラツィオーレン、すなわち「地方の名士」と定義された人々であった。それは役人、地主、医者、弁護士、薬剤師、文筆家、編集人、大学講師、中等学校教師および既述したような教育と官僚システムの広がりによって一般教養を身につけた層であった。リベラル貴族の姿をここに見出すことはできたが、銀行家や実業家は台頭してから日が浅すぎたか、あるいは見込みのないことに賭けるには違和感を抱いたがゆえに、実質的にその仲間入りをしていなかった。ヨーロッパ大陸の東のほうまでリベラリズムが浸透するにつれて、それはブルジョア社会を完成させるというよりも、ブルジョア社会を目指すものという色彩をより濃くしていった。リベラリズムは新興社会階級の産物であると同時に、思想の伝播の産物でもあったのだ。伝播の過程でその意味が薄れることがあったとはいえ、リベラリズムが、自らが「進歩的」であることを強く意識しているヨーロッパの世論を通じてこうした思想を広めるのに成功したことで、また、民族的・社会的障壁を越えていったことで、諸概念の伝達が可能になったのである。

だがリベラリズムのありようは、西ヨーロッパと中央ヨーロッパだけでなく君主国内においてもさまざまだった。一八四八年時点のハプスブルクのリベラル派は大きく言って三つの異なる社会環境に由来していた。三月前期の議会反対派の指導者で、一八四八年七―一〇月には内務相をつとめたドーブルホフ男爵のような人々はいたが、ウィーンとドイツ語圏オーストリア諸邦では中流階級（すなわち貴族に叙された官僚、ときには小貴族出身の専門職の人々）が主導することがすでにはっきりしていた。アレクサンダー・バッハ、フランクフルト議会代議員カール・フォン・ミュールフェルトのような弁護士、医師のルートヴィヒ・フォン・レーナーとアドルフ・フィッシュホフ、文筆家や編集人のフランツ・シュセルカ、イグナーツ・クランダ、エルンスト・シュヴァルツァーなどがそうである。ロンバルディア＝ヴェネトでも事情は同じだった。一方ハンガリーでは伝統貴族がリベラル化の舵を握った。とはいっても彼らの多くは土地を持たないか持っていてもわずかで、公職や自由業に就いており、実際の中産階級たるべき都市住民の多くがドイツ語話者であった社会において、中産階級の代わりのような存在であった。ウィーンの議会では議員の六〇％がブルジョアだったが、ブダ＝ペシュトの議会では七四％が貴族だった。ガリツィアのポーランド人リベラル派も、ハンガリー人と似た背景を持っていた。クロアチア人リベラル派はいくらか違った。ガイがブルジョア出身だったし、影響力の大きかったヴラニツァーニはリベラルな企業家という珍しい例だったからだ。

三番目の型はチェコ人のボヘミアで、これにスロヴェニア人、トランシルヴァニアのルーマニア人が続く。ここでもウィーンと同様、中産専門職が優勢だったが、指導者のパラツキー、リーゲル、ブラウネル、トロヤンらは都市ではなく農村出身であった。聖職者の結婚が一つの変異型を生み出した。たとえばバリツィウ、バルヌツィウ、チパリウらはみなルーマニア合同派司祭の子であった。一方、セルビアのリベラル派は、ペシュトのセルビア人地区にまで広がっていたバルカン正教徒商人の伝統に深く根ざしていた。一八四八年の活動家のうち若手のやり手であった、靴職人の息子、祖父も曾祖父も商人のスヴェトザル・ミレティチが、その良い例である。

社会的には出自はさまざまだったが、リベラル派の構想は非常に類似点が多かった。一つには、いったん旧秩序が崩れると、それに代わるものはブルジョア市民社会というモデルしかなかったからだ。さらに、理性的な論議を経ての平和的な移行をという指導者たちの願いは、少数派だった教養層が共有する価値観を奨励することとなった。ただし、その価値観にはリベラル派の教条主義やエリート層の利己主義、非支配層の無力感のどれかが影響してはいたのであった。それゆえ、三月一一日のプラハ請願の第一稿から、社会的に急進的な要求項目を削除したのはブラウネルだったのだ。リベラル派は自らの計画を、他者の反応を見極めて決めていこうとする傾向があった。それは彼らより右寄りの保守派との関係においてだけでなく、左寄りの急進的な民主派に対してもそうだった。リベラル派と民主派の溝が五月一五日と二六日のウィーンの騒擾によって大きく広がり、それは帝国内の主要都市にも影響し、革命にとっての決定的な内部分裂となった。

民主派もリベラル派と同じく、厳密な枠組みではなかった。しかし民主派はリベラル派のことを、革命を矮小化させようとしている、そこに至る以前に頓挫させようとしている、と糾弾していた。人民主権（このことが、たいてい彼らを強力なナショナリストにした）、成人男子による普通選挙で選ばれた一院制、断固たる「正義」の名の下に「反動」を警戒すること、以上を明言せよと民主派は求めた。ロンバルディア＝ヴェネトでは、彼らは強固な共和派であった。予測がつくことだが、民主派がもっとも勢力を誇ったのは、有力者と大衆という単純な区別が複雑な社会構造の下に隠されている大都市においてであった。だがリベラル派を批判する人すべてが、一人前の民主派になるというわけではなかった。ウィーンやブダ＝ペシュトの議会で「左派」とされた人々は、進歩的リベラル派と解釈したほうがいいかもしれない。彼らは当節の多少なりとも急進的な思想に共鳴したか、単にナショナリスト的傾向がやや強い人々であった。おそらくザグレブの議会の左派はまさしくリベラル派であり、領主に賦役の代償をすることに明確に反対した者は一人もいなかった。

民主派はときどき、議会左派はしばしば、リベラル派名士と社会的背景を同じくして、違うのは気質とか人生経験だけということがあった。ウィーンのアンドレアス・シュティフト男爵、ハンガリー議会の三、四〇人のジェントリ急進派、一八四八年九月の賦役への代償に反対投票をした八人のポーランド人貴族などがそうである。しかし民主派は、若者たち（たとえば貧しい出身が多く、ウィーンの急進主義の砦となっていた学生軍団）や、教養層の縁に位置していた人々（医学研修生、語学や音楽の教師、売れない物書きや俳優）、伝統的に差別を受けてきたユダヤ人など、より急進的な層から人材を補充していた。背景や用語（左派、民主派、共和派など）がさまざまであることから、それぞれ内部に緊張関係を伴った多様な現象を扱っていることがわかる。ヴェネツィアのマニンのような共和派弁護士は、都市型急進主義という下層中産階級の人々の怒りを解き放つにおいて、ウィーン民主協会の指導者タウゼナウのような扇動家よりはずっと用心深かった。君主国周縁部では、急進主義がそこに存在しえたとするならば、それは、国民を統一することがすなわち民衆と一体化することだとみなす、純粋にナショナリスト的形態をとった。また、フランス革命の知識を持ち、ヨーロッパの革命に共鳴する孤立したセルビア人もいた。しかし実際には、急進派は大衆に対してある程度の距離をとろうとしていた。「人民の意志は偏見に屈することがしばしばである」、チェコの急進派サビナはこう書いている[2]。革命の年、ウィーン、プラハ、ブダ゠ペシュトで民衆のあいだに沸き起こった反ユダヤ主義は、急進派が認めないものの一つであった。

一八三〇年頃からの西ヨーロッパの政治におけるリベラル派と民主派の分裂について、孤立していたオーストリアは無知であった。三月以降、事態が急進化したときに、リベラル派が大きく狼狽したのはそのことからも説明がつく。検閲がなくなって爆発したジャーナリズム（一八四八年の三―一二月の間に一七二の新聞がウィーンに出現した）、ミルデ大司教と同じようにフィケルモント外相を追放した非難の大合唱、学生と労働者の果たした重要な役割……こういったことは保守派のみならず上層中産階級のリベラル派の眼にも、無秩序なものと映った。革命勃発時に学生革命家に対して演説するのを断ったアナスタシウス・グリュン、ラデツキー元帥を称える不人気な詩を発表してから六月にウィーンを去った戯曲家グリルパルツァーの二人だけは、三月前期のリベラリズムの申し子のなかで早々と幻想からさめた。チェコの国民指導者たちはみな、プラハの聖霊降臨祭蜂起を糾弾したし、パラツキーとジャーナリストのハヴリーチェクは三月一一日の請願集会へ行くのさえ躊躇するほど用心深かった。四月のハンガリー新政府で公共事業担当相となったセーチェーニにとって、ハンガリーの急進派は「バリケード大好き」「ギロチン志向」の輩だった[3]。

この名士たちの民衆政治からの後退を、啓蒙絶対主義やドイツの名高い大学の伝統と結びつけつつ、いささか理論じみたドイツ的政治文化という広い文脈に位置づけてみるのは、なかなかに魅力的である。名士たちの役割はヘーゲルの発展段階論における新しい段階にいかにして適応するかを民衆に教示するものだと自認していたために、一八四六年以降ウィーンに住んでいた北ドイツ出身の劇作家ヘッベルのような人々は、五月の一連の事件に違和感を持つことになるのである。それが、「あらゆる人間の思想の前提条件である」国家に対するあからさまな挑戦だったからだ。(4) たとえば、帝国議会における論争――フェルディナント皇帝にインスブルックからの帰還を「要請」するのか「命令」するのか――を、アントン・シュプリンガーは一八四八年を記述した有名な歴史書の中でからかったが、この皮肉のこもった嘲笑こそがこの本をして、政治的未成熟という論題の定番テキストたらしめたのである。ドイツ好きのシュプリンガーは、オーストリアに対してはとくに辛辣であるが、オーストリア人の政治的不器用さには別の要因があったことを否定することはできない。三月の革命家たちは、自らの圧力でできた内閣政府を、国民衛兵の指揮官ホヨス伯六九歳、学生軍団の長官コロレード゠マンスフェルト伯七一歳はいうにおよばず、なぜ平均年齢六七歳という旧体制官僚の手中に委ねたのだろうか。三月前期のブルジョア反体制派アレクサンダー・バッハが、貴族的ホイッグ主義の主唱者アントン・ドーブルホフ男爵の改造内閣に入るのは七月になってからのことだ。半ば知的遅滞の皇帝を守るということに関してはほぼすべての人々の意見が共通しており、五月二六日の大きなバリケードの一つには皇帝の肖像が掲げられ、皮肉でなく「皇帝勅許のバリケード」という題名が、人気あるリトグラフではつけられていた。ウィーンでおそらくはもっとも急進的なヘルマン・イェリネクが、理想論として共和的諸制度を有する「立憲君主制」について語ったことはあったが、ウィーンの急進派の中で「立憲君主制」という枠を逸脱していった者はいないし、それを望んだ者もほとんどいなかったであろう。伝統というものは、なかなか死に絶えないものなのだ。

穏健リベラル派は、とくに都市労働者の自発的動きに驚愕した。三月、四月には、ウィーン、プラハ、ブダ゠ペシュトの職人たちの間で、労働時間短縮および賃上げ、あるいはそのどちらかを求める運動が起こり、それは時にストライキを伴った。同様の動きは、ウィーンの鉄道機関労働者、北ハンガリーの鉱山労働者、ブダ゠ペシュトの造船工の間にもあった。彼らは脅威ではなく情念を活用した。五月の「木綿捺染工よりプラハ市民への熱烈な懇願」では「我々は叛徒ではない」と記している。また同じ月の少し前に、ウィーンの造本職人フリードリヒ・サンダーは「楽しみ、自由、教育の権利は、誰にでもある」と訴えている[5]。実際、多くの職人の要求が満たされた。ハンガリー政府は職人たちの不平の調停を仲介した。大半はドイツ系であるブダ＝ペシュトのギルドの親方連中に対し、ほとんど同情をもっていなかったのである。商売が落ち込むにつれて失業者問題は増大したが、それにはせいぜい家父長的対応しか得られなかった。ウィーンの五月の要求には、貧者救済のため、富者は一日一クロイツァーを払えという項目まであったほどだった。

ウィーンの急進左派の労働者への態度はより積極的で、彼らの窮状は民主派が取り組むべき正義の問題の一つとみなされていた。主に保守派社会学者ローレンツ・シュタインの著作を通して、ルイ・ブランらユートピア社会主義者のことは知られていた。労働の権利を宣言した公安委員会は、公共建築プロジェクトを首都に計画し、六月中旬までに、主に市外からの移入者二万人を雇用した。民主派はまた、政府の選挙権提案に対して、使用人と公的保護受給者以外のすべてに権利を与えるよう修正させることにも成功した。長期的には、主流の左派思想家は労働時間と賃金面での改善や職業学校の増設などを構想していたが、それには労働者が財産権を尊重するようになるという報復的なおまけがついていたのだった。六月にパリで起こった労働者蜂起については、その「社会主義」的色合いに賛同する者が一部にはいたが、ほとんどの左派思想家はこれを共産主義思想であるとして非難した。カール・マルクスが一八四八年九月初めにウィーンを訪れたとき、急進派の文筆家ユリウス・フレーベルは論争を挑んで言った。「オーストリア労働者にとっては、西ヨーロッパの労働者のように、急進派ブルジョアと手を切るのは時期尚早である」と。「有機的社会」や「社会民主主義」の理論を掲げたモラヴィアの若いユダヤ人知識人ヘルマン・イェリネクや、科学としての社会主義を訴えたフリードリヒ・サンダーらは、のちの社会主義者の立場の一番近くにいた。六月にサンダーが設立した労働者協会の約款は、有益な講演と歌や「朗唱」を含む娯楽のために、「共産党宣言」からはいささかかけ離れたものだった。こうした未熟な運動とブルジョア急進派との軋轢は、公共事業の賃金をめぐる公安委員会との対立となって現れ、最終的に労働者と国民衛兵との衝突にまで発展した。一八四八年に出現した新奇の「社会問題」についての見解の一致はまったく存在していなかったのである。

農民問題は、また違っていた。革命勃発時に保守派とリベラル派がすばやく予防措置をとった背景には、何百年にもわたるエリートの農民理解があった。ウィーンで革命が起こってから数日以内にコシュートはハンガリー議会を通じて、三月六日に彼が提出したばかりのものよりかなり穏健な提案を推し進めた。つまり、封建的な義務・労役は完全に廃止するが、その補償については内々に、「国民の名誉」に委ねるものとされており、暗に国庫支出を意味していた。三月二〇日、ボヘミア貴族は賦役廃止を請願し、これは三一日に公示され、翌一八四九年三月三一日に発効することが決まった。ドイツ語圏オーストリア諸邦もこれに倣った。ガリツィアではさらに踏み込んで、四月二二日、長官フランツ・シュタディオンが一ヶ月以内に賦役を廃止すると発表した。社会制度全体がばたばたと葬り去られ、家産的裁判権もそれと共に消え去った。

持てる者たちは社会が転覆するのを恐れた。定期市のために一万五〇〇〇人の農民がペシュト郊外に集まると、ブラチスラヴァのハンガリー議会は震え上がった。当局は懸念しつつも慎重にふるまったが、賦役の拒否は広範囲に広がり、係争中の森林の返還要求、際限なく増加する暴力事件、貴族地の分割要求などと並んで衝撃的であったのは、農民による請願が、ボヘミアから五八〇通、モラヴィアから三〇六通、クロアチアから一一二通、クラインなどからさらに五〇通も殺到したことだった。さらには、少数民族が開いた大規模な、主に農民からなる集会が出した社会秩序の変革要求が続いた。ハンガリーの農民の騒擾は議会の召集が近づくにつれて収まっていった。何世代にもわたる農民保護政策《バウエルンシュッツ》と、識字率の向上がそれには影響している。

しかし議会選挙で明らかになったように、農民たちを決められた手続きに慣れさせることと、彼らをリベラルにすることは、まったく別のことだった。ガリツィアのある選挙区では、農民の選挙人たちが、投票所の入口で彼らが来るのを待ちかまえているジェントリ選挙人を見て（選挙は間接選挙で、これが二段階投票の後半だった）、ほかの身分の者と一緒に投票することを拒否したり、皇帝こそ我々の良き主人なのだから選挙は必要ないと主張するなどしたのである。皇帝が本当に総選挙を希望されたなら、社会集団ごとに別々の選挙をお命じになるはずだ、と。[6] ガリツィアの農民は、二一の選挙区で投票しなかった。少数派であるはずのポーランド貴族がウィーンの議会で農民よりも多く（五〇対三五）の議席を占めたことは、このような農民自身の姿勢からも説明がつくであろう。アルプス諸邦とチェコ諸邦では、身分間の隔壁はそれほど目立たなかったが、農民の間の読み書き能力と階層分化が広がっていた。農民たちは帝国議会については、自分たちの代表として教養ある専門職に投票せよという忠告に従ったが、領邦議会選挙では同胞（富農ではあるが）に投票した。全体では、ウィーンの帝国議会三八三議席の約四分の一が農民となり、これほどの割合は君主国ではその後いっさいなかった。ハンガリー議会の農民代表は二人だけだったが、そのうち一人は熱烈な急進主義者ターンチチであった。ハンガリーの成人男子三人に一人、つまり全人口の一〇％が、六年間の教育を必要とする参政権の条件を満たしていた。だがその三分の一は登録をせず、また登録した者の二分の一は投票しなかった。選挙区ごとに一ヶ所の投票所しかなかったこと、また議席の六〇％には、辞退などにより候補者が一人しか残らなかったことがその原因だった。[7]

　それでも農民たちは三、四月に急速に展開した農奴制廃止に向けた諸提案を、議会が明確化してくれるだろうと期待していた。これらによって、小屋住み農や直営地農民よりも、分与地農民《バウアー》が利益を得るはずだったが、そこには定義の問題があった。ブドウ畑は領主地と規定されていたが、ブドウ栽培に携わる農民たちはそれは自分たちのものであると考えた。同様に農民たちは、自分たちが開墾した土地や、またハンガリーでは、一七六七年の土地台帳令《ウルバリウム》では登録されていないものの自分たちが使用している土地、すなわち「残余地」も自らに属すると考えた。また、たいていは領主地であった森林や牧草地など共有地の帰趨は特に重要だった。農民は、そこで木を切り、家畜に草を食ませるための「用益権」をもっていたからだ。そしてなによりも、原則として農民が反対していた補償の問題は、いかにして決着がつけられるべきなのか。

　こうした問題は、新議会にただちに提出された。ブダ＝ペシュトではターンチチが、ウィーンではシレジアの教養ある農民ハンス・クートリヒが、驚くほど簡潔な動議のかたちで、農奴制の廃止を提起したのである。貴族たちは答えを用意していた。たとえば、用益権は賦役とともども廃止されるべきである、その二つとも、封建的過去の一部だからだ、といったものである。とはいえ、ポーランドのある貴族が疑問を呈したように、農民が森や牧草地について完全に自足でき、かつての領主に頼る必要がなくなったら、社会階級間のかくも望ましい相互依存関係をどうやって維持すればいいのだろうか。いみじくも領主への補償に反対する民主派議員から出されたこの提議は、君主国の中でより後れた地域の社会的現実をさらけ出すものだった。賦役が廃止されたとすれば、金のない貴族たちは必要とする労働に対して払うべき相応の金を持っていないのだ。さらに土地を借りたいという農民が少なかったので、地代によって金をふやすことも望めない。当時の見積もりによると、ハンガリー貴族はその土地を耕作するのに必要とされる役畜や道具の四分の一しか持っていなかった。これまでは農奴がそれらを提供していたからである。その不足を補うには、（すでに二、三億フローリンの負債をかかえていたうえにさらに）一億八〇〇〇万フローリンの投資が必要となる。(8) こういった状況であったため、領主たちはなりふりかまわず、補償と従属農民の安い労働力を確保する方策にしがみついた。それゆえ、ウィーンの帝国議会で九月七日に公布された農奴解放法は、補償問題を含めほとんどの懸案事柄について領主寄りのものになった。採決では、農民と、彼らと戦術的に連携した左派が反対したが、法案は一七四対一四四で可決された。それと対照的に、農民の用益権は補償なしに廃止された。補償は、三分の一は農民が、三分の一は国家（実質的には王領地）が支払い、残り三分の一は廃止された領主の世襲裁判の費用で相殺された。土地を買いもどそうとする領主地農民にはより高額の支出が求められた。ハンガリーでは国家が全額を負担することになったが、次第に暴徒化する領主地農民の問題は、宙に浮いたままであった。

これら農奴解放の解決策は、一八〇七―一一年のプロイセン、一八六一年のロシアのものより、かなり農民に有利であった。続いて訪れる反革命体制によっても大枠で尊重されたこれらの決定は、特権ではなく所有権に基づく新しい土地制度を作ったという点で、リベラル派革命家の力量を示すものであった。リベラル派は、この問題とは対照的に、都市における基盤の弱い社会運動を弱体化させ、ハンガリーの詩人ペテーフィや民主協会、クラクフやリヴィウ、そしてミラノの都市急進派などのパン・ナショナリスト的色彩を帯びた急進派支持者を吸収しうると感じていた。（例外はヴェネツィアで、急進共和派マニンが支配力を保っていた。）ウィーンでは、一八四八年八月に公共事業の賃金削減に抗議する労働者たちをブルジョア国民衛兵が攻撃したが、学生軍団の急進派でさえもそれを黙認した。九月はじめには、低金利融資を求める下層中産職人たちによるデモも容赦なく鎮圧された。だが市当局が政府と決定的に対立するように仕向けるには、下からの圧力は重要だった。ハンガリーの新政府に対する帝国政府の強硬路線はウィーン人にとっても、うさんくさいものだったからだ。一〇月はじめ、再びウィーンで暴動が起こった。帝国議会の穏健多数派がモラヴィアの小さな町クロムニェジーシ（クレムジール）へ、また宮廷がオロモウツへ逃亡するなか、ヴィンディシュグレーツの軍勢は一〇月末に首都ウィーンを強襲して手中に収めた。

この一〇月の短くも急激な事態の展開は、革命が反転する重要なきっかけとなった。ナショナリストの関与がなかったとしても、一八四八年革命をになった社会諸勢力は革命を成功させるに足るほど結束していなかったとみることもできる。だが、こうした指摘は現実的ではない。なぜなら、ナショナリズムはこの革命の不可分の要素であり、一八四八年秋のウィーンの事件は、上述のようにハンガリー問題と深く関係していたからである。革命家の頭のなかで、自由と国民意識が結合したことによって、新しい社会の構造とならんで新しい国民の構造が、新しい体制の中心に据えられることが必然となったのである。

ドイツ人、マジャール人、スラヴ人

一八四八年においても、政治の当事者たちにとって準拠枠であったフランス革命においても、社会の分裂や外国からの攻撃に曝された運動を支えたのは、大衆動員《ルヴェ・アン・マス》という愛国的情熱だった。ならば、中央ヨーロッパの革命家たちは、「反動」に抗する戦友として民衆を統合しようと努めるべきなのだろうか？　国民運動のすべての指導者たちは、諸事件が国民の紐帯を強める機会と義務をともにもたらすものだと信じた。ポーランド人の多くとドイツ人の一部はツァーリのロシアとの来るべき衝突を通して、また多くのセルビア人はバルカンでの力のせめぎあいを通して。だがハプスブルク君主国の多国民政体においては、このような革命的凝集力は、フランスと大きく異なる結果をもたらした。「諸国民の春」という陶酔的同胞意識を打ち壊すことなしに、中央ヨーロッパの政治構造を形成しなおすことが、どうしてできただろうか。

　一八四八年のドイツ国民運動の展開が、この問題を解明する。ウィーンでは、主権者たる民衆と国民との同一化、それ以外のドイツ語圏各地では、国民的市民権という思想に対する非エリート集団の幻惑と諸事件の刺激などのすべてによって、民衆が、ドイツ世界、ドイツの色、ドイツの旗、ドイツの記章を賛美するようになった。（一八四八年にはすべての人々にとって「国民的な」衣裳が象徴的意味をもった。）しかしそこには深刻な利害対立があった。フランクフルト議会が目指すより高度に統一されたドイツは、オーストリアのドイツ語圏諸邦のみが参加するであろうため、君主国を二分しかねず、政府は、帝国の一体性についての見解を宣言することになった。結局、政府があえて介入しなかったフランクフルト議会選挙では、より急進的なドイツ・ナショナリストであるウィーンの候補者は少数しか選出されなかった。穏健なオーストリアのドイツ人は、これがドイツ的感性の欠如を意味するわけではないとしつつも、自分たちが主導権を握っている君主国を弱体化させることを避けたのだった。ロシアかハンガリーのヘゲモニーにすら屈してしまうかもしれないスラヴ世界とバルカン世界にドイツ文化を移植するための道具として、強いオーストリアはドイツの利益になるのではないか？　これは一八四〇年代はじめ、フリードリヒ・リストが、「ドナウ川はドイツの海」という主張を引っさげて、経済の立場から展開した中央ヨーロッパ《ミッテルオイローパ》論の延長であった。これには急進派の信奉者が事欠かなかった。彼らはユリウス・フレーベルが九月に出したパンフレット『ウィーン、ドイツそしてヨーロッパ』にあるように、オーストリアの庇護下にある大ドイツを夢見ていたのである。

　問題なのは、こういったオーストリアのドイツ人の描く自画像が、他のドイツ人にほとんど影響を与えなかったことだ。フランクフルトでは、帝国摂政にヨハン大公が任命されたり、その来るべき中央政府の長として、これもオーストリア人のアントン・フォン・シュメアリンクが予定されるなど、オーストリアの歴史的役割に敬意が払われていたのは確かだ。だが、ドイツ三月前期には、孤立主義者メッテルニヒのもとでオーストリア・ドイツ人は傍流に追いやられ、そのことは簡単に回復しうるものではなかった。フランクフルト国民議会に先立つ準備議会にオーストリア人代議員は一人しかおらず、ドイツ民主派の六月会議にも二人しかいなかった。オーストリアの利害に対する無視が極まったのは、一〇月にフランクフルト国民議会で討議された決議案であった。新しいドイツ国家に参加するオーストリア諸邦は「同君連合」としてのみ、他のハプスブルク諸邦との結びつきをもちうるという内容のこの決議は、オーストリアの代議員の多数派が反対票を投じたにもかかわらず、最終的に可決された。何とかオーストリアの紐帯をそれほど破壊しないものにしようとして出された修正案と反対動議――最も興味深い提案は、ドイツとオーストリアは緊密な同盟条約で結ばれるというもの――は完全に敗北した。非オーストリア・ドイツ人たちは、オーストリアが主張する使命などは気にしないか、オーストリアはまもなく分裂するものだと信じていた。君主国内部のオーストリア人が決して認めないジレンマ、すなわち八〇〇万人のオーストリア・ドイツ人が三〇〇〇万人を超す多国民帝国を支配する一方で、同じぐらいの規模のドイツ国家と都合のよい条件で同盟を結ぶことなどできるわけがないということを、君主国外部の人間は見抜いていたのである。

では革命後の中央ヨーロッパは、どのように編成されるべきなのか。ハプスブルク君主国のスラヴ人とマジャール人は、それぞれの見通しを持ってはいたが、それは結局のところ実現不可能な妄想であった。スラヴ人は連邦制オーストリアを夢見ていた。そこでは、多数派を占めるスラヴ人に相応の地位が与えられ、ドイツやロシアのヘゲモニーに対するヨーロッパの勢力均衡が保持されるはずであった。マジャール人コシュート主義者は、地域内の「歴史的」国民が同盟を結ぶことが革命の成果を守る唯一の手立てだと信じていた。そこでは、統一ドイツとリベラルなハンガリーがその双璧となるはずであった。

オーストロ・スラヴ主義と呼ばれるスラヴ人の計画は、チェコ人が主導したものだった。賢明にもロシアこそヨーロッパの反動の柱だとみなしていた亡命ポーランド人のより急進的な構想は、プロイセンやフランスのリベラルな新体制がロシアと対決することを躊躇したため、早々に立ち往生した。オーストロ・スラヴ主義の骨子は、ドイツとロシア双方の支配に対する壁として、ハプスブルク諸国民が対等に連合するということであった。そのもっとも有名な信条は、プラハのパン・スラヴ会議によって起草されたヨーロッパおよびフェルディナント帝への呼びかけに表明されている。そしてそれがもっとも顕著なかたちで現れたのは、パラツキーが四月一一日付の書簡で表明した「スラヴ人種たるボヘミア人として」フランクフルト国民議会の開催準備への参加拒否であった。この書簡は、一世紀に及ぶチェコ人とドイツ人の闘いに挑戦するものだった。それは、なんら疑いをもっていないドイツ世界に向かって、自分たちチェコ人は、ドイツ世界のたまたま近くにあったおまけだとは思っていない、それどころかドイツの中央ヨーロッパ《ミッテルオイローパ》やオーストリア内でのドイツ人支配に対抗する独自の道を模索しているのだと通告するものだったからだ。(9) これが引き起こした衝撃は、パン・スラヴ会議、聖霊降臨祭蜂起、パラツキーのオーストリア教育相への就任要請（彼は断った）とあいまって、オーストリア・ドイツ人世論の憤慨を頂点に導くことになった。「チェコ人は仮面をとって、ついに国民的憎悪にゆがんだその顔を見せた」とウィーンの新聞『憲法《コンスティトゥツィオーン》』は五月のはじめに書いた。(10) これまで同朋と思ってきた隣人の国民としての「宣言」は、当初プラハのドイツ人には仮の姿と思えたが、悪夢は現実になった。一八五一―五二年にフリードリヒ・エンゲルスが書いた論説は、陰鬱に考察されたドイツ人のあざけりの例である。「滅びつつあるチェコ人は、……かつての活気を取り戻そうと一八四八年に最後の試みを行った」。それはパン・スラヴ運動を通じてなされたのだが、エンゲルスによればその運動の「もくろむところは文明化された西を野蛮な東に、町を農村に、商業や手工業や知的営みをスラヴの農奴たちの原始的農業に服従させること以外のなにものでもなかったのだった(11)」。

大多数のドイツ人は、ほんの二世代前までは田舎の

「シュトックベーメン」に過ぎない連中として、一八四八年のチェコ人の運動を小ばかにしていた。一八四八年には用心深くハプスブルク側に立ったチェコ人指導者たちの立場は（それがドイツ人急進派を激怒させるのだが）、自らの限界を知り、地に足のついたこの運動の規律正しい実用主義を反映していた。新ボヘミア長官レオ・トゥーンのスラヴ人への共感につけ込もうとした聖霊降臨祭蜂起のような暴動や、スローガンではなく所有権や教育によってたつ国民を打ち立てることを求めるブルジョア的な時代精神に妥協するような余裕はなかったのだ。ハヴリーチェクがしたように、民衆を教育するより扇動するほうがたやすい。それゆえチェコの政治家たちは、一八四八年には領主への補償を支持した。しかし、ボヘミア農民からの五八〇にのぼる請願の五分の四はチェコ語で書かれていたし、チェコ人指導者が説いて回ったフランクフルト国民議会選挙ボイコットはチェコ地域では完全に成功した。そこでは、目的意識がはっきりしていたからだった。

一方、この狡猾な用心深さの下にある展望は、ずっと先を行っていた。シュプリンガーが見抜いたように、一八四八年のスラヴ人の計画がもっとも革命的であった。民族的な連邦制を通して国民間の同胞意識を育てるというその考え方は、現状の大変革を前提としていたからだ。だがボヘミア、モラヴィア、シレジアに住むドイツ人の反動連合が四月に結成されたことからわかるように、チェコ人はボヘミアのドイツ人という隣人すら説得できなかった。国民と言語における平等というそのもっとも単純な要求には、解決不可能な難題も含まれていたからだ。もし役人が二つの言語を話さなくてはならないというのなら、バイリンガルなチェコ人知識人があらゆる職を占めることになるだろう。ドイツ人のほうは、チェコ語のような低級な言語を習うのは時間のむだだと考えているのだから。また、国民間の平等というのは、五〇対五〇の関係を意味するのか、あるいはハヴリーチェクがかつて想定したようにチェコ人が六〇対四〇の多数をとるということなのか。ボヘミア以外の地では、ことはいっそう面倒だった。たとえばモラヴィアに住むチェコ語話者は、少なくとも行政上は自分たちをボヘミアのチェコ人よりもモラヴィアのドイツ人に近いと考えていた。チェコ人よりも文化水準が低い他のスラヴ人たちは、ポーランド人対ルテニア人、ロシア人対ポーランド人というように、しばしば激しく分断されていた。もっとも最初の二集団間では、パン・スラヴ会議で和解（対等な扱いが約束されれば、その代わりとして、ルテニア人はガリツィア分割という自らの要求を棚上げにする）が何とか成立した。セルビア人とクロアチア人もまた、波瀾にとんだ両者の関係でももっとも緊張した時期にあったものの、東スラヴォニアに対する要求での衝突を回避した。根底的には、連邦制かつ立憲制の君主国をめざすオーストロ・スラヴ計画は、中央ヨーロッパと東ヨーロッパののこりの諸国民はこの上品な計画に従うであろうという、一九一八年と一九四五年にも顔をのぞかせたチェコ人のはかない望みを映し出していた。とくに、この計画は、立憲制と諸国民平等の原則に対して革命の初期段階に忠誠を誓ったハプスブルク王朝の人々のことを信用しすぎたという点で、見込み違いを犯していたのであった。

ハンガリー人はどうだったか。立憲制の伝統で培った政治手腕に誇りを持つ彼らは、オーストリア・ドイツ人の覇権主義とか、スラヴ人の王朝への信頼などといった幻想を捨て去っていた。三月以降、ハンガリー政治の主流となったコシュート派は、四月諸法への王朝の誠実さを疑っていた。もし革命が続くなら、オーストリアのポーランド語圏、イタリア語圏、ドイツ語圏諸邦はハンガリーを捨てて、（八月二日にフランクフルト国民議会がハンガリーに提示したような）新ドイツとの連盟加入へとなびくだろう。だがウィーン政府は、そういった展開には抵抗するだろうとコシュートは見ていた。一八四八年春から夏にかけてのコシュートの政策は、いつかは起きる「反動」の破壊工作にも耐えうる力強い政体をつくるための企てであったと見ることができる。

だが、もしかするとこの見方は、流動的な情勢をあまりに明瞭に見極めようとしすぎているかもしれない。首相のバッチャーニ伯も含めて多くのハンガリーの政治家が、王朝と衝突するのを避けられるのではないかと空頼みするような情勢であったからだ。ハンガリーでしか生じえないような幻想も表面化した。不快なウィーン人のもとからインスブルックへ亡命しているフェルディナント皇帝が、亡命先をブダの王宮に移して、君主国の重心をハンガリーに持ってくることはできないだろうか……。しかし、事態を動かしたのは、バッチャーニと平等協会の急進派との間でたくみに自分の地位を保っている財務相コシュートだった。帝国軍とあいまいな関係をなす国民軍《ホンヴェード》を作るための公債発行、かつイタリア戦線にハンガリー兵を配備する条件を整えることによって、コシュートは四月諸法下でのハンガリーの権利をその定かならざる上限、ことによるとそれ以上にまで引き上げた。表面上、国民軍《ホンヴェード》はスロヴァキアのゲリラ隊やクロアチア人とセルビア人の分離主義者からハンガリーの統一を守るために必要とされていた。だが敵対する南スラヴ人と王朝周辺が共謀しているのではないかという猜疑心をハンガリーが持っていたことを踏まえると、この武装化の決定は、同時にウィーンに対するものでもあったといえる。

一八四八年のハンガリーと南スラヴ人の関係は、革命という迷路の中でももっとも縺《もつ》れたものだった。バッチャーニ政府がスロヴァキア人とルーマニア人（五月に行われたトランシルヴァニアとハンガリーの合同に対してルーマニア人が表明した抗議は完全に無視された）に対して高圧的であったと非難する現代の歴史家は、イェラチッチ総督《バン》がハンガリーとクロアチアとの関係を断絶させたことも批判する。それが全面的に正しいかどうかはわからない。コシュートは三月二八日にクロアチア人に対して、その歴史的権利を尊重すると約束していた。しかし、スラヴォニアの地位などをめぐって、こうした権利の内容をめぐる論争が存在したために、この言質は重みを失っていた。たしかにクロアチア人はほかの非マジャール人と同じく、ハンガリーがどうでてくるかを見極めようとはしなかった。公式にはハンガリー王冠への忠誠を表明しつつも、ウィーンとの間に独自の国制上の関係を樹立しようとすでに模索し始めていたのである。とはいえ、イェラチッチはハプスブルク信奉に染まりきっていたわけではなく、ハンガリー反動派がそのように色分けしたのである。彼は、一種のイリリア愛国主義者で、セルビア正教の総主教ラヤチッチによって総督に祭り上げられた。マジャール人による圧力からの保護を求める願いにハプスブルク宮廷が耳を貸さないと見るや、ベオグラードに資金援助を求めた。ハンガリーのセルビア人が求める自治領とクロアチアがある種の連合関係をつくるという計画は、曖昧模糊としたものではあったが南スラヴ人の行動計画の一部をなしてはいた。しかしイェラチッチ自身の中で愛国主義と王朝主義が分かちがたく結びついていたために、必要であればウィーンがハンガリー人に対する戦いにクロアチアを利用することを受け入れる用意もあった。しかし皇帝側は長くそれをためらっていた。ハンガリー政府とハンガリーのセルビア人との間で小競り合いが発生したときにも、宮廷がハンガリー政府側に立つことをはっきりさせなかったために、帝国軍司令官はブダ＝ペシュト政府側につくべきなのか、それともセルビア人を支援すべきなのか、問い合わせる始末だった。

宮廷が四月諸法をそのまま我慢する意志がなかったことは、かなりはっきりしている。とくにコシュートはそのことを見抜いていた。副王シュテファン（イシュトヴァーン）大公は非公式の談話で、まずは四月諸法を受け入れることをせかし、問題は革命を避けることだ、時代は変わるとまで述べた。七月後半、クストーツァの戦いでラデツキー将軍がピエモンテ軍に勝利したことで、保守派は大いに活気づいた。ヨハン・シュトラウス作曲『ラデツキー行進曲』は、これをたたえて八月一五日に初演されている。マニンのヴェネツィア共和国はピエモンテ王朝に大きく依存して他から孤立していたつけを払わされることになった。だが、反ハンガリー的だったのは宮廷だけではなかった。同じオーストリア・ドイツ人世論は、オーストリアをドイツへと融解することに反対する一方で、ハンガリーとの関係を単なる同君連合にすることをも拒否した。イェラチッチが総督への復位を約束されて軍事相ラトゥールからハンガリーを攻撃するよう迫られるなか、皇帝は国事詔書を破棄したとしてハンガリーを批判するオーストリア政府の覚書を出して、コシュート法案への拒否姿勢を強めた。王朝と国民の両方に忠誠を尽くすのはもはや不可能として、九月一一日、バッチャーニは辞任した。こうして、フェルディナントが同意を与えなかった財務・軍事法案を立法化すべく、いまや公然たる反抗的態度でコシュートが議会を率いることとなった。九月二八日に、宮廷からブダ＝ペシュトに派遣された使節が暴徒に殺害されると、コシュートが握る国防委員会はイェラチッチ率いるクロアチア軍五万を迎え撃つ準備を整えた。

戦争への秒読みが始まるこの晩夏には、君主国のかかえる諸問題の相互関係性がよりくっきりと見えてきた。ハンガリーの代議員は自由という共通の大義のもとにドイツ人急進派の共鳴を得られるのではないかと期待していた。しかし、ハンガリー議会での協議を探っていた。しかし、ハンガリーの非マジャール人政策をチェコ人議員が批判したため、実現しなかった。経済的困苦と民主派クラブの扇動に興奮したウィーンの街路の気分はハンガリー人と共鳴していたが、一〇月三日にはそのハンガリーに対して、皇帝の名において宣戦布告が行われた。六日、暴徒が軍事相ラトゥールを惨殺すると、皇帝は二度目の逃亡をはかった。ウィーンを支配したのは急進派だった。国民衛兵、そして新たにポーランド人革命家ヨーゼフ・ベムの下に組織された労働者階級中心の機動防衛隊を掌握しつつ、彼らは間もなくやってくる攻撃を待ち構えていた。

保守的な大団円

こうしたもっとも急進的な局面に立ちいたっても、ウィーンの革命勢力は一七九三―九四年のジャコバンよりも不利な立場にあった。革命パリのクラブは地方の中心都市にも伝播していたし、貴族特権の無償廃止によって、ジャコバンは農村にも影響力を持つことができた。それに対して一八四八年のオーストリアの地方政治は、領邦議会における貴族、ブルジョア、農民のバランス調整に専念していた。農民に不利な形で補償問題はすでに解決されており、一〇月にウィーンの運命を気にかけていた地方都市はブルノだけだった。フランクフルトでの議論がドイツ国民派陣営の亀裂を大きく広げているまさにそのとき、ウィーンにおけるサンキュロットともいうべき民衆が孤立した大義のために再結集したのである。それでもフランクフルトは包囲された町ウィーンに、友好使節団を送りはした。機動防衛隊の労働者たちは、すでに多くのメンバーが去ってしまった国民衛兵のブルジョアよりも熱心であった。町は統制がとれているという記録も残っている。

ダイナミックなリーダーシップが社会的な課題と国民的課題を一体化させて革命を支えていたところがあったとしたら、それはハンガリーである。ハンガリー議会がそのつながりを意識していることを見せたのは九月一五日、ブドウ畑への十分の一税を廃止したことである。しかし直営地農民への譲歩は国民的危機を理由に延期された。それはジャコバンの路線とはまったくかけ離れていた。ハンガリー人の多くは別のつながり、つまり自らの大義とドイツ人左派の大義との連帯の必要を認識していた。しかし、それがウィーンの民主派への援軍を出すことにつながるであろうか。ハンガリー軍は三度、オーストリア国境を越え、ウィーンからわずか二〇マイルのところまでせまった。三度目はウィーンの現在のシュヴェヒャト空港がある地点で戦闘を行ったが不首尾に終わった。だがハンガリー人は、全力をあげてこれに関わろうとはしなかった。その理由の一つは財源不足であり、一つは皇帝フェルディナントへの忠誠を依然、標榜していたからだった。同じように忠誠を表明するウィーンの革命勢力も、公式に彼らに助けを求めてきたことはなかった。王朝とのへその緒を断ち切ることへの革命勢力のためらいは、一八四八年に何度も繰り返された。そこには伝統的な王家への敬意と、実際的な動機の双方が影響していた。この二つの要因が、九月、セーチェーニ伯が精神障害におちいったことと関連があるに違いない。セーチェーニはスラヴ人に対抗して王朝を味方につけない限り、マジャールの大義は失われるだろうという信念を一貫して持っていたからだ。

だがウィーンとハンガリーの共闘が失敗したことにより、唯一のこされた突破口が開くことになった。一〇月三一日、ヴィンディシュグレーツがウィーンを占領奪回し、二〇〇〇人近くが犠牲となった。フランクフルトの急進派の使節ロベルト・ブルムと国民衛兵司令官ヴェンツェル・メッセンハウザーも処刑者の中に加えられた。一二月六日、あらゆる民主派の団体は禁止された。しかしこの一連の事件のもたらした最大の結果は、一一月二四日に豪胆なフェリクス・シュヴァルツェンベルク公がオーストリア首相に任命されたこと、そして、一二月二日にフェルディナントが退位して一八歳の甥フランツ＝ヨーゼフが即位したことである。フェルディナントがした約束に縛られず、新しい統治者の下でハンガリーとの戦争を遂行することには大きな意味があった。

だがハンガリーは侮りがたい敵であった。コシュートの組織力が大いにあずかって、戦闘開始時には五万人だったハンガリー軍は一八四九年六月までに一七万人になり、野戦砲五〇八門を擁し、さらに一日につきマスケット銃五〇〇丁もの産出能力を得るに至った。ハンガリー軍が四月にペシュトを奪回したことで、イェラチッチとその後継者ヴィンディシュグレーツの指揮官としての無能さがあきらかになった。対して今やハンガリーに雇われたヨーゼフ・ベムは、ハプスブルク側に立つルーマニア人が戦っていたトランシルヴァニアの大半を奪回していた。だが、政治的にはあまり盛り上がった話はなかった。いったんオーストリアとの戦闘が始まると、バッチャーニ、デアーク、エトヴェシュのような老練な政治家は現役を引退し、ハンガリーの政治家の多くが危機に動揺し、それは議会の和平派にも広がった。それでも三〇〇人以上の献身的な議員が、東部の都市デブレツェンに後退する政府に従った。もっとも有能な将軍アルトゥール・ゲルゲイとコシュートの関係は、ゲルゲイが和平派に傾いたことにより悪化した。オーストリア軍に占領された地域ではハンガリー県当局（一八四八―四九年に本質的には改編されなかった）はほぼ無条件に占領軍に協力し、コシュートらが試みたさらなる大衆動員は農民たちの無関心にぶつかった。二〇世紀の有名な作家ジュラ・イェーシュは、倹《つつま》しい祖父がハプスブルクとハンガリーの徴兵士官からうまく逃れたことで、英雄でもあり裏切り者でもあったことを、軽妙に書き記している。(12)一八四九年四月、コシュートは、領主直営地に関する権利関係の証明を領主に義務付ける布告を発して、さらに農民へ譲歩したが、これは地方役人によって棚上げにされた。六月に発した残存する封建義務の廃止布告は、机上の空論にとどまった。

反動に対するハンガリーの戦いは、国際的な注目を呼んだだろうか。イギリスやフランスではある程度共感を呼んだかもしれないが、支援はこなかった。イギリスの外相パーマストンは、ヨーロッパの均衡という観点からオーストリアの一体性を支持した。フランスがルイ＝ナポレオンを大統領に選出したことで、フランスの援軍を期待していたヴェネツィアの望みは挫かれた。遠いアメリカ合衆国からの支持表明は届くのが遅すぎた。中央ヨーロッパ情勢は、徐々に冷えきっていったのである。一八四八年一一月、プロイセン王はリベラル派内閣を罷免し、翌四月には、フランクフルト国民議会によって提案されたオーストリアを除外したドイツ帝冠、すなわち小ドイツ《クラインドイッチュ》提案を拒絶し、議会は存在意義を失って融解した。フランクフルト国民議会がプロイセン王に対してこうした提案を行ったのは、フェリクス・シュヴァルツェンベルクが展開した革命のリベラルかつ国民的原則への攻撃に挑発されたからであった。三月四日、シュヴァルツェンベルクは勅令によりクレムジール議会を解散し、九日にはオーストリア君主国全土は新生ドイツに参入するとの宣言を発した。このこともハンガリーとの決定的な分裂をもたらした。クレムジール憲法草稿に取って代わる押し付けの憲法は、ハンガリーを含む君主国全土を対象としていたからだ。四月一四日、デブレツェンのカルヴァン派教会でハプスブルク家のハンガリー王位廃絶が宣言され、コシュートが独立ハンガリーの執政となった。これに対して若きフランツ゠ヨーゼフ帝はロシアへの支援要請をもって応じ、六月一七日がパスキエヴィチ将軍率いる二〇万のツァーリ軍がハンガリーに侵攻した。セーチェーニが恐れていた終局は、まさにこれだった。

外国にいる有能なハンガリーの工作員の活動は、これに対して何の役にも立たなかった。五月、テレキとプルスキ、亡命ポーランド人の長老アダム・チャルトリスキがパリで会談した。そこに今や幻滅したチェコの指導者リーゲルが合流し、反動ハプスブルクへの協同抵抗の計画を立てた。彼らの合意はいくらかスラヴ型連邦主義の気味があり、またハンガリーのセルビア人やルーマニア人の自治をも含むはずだったため、コシュートによってきっぱり退けられた。七月末になってハンガリー革命政府は、非マジャール人の言語の権利を認める国民体法をようやく承認したが、その直後の八月一三日、将軍ゲルゲイはシリア（ヴィラーゴシュ）でロシアに降伏し、コシュートはドナウ川を渡ってオスマン帝国へと逃れた。ヴェネツィアは二四日に武器を置いた。こうして、保守派の復権は完遂されたのである。

一八四八―四九年への視角

中央ヨーロッパでの一八四八年の諸革命が竜頭蛇尾に終わったという認識は、いまも広く行きわたっている。勃発時にはこの地域の諸国民にとって、より進んだ隣人との間に広がった溝を埋める手段になるとして歓迎されたが、次第にその未熟さと愚かしさが露呈してきた。それは、方向を変えそこねた転換点だったのである。

この見方にはもっともな点がある。国民的急進主義と社会的急進主義が、革命の勢いを支えるために連携するということは、君主国ではほぼ起こらなかった。諸国民の目的がばらばらであったし、社会構造が保守的だったからである。マジャール人知識層のようにブルジョア的変革へのあこがれがあったとしても、民衆を動員する必要性と、大半が貴族からなる革命指導者との間に緊張関係が生じることによって、それも弱まってしまった。一方、被支配集団のように社会的目標と国民的目標がより一致しているところではたいてい、あまりに後進的なためブルジョア的大志が力を発揮できなかった。この地域の革命の断続的な高揚においては、急進派でさえ帝国全体の体制変革に目を向けようとはしなかったし、なによりも、コシュート、ヴェネツィアのマニン、軍事的にはヨーゼフ・ベムを例外として、カリスマ的な指導者を欠いていた。一連のなりゆきを、リベラル派の多くはハンガリーでは不吉な予感を持ちつつ、またオーストリアでは嫌悪感を募らせつつ見守っていた。ネストロイは戯曲『クレーヴィンケルの自由』で新秩序を皮肉った。彼は進歩というものはいつも大法螺吹きだと常々言っていたのだ。「これがどういう結果に終わるか、誰もわからない。憲法を求めて立ち上がるほどオーストリアが大胆になるなんて、誰が思いついただろう。しかし、何年かかってもできなかったことが、数時間のうちにできてしまうのが、今の世の中なのさ[13]」。これは一八四八年三月中旬にスラヴォニアのポジェガの町からやってきたセルビア人名士の台詞であるが、ヨーロッパの歴史の潮流が、乗り越えられないと思われていた大きな壁をよどんだ水溜りへと押し流してしまったこのとき、多くの人が感じたに違いない困惑をよく表している。一八四八年の君主国において、リベラリズムはしばしば反動的な信条であった。ブルジョア的新秩序がかすかに拍動している社会の指導者たちがすがりつこうとした指針だったのだ。

しかしながら多くの場合、成功と同様に失敗も相応の資格が必要になる。フランスが一七九三年のものと同程度に民主的な憲法を持つには、五五年かかった。ハプスブルク君主国では革命家たちが求めたことの大半は、二〇年もたたないうちに再興した。(ドイツ人やハンガリー人のスラヴ人への見方はともかく)ヴァンデのような農民反乱はなかったし、反革命の伝統も根付かなかった。ロベスピエールの恐怖政治ではパリだけでも一万七〇〇〇人が処刑されたのに対し、結局ハンガリー革命政府は反対派一二二人を処刑しただけだった。もっとも王位を廃絶するためにかかったのは、フランスの三分の一の時間だったが。続く反動の時代をも生き延びた主な業績の中には、ジャコバンを除いてだれもなしえなかったような急進的な農奴制の廃止が行われたこと、また少なくともオーストリアでは領主の力が急速に弱まり、教育制度が見直され、母語での教育に向けての大きな前進があったことがある。さらに数年間だけではあったが、国民と言語の対等という考え方が公認された。クレムジール憲法のこういった条項が、引き継がれたからである。

とりわけ出版活動の伸長をきっかけとする一八四八―四九年の経験は、広汎な政治的目覚め、社会的な自発性、読書という新しい習慣の浸透を助け、のちにこれらは再び弾圧されることはあっても、忘れ去られることはなかった。一八四八年三月に書かれたL・A・フランクルの詩集「大学」は少なくとも一〇万部は売れた。学生、若者がたくさん参加したのに加えて、女性たちによる初めての政治団体がウィーンに作られた。プラハでは女性会議と代表団が初めて組織された。長期的にみればおそらく一番目覚しいのは、非優勢集団の奮起であった。ガリツィア分割についてのルテニア人の請願には二〇万人以上が署名した。チェコ語の定期刊行物は一三から五二へと四倍に増えた。「新聞は国民の現在と未来の鏡だ」と、若きセルビア人の声を反映する『進歩《ナプレダク》』紙発行人は煽り立てた。「一番早く簡単に、そして一番よく、我々は新聞から知ることができる。守るべきものは何か、目指すべきものは何か、物心両面の幸せを得るためには、何をなすべきか(14)」。

この熱い愛国主義から、結局のところ一八四八年の記憶に影を投げかけているのは、リベラリズムよりは、ナショナリズムという経験だということに気づく。この年は諸国民が友好的に暮らす世界という想像図の虚構性を暴いた年でもあった。どうしてそうなったのか。非支配民族の代弁者は、偏狭なナショナリズムのゆえに、彼らがリベラルな連帯を裏切りハプスブルク宮廷に寝返ったという批判を否定する。国民体の承認なき政治的自由は無意味であるとハヴリーチェクは主張した。「外国の言葉が支配するところに自由はありえない。そこには、言語的貴族社会があるだけだ」。「小さい国民は彼らより大きい国民が要求するものをほしがり、平等というリベラルな原則を祈っているにすぎない」と、パラツキーはフランクフルトに書き送っている。「国民の権利は自然権である」。さらに、歴史的権利に頼る支配国民の主張はリベラルではない。「民主主義を求めるとあなた方は言い、同時に千年の伝統を持つハンガリー国家を求めると言う。だがその二つは相容れないものだ」と、あるルーマニア人はハンガリー人に抗議している[15]。ドイツ人が西欧世界に向かって非支配国民を反動的イメージで伝えたことに対抗しようとして、論客たちは、自分たちは裏切りのそしりを受けているという、根本原理から始めてリベラルで合理的な主張を展開して、議論しようとした。『進歩』紙の若き協力者たちは、母語に固執していては目標を達成できないことを認め、パリの『ポーランド』誌（東ヨーロッパの専門家シプリアン・ロベールが発行）への参入を模索した。そのねらいは、彼らナショナリストの願望はリベラルな枠組みの中に組み入れうるものだと明らかにすることだった。なるほど歴史家たちは、一八四八年におけるリベラリズムとナショナリズムを型にはめて対置させるが、それは何の役にも立たない。その双方が、革命にかかわったあらゆる人々と絡み合っており、そのつながりはしばしば、現在から見ると信じられないくらい確信にみちたものだった。ボヘミア、モラヴィア、シレジアのドイツ人連盟の憲章第一項では、「我々は人間の持つ聖性を確信する。我々はこの聖性はドイツ民族の中に具現していることを確信する[16]」とある。この突飛な宣言の中の「ナショナリスト的」な要素を「リベラル」な要素から切り離してしまうのは、お門違いである。これは、イデオロギーの限界などわきまえもしない、人間の自己正当化がいかに根深いかを示すよい例である。

革命の瓦解について、ドイツ人やマジャール人は、彼らの対立者よりずっと社会学的に見ていた。一八四八年の王朝寄りのスラヴ人の役割を司祭に牛耳られた農民社会と結びつけて、彼らは、リベラリズムはもっと進歩した社会秩序の信条であり、ひとまとまりの抽象的原則とは考えなかった。スラヴ人は自力ではそういった進歩を達成することができず、もっと力強い隣人と提携するしかなかった。この事実を認めること、そして、ドイツ人が主導して文明化を果たすという、万人を利する進歩に反する要求をしないこと、これらが、彼らの利にかなうことだった。このやり方は非優勢国民に、その国民的主張を先延ばしにし、かつ、より進んだ先達の善意を信頼することを求めるものだった。一方での民族的な驕りと、また一方での恨みという伝統を斟酌するなら、これはほとんどありえないことである。実際、エンゲルスのようなドイツ急進派は、スラヴ人に何らかの将来があるなどとは思ってもいなかった。国民と言語の対等という原則をうたいあげることを優勢諸国民が黙認したのは、たかをくくっていたからに違いない。ドイツ人主導型のシュタイアーマルク議会もそういった宣言を出した。がその直後に、スロヴェニア人少数派がそれをスロヴェニア語で朗読してほしいと要求すると、スロヴェニア語はこういう場にはふさわしくないと拒絶されたのだった。

当時の論争のみを土台として一八四八年の諸国民関係について結論を出すのは賢明ではない。実際、事態は違っていたかもしれない。ハンガリーにおいてマジャール人と非マジャール人は大きく意見を異にしていたが、ドイツ人とスラヴ人は一八四九年はじめのクレムジール憲法議会で一種の妥協に達していた。チェコ人議員はプラハに責任政府を作るという前年四月八日の約束や、歴史的なチェコ王冠領か、あるいは（全ボヘミアに対するチェコの長年の要求にとっては好ましくないが）民族・言語的な単位に基づくにせよ（パラツキー自身が両方の計画を提出していた）、君主国と連邦を組むという提案にも固執しなかった。一方でモラヴィアのドイツ人、マイヤーによって、王冠領と地方長官に実質的な権力を認め、一方で王冠領のなかで住人約五〇万人ごとに国民別の県《クライス》を作るという草案が作られていた。これはボヘミアのドイツ人に自立の手立てを与えるものであると同時に、ドイツ人が多数派である領邦のスロヴェニア人、イタリア人にも自立をもたらすものだった。マイヤーの作業は、連邦制中央集権主義の練習と呼ばれている[17]。本質的にはクレムジールの協定は双方にとって持ちつ持たれつの関係であった。とはいうものの、スラヴ人は、発展の遅れた側として、巧妙に与えられたドイツ人の主導にいままでも喜んで従うことをほのめかすことで、より大きな譲歩をおこなっていた。この点に関してとりわけ興味深いのは、一八四八年を通して彼らが都市に重きを置いた選挙権、すなわち企業家や知識人だけでなくドイツ人も優勢となるような選挙権を認めていたことだった。

ハプスブルク君主国においてドイツ人とスラヴ人が合意に達したもっとも包括的な例として、クレムジール憲法は興味深い。これまでずっと負け犬だった側は、いずれドイツ中心主義という限界に早晩、押しつぶされることが予想された。一八六七年以降のカナダのフランス語圏ケベック人と英語圏住民との関係がこれまで証明しているように、協同という枠組が確立されていれば、勢力の調整はずっとやりやすくなる。とはいえハプスブルクの場合、その国民的複合性もさることながら、クレムジール協定の評価を減じるに違いない要素があった。一八四八年一〇月、急進的なドイツ人ナショナリスト左派はウィーンにとどまっており、クレムジールの残部議会に加わらなかったし、この議会もまた、君主国の半分、ハンガリーのことは眼中になかった。さらに、長年固定していた民族ヒエラルキーの構図がずれ始めるという、多民族政体を脅かす大危難の兆候が一八四八年から見えていた。それは、歴史的な特権集団からの反発であり、そこでは挑発者となりそうな人々は、忌まわしくも悪魔化され、軽蔑をこめてはねつけられるのだった。一八四八年、ドイツ人の反スラヴ主義はこのようにぐらついていた。ヒステリックとも言えるドイツ人のスラヴ運動への過剰反応は、見くびりと、それゆえかつて確信していたことが再び納まるべきところに戻ったという安堵感との混ざり合いだった。この初めの杞憂と同じく、後の気のゆるみもまた、正当な理由のないものだった。

一八四八年が残したもっとも深い傷は、あらゆる陣営に国民間の憎悪という毒の注射が打たれたこと、そのものだった。この、革命の年がオーストリア愛国主義という支配的理念に加えた打撃は、オーストリア愛国主義がもともと持っていた弱さを暴いただけのことであった。これ以降もまだ、現実的な国民運動指導者が、君主国を自らの野心の舞台としてみなすことはあったが、それは真の協調が困難な心理的状況の中でであった。こうして一八四八年は、三月前期にはぐくまれたさまざまな流れを、もっとも対決主義的なかたちで頂点に導くという役を果たしたのだった。失われたチャンス（というものがあったなら）は、一八一五年以降、事なかれ主義の政府がとり続けた無為の数十年の間に実現していたはずであった。その間に、国民運動は互いの無知と不信に導くことになる雰囲気の中で発展していったのである。クレムジールとその立憲的な協定に反対した国策の愚かさはいくら強調しても足りない。オーストリアの保守主義は、オーストリアのリベラリズムと同程度に未成熟であったことが、ここであらわになったのであった。

第六章　波乱の移行期、一八四九―六七年

一八五〇年、メッテルニヒは保守派の盟友ハルティヒ伯に、フランス革命から六〇年たったというのにヨーロッパには新しい秩序が登場していない、と語った。(1) 新秩序について語るのは、一八七〇年までは誰もできないことだった。ウィーン会議で作り出されたヨーロッパの地図は再び引きなおされていて、新ドイツとイタリア、新オーストリアとハンガリーでは、表面上、議会主義は覆されていた。一八六〇年代の国際紛争と国制上の対立が長いことオーストリア史家たちの注目を不当なほどに引いてきたが、それも驚くことではない。現代においては、ホイッグ的進歩史観にますます懐疑的になり、経済成長の諸側面に注目するようになったため、新絶対主義の一八五〇年代の方に強調点を置く新しい見方がでてきている。この時期は、大いに社会科学者の興味を引く「近代化独裁」の一例だったのだろうか。後代の改革の種は、どこまで播かれたのだろうか。本章で扱うことになる本質的に過渡的な時期において、おもな主題となるのはリベラルと保守のバランスである。これは、フランスのルイ＝ナポレオンやプロイセンのビスマルクの持つ曖昧さと、遠くで共鳴するものである。

しかしリベラル派と保守派という区分では、官僚的中央集権主義者、カトリック聖職者、大貴族的連邦主義者、小規模国民のナショナリストといった、ハプスブルクの舞台にひしめく一連の集団を正しく表すことは困難である。一八六七年までには、多くの競合者たちの中から、ドイツ語を話すブルジョアが見かけは勝者となって台頭していたが、そのことは競合相手に対する選民的な優越意識を増長させただけだった。彼らの経済的・文化的力

のみが「反動的な」スラヴ農民で満ちた君主国を近代化させるものだ、と。この見方は、リベラル派に限られたものではなかった。一八五〇年代の新絶対主義は、国家の開発推進的な役割を強調することによって帝国としてのまとまりを再度正当化し、その目的のためにドイツ語とドイツ文化をさらに重要視することを企てた。ほとんど意識されざる価値観のずれが生じていた。ドイツ語話者エリートたちとその同盟者たちが、国家を支える存在として、皇帝とほぼ相並ぶ役割を認められるようになったのである。この転換があったからこそ、ヨーゼフ主義の帝国概念を推進力として繰り返しひっぱり出しながら、一八六六—六七年にそれまでの統一オーストリアが瓦解して「二重制」の時代に突入するまでの間、この国家が生きながらえることができたのである。

というのも、一八六七年のオーストリア゠ハンガリー立憲制への内部的移行は、対外的な失敗が媒介したものだったからだ。国際政治は中央ヨーロッパの新秩序を形作る補助線であった。オーストリアが一八五九年フランスに、一八六六年プロイセンに敗れたことが、それぞれイタリアとドイツを統一へと導き、国内では絶対主義からの撤退をお膳立てしたのだ。だからといって、外交と戦争がこの時期を席巻していたわけではない。オーストリアの大敵オットー・フォン・ビスマルクの偉大なところは、時代の変遷がもたらした一八四八年の暗礁から抜け出すための好機をしっかり捕らえたことだった。この地域のドイツ語話者ブルジョアの経済的成長は、職人層の急進主義や古臭いエリートに対抗する穏健なリベラリズムを強化した。また一方で、関税同盟においてプロイセンが主導権を握ったことは、ドイツ中産階級の愛国主義の中心に、オーストリアでなくプロイセンを据えた。一八四八年の遺したマッツィーニやコシュート風の国際的急進主義が支持を失うにつれて、政府と富裕ブルジョア層のありうべき妥協の輪郭がはっきりしてきた。君主国ではそれは、スラヴ人を犠牲にしたうえでの、フランツ゠ヨーゼフとマジャール人ジェントリおよびオーストリアのドイツ人リベラルの間の妥協であり、多くの敗者と、大きすぎる犠牲を払った何人かのピュロスの勝者を生み出した。一八六七年、立憲制「オーストリア゠ハンガリー」として再生した君主国は、帝政ロシアが達成し得なかったやり方で「近代的」ヨーロッパ国家として立ち現れるための現実的な方策であった。だが、それが帯びる近代性は部分的なもので、新秩序の生みの苦しみは深い傷跡を残す、致命的なものであった。

新絶対主義の台頭

フランツ＝ヨーゼフ治世初期の宮廷と政府を究明しようとするとき、いかなる「近代化」も似つかわしくない主題に見えるだろう。主な登場人物の多くは、何百年前にいたとしてもおかしくない人々であった。すなわち、干渉好きな皇母ゾフィー、聖職者であり親友である大司教のラウシャー、見かけは根っからの軍人タイプではあるが、もしかしたら本質より風貌においてそうなのかもしれないグリュンネ伯、才能によってのし上がってきた平民首相キューベック男爵などである。フランツ＝ヨーゼフ自身にも、近代的なところはほとんどなかった。国家と王朝と自分自身を一体とみなす、実直ではあるがいくぶん想像力の乏しい青年であり、一八五四年、伝説の美女、一六歳のエリザベートとの結婚で、絶対主義の繁務からわずかに心をそらせるだけであった。こういった時代を超越したような人物の中で、それでも若き皇帝の最初の政府にはいくらかこの時代の精神を身につけたと思える人物もいた。商業相カール・ブルック、財務相フィリップ・クラウス、公共事業相アンドレアス・バウムガルトナーらで、古きエリートの立場をますます固守しようとした内務相アレクサンダー・バッハすらも、そこに入れられるかもしれない。司法相アントン・フォン・シュメアリンクは、フランクフルト国民議会のメンバーだった。三月前期の「御前会議」に取って代わる、フェリクス・シュヴァルツェンベルク公（一八〇〇―五二）を首相とする内閣ができたということこそ、伝統が革命と折り合いをつけざるを得なかった妥協を示すものだった。

だが、シュヴァルツェンベルクはリベラルではなかった。保守的な強い男としての見本を自ら示すことで、彼は若き君主の成長に影響を与えた。シュヴァルツェンベルクは、ある種の典型的な人物だった。才能と精力を国事に捧げるしたたかな独身大貴族であり、一八四八年一一月、公職につくにあたって、大げさにぶった立憲諸原則を彼は権力者の冷徹なリアリズムをもって扱った。しかし個人的には、三月前期の絶対主義へ完全にあともどりすることは好んでいなかった。彼は外相でもあったが、「皇帝一家および外務に関する大臣」という称号は、皇帝が外交政策と帝位をいかに密接なものと見ていたかを表していた。

国内では苦労しなかった皇帝と首相は、上述したようなリベラル派と保守派の対立にドイツで直面した。リベラル派の「時代の精神」は大変魅力的だったので、まさにフランクフルト国民議会を追い払ったプロイセン政府は、一八四九年五月のドイツ連合に向けた計画の中にフランクフルト議会の小ドイツ主義原則を取り入れた。すなわち、ドイツ的議会制度、最高行政主体としてのプロイセンの統治権、そしてオーストリアとの連邦的紐帯である。自らが提案した緩慢な三元主義（プロイセン、南ドイツ、オーストリア地域）が承認されないとみると、シュヴァルツェンベルクは賭けに出た。「プロイセンはドイツ連合計画をあきらめなくてはいけない。そして旧来の連合制議会の再編成を受け入れ、ハプスブルク全領邦が関税同盟に加わるかぎりにおいて、この議会への参加を認めなくてはならない」。一八五〇年一一月末の会議でプロイセンは黙ってこれに従った。これが、プロイセンのリベラル系神話の中で語られる、「オルミュッツの屈辱」である。だが、一八五一年三月のドレスデンでの会議において、オーストリア主導の下にドイツ連邦が復活すると、シュヴァルツェンベルクはそこにハプスブルク全領邦を含めようという大計画をあきらめざるを得ず、関税同盟計画もそれ以上は進まなかった。

なぜシュヴァルツェンベルクはこの好機をもっと生かさなかったのだろうか。シュヴァルツェンベルクを「中央ヨーロッパ《ミッテルオイローパ》」、すなわちオーストリア主導の下に「七〇〇〇万人の帝国」を作るという壮大な構想の代表者とみなすスルビクのような初期のオーストリア人史家にとっては、オロモウツ（オルミュッツ）での勝利後の展開は、不可思議な尻すぼみであった。ロシアとフランスがオーストリアに敵意を持っていたことで、一部は説明がつくかもしれない。しかしもう少し後の歴史家は、商業相ブルックの中欧関税同盟にかける情熱に由来するシナリオだと考える方が妥当な、この「中央ヨーロッパ《ミッテルオイローパ》」という発想にシュヴァルツェンベルクが実際にはどこまで関与していたのか、疑問を抱いている。シュヴァルツェンベルクの政策は、流儀は異なってもメッテルニヒと同じように、ドイツの中でプロイセンを降格するのではなく、最終的にはそれと協働するものだったのではないかというのである。この観点からすると、再編成されたドイツ連邦に君主国全体を合併させせようという要求は、フランクフルト国民議会、ひいてはプロイセンのイニシアチブをだいなしにする動きといえる。(2) しかしシュヴァルツェンベルクが中央ヨーロッパという目標を本気で考えれば考えるほど、一八四八年以降、力をつけてきた世論によって、彼はその推進を押しとどめられていたであろう。内政から切り離して外交政策を処理するのは難しくなってきていたし、オーストリアの絶対主義的傾向と、ドイツにおいてさらに大きな役割を果たそうとする意図とは、ほとんど両立しなかった。それとは逆に、シュヴァルツェンベルクは一八四八―四九年から引き継いだ立憲的構造と全面的に縁を切るのをためらっていた。内政外交の均衡について皇帝はまったく理解しておらず、したがって立憲的な伝統の灯を消すために水面下で繰り広げられた一八五一―五二年の論議において、シュヴァルツェンベルクに反対してキューベックを擁護した皇帝は、国内の時計を遅らせただけではすまなかった。皇帝は同時に、ドイツにおけるオーストリアの立場をも危うくしたのだった。

一八五一年までは、一八四九年三月に押しつけられたシュタディオン憲法（この呼称は、時の内務相の名に由来する）は名目上は効力を有していた。実際、この時期に改革が進んだことによって、この憲法のもつ穏健なリベラリズムは広まっていた。その改革とは、口頭による公開の司法手続きや陪審制裁判の導入、集会結社の権利改善、地方自治についての一八四九年の規定、実行可能なところでの母語による教育（中等教育も）などである。保守派にとって、リベラル派が権利問題に没頭することは、革命の行き過ぎと同じぐらいに好ましくない、哲学的逸脱を意味していた。そこでラウシャー大司教は、権利より前に義務があり、民衆というものはキリスト教の信仰と永遠の命への期待によってのみ義務に目覚めるのだと論じた。(3) リベラリズムは、新しい実際的な社会秩序にふさわしい合理的な教条ではなく、キューベックに言わせれば「刑法典が皮肉にも美徳の教義へと変えてしまった」社会主義という破滅へと不可避的につながる分解の原理である、と見られていた[4]。名前に足るだけの業績を持たぬヴィンディシュグレーツ、一八五一年にウィーンに戻ってはきたが年老いて役立たずのメッテルニヒのどちらにも、保守的心情の人々を導く力はなかった。だが、政府の中心にはキューベックがおり、若い皇帝に対して影響力を持っていた。最初に彼は、シュタディオン憲法にうたわれている帝国議会《ライヒスラート》を設立することに成功した。そして自身が議長となって、それを閣議と対抗する機関にまでもっていった。大臣は皇帝のみに責任を持つ（シュタディオン憲法では、議会に対しての予定だったが）という一八五一年八月の決定、さらに、この年の大晦日、シュタディオン憲法を正式に廃止する「シルヴェスター（大晦日）勅令」の基礎となったのは、彼の覚書であった。

　シルヴェスター勅令は中央集権的な絶対主義的君主国の構造を築くものだった。地方自治体レベルでのみ選挙の余地が残っていたが、そこでも古い封建的貴族所領はその自治体裁判権から免除された。郡レベルでは、司法と行政の権力が再び結びつき、間もなく陪審制は廃された。シュヴァルツェンベルクが一八五二年四月に早すぎる死を迎えると、その前年のシュメアリンクやクラウスの抗議の辞職によって弱体化していた内閣制も終わりを告げた。シュヴァルツェンベルクに首相としての後継者がいなかったのは、前駐英大使のブーオル伯が外相のみを引き継いだからだ。大臣たちはまとまった決定を下すのではなく、単に皇帝の意思をかなえる道具となり、フランツ＝ヨーゼフまたはその代行を命じられたライナー大公主宰の会議に集まるだけとなった。軍事省も姿を消し、最高司令部の中の一行政部門となった。一八五二年の出版法で、ジャーナリズム関係の仕事を始めるには高額の保証金が課された。一八五三年には、改訂刑法の訴訟規定により、文書による非公開の訴訟手続きが再び導入され、一八五四年、郡から領邦政府へ権限が移行された。そんな中でもとりわけケンペン男爵の下に創設された憲兵隊があらゆるところに眼を光らせていることは、政府当局がすべての力を握るという、さらに踏みこんだ宣言でもあった。

　あからさまな絶対主義は、すでに地方で色濃くなっていた中央集権的傾向を強めただけだった。反乱のために権利を剥奪されたハンガリーは単なる一直轄領になり、一八五〇年九月までは軍が管轄する五地方に区分された。ハンガリーの県《ヴァールメジエ》は、オーストリアの県《クライス》と同じようにまとめられていたが、下級役人がウィーンから任命される点だけが異なっていた。オーストリアの財政・司法構造とともに、一八一一年のオーストリア民法典も導入された。ハンガリーとは別に直轄領になったのは、クロアチア＝スラヴォニア、軍政国境地帯、トランシルヴァニア、セルビア人の自治領たるヴォイヴォディナであった。ヴォイヴォディナは、反乱者マジャール人との闘争において約束されたセルビア人の自治が曲りなりにも実現する形で一八四九年に南ハンガリーのバナートに設置された。しかし「セルビア人の」とされた土地において、実際にはセルビア人人口は四分の一にしかすぎなかった。こういった調整はほぼ同様にクロアチアにも適用され、一八四八年の革命時に彼らの示した忠誠のうち、象徴的な権利が与えられただけだった。すなわち再編されたザグレブ宮廷をその旧称で呼ぶこと、ほとんど力を失ったイェラチッチを総督《バン》と呼ぶことなどである。あるハンガリー貴族の言葉を借りると、ハンガリー人が罰として受け取ったものを、クロアチア人は報酬として受け取ったのである。しかし厳しい弾圧はあったものの、クロアチア語は、行政面で全面的にドイツ語にとって代わられたマジャール語のようにはならなかった。

国民体の扱いが、新絶対主義では最大の難点の一つであった。シルヴェスター勅令は、クレムジール憲法とシュタディオン憲法がうたっていた言語と国民の平等の保障に言及しなかった。学校でドイツ語以外の言語運動を進めるという、以前の試みはどんどんくつがえされた。一八五〇年代後半までに中等学校の公式の目標は、生徒たちが上級学年では完全にドイツ語教育を受けられるようにすることになった。ドイツ語以外の言語は低学年に限って、理解を助ける時のみに用いられた。いわゆる国民体向け中等学校は、徐々に排除されていった。初等学校においても、都市の学校、「本課程学校」、混住地域の学校では、教育の梯子を登る手段としてドイツ語がますます重視されるようになった。もちろんそのすべてが憤慨すべきことではない。三月前期の状況に完全にもどったというわけではないし、多くの親は明らかに子供がドイツ語を身につけることを望んでいた。だが、中央集権主義とは、たとえ、それがドイツ語で表現されていたとしても、非ドイツ人の声、すなわち親チェコの新聞『ウニオーン』やクロアチア人の『南スラブ新聞《シュドスラヴィッシェ・ツァイトゥンク》』、それに『国民新報《ナーロドニー・ノヴィニ》』『南スラヴ《スラヴェンスキ・ユグ》』などを弾圧することを意味した。一八五五年には君主国全体で七八紙の「政治的」定期刊行物が生き残っていたが、これは一八四八年のウィーンに限った刊行物の総数にも遠く及ばない数字である。カレル・ハヴリーチェクが、プラハのリベラルな出版が幕を下ろした後で地方新聞を発行してティロールに幽閉され、健康を害したすえ、解放直後、三二歳で死んだという最後の抵抗の物語は、チェコ国民の殉教物語の定番主題の一つとなるのである。文化的愛国主義を支持することさえも、当局によって監視されていた。一八四五年に始められたチェコ国民劇場の建設資金集めは、新絶対主義の間は停滞していた。

　これまで新絶対主義期は、内務相アレクサンダー・バッハ（一八〇六―九三）といつも結びつけられてきた。彼は能率的な行政機構と一貫した命令系統を作り上げ、シュタディオンが構想した地方自治体や国民的色彩の強い県《クライス》の半自治的な役割を、官僚を送りこむことで衰退させたし、検閲を通して世論を統制し、警察や密告者のネットワークを作り上げた人物でもある。バッハもまた、一八四八年の民衆運動に無規律と混乱を見て取って幻滅したリベラル派ブルジョアジーの一人だったようだ。長く苦しい隠遁生活の間、個人的には彼は、自分の地固めがすんだら、なんらかの形で中央代議機関を復活させることを構想していた。それを維持するのにどこまで本気だったかはともかく、行動的で野心的な彼は、政治的信条にかかわりなく自身が成功する機会を求めてじりじりしていたというのが正直なところだろう。新絶対主義が彼の名と結びつけられる（「バッハ体制」）ようになったことは、彼の行動力と傑出した能力への賛辞である一方で、彼自身もまたその一部にすぎない政治体制にとって都合のよい身代わりであることも意味していた。一八五〇年代に、ハンガリーに駐在するためにやってきたオーストリアの役人は、マジャール風の皮肉をこめて「バッハの軽騎兵」と呼ばれていた。それはバッハが彼らを任命したからではなく、たいていは貧しい生まれのチェコ人やスロヴェニア人の「ドイツ化した」役人たちを、ハンガリー貴族の剣と拍車で奇抜に盛装させた、このウィーンのブルジョアへのあてこすりだった。オロモウツ会議ではニコライ一世も彼を鼻であしらった。バッハの政治的潜在能力は、急進派としての過去によって抑えられたままであった。

　バッハの貴族的尊大さが表に出なかったのは、一つには高まりつつあった信仰心のおかげである。シュヴァルツェンベルクの死後、フランツ＝ヨーゼフがもっとも信頼を寄せていると見られたのはラウシャー大司教だった。近代的な世論の形成力である新聞に信をおかないかわりに、体制はその先駆けとしての教会組織へと顔を向けたのだった。一八五〇年、フランツ＝ヨーゼフはヴァティカンとオーストリア聖職者の接触および教皇大勅書の公刊についてのヨーゼフ主義的制限を放棄し、オーストリア婚姻法について、ローマとの神経をすり減らす折衝を開始した。その結果、一八五五年の政教協約《コンコルダート》では、婚姻については異宗派間婚も含めて、カトリック教会法を民法より優位に置くことを受け入れ、非カトリック教徒がカトリック子弟を教えることを禁じ、聖職者が学校を監督することとした。さらに聖職者の養成を国家が担当するところまでいった。それでもまだ教会が不満だったのは、一八四八年に非カトリック教徒に認められ、シルヴェスター勅令でも再確認されたわずかな市民の権利の一つである、平等という点だった。一八五六年、教皇使節が率先して司教会議を招集したことも、絶対主義国家を悩ませた。王冠と祭壇の結合を再び協議することは、それゆえ緊張をはらまないはずがなかった。だが、バッハの新しい改革への熱意ともども本能的に旧来の真理の中に安定性をさぐる体制側にとって、ラウシャーの「権力の結合」への念には意味があった。一八四八年の革命は、一七八九年のフランス革命でもしなかったことを行い、その結果、人の心を無神論という悪魔に向けて開いたのだ、とラウシャーはメッテルニヒに書き送っている。これは楽観的な見方である。フランス革命の結果として、シャトーブリアンやシュレーゲル流の知識層の間に宗教復興が起こったが、一八四八年以後にはそれが起こらなかった。それは、ドイツ語を話すブルジョアの大多数にとってはバッハの新しい中央主義的官僚制を機能させる必要があったからで、政教協約でカトリックのヘゲモニーが復活したのは内心、苦々しいものだったからである。

　新絶対主義にはそれ以外の緊張要素もあった。宗教・教育相レオ・トゥーン伯は強烈なカトリック信仰をもっていたにもかかわらず、彼の改革のいくつかは、どちらかというとリベラルな側面をもっていた。ギムナジウムは六年制から八年制になり、卒業時、大学入学のために国家試験《マトゥーラ》が行なわれることになった。大学では教授陣の大幅な自治管理、教育の自由というリベラルな主張も認められた。すなわち、教師は自由に講座を開き、学生はそのどこにでも参加できるというものである。この二つの改革の背後には、ベルリン大学創始者ヴィルヘルム・フォン・フンボルトの「新人文主義」思想があった。つまり、一八四九年七月、トゥーン就任前に準備されたプラハのリベラル派学者エクスネルの草稿にあるように、「若い魂は古典という貴重な財産を自由に渉猟することによって形成されるべきである」というものである。トゥーンはこの見解をおのがものとした。主にドイツ人の、しかも多くはプロテスタントからの改宗者から成る彼の相談役とともに、彼は、オーストリアが活気を取り戻せばドイツの「カトリック運動」のリーダーとなり、フンボルト流改革がすでに信仰の違いを超えて受け入れられているドイツの一員となるだろう、という夢を描いていた。カトリックの大義は、生命の通わない三月前期的組織によってではなく、信奉者の知的な力によって推進されるべきであり、ヨーゼフ主義的学校制度における宗教的無関心と隠れリベラリズムに打ち勝たなくてはならないのである。実際は学生の自由選択は、法学学位を取得するための時間割とならざるをえず(法学はオーストリアの公職への入口だった)、それも革命の道ならしをした自然法哲学ではなく、実証的歴史に基づくものでなければならなかった。トゥーンの大学改革とその受容は、一八五〇年代のハプスブルク政府への諸影響の複雑さを示す。彼のドイツ志向は、オーストリアがドイツにおけるリーダーシップをいまだ主張していたころには意味があった。しかしそれは、オーストリアのカトリック教徒からもヨーゼフ主義者からも同じように恨みを買い、彼らは三月前期の大学システムを守るために団結した。指導層の分裂は新聞紙上の論争に発展し、そこでは隠れリベラル派の見解すら耳目を集めた。たとえば一八四八年革命にかかわって職を追われたヒー教授も、自然法の立場からあしざまに告発された社会契約理論は、実はいま称揚されている古典法・ドイツ法に、そして聖書そのものに由来するものだと手厳しく書いている(5)。その一方、トゥーンは中等学校教師の質を上げようとして新しく行った国家試験において、カトリック僧のためにたくさんの免除項目をつくることを余儀なくされた。

もう一つの緊張は、ドイツ指向の大学改革と君主国の非ドイツ人の間におこった。自身の保守的政策にチェコ人の支持を得ようとしたボヘミア人トゥーンは、プラハ大学の歴史学教授に国民意識の高いチェコ人のV・V・トメクを任命した。しかし保守派にしてオーストリア好きのトメクは、新しい公的イデオロギーの一部であるドイツ帝国の法制史に重点を置くことに深い疑念をもった。チェコ人のような人々は、その文化的アイデンティティを少し認めてやればパン・ドイツ的枠組みに組み入れることができるだろうという間違った思い込みは、トゥーンによる、ドイツ対策とスラヴ対策を同時に追求した戦略のなかで露見していったのであった。一八四八年以降の様相は異なっていた。一八五五年、J・A・ヘルフェルトの「オーストリア国家と人民全体の一つの歴史」をという主張に応じて創設されたオーストリア歴史研究所の運命が、オーストリア人という共通の国民感情を求めるのが非現実的であったことを示している。研究所ではそんな野心的な仕事などせず、若い学者に技術を習得させるための専門家養成所となり、そして学者たちはそれぞれの国民体の歴史的輪郭を理論的に支えるためにその技術を利用したのである。

独裁的な体制はどこもそうだが、一八五〇年代のオーストリアも見た目ほど一枚岩ではなかった。最後には皇帝の意思のみが、あまりに多様で政府という共通観念を生みだすのもむずかしいこの国をまとめたのであった。若き皇帝は、その決定者としての役割を自然のこと、一家の伝統にもとづく譲渡不可能のことだと考えていた。だが一八五〇年代の新絶対主義は伝統に基づくものではなかった。国の内外を問わず、オーストリアの地位に関するあらゆることが、一八四八―四九年の諸事件で形成されたからだ。新しい仮面をかぶった古いものもあったが、全く、あるいはほとんど先例のないものもたくさんあった。かつてオーストリアの絶対主義はヨーロッパにありふれた型の一つであったが、いまやそれは主なヨーロッパ諸国の中では、ロシア、フランスとしか共通点を持たなかった。しかもフランスは、なりあがりの冒険家が治めていたのだ。そのうえそれは、領主・農奴という旧来の関係が滅び、鉄道・蒸気船・共同貯蓄銀行の普及した世界で機能すべきものだった。裏切り者や立憲主義を根こそぎにすることより、そちらのほうがフランツ＝ヨーゼフの治世を形成する要素となった。

経済の近代化?

「バッハ体制」という一九世紀的概念はここにきて、その落ち着き場所を見出した。それは、新絶対主義のもつ新しい点を正確に示していた。すなわち、バッハが拠って立つオーストリアのドイツ人ブルジョアの役割と信頼が高まったことである。三月前期にメッテルニヒやキューベックが進めようとした経済成長戦略への障害となるもの、すなわち農奴制やハンガリーの特殊な地位などは、一八四八—四九年の諸事件によって取り払われていた。そして合理的な体系化を求める啓蒙主義固有の精神は、ここで花開いた。ヨーゼフ主義者の夢想だと見なされていたバッハの活動に息が吹き込まれたのである。大掛かりな国立地理気象研究所構想、国の医療サービスの再編成、新しい家畜税、動物虐待に対する初めての規制、道路の等級づけ、オーストリア領ドナウ川の築堤、ハンガリー領ドナウ川とティサ川の流域整備、新しい森林法、その他様々な領域で、啓蒙絶対主義の匂いがしみついたプロジェクトを開始したり、てこ入れしたり、あるいは実現したりして、新絶対主義の国家は結果を出していった。

しかし、その実現力には今までになかった新しいもの、つまり、世紀の半ばまでにヨーロッパ大陸の西方から中央にまで伝播してきたヨーロッパ的資本主義という大いなる刺激が関係していた。中央ヨーロッパは高度技術の製品を安く西方から受け取るという恩恵に浴す一方で、東方のより遅れた隣人たちに工業製品を供給していた。その低賃金と市場への近さが、競争相手イギリスを寄せ付けなかったからだ。新しい技術が伝わるのはいっそう速くなっていった。ワットの発明からオーストリア最初の蒸気機関ができるまではほぼ四〇年かかったが、一八五六—六〇年にイギリスで初めて稼働に成功したベッセマー製鋼法は一八六三年にボヘミアのヴィートコヴィツェ製鋼所に導入されている。このことは交通網の発展とも大きく関係する。歴史家の多くは、鉄道とそれが促進した鉄鋼業が中央ヨーロッパの工業化の引き金となったと考えているが、鉄道網の拡張は、これまでにない巨額の投資を可能にする柔軟な銀行システムが一八五〇年代に始まったおかげであった。そしてまたこのシステムは、商業・金融上の接触を容易にする新しい手段とも結びついていた。電信、ローランド・ヒルの一ペニー切手が拍車をかけた近代的郵便システム（オーストリア・ドイツ郵便連合は一八五〇年に設立された）、一八五七年のオーストリア・ドイツ通貨連合、一八六二年のオーストリア・ドイツ通商法での規格統一などである。オーストリアの民族誌学者ツェルニヒは、その著書『オーストリアの変容』（一八五八年）で、クリミア戦争の講和提案をロシアが受け入れたことがサンクト・ペテルブルクに伝えられたと同時にウィーンでも知ることができた驚きを語っている(6)。現代の歴史家たち以上に公式見解のほうに共鳴する彼は、一八四七年のオーストリアは、一八五八年のオーストリアよりも一七五八年のそれに近いと考えていた。

以上のどの改革も、農奴制廃止なくしてはありえなかったに違いない。農奴負担の清算（オーストリアは一八四九年、ハンガリーは一八五三年）において、領主には補償がなされることになったが、それは農民にとっては一八六一年のロシア農奴解放よりずっと負担の少ないものであった。純粋に封建制に由来する義務にはまったく補償がなく、そのほかの一部または全部が領主の財産権から発生したとみなされたものに関しては、「ささやかな補償」または市場価格で買い戻された。賦役への「ささやかな補償」は、わずかに、一日の自由労働の価値の三分の一と定められた。オーストリアでは、一八四〇年の法律の原則に従ってその額は三つに分けられることになった。ハンガリー、ガリツィアでは国が補償総額を支払った。ハンガリーでは課税可能な土地の三七─四一％が、約三〇〇万人（家族を含めて）の農民の所有となった。

農奴解放は、君主国の農業発展の転換点としてどれほど重要だったのだろうか。コムローシュによれば、三月前期の農業生産の伸びは従来低く見積もられすぎていたため、賦役がより生産的な自由労働に代わっても、オーストリアでは二・四％、ハンガリーでは一・二％の伸びにしかならなかった(7)。この主張は不確かな統計に頼りすぎているが、旧体制《アンシアン・レジーム》下ですでに強制労働が賃金労働にとって代わられつつあったという想定は正しい。突然、爆発的に生産が伸びたとするのは、社会分析から見てもあやしいものである。新たに自由の身となった農民の大多数は、すばやく耕作方法を切り替えることができない立場にあった。明らかに時代遅れな土地台帳の評価額で見積もられたために、直接税は、さらに地元の追徴金そのほかでふくらんで、収入のおよそ四〇％にまでのぼった。とくにガリツィアやハンガリーでは、共有の放牧地や採草地、森林の分割が彼らに重くのしかかった。分与地農民の完全解放の制限、さらに農民の土地の保有証明の難しさ（たとえばハンガリーのブドウ畑と残余地は一七六七年の土地台帳整備で分与地として記載されなかったが、義務だけは担ってきた）、こういったことは、農村のほんの少数の者しか豊かな土地持ち農民となる好機がなかったことを意味している。

ハンガリーの事例はとりわけ示唆に富む。試算によると、一八五三年勅令は、農民が一八四八年の革命的立法によって得られたはずの土地の約三―四％を奪い取り、手に入れた土地に対しては約二〇％増しの補償を払わせたことになる。(8) 結局、ハンガリーの農民の四分の三近くが、不利な条件で小さな区画を得た小屋住み農か、契約者としての地位を獲得したと主張しない限りは以前となんら変化のない直営地農民であった。このような農村部人口の大多数を占める人々は、農場使用人か労働者になるしか将来はなかった。一八五〇年代後半になって、負担清算の負の側面が露呈してくるにつれ、ハンガリーでは農民暴動の兆しが見られるようになり、それは一八六〇年代初頭および中頃にも顕在化した。長く実施が引きのばされる間、いくつもの訴訟が争われた。一八六二年のクロアチアのザグレブ県では、ワイン生産農民たちに対して軍が出動する事態にまでなった。地元での調整を断念して裁判に訴えた村落は、一八六四年までに、全村落の三分の一にも上った。(9) ハンガリーでの農業の変化はせいぜい、ハンガリー西部では鉄鋤が普及し、牧草刈りが小鎌から大鎌になったことで牧草収穫量が増え、夏も家畜を畜舎に入れておけるようになったことにとどまった。しかし三圃式農業から分割農法への転換は、まだ進まなかった。村落共同体による厳格な収穫パターンから抜け出る自信が農民にはまだなく、休閑地の割合が依然高かったためである。

ボヘミアでは変化のペースはもっと速かった。農場管理人向けではなく、農民を対象にした農業学校は他のオーストリア諸邦と同じく一八五〇年に設立された。一八四八―六八年でボヘミアの休閑地の割合は、二一・六%から六・二%に下がった。しかし、富農が現れ始めたのはこの期間の後半になってからのことであり、農業機械の使用は一八六〇年以降に普及していったが、それは大土地所有者に限られていた。補償措置で手にした資本を力として農業拡大に乗り出せたのは、この階層の人々で、その投資資本額は相当規模に上った。君主国西半分で土地所有者に支払われた二億九〇〇〇万フローリンのうち、シュヴァルツェンベルク一族の所領が計一八七万フローリン、リヒテンシュタイン一族が計一一〇万フローリンを受け取った。ボヘミアのテンサイ農業の初期の発展を支えたのが、おもにこの財政投入であったことは確かだ。一八五八年、ボヘミアのテンサイ加工場の四分の三は貴族が所有し、一〇年ほどの間に生産量をおよそ六倍に伸ばした。もっとも、テンサイ裁断機はスキーンやシェーラーといったブルジョア所有の工場から供給されていた。


一方、ハンガリーの穀物生産増大は、むしろ一八四〇年代後半からの穀物価格急上昇によるものであった。なぜなら補償は債券の形で支払われたが、ハンガリーではその発行が遅れ、さらに取引価格がすぐに下落したからである。土地所有債券を助成するどころか、政府は農民の支払いのうち早く届いたものを地域の補償基金から国庫に移した。さらに、とくにボヘミアから寄せられた、貴族のための抵当銀行設立を要求する声には反対した。中央ヨーロッパ全体の経済変化という広い構図のその一部として見ると、どのような農業面での向上が起こったのかがよくわかる。

新絶対主義の経済政策で一番目立つのは、鉄道建設事業に注がれた熱意である。これらは、はじめは国家の直接保護下に、そして一八五四年以降は国家の厚い返済保証の下に民間企業によって推進された。革命前夜、ウィーンと鉄道でつながっているのはプラハだけだった。それが一八五二年にブダ＝ペシュトを皮切りに、ゼンメリンク峠を越える世界最初の山岳鉄道が完成してリュブリヤナ、トリエステとは一八五四年に結ばれ、バイエルン国境のパッサウとは一八六一年につながった。それまで見向きもされなかったハンガリーでも急速に鉄道網が開け、ミシュコルツ、オラデア＝マーレ（ナジヴァーラド）、デブレツェン、ティミショアラ、アラド、セゲドと連なる南から北東への都市の弧が一八五〇年代にヨーロッパの鉄道網に加わった。一八六〇年代初めまでには、ブダ＝ペシュトはザグレブと、プラハはボヘミアの産業の中心であるリベレツ、プルゼニ、クラドノとつながった。君主国の鉄道網は、ロンバルディア＝ヴェネトを除くと、新絶対主義の下で一五〇〇キロから四七〇〇キロに距離を延ばし、一八五六年末までに国家支出の二〇％にあたる約二億九一〇〇万フローリンの国費が費やされた。軍事以外の部門にこれだけの資金が使われるのは、前代未聞のことだった。

　この事業は、たしかに国家財源に過重な負担をかけた。そのため一八五四年勅令では、これ以降の鉄道建設を、国家が五％の利子補償をしたうえで、民間資本によって行わせるという項目が含まれた。それから四年のうちに国有鉄道路線が全営業距離にしめる割合は、七〇％から取るに足りない割合にまで低下した。鉄道への民間資本は多くは外国からやってきた。政府は積極的にオーストリアで最初の大金融機関となるオーストリア商工業信用銀行《クレディートアンシュタルト》の設立を働きかけた。これはパリの動産信用銀行《クレディ・モビリエ》をモデルとし、短期預金だけでなく長期の産業向け貸付も行うものだった。アンセルム・ロートシルトは有名な貴族の面々とともに、一億フローリンをここに出資した。新絶対主義がビジネスに愛想を振りまいたことは、一八五〇年、いくつもの主要都市に国家出資の商業会議所を設立したことや、国家財産売却に際して産業家が有利な条件を得たこと、また、（伝統主義者のために当初遅延したが）自由な商売の妨げになるとして一八五九年にギルドが事実上廃止されたことなどに見て取れる。経済面で国が果たす役割は、自由放任《レッセ・フェール》の格言に従って、生産基盤（インフラ）と国際的な通商協定に限られた。中でも重要なのは、一八五〇年からオーストリア・ハンガリー間の内国関税を撤廃したこと、二つの一般関税率改訂における対外関税率が引き下げられたこと、そしてさらに、ドイツ関税同盟（一八五二―五四年）との通商条約だった。その結果はつぎのようなものであった。

　一八五七年のヨーロッパ不況（不作と関連のない初の

不況）までは、進歩は極めて順調であった。一八五〇年代に君主国の鉄鉱産出量は年七％の伸びを示し、石炭消費量は一八五一年から一八七三年の暴落まで年一〇％成長した。綿紡績の機械化はこの時期に着々と進み、一八五〇年代末までにはブルノの毛織業にまで機械化は浸透した。醸造、製紙、製粉のように一八六〇年代になるまで機械化が進まなかった分野でも、生産の大規模集中化で生産量が伸びていた。一八五二年に、君主国には六三〇台の蒸気機関があったが、一八六三年にはそれが二八四一台になっていた。伸びの割合は、オーストリアおよび外国資本が流入したハンガリーのほうが大きく、鉄鋼業やのちにハンガリーの大産業となる製粉（一八六〇年にはブダ＝ペシュトですでに一四台の製粉所があった）が急成長した。革命直後の八年間でドナウ蒸気船会社は資本を約四倍にし、一八五六年までに一三〇万人の輸送実績をあげていた。

これらのことをふまえるなら、非常に低い評価しかあたえられてこなかった一八五〇年代が君主国の歴史における転換点だったのであろうか。一九世紀のリベラルやナショナリストが評するほど暗いものとする必要はないまでも、最近の研究は、この一〇年間を過度に再評価することも戒めている。三系統の議論が注目に値する。

一九世紀の君主国の経済成長の本質は漸進的なものだったという見方が広く受け入れられてきたことを背景に、一八四八年に続く時期にとりわけ精力的な活動があったわけではないとする論がその一つである。それは、ブルジョア的生産方法にのしかかっていた「封建的」制約を取り払ったことのみが、進歩を軌道に乗せたのだとする、マルクス主義者の演繹的な見方への論駁を含んでいる。かくてコムローシュは、前述のように農奴解放の影響を最小限に見積もったのと同じく、一八五〇年の関税同盟の効果をも軽く扱った。関税同盟がハンガリーにもたらした利益は、GNPの一・五％にすぎず、オーストリアではたかが〇・八％だったと彼は計算する。ウエルタは、この議論を関税率引き下げ、ドイツ関税同盟との一八五二―五四年の通商条約にまで広げ、ドイツ関税同盟のもつ意味が重要視されすぎてきたとする。その影響を受けない税がたくさんあったし、関税同盟とオーストリアの取引高はかなり少なかったからだ。[10] 変化があったとすれば、オーストリアに対するドイツの経済的優位が、このところから綿紡績などで大きくなっていったことだといえる。ザントグルーバーの主張はこうだ。ヨーロッパが好況にあったことを考慮するなら、歴史家はなぜ新絶対主義下に好景気があったかでなく、なぜそれがなかったかを問題にすべきだと。[11] 公式統計というものは誤った方向に導きがちである。だが統計のその不確かさが、コムローシュが言うように、賦役は一八四八年以前、ハンガリーの農業労働の四・四%しか占めていなかった[12]（この数字はハンガリー農業における農奴解放の影響を低く見積もる根拠とされる）というような厳密な計算も、専門家でない人々を不安にさせる。それは、一八四八年以前の中規模ジェントリによる農業の後進性や、そのために資本主義的農業に適応しそこねたことなど、我々の知っている知識と、整合しにくいのである。もっと一般化して言うなら、一八五〇年代に行われたようなインフラ変革の影響は、そう簡単に量的に測ることはできないのである。

二つ目の議論として、刷新された官僚制が効果を発揮したと主張するものがある。しかしこの議論は、ミリャナ・グロスがクロアチアについて、クリストフ・シュテルツルがボヘミアについて行ったような詳細な地域研究や、ハルム・ハインリッヒ・ブラントによる新絶対主義体制についての大部の研究などと照らし合わせると、あまりしっかりしたものとはいえない。クロアチア人が訴えた国民銀行の設立や商業銀行か抵当機関の支店開設は、実現しなかった。商人重視の商業会議所も、圧倒的多数のクロアチア人職人たちには人気がなく、委員選出のために投票に行く人はほとんどいなかった。ザグレブにはまだ鉄道が通っておらず、サヴァ川も流路整備されておらず、森林はあまり開墾されていない状態の中で、農民はハンガリー全土と同じく、昔と同じ無報酬の運搬役に従事しなくてはならなかった。家畜の数は減っていき、人々は、彼らにしてみれば増えた税金を払うために現金を稼ぐ数少ない機会の一つに対して、酒税がかけられたことに憤慨していた。中央行政機構はこれまでになく書類の提出を要求するようになっていたが、これらはたいてい実行不可能であった。後進地域もまた、より豊かな地域と同様に重税を課されている（貧しいハンガリーと、やや豊かなボヘミアの一人当たりの直接税は一八六四年までは同じだった）という感覚が徐々に浸透し、一八五九年にハンガリーでは、暴力やおどしを使わずに徴収できた直接税は一三％しかなかった。よくあるように、権威主義的近代化は、その中心から遠くなればなるほど、はったりとおどしの匂いが強くなったようである。

こういった問題で押しつぶされそうになっている悩める官僚制は、歴史書が描くような強力な存在とは程遠かった。官僚制は、人数と出費について批判されるが、もともとは小さく費《つい》えも少ない存在であったのが、かつては世襲裁判権に任せていた諸業務を国家が肩代わりしたために大きくふくらんだのだった。国内行政の支出の大部分は、憲兵組織や、もちろん軍隊に対して費やされており、高価な新装備の購入には皇帝の後ろ盾があった。年収がそれぞれ三〇〇および二一六フローリンにすぎない事務官やその補佐といった不運な地位より上には、多数の学歴ある者たちでさえも、行政機構の階層性内の低い地位に組み込まれていた。インフレ時には、彼ら下級役人の給料と自由専門職や商業者の収入の伸びは乖離し、また役人に要求された役割と彼らの間に広まっていった風紀的乱れの間にも乖離が生じていることは、バッハにもしばしば報告された。しかしながら、安上がりに改革を遂行するという精神が、行政のありうべきお手本として浸透していった。

三つめの議論は、一八五〇年代体制の失敗の原因として、すべての政府を悩ませる、しかしとりわけオーストリアにとっての問題であったもの、すなわち財政を挙げる。一八五八年までに税収が一億五〇〇〇万フローリンから二億八〇〇〇万フローリンに上昇したのはよく知られているが、それとて一八五五年の軍費支出二億五七〇〇万フローリンを埋め合わせはしなかった。徴税システムは資本家の収入に課税することに適しておらず、それは技術的にも不可能だった。その一方で、農民への課税はおそらくもう限界にきていた。財政の脆弱さがもっとも顕著にあらわれたのは、外国におけるオーストリア紙幣の切り下げだった。いわゆる、銀の両替差額が生じ、危機になるとこの紙幣を額面で引き受ける必要性が周期的に生じた。そのため、財政政策は、財政破綻を回避し、赤字を減らし、紙幣を正常化するための一連の急場しのぎにすぎないものと化した。デフレ政策、債務借り入れ（なかでも一八五四年の五億八〇〇万フローリンの強制国債が悪評高い）、さらには国有地と鉄道を売却したが、それもクリミア戦争（一八五三—五六年）への動員とイタリアでの戦争（一八五九年）の軍費でつぎつぎに潰えた。一八五八年には国家通常歳入の四〇％が、負債返済のために出て行った。

こういった困難の根本的な原因、すなわち軍事支出を抑制することが不可能であるということは、新絶対主義の核心にある対立からきている。つまり、伝統的な権威主義と「近代的」な権威主義、ブルジョアの価値観と貴族の価値観の対立である。フランツ＝ヨーゼフがバッハとブルックに思うようにやらせたのは、彼らのいう国家の合理化が、自身の権威を強化するであろう限りにおいてだった。一八五七年に、貴族所領を貸借に出すための融資団体を設立するという提案をブルックがした際、閣僚会議議長ライナー大公が発した言葉には、十分成熟したブルジョア階級に対抗して官位貴族を保護する意思がはっきりうたわれている。彼は、理解ある皇帝に書き送っている。「この施策は、大所領の安全をおびやかし、農民の地位を弱めるだろう。軍にとって農民の健全さは不可欠なのだ。」そしてもっともありそうなこととして、ライナーは、ロートシルトの怒りを買いつつ一八五三年に立法化されたユダヤ人の土地所有禁止令について、それをすり抜ける手段をユダヤ人に与えてしまうだろう、と熱弁した。ブラントが説得的に論じるところに従うと、支配層のこれら二つの構成分子は、互いの発展戦略を挫折させあっていたのである。つまりブルックは地方抵当債権銀行を望む貴族の要請を拒否することにより、そして、保守派はいま略述したような計画を邪魔することを通じて、そのような結果へと導いたのである。[13] ブルジョア「近代派」の野望は、軍と外交という、フランツ＝ヨーゼフが国家において最重要と考えているものから排除されていたために、もとより決定的な限界があったのだった。

広がりすぎた帝国

確かに、ハプスブルク帝国は、「外交政策最優先」へと向かわなければならない国家の典型例であった。内部の団結力に欠けていながら大陸の中央部に在るため、オーストリアは歴史的に、ヨーロッパ諸国家のシステムの中で（とりわけイギリスと）有効な同盟を結ぶことで生き延びてきた。一八二一年以降、イギリスがメッテルニヒの描いたヨーロッパ協調体制から離脱したにもかかわらず、国際政治の構図は三月前期の間はまだ望ましいものであった。メッテルニヒの唱える現状維持路線にツァーリ専制のロシアと従順なプロイセンが基本的に強調していた間は、東方諸列強による保守連携は、英仏協商が維持されても脅威を受けなかった。それゆえ、国内の脆弱性が増す一方だったオーストリアは、ドイツやイタリアにおける地位を一八四八年革命のあとまで保つことができたのである。

一八五〇年代、これらすべてが変わり始めた。一八一五年のウィーン条約をひっくり返すことを決意したナポレオン三世は、それを主に設計したオーストリアに対抗してイタリアのナショナリストたちと組む覚悟をした。ドイツにおけるハプスブルクの優位性にへつらっているプロイセンはもはやあてにならなかった。さらに悪いことに、バルカンで新たな対立が持ち上がった。ロシアのニコライ一世が、一八四九年に自らが救ってやった若き君主フランツ＝ヨーゼフが黙認することを当然として、オスマン帝国に対するロシアの政策を転換し、帝国支配下の正教徒を保護するという要求をオスマン帝国のヨーロッパ領の分割へと拡大したのである。一八五三年一〇月、ロシアとオスマン帝国の間でクリミア戦争が勃発し、英仏が一八五四年の三―四月にオスマン帝国支援を決定したことから、オーストリアは苦渋の選択に直面した。ロシアがドナウ両侯国（ワラキア、モルドヴァ）を占領し、スラヴ・ナショナリズムを喚起していることは、オーストリアの生命線を脅かしかねなかった。そこでオーストリアは、まずドナウ両侯国から撤退するようロシアに圧力をかけ、かわって一八五四年八月、自らそこを占領した。しかしそれによってニコライ一世の恨みを買ってしまったいま、ロシアを敵に回して参戦すべきなのかが問題であった。外相ブーオルは一八五四年一二月、英仏と条約を結んだが、軍事行動を避けたことで今度はこの二国と疎遠になる結果に終わった。こうしてクリミア戦争終結のパリ講和会議（一八五六年）でオーストリアが得たのは、双方からの不快の念だけだった。

いま考えれば、オーストリアはどう転んでも勝ち目のない立場にあったようである。大国としては、単なる中立は不名誉な選択に映ったろうし、またブーオルは、誰であれ勝った者がオーストリアの受身的態度を利用して、オーストリアにとって重要な地域にその勝手な決定を押し付けてくることを懸念した。では、どちらの側につくのが良かったのであろうか。親ロシアで連携するのは軍部のお好みだったが、バルカンに緊張が増すとなると、名誉を保ちつつそれを達成するのは難しい。ダルマチアの戦略的後背地としてのボスニアや、バルカンのカトリック・スラヴ人とアルバニア人を庇護するという積年の関心が芽生えたのは、この時期であった。かといって、駐パリ・オーストリア大使がせっつくフランスとの全面的同盟は、ナポレオン三世の根っからの急進的な傾向、イタリア・ナショナリズムへの肩入れ、イギリスとの同盟志向などとは相いれないものだった。オーストリアの最終的な関与を引き止めていた論理は、このように明確なものであり、そこにはブーオルとフランツ゠ヨーゼフのそれぞれ親仏・反仏的立場が相殺し合っていたことが反映されていた。

このときプロイセンを道連れにできなかったことが、オーストリアの大きな失敗だったのかもしれない。のちに歴史家スルビクは、プロイセンの「厳正なる中立政策」を、ゲルマン的中央ヨーロッパ《ミッテルオイローパ》の利益を守るためにドイツが支援に乗りだす契機となり、またこの政策自体が一八五四年四月のオーストリア・プロイセン秘密同盟にのっとったものであったと評価している(14)。実際、保守的なプロイセンのフリードリヒ・ヴィルヘルム四世は、決してロシアに背を向けることはないとの言質をブーオルから得た直後の一八五四年一二月に、オーストリアが英仏と同盟を結んだことについて、信義に悖《もと》ることとみなしていた。A・J・P・テイラーは、クリミア戦争の真の賭け金はオスマン帝国ではなく、中央ヨーロッパだったとしている(15)。このエピソードは、フランクフルトに復興したドイツ連合議会が無力なもので、オーストリアはプロイセンを含むドイツの諸国が自らに追随することを期待するほか、何の政策ももっていなかったことを示している。中央ヨーロッパの新しいありようを構想するビスマルクのような鋭い観察者は、これに大いに力を得た。

このように、オーストリアにとってこの戦争の収支は、外交面でもまた、戦時動員の支出の面でも、非常に悪いものだった。ロシアは、純粋に中立だったプロイセン、はてはフランスにまで好意を示すようになった。ナポレオン三世の力は大きくなり、今までより大胆にナショナリスト運動をあしらったり、ドナウ両侯国の自治権付与を主導したり（一八五九年）、ピエモンテ＝サルディニアの首相カヴールと反オーストリア秘密協約を結ぶ（一八五八年）などした。こうしたフランスの挑発外交にのせられて、オーストリアは一八五九年四月、ピエモンテに宣戦布告した。フランスの援軍が到着する前に致命的な一撃を浴びせることが、脆弱な財政の観点からも必要であった。だが不幸なことにオーストリア軍の指揮は、年老いてやる気のない退役将軍ジュライ伯に任されていた。ジュライ将軍指揮のもとマジェンタの戦いで敗戦を喫すると、皇帝は自ら指揮を引き受けたが、結果、六月のソルフェリーノの戦いで惨敗した。この凄惨な戦いは、のちに赤十字の設立につながることになる。

こうした同じような誤算の背景には、広範囲の外交活動が潜んでいた。プロイセンは、いったんオーストリア・ドイツ人の血が流れれば参戦せざるをえないだろうと思われていたが、実際はライン戦線の一部を引き受けただけだった。プロイセンは自制したのだ。亡命したコシュートの密偵たちは、クリミア戦争では活躍の場を見つけることはできなかったが、この戦争で新たな好機を得た。ジェルジュ・クラプカは、ワラキア＝モルドヴァのクザ侯やセルビア公ミハイロにウィーンに対抗するドナウ連邦計画をちらつかせ、コシュート自身はイギリスの中立（ロンドンの政権がリベラル派の手にもどったことに助けられて）を前提として、自由ハンガリーとハンガリー軍団へのフランスの協力をみごとに取りつけた。ガリバルディはダルマチア海岸からの急襲を指揮し、内陸へと踏み込んでドナウ平原のマジャール人蜂起軍と合流することになっていた。しかしともに、事態がうまくいっていないことをわかっていたナポレオン三世とフランツ＝ヨーゼフが、ソルフェリーノの戦いのわずか三週間後に突然、ヴィッラフランカ停戦協定を結んだため、こうした連携の試みは頓挫した。そして秋に最終的に結ばれたチューリッヒ講和条約で、オーストリアはヴェネトを取り戻したのと引き換えに、ロンバルディアとピエモンテから手を引くことになったのである。

この軍事的敗北と財政的窮乏（何とか達成されたばか

りのオーストリア紙幣の兌換性は放棄された）によって、君主国内の勢力均衡の変容があらわになった。一八五七年から続く不況のために鉄鋼・紡績生産が低迷し、職人や貴族のみならず新興産業家の間にも不満が広がった。また、一八五八年にフランツ＝ヨーゼフがプラハを訪れた際には、スラヴ人臣民は彼を不機嫌そうに迎えた。こうした状況が、ヴィッラフランカの三日後の七月一五日に発した宣言で、「精神および倫理的な面での健全な発展」によって国内の繁栄を促し、「立法・行政の合理的な調整」を目指すと、皇帝が表明しなければならなくなった背景だった。それは、立憲制への曲がりくねった道のりの始まりとなるはずであった。

　フランツ＝ヨーゼフは最小限の譲歩を考えていた。変更は当初、人の入れ替えのみだった。バッハとケンペンを罷免し、保守貴族でポーランド人のアゲノル・ゴウホフスキを内相にした。だが根深い財政問題のため、フランツ＝ヨーゼフは一八五九年一一月一一日、ブルックに宛てて、国の負債を調べ、帝国審議会《ライヒスラート》を強化するための委員会設置を約束する手紙を書いている。ユダヤ人の土地取得制限法が撤回され、プロテスタントの支持獲得が試みられ、一八五九年一二月には、あらゆる手工業が営業規則《ゲヴェルベオルドヌンク》によって自由競争に投げ込まれた。一八六〇年五月の「拡大帝国議会」の召集が、公式に「改革の最終段階」を告げた。三八人の特別メンバー（非貴族が一〇人）は皇帝が指名していたので、これは代議制フォーラムとは言いがたいものだったが、ここで公共問題を討議するために官僚以外の人を参画させたことは、新絶対主義の道筋を放棄する行為であった。バッハのような人物は、新絶対主義とは、ブルジョア的政治規範に先立って、当面ブルジョア秩序の基盤をつくっていくものとしてとらえていた、とブラントは論じる(16)。これは、遅れた社会に社会主義をうち立てるというレーニンの夢を思い起こさせる。ドイツ、イタリア、バルカンにまで拡大しすぎた地位を保持しつつ、そういったことを行うには君主国の財政基盤が欠けていたことは、事実がすでに語るとおりである。イタリア戦線での敗北は、そのことを苛酷にも適切にあらわにしたのであった。

袋小路の立憲制――ハプスブルク多元主義の開始

皇帝が行う譲歩はどれも、これが最後だという警告を伴っていたが、それはたいていは幻想であった。ひとたび新絶対主義の鎖がゆるむと、役柄は変わりはしたが、一八四八年の喧嘩相手が公の舞台に戻ってくるのをとどめることはできなかった。ドイツ人とマジャール人の要求はもはや、さほど急進的ではなくなった。一八四八年には、彼らの手から王朝を救い出すのに助力してくれたスラヴ人は、もはや味方ではなかった。かくて立憲制の危機に対するもうひとつ別の解決策があらわれ、フランツ＝ヨーゼフはスラヴ人とルーマニア人を犠牲にして、優勢諸民族と取引することができるようになった。一八六七年までにこうした状況が生まれていた。しかしその帰結には、立憲制を認めたあの「しぶしぶ」精神が影を落としたのだった。

当初、世論の反応に対抗して各所からつのった意見を皇帝が検討するたび、振り子はあちこちに揺れた。最高権力を温存することを決心してはいたが、皇帝は初期の失敗から、帝国でもっとも強力な潮流と妥協する必要性を学んでいた。一八六〇年には、妥協相手はオーストリアのドイツ人ブルジョアに代表される新リベラルと、ハンガリー、ボヘミア、ポーランドの大貴族ら「旧保守派」になるはずであった。

ハンガリーが重要なのは自明だった。新絶対主義の下でもっとも劇的な変化に苦しみ、またそれへの強力な抵抗もしてきた。それでも協力者がいなくなったわけではなかった。バッハの友人アウレール・ケチュケメーティは一八五四年に政府報道官に任命されたとき、「この広大な帝国を治める大きな組織に参加できる」喜びを記しているが、それに続けて「ハンガリー政策は何もない、……あるのはオーストリア政策だけだ」と付け加えている。[17] バッハの下で働いたマジャール人官僚（ハンガリーの内政に関する五つの省のうち、ほぼマジャール人が占める二つの省の中でもさらに多数派だった）にとって、その雰囲気は、コシュートの唱える独立への道は幻想だとわかった以上、オーストリアとハンガリーが均衡することこそ望みうる最良のことだとするジグモンド・ケメーニ男爵の寡黙なリアリズムに似通っていた。しかしマジャール人大衆にとっては、不承不承であったとしても、そうした国民的後退を受け入れるのは難しかった。反対派は三つに分かれた。コシュートら亡命者たちは、指導者のカリスマ性ゆえに高姿勢を保ち続けたが、コシュート自身が周りの進んだ国々の社会政治問題に示した共感そのものが、彼をもともとの基盤であるハンガリーのジェントリ層から引き離すことになった。国の外にいる間に彼は民主主義者になって、リベラルな目標は「民衆」一般の支持あってこそ達成しうると考えるようになっていた。産業の進歩の実りは、マルサス風ペシミズムに打ち勝てるという希望を与えたが、その不公平な分配は時代にとっての「大きな社会問題」であった[18]。亡命ポーランド人左派ともども、コシュートは、二〇世紀の亡命指導者の原型となる人物で、その行動計画は二つの世界にまたがり、一つは西欧型急進主義につながり、一つは遠き祖国につながっていた。普通選挙とドナウ連邦の要求を伴う一八五一年の彼の計画は、恵まれない農民と小ジェントリの支持を得る一方で、富裕地主たちの不安をかきたてた。

コシュートの急進主義がいかなる不安を喚起したにせよ、富裕地主たちの反オーストリア感情は、資本主義農業への移行の困難によっていっそう増幅させられた。こうした状況に対する欲求不満と政治的立場の脆弱さのゆえに、中規模ジェントリは、ザラの所領に引退したフェレンツ・デアークのような政治的不参加の道をとった。コシュートの東ヨーロッパ的リベラリズムから民主主義へという進行を、デアークは良しとしなかった。それはやはり穏健反対派の大物の一人ヨージェフ・エトヴェシュも同じで、彼は『一九世紀の指導的理念の国家に及ぼす影響』(一八五一―五四年)で、平等や一般意思の概念と真の自由は相容れないものであり、それがフランス革命の遺産の致命的欠陥だとしている。ケメーニに劣らぬリアリストだったデアークは、一八四八年の四月諸法で示された単なる「同君連合」としてのオーストリア・ハンガリー関係に戻ることが、ありそうもないと見てとっていた。しかしハンガリーがもっと平等な条件で協議できるまでは、彼はこれら諸法がひきつづき有効であることに立脚したため、受動的にならざるを得なかった。一方、穏健反対派は、逆境によって強化された国民的・文化的アイデンティティから潜在的な力を得ていた。国民の過去への興味が高まったことを背景に、『ハンガリー史料集成《モヌメンタ》』シリーズの刊行が始まった。また、モール・ヨーカイ（一八二五―一九〇四）のロマン主義歴史小説が傷ついた国民精神《プシケ》を慰めてくれた。マジャール語を介した自立した文化が確立していくにつれ、この時期コシュートに報告されたように、ハンガリーの諸都市の若いドイツ語話者が自国語に興味を持つようになり、また、保守的な大貴族が国民の大義をアイデンティティとしてますます意識するようになった。

　一八五九―六〇年にハンガリー自治組織の復活を協議し、拡大帝国議会の貴族の多数派を連邦主義的決議へ仕向けたのは、この保守的グループだった。この決議が、一八六〇年一〇月にフランツ＝ヨーゼフが突如発布した「一〇月勅書」の土台であった。この一〇月勅書をもって、ハプスブルク君主国の立憲期が始まったと言えるだろう。君主国全土から選ばれた一〇〇人から成り、帝国を包括する帝国議会は、課税を承認し、関税、貿易、通貨、流通に関する指示の権限を有し、その構成員を送り出した母体たる領邦議会に割り当てられた以外の法的権限を有する。ハンガリーの特殊な地位を認め、非ハンガリー地域の問題を討議するために、非ハンガリー人の議員が別途集まるという条項が設けられた。この連邦的計画は、デアークの四月諸法復活要求にはとても及ばなかったが、彼は当初は全面的批判を差し控えた。しかし一〇月勅書への決定的挑戦は別の方角からやってきた。オーストリア・ドイツ人のリベラル派ブルジョアである。

　制約多き絶対主義の十年の直後であるにもかかわらず、このグループはどうしてそんな力を発揮しえたのか。一八四八年のリベラル派の多くは、バッハ期の行政機構で黙々と働き続け、財務官僚イグナーツ・フォン・プレナーやプラハの法学教授レオポルド・フォン・ハスナーらは、公務に対するヨーゼフ主義精神から、一八六〇年、政界への待望論に応えた。だが、より広い要因もあった。交通・通信網が発達して、地方都市の三月前期のエリートと平民ブルジョアの融合が進む中で、商工業者がより大きな公的役割を果たすようになっていたことである。一八六一年、ボヘミア領邦議会の都市および農村の選挙部会《クーリエ》には三四人の工場主が名を連ねていた。一八五〇年代後半にウィーンの市壁が取り払われ、以前は市壁であり軍隊の練兵場だったところに優美な環状道路リンクシュトラーセが計画されたことは、社会的な権力と価値観のバランスが新しい段階に立ち至ったことを象徴することであった。オーストリアのドイツ人リベラル派は、自分たちが偉大なるドイツ国民のすぐれた年長者であるという信念を共有していた。その近代ブルジョア文明こそ、スラヴ人が気質的に自身では達成できない進歩を唯一、保証するものであると考えていた。連邦化に向けた一〇月勅書は、それゆえオーストリア・ドイツ人の猜疑心をとりわけ刺激したのだった。ゴウホフスキに代わって、一八六〇年一二月、一〇月勅書の主要な反対者だったアントン・フォン・シュメアリンクが、前任者が直前に得た肩書である国家大臣の後任に任命されたことは、フランツ＝ヨーゼフがドイツ人の意見を無視してはいけないと気づき始めたしるしである。皇帝の再考をへて、翌年、「二月勅令」がまとめられた。これはうわべは一〇月勅書に肉付けしたものに見えるが、実はそれをくつがえすものであった。一〇月勅書は、特に帝国議会に割り振られていないすべての権力を領邦議会に残したが、二月勅令はそれを逆にした。そして三四三人のメンバーをもつ帝国議会は在来型の議会により近くなったのだった。

連邦的色彩をもつ一〇月勅書に猜疑心を抱いていたハンガリーの世論は、より中央集権的な二月勅令によってさらに踏みにじられた。再招集されたハンガリー議会でデアークは、その見解を決議ではなく皇帝への請願という形で表明するために、かろうじて過半数を獲得することに成功はしたが、その見解そのものが強硬なものだった。「ハンガリーは、四月諸法を固守する」。これに対する宮廷の反撃は、「決議派」だけでなく、デアークら「請願派」をも怒らせるものだったため、議会は一八六一年八月に停会になった。ハンガリー人は帝国議会をボイコットし、再び官僚的絶対主義が事実上彼らの上に課せられることになった。

一八四八年と違ってこの時は、スラヴ人とルーマニア人が、マジャール人の反ウィーンという範に従った。小規模国民の愛国主義者たちは一八五〇年代に苦渋をなめてきたのである。幻滅したチェコ人活動家ピンカスは、チェコ人は、国民性を捨ててドイツ人リベラリズムに身をゆだねるか、スラヴのツァーリズムの軛のもとに生きるかの選択しか持っていないと考え、ナショナリズムよりリベラリズムを優先させることを決意し、息子に対して父の大義のためにお前が悩むことはないと語った。[19] カが理想を服従させるような世界において、チェコ急進派サビナは密告者になり、クロアチアの改革派トカラッツはバッハに期待した。チェコ人はドイツ化したギムナジウムを敬遠し、ビジネスや私法の世界に身を投じるようになった。ちょうどトランシルヴァニアのルーマニア人愛国主義者が法律の勉強に集中したのは、新たな挑戦を受けて立つべく、インテリ養成を目ざすものだったのと同じである。これまで以上に厳しい状況にあって、チェコの保守派グループ（トメク教授をはじめ、「国民再生」の初期世代の生き残り、コラール、シャファーリク、チェラコフスキーなどを含む）の一人、ヤコブ・マリーは、国民はもはや単に存在の権利を主張しているわけにはいかない、現在の潮流、激動の世界に対してその国民が何を貢献しうるかを示すことで自己証明しなくてはならないと論じた。[20]

ある意味で、それはとても積極的な指針である。マリーのような体制に近いチェコ人でも、いまや公式のオーストリア的愛国主義でなくチェコ人の視点から物事を見ていたことがわかる。チェコ国民はすでに成長し、その国民性はもはや単なる熱狂集団の大義ではなくなっている、というマリーの指摘は正しい。一八五〇年代のプラハの古ギムナジウムについて、ルートヴィヒ・プルジブラムが回想している。それをみれば、絶対主義に戻る前に教育面でチェコ人が受けていた積極的支援が、それに続く再ドイツ化を生き延びる上で、いかに大きな影響をもったかがよくわかる。ドイツ文学に心酔するスロヴェニア人がある可愛い田舎娘から「我らのプレシェレン」との賞讃をたまわったという、クロアチア人作家シェノアの短篇は、もちろんプロパガンダではあるが、一八四八年を含めてこれまでの国民運動が達成したものが、いかにドイツ的世界への無頓着な同化に衝撃を与えたかをはっきりと物語っている。

実際、草の根レベルでの国民的覚醒は一八四八年以後育ち続けた。ここでもチェコ人の例が典型である。世襲支配権が終焉すると、地方の権力はドイツ化した大貴族の手から農民中心の村落自治体に移り、多くの場合、大貴族が公務に参加することが減った。同様に、チェコ・ナショナリズムに反対してボヘミア産業組合からドイツ語話者大貴族が引き揚げると、組合はさらにチェコ化していった。農業改良運動はすぐれてチェコ的色彩を帯びていた。一八五〇年設立の農民のためのチェコ中等農業学校や、チェコ語政治新聞が禁止された後は専門紙に拠点を移していた愛国的活動に支えられていたからだった。『経済新聞《ホスポダルスケー・ノヴィニ》』やフランチシュク・シマーチェクの『プラハの使者《ポセル・ズ・プラヒ》』紙は、主に教師である多くの地方通信員に依拠して大きくなったものだが、農民に、ドイツ語の知識のみが成功への道ではないことを説いた。シマーシェクがすすめた地方農業団体の民主化への支援にこめられたチェコの国民的な意味合いがどのようなものであったかは、一八五七年に愛国経済協会のムラダー・ボレスラフ支部に七〇人の農民が組織的に入会し、以降、この協会のチェコでの活動を推進したことからもわかる。明らかにドイツ語が優勢な時期、チェコ人専門職の多く（作曲家スメタナなど）は、半ば忘れられた母語に戻ることを選んだ。一方、第一言語としてドイツ語を話す人々も、チェコ人として自らを位置づけることを選んだ。一八六二年、愛国的なチェコ体操協会ソコルを設立したフリードリヒ・フュグナーもその一人である。これら一見ドン・キホーテ的な転向は、個人のアイデンティティを形成する過程で、現地の多数派が大きな潮流としてもった重要さの証左である。

このようにして、立憲主義の始まりとともにスラヴ人たちの運動が飛躍していく土壌が整った。チェコ、クロアチア、ガリツィア領邦議会は連邦主義的立場を一八六一年の決議ではっきりさせたが、それは、表面的にはドイツ化していた年月の間も、実は強まっていた国民的・文化的な実態を反映するものだった。プラハでは、一八六〇年にナショナリストたちによる市政委員会が成立し、諸ギルドがチェコ語のみで活動するようになるなど、たちまち「チェコ化」した。このことは、二言語都市において多数派をなすチェコ人が、公の場でのドイツ人優勢をもはや受け入れようとしなくなったことの表れとして解釈できる。チェコ人協会が急増し、プラハ郊外スミーホフでは一八六九年までにこうした団体が一二生まれ、三つのドイツ人協会を加えると七六〇〇人の成人男性住民の半分弱がいずれかの会員になっていた。ザグレブでは、常設劇場がドイツ語からクロアチア語になったこと、領邦議会が南スラヴ・アカデミーと大学設立を決めたこと（一八六〇―六一年）が決定的な転機であった。スロヴェニア人の間では、一八六四年までに十数ヶ所の読書室ができ、また一八六一年には三人しかいなかった国民的に覚醒した帝国議会議員が一八六七年のクライン領邦議会では多数派に躍進した。こうしたいくつかの例は、他のスラヴ系の人々が同様の道のりを歩んでいたことを示している。各地で多数派を成していた人々が主導権を握り始めたことが、このような迅速な活性化が起こった背景にあった。結局のところ、スラヴ人社会にとって、言語の対等性と連邦制君主国における地方自治という要求ほど素朴でわかりやすいものはなかった。チェコ人、クロアチア人、ポーランド人といった、より有力なスラヴ系国民にとっては、連邦制の要求は、歴史的な国法権を掲げることで当然強めることができるものだった。

立憲時代の夜明けにあたって、三つの集団が対立していた。オーストリア・ドイツ人の中央集権主義者、スラヴ人連邦主義者、四月諸法を掲げるマジャール人である。ウィーンに幻滅したスラヴ人の多くは、いまや一八四八年の自らの熱狂的愛国主義を否定し始めたマジャール人リベラル派を信用してもよいという気になっていた。クロアチア領邦議会や一八六一年のヴォイヴォディナ・セルビア人議会には、まだ親オーストリア派がいたものの、それぞれの指導的政治家、シュトロスマイエル司教とノヴィ＝サドの法律家スヴェトザル・ミレティチは、ハンガリーとセルビア・クロアチアとの協同体制への条件付き再編入に賛成していた。クロアチアに自治権が与えられ、ハンガリー王国内にセルビア人が多数派を占める県をつくるために県境を引きし直し、そこでセルビア語を公用語として採用することが条件だった。同年の議会で、スロヴァキア人も同様の要求を行った。ハンガリー国内での自治権の再構成に満足しなかったのはトランシルヴァニアのルーマニア人だけだった。マジャール人リベラル派から有利な話がいっさい聞かされていなかったからである。宗教指導者らは、トランシルヴァニア議会でウィーンが支援してくれることを期待し、一八四八年のリベラル派は国民の分布に沿って領邦が再分割されることを期待した。一方、急進派の中には君主国内の全ルーマニア人を統合して自分たちの公国を作ることを期待する者すらあった。この最後の考え方は、トランシルヴァニアという概念の全面放棄を伴っていた。しかしそれは、あらゆる人々が、できることなら自決権という「自然権」に頼らず、何らかの歴史的権利を援用しようとしている時にあっては、大胆な飛躍であった。特に「歴史なき」スロヴェニア人ですら、彼らが少なくも人口の四三%というかなりの割合を占めるアルプス諸邦が形成する歴史的な「内オーストリア」という単位を主張するために、「統一スロヴェニア」というむなしい主張を捨てた(21)。スラヴ人は親マジャール人の立場をとることで、マジャール人の戦術も採択することになった。ウィーンのいかなる議会も、ボヘミア王冠の地を統治する権利はない、として、チェコ人もまた帝国議会から引き揚げた。そして反中央集権主義の「封建的保守派」大貴族との奇妙な提携にはいっていった。

スラヴ・ナショナリストのマニフェストは華やかだったが、オーストリアのドイツ人中央集権主義者を動かすことには失敗した。国家大臣シュメアリンクはマジャール人の非協力にも動じず（彼は一八六二年九月に「我々は待っていられる」という言葉を残している）、それは非優勢集団に対しても同じだった。立憲時代が始まろうとするこの局面で、侮辱の応酬のゆえに、ドイツ人とスラヴ人との溝は一八四八年にも劣らず深まった。シュメアリンク内閣のリベラル派財務相イグナーツ・プレナーの息子であり、のちにドイツ人リベラル派のリーダーとなるエルンスト・プレナーの回想録には、この時期、彼が社会問題を学ぶのに努力したことがくどくどと記されているが、スラヴ・ナショナリズムの背景にあるものを探ろうとした痕跡は、そこにはない。一つには、ドイツ文化こそが文化であると独善的にみなしていた面もあるだろう。一八六一年の帝国議会でチェコ人指導者リーゲルがそれをたくみに攻撃した。しかしプルジブラムの報告にあるような見方、羊皮の民族服を着た冴えないルテニアの国会議員が、鉄道のポーターをして小遣い銭を稼ぎつつ、一人だけドイツ語を知っている合同派教会の大司教にならって投票するといった光景が、それに拍車をかけたことは間違いない。また、時代の潮流にのった非優勢諸国民による権利の要求に対してドイツ人が懐疑的だったのには、もっと重大な理由があったのかもしれない。結局のところ、中央政府は受け入れるが中央議会は受け入れないというチェコ人、クロアチア人の主張は、実際に官僚主義的な新絶対主義を改革することを非常に困難にすることになった。一方、ルーマニア人指導者たちは一八六三年のトランシルヴァニア議会選挙に反対した。議員は宮廷によって指名されるべきであり、それによって、自らが議会多数派を占めることができると考えたからである。しかし、理解もしていないリベラルなスローガンを叫ぶ反動的スラヴ人という固定観念が誇張された。もっとも、非優勢諸国民の中にも、真のリベラル派はいた。たとえばミレティチはハンガリーのセルビア人社会に対する影響力を正教聖職者層からブルジョア知識層に移そうとして戦い、非セルビア人も来るべきセルビア自治区で選挙権を持つべきだと主張した。また、クロアチア国民党の指導者であり、セルビア・クロアチア和解における「ユーゴスラヴ」構想の立案者であるフラニョ・ラチュキは、ザグレブのユーゴスラヴィア大学とユーゴスラヴィア科学芸術アカデミー設立の資金援助を申し出てクロアチア知識層を驚かせた彼のパトロン、シュトロスマイエル司教よりもリベラルだったかもしれない。フランチシェク・パラツキーはボヘミア大貴族と戦略的に連携していたにもかかわらず、自らの小規模国民としてのナショナリズムを、近代世界における中央集権主義と脱中央集権化の間の弁証法に対する洗練された理解に基づいて、リベラルな展望のなかに位置づけてみせた。

奇跡のように自然の物理的障壁を乗り越える鉄道と電信は、あらゆる国民、あらゆる政府を、そして文明世界のあらゆるきわだった才士をも、ぐっと近づける。……しかし……同類のものが近づけば近づくほど、異質なものがはねのけられていく。国民間の接触が多くなればなるほど、本来の差異がよく見え、感じ、意識されるようになるのである。……それゆえ国民性の原理もまた、世界経済の中にあって永遠の任務を負うのである。[22]

ドイツ人はどっぷりと自己満足にひたっていたのではあるが、ほかのすべての国民体（トランシルヴァニアのルーマニア人以外の）が結果として帝国議会から去っても、議会が無効だとは思いもしなかった。残部議会は一八六五年まで続くが、シュメアリンク体制下のリベラル派にとっては、問題が山積みだった。内閣は議会に責任を負っておらず、国家予算を承認する帝国議会の権利は無視され、プレナーのデフレ政策下で財政危機は進み、一八六三年ロシア領ポーランドでのポーランド人蜂起に続いてガリツィアに戒厳令が布告される。それでも皇帝は、マジャール人との関係の行き詰まりをはじめとする大きな現実問題については柔軟に対応した。そこで行った秘密交渉は、一八六五年復活祭の『ペシュト新報《ペシュティ・ナプロー》』に載ったデアークの論文につながった。そこで彼は、「自治ハンガリーは、立憲オーストリアとの共通事項を、四月諸法で想定されているよりも多く受け入れる用意がある」と表明した。フランツ＝ヨーゼフはこれよりももっと狭い条件にハンガリー人をはめこもうとしていたが、ハンガリーの旧保守派として力を持つデアークは、保守派と彼より左寄りの「決議派」をたくみに操り、ハンガリーの自由の防壁とするためにオーストリア・リベラル派にてこ入れをするなどして、主導権を守るべく画策した。どちらのシナリオにもシュメアリンク的体制の出番はなかった。彼は解任され、連邦主義的色彩の強いボヘミア大貴族リヒャルト・ベルクレディがあとを継ぎ、二月勅令を棚上げにすると発表した。それに代わるべきものは新たに選挙される各議会で検討されるが、その議会の構成は政府がドイツ人リベラル派から距離をとっていることを反映していた。

一八六五年一二月にハンガリー議会が開かれたときのフランツ＝ヨーゼフの開会の勅語は、彼がデアーク主義者たちの主張に譲歩するのはとんでもないと、いまだに思っていることを表していた。旧保守派二一、決議派九四に対してデアークは一八〇議席を獲得していたにもかかわらず。共通事項は、デアークが申し入れたようなオーストリアとハンガリーの議会からの代表による合同委員会で扱うのではなく、それぞれの議会に付属する共通議会で扱うこととされた。君主側とハンガリーの要求の力比べでは、頭数は関係なかった。ちょうどプロイセンで「鉄血」の強権政策の圧倒的な立場に立ったビスマルクが国会多数派に対して嘲笑的言辞を弄したのと同様であった。そこでどちらの側も、君主国の立憲論議の決着は、スラヴ人やハンガリー人のよりもっと大きな国民問題の成りゆきを待たねばならないと悟った。それにはビスマルクが大きな役割を果たした。一八四八年と同じく中央ヨーロッパの将来を握る鍵は、ドイツ問題の進展にかかっていたのだった。そしてその答えは、まさに出されようとしていた。

サードヴァーへの道、そして妥協

伝統的なプロイセンの小ドイツ主義《クラインドイッチュ》的な見解では、ドイツ統一はドラマの定番のようだった。一方の側には、若き挑戦者プロイセンがいた。関税同盟の経済的リーダーシップを握り、ドイツ人リベラル中産階級を結集し、国民の大義のために反オーストリアに腰をすえたビスマルクの政策で活気づいている。もう一方の側に立ったのは、老いた王者、オーストリアである。孤立し、さまざまな助言の間を揺れ動き、新しい国民精神によって不安定になっているのだが、さらに戦場以外でドイツにおける優位を失ったことを認めるには、王朝としてのプライドが高すぎた。そこには、「ドイツにおける支配権をめぐる闘い」があり、正しい側が勝利をおさめた。だが修正主義的歴史記述は、この点に異を唱える。親オーストリアの大ドイツ主義《グロスドイッチュ》は、中央ヨーロッパを、一九一四年と一九三九年のプロイセン支配型国民国家よりも高度に連邦主義的・普遍主義的な原理によって組織することを目論んでいたが、それはヨーロッパにとってもドイツにとってもよりましな選択であっただろうと。しかし、連邦主義派寄りの解釈は、オーストリアが実際にとった政策以上にその潜在的な大義を復権させようとする。オーストリアの歴史家ヘルムート・ルンプラーは、これらの政策が小ドイツ主義の反国民的性格への嫌悪感からくるものではないと論じているが、それは彼がその政策が的外れであったことに重きを置くからである。これらの政策は、果断というよりは、ドイツにおけるオーストリアの責任を果たすため、威信をかけてとられた試みであった(23)。

だがオーストリアが無力であったことが、大ドイツ主義の難しさを物語るだろう。多くの歴史修正論者の見解には、現代的なサブテキスト(中央ヨーロッパ《ミッテルオイローパ》への関心とソビエト凋落の結果としてのヨーロッパ連邦の可能性)があり、それを過去に反映させることは、二つの問題を生じさせる。一つは実際面である。一八一五年のドイツ連邦《ブント》に体現された古きドイツの連邦主義的伝統は、予測のつかない世界にあってドイツの防衛力を確保しうる政体を生み出す方向に、改良することができたのか。何らかの形で選挙による代議制組織を期待する声の盛り上がりにこたえ、オーストリア、プロイセン、（その仲裁的な役割に歴史修正論者たちは研究の基盤を置いているが、国ごとに利害の異なる）中規模のドイツ諸邦の間の利害を調整しつつ改良しえたのか。この点に関して山ほど提出された計画案にオーストリアが大きな貢献をすべく、一八六三年、ドイツ諸侯がフランクフルトに集まってより緊密な連合を討議する会議を開催する壮大な計画がもちあがったが、一八五九―六四年の外相レヒベルクは当初はこれに反対した。プロイセンとの連携というメッテルニヒ的伝統を擁護する彼は、それがドイツ論議においてオーストリアが優位にあることを主張する企てだとしてプロイセンを怒らせると見たのだ。対照的にフランツ＝ヨーゼフと国家大臣シュメアリンクは、当初、これに熱心だった。結局、プロイセンのヴィルヘルム王の出席拒否によってこの会合は無意味となった。間接選挙による弱い議会、諸侯による会議、五つの執政府といったオーストリアからの提案は、プロイセンが対等の立場を確保するオーストリア・プロイセン二重ヘゲモニーというビスマルクの希望に反するものであり、「組織として無能」という批判にさらされた。[24] さらにオーストリアは一八六五年、再編された関税同盟に加入しようとしたが、ビスマルクの反対で挫折した。

大ドイツ主義の修正論の第二の問題は、概念面である。オーストリアの庇護下にある連邦制中央ヨーロッパ《ミッテルオイローパ》は、いかなるシステムとなりえたのか。コンスタンティン・フランツのような同時代の親オーストリア派にとって、戦間期の歴史家スルビクが回顧するように、この計画は事実上、東・中央ヨーロッパとバルカンのすべての民族の上にドイツが立つことを意味していた。したがって、ビスマルクの帝国からオーストリアが除外されることによる悲劇は、君主国そして地域全体でのドイツ人のヘゲモニーが突き崩されるに等しかった。しかしながら、シュメアリンクのドイツ的色彩の濃い中央集権主義が直面していた国内諸問題は、一八六六年以前にすでにそのような（決して生やさしいものではない）計画が、いかに問題の多いものだったかを示していた。ドイツをめぐる舞台でオーストリアの政策を妨害したのは、オーストリアの内部的な脆弱さだったのだ。諸侯会議の失敗の後、ドイツ人愛国主義者と提携し続けたいというオーストリアの願いは、デンマークに対してオーストリア・プロイセン連合が戦火を開くことにつながった（一八六四年）。それは、ドイツ人が多数であるシュレスヴィヒ＝ホルシュタイン公国がデンマークに統合されるのを阻止するためだった。一八六五年、ガシュタイン協定で遠く離れたホルシュタインを獲得したが、それを近いところと交換する交渉には失敗した。それは主に、外務官僚ビーゲレーベン（レヒベルクの弱体な後継者の下でオーストリアのドイツ政策を事実上采配していた）の反プロイセン主義が原因だった。ビスマルクほどの力量の男にとって、このことはホルシュタインをめぐってオーストリアといさかいを起こし、戦争にもちこみ、形を整え直したドイツからオーストリアを追い出すに十分な口実となるものだった。フランクフルト議会がビスマルクの連合提案を否決し、それは意外ではなかったが、それを受けてビスマルクが、戦争に訴えたということよりも、長い間温めていた軍事的帰結の外交的基盤を十分に整えていたことのほうが重要だと思われる。

というのもオーストリアは迫りくる争いに、一人で立ち向かっていたからだ。国際外交はフランツ＝ヨーゼフがイタリアの新国家に敵意を持っているために半端なものになってしまっていたし、同盟者になりうるはずのナポレオン三世はイタリアを庇護していた。ヴェネトをイタリア人に売却して、イタリアとプロイセンとの二正面戦争の危険を避けたらどうかというフランスの忠告を拒絶したものの、オーストリアは結局ヴェネトを手渡すことを申し出た。しかも、なんの見返りもなくフランスに。それが、一八六六年六月一二日のオーストリア・フランス条約の要となる条項で、これによってフランスは中立を約束した。直接イタリアにではなくフランスを経由してのヴェネト委譲は、オーストリアの尊厳を保つためだった。しかしすでにイタリアはプロイセン側についていた。もっとも、つづいて起こった戦争で、陸でも海でもイタリアはあっけなく敗れてしまったのであった。プロイセン戦線での決定的な会戦は、サードヴァー近くのボヘミア人の村で起こった。フォン・モルトケ指揮下の後装式小銃部隊によってオーストリア軍は算を乱して潰走し、四万三〇〇〇人が死傷した（一八六六年七月三日）。ナポレオン三世は彼の予想に反するこの戦いに介入しないことを決めていたが、そのことはオーストリアに手を引かせる圧力となった。プラハの講和はオーストリアに対し、フランスを孤立させかねないほどの領土要求はつきつけなかったが、プロイセンの指導の下に再編されたドイツからオーストリアを排除した。だが、ヴェネトは失われた。オーストリアの北方指揮官ベネデクは蟄居させられ、さらにイタリア、ドイツ、バルカンに同時に勢力を伸ばそうとした祖国の野望に終止符を打ったこの敗北の責任をとらされた。

国外での敗北のため、フランツ＝ヨーゼフは、内政改革に反対することがさらにいっそうむずかしくなった。反プロイセンのザクセン人、フリードリヒ・フォン・ボイストを九月に外相に任命したことでわかるように、サードヴァーの定めにフランツ＝ヨーゼフは楯つきたかったとすれば、なおさらであった。が、彼は、押しつけられた相反する計画から選ばなければならなかった。オーストリアとハンガリーという二つの立憲国家が「二重制」をとるというデアークの提案は単純さが取り柄で、サードヴァー後には穏健なものとも言えた。それと対照的に、君主国を五つの単位（アルプス諸邦に二つ、ボヘミア＝モラヴィア＝シレジア、ガリツィア、ハンガリー＝クロアチア）に分けるというチェコ連邦主義者の要求は、単純でも穏便でもなく見えたに違いない。その上、この案には、別個にウィーンと交渉するつもりのポーランド人とクロアチア人、それからスロヴェニア人の多数も、反対に回っていた。オーストリア・ドイツ人は、たいていは心情的に中央集権主義者だった。ただその中でもシュタイアーマルクのリーダー、カイザーフェルト率いる「自治派」は、マジャール人の二重制計画を喜んで受け入れようとしていた。何もかもが二重制にむかって動き始めていた。一八六七年二月ボイストはベルクレディに代わって国家大臣となり、ジュラ・アンドラーシ伯が、ハンガリー議会に対して責任を持つハンガリー政府を作るよう委任された。デアークの計画、とくに法律第一二号が議会で可決されるのを待って、フランツ＝ヨーゼフは六月八日、ハンガリー王として戴冠した。この道筋は、亡命したコシュート派の人々の犠牲によって、ならされたものだった。アンドラーシ自身も一八四九年に死刑を宣告され、わずか数年前に恩赦を与えられたばかりだった。

のちに「妥協《アウスグライヒ》」として知られるようになるこの変革によって、三つの共通省が共通内閣の外交・防衛・財務に携わることになった。さらに、引き継いだ国家債務、関税、通貨といくつかの間接税を含むいろいろな経済問題が「共通事項」とされ、共通業務に関する出費についての分担率確定とともに、一〇年ごとの共通規定見直しを視野に入れた交渉の対象とされた。デアークの計画のとおり、共通省の上にあるのは何らかの共通フォーラムではなく、オーストリアとハンガリー各議会の代表者であり、それはウィーンとブダ゠ペシュトで交互に会合し、個々に検討を加えるものであった。こうして妥協はオーストリアでは議会制度がその前提とされたが、ハンガリーではハンガリー人と君主との間で締結されており、こうした差異が最初からオーストリアとハンガリーの関係に一種の不均衡を生みだしたのだった。このことはオーストリアにおいて、とても厳格とはいえない批准過程となってあらわれた。ハンガリーとの交渉はオーストリアの各領邦議会の討議に付託するというベルクレディの約束は、事実上棚上げされた。シュメアリンク失脚後の政府は、ボヘミアとモラヴィアの領邦議会に選出された連邦主義を支持するチェコ人多数派の代わりに、ドイツ人多数派に圧力をかけ、滞りなく黙認を取りつけた。しかも帝国議会に妥協への「同意」が求められたのは、フランツ゠ヨーゼフがハンガリー議会の「法律第一二号」を裁可したあとのことだった。

とりわけスラヴ人がこの苦い丸薬に憤った。それはハンガリーにおいてはマジャール人、オーストリアにおいてはドイツ語民に対して、スラヴ人を端役として決定づける、苦々しいものだったからだ。一八六七年五月下旬、パラツキーと義理の息子リーゲルはモスクワに向けてスラヴ巡礼をした。それはパン・スラヴ主義への参加を目的にしたというよりは、彼らの怒りの表明だった。一八六九年、リーゲルはナポレオン三世に、チェコの大義へのフランスの支援を促す覚書を手渡した。彼の納得なくしてはドイツの拡大主義（スラヴと同時にフランスをも脅かす）に対抗するチェコの支援はありえなかったからだ。だがチェコにはまだ、国際的な足がかりがほとんどなかった。駐ウィーン・フランス大使は、迫害を受けているという彼らの訴えを当代きっての大嘘だと却下し、連邦主義はオーストリアを滅亡させるものだと断じた。

一八六〇年代後半ずっと、プラハは包囲状態にあった。

クロアチア人にとっては、この丸薬はかろうじて甘味を加えられた。それは、ハンガリー内部の下位の二重体制となるような自治については、ハンガリー政府が個別にクロアチア人と交渉せよという皇帝の要請のおかげだった。ハンガリーは、セルビアのミハイロ公が一八六八年六月に暗殺される前にすでにこのとき、公がシュトロスマイエルと秘密裡に交渉していた南スラヴ連合案をセルビアに断念させることに成功していた。ハンガリーはすべてのカードを手にした。（セルビアとクロアチアの一八六〇年代の関係は、「南スラヴ」の同胞という観念が慎重を要するあいまいさを内包していたことを反映している。一八六七年、ザグレブの議会がクロアチアに住むセルビア国民はクロアチア人と「同一」で、「対等」だという巧妙な決議をしたように）。まもなくクロアチア議会は、親ハンガリー統一派がシュトロスマイエルの国民党より多数派を構成し、クロアチア人の公用語としてクロアチア語を保証し、経済以外の事項で穏健な自治を認める、ハンガリー・クロアチア協定「ナゴドバ」を正式に可決した（一八六八年）。だが、クロアチア総督《バン》をハンガリー政府が任命するという点が、この協定の意義に傷をつけた。ハンガリーはまた、すべてのクロアチア人からは不法と思える口実を使って、海への出口リエカ（フィウメ）を自分のもとに留め置いた。ハンガリー内のそのほかの非マジャール人は、歴史的要求を承認させることに成功しなかったため、制度的に何も認められなかった。トランシルヴァニアをすべての国民が満足する方法でハンガリーに再合同させよというフランツ＝ヨーゼフの要請は、偽善的願望にとどまった。一八六八年、チェコとポーランドそれぞれの議会が出した重々しい宣言、軍政国境地帯（まもなく廃止されることになるのだが）で一八七一年に起きたクロアチア人の小規模な蜂起（すぐに鎮圧された）は、どれも影響力をもたなかった。立憲主義運動と国民運動の盛り上がった後の世代、オーストリア・ドイツ人とマジャール人リベラル派はしっかりとその報酬を受けたが、そのほかの人々は手ぶらのまま追い払われたのだった。

ここには、ある論理があった。フランツ＝ヨーゼフは「王統」についての伝統的な自負は捨てようとしなかったし、一八五九年以来、学ぶべきものを学びとっていた。

サードヴァーの屈辱の最大の責任は彼にあった（先帝フェルディナンドがプラハの隠居所で、「私でもあれぐらいのことはできる」とコメントしているように）[25]。ことを実現化する創造性に欠けていたが、それらに適応するのは得意で、右往左往を経た後に「旧保守派」よりは理にかなっていると思われたリベラル派寄りの決着がつくのだった。それなら、大貴族的な反絶対主義がオーストリアで機能しえたであろうか。八〇年前、革命前のフランスで同じようなことが、時代の潮流についていけなかったというのに。たしかに保守派は、非優勢集団の生まれたばかりのナショナリズムの中に中央集権主義に反対する盟友を見つけた。しかし彼らとの連携は到底、自然なものではなかったし、チェコ人、クロアチア人、セルビア人は、漠然たる連邦的信条の変動に伴って、しょっちゅう分裂していた。チェコの国権は歴史的な理論だったが、ハンガリーの国権は、誇り高い貴族の中に存在した政治的実態だった。だからフランツ＝ヨーゼフの一八六七年の選択は、その当時の道理にかなったものだったのだ。

だがこう言ってしまうと、ハプスブルク王朝がその主導権について妥協し、もっとも強力な臣民と取引したことを認めることになる。ここは、いまやオーストリア＝ハンガリー二重君主国となった帝国の近代史における重大な転換点だった。その移行には展望がないわけではなかった。王朝の周りの絶対主義的雰囲気は、諸政策とくに外交に関する政策への建設的な批判を難しくしていた。さらに言うと、ほかのほとんどのヨーロッパ諸国にとって、オーストリアはどこか遠くの地、専制ロシアのようなものに映っていた。無責任な絶対主義という重荷を振り払えれば、オーストリア＝ハンガリーは、ロシアに対する文化的優越を反映し、ヨーロッパ的であること、まっとうであることを強調しながらの発展を望むこともできた。

しかし物事には裏面がある。現実主義的な妥協は当時の力のバランスを映し出すものだった。そのバランスは変わり得る。一八六七年の立憲的取り決めが束縛になるのか、柔軟な適応への枠組みとなるのかは、二重君主国の将来の鍵となる問題だった。ヨーゼフ・レートリッヒは、できることなら一士官でいたかったともらした公僕シュメアリンクというはっきりしない人物に体現されるように、オーストリア憲政期の始まりには官僚的絶対主義とリベラリズムが混ざり合っていた、とみごとに書き記した[26]。さらなる妥協は新しいシステムにより民主的な要素を徐々に吹き込むことができただろうか。このことは、取り決めに付随する優勢—非優勢国民のヒエラルキーの問題を引き起こした。どうやったら、多国民社会を維持できるのだろうか。イギリスのリベラルな歴史家アクトン卿が一八六二年、オーストリアにいるドイツ人の中に見てとったように優勢国民の文化の結合力に頼るとしたら、一八六六—六七年のようなパラドクス（ドイツの権力の中心部から排除されているがゆえにヘゲモニーを握れるという）によって、その結合力は弱められないだろうか。もしそうだとしたら、オーストリア・ドイツ人の優勢が脆弱であるがゆえに、国民的な憤りがもっと広がるとか、それに代わるもっと挑戦的なもの、すなわち同じ権利を持った諸国民の民主的連携への動きに拍車がかかるのではないだろうか。しかし一八六七年には、そういった懸念は、まだ地平線の向こうに眠っていた。

第二部

立憲君主制
1867–1918年

第七章　リベラリズム

二重君主国は敗北感の下でこっそりと生まれたが、それがいつ始まったのかは、前身のオーストリア帝国の始まりと同じぐらいあいまいだった。実質的には、一八六七年二月二〇日、アンドラーシがハンガリー責任政府首相に任命されたことに始まると言えるだろうし、象徴的にはフランツ＝ヨーゼフがブダ＝ペシュトで六月に戴冠したとき、形式的には彼が七月、ハンガリーの一八六七年法律第一二号を認可したこと、または一二月にウィーンの帝国議会が「妥協」法を可決したことをもって始まったと言える。立憲オーストリアの初代首相となったカール・アウアースペルク公はこの赤子を非常に嫌ったため命名をためらい、オーストリア＝ハンガリー君主国（あるいは帝国）という名称は彼が辞職するまで認められなかった。そこで、オーストリア＝ハンガリーが名称の標準形として浮上した。軍隊など共通の組織は、当初、「帝国－王国《カイザーリヒ・ケーニヒリヒ》の（k. k.《カー カー》）」と呼ばれたが、のちにハンガリー人が文法的な対等性を求めて努力した結果、「帝国かつ王国《カイザーリヒ・ウント・ケーニヒリヒ》の（k. und k.《カー ウント カー》）」と改められた。しかし一九一一年まで帝国軍事省は、妥協にそぐわないその名称を変えようとしなかった。ハンガリーは一貫して「ハンガリー」のままであったが、君主国の残部の地域が「オーストリア」として認知されたのは一九一七年になってからである。それまでは公式には、「帝国議会に代表を送る諸王国と諸領邦」であり、時には、大げさな非公式の新造語であるシスライタニア、すなわち二つの国を隔てるライタ川のこちら側の地とも呼ばれた。かつて中央集権型だった帝国の状況が一変したことを、この名前が反映している。

続く五〇年間が、オーストリアと周辺諸国の人々の歴史のうちでもっとも記憶に残るものだろう。かねてウィーンは芸術で名高かった。いまや第一級のオペレッタに加え、マーラーやシェーンベルク、環状道路《リンクシュトラーセ》の建築様式、分離派《ゼツェッシオーン》やウィーン・モダニズムなどの芸術的奔出は、強力な知的潮流となった。また近代的精神分析のジークムント・フロイト、言語哲学のルートヴィヒ・ヴィトゲンシュタイン、限界効用経済学のカール・メンガー、政治的シオニズムのテオドール・ヘルツルなど、ウィーンは諸学の創始者たちの故郷となった。それは、若き日のヒトラーにとっても、同じであった。ハンガリーでもこの時期は首都ブダペシュトが発展し、本格的な翻訳を通じて、ヨーカイやモルナールといったハンガリー人作家が国際的な場で名を残すことになった。チェコ諸邦ではスメタナやドヴォジャーク（ドボルザーク）の音楽が、二世紀半ぶりにチェコ人の名を晴れ舞台に上らせた。南スラヴ世界には優美なザグレブの町が誕生し、イヴァン・メシュトロヴィチが作った記念碑彫刻がおかれた。この彫刻は、外交的なごたごたを通してその野望がだんだん知られるようになっていた南スラヴ人アイデンティティに、世界という舞台においても比類のない魅力を与えていた。二重君主国はかつて例のない経済発展と文化的進歩の時代にあり、そこでの問題は過去の諸帝国のように停滞から生じるのではなく、成長の過程から生じるものであった。

再編された君主国を機能させるための立憲的調整は、皇帝＝王に二つの顔を要求した。それは二つの宗教的忠誠に服したイギリスの君主や、フラマン人とワロン人のアイデンティティを併せもつ現代ベルギーの国王よりも、もっと込み入った重要な二つの顔だった。フランツ＝ヨーゼフは頻繁に共通閣議を主宰したが、これはオーストリアとハンガリーの政治家が意見を交換する唯一の場であった。重要問題については、オーストリア閣議またはハンガリー閣議を主宰し、ハンガリーの閣議はハンガリー語で行われることになっていたが、この言語的儀礼をフランツ＝ヨーゼフはまれにおかすことで、心中のいらだちを表に出した。君主個人が果たす役割はとても重要ではあったが、王朝の伝統と敬意を超える、何らかのイデオロギー的支柱がなくては、この激動の時代に二重制が五〇年間も持ちこたえることはできなかったであろう。

その基盤となる根本原理は、王朝への忠誠心と、オーストリアにおいてはドイツ人リベラル派がヘゲモニーをもち、ハンガリーではマジャール人リベラル派がヘゲモニーをもつという原則が一体となったものであった。一八五〇年代に行きすぎはあったものの、フランツ＝ヨーゼフにとってリベラリズムは受け入れやすいものだった。王朝の伝統は基本的にヨーゼフ主義だったからだ。法的平等、公平な行政、ある特定の教義や階層に利することを自制するといったヨーゼフ主義の原則は、国家でなく臣民の視点から再解釈してみると、リベラルなひねりを加えることもできた。逆もまた真なり。リベラリズムは、この中央ヨーロッパの官僚制国家のたくさんのお荷物を引き受けることで、受容されたのであった。

しかし二重制の根本原理には、不均衡なところがあった。マジャール人は自分たちの国家では支配者となるが、最終的には、もっと広く発展しているドイツ人の産業、科学、言語の主導的役割を受け入れる形で（完全同化ではなく）、中央ヨーロッパ全体を支配するドイツ文化に譲歩するものとされていた。彼らは全き独立国家の夢を捨ててしまったのか？　その意味では一八六七年協定のイデオロギー的土台は、ドイツ的なものであった。オーストリア・ドイツ人のリベラリズムはヨーゼフ主義の伝統を自分のものとしつつも、それを文明全体で支えたのである。拡張しつつあるハプスブルクの諸都市の優雅な重厚感、拡大した帝国を取り囲むように扇形に広がった鉄道ネットワークとそのパステルカラーの駅舎、領邦の中心にのし上がり、さらには国民の中心にならんとする豪華なオペラ座、こういったものの裏にあるのはドイツ人ブルジョア文化の持つ勢いだった。二重制の初めのうち、ある人々はこういったドイツ的世界が支配的な役割をもつことを強く意識していたので、二重制は心理的にまったく受け入れられていなかった。多くのオーストリア・ドイツ人は心の底では、一国主義者のままだったし、オーストリアがドイツ的大義のリーダーとして一八六六年の敗北をひっくり返してほしいという切望が、軍人の間にはいまだにあった。

二重制下でのドイツ文化のヘゲモニーは、究極的には自治ハンガリーにも関連するのだが、直接的にはオーストリア内の非ドイツ人と衝突した。初期のシスライタニア構想者は新しい政体がドイツ啓蒙主義に由来する勝利者ドイツの教養《ビルドウンク》および財産《ベズイッツ》の価値観をできるかぎり反映することをもくろんでいた。力動的なドイツ語圏での発展の印象があまりに強かったため、ハプスブルクのドイツ人たちは、リベラリズムとドイツ・リベラリズムの区別がつかなくなっていた。また総合力としてのリベラリズムの役割を、思ったほど直接損ねることにもならなかった。ドイツ人の経済的・文化的な力が強いのは事実だったから、それに対抗しようとする非ドイツ人ナショナリストのおきまりの罵倒は、二〇世紀のアメリカ帝国主義に向けられた非難と同様、必ずしもまともに取り合ってもらえなかった。だが中長期的に見ると、オーストリアのドイツ人リベラリズムが、国民を超えたアイデンティティになりえなかったことがそのアキレス腱となった。統合は失敗した。こうして、二重制期オーストリアの歴史を書くことは、政治・社会・文化的な要素が絡み合う中で、ドイツ人リベラル派のヘゲモニーが腐食して、そこから非ドイツ人ナショナリストが解放される道筋をたどる作業となるのである。その結果として、完全に組織化され、文化的にも一体であるスラヴ人コミュニティが低い立場に置かれていることに恨みをつのらせつつ発展していた。

オーストリアでドイツ人のヘゲモニーが衰えたことは、ハンガリーにも大きな影響を与えた。二重制の前提、すなわち二つの支配的国民の協同を覆したからだ。そしてその結果としてハンガリーの相対的な自信と相対的な影響力が大きくなり、君主国で優勢なのはハンガリーのほうだとみなす論者もあるほどだ。しかしそうであったとして、またその点が強調されうるかぎりにおいて、このことはハンガリー自身のみならず、シスライタニアの諸事態をも反映していることになる。この章そして本書の後半では一定程度オーストリアの情勢に重きを置くことになるが、それは君主国ではオーストリアのほうが人口が多かったからではなく、もし上記の前提が正しければ、それがこの地域全体の事態の推進力であった（オーストリアの）ドイツ人リベラル派の支配者としての外見がたどった命運だったからである。それゆえ議論は、その自負の探求、その信条、価値観、社会的基盤から始めるべきであろう。

だがその前に、背後にあるとても重要なテーマにふれなくてはならない。以下では君主国の国内情勢に重きを

ーのエリートに、彼らのエネルギーすべてを吸い上げるほどの課題を残していた。すなわち、帝国官僚機構から、建設中のブルジョア社会の主導的役割を引き継ぐことである。これこそが、リベラル派の挑戦であった。

オーストリアにおける一八六七年体制

二〇世紀の大災厄が、ドイツ人リベラリズムを語るときにまだ影を落としている。たしかに、そのオーストリア・ドイツ的形態は、最初から妥協的な性格を帯びていた。ドイツ人リベラル派がいかに権力を握ったとしても、それは、フランツ゠ヨーゼフとマジャール人の妥協の副産物として見られるかもしれないのだ。サードヴァーの敗北以後、ドイツ語話者たちは、自分たちが誇りに思っていた「単一オーストリア」の解体の不幸な見物人にとどまった。若きエルンスト・プレナーは、帝国としての統一を保ちつつ二つの責任ある政府を合体させようと願うのはとても不可能だとして、新秩序に黙々と従ったとして父を批判した。[2]「妥協」に強く反対していたチェコ人の節制主義者がいないなか、特権の保全のため政府側に立ったポーランド人とともに、帝国議会内のドイツ人リベラル派は、マジャール人が単に自分たちと国王の間の取引として示した「既成事実」にしぶしぶ従ったのだった。

だからといって、一八六七年にオーストリアのドイツ人が完全に受身だったわけではない。彼らは機会をとらえ、一二月に行われた帝国議会での「妥協」の批准をフランツ゠ヨーゼフとその側近が予測していたより、もっとずっと進んだ立憲制の修正と関連付けて成立させた。多元主義社会の急成長を促した帝政ドイツよりも多くの点で、もっとリベラルな枠組みが作られたのだった。

こうして「妥協」を認める帝国議会の一八六七年一二月二一日の「基本法」は、他に四つの法を伴うこととなった。それは多分に諮問的であった一八六〇―六七年の構造を、十分に一人前の立憲君主制に変えることを目的としたものだった。内閣の責任原則に従って、あらゆる勅令には大臣の副署が必要とされた。相変わらず領邦議会から間接選挙で選ばれる方式のままではあったが、帝国議会は立法の主導権を手にした。それを側面援助したのが貴族院である。そこには世襲貴族と、皇帝によって指名された一代貴族がいた。一〇月勅書と二月勅令では無視された市民権も明記され、特別法廷（帝国裁判所）がそれを監督するために設立された。これは一八七六年に、行政の不正を正す権限を持った行政裁判所と合併した。集会結社の権利に関する諸法が一八六二年の出版と宗派に関する法律を補完して、より自由な社会の発展を促進した。地方政府では「両輪」の原則が強化され、選挙による地方自治体・都市（ボヘミアのように時には郡単位でも）の自治委員会は、警察の統括を主任務とする政府任命の役人とともに教育・厚生・福祉・交通・産業政策・公共施設など広範囲を管轄した。この体制では司法面の強化が行われた。判事は終身官とされた。あらゆるレベルで行政と司法は分離され、政治的出版物事件で陪審員裁判が導入（一八六九年）されたことは、まさに、その後一八七三年法典（口頭、公開での訴訟手続き、判事と検事の分離など、いろいろな保護手段を法制化した）において、それがもっと大幅に復活する前ぶれとなった。リベラルな国家が法治国家《レヒツシュタート》になろうとしていた。

法治国家を言明するには、あらゆるリベラル派にとっては一八五五年の政教協約《コンコルダート》で保障されたカトリック教会の特権の剥奪が必要だった。彼らの眼には、これは文字通りカノッサの屈辱と映っていた。これは一八六八年五月、三つの五月諸法によって達成された。教育を教会が後見することは終わり、ユダヤ教も含めた宗教団体に対等の地位が与えられ、市民婚が復活し、そのおかげで諸教徒が混在する組合での非カトリック教徒への圧力も弱まった。この立法が最終的に可決されたとき、ウィーンの街はお祭りのように灯りがともされた。さらにヴァティカン公会議が教皇の無謬性を宣言した（オーストリアのほとんどの司教は当初反対した）あと、一八七〇年、オーストリア政府は政教協約を正式に破棄した。もっとも、オーストリアのカトリック教会はヨーゼフ主義的傾向を残していたから、リベラル派と聖職者の論争も、のちのプロイセンの文化闘争《クルトゥーアカムプフ》のような激しさはなかった。リンツのルディギアー司教は五月諸法への抵抗を呼びかけたかどで二週間の投獄が宣告されたが、これは特異なケースにとどまり（しかも、皇帝によって赦免された）、国家教会のしきたりもなお保たれたままだった。

聖職者の暗闇と現代の光というリベラルなイメージが繰り返し出され、教育に野心的に取り組む新しい体制を後押しした。一八六八年五月、八年間の初等教育が義務化された。一八七二年の規定では、大学での学問の自由という一八四八年の要求を認可した。一八七四年ザグレブに、一八七五年ブコヴィナの首都チェルニウツィに、新しい大学が設立された。オーストリアのリベラリズムが、人間の自由という普遍的イデオロギーとしての自己イメージに一番近づいたのは、教育と市民権条項においてであった。オーストリアの一八六七年体制では、一八四八年の条項がドイツ帝国憲法より多く具現化された。たしかに「基本法」では、人権に関するものについてクレムジール草稿とまったく同じ言葉が頻繁に使われている。学校、行政や公共生活での諸言語の対等な権利に関するクレムジール宣言は、ここでは有名な第一九条となった。かつて一八四八年に活躍した帝国裁判所のアントン・ヒーのようにリベラルな精神を持つ人にかかると、第一九条は、個人の自由の範囲を拡大する判決の前例をつくる基礎として役立つように考えられたが、実際は、それは非優勢集団の法的地位を高める基礎となった。

リベラル派が組織改革に真剣だったことは、軍隊のような因習的な組織までも、視野に入れようとしていたことからわかるだろう。リベラルな軍事相、男爵でもあるクーン少将（一八六八―七四）は、あらゆる軍事当局に、彼の（つまり議会の）権威を認めさせようと苦労した。軍最高司令官アルブレヒト大公は単なる監察長官となり、参謀本部はすべての士官に開かれて、いわゆるエリート的機能を失い、皇帝の軍事顧問は軍部との直接接触を断たれた。兵学校は一八七三年現在、任についている士官たちに、部下を理解し、個人資質の向上をめざすという、より人間的な教育をほどこすものとされた。一方で、数多い――主にブルジョア専門職である予備役士官に、職業軍人となることを奨励する方策が講じられた。大演習のための常設兵舎と移動厨房は、軍隊生活をいくらか過ごしやすいものにしてくれた。だが、こうしたことの多くは有効な意味をもたなかった。普仏戦争のときの貧弱な動員と、より効果の高い元込め銃を早く導入できなかったことで、一部からクーン少将は不信をもたれていた。そのクーンは日記の中で、自身が「スペイン的絶対主義、頑迷固陋、教皇至上主義、いんちき、イエズス会士的策略家」と罵倒したアルブレヒト大公と、軍事顧問団の長フリードリヒ・ベックによって失脚させられた。(3) そして一八八一―一九〇六年、復興した参謀本部を主宰したベックは、二重君主国の軍隊を方向づけた。彼の主な改革は一八八二年に部隊を地域編成にしたことで、それは時代が変わったことをまざまざと見せつけた。以前は、兵をできるだけ故郷から遠くに動かすようにしていた。それは支配階級の猜疑心に基づくものだったが、市民意識が高まり、徴用兵の軍隊体験が積極的にとらえられる風潮からみれば時代遅れとなっていたからだ。

　他の点から言っても、「妥協」後のオーストリアの諸施策はリベラル派の未完の作品であった。一八三〇年革命後のフランスやベルギーの憲法とは異なり、一八六七年の「基本法」（フランツ＝ヨーゼフのために「憲法」という語は避けられた）は公には、国民主権ではなく、君主の聖性と不可侵性を謳い上げるものだった。帝国議会が大臣を弾劾する権利は責任内閣に関する法を通して明確にされることはなかったし、実際、内閣は自分たちを任命した皇帝に対しての責任を負うものだった。フランツ＝ヨーゼフは外務と軍事について完全な統轄権を保持していたが、ただし、徴用兵の数、軍事予算、公共出費を伴う項目については議会の承認の権限――とるに足りないわけではないが、その強さは試されていなかった――を前提にしていた。リベラル派が力を入れていた宗教面においてすら、一八七四年の政府覚書では、カトリック教会は、リベラル派が言うような、単なる任意団体のひとつにあたるものではないとはっきり述べている。公式の見地からして教会は特別な役割を保ち続けるであろう。教会の望みがかなえられて当然のところに国家権力が行使されるのである。ただしそれは、教会に対して、リベラルな団体の諸権利が意味するより大きなコントロールを国家がもてるという条件のもとでのことであった。この認定の意味は大きかった。立憲オーストリアでは西欧的なリベラリズム理解の枠から外れて、国家というものが大きな権威を享受していた。領域内の任意の活動もすべて国家の監督権《アウフズイヒトレヒト》の下にあったが、誰も疑問を唱えなかった。昔からの伝統である情報屋《フエアトラウエンスマン》を使って当局は社会の動きに目を光らせ、適当と思われる時に結社や組織に干渉するのも意のままだった。一八六七年体制においては、「法の範囲内」でのみ出版の自由は保障され、国益に反するとみなされた作品は出版のための供託金が没収された。反抗的なルドルフ皇太子が一八八〇年代、左派リベラルの日刊紙に匿名で投稿したとき、ユダヤ人編集者セプシュはそれを書き直さなくてはならなかった。このような批評が検閲を通るはずがなかったからだ。大臣通達《フエアオルドヌンク》は議会法よりもずっと浸透していた。

　オーストリア・リベラル派がこういった手法を受け入れたのは、ヨーゼフ主義の伝統によるところが大きい。だがそれは、この手法が、リベラル派の、国民的あるいは社会的競合相手により広範に適用されたからであった。一八六八―六九年の一八ヶ月の間に、チェコのナショナリストであるジャーナリストたちは計七三ヶ月の投獄を命じられた。また、一八六七年の結社法は賃金交渉のための組合設立を認めなかった。リベラル派は、シュルツェ＝デーリッチュ〔協同組合の提唱者〕の「コミュニティの信用と自助」という考えに影響されて、一八六〇年代後半に各地に設立された労働者教育協会の方式を好んだ。だが、大都市にあるその協会のいくつかが社会主義（ラサール派）の方向に動き始め、政府の不審を招いた。一八六八年設立のウィーン労働者教育協会が普通選挙権、協同組合への政府援助、常備軍の代わりに民兵組織を要求し、二万人の労働者がこれに賛同してデモをすると（一八六九年）、内相ギスクラは、それはユートピア主義者の夢物語だと罵倒した。それに対するリベラル派の対応がいろいろだったことは、彼らの二重思考の証である。一八六七年結社法は賃金交渉を認めるように改定され、おかげで労働組合も合法化されたが、ウィーン労働者教育協会は「政治結社」であることを口実に解散させられた。直接税一〇フローリン以上を払っている者のみに認めるという厳しい選挙権のために、労働者階級だけでなく下層中産階級の大半の人々が、通常の政治的プロセスから排除されていた。投票権をもっている者も、選挙部会《クーリエ》によって票の重みに差があるために、自分たちの影響力が制限されていると感じていた。一八七二年ボヘミア議会に選出された地主たちの選挙部会の七〇人は、わずか四四五人の地主の中から選ばれていたし、第三選挙部会に属する都市在住投票人の票は、農村の第四選挙部会の票の四倍の重みに値した。これが、いわゆる財力あるエリート階級のリベラリズムであった。

　一八六七年シスライタニアに確立した体制のリベラリズムについて、西ヨーロッパのより確固としたモデルと比べて、外部の者と同じぐらい地元の筆者たちが苦々しく語っているのも驚くにはあたらない。しかし、慎重を期すべきだろう。ルイ゠フィリップのフランスや、コブデンとブライトが結局覆せなかった貴族制のイギリスにおけるブルジョア議会主義は、実際は、それほど強固だったわけではない。さらに一九世紀のドイツ語系のリベラル派は、（権力を握ることより）法治国家建設に熱心だったが、しばしば示唆されてきたほど法律万能主義に汲々としていたわけではなかった。近年の歴史研究では法治国家という枠組みが、より近代的で多元的な社会を創出するのに成功したことに言及している。たしかにオーストリアを取り巻く情勢によって、オーストリア・リベラル派の国家と皇帝の威光に対する敬意に特別な一面が生じた。たとえば一八六八年に宗派関連法が議会を通過したときのウィーンの人々の熱狂はフランツ゠ヨーゼフが眉をしかめるとたちまち鎮静し、おどおどするようにまでなってしまった。では本物のリベラリズムを測るものさしは何なのだろうか。オーストリアのリベラル派は、イギリスの実践が自分たちの思い描いていたほどには頼れないものだと知って当惑している。君主一人に内閣が責任を負うという体制は、イギリス史から借りてきたカビの生えた弾劾の概念では保障できなかった。そこで彼らは気転をきかせて、イギリスがうまくいった秘訣は憲法条文そのものからではなく、その社会発展にあるという結論を下すようになった。

たしかに、一九世紀のヨーロッパ・リベラリズムを一貫した教義の集合体として考えると、考察すればするほどつかみどころのないものとなってくる。これより的確にとらえやすいのは、何らかのかたちで自らを歴史のリベラルな流れにあると意識していた人々、およびそういう人々がヨーロッパの各国において占めていた社会的歴史的な立場である。その意味でオーストリアのリベラリズムを理解するのに一番適切なのは、次のように問うことである。オーストリアのリベラル派とは、いったい誰のことなのか？

オーストリア・ドイツ人リベラル派とその信条

つい最近まで、オーストリアのドイツ人リベラル派についての議論は、その規模と展望に限られていた。フランツやエーダーらの古い時期の研究は、学術、専門職、商業など狭い意味でのブルジョア・エリートらの、かなり教条的で無節操な像を見せてくれる。それは他の社会（主にイギリス）から引っ張ってきた、オーストリアの実情には合わない鳴り物入りの特効薬への興味を共有する人々の像でもあった。その批判には真実もあるが、やや誇張されている。オーストリア・リベラリズムの構造は、それが向こうを張ろうとした、いろいろな運動の構造とさして違うものではなかった。いくらか簡潔ではあったにせよ、他と同じく、時には核となるブルジョア勢力の範囲をずっと超えた影響力をもつ、主導的な勢力であった。たしかに、一八六〇―八〇年の「黄金期」には、ヨーロッパの主要なリベラリズム、とりわけイングランドのお手本にみられた三層分離の様相がはっきり見て取れた。大貴族的な「ホイッグ主義者」、主流となるブルジョア・リベラル派、そして雑多な急進派というものであった。

　上層に属する保守‐リベラル派地主たちから成るイングランドのホイッグについて言えば、オーストリアにもこれに相当するものがあった。一八六八―六九年首相であったカール・アウアースペルク公およびその弟、一八七一―七九年の首相であったアドルフ・アウアースペルク公らは、ホイッグの本物の大貴族エリートの素質をまさしく備えていた。カール・アウアースペルク公の片眼鏡、鼻にかかったしゃべり方、プラハの貴族劇場に有した専用特別席、一族の名誉についての感覚（お気に入りの甥を決闘での死に追いやった責任）などから、フリードリヒ・ボイストだけは彼のイデオロギー上の確信に疑念を持っている。しかしカール・アウアースペルク公は死の直前、自ら誇ることとして二つのことを語った。家系の「啓蒙的」伝統と、一八六八年五月諸法成立の際に果たした役割である。その遠縁のアントン・フォン・アウアースペルク伯（詩人のアナスタシウス・グリュン）は、この時期のリベラリズムについて、かなり曖昧で迫力に欠けてはいるが最も有名な定義づけをした。すなわち、「リベラルの気質を持った人とは、たとえ見つけることを期待していなかったところにでも正義を見つけたら、それを尊重する人のことである。なぜなら、自由は正義の感覚と分かちがたく結びついており、前世紀のような〝革命的盛り上がり〟ではなく〝平和に改革が進む〟ことを認めるものであるから」[4]。ほどよい合理主義がオーストリアのホイッグ主義の半面だとしたら、もう半面はオーストリア自身といくらか立憲的色彩を加えた帝政という思想への忠誠である。立憲的自由を認め、かつ諸党派の上に立つ皇帝は、今では、議会がその良心に基づく投票によって機能することを望んでいた。その意味で帝政の権威は、立憲派貴族たちの強烈な思い入れをそのままに残すオーストリア人のアイデンティティの象徴となった。カール・アウアースペルクは一八六二年に美文調でこう記している。

帝国の威力と威光を、力を尽くして育みかつ増大させるべく固く誓ったうえは、貴族院はあらゆるものを前にしてその最高主宰者の権力を支えるであろう。なんとなればその成員において、この君主の権力が神の恩寵により君主に託された国民の利益を増進させるための、また広大な帝国におけるあらゆる人々の間の政治的調和と政治的均衡を達成するための強力な手段たることを、確信してやまないからである。(5)

選挙部会《クーリエ》システムに支えられて、同じ中央集権主義者のドイツ人的共通感情をもつ地主たちは、帝国議会や領邦議会で、支配層リベラル派の選挙人グループの一つ、「立憲派大土地所有者」クラブとして組織された。

だがリベラル派の核は中産階級だった。一八六八年の内閣が、九人の大臣のうち三人が貴族だったにもかかわらず、「ブルジョア内閣《ブュルガーミニステリウム》」と呼ばれたのは、当時の人々が、政府の重心はそこにあると見たからである。財務相ブレステルが、閣僚たちの儀式的な御披露目の場で持ちなれない短剣を足の間に落とした時のフランツ＝ヨーゼフのおかしがりようは、社会が移行しつつあることを象徴的に伝える興味ぶかい逸話である。新内閣が代表するブルジョアは、オーストリア政界でこれまで演じてきたよりずっと幅広い役柄を演じることとなった。商工業で力を蓄えたこの層は、いろいろな面で頭角を現してきた。たとえば、かつての特権階級の社交的なひけらかしの場であった界隈に環状道路《リンクシュトラーセ》が新しく登場すると、彼らはそのあたりに豪華な家を手に入れたりして、割りこんでくるのだった。もと錠前師フランツ・ヴェルトハイムのシュヴァルツェンベルク宮殿はウィーンのヴォティーフ教会の建築家の設計になるもので、一八六九年にヴェルトハイムの二万個目の金庫が製造されたとき、小ヨハン・シュトラウスに特注したポルカ〔「鍛冶屋のポルカ」〕によって祝福された。ヴェルトハイムは市政委員で下オーストリア議会の議員であり、一八七一年には帝室顧問官となり、鉄十字五等勲章をも授けられた。授爵されて貴族院にのぼった他の実業家としては、鉄鋼所所有者のフランツ・マイヤー、プロテスタントのテンサイ糖業者アレクサンダー・シェーラーなどがいる。商売人は政界の高いところを目指さなかったようである。彼らは一八七〇年代半ば、リベラル派の主要日刊紙『新自由新聞《ノイエ・フライエ・プレッセ》』の読者のうちで一つのグループとしては最大の一七%を占めていたが、議会のリベラル派指導者としては一人しか輩出せず、それは、モラヴィアのテンサイ糖業者アルフレッド・スキーンというスコットランド系の人物だった。

　多くのリベラル派指導者たちは、教育を受けた専門職の出だった。イグナーツ・フォン・プレナーのようなヨーゼフ主義官僚の役割が縮小する一方で、個人弁護士、学者、医者、ジャーナリストや物書き、出版人の役割が拡大していった。一八七〇年代に議会のリベラル派指導者として知られたエドゥアルト・ヘルプストは弁護士だった。世紀末までグラーツの高額納税者の三分の二は自由専門職の人々で、その共通項は教育であった。ボイストが一八六七年、妥協の法制化のための法案の貴族院通過を確かなものにするために上院議員を任命しようとしたとき、『新自由新聞』は、上院を「知識ブルジョア階級の貴族、ブルジョア勤労者の貴族、科学芸術の貴族」に開くことによって、その層を社会的に認知せよと論陣を張った。[6] かなりのところまで、それは実現された。一八六七―六九年、ウィーン大学だけで六人の教授が上院に指名されたし（一人はならず者の保守派だった）、一八六七―七三年には帝国議会に同じく六名が連なった。歴史家たち（アドルフ・ベーア、アルフレート・アルネート、フランツ・クローネス）の間から代表を確固として送りだしたことは、リベラルな潮流の中で政治的に傑出した歴史家がどこでも求められるという一般的な風潮に呼応するものだった。たとえば、一八四八年のフランクフルト国民議会ではダールマンとゲルヴィーヌス、イングランドではマコーレー、フランスではギゾー、君主国そのものでもスラヴ人のパラツキーやラチュキがいたように。しかし、リベラリズムの合理主義的側面は、自然科学者たちにとっても魅力的だった。ウィーン大学の選出による初代学長（一八五二年）にして科学アカデミーを主宰し（一八六九―七八年）、ウィーン大学医学部の学生数が一八五九年の五九〇人から一八八五年の二二四八人にまで増えた当時の長であったロキタンスキは、おそらく上院でもっとも有力な代表的リベラリズム信奉者であった。一八六七年以来、ウィーン大学地質学教授のエドゥアルト・スュスは、その科学的手法への情熱（および、それへの一般人の蔑みへの憤慨）をもって政界に乗り出したもう一人の例であり、ウィーン市政委員、下オーストリア議会、さらに帝国議会に、つぎつぎに名を連ねた。

二重制初期のリベラリズムの最大の特徴はおそらく、出版の役割が大きくなったことである。この時期のヨーロッパではどこもそうだったが、機関紙が雨後の筍のようにたくさん生まれ、これまで述べてきたようにオーストリア・ドイツ風の面があったとしても、ほとんどがリベラルなものだった。「偉大な力オーストリア、ドイツを守る柱オーストリア、立憲国家オーストリア、偉大な、ドイツ的な、自由なオーストリア……これは我々を興奮させ、すべてにおいて導く政治信念だ」。一八六四年、『新自由新聞』の創刊号はこう謳い上げている。[7] 販売部数三万五〇〇〇部のこの新聞は、一八七四年に部数においては他のリベラル紙に追い抜かれた。しかし五、六〇〇人の従業員、そして国内外に二〇〇人の通信員を擁し、文学・学術界に強い絆をもつこの新聞の影響力は最大だった。リベラルな編集人たちは、ウィーンのカフェ・ダウムで、リベラル派政治家と懇談を重ねるのだった。こうしてリベラルな出版報道は、拡大しつつあるリベラルな世界の諸潮流をまとめて、リベラル派理論の社会展望の核心となる世論を作り上げたり助長したりする新しいネットワークを提供した。一八六九年以降、君主国の大きな都市に、カトリック出版協会が作られたが、その新聞の購読者数はリベラル派のライバルにしてみれば、取るに足りないものだった。

それでは拡大途上のリベラル派メディアが喧伝した思想は、どんなものだったのか。リベラル派の人々は、自分たちは時代遅れの無知や頑迷さといった足かせから解き放たれた新しい世紀に生きていると信じていた。これは政治面では、過去の規範を拒絶することは、新しい中央集権的憲法に対して領邦の歴史的権利に根ざす連邦派の議論を持ち出して異議を唱えることができない、ということを意味した。また経済面では、自由放任《レッセ・フェール》と自助を意味した。下オーストリア商業庁は一八六七年、次のように宣言した。

> もし自由で秩序立った市民活動を阻むすべてのものを取り除くならば国家は自らの義務をまっとうしたことになる。そのほかのすべては、工場主の思慮と仁愛そして何よりも労働者個々の努力と節倹によって成し遂げられるであろう[8]。

一方、この思想は、文化面では宗教とその公的役割についての知識層の主張に、ぶしつけな批判が頻繁になされることを意味した。「知識と信仰は、まったく異なった二つのものだ」とロキタンスキは論じる。「知識は事実に基づき、信仰は権威に基づく。知識は進歩を司るが、信仰には内面世界しかふさわしくない[9]」。ユダヤ系のベーア教授は、一八七〇年の教皇の無謬宣言は文明社会への宣戦布告だと公言した。

　こういった考え方が一般性をもつようなある種の風潮があった。実業界の外部にあってリベラル派が拠って立つ経済原則の知識は浅薄で型どおりのことが多く、その保護政策反対といったような原則は、せいぜい西の工業先進国にしかあてはまらないという感覚に制約を受けたものであった。オーストリアと「近代性」の乖離は痛切に感じられており、ギスクラのような保守的リベラル派がオーストリアには西欧型の「社会問題」はまったく存在しないとあえて言ったのも、そのためである。もっと言うなら、自由放任が公費によるインフラ整備への気乗り薄につながったわけではなかった。かくてリベラリズムは近代性と科学に基づいた公共事業礼賛の立場に立ったが、と同時に、新しい知識は人間のよりよい生活のために用いることができるし、また用いられるべきだという信念をも支持したことを忘れてはならない。リベラル派の科学者エドゥアルト・スュスは、腸チフス予防という個人的な責任感からウィーンの水道事業改良を訴えたが、彼はウィーン市政委員会の仲間である書店主が、そのプロジェクトを採決する最終投票の後、「これで私は幸せに死ねる。良き目的に寄与できたのだから」と言って泣いたことを回想録に記している。[10]

学問好きの社会に対応して、ブルジョアのリベラル派は教養《ビルドウンク》による自己啓発を非常に重視した。教養はリベラル哲学が持つしこりを解きほぐし、明らかに不公平な現在からユートピア的将来への移行を可能にしてくれるはずのものだった。確かに、その概念は位階性の強いものだった。改組された初等学校は、大衆を農業者、職人、労働者など地味な職業につかせるためのものだったし、実業学校と市民学校《ビュルガーシューレ》はもう少し高度な商業や聖職の訓練をほどこした。古典的ギムナジウムや一部は実科中学（ラテン語は教えるが、科学により力を入れギリシア語はなし）の流れをくむ高等教育の領域は、あいかわらず上層中産階級の人々が占めていて、彼らはいまや、気持ちの上では貴族のつもりだった。有名なウィーンの古典学者テオドール・ゴンペルツは一八八五年の覚書の中で、単なる「講座外教授」たちが教授会選挙に出席し投票できるというオーストリア的慣習をあざ笑い、えせ民主主義と断じている。つまりそれは、勝ち残れなかった人々に対しても、自分たちよりもすぐれた人々に関する問題を論じたり、あるいはまた、客観的というより単に身内の利益を代弁するだけの票を投じさせることを認めるものだというのである。真の社会改革の基盤たる個人の倫理涵養に相反する利益追求ばかりに眼を向けることは、急進リベラルのジョン・スチュアート・ミルの犯した過ちだと、ゴンペルツは言う。[11] ゴンペルツの言うリベラルな教養市民《ビルドウンクスビュルガートウム》はたしかに、しばしば非常に才能あふれていた。ウィーン市長カエタン・フェルダーは法律家、大学講師、通訳（一三ヶ国語ができた）、旅行家、蝶についての定評ある本の著者、五万枚に及ぶポートレートの収集家であり、晩年にはオーストリア科学アカデミーの会員ともなった。そのうえ、フェルダーは若いころにはエトナ山に登頂し、エルンスト・プレナーはモンブランに登ったことがある。ゴンペルツはグロスグロックナー山に初登頂した隊員だったことをとりわけ自慢していた。氷河帯の荘厳さを偉大な芸術の喜びにゴンペルツはたとえるが、それはリベラル派が通常は拒否していた伝統的宗教の持つ情緒的な力に代わるものを、どこに求めたかを示している。

ブルジョア・リベラル派のエリート意識は、ドイツ人が支配する帝国とのつながりについての密接な感覚によって増幅された。その意味で、この国家は彼らのものであって、チェコ人やポーランド人のものではありえなかった。一八八四年、帝国議会でベーア教授は主張した。「オーストリアに住むドイツ人はまず国家があり、ついで個人の自由があると確信している」。彼らは、「オーストリアの国家意識という一つの考えに支えられている」と。[12] スラヴの農民が近代ブルジョア路線に沿って内在的に発展することが不可能か否かは、ドイツ語新聞での議論の争点だった。だからスラヴ人はドイツ語を通して自らを高めていけるとする教育相シュトレマイアーの議会演説（一八七六年）は、スラヴ・ナショナリストにとって受け入れがたいものであったと同時に、ドイツ人には懐柔的なものに聞こえた。

彼ら〔非ドイツ人〕はそれぞれの国民性を保持できるし、その言語を磨くことができる。……しかし紳士諸君、彼らは心に留めておかなくてはならない。チェコ人がこの地ではもっとも遅れた人々だとしても、そのチェコ人がドイツ語を使うことによって帝国の偉大な事業に参画できるような地位に上り詰めることを妨げるような者がいるとすれば、その者は、自国民体にとっての敵となるのである。[13]

文化の先鋒を担っているというエリート意識は、オーストリアのドイツ人ブルジョアを最もしっかりと結びつけた特徴かもしれない。その個々の信念に基づいた一体感「リベラリズム」は、別の核となる価値観に基づいた一体感をほとんど必要としなかったからだ。西ヨーロッパのリベラル派に共通する、当局に対する懐疑的な見方などきわめてまれだった。エドゥアルト・ヘルプストにはこれが見られたが、そこから、なぜ同時代人の多くから空論家と呼ばれたかがわかってくる。アドルフ・フィッシュホフ（連邦制に関する一八七八年の本の著者）、モーリツ・フォン・カイザーフェルト（シュタイアーマルク自治運動のリーダー）など二、三人が伝統的な中央集権主義から外れていった。反教権主義の程度については、まさに「自由な国家の中の自由な教会」を支持する者から、エルンスト・プレナーのようにヨーゼフ主義の伝統に近い者、また封建勢力の終焉時に聖職者が地方での影響力を増したことから、聖職者にあまり楯突くべきでないとするアルネートのような慎重派まで、いろいろだった。ゴンペルツの個人主義は、この用語をあからさまに批判するプレナーやベーア、そして、ショーペンハウアーの個人の意思に関する（悩める人間の実存的探究を肯定するものとしての）悲観的な教義を抱くリベラル派の多くの人々に対して決定的な影響力をもっていた「勝利主義」とよい対照をなすかもしれない。リヴィウとチェルニウツィ間の鉄道事業にからんで、大臣ギスクラが一〇万フローリンの賄賂を受け取ったときの発言（貴族のチップのブルジョア版にすぎない！）が良い例だが、自意識を持ち高潔な多くの者は、貪欲で腐敗した者たちにここでもまた裏切られていた。

しかし絶頂期にあってはリベラリズムはエリートだけのものではなく、下層中産階級にも広く浸透し、農民にまで浸透した地域もあった。とくにいくらか大きな都市の職人、宿屋、下っ端役人や商人、ジャーナリストといった人々は、富裕なブルジョアより先鋭的な心情を抱いていた。一八四八年への彼らの支持は確かなもので、一八六七年体制への満足はそれに対応してしぼんでいった。このグループはもはやリベラルではなく「急進派」または「民主派」なのだという問題がある。一八六七年ウィーンに多くの「民主クラブ」が設立されたおかげで、この「民主派」という言葉は普及していた。しかしそれを、（イギリスのリベラル運動における急進派や、フランスのガンベッタのような）もっと一般的な運動の一つの分派と見るほうが当時の認識に近いものがある。ウィーンの下層中産階級のお気に入りの『新ウィーン日報《ノイエス・ヴィーナー・タークブラット》』は「リベラル党」の名において、一八六七年憲法を受け入れた。それはこの憲法を、「財産」だけではなく「民衆」を代表するものとして改良することを目指してのことだった。彼らが掲げる参政権拡大、教会権力へのいっそうの制限、出版および集会結社の自由の保障などの要求、さらには、「社会問題」の解決一つをとってみても、それはつまるところリベラリズムと本質的に変わりなかった。中産階級内のあらゆる階層、さらにはそれを超えた連帯という発想は、一八六七年には、まだ安定しないものであった。

オーストリア・リベラリズムのその後を理解するには、この連帯の発想がどういう運命をたどったかを見ていくことが重要である。二重制時代の始まりは、労働者階級の組織化が劇的に進展するのと同時だった。一八六九年までに二二の都市で労働者教育協会が作られ、民主クラブとウィーンの労働者は、急進的でリベラルな論点を訴える大衆集会で積極的に協同した。一八六九年一二月の大規模デモはそもそもウィーン民主派リーダーが提案したものだった。上層中産階級も、「経済的自由のための組合」（一八六七年）などの団体を通じて労働者に影響を与えようとしたが、こういった団体の基本的な信念は、自分たちが大衆の利益を代弁していること、経済法に対する無知が社会主義を招いてしまうというものだった。しかし労働者諸組織がラサール派社会主義者の手に落ちつつあることがはっきりすると、これらの組織は迫害を受け、一八七〇年には、ウィーン教育協会の指導者の反逆罪裁判にまで至り、三万五〇〇〇人の支部会員を擁するこの協会は解散させられた。一八七一年に起きたパリ・コミューンは、リベラル派の反社会主義的強迫観念を強めただけだった。しかし、その組織的抑圧を主導したのは非リベラルな内務相ターフェ伯だったから、リベラルな新聞が主としてそれに反対した。また、ブルジョア陪審員たちは、社会主義者のジャーナリストを無罪放免とすることもしばしばだった。こうして労働者の大義からだんだん民主派とプチ・ブルジョアの人々が離れていくと、それは双方の不信感がつのることで余計に加速され、一八七三年までにはほぼ行き着くところまで行っていた。

このころの労働者階級の台頭についてのさまざまな反応の中には、社会全体の利益に奉仕する単一の中産階級という考え方が解体するきざしや、一八九〇年代までには上層中産階級、下層中産階級、それに労働者階級に対して別個の政策をとろうという動きが見てとれる。国民問題においても、亀裂が生じ始めていた。「民主派」とその他の急進派は、この点について善意の人々は他の問題と同様修復を目指して努めるべきだと感じていた。だがエリートよりも「民衆」の利益を彼らが支持したために当然、伝統的な忠誠よりも国民的な訴えに肩入れすることになった。リベラル陣営には一つの傾向が生まれていた。青年派《ユンゲン》である。彼らはその「若さにあふれた」前進するエネルギーをもって、ドイツ精神を高らかに力説し、やがてリベラル派の年次大会をも支配するようになった。一八七三年、その支持者たちは帝国議会内に、別個に「進歩派」クラブを結成した。

こうしてリベラリズムは組織として分裂した。近代的な意味で正式な会員と地方支部を擁する組織は一つもなかったし、協同といえば、選挙のときに（全オーストリア規模ではなくせいぜいが領邦規模で）動き出すリベラル派名士たちの選挙後援会しか存在しなかった。そしていったん当選した議員たちは、議会会派や「クラブ」にはいって、会派性の色濃い意見を表明した。こうして一八七三年、初めての直接選挙においてリベラル派すなわち立憲党（公式にこう名乗った）は、ホイッグ的な大土地所有者、中央集権主義の左派と進歩派という三つの大きなクラブ、さらに五人の民主派議員を有した。ウィーン市政委員会はさらに多様だった。ある意味で、このときのリベラル派の分裂は、持てる強さの度合いを反映するものだった。このころヨーロッパ全域にわたって、リベラル派は一つの党としての組織化が遅れていた。自らを時代のあらわれ、万人を代弁するものと意識していたからだ。しかしオーストリアでは、リベラル派は、（『新自由新聞』の論争的な言辞では）上流階級の「反動」、聖職者たちの「教皇至上主義」、「言葉でたぶらかす」共和派、「町のデマゴーグ」たる労働者、などあらゆる戦線と戦うべく呼び出されたと感じており、それは西ヨーロッパと比べて発展が遅れていたことの反映だった。昔からの社会勢力は力を保っていた。西欧ブルジョア社会をつぶさに観察したドイツ人知識層によって生み出された社会主義という新しい敵は、それまでに成長の時間がもてたし、それ自体まだ幼稚なリベラル派の政治風土に簡単には溶け込むことはできなかった。イギリスのリベラリズムは数十年間の発展を経た後に基本的に敵対的な社会主義者の批判に直面した。オーストリアのリベラリズムは、その三倍の不運と向き合っていた。左派、右派、さらに向こうの、スラヴ・ナショナリズムという理想の国……。

『新自由新聞』のいじめに近いあざけりの中に、オーストリア・リベラリズムが、その誕生の時から持っていた強い信念がはっきり見える（自分たちは、たくさんの相関する脅威に取り囲まれている）。なぜなら、リベラル派は結局のところ九頭一尾のヒドラには頭が一つしかないと信じていたからである。「反動」は扇動的で連邦主義的なスローガンを通じて労働者とスラヴ人を絶対主義者たちのほうに追いやる、という思い込みは、一八六八年の聖職者たちの新聞『祖国《ファーターラント》』の呼びかけでも払拭することはできなかった。「現在の支配階級に屈辱を、あらゆる屈辱を、我々は与えてやりたい」[14]。リベラル派にヘゲモニーを許した緊張をはらむ雰囲気は、そのヘゲモニーが、リベラル派の理論どおりに中産階級の富や教育や権力をだんだんと広汎な大衆にまで普及させていく手段だと考えることを難かしくしていた。リベラルな価値観は共有すべき信頼感ではなく、魔よけとなっていった。ヘゲモニーをにぎったことによって、少なくともは、それがもともとの体質だったからであった。そしてまた、挑戦されるがゆえに攻撃的な臆病者にもした。蔑まれていた非ドイツ人地域でさえも、一時期リベラルな価値観によるヘゲモニーが実現していたし、別の見方をすれば、そのヘゲモニーこそよりよいものを生み出す基盤となったかもしれないのだから、これは皮肉なことである。

非ドイツ人地域のリベラリズム——一八六九―七〇年代

ドイツ人リベラル派の見方からすれば、反動の根は君主国のスラヴ人地域にあった。たしかにここでも大部分は、出版の自由、結社の自由、教育の改善が、首都の動きのいろいろな段階にならいながら、成長しつつある世俗の知識層のスローガンとなっていた。リベラリズムがはっきり異なった様相を見せ、それがオーストリアのドイツ人にも認められていたのはハンガリーだけだった。それは賞賛、羨望、あらさがしがない交ぜになった感情を引きおこした。ハプスブルク絶対主義との何百年にもわたる闘争を経た貴族主導型のハンガリーのリベラリズムは、今や明らかに勝ち誇っていた。そして、非マジャール人に対峙しつつマジャール人の国家の権利を確立するために、その闘争の経験から確固たる信念と騎士道的一本気を引きついだのである。君主国全体のヘゲモニーを確保できなかったことに傷ついたオーストリア知識層は、パン・スラヴ主義という夢物語がハンガリーでは抑えられたのに、帝国のもう半分では抑えられなかった失敗をほかでもなくハンガリー人から説教されて、ますます恥じ入るばかりだった。ウィーンから見ると、ハンガリーのリベラリズムは、欺瞞的にして効果的であり、二重にいらだちを感じさせるものだった。

そのハンガリーのリベラリズムでもっとも特徴的なのは、「ジェントリ」が果たす役割である。ジェントリはかつての中貴族で、コシュートによって国民の中核として引っ張り出された層である。一八四八年直後の土地改革の不運な影響で、その多くがもはや経営するゆとりのなくなった所領を売却し、新しい自治国家の行政組織（一八七五年までには倍の規模になっていた）に糊口を求めた。そのため一八六七年、書記官以上の階級にある中央政府役人の半分近くは貴族であったが、土地を持っているのはその一割でしかなかった。富と教育の分配はなおあまりに限られていたので、底辺の広いブルジョアになかなかいきわたらなかった。一八六八年にはおよそ二〇万人が土地や工業、手工業に基づいて税を納めていたが、一八八四年には「インテリゲンツィア」と見なされるに足る教育を受けた一二万八〇〇〇人のわずか二五—三〇%が読書層だった。さらにその一〇分の一が自分で本を書いていた。とすると、人口のほんの一部分が圧倒的多数の人々の興味と乖離したところで、お互いに文化生活を支えあっているという構図が見えてくる。東洋学者にして旅行家のアールミン・ヴァーンベーリはその回想録で、一八六〇年代のハンガリー科学アカデミーにおいてすら文化的無気力と偏狭さに満ちていたことをみごとに描いている。このアカデミーのように上流ブルジョアの啓蒙主義を特徴とする諸団体は、かくしていまなお現に存在する文化的な近代性よりも、それへのあこがれを映し出すものだった。外国人ジャーナリストであるルートヴィヒ・プルジブラムが記しているように、フランツ＝ヨーゼフがハンガリー国王として戴冠するとき、そのパレードに参加した貴族たちは、熊の毛皮で装い、動物の頭をかぶってあらわれ、この国の中世的な価値観を映し出したのであった。彼の眼から見れば、セレモニーにブルジョア的要素を見出すことはできなかったのである。(15)

それでもラビの息子であったヴァーンベーリの愛国的で輝かしい経歴は、ハンガリーのリベラル・ナショナリズムが血気さかんなドイツ系やユダヤ系の都市の若者をひきつける魅力を持ちえていたことを示している。ドイツ語を話す人々は以前からハンガリー人としての政治的アイデンティティを持っていたし、ユダヤ人にとっては伝統的な都市民エリート層の反ユダヤ主義よりも貴族的リベラリズムのほうが性に合うものだったからだ。ヴァーンベーリの回想録からうかがい知ることができるように、よそ者意識をもちつづけることになる集団ではあったが、彼らをマジャール人世界に吸収することは、新しいハンガリー中産階級を補充することになる可能性があった。

二重制期ハンガリーは、デアークが当初支持した一八四八年四月諸法よりも一段進んだオーストリアとの共通制度を受け入れざるを得なかった。それでもブダペシュト政府は、投票と、共通軍のうちハンガリー兵士の徴兵と配置の管轄権を握っていた。そしてさらにハンガリー独自の国防軍《ホンヴェード》を設立する権利を手にした。かつて一八四八—四九年の反逆的役割を非難されていた首相アンドラーシは、共通内閣とハンガリー大臣たちを取り結ぶパイプ役となった。彼らは、たいていは官僚出身のオーストリアの大臣たちと違って、イングランドの例に倣ってつねに議会に出席した。必ずしも政府の決定に従うわけではなかった出版や司法にも、相対的な自由が認められており、また、一八世紀イングランドのように、指導的政治家はその人気を証明するため、いわゆるハンガリー版「腐敗選挙区」ではなく、「オープンな」選挙区で議席を争うことが慣例化していたが、こういったところにもこの体制のリバアタリアン的伝統が顔を現わしていたといえる。

しかし、必要と判断された局面ではハンガリーの政治家は、冷厳に自分たちの要求を通した。彼らはクロアチア人に脅しをかけたし、一八四八年と同じように、新しい時代は新しい社会制度の幕明けだと考えた農民運動を弾圧し、「妥協」に対するコシュートの批判を公表した地方政府機関を訴追した。ここでも一八世紀イングランドと同じように、ジャコバイト・トーリーであれコシュート派ナショナリストであれ、反対派が選挙で勝つことを許すことはあり得なかったため、部分的には選挙干渉を介して永続的な一党支配に基づく議会システムが運用された。投票人が多すぎて投票結果を操作できない選挙区も二〇〇ほどあったが、親二重制派のデアーク党が多数派になり続けるに足るだけの選挙区を、多くの非マジャール人居住地域において政府は手中に入れていた。マジャール人地域である大平原での反対派の人気を中和するために役立った。にもかかわらず、一八六九年の選挙では反対派が四〇議席ほどを獲得したため、政府は一八七四年に投票資格を少し厳しくする立法で対応した。そのため第一次大戦まで、成人男子のほぼ四人に一人しか選挙権をもたない状況が続くことになった。

この社会に特徴的なのは、完璧なリベラリズムの主たる唱道者であるフェレンツ・デアークと公教育宗教相のヨージェフ・エトヴェシュが貴族でもあらねばならなかったことである。傲慢なオーストリア人は、ハンガリーにはリベラリズムの名に値するものがないと誤って考えていた。東ヨーロッパの最近の歴史を通じて、「近代化の担い手」たちは、自国が当代のもっとも進んだ社会の継承者であるという思い、よりよい社会をめざすという未来像に取りつかれていた。また、二重制初期のハンガリーには、一八二五―四八年の「改革期」がまだ残照を投げかけていた。デアークは大臣よりも、政界の重鎮の役回りを好んだ。自らが興した与党のリベラルな良識が危機に瀕したと感じたときはその信望に物を言わせたが、いつもそれが成功したわけではなかった。それゆえ彼は非マジャール人の連邦主義に対して「政治的に単一なハンガリー国民」を主張し、政府はノヴィ＝サドのセルビア語劇場への支援を拒否した以上、マジャール語による「国民劇場」にも出資すべきではないとしていた。しかし同胞を説得することには、失敗した。

エトヴェシュは大臣にして科学アカデミー総裁でもあり、新しい政体を作るためのより直接的な機会を手にしていた。「市民的自由と西欧的文明をヨーロッパのこの地に確立するという壮大な戦いに、国民は参加すべきだ」とアカデミーで講演した。[16] 科学の法則の有益性はすでに証明したが、それに劣らないほど人間に恩恵をもたらす発見を社会の法則は持っているという当時の実証主義的な信念を彼も持っていた。主に教会が運営する既存の学校に加えて、必要に応じて国立の学校も設置していくことで教育の普及を模索した。それを通じて、市民には新しい社会で活躍するための学問を身につけていくことが求められた。これは、イングランドとウェールズの一八七〇年のフォースター教育法と全く同じ考え方だった。教会では教会集会の平信徒多数派が教会学校や財産の運営に責任を持ち、一方、教会会議への司教の支配は教義問題に特定するなどして民主化されなくてはならない。ハンガリーの多民族性が正義にかなうものとなるために、マジャール語を中央政府機関の公用語とする一方で、少数派に対する保護措置として、地方自治体に公務言語として自言語を使用することを認める国民体法が制定された。学校、教会、国民体には実質的な自立を認める譲歩をしつつ、全体の利益のために監督権は保持する「リベラルな国民国家」が、エトヴェシュの近代社会というビジョンの中心眼目であった。

一八七一年にエトヴェシュが死去するまでに、これらのうち相当のものが達成された。すなわち、教育法、セルビア・ルーマニア教会規定、国民体（民族）法などすべてが一八六八年に成立した。中には実行不可能とわかったものもある。新設の国立学校の財務を地方自治体の「名誉」に任せる方策は、その財政難と公共心の欠如のゆえに頓挫した。国民体法は、民族分布に沿って県の境界を引きなおし、それに基づいた地域的自治を要求してきた非マジャール人には不満の残るものだったが、マジャール人からすれば譲歩しすぎの産物であった。エトヴェシュは専門技術と善意を備えた人材が限られていることに気づいており、一時はドイツ留学中の息子に頼んで、かの地で会うであろう有能な若きハンガリー人と接触しようとまでした。多民族国家ハンガリーにあって、連邦主義に反対することこそ真のリベラルな政策だと彼は信じていたが、それは少数派マジャール人が地方分権ハンガリーを治めるには今のところ、非力すぎるという懸念に根ざすものだった。エトヴェシュのリベラリズムにおいてさえ、このような限界があったのだ。

エトヴェシュは一八七一年、デアークは一八七六年に他界したが、信念に基づいた彼らのリベラリズムは、有力な後継者を得ることがなかった。それと対照的に、彼らの信念に粗悪な混ぜ物がはいったものがハンガリーのエリート層の利益に合うように作りかえられていった。一八七〇年代半ばになると、そうしたリベラリズムの変質が早くも明らかになってきた。一方で、中央集権化する国民国家はその勢力範囲をたえず拡大していた。他方、ハンガリーのブルジョアは、経済面のリベラリズム政策と広範なユダヤ人寛容策（全体の四五％しかないマジャール語共同体に同化することを条件として）を通して、発展の勢いを得ていたが、一方では祖先伝来のマジャール人の中にある、カトリックとプロテスタントの亀裂を埋めるという優先課題も解消に近づいていた。こういったテーマは近代化を渇望する三月前期の改革運動にさかのぼり、その目標を達成したとして堂々と誇示されうるものだった。だが、往々にしてひとりよがりを伴う成功でもあった。リベラリズムは、リベラル派と国民派統合の欠くべからざる触媒から、実践的な政治の道具に変わってしまった。ティサ首相がデブレツェンの選挙人に向かって、一八七八年、このように語っている。

> 私には到底理解できないリベラリズムに従うのであれば……我々の事情に合おうが合うまいが、ただちにいかなる代償を払っても、もっともリベラルな道筋を歩むことを選ばなくてはならないでしょう[17]。

実際、ハンガリーの事情は、国家のマジャール的性格を強めることと、マジャール語を話す「歴史的」身分の地位を保全することを必要としているのだと理解されていた。新絶対主義期の土地改革にあった貴族寄りの側面を自治政府が撤廃してくれるだろうという農民の期待は打ち砕かれた。一八七一年には賃上げストを行う権利が農業労働者に与えられたが、一八七六年の刑法典で撤回された。さらに農業下僕法（一八七六年）では雇用者が体罰を加えることも認められた。続く地方政府に関する諸法令では、中央が任命した県令の権力を強め、地方の決定事項は政府が再検討することとし、扱いにくい県議会および伝統的に選挙によって選ばれていたその議員に代えて県行政委員会が設立され、これが事実上、県を運営するようになった。首相としてのティサの最初の条例の一つは、スロヴァキア人の三つの中等学校と文化団体マチツァ・スロヴェンスカを閉鎖することだった。一八六八年の国民体法で認められた地方自治体での非マジャール語使用の権利は、実際は死文化していた。

これがハンガリーの「リベラリズム」の頑なな側面であった。オーストリア人が羨んだり非難したのもこの点であったが、彼らは重要な点で、これがもつ権力への衝動を過大評価していた。一八六七年の注目すべき覚え書きにおいて、フランツ＝ヨーゼフはいわゆる事前承認権《フオアザンクツィオーン》

（すべてのハンガリーの法案は議会に提出前にフランツ＝ヨーゼフが認可しなければならない）を確保し、ある一定以上の階級の全役人と聖職者の任命にも同様の権利を認めさせた。また、正教徒コミュニティやかつての経済上の国王小特権《レガリア》にかかわる分野への政策にも、フランツ＝ヨーゼフの同意が必要なことが明記された。それは、マジャール・リベラリズムが置かれているむずかしい立場、すなわちオーストリア・ドイツ人、国王＝皇帝、非マジャール人と下層マジャールの中にいる潜在的な敵と向き合っていることを意識させるものだった。見かけは勝利したようであっても、そこには錯覚の要素がぬぐい切れなかった。

オーストリアのドイツ人はハンガリーのリベラリズムを過大評価したかもしれないが、スラブ人のリベラリズムについては、たしかにリベラル派が弱かったポーランドを例外として過小評価していた。ガリツィアは強力な土着貴族がいる点はハンガリーと似ていたが、その愛国心はハンガリーよりもさらに保守的傾向の強いものだった。経済はハンガリーよりずっと遅れており、巨大地主（主としてルテニア人から成る東部の、いわゆるポドリア人）がかなり大きな役割を演じ、土地を持たない貴族が端役を演じていた。ポーランド化するユダヤ人も存在したが、ハンガリーでドイツ人やユダヤ人ブルジョアが集団でマジャール化したような現象はここでは起こらなかった。少数の中産階級においても進歩的な政治運動とナショナリズムが結合しており、市民的刷新を遂行するようなブルジョア的政治運動がはいりこむ余地はなかった。そこでガリツィアにおける民主派あるいはリベラル左派は、一八八二年以降タデウシュ・ロマノヴィッツの『新改革』をその発表媒体としたが、事実上、政治勢力というよりは圧力団体というような存在となっていた。政治権力は貴族の党スタンツィク派のもとにあった。彼らは、一八六八―七〇年に行政機関やクラクフ大学、リヴィウ大学での使用言語をドイツ語からポーランド語にするなどの妥協を引き出すことを通して正統性を獲得していった。チェコ人を拒絶する一種の半二重制を事実上ポーランド人エリートは勝ち取っていったのである。それは一八六八年のガリツィア議会で決議要求した自治には及ばなかったが、ほぼ君主国の終末まで忠誠を保つのに決定的なことだった。行政面でのポーランド化が、人口の四〇%以上を占める少数派ルテニア人を統治し続ける一助となった。

リベラリズムのもともとの縄張りである都市でスラヴ人が弱体であり続けたことを考えれば、ドイツ人が各地のスラヴ人リベラル派を過小評価したことも驚くには値しない。一八六〇年代になると、ボヘミア中央部の市政委員会でチェコ人が多教派となり始めたが、これは、リベラル派のイデオロギーと強く結びついている経済面をチェコ人が支配したということではなかった。そのほか、モラヴィアの諸都市では相変わらず政治的にはドイツ人が力を握り、それは長く変わらなかった。ボヘミア、モラヴィア以外のスラヴ人多数派領邦の都市は、ウィーンと比べればとるに足りない規模の集落だった。リュブリャナの一八六九年の人口は二万二〇〇〇人、ザグレブは二万人、ハンガリーのセルビア人の中心ノヴィ＝サドは一万二〇〇〇人に過ぎなかった。人口の多いプラハでも、ヤン・ネルダの感動的な短編『小さな地区の物語』(一八六七年)に描かれた小ブルジョアのチェコ人社会は、パラツキー、リーゲル、ブラウネルのサロンがあったとはいえ、負け犬の集まり以外のなにものでもなかった。

急進派の出版人ユリウス・グレーグルの実父は、有能な所領官吏としてドイツ公用語を使いこなしていたにも関わらず、チェコ語で報告を書くことを拒否したが、ここにも鬱屈した気質が映し出されている。地味で飾らないこの社会の性格は、ヴォイタ・ナープルステクの経歴の中にも、よく現れている。彼は実業教育と女性権利拡張運動家で、また蔵書家であり、そのコレクションは一般に公開されて、チェコ国立民族誌博物館の核となった。しかし伝統的でありきたりの文芸のパトロンではなかった。彼はアメリカに一度移民してから戻ってきた人物で、その実業学校は、宿屋を経営していた母が残してくれた三軒の家に財政的に大きく依存していた。

ドイツ人ブルジョアの眼が届きにくいレベルで、弱小のスラヴ人社会は自分たちなりのリベラルな文化を形成しつつあった。一八六〇年代から協会を中心とする生活やジャーナリズムが急速に花開いた。その中心となる新聞もこの頃創刊され、ナチズムがブルジョアの時代に幕を引くまで生き残ったものも少なくなかった。プラハではグレーグルの『国民新聞《ナーロドニー・リスティ》』、ザグレブでは『忠告』(後に『地平《オブゾル》』)、そしてスロヴェニア人の間では

『スロヴェニア国民《スロヴェンスキ・ナロド》』である。これらの人々の中にいまだ大資本家ブルジョアはいなかったが、教育と進歩を信じ、その地に特有の権威主義と教権主義に反対を唱える医者、法律家、中学校教師といった専門職の領域を育てつつあった。すでに一八六一年、ボヘミア議会に議席をもつ弁護士はドイツ人二五人に対してチェコ人が二〇人いたし、一八七四年の青年チェコ党創立メンバー二一人のうち八人が弁護士だった。一八六九年スロヴェニアの大規模な反二重制デモで主要な演説をした六人はみな、医学の学位を持っていた。一八六〇年代にオーストリアに導入された地方自治制度は、秩序ある政治プロセスの中でのさらなる訓練の機会を提供したし、それはボヘミアのチェコ人にはとくに重要だった。チェコ人実業家はこのような地方レベルで活躍することが多く、一八五〇年代からのテンサイ糖産業の急速な発展で恩恵をこうむった富農たちも同様だったからだ。

教会への姿勢ほど、はっきりと彼らのリベラルな気質を表すものはない。フス派運動、反イエズス会の伝統の上に立つチェコ人の反教権主義は、「伝統の創造」をともないつつも、一八六六―六七年にその頂点に達した。スヴェトザル・ミレティチはセルビア正教会の自治組織を近代的ナショナリズムの手段にしようとしたとしてセルビア大司教マシレヴィチの怒りを買った。ルーマニア正教大主教シャグナはその共同体では相変わらず中心的存在であったが、平信徒たちが彼を脇に追いやろうとする動きもあり、それはたとえばリベラルなナショナリズムの時代の代表的な産物、一八六一年に創立された文化組織アストラの中にも見てとれる。

ドイツ語話者と同様、非優勢国民のリベラル派においても、反教権主義の強弱の度合いが、現れつつある穏健派と急進派の境界線をなす指標であった。パラツキーやリーゲルらが指導する、いわゆる「老チェコ党」は、連邦的発想をもつボヘミア貴族との一種の提携を画策していた。それは、チェコ人中産階級の社会的脆弱さに対するパラツキーの不安によるところが大きかった。だがこれにともなって、カトリック教会への迎合の度合いが高まることに異を唱える「青年チェコ党」から嘲笑を浴びせられる結果になった。ただ、青年チェコ党もまた普通選挙を支持し、「歴史的」権利よりも「自然権」に沿った立憲的アプローチを好んではいた。この傾向が最初に見られたのは、一八六三年、将来の青年チェコ派たちが、ツァーリの支配に抗するポーランドの反乱を支持したときであった。だが老チェコ派が、彼らの教会との融和をまったく戦略的なものと見なしていたことにも注目すべきである。パラツキー、リーゲルは古典的な右派リベラルで、立憲的プロセスや自由貿易、時代の「進歩」に自国民が対等な形で参加することを望んでいた。リーゲルはクレムジール草稿の市民権の項を起草していた。国民主権についての彼の有名な演説によれば、「自由な国民の意思」とは、賢く優れた指導者を選択する、または黙認することで表されると見なされた。これを民主主義と言えるのだろうか!(18) チェコの政治家は漸進主義のイングランドをほめ称え、ルイ＝ナポレオンに支援を求めながらも、その権威主義に不安を感じていた。プリヤテリによれば、「老スロヴェニア」の党派指導者ヤネッ・ブライヴァイスは教会について公に批判することを自制しながらも、若き日からの自由思想的な主張を変えなかったという。一八六八年以降に台頭してきた青年スロヴェニア党は、青年チェコ党とともに彼らが日和見主義とみなすものを非難し、「国民思想」とスラヴの団結に原則的に拠って立つことを唱道した。その立ち位置は、ドイツ人リベラリズムの急進派のナショナリズムとなんら変わるところがなかった。

もちろん弱小活動家が何を考えようと、それがすぐ政治的に意味を持つわけではなかった。スロヴェニア人のような小集団の行動は、彼らの置かれた状況によって決められてしまう。「物乞いに選択の余地はない」という言葉こそ、小規模国民の日和見主義の標語と言えるかもしれない。老チェコ党が「チェコ国家の権利」を侵害する二重制に信念をもって不参加を貫けるほど自らが強いと自覚していた(彼らは帝国議会とボヘミア議会へのボイコットを一八七九年まで続けていた)のに対し、大多数のスロヴェニア人議員は鉄道敷設と辞典編纂資金を引き換えに二重制に参加した。ドイツ人リベラル派の五月諸法に対して仲間のスロヴェニア議員たちが戦術的に反対することに失望したあるスロヴェニア議員は、かつて一八六一年に国民運動のあまりの知的偏狭さに仰天した学者デジュマンがしたようにドイツ陣営に走ろうかと真剣に考えたほどだった。実際、都市の少数派だったスロヴェニア人リベラル派は、信心深い農村部においては地方行政権力からスロヴェニア人聖職者を守るため、一九〇八年までリュブリャナのドイツ人と協力することになった。

しかしチャンスがあると見たら、スラヴのリベラル派はどんな辺境においても活動をした。たとえば八五％が農民、そして八〇％が非識字層という一八七〇年代のクロアチアでさえも活動の場を見出したのである。一八六八年のハンガリー・クロアチア協定がほんの少し改訂され、それによって両国の長年の立憲論争が終わった（一八七三年）。こうした状況が、一部のクロアチア知識人に、地元出身の新しい総督、詩人であり官僚であり、リベラルというよりはヨーゼフ主義者のマジュラニチのもとで、まさに好機が訪れたように思わせた。彼らの計画は、クロアチア議会《サボル》に責任を負う自治クロアチア政府の樹立、ザグレブ大学の設立（一八七四年に開校）、そして、聖職者の手から初等教育の監督権を回収し、（進歩主義ドイツ教育学にどっぷりつかったある非宗教主義の理想家が主導する）人民学校運動の影響を受けた学校法の制定（一八七四年）を含んでいた。しかしこの意気込みは、ハンガリーの妨害と発展途上の社会につきものの難題のためにすぐにしぼんでいった。

チェコ人とスロヴェニア人の急進リベラル派が民衆から孤立していなかったことも同様に意味がある。チェコ諸邦で延べ一〇〇万人以上を動員した一八六八—七〇年のターボル運動、二重制に抗議して二万五〇〇〇人から三万人が集まったスロヴェニア人最大の集会などから、スラヴ人活動家は、当局は動かせなくても大衆は扇動できたことがわかる。これは大切な指針である。たとえばルテニア人やスロヴァキア人など、非優勢国民のあいだではそういった動きが起こらなかった地域もある。当時、スロヴァキアはエリートの支配があまりに強かったため、国民意識に目覚めた少数の知識層（ある推定によれば二、三〇〇人）の多くが近代化路線に沿って力をつけることを断念した。スロヴァキア・ナショナリズムの父リュドヴィート・シュトゥール自身、一八五六年の死の前は、パン・スラヴ主義と無力な呪いにすがりつくようになった。しかしチェコの例は、そしてスロヴェニアもある程度まで、状況が少し緩和すれば協会や新聞、学校といったネットワークを通して近代社会の面影を有する社会が作れることを示しはじめていた。これをあざけっていたドイツ人リベラル派は、計算違いをしていたのである。

シスライタニアの政治——一八六七—九九年

もちろん優勢なドイツ人リベラル派たちの文化が傲慢であったのは、彼らの置かれた困難な立場のゆえでもあった。彼らの支持基盤は、一方ではマジャール人とスラヴ人の間を揺れる少数派であり、他方では、自分が民衆を代表するなどと考えず、民衆のために特権を犠牲にする気などさらさらない皇帝であった。一八七九年までのいわゆる「リベラルの時代」の変化に富んだ政治的潮流は、まさしくこの力のバランスを反映するものだった。

基本的に皇帝は、リベラル派が教会と学校の問題、市民的自由についての立法を中心に推し進めることに対しては寛容だったが、軍と外交について自身の統轄を侵すことは決して許さなかった。スラヴ人を不安定な反対派に追いやり、ハンガリーとの二重制をくつがえしかねない教条的なドイツ人の中央集権主義に対して、皇帝は不満を持っていた。だからこそ、チェコの「歴史的権利」と、一〇年ごとにハンガリーと結ぶ経済協約が最重要案件となった。国の内外の政治問題は密接に連動していた。君主国内部の立憲制とは異なり、国際関係においてビスマルク的体制が定着するのには時間が必要であった。プロイセン゠ドイツの台頭に対する列強の対処、および未解決の東方問題は、枢要な問題となっていた。最終的に一八七三年の経済恐慌〔ウィーン証券取引所の大暴落〕が、近代資本主義の進展と固く結びついたリベラル派の運動の運命に大きな影響を及ぼすことになった。

オーストリア初の立憲的首相カール・アウアースペルク公は、数ヶ月前に自らの知らぬところで共通外相ボイストがチェコ人指導者と協議したことに立腹して一八六八年秋に辞任した。早くもそのころから、ドイツ人のリベラリズム、スラヴ人のナショナリズム、そして皇帝という三角関係が顕在化していたのである。自身の意思かどうかはともかく、ボイストはチェコ人との和解というフランツ゠ヨーゼフの望みに沿って動いていた。しかし、彼が首相に対して自由のきく立場にあったことは、立憲政府の規範と相容れないものだった。アウアースペルクの後任はエドゥアルト・ターフェ伯だったが、その内閣は一五ヶ月後に本質的には同じ問題で暗礁に乗り上げた。五人のブルジョア出身の大臣が帝国議会の直接選挙を主張し、ターフェら三人の貴族が反対した。領邦議会の代表ではない直接選挙による帝国議会こそ封建遺制を拭い去り、二重制の仕上げをするものだ、と閣僚の大方は信じていたのだった。皇帝は不快感を隠そうとし、そして中央集権主義者の大臣に頼ろうとしていたようだ。しかしターフェはやがて辞任せざるを得なくなった。結局それは左派にとっては、犠牲のほうが大きいピュロスの勝利であった。前教育相でターフェの短命な後継者となったハスナーの、中央集権主義路線を強行しようとしたその試みが、ポーランド人、スロヴェニア人の大半、聖職者、その他の人々を、チェコ人にしたがって、議会参加拒否に追いやったからだ。そこで皇帝はハスナーに対しほぼ即座に引導を渡し、一八七〇年四月、より連邦主義的なポーランド人アルフレート・ポトツキ伯が後を継いだ。

しかしながらポトツキ内閣の国内問題対策は、間もなく差し迫る外交政策への関心に取って代わられた。実際、外交への関心はずっと消えることがなかった。ボイストの目的がプロイセンへの復讐戦争を準備することだったとは、歴史家はもはや信じないかもしれないが、彼とフランツ゠ヨーゼフはオーストリア゠ハンガリーの強国としての地位を建て直すことを願って、ことが起きるのを待っていたのだ。そのために、南ドイツ諸国の支持や、フランスとの提携を探ることが必要となった。また皇帝にしてみれば、バルカンで以前に逃した利益を、できればボスニアで償いたいという野望もあった。ドイツと東方という二つの問題は、ビスマルクがオーストリアの敵愾心をなだめることができなかったということをともに反映している。ビスマルクには、ロシアと衝突する危険性をはらんだバルカン半島進出をもくろむオーストリアを支持するつもりは毛頭なかったのである。この地域でのオーストリアとロシアの競り合いは、野心家でいささか無節操な若きハンガリー人ベーニ・カーライのベオグラード総領事時代（一八六八—七四年）に頂点に達した。彼はハンガリーの首相アンドラーシと組み、セルビア人のボスニア占領を支持することを何よりの餌に、セルビアをロシアから（そしてクロアチアからも）離反させようとたくらんだのである。このボスニア作戦はハンガリー主導のもので、その巧妙さとうさんくさい誠意には、生まれたばかりのハンガリー国家に、四方の潜在的な敵から自らを守るための活力をつけさせる目論見があったようである。

普仏戦争が予測される状況でオーストリア＝ハンガリーの態度を討議する一八七〇年七月一八日の枢密会議で、アンドラーシはその力を発揮することになる。ときの参謀長アルブレヒト大公はプロイセンと戦うことを望み、ボイストは膠着状態になったときにオーストリアが介入できるよう動員を主張したが、アンドラーシは完全中立を主張し、軍に準備ができていないという報告にも助けられて、結果は彼の思うとおりになった。プロイセンとハンガリーの利害が相補性をもつようになったのは、遅くとも一七九〇年にさかのぼる。ビスマルクはハンガリー人に向かって、その新しい立場はオーストリアが再興すると危険なものになると警告していたのだった。

プロイセンはフランスに勝ち、南ドイツ諸邦が統一ドイツに統合された。ドイツ系オーストリア人は熱狂的にこれを歓迎し、そのことでオーストリア国内政治に大きな変化が起きた。忠誠心がおぼつかない国内のドイツ人にプロイセンが手を伸ばしてくることを恐れ、フランツ＝ヨーゼフはリベラル派との和解をあきらめてスラヴ人に顔を向けたのだった。そのためにはボトツキは不適と見なされて失墜し、一八七一年二月、著名なホーエンヴァルト＝シェフレ内閣が発足した。その中心人物は商業相アルベルト・シェフレであった。彼は社会改革を志すビュルテンブルク出身のプロテスタントで、首相のカール・ホーエンヴァルト伯（のち帝国議会の保守派聖職者たちの指導者になる）とは、オーストリア・ドイツ人リベラルの伝統との決別という点においてのみ、意見の一致をみていた。新政府の最優先課題は、チェコ人との和解にこぎつけることだった。もっとも、ポーランド人が二重制と和解する総仕上げとなったガリツィアに対する声明は、前首相のボトツキによって出され、これがチェコ人との関係改善の先例の役割を果たした。チェコ人との交渉では、ボヘミアの国民体法案がつくられ、君主国におけるボヘミアの立憲的地位に関する合意がおこなわれた。国民体法案では、導入されるべき行政機構の使用言語は、領邦では二言語併用、地方では少数派保護を目的として一言語が予定されていた。合意では、一七四九年に廃止されたボヘミア政庁を復活させる一方、帝国議会にボヘミアが参加し、通商、財務、市民権など「共通」の事柄について立法することも認めた。この「基本諸条項」によってボヘミアは、ハンガリーにおいてクロアチアが得ているのと同じような「半二重制」的立場となり、マジャール人とまったく同等な「三重制」君主国に位置づけられるはずだった。

しかし交渉は頓挫した。公式には領邦議会と帝国議会での必要多数は確保していたのだが、それは、路線の根本的な転換（一八六五年には連邦主義へ、六七年には中央集権主義へ、再び七一年に連邦主義へ）はいつも上から主導され、それが管理された選挙によって是認されるというオーストリア立憲主義の皮相性を反映するものだった。しかし一八七一年一〇月六日の「基本諸条項」発表によって、オーストリアのドイツ人の怒りは爆発した。ビスマルクまでが、ドイツ人の利益を希薄化させかねない事態への不快感をあらわにした。さらに効果的だったのは、チェコへの譲歩は二重制の足元を崩し、ハンガリーの地位を脅かすものだというアンドラーシの非難だった。皇帝は議案提出をあきらめ、ホーエンヴァルト゠シェフレ内閣は辞任した。こうして二重制に対する非優勢民族の不満に応えようとした、一八六七―一九一八年の間でもっとも野心的な試みが潰え去ったのだった。チェコ人は政治不参加に立ち戻った。

フランツ゠ヨーゼフはリベラル派のもとに戻るしかなかった。新政府の長となったのは、一八六七―六八年、同じ職についていた兄を持つアドルフ・アウアースペルク大公だった。二年後、皇帝は帝国議会の直接選挙というリベラル派の要求に屈した。一八七〇年代を通してドイツ人リベラル派は、チェコ語地域の市場町にあるドイツ語中等学校を維持するために、ボヘミアやモラヴィアの領邦議会の多数派をできるだけ利用した。だが、それらすべてがまた、失うもののほうが多いピュロスの勝利であった。アウアースペルク内閣も、実際は議会政府ではなく、リベラル派の温情以上に皇帝の温情に頼ったものだった。そしてリベラル派は、一九七〇年代のイギリスの労働党政府と同様に自らの信条に基づく「妙策」に賛同が得られず、実行できないことに次第に不満をつのらせていった。リベラル派最大のグループ「左派クラブ」を率いるエドゥアルト・ヘルプストはリベラルな良識の守り手として、ほとんど野党的な立場をとってきた。しかし彼の「古きリベラル」派は、時代の風潮に乗って（参政権拡大と社会問題への取り組みを主張しながら、リベラル国家をドイツ国民国家へと導こうとする）「尖鋭な論調」を叫ぶ青年《ユンゲン》派の攻撃にますます激しくさらされるようになった。ヘルプストは、青年派をナショナリズムの異端とみなして非難したが、彼がそうすることができたのは、ドイツ人のヘゲモニーは当然のことと考え、あえてそれをさせる必要がないと信じていたからであった。しかし一八七三年に株価が暴落すると非ブルジョアの間でのリベラル派の権威は弱まり、左派クラブに対抗して、頑固なリベラル派による「進歩派」クラブの創立につながった。

　暗い淀んだ風潮が増す中、ヘルプストの主流リベラル派は、皇帝にとって重要な二つの政策でその不興を買った。一つはハンガリーとの間で一〇年ごとに結ばれた経済的協定である。一八七七年にそれは、世間からさんざんたたかれながらも（それがフランツ＝ヨーゼフを怒らせた）改定されたのだが、株価が暴落すると、オーストリア財界は、自由貿易およびハンガリー地主の自由貿易による利益に対して不信を持つようになっていた。しかしリベラル派と皇帝が決定的に断絶していたことが外交政策（一八七一年、ボイストに代わってジュラ・アンドラーシが君主国の共通外相に就任していた）に影響した。アンドラーシの政策はマジャール人愛国者の持つロシアへの根からの不信感と、保守三帝同盟（オーストリア＝ハンガリー、ロシア、ドイツが一八七三年に締結）内でのロシアとの協力との間で揺れた。これら潜在的な敵同士は、この同盟に基づいて、何か軋轢が生じた地域については協議することが取り決められ、バルカンが明らかにそれに該当していた。一八七五年、ボスニア＝ヘルツェゴヴィナで起こったセルビア正教徒農民による反オスマン蜂起は、まずセルビアとモンテネグロ、ついでスラヴ人正教徒の雄であるロシアの軍事介入を招くことで、この三帝同盟関係に大きな緊張をもたらした。一八七八年三月、サン・ステファノ条約で、勝者ロシアはアンドラーシがそのままにしておきたかったオスマン帝国ヨーロッパ領の大半を取り上げ、アンドラーシが反対していた南スラヴ人の大国家を作り出した。ただしそれは、ウィーンがとくに恐れていた大セルビアではなく、大ブルガリア公国であった。さらにこの条約は、ロシアが戦争に突入する前の一八七七年のはじめにブダペシュトで行われた外相会談で合意したとアンドラーシが考えていた内容をぶちこわすものだった。結局、イギリスの支援とビスマルクの仲介を得て、アンドラーシはロシアをサン・ステファノの獲物から後退させることができ、さらに一八七八年のベルリン会議で、ブルガリアを縮小し、ボスニア゠ヘルツェゴヴィナをオーストリア゠ハンガリーが占領することを認めさせた。オスマン宗主権が死文化したことによるこの実質上の併合によって、ボスニアはセルビア人支配から離れ、ダルマチアは戦略上有利な砦を得、皇帝は以前の領土喪失の痛手を癒すことができたのであった。

ここでの主たる関心は、この占領が惹起した国内的難題である。ハンガリー人とオーストリア・ドイツ人リベラル派は、国民問題上、また、財政上もこのスラヴ人の地を獲得することに反対していた。公費支出を伴うこの条約を認める権利は議会にあるというヘルプストの力説は、外交問題におけるフランツ゠ヨーゼフの誇り高き大権をあざけるものであり、アウアースペルク首相は辞任を余儀なくされた。アウアースペルクは政府のボスニア政策に対する議会支持を取り付けられなかったのだ。さらに、ボスニアのイスラム教徒の武装抵抗（一八七八年八―九月）が負担をいっそう高めることになった。最終的には、説得に応じたリベラル派が賛成に回ることで、戦時債と条約は議会を通過したが、ヘルプストら少数の議員は最後まで強硬に反対した。暫定内閣がアウアースペルクを継ぎ、その間、非リベラルのターフェ伯がチェコ人の政治不参加を終わらせるため、彼らと交渉した。すぐ近くのドイツでビスマルクがリベラル派の追い落としを画策しているそのときだからこそ、ボスニア危機がオーストリア政界の再編成を後押しすることとなった。まさにオーストリアらしい、予想もつかない展開は、チェコ人が不参加の結果に不満を持ったことだった。少数派の青年チェコ党（一八七四年、独立した党となる）はこの不参加政策をすでに放棄していたが、「老チェコ党」も彼らの「歴史的勝利」要求には遠く及ばない妥協（言語面での譲歩、チェコ語大学、参政権基準の引き下げ）と引き換えに、いまやこれを放棄した。チェコ人とターフェの取引に続く選挙で、リベラル派は五〇近い議席を失った。そしてリベラル派一七四に対して一七九の議席を取ったチェコ人、ポーランド人、聖職者の後援で、ターフェが首相に就任した（一八七九年九月）。これが、オーストリアにおける、ドイツ人リベラル派のヘゲモニーの終焉であった。

オーストリアのドイツ人リベラル派に浴びせられてきた非難のいくつかは相反するものである。狡猾で臆病だと非難されたかと思うと、ヘルプストのように教条的で妥協がないと糾弾されたりしてきた。かつての批判には、カトリックと保守派のリベラリズムそのものに対する嫌悪――すなわち民衆の関心から遊離した都市少数派の不毛な個人主義的教条であるという――がしばしば反映されていた。オーストリア・リベラル派自身の多くも、この不満の大合唱に加わった。フルメッツキ男爵が一八七九年直後に自分たちには剛直さが足りなかったと嘆き、あるいはエルンスト・プレナーが理想化されたイギリス議会における均質な政治階級を模倣できなかったことをその回顧録で嘆いたゆえんである。リベラル派は、リベラル派であるがゆえに、言い換えればボスニア問題のような外交政策に口を挟もうとしたがゆえに、多くの批判を浴びるのだろう。しかし、この弁護が、文化的経済的に異質な要素を含み、広く受け入れられているのは帝室のみというこの国家においては、ドイツ的でリベラルな議会主義がやっていけなかっただけだという議論を無効にするわけではない。その視点に立つと、リベラル派がいちばん剛直だったのは、非ドイツ人に対してであった。そのことが、フランツ＝ヨーゼフがリベラル派に全幅の信頼を寄せない正当な根拠となった。だが、彼らのドイツ主義ですら、後世描かれてきたほど鈍感でなかったかもしれない。今日の西欧諸国民は現代世界の中では少数派であるが、経済文化的に大きな力を握っているので、その根底的顛覆を想像できる人はほとんどいない。この章の主題は、一九世紀オーストリア・リベラル派はある似通った思考様式を持っていたということだ。彼らだけではない。ヘルプストをもっとも酷評した一人であるビスマルク自身も、オーストリアのドイツ人による支配は維持できると信じていた。

たしかにビスマルクはオーストリア国内政治への介入を、一貫して拒否してきた。しかし一八七九年のドイツ・オーストリア二国同盟を選び取る決断を下したのは、とりわけ君主国のドイツ的性格を強化することを意図したものだった。この同盟は一〇月に結ばれ、ベルリン会議にいまだ感情を害しているロシアに対する防壁としてドイツ皇帝に提出されたが、そのねらいはおそらく、ウィーンを西ヨーロッパ志向（いわゆるクリミア連合）から切り離し、ビスマルクが模索する東方の保守的三国再興した連盟に備えようというものだった。これはロシアの攻撃に対しては相互援助、他国からの攻撃に対しては好意的中立を約する防衛同盟であった。アンドラーシは喜んでそれを承認し、そしてボスニア政策への議会からの反発に疲れきって辞任した。この「中央同盟」条約は、一九一四年の戦争になだれこんで終わりとなる同盟構築の時代の幕開けとなった。はじめからロシアに対しては曖昧な態度をとったが（オーストリア・ハンガリーはバルカンでの対ロシア政策をドイツに支持してもらいたく、ビスマルクはその敵対する二国を和解させることで、それを避けたがっていた）、一八七九年の条約は他の面でははっきりしていた。小さな軋轢はともかく、同盟国の下位のパートナーという立場で、君主国をドイツ帝国と決定的に結びつけたのだった。それゆえ一八七九年は、オーストリア国家組織に、伝統的なドイツ人支配に抵抗する国内の流れと、ドイツ人支配を強化しようとする対外的な態度による、致命的な亀裂が生じた年である。時を経て、これが、ドイツ人、非ドイツ人双方が国から離れていく傾向を助長することになった。

オーストリアのドイツ人リベラル派にとって、一八七九年の同盟は、自然な秩序の侵害であり、自分たちが権力から追い落とされた（ビスマルクの帝国にあっても同様であったが）のは、人為的な政治操作が行われた結果であるという感情を持続させたにすぎなかった。その後にリベラリズムから離れていった多くの人々は、この同盟に裏切りと陰謀の危険な匂いを感じ取った。たしかにドイツの文化的経済的な力は、一九一八年までの長い間、生き残った。しかしドイツ語話者たちが想定したがるほど優勢ではなかった。一八七九年に起きたことが政治的な逆行にならなかったのは、草の根部分でドイツ人の中央集権主義が、十分な経済的・社会的・文化的にそれを支える力をもっていなかったことを反映していた。次の章で、このことを見ていこう。

第八章　経済、一八六七―一九一四年

一八六九年と一九一〇年に行われた人口調査の間に、ウィーンの人口は六〇万から二〇〇万人に、ブダペシュトは二七万から九一万三〇〇〇人に増加した。君主国の鉄道網は七倍の四万二〇〇〇キロに伸び、石炭生産は五倍の五五〇〇万トンになった。四〇〇万人が君主国を去り、その三分の一が戻ってきた。この時期後半の一八九〇―一九一三年だけで、金融機関の資本は八八億クローネ（一八九二年に導入されたクローネは〇・五フローリンに相当）から三八五億クローネに増えた。伝染病の根絶、巨大複合企業体の台頭、あらゆる種類の大規模な利益集団の組織化、「近代的」といってよいコミュニケーションやスポーツ、娯楽の出現などが、この空前絶後の変化に寄与した。のちの共産主義時代の水増しされた数値でもこの時期の飛躍には届かなかった。

だがこれらの進歩は、足並みのそろったものではなかった。長期的な景気変動の理論に基づいてこの時期を整理すると、一八七三年の株価大暴落までは急成長、次いで一八九六年までは大不況、そして第一次大戦までは回復期となる。ここに挙げた二つの年が、多くのヨーロッパ諸国と同じく、君主国でも物価の下降、上昇の境目の年となっている。しかし、それにはさまれた年月がずっと不況だったとするのは、いろいろな点から間違いである。さらに君主国に限定して見ると、一八七九年に不況が終わり、それ以後四つのサイクルが見分けられる。一八八〇年代初期、一八九〇年代初期から半ばまで、一九〇四―〇七年、一九〇九―一三年の拡張期である。この区分けはオーストリアの状況によるものだが、それがハンガリーにも当てはまるということは、君主国の二つの地域にかなり統合が進んでいたことを示す。経済的発展の相互依存は、一体としての君主国に二重制の時代を通してつきまとう影の側面の一つで、政治状況により吉にも凶にも出た。したがって二重制の経済発展を議論するときは、経済が強く連関していることの利点や欠点について考察する以前に、帝国の中心域で何が起こっていたかをはっきりさせながら、まずは、経済と政治のかかわりを検討しなければならない。

二重君主国の産業化――シスライタニア

「妥協」直後の数年間における産業の急発展ほど、オーストリア・リベラリズムの自信をふくらませたものはなく、一八七三年の恐慌ほどそれをしぼませたものはなかった。会社設立ブーム《グリュンダーツァイト》として呼ばれることになるこの時期は、望ましい要因が連関した結果として生じた。投資に積極的な金融機関が雨後の筍のように増えたこと、鉄道網の拡大が鉄鋼業の需要を拡大し、石炭を使う一連の産業での技術革新を促したこと、こういったことが相互に関連し鉄道を中心とする重工業に率いられて前進していったのである。このころ、オーストリアの鉄道の営業距離は一五〇％に延びた。ウィーンからインスブルック、プルゼニ、直通では初めてプラハまで放射状に鉄道が伸び、アルプス諸邦の領邦中心都市間も直接に結びついた。ボヘミアととくにズデーテンでは網の目状に張り巡らされ、グラーツは西ハンガリーの鉄道網とつながり、東部鉄道はリヴィウからロシア国境にまで延びた。

一八五〇年代と同じように、鉄道の拡大は金融の刷新に拍車をかけた。銀行組織の隆盛がこの設立ブーム《グリュンダーツァイト》の特徴である。一八五七―五八年の金融危機で個人銀行家の大半が没落し、一八六七年からは共同資本銀行の増加によって金融は成長した。もっとも、アンセルム・ロートシルト（一八〇三―七四）の出資を受けた商工業信用銀行《クレディートアンシュタルト》や下オーストリア手形割引銀行《ニーダーエスタライヒッシェ・エスコントゲゼルシャフト》などの既存の金融機関が主導的立場を保っていた。高利潤を確保するため、銀行は新興の株式会社（一〇〇五社が一八六七―七三年に設立許可を得ている）を支援した。ロートシルトが管理するヴィートコヴィツェ鉱山はベッセマー製鋼法をいち早く取り入れて、一八七〇年までに君主国の他の大鉄鋼業者がこれを採用する先駆けとなった。

錬鉄、圧延機、木炭に代わって増えてきた石炭使用といった技術革新も、この鉱山が先導した。大手としてはそのほか、既存の三つの会社が一八五七年に合同して誕生したボヘミア鉄鋼会社が、プラハ近郊の炭鉱町クラドノにあった。

炭鉱業と鉄鋼業がつながりを深めていくのは自然のなりゆきであった。ヴィートコヴィツェは、モラヴィア・シレジア国境の都市オストラヴァ周辺にあるオーストリア有数の無煙炭地帯に近かった。一方クラドノは、ボヘミア北部のテプリツェ、モスト、ドゥフツォフ一帯に広がる亜炭・瀝青炭地帯に近く、近接するドイツへの重要な輸出拠点であった。石炭生産は一八六〇年代、製粉、製糖、製紙など一連の産業の技術革新による石炭の需要拡大でさらに飛躍した。急成長したものとして特記すべきはテンサイ糖だ。主に輸出用として伸び、一八五七―五八年と一八七二―七三年の間に作付け面積が一二・五倍にもなった。紡績業でも機械化が進んだ。北ボヘミアの綿紡績の中心地リベレツでは、この時期の終わりまでに機械が主流となり、一八七〇年代になるとリネン産業にも機械が導入された。

この輝かしい発展の裏に潜んでいた投機的な側面（前述した一〇〇五の設立許可状の三分の二しか実際には設立されなかったという）に対して代償を払うことを人々に強いたのが、一八七三年五月の株価大暴落である。株価の急落に伴い、パニックに陥った人々が銀行に殺到し、不正行為が露見し、直後に一五二人が自殺するという、古典的な大不況が起こったのである。続く六年間の深刻な大不況では、急成長していた金融、重工業および関連の建設業が最も深刻な打撃を受けた。大不況の影響として最も長く尾を引いたのは、リベラリズムの自由放任《レッセフェール》への不信と、産業振興のために過度に積極的かつ直接的な役割を銀行に押し付けることへの警戒心だった。不況がガリツィアの東部鉄道の経営者たちの裁判と時間的に重なったのもまずかった。その裁判では、こみいった下請け契約といいかげんな工事が、国家が私企業に対して利益保障するシステムの危うさをさらけ出したからだ。なぜ教条的リベラリズムが支持を失ったかは、経済史家アドルフ・ベーアが腐敗防止法案に反対したときに挙げた理由から明らかになる。愚か者を守る法律はない。人々は食料を買うのと同じ常識をもって株を買うべきなのだ(1)。

一八八〇年以降、オーストリア経済は力強く回復を始めた。再び、鉄道拡大がその牽引力となったが、今度は国家の管理下に建設が進められ、並行して民間鉄道の大規模な再国有化も進められた。一八七三年から世紀転換期までに一万三六三七キロメートルが建設された。銀行資本も増大したが、設立ブーム期《グリュンダーツァイト》に比べると規模は大きくなったものの共同出資銀行の数は少なかった。一九〇〇年にはウィーンにある九つの「大銀行」が全銀行資本の半分近くを占め、一九一三年にはそれは三分の二になった。それは、一八八〇年代から再編されたオーストリア産業全体が経験していた寡占化の典型例で、大不況と、ドイツをはじめとするヨーロッパ各地の保護主義と寡占化の進行への長期的対応であった。一八八二年、オーストリア＝ハンガリーは、より保護主義的な関税を定めた。鉄鋼業は寡占化のもっとも激しい例で、一九一一年まで、オーストリアの銑鉄の九二％はたった三つの工場で生産されていた。オーストリアの炭鉱数は一九一三年までの四〇年間で五八％にまで減り、一八六ある製糖工場のうち八つが全生産量の三五％を産していた。一九〇二年の産業調査によれば、チェコ諸邦の機械工場で働く労働者の四分の三が、従業員一〇〇人以上の規模の企業に雇われていた。もっとも、寡占化は全般的な傾向であったわけではなく、衣類、革・木製品、化学製品、ガラス、建設などの産業は、中小規模の生産単位で行われていた。そのほかの産業では、とりわけ繊維業が大企業と手工芸的な事業とにはっきり分かれていた。一九〇二年の調査によると、チェコ諸邦の綿織工の半分以上、綿紡績工の五分の一は家内労働者であった。とはいえ、ガリツィア、ブゴヴィナ、ダルマチアといった後進地域があったものの、オーストリア全域での寡占化は驚異的に拡大した。一九〇二年の調査では、一〇〇〇人以上の規模の企業に働く労働者の割合が、一八九五年のドイツの調査よりすでに高くなっている。

この産業寡占化には、有力なオーストリア銀行が重要な役割を演じている。アレクサンダー・ガーシェンクロンが論じているところによると、中央ヨーロッパの経済発展における銀行の役割は、後発産業国が先進技術を導入するためにより大規模な投資を必要とすることと類似している。それゆえ、オーストリアとドイツでは、商業的な役割を受け持つと同時に工業を振興し、手形割引や預金を引き受けると同時に企業に融資する「総合銀行」が一般的になったのである。ルドルフはこの解釈に限定を加え、オーストリアの銀行は一八七三年以降ずっと起業的方面には用心深く、むしろすでに成功した企業との関係づくりに満足していたという。そういった企業に対して表面上は短期貸付を行い、更新を繰り返して、実質的な長期貸付としていたのである。このような関係の中で、銀行は顧客の生産した物の委託販売契約を結び、会社の理事会に名を連ねるようにしていた。これは、イギリスの銀行の業務より先を行くものだった。さらに一八九〇年ごろから、金融と産業の結びつきは、いっそう強くなってきた。個人工場を共同出資会社へ改組し、さらにはより大きな事業体への合併を銀行が後援したがるようになったのである。共同出資会社は一九一二年までに二倍の七八〇社に増え、ルドルフによれば、オーストリア産業資本の半分を占めていた。別の推定では、ウィーンの九大銀行が一九一四年、株式資本の半分以上を握り、それに先立つ七年間で、一四六の新しい共同出資による組織に参加していたとしている。

産業と金融の結びつきのより進んだ側面は、カルテルを銀行が援助したことである。これによって、ある分野の事業体が結託して価格や生産量（の両方もしくは一方）、あるいは市場占有率を調整した。一八七八年の鉄道カルテルに始まって、一九一二年までにオーストリアには約二〇〇のカルテルができた。この過程の仕上げとして、一九一四年には大銀行が集まって、監督機関としての銀行協会《コントロールバンク》を設立した。しかしカルテル化の流れは、銀行そのものにも当てはまった。クレディートフェラインのような大銀行は小規模な領邦単位の銀行を保護下にかかえ、その代わりに外部資本とのつながりを確保した。独自の支店網を拡大する一方で、共同出資銀行は、世紀転換期から貯蓄銀行や貸付機関を犠牲にして貯蓄の占有率を伸ばすことに成功したが、そのうえさらにカルテル化が加わったのだ。

一九一四年以前のオーストリアの産業で、寡占化、銀行の関与、カルテル化などの流れと同じく重要なのは、産業の重心がアルプス諸邦からチェコ諸邦、とくにボヘミアに移ったことである。これにはさまざまな要因がある。鉄鋼業が木炭ではなく石炭を使用するようになったことで、良質の石炭を産し、ドイツ市場に近く、またエルベ川からハンブルクを介して外の広い世界とつながっているチェコの優位性が増した。製糖業は徐々にチェコに集中していき、プラハは金融、食品工業、冶金業の中心として台頭してきた。モラヴィアの首都ブルノは、繊維業での首位の座をボヘミアのリベレツに奪われた。二〇世紀に入るまでにオーストリアの工業労働者の五六％はチェコ諸邦におり、また化学、鉱業、繊維、製糖、ガラス製造などの七五％がここに集中した。こうしてボヘミアはシスライタニアで、ウィーンを含む下オーストリアに次ぐ豊かな領邦となり、一人当たりの収入は七六一クローネ（一九一一―一三年）と推定され、それに続くオーストリア・ドイツ地域（ザルツブルク）の六四一クローネを引き離していた。しかし興味深いのは、このことが当初チェコ諸邦におけるオーストリア・ドイツ人の経済的優位を崩すことにつながらなかったことだ。ボヘミア、モラヴィアの産業界の二人の大立者を考えてみよう。一九〇〇年、プルゼニで武器工場を始めたチェコ系のエミル・シュコダは、有名な哲学者の父でプラハ鉄鋼会社の経営者であったカール・ヴィトゲンシュタインとまったく同じように社会的にはドイツ人として遇された。これは、ドイツ人は経営者、チェコ人は労働者というドイツ人たちの考え方を雄弁に物語っていた。チェコ語話者に最も関係の密な製糖業でも、精製部門はたいていドイツ人の手中にあり、政府やウィーンの銀行から支援を受けていた。この状況に大きな変化が起きるのは二〇世紀にはいってからである。

　実際、世紀が変ってからもいろいろな発展があった。オーストリアの金融資産は二倍以上に増え、ＧＮＰの一三％が投資にまわされ、一人当たりの国民所得は毎年五・四％ずつ伸びたと推定される。一九〇四―〇七年の間に雇用は、鉄鋼で三分の一、綿工業で二三％上昇した。電気工学のような新しい部門が登場し、産業は電化され、ポルシェが自動車生産を始めた。さまざまな問題を抱えていたとはいえ、ハプスブルク・オーストリア最後の日々は、経済的な硬化症には陥っていなかったのである。

二重君主国の産業化
――マジャール人とスラヴ人

二重制下のハンガリーの経済発展は多くの点で、オーストリアと家族のように似ていた。しかしそれは、兄が数年前に到達したところに、数年かかってやっと到達するという弟のようなものだった。条件つきでオーストリアとドイツの関係も同じことが言えるかもしれないし、中央ヨーロッパ経済は何らかの構造的特徴を共有するとみなすこともできる。産業と銀行の強い結びつき、金融資金流通量と市場の全体的な相補性などの類似点は、競争相手ではあったにせよ、エリートがドイツの文化と教育の規範になじんでいたことに起因する。これらすべてが、中央ヨーロッパが一九一八年以降に自覚することになるより、はるかに親密な地域的つながりをつくり上げていた。文脈が歴史的な認識に微妙に影響を与えるのである。近隣諸国に比べてハンガリーの産業化の欠陥を強調することにより、当時、実際に懸念されていたこと、すなわちハンガリーがまったく産業化しないのではないかという懸念を見えにくくしている。一八六七年の直後、愛国主義的な論調ではリベラリズムが生存競争の中で目標を達成すると強調されたが、それはハンガリーが時代遅れの農業国であるという現実認識に基づいていた。「数世紀にわたる空白」、資本の欠如、通信網の脆弱さと労働力の低水準、さらに、鉱物資源が乏しくしかもスロヴァキアやトランシルヴァニアといった山岳辺境にしかないという現実。こうした認識がない交ぜになっていた。実際、他の地域の産業化の大黒柱となっていた繊維産業は、ハンガリーではオーストリアという競争相手によって多くがつぶされてしまっており、一九〇〇年には国内需要の一四%しか供給できていなかった。

実質的な発展への最初の拍車となったのは、一八六七―六八年、「奇跡の大豊作」に刺激された穀物輸出と、ブダペシュトでの製粉業の急成長だった。会社設立ブーム期においてハンガリーの共同出資企業の三分の一は製粉関係であり、ブダペシュトでの生産高は一八七九年までに八倍に増えた。一八七〇年代半ばには、ドイツは小麦の半分を君主国、主にハンガリーから輸入していた。ドイツは一八七九年に保護貿易政策をとったが、一八九六年まで年一〇%の成長を遂げていたオーストリア市場のおかげで、ハンガリーの輸出は何とか踏みとどまった。穀物輸出市場の伝統的な拠点だったハンガリー西部の都市ジェールがブダペシュトにその座を奪われたのは、首都が、これを文字通りくもの巣のような放射状の鉄道網の中心とする政策に刺激されて急成長したためだった。ハンガリーの鉄道はオーストリアとほぼ伍して、会社設立ブーム期に六〇〇〇キロメートル、そして世紀末までにさらに一万三五〇〇キロメートルが建設された。特徴的なのは、ハンガリー政府がオーストリアより早くから、そしてより熱心に鉄道の（再）国営化を進めたことである。一八九一年までには主要路線の八四％が国の管理下に入っていた。オーストリアでは一九一三年時点でもこの数字に達していない。経済統合の成果は、小麦の地域的価格差の減少から読み取れる。世紀の前半には一二〇％に達したものが、一八七五年には最大四〇％（四三の市場で）、一八九一―九二年には二四％にまで縮まった。

　鉄道（と橋）の建設は当然、鉄鋼業を刺激した。鉄鋼業は年率四・五％で成長し、一九一四年までには付加価値の面で製粉業を追い抜いた。このように、ハンガリーの主要生産物である穀物と小麦粉の輸出が、ドイツの保護政策と競争相手アメリカの登場によって難題に突き当たっても、一八八〇年代後半から急成長期にはいったハンガリー経済を失速させるには至らなかった。歴史家の多くはハンガリーの産業の大躍進期をこの時期におく。この時期に、投資、貸付組織は三倍に、鉄鉱石、石炭、原鉄の産出量は二倍に、ブダペシュトの共同出資会社数は四倍になった。こういった発展については、オーストリアとのつながり、特に君主国の東半分であるオーストリアからハンガリーへの資本輸出を強調しなくてはならない。一八六七―七三年のはかない好況時にも、ハンガリーの産業資本の六〇％が外国系、主にオーストリア系だったが、一八八〇年からの景気回復期にもオーストリア資本がさらに注入された。これは、一八八〇年代にはハンガリーの株式資本の半分、一八九三年には二七億クローネにのぼった。一八七八年、ジグモンド・コルンフェルドが商工業信用銀行のプラハ支店長からロートシルトの影響下にあったハンガリー総合信用銀行《マジャール・アールタラーノシュ・ヒテルバンク》の頭取に移ったが、これは君主国内の金融システムが緊密だったことを物語る。ウィーンと同じくブダペシュトでも一八八〇年代に「大銀行」の連合が始まり、その結果、一九一四年直前までに、五大銀行が銀行資本の五八％を握ることとなった。一八八〇年代、銀行の利益率は年一〇％を超えていた。

　このような急成長の時期、ハンガリー経済に逆説的な状況がもたらされた。製粉と鉱業・冶金産業の技術はヨーロッパ水準に達していた。冶金生産の八〇%は新絶対主義期から引き継がれた国有鉄道の鉄鋼工場も含めた三つの巨大工場で産し、一八八〇年代、一万三〇〇〇—一万五〇〇〇人の労働者を雇用していた。しかしそれらに続くものがほとんどなかった。繊維と製糖はオーストリアに遠く及ばなかったし、近代的な皮革産業のうちハンガリー資本の集中にあったのは五分の一でしかなかった。ブダペシュトには近代的な金融街ができ、荘厳な大通りと橋、鉄道駅、それにヨーロッパ大陸初の地下鉄《フエルドアラッティ》（一八九六年）も完成した。しかしこれは、他のハンガリーの都市より一〇倍も大きいブダペシュトだけの現象だった。こうした不均衡な発展に直面して、次のような問いが提起されるようになった。オーストリア・ハンガリー関税同盟に基づく労働分配（大雑把にまとめれば、ハンガリーは穀物・小麦粉、対してオーストリアは繊維）からハンガリーが自由になり、不均等な発展の枠組みを打破して成熟した産業国家を目指すときが来たのではないだろうか。それとも関税同盟はハンガリーのこれまでの発展に少なくとも部分的には寄与していて、よりいっそうの経済的成熟は、必要に応じてその枠組み内でより安全になされるのだろうか。体制派リベラル党が選択したのは後者の立場で、一九〇五年にリベラル党が凋落して以降も一九一四年まで力を保った。

一八七三年に首相ローニャイは、「国家は私企業の力を上回るだけの事業を展開しなければならないが、すべての者にすべてのものを提供するわけではない」(2)と言った。おおざっぱに言うと、リベラル派政府の立場は、こうした見方と事業利害への自由放任的アプローチの複合物であった。実際上、国家はインフラ整備に大きな役割を果たすことを引き受けた。「妥協」後の政府は以前からの国有企業の管轄をそのまま引き継ぎ、鉄道も精力的に国有化したが、一方で、私企業への利益保証が国家予算の重荷になり始めていた。三六〇万ヘクタールつまりハンガリーの面積の一三%を洪水の恐怖から救ったティサ川とドナウ川の河川整備にも相当な資金が注ぎこまれた。一八八〇年代には、八本もの鉄橋がティサ川に架けられた。政府はさらに、商業学校・工業学校のネットワークを構築することで、未熟練労働者の問題に取り組もうとした。野心的な若者は、声望や安定した事務職という誘惑を伴う昔ながらの人文教育に惹かれる傾向があったからだ。一八八二年に教育相トレフォルトが嘆いたように、ハンガリーでは熟練した職人親方の地位は、失業中で無一文の弁護士より低かった(3)。全体として二重制後半（一八九〇―一九一四年）のハンガリー政府は工業労働者の約一二％を雇い、全投資額の二〇％を保証していた。この数字は、助成金や税の免除、一八八一年と一九〇七年の産業寄りの法律によって推進された鉄道の優遇運賃などで産業に費やされた七六〇〇万クローネ（産業投資全体の二％）よりも、あるいは愛国主義的責務によるとはいえ一〇年ごとに見直すオーストリアとの経済協約よりも、経済的に重要だった。そうした面で主要な問題は、共通の発券銀行であるオーストリア国立銀行（一八七七年にオーストリア＝ハンガリー銀行と改称し、一八九八年には完全に対等になった）と、君主国共通業務経費のハンガリーの支出比率であった。この比率は当初の三〇％から上昇し続けたが、これはハンガリーの相対的な経済発展を反映するものでもあった。

こうしてハンガリーは、新しい世紀に入った。それは関税同盟からの経済的解放を目ざすリベラル派政策にとって有利な状況に見えた。一八四〇年代にはハンガリーからオーストリア向けの輸出に占める未加工農産物の割合は九〇％だったが、一八八〇年代にはすでに六三％に落ちていた。いまや鉄道線路のすべて、機関車、車両の大半を自国で生産するようになり、投資資本でももはやオーストリアへの依存は圧倒的ではなくなった。オーストリアが保有するハンガリー株式は、一八九二年から一九一二年の間にほとんど増えなかったが、他国の保有株は四倍の三八億クローネになり、その半分がドイツだった。外国の資金をすみやかに入手できることは重要だったが、結局一九一四年までハンガリーの産業資本の七五％は国内から集まったものだった。農業中心の広大な農村後背地では、産業基盤の狭さという状況は変わっていなかった。このように強調するのは、ハンガリーの経済発展をバラ色に描く意図からではなく、むしろその背後にある潜在的な政治的軋轢に光を当てる必要があるためだ。相対的な成功と相変わらずの劣等性とが、マジャール人ナショナリストの野望に油をそそぎ、それによってハンガリーが、君主国のもう半分において恨みの対象として、競争の相手としてみなされるようになるのである。関税同盟についての交渉は緊張に満ちたもので、オーストリア内政全般に影響した。それゆえ、チェコの経済発展もまた国民間の紛争の素地を作ることになった。その過程に焦点を移そう。

　チェコ諸邦での長期にわたる経済発展は、チェコ人に自らを社会的敗者だと確信させてきただけにみえる。だからといって、何も重要なことが起こらなかったわけではない。かつての支配者たちに対して非優勢民が深い恨みをもつのは、近代世界においては普遍的に見られることである。チェコ人活動家は、民族闘争において経済力が重要であることに気づいていた。一八七八年に、『国民新聞《ナーロドニー・リスティ》』は「経済を語る者は、国民体について考えているのである」と書いている。チェコの進歩の道が、農業の近代化と農業関連産業の発展にあることは、十分必然性があった。一八五八年時点でもまだ三分の二が貴族の管理下にあったものの、テンサイ生産（精製過程まではいっていなかったが）は、一八六〇年代には北ボヘミア、北東ボヘミア、それに隣接するモラヴィアの農民たちの得意な領分となった。チェコ人資本による最初の共同出資砂糖会社は、一八六三年に、フラデツ＝クラーロヴェーに設立された。この当時、テンサイ栽培は穀物より六〇―八〇％も利益が多かったため、農民がこれにひきつけられたのは当然であるが、彼らが、政治的に目覚めたチェコ人富農層の土台となる産業をこれほど迅速に確立できたことについては、もう少し説明を要する。チェコの農村は何十年にもわたる識字文化の伝統を有しており、世紀末までにはチェコ人は君主国でもっとも識字率の高い国民となっていた。そのため、シュヴァルツエンベルク所領で農場管理人を務めたことのあるフランチシェク・ホルスキーのような愛国的農業経済学者の主張から学ぶことができた。立憲期には、何世代にもわたって積み上げられてきた体系的な農場経営の経験が、冊子や講演のかたちで農民に提供されるようになったのである。一八六二年以降の郡自治において、富裕な農民たちは組織的・政治的な基盤を手にした。そして一八六八年プラハに商業銀行《ジヴノステンスカー・バンカ》（短縮してジヴノバンカ）が設立され、これが金融面の大黒柱となった。

　このジヴノバンカは、第二次世界大戦に至るまでチェコの経済生活で最も重要な存在でありつづけた。チェコ人小規模投資家の貯えを直接に集めたり、このころ急増した地方の貯蓄銀行や信用組合をテコとして資金を吸い上げ、チェコ実業界の要求に沿ってその金を振り分けて成果を上げた。たとえば一八七〇年にはすでに一八の砂糖圧搾業者の納税を請け負っている。チェコ人経済が初めて本格的に自己主張したのは一八八七年だった。チェコ人が多数派となったばかりのプラハの商業会議所が、オーストリア＝ハンガリー銀行がチェコ人の利害を軽視していることをやめるよう要求したのである。通常、チェコ経済軽視がおこった原因として挙げられるのは、民族的な理由というよりもむしろ、社会的なものであった。（チェコ人の企業が発行した手形割引を通常拒否するなど）非難の対象となった銀行の行為は、チェコ人の団体のような小規模組織との取引に慣れていなかったからにすぎないのである。言うまでもなく、当時のチェコ人はこうした差別に納得しなかっただろう。一八八三年、ボヘミア領邦議会の多数派をチェコ人が獲得すると、オーストリア＝ハンガリー銀行の領邦支店が割り引く農民の貯蓄銀行の手形は急角度を描いて上昇した[4]。この世紀最後の二〇年間に、五〇万人にものぼるチェコ人が仕事を求めてボヘミアのドイツ人地域やウィーンに移民し、かつてはほぼ均質だったその地域を時をかけて国民的緊張の場へと変えていったことで、社会経済問題と国民問題の絡み合いは、さらにいっそう複雑になっていった。

　とはいえ、一八九〇年あたりから特に世紀転換期にかけて、それまで潜在的な可能性でしかなかったものが、ようやく目に見える形でのチェコ人の経済力として現れてきた。チェコ人ブルジョアたちが、重要な軽工業・機械関連産業が発達しつつあるプラハをしっかりと掌握したことが、その要因の一つだった。

　一八九〇年にはチェコ系の商業銀行は、チェコ諸邦の資本の二％未満しか保有しておらず、八％はズデーテン・ドイツ銀行、残りすべてはウィーンの諸銀行が保有していた。それが一九一三年になると、ズデーテン・ドイツ銀行の割合は変わらないが、チェコ系銀行の保有比率は二〇％強になっていた。別の角度から見ると、チェコにおけるジヴノバンカの総利得は、当初、商工業信用銀行《クレディートアンシュタルト》プラハ支店の三分の一未満だったのが、いまやそのほぼ五倍にまでなった[5]。一九〇五―一一年の間に五回にわたる増資で資本総額は八〇〇〇万クローネになり、一九一三年にはチェコ総資本の三五％を握った。だが別の銀行も登場してきた。一八九八年にはチェコ産業銀行、一八九九年にプラハ信用銀行、そして一九〇三年には貯蓄銀行的性格の強いスポロバンカが設立された。これら四銀行、とくにほかのスラブ諸邦でも利益を拡大していたジヴノバンカはウィーンでも認められる存在となり、互いに競いあうことで、国内的・国際的動機が絡みあった大戦直前のヨーロッパの銀行関係を特色づけていた。ジヴノバンカは一方でボヘミアの（たとえば冶金などの）産業分野で、ウィーンのカルテル支配を防止すべく商工業信用銀行《クレディートアンシュタルト》と取っ組みあいを演じつつ、別の問題ではウィーンの銀行と手を組んだりした。

　チェコの例は、経済面でもその他の面でも、非優勢国民社会の活性化の実例をなしていた。当時、産業化という文脈で、オーストリア内のどの非ドイツ人もこのような論議に耐えられなかったが、スロヴェニア人だけがおそらくその例外であろう。伝統的な鉄鉱山地帯で、ドイツ語圏中央ヨーロッパからアドリア海への出口にあたるトリエステ周辺に居住するスロヴェニア人は、産業構造的に見るかぎり農業に大きく依存していたが、ガリツィアやダルマチアより隣人たるアルプス諸邦のオーストリア・ドイツ人に近い生活水準であった。二重制下で、リユブリャナの人口は郊外を含めて三万人から六万五〇〇〇人にふえたが、もともとドイツ色の濃かった地元資本は、この時期、君主国の金融中心地の後塵を拝していた。トゥーサン・ホチェヴァルは、それだけではないと興味深く論じている。チェコの例から言えば、地方の貯蓄銀行や農業結社のネットワークは、実際の必要性と民族的な感情に草の根で食い込んで発展することができたと彼は説く。こうしてスロヴェニア人ナショナリスト・リベラル派であるリュブリャナ市長イヴァン・フリバルの保護策と、ジヴノバンカのウィーン支店の組織的援助と四八%の出資を得て、地元投資家によって一九〇〇年にリユブリャナ信用銀行が設立された。これはこの都市で最初の独立商業銀行であり、スロヴェニア人の手による最初の銀行であった。

　リュブリャナ信用銀行の資本金は五〇万クローネと相対的に小さいものだったが、ホチェヴァルが提起したような大資本と地元資本からなる経済の二重路線理論はなお重要な意味をもっている。オーストリア・ドイツ人の経済力は、かつての統一国家でドイツ語とドイツ文化が成しとげたようには、広大な二重君主国すべてを支配することはできなかったのである。そこで対話が必要となってくる。その対話によって民族的亀裂のみならず、いまだに大半は農村であった君主国において、都市的産業部門と伝統的産業部門との間の裂け目にも橋を架けなくてはならなかった。

二重制下の農業

一九一〇年、オーストリアの労働人口の二六％、ハンガリーの一八％は、鉱工業に雇用され、それぞれ五三％と六〇％は農業に従事していた。農業従事者の割合は、その二〇年前のそれぞれ六二％、六七％からは減少したが、それでも君主国全体としては農業国のままだった。何といっても、オーストリアの鉄製品の重要な部分を占めたのは、大鎌・小鎌だった。領邦によっては、その重要性はきわだったものだった。たとえば一九一〇年、クロアチアでは八二％が農業に従事していた。辺境の諸領邦の産業は、ほとんどが農業に関連するものだったのである。例外として重要なのはガリツィアの石油産業である。これは、一八八三年に鉄道が開通して以降、東部のドロホビチやボリスラフ周辺で発展し、二〇世紀はじめにその産出量は全世界の五％にまで達するほど急成長した。だがその大半がウィーン資本であったこと、採油部門に比べて精油部門が未熟だったことに、地域的後進性があらわれている。一八八八年、「我々の若者たちは、官僚になることに血道をあげている」と、ガリツィアの産業化の擁護者S・シュチェパノフスキは政治よりも経済が軽視されることを嘆いている。(6)

伝統的にガリツィアでは、ユダヤ人が多数を占めるブローディや領邦東部が繊維産業の中心地として栄えていた。しかし、自由貿易の時代になって、ブローディはオーストリア、チェコとの競争に負けた。シスライタニアの人口の四分の一以上を抱えるガリツィアは、工業生産では六％しか占めていなかった。一九一二年になっても三二万人の「労働者」のうち近代的な工業会社で働いていたのはその五分の一でしかなかった。クラクフやフシャヌフの炭鉱も、まだ大規模な鉄鉱業を促すほどではなかった。資本主義的生産の多くは実際には貴族の所領で始まった。一八九〇年のクロアチアでは全産業労働者（従業員が二〇人以上の事業所で働いていると定義される労働者）の四〇％は主にスラヴォニア東部の大所領で森林業に携わっていたが、製材所で働く一五％をそれに付け加えたとしても合計は一万人に満たなかった。

産業振興を訴える論者はこれらの領邦にもいた。たとえば一八八〇年代のガリツィアのジムリキェヴィチやシュチェパノフスキ、あるいはクロアチアのザグレブ商業会議所だ。一八七〇年以降、状況は彼らにとって不利なものであった。一八七〇年以降、ガリツィア領邦議会を牛耳っていたポーランド人大地主は、自らの権力を揺るがしかねない経済発展には懐疑的だった。新絶対主義体制のおかげで手に入った一八四八年以前の森林および共有地のあまりに不平等な配分をめぐって大地主と農民が争っており、ハンガリーで長く教育相をつとめたアーゴシュトン・トレフォルト（一八七二―八八年在任）が熱心に取り組んだような農民の識字運動に彼らが取り組むことはなかった。一八九〇年になっても、この地域の非識字率は六七％であった。クロアチアにおいては一八六八年の妥協《ナゴドバ》で一定の自治が保障されたが、主な経済力はすべてハンガリーの手中にあり、ザグレブの小さな政府に独立の経済省をつくるという提案もハンガリーの妨害にあって頓挫した。一八八三―一九〇三年の総督クーエン゠ヘーデルヴァーリは、ハンガリーの商業相を通じて、クロアチア゠スラヴォニア全域の統計調査を公刊したザグレブ商業会議所を越権行為だとして非難した。マジャール人意識を持ったスラヴォニアの地主であった彼は、保守的にして自らをドイツ人あるいはマジャール人と感じている階層の経済的利益を、離陸しつつあるクロアチア人ブルジョアから守ろうとしたのだった。君主国の共通市場において、クロアチアが競争力を有するのは、木材だけであった。しかし、一八六〇年代にクロアチアの経済開発のために与えられた特権は、地元資本が脆弱すぎたために機能しなかったのである。

社会的・政治的緊張がそれほど厳しくない地域では、都市と農村との、また農村内部の利益集団間での分業を可能とする適度な均衡が生じた。アルプス諸邦と、ハンガリーのなかでは比較的繁栄していたドナウ川以西地域では、大地主が木材と穀物に、農民は畜産、ブドウ栽培、市場向け野菜栽培に専念することになった。これは、貴族地の森林比率が非常に大きく、また農民は家畜飼育に必要な集約的な労働力を有していたことからくる論理的な帰結だった。森林は、オーストリアの三五%、狭義のハンガリーの二八%、クロアチアの三六%を覆っていた。この分業は、君主国全域で、大所領が相変わらず維持していた経済的重要性を示すものでもあった。たとえばシュヴァルツェンベルク家は農民解放後も一一万七〇〇〇ヘクタールの土地を所有していた。一八九五年に、ボヘミアでは地主の〇・一%が土地の三六%を持ち、ハンガリーでは〇・一六%の地主が土地の約三二%を所有していた。しかし補償債権の市場価値が暴落したことで、多くの貴族はその土地の一部または全部を売らねばならなかった。農民に土地が引き渡されたため、二〇〇〇—一〇〇〇ホルド(一ホルドは五七八七平方メートル)の土地を有するハンガリーの中ジェントリは、一九〇〇年には七〇〇〇家族に減った。その一方、一〇〇〇ホルド以上を有する大所領が持つ土地の割合は、この時期、二倍以上の一九・四%に増えているのである。ガリツィアの大地主も少しずつ農民に土地を売っていった。一八六六年以前には彼らは耕地の四三%、牧草地・森林の九〇%を持っていたが、一八八九年には全体の四一%までに下がり、さらに一九〇二年までには一二万二〇〇〇ヘクタールが彼らの手を離れていった。こういった状況を解釈するにあたって、大貴族と新興富農層が中規模地主と小土地所有者を踏み台にして利を得るかたちで分極的に発展したとする見方は、魅力的なものだが、少なくとも農民に関するかぎり具体的証拠が乏しい。別の複数の推計では、ハンガリーでは農民が所有する土地の割合がわずかに落ちたか、あるいは、三〇万ヘクタール程度増加したとされている。ガリツィアでは、人口増加によって小区画化の傾向が一般化したため、農民層は階層的に分極化するというよりもある種の均一化が強まったと言える。ここで重要なのは、以前と違い、耕地を広げる可能性がほとんどなくなったということだ。実際、一八六〇年以降、ボヘミアでは耕地面積は縮小していた。その例外はハンガリーだった。新絶対主義期および二重制初期に大規模な河川整備事業を行ったことで広がった土地を、人々は第二次「祖国占領《ホンフオグラーシュ》」と呼んで歓迎した。

所領地の比率がもっとも低いのはオーストリア・アルプス諸邦だった。しかしそこでは、所領の主な資源である森林を組織的に商業向けに開発することによって、資本主義的な発展が始まっていた。一八五五年の森林法が道を整え、一八九九年までに木材はオーストリア最大の輸出品目となった。一方、ハンガリー平原やガリツィア平原では、大きな傾向として、穀物とくに小麦生産が伸びたが、これには、鉄道によってこのかさばる品の輸送が格段に容易になったことが寄与している。ハンガリーでは河川整備が行われ、休閑地の割合がボヘミアでは一八四八―一九〇八年に二一・六％から一％に、ハンガリーでは一八七〇―一九一四年に二二％から九％に減少したことで、作付け面積が大幅に増えた。一七二〇年には五％しかなかったハンガリー大平原《アルフェルド》の作付け面積は、六二％となった。一八五〇年代に君主国西部で一般的だった改良型三圃式農業（根菜栽培と休閑地でのクローバー栽培）は、大所領を中心に急速に穀草式農法に代わっていった。二〇世紀に入るまでにクローバーは耕地の八―一二％に植えられるようになり、根菜の耕地は二倍近くなった。長いあいだ貴族だけの貴重品だった農業機械（とくに脱穀機）が、この世紀の最後の三〇年でようやく広く普及した。一九〇二年の調査によると、二九万すなわち九％の農場が、主に役畜を動力とする機械を使っていた。おそらくその影響で一八九五年のハンガリーの農業調査では、もはや木製鋤の項目すらなくなっている。つまり、成長を遂げたのは穀物生産（一八六八―七五年と一九〇四―一三年の両期間を比べると約六五％の伸び）だけではなく、それまでずっと停滞に近かった農業生産力そのものであった。競争相手アメリカの出現で成長が若干阻害されることはあったが、この勢いはとまらなかった。そして世紀末に再び世界の小麦価格が上昇し始めると、小麦畑は再び拡大していった。

農民は穀物生産については大所領と共にやっていたが、畜産の大半は農民たちだけのものだった。一八四八年以前は貴族の事業対象と見なされていた牧羊と羊毛生産は、とくにオーストラリアの影響力が及ぶようになってからは重要性が減っていた。それに代わって牛と豚が利潤を生むものとなってきた。君主国は一八五〇年には二八万六〇〇〇トン、一九一〇年には六七万五〇〇〇トンの牛肉を産した。乳牛の重要性も増した。一九一三年にはウィーンっ子は一人当たり約一パイントの牛乳を飲んでいたが、これは八〇年前の四倍にあたる。農民はもう一つ、ワイン生産を独占していたが、これは一八七〇年代後半以降ブドウネアブラムシ《フィロクセラ》の害虫被害によって打撃を受けた。多くのブドウ栽培業者は転作し、主に市場向け果樹栽培へと方向を変えた。新しい路線を開拓する才が農民にはあるのだ。たとえばハンガリーの輸出品では、家禽が穀物と並んで重要になった。面白いことに少なくともハンガリーでは、もっとも起業的才能があるのは富農ではなかった。富農は、土地を買って、自分の地位に合った生活を維持するなど財産を伝統的な流儀で使おうとした。他方、毎日の骨の折れる仕事や凶作の脅威になんとか対応している三〇—五〇ホルドぐらいの小土地所有者たちこそが創意工夫に熱心にとり組んだ。こういう人たちが二重制期の後半、農民の信用機関が大きく広まったことでもっとも恩恵を受けた層かもしれない。地方の信用貸しが、ずっと貴族のためのものだったことはまぎれもない。そこではガリツィア農民信用組合（一八六三年）やハンガリーの小農業者土地信用機関（一八七九年）のような組織が、対象をより広い層に広げようとしても、実際には需要に応えることはできていなかった。そこで、小額・低金利信用貸しの問題と本格的に取り組んだのは、多くはシュルツェ゠デーリッチュ方式やライファイゼン方式に基づいて組織化され、一八八〇年代から広まった地元の信用貸し団体である。第一次大戦前夜、こういった組織がオーストリアには少なくとも八三五六、ハンガリーには三〇〇〇以上あり、そのほとんどが中央の組織と結びついていた。このころには専門的な農業教育も長足の進歩を示し、とくにオーストリアでは一九〇七年に一九二の中級・初級の農業学校で七五一八人が学び、その数は二〇年前の三倍近くに相当した。

君主国の農業実績は目ざましく、無視できないものだった。ザントグルーバーは一八五〇年から大戦前夜までに生産高は倍になり、ハンガリーの農業生産の上昇は、二重制期、年に一・八—二・二％の間で推移したと見積もっている。[7] ベロシュが一一ヶ国について行った有名な農業試算では、君主国は一八四〇年段階から、ドイツ、スイス、スウェーデン以外のどこよりも相対的に速い進歩を遂げていたことを示しているが、それでも絶対的にはイタリア、ロシア、スペインを上回るだけだった。[8] こういった国際比較は不確かなものでしかないが、これらの結果を総合すると、ハプスブルクの農村経済が注目すべきものだったものの、まだ脆弱であったことに注目する必要がある。

君主国のこの位置づけを引き下げた要因は、南部や東部のロシアやバルカン方面に開けた地方の指数がすべて非常に低かったことである。トランシルヴァニアでは休閑地がハンガリーの平均の二倍もあり、ドナウ川以西に比べて信用貸し協会の資本は四分の一しかなく、二圃式あるいは三圃式農業は五倍も多く残存していた。木製鋤、非識字、高利貸しが、そこではしっかりと根を張っていた。ダルマチア南部モンテネグロとの境界の不毛な山岳地帯に住む猛々しい住民は、一八六九年、そのときまで誰も彼らには課そうとしなかった兵役に反対して反乱を起こした。ヘルツェゴヴィナのセルビア人も一八八二年、同様に蜂起した。

もちろん、こういった格差の多くには歴史的原因がある。ここではリベラリズムの経済的側面が指摘できるが、それは君主国のもっと進んだ地域にも作用しただろう。生産手段としての土地は、資本のように限りなく大きくすることはできない。だからそれを市場に完全開放することは、狭く発展性のない耕地がもっと大きな手の中に移ることを意味する。農民の隷属性の消失、高利貸に関する規制の撤廃、中心層となるべき農民の自営地の分割、(「ザドルガ」など)集団的所有権に対する法的圧力と、二重制下での人口増加があいまって、農村におけるプロレタリア化が一気に進んだ。産業化のために、農村の貧民層の昔ながらの稼ぎ口——家内工業や荷車での運搬——が減った。オーストリア・アルプスの高地では農村人口が相対的にも絶対的にも減少し、家族農場は労働力の「地元離れ」に対処するのに自らの家族に頼らざるをえなくなったため、小農が従来の生活様式を維持できなくなった。こうしたことが、反リベラリズムの土壌を育てていったのである。ハンガリーでは、鉄道のおかげで市場向けの小麦生産が伸び続けた。が、そのために気楽で牧歌的だった農民生活は厳しいものになり、アメリカという競争相手が現れると、それは一層厳しくなっていった。ダルマチアの造船業は、蒸気船への転換でかげりを見せ、もう一つの柱ワインは、ネアブラムシで打撃を受けた。産業化がそれに代わる雇用を提供したかもしれないが、純粋農業地帯では多くの場合、移民が唯一の逃げ道であり、ガリツィアだけでも一八九六—一九一〇年の間に推計七二万人が移民として出て行った。

農民が住み慣れた土地を離れて見知らぬ土地へ移民す

る覚悟を決めた（すぐにその手引きをするネットワークができたが）ことは、彼らが経済的変化に抵抗していたという説と食い違ってくる。このことは必ずしも、彼らが外から来る改革の風すなわち、一八六八―六九年の排水工事資金の確保に関するオーストリアの諸立法、一八八三年の分割農地法（多くの場合、細分化している農民の土地をある幅にまとめようとした）、さらに一八七三年の（のちに実現する）農村部の結社法などに乗り気でなかったことと、矛盾はしない。農民の重い借金は、やりくりのまずさよりは、改良への意欲が原因になることもあったし、とくにアルプスについてはそう言われている。一方、ガリツィアの農民や南ボヘミア（「ボヘミアのエルベ東岸」と呼ばれることもある）のあえぎ苦しむ農夫たちの貧しさは、無気力より状況のなせるわざで、南ボヘミアのジャガイモが、他のチェコ地域の砂糖より単純に利が薄かっただけだ。地域的な発展のずれは、発展の過程の差異へと帰結することもあった。大実業家が時代遅れとしてブダペシュトの市場を見捨て始めたころ、地方の中心都市の市場の数は増え続けた。クロアチアの農村部では、都市の職人たちが農村へ移住していた。かつてより典型的なプロト工業化地帯であったクロアチア西部の工業化は加速し、それに連動してクロアチア人の村々では、店舗の数が倍増した。これもある意味で近代化だったが、この変幻自在な概念は、とくに多言語のハプスブルク帝国内では実にいろいろな形をとるものだった。

オーストリア＝ハンガリー経済の問題

はたして全般的な均衡は可能だったのだろうか？　デヴィッド・グッドはその画期的な著書『ハプスブルク帝国の経済的興隆』（一九八四年）で、ハプスブルク諸邦の経済発展についての多くの議論に見られる否定的な論調について論評している。すなわち、後期ハプスブルク君主国の歴史は暗に失敗をテーマとして構築されていることである。この失敗モチーフは、グッドの論述にも別のかたちで表れており、そこではオーストリア・ドイツ人のリベラルな資本家がオーストリア＝ハンガリー産業化のリーダーとしての経済的ヘゲモニーを確立できなかったことを重視している。

君主国の比較的緩慢な経済発展に注目する解釈はたいてい、その客観的要素と主観的要素を指摘している。オーストリア＝ハンガリーはその大きさに比して、鉱物資源に恵まれなかった。内陸国だったため、エルベ川を下ってハンブルクに至る海への出口のほうが、自国の主要港トリエステを経由するより簡単だった。ドナウ川はたしかに国に地形的な一体感を生み出したが、完全ではなかった。ガリツィア＝ブコヴィナとダルマチアはドナウ川流域を取り囲む山々の向こう側にあったし、ドナウ川が注ぎ込むのは商業的には遅れた黒海だった。そのうえ国民体間のいざこざが、この「ドナウ人」という一体感から得られたはずの経済的恩恵を小さくしていた。周知のようにハンガリーは自国の鉄道と貨物料金政策に固執していたのである。一方、オスカール・ヤーシがいみじくも評したように、そのような一体感ですら農業地帯である東部を立ち遅れた状態にとどめたように、君主国の各地域を補完的な関係にすることとなり、かくして二重君主国全体としての市場需要を縮小してしまった。(9) 君主国の保守的な社会的エリートと硬直した社会構造の悪影響はしばしば指摘され、実業界の指導者側に活力が欠けていたことの説明の一部としても用いられる。君主国には地域的多様性が大きいこと、一部の地域で実績がよかったとしても全体の数字がそれを覆いならしてしまう傾向があることは一般的な認識であったが、その事実を君主国の指導者たちは忌み嫌い、それが経済格差を克服できないことにつながったというのである。

こういった議論はもっともであり、おおむね的を射ている。むずかしいのは、何が成功で何が失敗かを判断する基準を知ることである。その点で経済史はとくに厄介な領域である。その量的側面が、政治や文化の分野ではあまり試みられない「比較」ということを持ちこむからである。統計比較ですら、前提条件によって揺れる。たとえば一九世紀フランスの経済について、一九五〇年代には失敗とする見方から研究されたのに対して、一九八〇年代には相対的には成功したとする見方が有力になる、というようなことがおこるのである。ハプスブルク経済については、二つの判断基準が、これまで影響力を持ってきたようだ。一つはドイツという実際的なお手本、もう一つは、成功した資本主義経済の理論的なモデルである。

同時代の人々と歴史家に共通するが、ドイツとの比較は、君主国におけるオーストリア・ドイツ人の役割について、またドイツ文化を東・中央ヨーロッパに伝える担い手という自己認識について語られてきたことを反映している。相対的な経済的後進性の認識と、ドイツ勢力の一角として君主国が弱体化したとみなす見方は並行している。しかし、一八〇〇年にドイツよりも国民総所得が多かったとする数字はうがちすぎかもしれないが、少なくとも三月前期では、オーストリアの成長が関税同盟より少なくとも一%ずつ速かったことという近年の推計から、客観的な力量は見てとることはできるのである[10]。この状況に対して、のちに帝政ドイツが果たした急成長はオーストリアでは自己幻滅の風潮の中で受けとられた。（ハンガリーの経済史には独自のマゾヒズムがあると言うべきだ。一冊の本のほぼ全ページに表があって、そこで取り上げられている項目について、いちいちハンガリーは最下位だと示しているのだ。）しかし問題を逆の視点からとらえられないだろうか？　その天然資源、素晴らしい大学制度、それに絶好の立地を考慮に入れると、一九〇〇年までにオーストリアがドイツの後塵を拝するようになったことよりは、一〇〇年前までドイツが弱い立場にあったことのほうが驚きである。当時、隣人たちに遅れをとっていたドイツのフラストレーションこそは、まさしく一九世紀ヨーロッパでもっともパワフルな力であったのだ。

ハプスブルク君主国とドイツの比較は避けられないが、産業社会がいかにして広がっていくかという重大な議論に人目を向ける利点もそこにはある。一連の流れで見ていくと、産業化の過程は産業化している大元から扇状に広がっていく。もともと産業の中心から離れていた周縁的社会が貿易を通して産業化の手段を獲得し、次に自らの周縁部と同じ関係にはいるという意味で、ポラードが論じるように国際貿易（完成品と原材料の交換）に重点を置くこともできるだろう。あるいはガーシェンクロンのように、遅れたところが最新の技術を利用して、中心たる社会に追いつくという意味で技術の伝達を取り上げることもできるだろう。どちらにしても、産業化に遅れていた者がうまくいくのである。一方、マルクス主義に根ざす低開発理論によると、近代産業社会の拡大は中心と周縁の不平等な関係によって抑えられており、周縁は、中心に対して原料供給者の地位に永久にとどまることになる。この二つの発展形態のどちらも、実例は簡単に見つかる。ドイツと、いまや発展を遂げたヨーロッパ諸国は、かつては最初に産業化した北西ヨーロッパの周縁部にあたる地域であったし、第三世界には、今置かれている経済的辺境性から抜け出せる見込みがほとんどない国もたくさんある。ある社会と他の社会のあいだに、ポラードのモデルのような協調的なものではなく、経済、文化、政治的に搾取的な関係を作り出しかねない線をはたしてひくことができるだろうか。ハプスブルク君主国はその好例なのだろうか。君主国の西部と東部の間にある収益率の差異は、修復される時間上のずれというよりも、時とともに広がりかねない発展上の分水嶺だったのだろうか。もしそうなら、ドイツとの比較とは、実際はドイツの成功とハプスブルクの失敗を比べていることになる。

この頃およびこれ以降、ハンガリーのナショナリストの多くは、オーストリアとの関税同盟によって、遅れたハンガリーは半植民地的な立場に留め置かれると論じた。しかし前述した二重制下のハンガリー経済の様相は、この見解を裏付けるものではない。オーストリアからの資本流入のために設けられた関税同盟の枠組み、ハンガリーの輸出品に安定市場があったことは、ハンガリー経済がシスライタニアへの依存を徐々に減らしていくことの障害にはならなかった。一八五〇—一九一三年の間にオーストリアのGNPは五倍になったが、ハンガリーのそれは六倍になったと見積もられている。相対的な立場が強まったことで二重君主国の共通業務出費の負担割合が、当初のオーストリア七〇対ハンガリー三〇から徐々に増え、一九〇七年には六三・六対三六・四になったほどである。成長したのは西部ハンガリーやブダペシュトだけではなく、トランシルヴァニアに一八九〇年代までに密な鉄道網（隣接するルーマニアの二倍の密度）が敷かれると、ここも進歩を始めた。「妥協」体制下にハンガリーが発展したのは、オーストリアとの経済的結びつきが存続したことよりむしろ、多国民の君主国が他の国民には許さなかった自治政府を勝ちとったおかげであるとも、もちろん言える。だが、ハンガリーの政治指導者の多くは関税同盟廃止を求めるナショナリストの圧力に屈しなかったし、一方で政治的に自立していなかったチェコ人資本も大きく伸長することができた。

それゆえハプスブルクの多国民主義が、非ドイツ人を低開発理論の言うところの被従属者に永遠にとどまるよう運命づけたのではないようである。関税同盟の範囲内で、とくに結社や農村部の銀行の設立推進に刺激を与えた点で、ナショナリズム運動は社会を活性化させるきっかけとなった。デヴィッド・グッドが次のように論じているのは興味深い。一人当たりの貯蓄銀行への預金と収入の地域差は君主国の二重制後期には縮まっており、これは生活水準全般で似たような過程が起こっているしるしとして捉えられるかもしれない。例外がありうるとしたらガリツィア東部だとグッドは述べる。だがここでもガリツィアの後進性は、大都市《メトロポール》が周縁の資源を古典的なかたちで枯渇させた結果というわけではない。この領邦は、国家歳入の一〇%に寄与したが、歳出の一六%を受け取っている。二重制下のオーストリアの予算において、インフラ整備（特に鉄道）への配分が率にして一二%から四二%へとめざましく上昇し、その恩恵にあずかったのである。東ガリツィアはダルマチアと並んで君主国でもっとも遅れた地域だったかもしれないが、長らく従属的だったルテニア人農民がここで大きく活性化した。そして東ガリツィアは二〇世紀の広域ウクライナの文化運動・ナショナリズム運動を率いる立場となった（そしてそうあり続けた）。またこの地から西へ、何十万人というユダヤ人が、ブダペシュトやウィーンへ、時にはブダペシュトを経由してウィーンへと移動していった。そしてその過程で、多くのゲットー化した伝統主義的なイディッシュ語コミュニティが、君主国が提供した枠組みの中で、マジャール人やオーストリア・ドイツ人の商業や文化の重要な担い手へと変貌していった。これは近代最も劇的な変身の一例である。この時期、君主国の市民の大多数は相変らず狭い世界で暮らしていたが、大半の人々が君主国が崩壊してから経験するより多くの人や文物を介して西欧的規範と接触することを万能にしていたのである。

あとから来るものより君主国のほうがまし、というのは、もちろん消極的な弁護だ。君主国の業績についての批判的評価の中には、もし起業的資本主義をもっと真剣に取り入れていたら、もっとうまくできただろうという見方に基づくものがある。さらにこの見方を推し進めると、カルテル化と保護主義、あるいは、自由市場原理を歪曲し、資源の不適切な配分につながりかねない政府による産業支援の試みを称揚することになる。逆に一歩引くと、この見方は社会的指導層の反資本主義的な気風を強調するものになる。しかし、これらどちらも説得力がない。ルドルフはオーストリア・ドイツ人やチェコ人の銀行は、一八七三年の大暴落以後、とくにその直後の一五年間は、産業振興に直接関与することには慎重な策をとったとしている[11]。これは驚くにはあたらないし、もっとも近代的な実業家なら好んで危険を冒すと仮定したときに初めて、ドイツ人の積極策と比較する意味が出てくるのである。経営者の収入を上げるにはカリスマ的企業家のイメージが役に立つかもしれないが、ドイツの社会学者ウェーバーは、ほぼこの当時、近代社会はカリスマではなく、官僚的合理主義を基盤とする、というその有名な理論を組みたてつつあった。国家でも私企業でも、金融こそ二重制期のサクセスストーリーだったように見える。一八九二年には、オーストリアの金本位制採用が成功して、一八六七年以前からの国家財政の大荒れが収まった。同様に君主国の最後の何十年間かはかつてのような一般債権不足の兆候がみられなくなった。カルテル化によって、合理化のために欠かすことのできない過程が統制された。さらに言えば、合理化もまた、ハプスブルクの実業組織のもろもろの面で見られるように、高度に成功したドイツ経済からの輸入品であった。

オーストリア社会の保守的な気風を言うなら、一九一四年以前のヨーロッパのどこでもそうだったように、とくに大貴族と宮廷こそ保守的だった。ウィーンの言い回しで、「第一社会」と言うときは大貴族のことで、「第二社会」というと貴族でない金持ちをさしていたのには根拠がある。オーストリア社会はさまざまに亀裂していたため、ヨーロッパの他国と同じく政治から追い払われた大貴族の社会的影響力は限られたものだった。大所領の経済的地位は崩れてはいなかったが、イギリスのひどい土地分配同様、ボヘミアの経済発展がそのために妨げられたことはなかった。

だがこの論には、大きな例外が一つある。ハンガリーでは、権力と影響力は明らかにジェントリと大貴族の連合の側にあり、彼らの好む支配の枠組みは経済上の選択肢を限定した。その庇護下に発達した産業は農業者寄りの色彩があった。エリートが保護主義に転じたあと、その政策は、富裕層を支援しながら貧乏人には高い食料価格を課すことを意味し、近代的な産業デモクラシーへの突破口を見出す希望はかけらもなかった。一九一四年、ハンガリーは依然、穀物法下のイギリスのようだった。ミネアポリスに次いで世界第二の製粉中心地、ブダペシュトは、金融・文化組織を備えた中央ヨーロッパの壮大な都市であったが、そのどれも基盤は不安定なものであった。貴族とブルジョアが協同した代償である、農村の不平等な土地制度は、ボヘミアよりずっと不安定化の要素をかかえこんでいた。それゆえ、現代の多くのハンガリー歴史家は、ハンガリーがたしかに二重君主国の中で発展したことを認めつつも、その発展の偏りを嘆くのだ。

この見解を受け入れることは、君主国の経済的近代化には構造的な限界、ゆがみすら組み込まれていたことを認めることである。たいていの批判ははねつけ得るが、すべてではない。ハンガリーの産業化には時代遅れの農業社会（立憲期の最初からハンガリー人自身がそうみなしていた）という刻印が避けがたくつきまとっていた。ちょうど、オーストリア・ドイツ人の産業化にはスラヴ人に対する昔からの優越感と、その後の帝政下ドイツ人への劣等感が結びついていたように。チェコ人たちやその他のスラヴ人は、ロマン主義の時代に芽生えた国民意識にもとづいて経済的な組織化を進めた。経済発展はそれが起こった社会的民族的母体と切り離すことはできない。次章では、その社会的民族的テーマを掘り下げよう。

第九章　社会と社会運動

リベラリズムと産業主義は、二重君主国では準備不足な投機的事業のままであったが、高度に伝統的な社会の構造を取り崩すことにおいては、まだもっとも持続的影響力を持っていた。そこから生まれたのは、ローベルト・ムージルの有名な小説『特性のない男』でこう皮肉られる、珍妙な混じり物である。「憲法はリベラルだが、政府システムは教権主義。政府システムは教権主義だが、生活様式はリベラルだった」[1]。この指摘は正しい。オーストリアは実際、一八六七年体制が持つリベラルな価値観が主流となることを、農民やプチ・ブルジョア、労働者からなる多数派が阻む社会であり、しかしながらポスト・リベラルの体制がリベラルなお荷物を完全に拒むことにはひるむ社会でもあった。ハンガリーはやや様子が違うが、それはのちに論じよう。この章で問題にするのは、シスライタニア社会の進化、保守とリベラルの心情の混交とドイツ人リベラル派支配にとって代わることになる政治システムについてである。

伝統的エリート層

オーストリア社会の頂上にいる皇帝フランツ＝ヨーゼフその人の人生そのものが、保守的な核心にリベラルな力がおよぼした曖昧な影響を典型的にうつしだしている。たしかにフランツ＝ヨーゼフは生まれ育ちも気質も保守的だった。彼の宮廷での作法は厳格そのものだった。毎週、六〇人近くの在ウィーンのハプスブルク家の大公たちが出席する家族の晩餐会では、何人かが食事にありつけないまま帰ったものだった。皇帝がちょっと手をつけたらすぐに皿を下げるのが決まりで、しかも皇帝の食べるのが速かったからだ。ブルジョア内閣《ビュルガーミニステリウム》の時期と唯一の娯楽である狩りのとき以外は、皇帝はいつも軍服を着ていた。皇帝は敬虔ではあったが、熱心すぎる教皇の圧力を肩をすくめてやり過ごすガリカニストの伝統を守り、一八七四年のリベラルな教会法に対して宗教的な制裁を加えるとの脅しには、自分の心にやましいところはないとだけ答えて無視した。「我が民」という考え方はまったく王朝的なものだったが、彼はそれを皇帝の義務への不屈の信念と調和させていた。簡素な鉄製のベッドから起きて、毎朝五時前には書類の山に向かう。その中には年に四〇〇〇通にも及ぶ「最大の恭順をもって」と記された大臣たちからの長々しい覚書もあった。彼のライフスタイルといえば、寝室で尿瓶は使うが、電話は取り入れないというものだった。

そういった伝統主義者ではあったが、治世の大半を彼は公式には立憲君主として過ごした。もっとも、一八七一年に、彼が新首相アドルフ・アウアースペルク公に与えた訓示からはその立憲的精神がほとんど感じとれないかもしれないが。

> 何ごとも私に隠しだてせぬよう。刷新は無用である。一丸となり、規定の計画を厳に固守することこそ、私が支援することである。私が許さないのは逸脱だ。(2)

それでもフランツ＝ヨーゼフは、特別な事柄については、そのことに責任を持つ大臣と話し合うというところまで、立憲的なふるまいを身に付けた。もっとも、同時にこれは内閣の集団責任は認識していないということでもある。一八六七―七四年にリベラル派が提出した反教権的立法のように、自分があまり気にかけていない政策は、彼は黙ってこらえた。七七歳に至っても、オーストリア上院で普通選挙法を通過させるため、必要なら新しい貴族を作ることにもやぶさかでなかった。一八八〇年代まで、ビスマルクがオーストリアの問題を解決する唯一の方法はクーデターだと言っていたことを、フランツ＝ヨーゼフはあまり真剣に考えなかったように見える。それは、一つには立憲制が性にあっていたからであり、一つには国会が民族的にばらばらであったため実際上の力は彼自身に残されたからでもあり、そして最後には彼の想像力が乏しかったからである。彼は自らの限界をわきまえた知的な人であった。だがサードヴァーの敗北の後、自ら言ったように「お気楽さ」には欠けていた(3)。その他の点では彼と大臣の関係は冷たいもので、有能な商業相ブルックが一八六〇年、自分の執務机の上にそっけない罷免通告が載っているのを見て、喉をかき切ったことは有名だ。フランツ゠ヨーゼフにとって大臣は結局、人民の意思ではなく彼のための道具なのだった。

皇帝の孤高は、義務を遂行する過程で経てきた索漠とした経験によるものだった。弟のマクシミリアン大公は彼の忠告に反してメキシコ皇帝となり、一八六七年、メキシコ反乱軍の手によって銃殺された。いとこである幼な妻、バイエルンのエリーザベトは美しい女性に成長して彼に愛されたが、神経が不安定で衝き動かされるように旅を繰り返していたため別居が長くなった。大変かわいがった優秀な長男にして極度に気の張りつめた後継者ルドルフは、父の保守主義とおそらくは淋病による動揺のなか、一八八九年に一七歳の娘と心中した。その九年後にエリーザベト皇后がイタリア人アナーキストに刺殺されたとき、苦悩した皇帝は叫んだ。「私はあらゆる不幸から免れないのか！」。そういう男にとっては、義務への日々の献身が安らぎを与えてくれたのであろう。もしかしたら皇后が紹介してくれた女優カタリーナ・シュラットとのより人間的でかつ品位にあふれた友情と同じぐらいに。皇帝はシュラット夫人に愛想良くへりくだった手紙を送り、いちばん新しい公務の写真を同封して「机の前で頭をかかえている偉大な政治家の写真をご覧じあれ」と添え書きしている(4)。

ルドルフへの教育は、父親にリベラルな影響が及んでいたことを示す、非常に興味深い例である。教育は無神論者ではなく信仰ある者に委ねられた。だがちょうど一九世紀ヨーロッパのリベラリズムの転換期であったその時代の精神が、ルドルフに教えこまれることになった。その結果、若きプリンスのノートと作文は進歩的な決まり文句で埋められるようになった。その見方は変わらなかったが、成人したルドルフは、大貴族のバカ騒ぎを攻撃していたあるドイツ急進ナショナリストの批判を組織化できるまでになっていた。そして彼は一九世紀に限らず改革派皇族を気どる者たちが陥る苦境、民衆にもっと近寄りたいという望みと、高い身分ゆえの慣習を放棄できない苦しさにはさまれたのだった。ハプスブルク家の一員ヨハン＝サルヴァトールは大公たちの中で最も才能ある人物だったが、軍の近代改革を試みて妨害されると、肩書きを投げ捨て、ヨハン・オルトとして商船員の資格をとった。そして長年連れ添った元踊り子の愛人とともに、船長としての初めての航海の最中、ホーン岬沖で一八九〇年、真冬の嵐にあって消息を絶った。

一八七八年、匿名のパンフレットでルドルフは、貴族の間にはあまり不安はない、それは一つには何かをしようという気持ちに欠けているからだ、と批判している。ヨーロッパの中でオーストリアは、貴族特権授与が多い国の一つであったが（一八四九―一九一四年の間に五七六一件）、当時の人々が「第一社会」と呼んだのは、宮廷への出入りを許された、非常に閉鎖的な三〇〇―四〇〇の官位貴族の旧家のことであった。一般的に見て「愛想よく友好的で優しく、そして無能な」[5]その人々はオーストリアの大所領の大半を保持するため、とくに農奴制が強かった領邦では、賦役買戻し金に支えられていた。伯爵以上の称号をもつ一六〇の家がボヘミアの土地の二二・五％を持ち、その半分以上はわずか一四家のものだった。その同じ層が、下オーストリアではわずか九・六％しか持っていなかった。ヨーロッパではオーストリアの主な大貴族たちだけが、イギリスの同じような層に匹敵する富を持っていたと言われてきた。ヴィンディシュグレーツ家の本家については詳細な数字が明らかになっており、それによると三万ヘクタール（うち七二％は森林）を持っていたが、それでもシュヴァルツェンベルク家やロプコヴィッツ家の三分の一にもならなかった。その平均収入は一八六二―六八年に三一万六〇〇〇フローリンだったが、一九〇〇―〇三年になると一五二万五〇〇〇クローネになり、おおよそこの時期に一つの所領の人員も一三四人から二二四人になっている。かといって所領がとりわけうまく運営されていたというわけでなく、長い間その収入の六〇％は貸付金の返済に当てられていた。だが世紀転換期に物価が上昇し、とくに家畜の値上がったことが、収入不足をほぼ補ってくれた。そのため、跡継ぎ息子が二〇〇万クラウンを超す借金を作ってもそれは災難よりは恥さらしという程度で、息子をブラジルへ送り出せばいいだけだった。定期的に商工業界を襲う景気循環の大きなリスクを考えるなら、ほぼいつも限嗣相続されてきた大所領（ヴィンディシュグレーツ家は違っていたが）は、多くの点で有利な立場にあったように見える。

このように上流貴族たちは社会的な優越感をはぐくむのに十分なゆったりした経済基盤を持っていた。ドイツの同程度の貴族とは違って、彼らは一九世紀の終わりまで、主に家庭教師に教育され、中等学校には卒業試験《マトゥーラ》を受けるためだけに現れた。子供を学校にやるようになったときも（シュヴァルツェンベルク家は決してそうしなかったが）、一流校であるウィーンのショッテン・ギムナジウムかカトリック団体の寄宿学校に限られていた。そういったところは、たいていは厳格なスパルタ式で、かつ強いカトリック意識を培うところだった。このカトリック意識こそ、以前にはなかったリベラルな時代特有の大貴族のアイデンティティの一部となった。こういった特別な階層意識は、ハンガリーの一つの例からはっきりわかる。エステルハーズィ家の七歳の子供が、召使の葬儀で家庭教師にこう尋ねたという、「良家の人も、死ぬの？」[6]

では貴族の優越感は、実際の指導者としての役割にどれぐらい反映していただろうか。経済面ではもはや貴族は革新の最前線ではなかった。少し前には、ベッセマー式エンジンのオーストリアでの第一号機は、一八六三年シュヴァルツェンベルク家の所領にすえつけられたし、一八八〇年、フリードリヒ大公はシレジアの一二％を所有しオーストリアで四番目に大きな製鉄所を持っていた。だが一八六〇年代はじめに、ロートシルト家とのもめごとのあと、商工業信用銀行に融資していた大貴族たちは、実際面から手を引くようになった。軍の上層部も同じで、貴族が占める率は一八四八―一九一四年の間に五六％から一四％に減っていた。しかし外交官ではその率はあまり変わらず、議員数ではむしろ増加し、領邦の長官職はほぼ貴族の独占状態であった。首相職すら一八九〇年代後期までは事実上、貴族のためにとっておかれた。一八九三―九五年に首相を務めたアドルフ三世ヴィンディシュグレーツ公は、まったく名目だけの首相として悪名高く、皇帝からのどんな質問にも「陛下のご命令のとおりに」と答える家門の伝統を守ったという。[7]

大貴族層の政治的影響力を保障していたのは、選挙部会《クーリエ》制度と、一代貴族とともにオーストリア上院の部分的な世襲的性格だった。直接税二五〇フローリン以上を払う数千人の富裕者によって選ばれた大土地所有者選挙部会《クーリエ》は議会制において重要な役割を果たし、それは領邦議会でも同じだった。ボヘミアという重要な領邦の多数派がチェコ人になるかドイツ人になるかを決定し、そしてまた一八七九年に帝国議会でのドイツ人リベラル派の支配を終わらせるのを後押ししたのは、この選挙部会の忠誠心の変化だった。しかしこの役割こそが、大土地所有者選挙部会が、官位貴族の王冠への伝統的な忠誠心を利用する、体制側による操作に無防備であったことを示している。彼らの王冠に対する忠誠心は、連邦制に心を寄せるいわゆる封建保守派と、オーストリアのドイツ人リベラル派と提携する「立憲派大土地所有者」との内部亀裂を超えるものであった。その分裂は、とくにボヘミアで大きかった。好んでドイツ語を話しはするが「封建的」な大貴族が、チェコ人国家の正当性を支持していたからだ。実際、ボヘミアの封建的保守派は忠誠心ゆえに、上は皇帝、下は一八六二年の地方自治体改革以降、地方政府を支配するようになっていたチェコ人農民の双方に依存することになった。したがって、連邦派のリーダー、ハインリヒ・クラム＝マルティニツ伯が、一八六七年、ゲオルク・ロプコヴィッツ公に手紙でこう報告したとき、彼は紛れもなく満足していた。彼の所領のある農民がチェコ語で彼に挨拶し、二等車が満員だったので二人は伯の一等列車車両で会話を交わしたというのだ。[8]ガリツィアでは、ポーランド人貴族が町村、領邦議会、大学の各レベルで権力をがっちりと握っていたため、こういったお愛敬はほとんどなかったようだ。ガリツィアの貴族所領は村落共同体の裁定には従わなかったし、中産階級は弱体だったため、大貴族はドイツ化されたボヘミアの貴族よりもずっと大きな確信を持って自分たちを土着文化の柱だと任じ、ルテニア人の議員団を最小人数に減らしていた。そのようにポーランド人貴族が地域的ヘゲモニーを握っていたからといって、もっと広いオーストリアでの役割を捨てていたわけではなく、二人の首相、有力な財務相ドゥナイェフスキ（一八八〇—九一年在任）、共通外相、共財務相そのほか多くの指導的人物を輩出している。

　伝統的に、王朝と大貴族は、軍隊と教会によって脇を固められてきた。名誉、忠誠、位階制といった軍の倫理は貴族のものと一致していたし、すべての軍士官は皇帝に接見し宮廷に出入りする権利を持っていた。オーストリア刑法では決闘は有罪とされていたにもかかわらず、入念な決闘作法がエチケットに関するあまたの本に記載され、その神秘性をいまなお鼓吹していたのは、一つにはフランツ゠ヨーゼフが、それを黙認していたことに起因する。財政面を除いて、議会が軍を統制することは、幻想でしかなかった。だが、一八世紀後半には貴族の家の次男の六〇％が軍人だったというほどの軍と貴族の結びつきは、それでもだんだん弱くなっていた。その原因は一つには一八六八年以降、士官候補生になるには中等学校卒業が条件となったこと、また軍隊生活の総じて厳しい環境と低収入によること、貴族だからといってえこひいきしてもらえないこと、締まり屋の議会が軍への出費を渋ることなどであった。実際、一九一四年には、予備役の二〇％はユダヤ人だった。他のヨーロッパの軍と同じく、砲兵隊と海軍にはとくにブルジョアの気風が濃かった。全体として、軍は多国民からなる入念に作り上げられた組織となっており、兵士たちは髪を前六・五センチメートル、後ろは二・五センチメートルまで刈り込まねばならなかったし、兵舎内で与えられたスペースは四・五平方メートル、寝台用のわらは二二・四キログラムと決まっていた。これは大貴族というより官僚的精神に近い。社会主義者でのちの大統領カール・レンナーは、これを民主主義に近いものとして賞賛した。

謙遜という教会の金科玉条にもかかわらず、また一八一五―七〇年にウィーンの大司教管区神学校の卒業生の四七％が土地持ち農民か職人の息子で、高位の貴族あるいは日雇い労働者の息子はそれぞれ一％を占めていただけだったにもかかわらず、教会とエリート社会の絆は昔ながらに強かった。ルドルフ皇太子の結婚式は二四人の司教・大司教が主宰したが、その司教たち（うち一二人は「司教公」の称号を持っていた）はたいてい大貴族なみの収入と生活様式を享受していた。クロアチアのジャコヴォの司教ヨシプ・ユライ・シュトロスマイエルの美術収集品はのちのクロアチア国立美術館の核となり、その遺産がユーゴスラヴィア科学アカデミーの礎となったほどだ。伝統的に司教の多くは大貴族出身であり、プラハ大司教のシュヴァルツェンベルク枢機卿は補佐役からは「大公」として知られていた。そのうえ王朝や高位大貴族のように教会は、国民帰属を超越すると主張した。司教管区はアフリカの植民地帝国のように、民族や国の境界線を平然と無視した（ヴロツワフの大司教管区のように）。しかし教会は、エリート権力の柱として苦悩もしていた。政教協約《コンコルダート》の破棄と教育的役割の削減によって、教会は対立するリベラル派からさんざんいためつけられてきたが、一八七〇年代半ばのウィーンとプラハの教区で職業としての人気が低かったこと、とりわけ教師の子息に受けが悪かったことは、その信頼性に一定の危機が訪れていたことを示している。さらに次第に国民問題に関して分裂傾向も進んできた。シュトロスマイエル自身、一八六〇年代のクロアチア国民運動を率い、皇帝からはパン・スラヴ主義の疑いをかけられていた。一八八八年におこった出来事はよく知られている。オーストリアとロシアが緊張関係にあるときに、シュトロスマイエルがロシア正教会の記念祝典に祝辞を送ったことをフランツ＝ヨーゼフが公に非難すると、司教はこう応じて皇帝を驚かせたのだ。「あなたの頭がおかしかったに違いないと私は思っています。……繰り返しますが、陛下、私の良心にやましいところはありません」(9)。

しかし教会とエリートとの絆は見かけほど弱くもなかった。リベラルなカトリック教徒として知られるシュトロスマイエルも、一九〇二年に作られたチェコの教区司祭たちの急進的な団体も、教会と国家の提携という原則を疑ってはいなかった。封建的保守派は、チェコ連邦主義を支持したが、チェコのフス派のノスタルジアを共有するところまではいかなかった。シュヴァルツェンベルク枢機卿は、一八八二年に再建されたチェコ国民劇場を「異端者」フスに献じるのをやめさせたことを誇りにしていた(10)。農民や職人といった草の根レベルでは教会は力を持っており、一八七〇年代ウィーンには一〇〇ものカトリック系団体が作られた。一九世紀はじめのカトリック復興運動に見られたロマン主義的な復古気運を利用して、ルター派からの改宗者フォーゲルザンク（一八一八—九〇）に率いられたカトリック思想家たちは、農民や職人、商人など個々の自然的な身分《シュテンデ》が有機的・社団的な社会を構成し、それによってリベラルな社会におけるアトム化を克服しようとする思想を練り上げた。『祖国《ファーターラント》』誌に代表される封建的保守派のカトリック思想で大貴族が支配的だったのは当然だが、アロイス・

リヒテンシュタインやアルフレート・リヒテンシュタインのような大貴族がこの構想を発展させ、やがてキリスト教社会主義運動に合流していった。一九世紀後半に目立つのは、こういったいくつかの反リベラルのうねり、とくにキリスト教社会主義的な傾向で、それが王朝だけでなく世論の中に味方を探すようになったことである。それは必然的に協会、集会、報道といったリベラルな手段を活用することになった。こうして、一八七七年、オーストリアで最初のカトリック教徒大会《カトリーケンターク》が開催された。ヴァルダースドルフ伯が一八六九年に断言したように、保守派は憲法を、それがもたらした不幸を修復するために用いるべきであると考えていたのだ(11)。オーストリアのブルジョア・リベラリズムの大きな功績の一つは、他の社会勢力がそのブルジョア・リベラリズムと戦うための手段を育成したことであった。

農民、プチ・ブルジョア、労働者

より日常的なレベルで言うと、一八七〇年代以降、人口は全般的に近代的なパターンに移りつつあった。初めに死亡率が下がり、次いで出生率が下がり、一九一〇年までには二八〇〇万人という数字になった。伝染病では、大きな災厄であったコレラ、天然痘などに、結核が取って代わった。アルプス諸邦での高年齢結婚は小規模生産を志向するオーストリア型発展の特徴を反映していたが、ピーク時の一八五〇年ごろには工場生産型のイギリスより五―七歳も結婚が遅かった。その結果、婚外子の率が上がり(グラーツではすべての出生の三分の二を占めた)、見込みのない人生を送る層をふやすことにもなった。

相変わらず農民は最大の社会層で、経済的リベラリズムが彼らに与えた影響は大きかった。補償金支払いという重荷、農民共益権の廃止、一八六八年以降のリベラル派による利率制限撤廃、自家耕作地の分割制限の撤廃などが積み重なって、安定した土地持ち農民とそれほどでもない多数者との格差を広げ、その傾向は人口と税金の絶え間ない増加でいっそう激しくなった。二重制期の前半、四大アルプス領邦で八万一〇〇〇件、ガリツィアでは約五万件の農民所有の農場が競売に付された。一方、農民所有地の数はチェコでは二〇%、アルプスでは三〇

％増加した。このことは、農場がさらに細かく分割されて矮小な農民所有地が増加したことを示唆している。この点で驚くのはガリツィアの例で、一九〇二年までに農民所有地の五分の四が五ヘクタール以下だったのだ。このときガリツィアの農業従事者の一九％、ボヘミアでの三六％は土地を持っていなかった。

したがって、農民層は富農、小土地所有農民、土地なし農民の三つに分けることができるが、農奴解放後の数十年間の状況がこの区分で十全にとらえられるわけではない。それがとくに当てはまるのは小土地所有者の場合である。この増大するグループの多くは、金に困って安価な働き手を血眼で捜す地主との依存関係に引き込まれていたからだ。小土地所有農民は、収穫時など必要なときだけ、そういった地主のために働き、現金でなく収穫物の一部で支払いを受ける労働者予備軍となった。一方、羽振りのよい農民は労働力を提供し、また余った土地を借りてその地代を払った。こうして変化に富んだ移行期のシステムが形作られていったが、それは長期雇用の農業労働者を基盤とする完全に資本主義的なシステムよりも、雇用者が有利になるものであった。新封建的様相の一つとしては、かつての農場使用人の役割が拡大したことが挙げられる。これは農奴制下では主に若い間の一時的なものだったが、やがて、アルプス地方でよく見られたように生涯独身であったり、あるいはボヘミアのデプタティステンのように結婚後も家族の一員となって働いて雇われ人のままであるようになった。都市化と移民が地方の労働力をどんどん吸い上げていくと、渡りの季節労働者が使われるようになったが、とりわけ搾取されたのは、地元の貧困から逃れて隣のボヘミアなどを歩き廻る多数のガリツィア人であった。

ガリツィアでは土地なし零細農民の状況が悪化の一途をたどっていた。農業人口の半分が全面的または部分的に他人のために働いており、その雇い主は体罰を加える法的権利さえ持っていた。農業労働者は冬は一日平均五〇クロイツァーを稼いでいたが、これはライ麦粉とジャガイモを二キロ弱ずつ買える額だった。夏は収穫物で支払われ、穀物収穫の一二分の一が一般的だったが、それは隣のロシアよりずっと少ないものだった。「我々の仲間が骨と皮だらけで弱々しく、仕事ものろのろしていて、オーブンの後ろに寝たがり、酒をせびるのも驚くにあたらない」。一八八五年、ルテニアのある村の村長は、もっとよい食生活ができた農奴制がなくなったことを嘆いて、こう書いている。[12] ボヘミアとアルプス諸邦では体罰は少なかったが、下オーストリア以外では賃金は大して高かったわけではなく、一八八〇年ごろから実質賃金は落ちこんだ。やがて社会主義の指導者になるレンナーは、モラヴィアのドイツ人農家の一八番目の子供に生まれた。自由市場下での社会分化がいかに村の連帯を蝕んだか、また彼の兄弟をいかに都市での従弟奉公、不成功に終わった小商い、その場しのぎの結婚へとちりぢりに追いたてたかを、彼はその回想録に書いている（一八九一年）。かつてはほとんど自立していた領域に自由主義経済が浸透したことによる一番劇的な変化は、君主国の南スラヴ地域の「ザドルガ」の危機かもしれない。クロアチアは法律で、この集合世帯の個々の成員および債権者にその者の分と考えられる財産を処分する権利を認めた。それによって、家父長時代にも存在したと人類学者たちが推測する「ザドルガ」内部の不和がさらにかき立てられ、借り入れと処分が頻繁になり、かつては秘密裡に行われていた財産分割が合法化されたために加速された。「弟よ」と、ある怒れるザドルガの成員はドイツにいる弟に、アメリカから手紙を書き、そのことを一八九一年、当局への宣誓供述書の中で回想している。「おまえが家や土地の分け前がほしいなら、借金を清算するのを助けてくれと言ったのに、おまえはそれに対して何もせずに、私とクロアチアの地は地獄へ落ちろと言ったのだ」[13]。一八八〇年代、クロアチアの農業人口は一二％増えたが、「ザドルガ」の成員で農業に従事している男性は一一％減っていた。とはいえ、近年有名になった主にセルビア人のクライナ地方など広大な辺境にはまだたくさん残ってはいた。

貧農は、都市やもっと遠くのドイツ、やがてはアメリカの季節労働者として移民することで、苦境を脱しようとした。だがもっと直接の不満の捌け口もあった。それは一八八三年のクロアチアの騒擾、一九〇二―〇三年と〇六年の東ガリツィアの農場労働者ストライキなどで、これによって収穫物の取り分が増えた。一九〇〇年までにはガリツィアでさえ、就学年齢児童の三分の二が学校に通うようになっていた。農民が金を出すのは塩と酒だけという時代は終わっていた。村の商店では（それ自体、以前には珍しかったものだったが）、衣料品、米、小麦粉、灯油、オレンジなど、以前は知られていなかったか、家で作っていた物が売られるようになった。またオーストリア全土に広まった読書クラブを通して、団体を作って楽しむ生活が始まり、合唱協会、農業サークル、農民信用貸し協会などがしばしば読書クラブと連動するかたちで成長していった。社会変化のめやすとなるのは、人々が何を懐古と嘲りの対象としたかである。たとえばガリツィアの人々は、傘をさす農民や新聞を読む農民をからかったり、スロヴェニア人作家が「下品なネオ・フランク族ふうの」服装や、民謡にとって代わりつつある「柄に合わない」モダンな歌を嫌ったりするようになっていた。[14]

変化は外から、つまり進歩的知識人、聖職者、教師、田舎職人から農民の世界にやってきて、農民上層と若者が熱狂的にその考え方を取り入れた。このことは、農村においては、領邦農業協会を通して革新の後援者となるという、大貴族が啓蒙期から三月前期にかけて担っていた役割が終わりを迎えつつあることを告げるものだった。大貴族が設立したそうした結社は、アルプス諸邦やチェコ諸邦では一八七〇年代、ガリツィアと南スラブ諸邦ではそれより一〇年か二〇年遅れて広がった、農民の「カジノ」などと名付けられたサークルによって、すでに圧倒されていた。たとえば一九〇一年にガリツィアでは八九八の団体に四万一〇〇〇人が属し、一二年後にはそれが倍増していた。ガリツィアでの代表的な推進者は、急進派知識人ボレスワウ・ヴィスウォウフ、自立心旺盛な司祭ストヤウォウスキ、それに小学校教師の息子が編集するウクライナ語農民新聞『祖国《バトキヴシチナ》』(一八七九年創刊)であった。クロアチアの農民運動は大学卒の兄弟、アンテ・ラディチとスチェパン・ラディチが始めた。一八八〇年代にこういった農民組織が領邦単位で連合していく先駆けとなったのが、より先進的な西部のモラヴィア、ボヘミア、そしていくつかのアルプス諸邦だったのは不思議ではない。しかし農民政党の形成はもっと短期間で、はじめにガリツィアのPSL(ポーランド農民党、一八九三年)、そしてドイツとチェコの農業党(一八九九年)が続いた。こうした団体が、ガリツィアで早くに組織されたことは、後進地域での知識層の役割や思想を示すものである。近代的な状況の中では、新しい思想は新しい社会構造よりもずっと早く根付き、どれだけ自分たちが遅れているかに気づいた地域は、「啓蒙」と意識改造を通して一気に追い抜きたいという気になるからである。それゆえ、ジャーナリズムはオーストリア農民あるいは「ポピュリスト」運動にとって、それまでの非優勢国民の運動にとってと同じく重要であった。運動の中心は通常その中央機関誌と、指導者である編集委員会だった。それゆえまた、運動を形成する教訓的な理想主義も生まれたのであり、一九世紀終盤のハプスブルク農民の運動などは、後々まで奇妙なかたちで進展していくのである。

「都市化」と「文明化」という言葉で示される文化衝突および農民の反リベラルな要求（農業保護、土地細分化の制限、利率の制限、学校での宗教教育の重視）にもかかわらず、皮肉なことに、農民のポピュリズムは、教育への熱意、勤倹と節制、組合運動における官僚的組織、さらに市場での競争のために資本主義的手法を採用する必要性などを通じて、その価値観をリベラリズムへ近づけていくことになった。しかしエルンスト・ブルクミュラーによると、農民運動は他者による後援により徐々に大きくなっていくにつれて、カリスマ的人物の指導性に目が向き、自立と個別性というリベラルな動因が後退していったのだという。リベラル派と非リベラル派の奇妙な緊張関係が、後世からみればもっとも暗い形をとったのは、農民運動が反ユダヤ主義を刺激したことであった。さまざまな点で、これまでの偏見を悪化させたのは農民改革者たちのユダヤ人に対する憤慨だった。ガリツィアでは、貴族所領や領邦内一万七〇〇〇軒の居酒屋のほとんどにおける請負人としてのユダヤ人仲買人の役割が背景にあった。同様にさまざまな点で、協同組合運動がユダヤ人商人を、村の小売店もろともしばしば威嚇をもって駆逐しようとした時、そこでむきだしになったのは敵愾心だった。ハンガリーの農村部における反ユダヤ主義も同様の起源をもっている。

農民と違ってプチ・ブルジョアの職人や商店主は、一八四八年にも一八六〇年代にも、大体においてリベラル派の手におえない同志であり続けた。だが一般的な歴史記述では、彼らは、一九世紀最後の数十年間のうちに、近代的世界から、反資本主義的なノスタルジーと文化的無教養と人種偏見の混合を経てファシズムへと至る、反動的遍歴を開始したとされている。もちろん、この常套的な要約は誇張である。しかしそこには中央ヨーロッパであればいかにもありそうなもっともらしさがあり、さらに精密な議論の背景として使うことはできるであろう。

経済面では、大規模資本主義がオーストリアの職人にもたらした脅威を誇張してはいけない。大規模工場は職人とは競わない新しい製品を作ることが多く、職人は職人で新しい技術を開発（たとえばミシン）したり、大工場の下請けをするなど、すきまの仕事を見つけていた。オーストリアには大都市がほとんどなく、世紀末になっても小都市の多くでは旧来の都市民の価値観が支配的であった。近代的産業がほとんどない地域もあった。一八九五年、ダルマチアのスプリト商業会議所に属する四七八四人の職人と「産業家」で、五六九一人の労働者を雇っていたのだ(15)。それでも工場制産業からの圧力は小さくなかった。繊維業の手工職人は二重制下ウィーンでは急減し、衣類、靴作りの親方職人も、いわゆる既製服《コンフエクツイオーン》システムのもと、大生産者の請負仕事に依存する身分となる者も多かった。そして職人の多くは商店経営に乗りだした。パリにあるような大百貨店はまだ競争相手ではなかったが、生産者は自製品を自分で売ることを望んだのである。一八七〇年代後半と一八八〇年代の不況期には、不安定さが頂点に達した。リベラル派の勧める、より高い教育や信用といった形での自力解決よりは、リベラルな反ギルド法の廃止要求のほうが人をひきつけた。それでも職人の多くは相変わらず裕福で、一八九八年、ウィーンの平均的職人は熟練または半熟練労働者の二・二倍の割合で納税者となっていた。

このころプチ・ブルジョアの政治意識が右へ動いたとする見方についてはどうだろう。これは特殊な環境によるとするクロシックとハウプトの主張は、スラヴ語系とドイツ語系プチ・ブルジョアが最終的に袂を分かったオーストリアの情勢に呼応している。チェコ諸邦においてはこの層は、一八八〇年代には青年チェコ党に傾倒し、のちにはチェコ国民社会党（はじめ唱えていた反ユダヤ主義がだんだん支持を失った）に傾いた。チェコの国民社会主義は、ナショナリズムに対して三重のかかわりを持つことで左翼の中心たる力を保っていた。社会改良主義、民主主義、愛国的な公務員や学校教師にまで広がる下層中産階級である。対照的にウィーンでは、反ユダヤ主義が中心的であり、ファシストの種子をまいていた。

新しい工業製品をたいていはユダヤ人移民が売り歩くことへの職人たちの不満は一八七〇年代末に高まった。一八八五年には反ユダヤ主義者の機械工ヨーゼフ・シュナイダーが、一八五九年に廃止されたギルドに代わって設立された無力な職工連合の支配権を握ったし、一八八六年には、ウィーン市政委員会に一八人の反ユダヤ主義者が選ばれた。四〇〇〇人の職工の代表が承認した一八九〇年のシュナイダーの計画では、主にユダヤ系とされていた既製服製造《コンフェクツィオーン》と、手仕事製品の小売りを職人以外が行うことを禁じようとするもので、しかもその手仕事製品の定義は拡大されていた。このころまでに職人たちの主張は、一八八七年に設立された社会改良協会に代表されるキリスト教社会主義運動と、反ユダヤ主義者ゲオルク・シェーネラーのドイツ・ナショナリスト運動の両方とからみあいながら、これらを「キリスト教連合」の名目でつなごうとしていた。首都のリベラル派上流ブルジョアジーの下の世界では、職人やカトリックやナショナリストあるいは反ユダヤ主義の急増する地域クラブのネットワークを通じて、偏狭な忠義立てが表明され、混沌としていた。そのほとんどをキリスト教社会党の旗の下に結集することに、有能なる日和見主義者で元リベラル派のカール・ルエーガーが成功したのである。

ルエーガーのデマゴーグ技術はヒトラーも賞賛したところだが、ジョン・ボイヤーが評するところでは、ルエーガーを支持した職人たちは、まだ広い意味での反近代的態度へ移行してはいなかった。政治的にウィーンの職人たちは、ブルジョアのリベラル派実力者に裏切られたと感じていた。実力者たちは、選挙資格に高い障害を設けたり、彼らの経済的苦境に無関心であったりすることで、一体としての市民層《ビュルガートゥム》というイデオロギーを突き崩していたからだ。だからといって、職人たちは自分たちをリベラルに結びつけた信念（とくに教権主義への不信）をすぐに放棄することはなかった。文化面でも、ヨーゼフ・エーマーが巧みに論じているように、職人がこの頃、家族中心の価値観に重きを置くようになったのは、よく誤解されるようなギルド的伝統への逆戻りではなかった。ギルド的伝統とは、家族でなくギルド中心のものであり、息子が父親に弟子入りすることはめったになかったからだ。一九世紀後半、いくつかのギルドでは父子継承が増えてきたが、それは裕福な職人が当時のブルジヨアたちの家族中心のライフスタイルを真似たからであった。そしてそれは、親方と職人という伝統的な関係から離れることを意味していた。二〇世紀初めのウィーンでは、親方宅に住む職人は全体の九％しかいなかった。親方は息子に商業・工業学校で教育を受けさせるようになり、もし息子が家業に戻ってくるとしたら、それは父親の仕事場の支配人か共同経営者という、これまでのギルドにはなかった立場としてであった。さもなければ息子たちには、増大するプチ・ブルジョア聖職者の世界に横滑りする手もあった。一ランク上のブルジョアに這い上がるわずかなチャンスに賭けるより、このほうが楽な道でもあった。近代の恵みはまだなのに、近代の圧力だけは生み出してしまった社会では、プロレタリアートに転落することも、またたやすかった。このことからルエーガーがウィーン人そしてオーストリア・ドイツ人の下層中産階級の動員のために注入した反社会主義的心情の特質がわかる。

一八六〇年代の初期の社会主義運動は、追いつめられた職人の運動と見分けがつきにくかった。一八五九年にギルドが廃止されたことや、雇用主たちが伝統的資格を侮ったために、職人の将来は不透明だった。ギルド復活策は、ラサールやマルクス思想の影響を受けて広がりつつある労働者の教育団体にとって魅力に欠けるものだった。不安定な雇用、賃金の圧迫、苛酷な労働環境、劣悪な住宅・栄養、衛生などに直面してあえぐ、いまだ職人を中心とする労働人口をひきつけるための牽引力とはならなかった。中でも大きな問題は住宅だった。一九世紀ウィーンの家賃は消費者物価の三・五倍の速さで上昇し、労働者の収入の四分の一―三分の一を占め（クラクフとグラーツでも同様）、ロンドンでの八分の一―一〇分の一という数字と対照的だった。しかもグラーツの小住宅の五分の四は、一九〇〇年になっても水道が引かれていなかった。二重制の初期に唯一実施された被雇用者保護政策は、一〇歳以下の子供の労働禁止だった。ガリツィアの繊維工場労働者は、夏には一七時間、冬は一四、五時間、働いていた。一八五九―六八年、クラクフでは寿命は二六歳だったとされ、一八八〇年代、ボヘミア北部のドイツ人地域の幼児死亡率は三〇％以上であったし、ウィーンの一五歳以上の死者の三分の一以上は結核によるものだった。一八六〇年代以降、「社会問題」は絶えず論じられ、その答えが労働者の無気力からマルクス主義の史的唯物論までさまざまだったのも不思議ではない。一八七〇年代初期にはすでに、生まれたばかりの労働運動と民主的リベラル左派に立つ支持者とのはかない同盟関係は壊れていたため、労働者たちは全面的な敵意の前にさらされることになった。一方、別の悩みもあった。虐げられ教育を受けていない労働者自体、その苛酷な運命を、いまだに世のならわし、あるいは神の摂理として受けとめる者が大半だったのだ。

では社会主義運動は、どんな形をとったのか。ドイツ語圏、チェコ語圏では、その初期の参加者は圧倒的に職人層で、なかには、職人あがりで教育ある専門職も混じっていた。その中にはオーバーヴィンダー、ショイ、モストのようなドイツ出身の者もいた。その誘因はさまざまだった。女性活動家のパイオニア、アーデルハイト・ポップ（一八五九―一九三九）は一〇歳のときから仕立て仕事につかされ、病院と作業所を行ったり来たりしていた。プラハ生まれのカール・カウツキーの総じてプチ・ブルジョアの家系には、貴族の家庭教師を辞めて、貧しいけれど自由な劇場の大道具絵かきになり、死ぬ前にダーウィンの本を所望した祖父のような威勢の良い人物もいた。遠くガリツィアに目をやると、ポーランドの反抗の伝統から、若い学生は早くも一八七〇年代に社会主義を採り入れはじめていたが、リヴィウを除いて経済が未発達だったため、労働者の間でギルド意識に基づく運動をはるかに越えるものに対する受け皿はまだなかった。西ヨーロッパと違ってポーランドの初期社会主義者たちは最上流の家系から出たが、それは彼らがポーランド愛国主義者として育てられて科学の最高形態として社会主義をとらえていたからだと、ポーランドでのある裁判で被告人が主張したほどだった[16]。このような志向は、それに次ぐ一〇年間にようやく、オーストリア・ドイツ人知識層のペルナーストルファーやヴィクトル・アードラーのような人物を同じ方向性へと向かわせ、彼ら自身が時代の倫理であり、知的精神であるとみなしたオーストリア社会主義を、第二世代のブルジョア的リーダーとして担わせることになったのである。初期の社会主義的労働者にとっては、その倫理的側面は出発点ですでに存在していた。彼らの経歴そのものが、無教育がもたらす能力不足との厳しい闘いと、結果的に労働組合や党の組織者へと昇りつめていく現実との間に生じたはげしいゆれを明示している。

我々がもっとも憎む敵は……
大衆の無知、
精神の剣によってのみ切り開かれるもの。(17)

ごく初期の社会主義では自律と努力、禁酒、それに高潔で半ば宗教的な言辞が強調されており、それが二〇世紀後半の急進主義との違いをなしている。それゆえに急進主義は社会主義のことを、取るに足らぬ貧者の神話と批判することもあった。その批判は、社会主義が二極（倫理的な理想像と唯物論的な批判）の間で不安定なバランスを保っているという核心に迫るものである。

冷淡な国家は、社会主義を冷血なニヒリズムと決め付けることを選んだが、それも驚くことではない。それは暗に、既存社会を転覆しようとする者には市民権を認めないということでもあった。表向きは一八五二年の新絶対主義的な刑法にある反リベラルな条項、すなわち、統治者、政治・行政の形態を軽蔑あるいは嘲笑したとみなされるもの、あるいは他の国民体や他の宗教・階級への敵意を煽り立てたとみなされるものは、すべて罪に当たるという条項を利用した。おかげで、一八七四年グラーツのタウシンスキ事件のように、反教権的体制側にあるはずの検察官が、社会主義者の扇動者を、魂の不滅を否定したかどで告発したり、一八九〇年代には社会主義者集会に高圧的に干渉した国の役人を嘲った（「集会を監視に来るなら、勉強してから来たまえ」）ヴィクトル・アードラーが、当局に不面目をもたらしたとして何度も告発されるといったばかばかしい事態を招いた。ガリツィア長官ポトツキ伯がポーランド人社会主義者リマノフスキを非難したとき、当局にとってあきらかに重要だったのは、「理論的な社会主義者」であること（そのこと自体、かつてオーストリアの検察官が言ったように、多いに議論のたねとなるだろう）から、「戦闘的」な社会主義的目的のために、他の社会主義者たちと実際に接触する段階へ進んでしまうことであった。不安定な状況にある「無知な大衆」に伝染していくことへの恐れもあったが、一八八四年、グラーツの判事はそれも「国家の理念と、たがを外された暴徒との闘い」と表現している。(19)

立憲国家の社会主義に対する公式な姿勢には、下層階級はいまだ市民的《ビュルガーリヒ》な社会の枠の外にあるという決め付けが通底していた。それはオーストリア史の二重のテーマ、すなわち西ヨーロッパに対して社会的に遅れているという感覚と、それに相対する社会発展の基盤としての国家賛美のあらわれである。一方、裁判では社会主義者たちは、弁護士（いつもではないがたいていリベラル左派）に堅く守られていたし、また陪審員が無罪にしてくれることも多かった。とはいえそれも、国家が彼らを訴追するにあたって陪審裁判を可能なかぎり無視しようとしていた中でのことだった。それにもちろん、私財を共有化することは社会主義者が描くほど円滑に行えることではないという非難は、社会主義に対するほかの異議申し立てほどばかげたものではなかった。あらゆる新しい政治運動にとって問題なのは、その主張をその情緒面よりも論理面で検証されることで、それは教義が風景の一部となるのとほぼ同時に起こりがちなのである。

一八六〇年代の労働者学習協会運動と一八七四年にノイデルフルで開かれた社会主義者大会のあとを襲った弾圧の波は、そういった社会主義者組織を飼いならすことを困難にし、かつ内部不和とアナーキズムへの移行を促進した。一八八三―八四年のテロリストの活動によって反アナーキスト法ができたが、それは実際は社会主義者にも向けられたものだった。しかし彼らは、合憲的手法への賛成派と反対派の和解を辛抱強く進めたアードラーのおかげで、一八八九年、ハインフェルト大会で、マルクス主義に立った統一オーストリア社会民主党の設立にこぎつけた。こうしてオーストリア社会主義者は、既存秩序を打破することが目標だということを隠すことなく、いまや法の圏内で活動することとなった。オーストリアの法が政治結社が支部をもつことを禁じないよう、新しい党組織は、党幹部の入党については一八九二年に、個々の党員については支部を通して一九〇九年にようやく規定を設けるなど、段階的に発展していった。その間のリーダーシップは、『労働者新聞《アルバイターツァイトゥンク》』編集委員会がとり、労働者学習協会と労働組合が組織的に後援した。こうして、労働組合が労働運動の屋台骨となっていった。一八九三年に作られたオーストリア労働組合委員会は、一九〇二年には一三万五〇〇〇人の会員を擁する安定したものとなっていた。しかし、労働人口から見るとこれもほんのわずかであり、労働組合の影響力も一部にしか届かなかった。零細企業での搾取は続き、休憩時間を除いて一一時間労働という法規制も大きな前進とはいえなかった。しかし日曜休日は一八九五年に認められ、同時にメーデー祝典の権利も認められた。このメーデー祝典については一八九〇年に初めて二〇万人の労働者がウィーンを平和裡に行進し、一大センセーションを巻き起こしていたのである。労働組合はストライキと同時に、こういった自律的な運動も進めた。ストライキについては不可避でかつよく準備されたもののみを支持した。そうしているうちに、ストライキは次第に話し合いの段階で解決するようになっていった。

社会主義運動は、これまでなかった規模でブルジョアの組織原理を導入することにより、基盤を確立した。禁酒、スポーツ、学生、青年労働者、女性、登山、速記、教育、図書館など、生活のあらゆる面を包摂する組織が生まれた。そこにはフェンシングや体操よりサッカーやサイクリングに重点を置くという独特の傾向があった(もちろん前者にもそれなりの場はあったが)。社会主義は国際的な運動であり、こういった活動の多くは複数の言語で行われた。オーストリアの文脈で重要なことは、ドイツ人社会民主党の支援下に結成されていたチェコスラヴ社会民主党、ユーゴスラヴ社会民主党、ポーランド社会党と連携しつつドイツ人の党との連邦的基盤に立って一八九六年に自らを組織化したことだった。スラヴ人の党の中でもっとも大きかったのはチェコ人の党で、それはハインフェルト大会以前にまでさかのぼる組織としてのルーツを持っていた。ハンス・モムゼンが「素朴なコスモポリタニズム」と名づけた時代、チェコ人の労働階級指導者たちがドイツ人のリーダーシップにしぶしぶ従っていた時代の後には、チェコ人熟練労働者が増えたことから確たるチェコ人意識が生まれ、とくにプラハではチェコ人による運動が広く盛り上がった。ガリツィアでは国民問題が懸案であったから、一八九三年創立のポーランド社会党は、社会主義者の党であるとともにナショナリストの党でもあった。ユーゴスラヴ社会民主党(一八九六年)の党員の多くはスロヴェニア人(一九〇〇年には七万六〇〇〇人のスロヴェニア人労働者がいた)であったが、その名称はより広い民族的自覚を象徴している。それは主に、オーストリア第三の都市、活気あふれるトリエステのスロヴェニア人が、そこで多数派のイタリア人と紛糾していることに刺激されたものである。こういった複雑な面をアードラーはハインフェルト大会では故意に避け、穏やかな一文に包み隠している。

> オーストリアの社会民主労働者党は国際的な党である。生まれ、財産、出自による特権と国民的な特権を糾弾し、また搾取が国際的であるように、それに対する戦いも国際的でなければならないと宣言する。[20]

一八九六年、オーストリアと共通の党として正式に連合せよというスラヴ人の圧力に同意しつつも、ドイツ人指導者たちは、労働組合運動の轍（リーダーのアントン・ヒューバーが前年、非妥協的な中央主義を掲げてチェコ人の脱退を引き起こした）を踏まないためには、議論が十分でないことをかみしめていた。

多国民から成る党の創設は、これまで批判してきたリベラルな資本主義者たちの世界とは違う新しい社会を作ろうというオーストリア社会主義者の大望のもっともドラマチックな表れであった。しかしこれまでに見てきた他の反リベラルな運動と同じく、彼らの企ては、彼らが認識していると思われる以上に、多くをイデオロギー上の敵に負うものだった。社会主義者ジャーナリストで労働者交響楽団のメンバー、グスタフ・ゼーコフが「不道徳な喜劇、オペレッタのくだらない無気力さ」に対して、これを「当代の成金たちにお似合いの文化」だとして冷笑的に拒絶したとき、彼が暗黙のうちに、結局はブルジョア的な上流文化を引き合いに出さざるを得なかったことは、皮肉な事例と言えるだろう。[21]

反リベラル政策——一八七九—九三年

ここで述べた反リベラル運動の多様性は、ドイツ人リベラル派による、自分たちが一八七九年に権力から追放されたのは不当な操作だったとする批判の足元を崩す一助となる。だが彼らのうろたえ方が近視眼的だったとは言い切れない。以下に記す非優勢国民とともに、農民、プチ・ブルジョア、労働者の動きは、一八七九年にはまだほんの始まりに過ぎなかった。リベラル体制の民意を反映しない体質こそ、自らの崩壊につながるものだった。

リベラル派の退陣にともなって、直接の受け皿になりえたのは新首相エドゥアルト・ターフェ伯に体現される伝統勢力だけだった。ターフェは皇帝の幼な馴染みで、以後一四年間、その職にとどまった。

分節化がいっそう進んでいったこの時代が、君主への忠誠と街頭での皇帝の権威の誇示以外に、自分の考えを持たない男に支配されていたのは皮肉である。これは「やりくり方式」と名づけられた。すなわちターフェ言うところの「うまく調整された不満」の中に、国家内の競合する利害関係をそのまま維持していくやり方であった。彼の「鉄の環」政策のもと、ポーランド人、チェコ人、ホーエンヴァルト率いる主にドイツ人からなる聖職者たちの提携によって政権運営することで、内政の親スラヴ人路線と、外交におけるロシア懐疑政策、三帝同盟の形骸化とのあいだのバランスをとることができた。スラヴ人とりわけチェコ人は、言語面で若干の譲歩を勝ち取った。カトリック保守派は一八六八年のリベラルな学校法の緩和に成功した。さらには、部分的にギルド制が復活し、農民の自由な土地処分が制限され、労働時間が規制され、健康保険・事故保険が導入された。あとから見て多くの史家は、こういった微妙な改革を行うことができた駆け引きの才（皇后はターフェのことを「皇帝をバランス棒に使うアクロバット」と呼んだ[22]）のある、ほどよく皮肉屋のこの大貴族の肩をもってきた。対照的に当時のオーストリアのドイツ人リベラル派は、スラヴ・ナショナリズムに迎合することが、「反動」への道を開いたとみなし、この男をののしり続けた（ルドルフ皇太子がその最たるものだった）。当初、チェコ人の要望に表面上は共感していたルドルフとターフェが衝突したのは、皇太子がスラヴ人解放におけるドイツ文化の役割について典型的にリベラルな想定をしていたことから説明がつく。チェコ人への譲歩はドイツ人の憤りを買って両者を分裂させ、オーストリア・ドイツ人にドイツ帝国に期待をもたせることになったが、それはもともと彼が予定していたことではなかった。党利党略によって、ドイツ人国家建設の要素となるはずのものを足元から崩した、というのがターフェへの非難の眼目である。もっとも、それを彼のリベラリズムへの「いわれなき憎しみ」と言う同時代人もいた[23]。

こうした批判は、元の主人からのしっぺ返しをこうむることなしに、非優勢集団の願いが満たされることがありうるのか、という論議を回避するものである。ターフェは一八七九年にドイツ人リベラル派を権力から排除することを考えていなかったようである。一方、穏健派の中には、完全に右寄りの政府を作らせないために、左派はターフェに協力すべきだと考えていた者もいた。しかし、彼らは、より急進的な一派から裏切り者とののしられたことで、ターフェ主導の連立政府に入れという党派指令を要求できないことを認識し、また、個人として入閣していたリベラル派もすぐに辞めるべきだと感じた。リベラル派の非妥協的態度が進歩クラブの急進派にも広まっていった。エルンスト・プレナーのようなリベラル右派の中心人物は、リベラル党のアイデンティティ、すなわちドイツ文化と立憲国家をかたくなに信じていたため、当面の事態は不自然なものであり、偏狭な右派主導は断固たる反対をもってすれば突き崩せると考えた。軍に対して一〇年ごとに議会が与える合意には議会の三分の二の賛成を必要とするのだが、これをターフェが強引に通過させることができた（一八七九年一二月）のは、リベラル派の分裂のおかげだった。これ以降、彼はいささか冷徹な態度をもって左派をないがしろにするようになった。

ボヘミア全土でチェコ語の公的な使用を認めるという一八八〇年のシュトレマイアー言語令、一八八二年の大学チェコ部の創設、一八八三年のボヘミア議会のチェコ系議員の主導権確立、さらに参政権基準納税額の五フローリンへの引き下げなどのチェコ人への譲歩に加えて、政府はカトリック右派への法的譲歩も行っていた。一八八一年に反高利貸法が再び敷かれ、リベラルな学校法が一八八三年に改正され、農村では義務教育を八年から六年に短縮することを認めると同時に、カトリック地域にはカトリック教師が活動することを保障した。同年には再び、何らかの手工業を始めるときには公式の資格が再び必要とされるようになった。カトリックの新しい社会改革ビジョンを反映して工場監督官制度が設けられ（一八八三年）、労働条件も規定された（一八八五年）。すなわち、一二歳以下の子供の賃金労働禁止および一四歳以下の子供の工場労働禁止、婦人と子供の夜間労働の部分的禁止、成人男子については休憩時間を除いて一日一一時間以下の労働時間制限と日曜休日である。成人男子に対する労働時間規制は、競争によってこれが削減されることを懸念したかなり控え目な対策であった。ウィーンおよびその他いくつかの産業中心地では、一八八四―八五年、社会主義者の扇動を恐れて彼らの市民権が停止され、「アナーキスト」(広義の解釈で)に対する陪審裁判を停止する法令も一八八六年に施行された。そして最後に、オーストリア右派は、ビスマルクのものと類似する労災保険および疾病保険の事業計画(一八八七―八八年)を支持した。労働者は、前者の計画にはその一〇%を、後者にはその三分の二を拠出し、基金は、カトリック社会改革主義者が主張した同職ギルドの伝統に基づく「友愛組合」によるのではなく、地域的な基盤で管理されるというものであった。

地域を基盤とするというこの結論は、保守派であれスラヴ人であれ、連邦主義者に好ましいものだった。それは右派の多数派の中にも重点の置き方がいろいろとあることを示すものだ。少なくともターフェは個人としては、右へ重心を移すことに非常に強く反対していたし、一方、外交的には君主国はスラヴ勢力の一つとして行動することなく、ドイツとの同盟にこだわり続けたからである。

ターフェは「立憲派大土地所有者」を左派から切り離して「中間派」に持ってきたかったのだろう。イギリスの上流階級ホイッグの大半がグラッドストーンの自由党と決別したのも、この頃であった。チェコ人帝国議会議員は同僚の貴族たちと不安定な関係にあり、一八六八年の学校法への攻撃にはいやいや同意したにすぎなかったのだから、教会が管理する教育の再導入という右派の究極の目的は達成しがたいものだった。一八八〇年代のグループの中で一番うまくやったのは、「封建的保守派」かもしれない。リベラル派の偽善的な要求に対して、彼らは自分たちの農場と森林の労働者を、保険の対象とすることと、労働時間規定からの例外として温存したからだ。東ガリツィアのポーランド人地主は、この点でもっとも頑なであった。

かくてドイツ人左派がターフェ体制から受けたダメージは、物質的なものというよりむしろ心理的なものだった。右派からの冷酷な「マンチェスタリズム」だという攻撃とは裏腹に、実際には、リベラル派のほとんどは完全な自由放任主義者《レッセフエール》であったことはなかった。たしかに、プレナーの回顧録を読むと明らかなように、リベラル派の指導者のなかには、プチ・ブルジョアの選挙支援を受けたことで、よりすばらしいリベラルな諸原則に対する見方が甘くなっていた者もいた。左派を傷つけたのは、「国家の党」を自認する人々なしでもオーストリアは統治できると、ターフェが証明したことだった。そこで彼らはまず、象徴的な形で対応した。すなわち（スラヴ人も実際は共通語として受け入れている）ドイツ語を公式に「国家言語」として認めよという要求で、これは一八八四年、激烈な議会討議の結果、拒否された。しかし一八八三年以降のボヘミア議会において多数派がチェコ人となっていることは、象徴的な意味にとどまらなかった。民族の居住地に沿って領邦を区分するというドイツ系ボヘミア人の要求がこの議会で拒否されると、一八八六年、プレナーは支持者たちを議会から引き上げさせた。

　ドイツ人リベラル派のトラウマとなるようなこの情勢は、君主国の党派政治の組織が緩慢だったために、彼らの政治基盤が絶えず変容していたことに起因している。政党支部の法的禁止、領邦による差異、選挙部会制とそれに代わるべき地方「名士」たちのネットワークへの依存がその一因となった。選出された候補者が割り当てられる「クラブ」は、おおむね議会のレベルでのみ組織されており、政治に興味ある少数の人々は賛同する新聞を通して彼らの見解を知るのだった。一方、「党」の名の下での議会クラブ間の協力は、共同執行部と党内規律に関するさまざまな条項によって規制されていたのである。

　ボヘミアのドイツ系都市では原則として二言語で業務が取り行われるというシュトレマイアー言語令に衝撃を受けて、進歩派は一八八一年に他のリベラル派と合併して統一左派となった。しかしこの名称は実情にそぐわないものであった。一八六六年にドイツから排除された屈辱と、それに続くオーストリアでのヘゲモニーの喪失は、そのあとに傷つき分裂したコミュニティを生みだした。そこでは、ドイツ人の優越性について、リベラル派が訴える効果のなさそうな政策よりも「もっと激しいもの」が待望されていた。こうした気風と合致したのは、国民急進主義と社会急進主義であった。普通選挙権への賛同、「ドイツ民族《フォルク》」が軽視されているという意識、硬直したオーストリアではなく力動的なヴァーグナー的ドイツへの賛美などだった。普通選挙を要求した一八八二年のリンツ綱領（もっとも、ドイツ人の多数派を確保するため、ガリツィアとダルマチア自治領の分離を要求していた）は、この意図の表れであった。この綱領の主だった署名者の中に、のちにオーストリア・ファシズムの祖となるゲオルク・フォン・シェーネラーと並んで、のちの社会民主党指導者ヴィクトル・アードラーおよび有名な歴史家ハインリヒ・フリートユンクという二人のユダヤ人が入っていたことは、オーストリア・リベラリズムの国民的色彩を濃くしようとする試みがはらんだ魅力と同時に、その根深い矛盾をも明示しているといえるだろう。「もっと激しいもの」の問題点は、それが既存のリベラル派の主張をさらに強調するだけのものであり、主唱者が己れのはっきりしたイデオロギー的装備を身につけていくことによってのみ推し進められるという点だった。これがはっきりしたのは、「鉄の環」政策が一八八五年の議員選挙によって議会多数派を増やし、統一左派が「ドイツ・オーストリア人クラブ」と、よりナショナリスト的な「ドイツ人クラブ」に分かれてからである。それから二年以内に「ドイツ人クラブ」は分裂し、「民族《フォルク》」の概念をプチ・ブルジョア的反ユダヤ主義へと転換させたシュタインヴェンダー率いる一派が形成された。一方シェーネラーは反ユダヤ主義をもっと突き進め、さらに勢いを増しつつあった親ホーエンツォルレン的パン・ドイツ連盟の基盤とさえした。かつてのリベラル派の線を守る人々は、一八八八年、プレナーのリーダーシップのもと、統一ドイツ左派として再結集した。

オーストリアのドイツ人がこういった無益な組み合わせの変更を行っている間、その主敵チェコ人もまた不遇だった。老チェコ党の指導者であるリーゲルは勝ち取った成果を「テーブルからくすねてきたパン屑だ」と語ったが、確かにボヘミア議会には現実的な権力はほとんどなかった。「パリっ子たちは新年を祝い、一一二九件の酩酊騒動と、二三四件のさまざまな暴行事件があった。なのにプラハでは、三人の酔っ払いと一人のごろつき。しかも我々は一つの国民になりたがっているのだ！」チェコの主要新聞は、一八八五年一月のチェコ人のおとなしさをこう皮肉っている。(24) さらに老チェコ党は、自分たちの相棒である大貴族、すなわちボヘミアの「封建保守派」に借りがあったし、その大貴族たちの経済的利益は、ハンガリーの穀物と世界的な砂糖危機に脅かされているチェコ語系農民の利益と対立していた。こうして経済と国民という主題が連結した。一八八七年までにリーゲルは、ターフェ政府のチェコ人議員に心情を吐露していた。

空約束でいつまでも人々をごまかしているわけにはいかない。……人々が苛立つのは、チェコ人議員が弱体で無能だからだ。人々はボヘミア王冠の重要性を指摘しつづけている。……それなのにこの従属の苦しみ……彼らを鞭撻するのも、そして奇跡を起こすよう求められているのも、チェコ人（議会）クラブなのだ。(25)

一八八八年、青年チェコ党とパン・ドイツ急進主義に危機感をおぼえたリーゲルがフランツ＝ヨーゼフに拝謁を求めると、皇帝は青年チェコ党の脅威に対処するのは彼の責務であると告げた。しかし、プレナーのリベラル派と同じぐらい多くの名士を含んだこの老チェコ党（リーゲルも法律家を手なずけて、人口調査では地主として自身を記録させた）は、専門職、プチ・ブルジョアとりわけ不満農民に支持基盤を広げていた青年チェコ党の前にはもろいものだった。一八八九年のボヘミア議会選挙で青年チェコ党はとくに農村の選挙部会で大躍進し、三〇対一九で老チェコ党を破っている。

かくしてこの一八八〇年代の終わり、リーゲルとプレナーは、チェコ人とドイツ人の和解について以前より真剣に協議し始めることになった。リーゲルはチェコ人指導者としての自らの権威を再確認しつつ、この危機的状態を収めることを望んだ。プレナーは、正面攻撃を逃れてきたボヘミア・ドイツ人のため、地方分権化を望んだ。一八九〇年の妥協でボヘミア・ドイツ人は、民族居住分布に基づいて行政・司法区分を引きなおした領邦組織、重要な利害に関する領邦議会での拒否権、それにボヘミア司法機関での二六人の二言語併用判事に並んで一言語使用（すなわちドイツ語使用）の一五人の判事を手に入れた。シュトレマイアーが招いていた二言語併用という悪霊は、部分的にしろ追い払われたのだ。しかしこれは青年チェコ党には前もって打診のないまま行われた。そのため、彼らは抗議の嵐を組織し、それは一八九一年の議会選挙での大勝利につながった。リーゲルの党はこのとき二議席しか取れなかった。この妥協はこうして死文化した。

老チェコ党の衰退はターフェの優勢を危うくし、そのため彼はプレナーとドイツ人リベラル派を政府に戻すことをめぐって腹のさぐりあいを始めた。プレナーは一八七〇年代のドイツ人リベラル派とポーランド人との連携のようなものを再興するために、ターフェをチェコ人だけでなく聖職者からも切り離したがっていたし、ターフェはリベラル陣営のもっとも保守的な人々を切り離したがっていた。ターフェは結局、プレナーとの間に何ひとつ実質的な取引を持ちこめなかったが、一八九三年、いわばまったく予想外のウサギを帽子から取り出してみせることになった。それは、ほぼ普通選挙に近い提案であった。大地主と商業会議所の選挙部会は残すが、議席三五三のうち二四七は都市と農村部を合体させた選挙部会の中で、識字能力があり納税している二四歳以上の男子によって選ばれるものとし、それによって有権者数は一七七万から四〇〇万人に増大するはずだった。この法案を提起した能吏上がりの財務相エミル・シュタインバッハの思惑は、拡大した有権者はナショナリストが提起する問題よりも社会経済問題に興味を持つだろうというところにあった。だが秘密裏に準備されたこの計画は、裏目に出た。青年チェコ党以外の全党派からたちまち拒絶されたのだ。ついに一八九三年一一月、フランツ＝ヨーゼフは長く仕えてくれた首相ターフェを解任した。

　一八九五年、リベラル派はウィーン市政委員会の多数派をキリスト教社会党に譲った。さらに、一八九七年の帝国議会の選挙ではドイツ人リベラル派主流のほぼ直系であるプレナーのグループはわずか二〇議席しか獲得できなかった。ウィーンでのキリスト教社会党の勝利は、かつてのリベラル左派、カール・ルエーガー（一八四四—一九一〇）の見事な采配によるものだった。リベラルなブルジョア名士に対抗して中間層《ミッテルシュタント》の大きな動きをつくり出すために、結社などの新しいネットワークを利用することによって、疑念をもたれつつあるリベラルな信条を利害政治に置き換えるやり方をもっともよく知っているのは彼だったからだ。その中間層《ミッテルシュタント》とは、ブルジョアであると自己主張しつつも、リベラル派からは疎外・無視されていると感じている人々、つまり反ユダヤ主義の職人だけでなく、教師や自治体や国の下級役人、それに中等教育を受けた民間企業の従業員という増大しつつある一団をも含んでいた。彼らは企業内で上昇したいと願いつつも、競争の激しい中では非ブルジョアの門番とほとんど変わらない地位にとどまるのではないかと、危機感をもっていた。というのも、ターフェの時代に保守的な社会政策が彼らの立場を支援しようとしていたからだ。ルエーガーの成功は、反リベラルという観点からのみ達成されたわけではなかった。保守的教権主義者はヴァティカンにキリスト教社会党への反対を訴えたし、フランツ＝ヨーゼフは一八九七年についに折れるまでの二年間、ルエーガーのウィーン市長への選任を拒否していたのだった。

ヴァティカンを仔細な問題にまで巻き込んだのは、この時期、国内問題と対外問題が交差するある出来事のみだったというのは意味深い。リベラル左派はボスニア占領（一八七八年）に関しては外交政策に介入したが、それが繰り返されることはなかった。一部はスラヴ人である彼らの後継者は、ドイツとの連携は君主国の外交政策の要として手をつけずにおいたので、この分野での重要項目は、バルカン問題をめぐるロシアとの継続的な衝突であった。もちろんカトリックであるポーランド人が親ロシアになる理由はなかったが、同宗派のクロアチア人たちはこの時期、占領下ボスニアでは、行政を担当したマジャール人の二人の共通財相ヨージェフ・スラーヴィ（在任一八八〇―八二年）とベーニ・カーライ（在任一八八二―一九〇三年）の下で、自分たちの影響力が押しつぶされていくことに気づいていた。

ビスマルク主導による三帝同盟復活（一八八一年）が、この時代の始まりであった。君主国がボスニアを併合する権利をロシアに認めさせること（代わりにロシアのボスポラス・ダーダネルス海峡における権益をオーストリアが認めることがその条件だった）に失敗したにもかかわらず、外相ハイメルルレは同盟への署名は不可避であると感じていた。グラッドストーン率いるイギリスの自由党新内閣（一八八〇年）はディズレーリの保守党内閣ほど頼りがいのあるパートナーではなかったし、また一八七九年の独墺同盟が公式には続いていたということがその理由だった。結局オーストリア・ハンガリーは、セルビア（一八八一年）とルーマニア（一八八三年）との秘密同盟を通じて、バルカンにおける利権を確立することができた。たとえば、セルビアはボスニアの現状に敬意を払うこと、および外交計画についてはウィーンに打診することを誓約した。これはエリートのパワーポリティクスである。ルーマニアの国王カロルはホーエンツォレルン家の出であったし、セルビアの国王ミラン・オブレノヴィチは騒がしい臣下たちを抑えるためオーストリアの支援を必要としていた。しかしながらロシアとの協約は、一八八五―八八年のブルガリア危機のためにくじかれてしまった。この国の支配権をめぐる争いは、両国を二度も開戦間近まで持っていった。一度はロシアがソフィアに代理統治者的な役割で将軍を派遣したとき（一八八六年）で、もう一度はローマ・カトリックのドイツ人であり、オーストリア・ハンガリー陸軍の士官であるザクセン・コーブルク・ゴータ家のフェルディナントがブルガリア公に選ばれたとき（一八八七年後半）であった。このごたごたの最中だったので、三帝同盟は更新されなかった。そこでロシアに対する安全保障は、オーストリア、イギリス、イタリア間の一八八七年の二回にわたる「地中海協定」と、一八八二年にイタリアが中央同盟二ヶ国に加わることで成立した三国同盟を延長することで模索された（第一三章で詳説）。

こういったことは、党派政治家や議会の論議をほとんど引きつけなかった。ハンガリーの上院ではアンドラーシが、ハイメルルレの後任外相グスターヴ・カールノキ伯に論争を仕掛けていた。オーストリアにはアンドラーシのような人物がいなかった。オーストリアをドイツ人リベラリズムから引き離すというターフェの目標はこうして達成された。大半の市民は、ドイツとの連携に異議を唱えたり、連邦主義、反資本主義、教権主義のいずれにもオーストリアをゆだねることなく、リベラリズムを忌み嫌うようになっていたのである。ターフェの指揮管理に対する不信は主として、その政策が引き起こした不満の声が決して「十分に音量調節」されなかったことから生じている。驚くのは、今日から見れば相対的に安定していたといえる時代にあって、強烈な幻滅感が蔓延していたことだ。ルドルフ皇太子のカッサンドラの予言めいた発言（「この悲しきわが時代、あらゆるところで文化に敵対する反動が起こっている[26]」）、プレナーの陰気なうぬぼれ、リーゲルの苦悩に満ちた苛立ちといったものは、同時代のクロアチア人指導者、シュトロスマイエルやラチュキにも見出すことができるものであった。

もちろん一八八〇年代の大半は経済不況のただ中にあり、ブルガリアでの出来事が、そっと忍び寄る大事の予兆だとは誰も思っていなかった。外相カールノキは、強いリーダーシップの不在と、ボヘミア・ドイツ人の離反の「重症さ」[27]、そして帝国としての一体性が脅されている君主国の現状に対し、不安を訴えた。こういった高揚した声は、さまざまな社会・国民問題を生み出しつつめまぐるしく変化する世界への認識と連関していた。ターフェの時代を厳しく評価すると、比較的安定が保たれていたのは、ターフェ側の特別な先見性によるというより、ドイツ人のヘゲモニーとスラヴ人の復権あるいは資本主義と反資本主義といった変動する勢力の束の間の均衡のおかげだといえるだろう。スラヴ人たちは、君主国の国際的立場の要であるオーストリアとドイツの連携に対して、異議を唱えることはなかった。一〇年後には、青年チェコ党のリーダー、カレル・クラマーシュらが、フランス語と英語の新聞をも駆使して批判を展開したことを考えると、この時期の反中央集権主義勢力が、まだ君主国の施政に対して総合的な批判をできるようになっていなかったことを示唆する。ターフェは非常に策士であったが、対処した社会的・民族的な潮流にあまりに冷淡だったため、それらに影響を与えることもできず相互関係が次第にただれていくのを阻止することもできなかった。その意味で彼の在任期間は、なりゆきまかせの時代でもあった。

リベラル派の残存

以前から指摘されてきたように、一八七九年と九五年に政治的に敗北したにもかかわらず、リベラル派の影響力は消えなかった。出版報道、教育、法律を通してリベラル派の価値観が保持されていたという認識は、近年、ウィーンの世紀末《ファン・ド・シエクル》の知的文化的業績や、リベラルとポストリベラルの政治構造の連続性の研究によってさらに意味が補完された。

ジョン・ボイヤーは、一八九七年から一九一〇年の死までウィーン市長としてのカール・ルエーガーが人種的プラグマティズムも含めて比較的穏健であったことを考慮しつつ、キリスト教社会党と、それが排除したリベラル体制とのいくつもの接点を明らかにした。この反ユダヤ主義の指導者は、かつてこう発言して有名になった。「誰がユダヤ人なのかは、私が決める」。ボイヤーによれば、この発言の実際のねらいは、一八六〇年代にリベラル派を権力の座に押し上げ、しかしそのエリート主義のためにつまずいたウィーンの市民層《ビュルガートゥム》という一体意識を復活させようというものだった。彼らが排除した職人、教師、下級役人は、偏見と財布に明敏な注意を向けさせられることで、一体感を取り戻していた（職人には反ユダヤ主義を、役人にはよい給料を）。リベラル派が始めた大規模公共事業計画（ドナウ河川整備、水利事業）は、一八九八年の都市ガス、一九〇二年から始まった路面鉄道敷設、一九〇八年の発電所建設に引き継がれていった。市の中核であり続けているリベラル派の市役人と中央政府が仕事上の良い関係を築いたことで、下層中産階級のキリスト教社会党の活動家は、社会的な恨みつらみを乗り越えて公の場で活躍することが可能となった。ルエーガーはユダヤ人を昇進させないという形で市の行政から追い出したが、冷や飯を食っているキリスト教社会主義の真の信奉者とユダヤ人は、市民権に対してはそれ以上の制限も加えないという彼の保証を信じていた。

ピーター・ジャドソンとローター・ヘーベルトは、連続性についての議論を領邦の諸都市にまで広げた。ただしそこでの連続性とは、リベラリズムとドイツ・ナショナリズムとの間にあるそれだった。ある小さな町のクラブが名称を「立憲友愛会」から「ドイツ国民協会」に変更したとしても、一八九〇年代初めにあるアルプス領邦の首都にあったリベラルな市政委員会が一〇年後にはシュタインヴェンダーの国民党《フォルクスパルタイ》に傾倒していったとしても、個々の人の日和見主義、うつろいやすい提携、「中間派」などを考慮に入れると、その顔ぶれは大して変わらなかったのである。再編が容易であったのは、リベラル派は常に強烈なドイツ的性格を持っており、ジャドソンによれば、彼らは、一八七九年以降、侵害されたと喧伝されたドイツ人の利害（もっとも重要な国民防衛団体であるドイツ人学校協会（一八八〇年）はずっとその傘下にあった）を守る戦いの指導者となることで、自らの立場を強化しようとしてきた一方で、ナショナリストたちの唱える国民資産《ベズィッツシュタント》の核はリベラルなものだったからである。それは、リベラルなブルジョアが確立した物質的な利益、すなわち商業や工業や教育制度などにおける利害を代表していた。ヘーベルトも、党組織における前近代的手法やその思想、どちらにおいてもリベラルとナショナリストはただ一点を除いて大きな違いはなかったと論じる。その一点とは、一八八〇年代以降、シェーネラーの運動の中心であり、国民党《フォルクスパルタイ》において顕著になり、はじめは自由意志に基づくものだったが一八九六年以降は必須の党ドグマとなったもの、すなわち反ユダヤ主義をリベラル派が拒絶したことだった。

これらがリベラル派的行動の名残りだった。だが人々の感情に大きく訴えたのは、法治国家《レヒツシユタート》、立憲主義、市民権といったリベラルな原則が、ブルジョア的なリベラル派の諸団体とともに（ドイツ語でbürgerlichは、市民的とブルジョア的の両方を意味する）、生き残っているという感覚だった。法律にはまだとてつもない権威があった。オーストリアの大学生の約半数が法律を学んでいたのは、それが公職のための基礎たる学位となるからだった。法律の訓練を受けた、有能なそして少なくとも穏健かつリベラルな観点と改革派的プランを持ち、公職で頭角を現した官僚――シュタインバッハやベルンライター、ケルバー、レートリッヒ、そしてジークハルト――は、二重制において一貫した特徴の一つだった。国民と言語の対等宣言を含む一八六七年の基本法は、法の条文解釈を政治の重要事とした。何かの政治問題に法的な回答を考案することは、オーストリアの政治では最重要なことだったとも言える。そのため、合理主義ではなく民族《フォルク》に根ざした歴史学派的法概念はオーストリアではドイツほどにははやらなかった。また、フランツ＝ヨーゼフが立憲君主として、意識的に法の字面にこだわったことも要因となった。彼はリベラルではなかったが、彼が体現する衒学的とは言わないまでもその細密な官僚主義は、立憲的な気質を育てる一助となっていたのである。

一八七三年時点で官吏は一一一級の等級に分類されていた。組織の大部分は一〇級以上には上れない薄給の事務職から成っていたが、彼らは経済的な面からではなく道徳的な面から、その仕事を「天職」ととらえるよう求められていた。労働時間は短く、一日六時間であり、経理担当はそれより一、二時間長かった。給料は、一八五五年、一八六〇年代、一八七三年、一八九六年に上がったが、最後の賃上げのあとでも、最下級では年給一〇〇〇クローネ（約五〇ポンド）にしかならなかった。それより動きがなかったのは年金で、ヨーゼフ二世の時代の規定が基本的に修正されたのは、一八六六年と一八九六年だった。だが全体として見ると、当局のこの抜け目ない財布の締め具合は二重制の時代に少しゆるみ、年金受給の権利を低い等級にまで広げ、寡婦にも少し条件をゆるめ、年金支給の対象となる俸給には税制上の控除額が算入された。

それよりもっと熱狂的に支持されたリベラルな現象は、新聞である。一九〇〇年ごろ、リベラル派の代表的な日刊紙『新自由新聞《ノイエ・フライエ・プレッセ》』『新ウィーン日報《ノイエス・ヴィーナー・タークブラット》』は合わせて一二万部の発行を誇った。それはカトリック側の対抗紙、保守的な『祖国《ファーターラント》』やキリスト教社会主義者の『帝国ポスト《ライヒスポスト》』の各六〇〇〇部を、また社会主義者の『労働者新聞《アルバイターツァイトゥンク》』二万四〇〇〇部をはるかに上回っていた。すぐれた報道技術と、人々の本心の明確な表出が、この数字を作り上げたと言えよう。それは、多くはユダヤ人である筆者たちのリベラルな普遍主義的価値観に当然にも引きつけられる、大量のユダヤ人読者の範囲を大きく超える数字であった。リベラルな新聞は扱う内容も広かったが、その分、容量も多かった。『新自由新聞』は人気作家の小説を書き下ろしで連載した。リベラル左派の『時代《ディー・ツァイト》』紙で殴られたある労働者は、『新ウィーン日報』の二一六ページもある復活祭号で殴り返したため、相手の肩甲骨が折れて、六ヶ月投獄されたほどだった(28)。一八九五年、引退していたビスマルクは後継者たちの秘密をぶちまける相手として、モーリッツ・ベネディクトを選んだ。この『新自由新聞』の有名編集者は三時間におよぶ会見を、メモもなしに、ほぼ一語残らず報道した。

報道にリベラルな彩りがあったのは、オーストリアの中等教育に人文主義的傾向が続いていたせいかもしれない。とくに誉れ高きギムナジウムでは、ギリシア・ラテン話の古典を重視していた。初等より上の教育では、リベラルな価値観、とくにまじめさが重視された。オーストリアの中等教育課程は週三〇時間の課業という過密さで悪評高いながら、同時に、高潔なリベラル気風をうたっていた。そのため中等学校と大学当局は、学生と政治活動の結びつきを疑う政府の調査に腹を立てることもしばしばだった。このように政治勢力としてのリベラリズムは衰退しつつあったが、リベラルな価値観の手ほどきを受けた有能な若者たちは増えていくのだった。大学生の数は人口増加の二倍の速さでふえ、一八五一―一九〇九年に五六四六人から二万五九四一人となり、そこでの貴族の割合は四％にまで落ちた。

　発展し続ける経済基盤はもちろんのこと、行政・新聞・大学などに残るこうした基盤もあって、ドイツ語系リベラル派ブルジョアは大都会ウィーンと固く結びついた特筆すべき文化を開花させ、そこに自己実現をみていた。オーストリアのプラグマティックな知的伝統の中にあって、この文化の開花に文学はたいして大きな役割を演じなかった。もっとも、アルトゥール・シュニッツラーのような作家が、その極めて著名な小説の中で、ブルジョアのモラルとそれ以前の規範（名誉をかけた決闘など）の息苦しい重圧を描いているという例もある。ジェット推進および聴覚の原理の先駆者エルンスト・マッハ、ルートヴィヒ・ボルツマンら物理学者は、オーストリアの自然科学のみならず広い知的風土のもつ創造的な力を示した。二人とも科学知識と「現実」の関係について思索したからだ。知識も知覚の一形態であり、ゆえに客観的現実はとらえ得ず、〝わたし〟も見出し得ないというマッハの理論は、遠く茫洋とした官僚制に支配された、まとまりのない多言語社会において、意味を模索する知識人の一つの表れとして解釈されている。このような意味でオーストリアの体験が他の形をとったものに、シェーンベルクによる一二音階による音楽言語を探る試み、あるいは、のちに論理実証主義の祖とされるルートヴィヒ・ヴィトゲンシュタインの言語の意味の探究もあった。カール・メンガー、フリードリヒ・フォン・ヴィーザーら経済学者の「限界効用論」への基礎考察もまた、オーストリアの社会状況から生まれた。商業ブルジョアの打算のためか合理主義的な官僚制のためかはともかくとして。

　もちろんオーストリアの創造性は独特の社会基盤のおかげだというのは、広く認められた真理というよりは、もっともらしい仮説にすぎない。モラヴィアの僧院の庭でグレゴール・メンデルが遺伝の法則を発見したことは、知的独創性は純粋に個人に根ざしうることを示している。だが明らかに、いまだに電灯を用いない王宮のイメージにはそぐわない活力が、オーストリアの文化生活にはあった。美術や建築においては、ウィーンは前衛的だった。この分野には、都市計画の先駆者であり、簡素で機能的な建築様式で知られるオットー・ヴァーグナー（一八四一―一九一八）とその弟子のアドルフ・ロース、アールヌーヴォーのウィーン分離派《ゼツェツシオーン》創始者グスタフ・クリムト（一八六二―一九一八）、やせ衰えたエロチックな裸体を描いた表現派画家エゴン・シーレ（一八九〇―一九一八）、オスカー・ココシュカ（一八八六―一九八〇）などがいた。ウィーンの革新者たちの中で最も有名な人物は、単なる新しいスタイルでなく新しい科学を作ったのだと主張した。それが精神分析の父ジークムント・フロイト（一八五六―一九三九）である。その知的な広がり、女性の性的ノイローゼの研究、イドや超自我、オイディプスコンプレックスなど古典的引用句やアナロジーの嗜好などは、まさに周囲の社会的知的風土を反映するものだった。

このような文化的活力はたいてい、ドイツ語系ブルジョアの社会政治的環境の中に位置づけて説明される。その主だったものはみな、不利な状況を創造的に生かした諸側面を強調している。ジャニクとトゥールミンによると、不利な状況は多文化社会と奇妙な統治形態がかかえる問題の中にあって、コミュニケーションや言語とその意味といった主題にかかわる興味をかきたてたのだという。ショースキーとハンガリーの歴史家ハナークによれば、不利とはリベラル派が政権からはずれたことの中にあり、それが中産階級の若い世代を芸術や理論といった主観的な世界へ向かわせたのだという。ベラーによれば、何百年もの迫害の後に祖国を与えてくれるであろう高度な文化の目標を推進することに懸命なユダヤ人リベラル派ブルジョアにとって、この問題は最重要事となる。こういった視点はどれも示唆に富むが、ブルジョア一般が、二重制後期のオーストリアにおいて実態以上に孤立していることを意味するのかもしれない。議会は十分に機能していなかったかもしれないが、この社会はトゥールミンとジャニクが前提とするほど「独裁的」ではなかった。活発で自由な報道と予測可能な行政があった。皇帝への畏怖さえ、フリートユンクがオーストリア・プロイセン対立についての有名な著書（オーストリアの敗北は明らかにフランツ゠ヨーゼフの責任であるとした）を書くことを止めることはできなかった。さらに、公衆は皇帝の個人的な考えを知りはしなかったが、皇帝が謎の男だったわけではない。見たところがすべて、というタイプの人間だったからだ。カフカ描くところの悪夢のような官僚社会は、オーストリアの現実というよりは、彼の個人的な環境によるところが大きい。

ショースキーはブルジョアの文化的創造性を、政治からの凋落と無力さに結びつけるが、これもまたおそらく、起業家一族が世代を経るにつれて関心の向ける方向を変えていくことはヨーロッパ一般の傾向で、オーストリア特有のものではないことを低めに評価しているのかもしれない。さらに、リベラル派が内面的文化の世界へ引きこもったその象徴としてショースキーが挙げた小説、アーダルベルト・シュティフターの『晩　夏《ナツハゾンマー》』（一八五七年）が、実際にはリベラル派がまだ権力を手にしたことのない時代に出版されていることからも、彼の主張は経験主義というより直観的なものであることがわかる。とはいえ、政治的な事象より、ウィーンの宮廷オペラ監督としてのマーラーの嵐のような経歴のほうに大きな関心を寄せる人々には、魅力的な論点であることに変わりはないであろう。それと対照的に、ベラーの主張は、二重制期、ウィーンのギムナジウムから大学への入学志願者の数字的分析に基づいている。リベラル派のブルジョア育ちのウィーンの大学生の六四％はユダヤ人であったことから、彼はウィーンの文化運動は本質的にユダヤ人的事象であったと結論する。それは、学問に敬意を払うユダヤ人の伝統、偏見にさらされているおのれを証明したいという強い願望、そしてリベラルな社会のみが同化に値するという理由から、無条件のリベラリズム支持によって動かされたものなのである。一九〇〇年当時、全人口に占めるユダヤ人の割合は約一〇％にすぎなかったのに、ウィーンの医師・法律家・ジャーナリスト（すなわち「自由業者」たち）の約半分がユダヤ人であったことが、この論に重みを与える。しかしベラーは主に非ユダヤ人である公務員と教師を「リベラル派ブルジョア」の定義からはずして、自論に有利になるような工作をしている。それは、ボイヤーがすでに証明したように、ルエーガーがこの層から大きく支持されているという理由からだった。しかしボイヤー自身、ルエーガーと公務員の関係は、リベラル派とウィーンのキリスト教社会主義者との連続性を示すものだとして、議論を別の方向に展開しているのだ。オーストリアの公務員のヨーゼフ主義的リベラルな長い伝統からすれば、こちらのほうがもっともな解釈である。オーストリアでリベラル派が生き残ったことを、ユダヤ人が普遍主義的価値観に関与したことと関連づけるのは、不当に狭い解釈のように思える。

とはいえ、ユダヤ人問題はまさに、激増する価値観衝突の試金石だった。あらゆる集団に組織化の自由を認めるような市民社会をめざす普遍主義的な展望と、変化に不安を感じている歴史的な社会集団の個別主義的関心との緊張関係は、しばしばユダヤ人への姿勢をめぐって危機に至った。ユダヤ人こそ、伝統的な流れの中で無視され軽蔑されてきたが、新しい流れの中ではその核となりそうな人々だった。反ユダヤ主義は変動する社会の中にある後進性と不安定さの指標でもあった。この社会は、現代になって顕著になった環境保護主義以外のすべてのイデオロギーにさらされながら、それに対応する用意が大幅に遅れている社会でもあった。この点は、近代ヨーロッパよりむしろ、今日の中東と比較すると、わかりやすいかもしれない。一九七九年、テヘランのバザールの敬虔な職人は、シーア派聖職者《アヤトラ》をとるか、マルクス主義者のイスラーム戦士をとるか、あるいは国王レザー・シャーをとるのかの選択を迫られたのだった。こうしてみると、オーストリアの反ユダヤ主義は新旧価値観の乖離の一つの様相で、そこでは宗教が大きな象徴的役割を引き受けていた。この乖離の奇妙な例として、科学の教科書と宗教的訓育では、ダーウィニズムはまったく正反対の扱いをされていたことを挙げておこう。

このように世紀末オーストリア市民は、鋭く対立するイデオロギー的メッセージを受け取っていた。地域的な連帯はまだおそらく、他者を締め出すのに十分なほど強かったし、それがしばしばリベラリズムには不利に働いた。リベラリズムの運命をさらに多難なものとしたのは、自称進歩派が、根深い排他主義を損うことなく非保守的な世界観より優位に立てると考えるようになったことだった。彼らにこう思わせたのは、ナショナリズムのイデオロギーだった。もちろんこれはリベラル運動とナショナリズム運動の連続性の一側面であり、ジャドソンやヘーベルトが検討してきたものだ。ナショナリストたちの行動計画については、もっと仔細に見ていかなくてはならない。

第一〇章　ナショナリズム

一八九八年、フランツ＝ヨーゼフの在位五〇周年を記念して、チェコ・アカデミーは、この期間の「チェコ国民の知的芸術的発展」を概観する大部な本を作成した。その序文でアカデミー総裁は、「社会を活性化する力」「人々の目ざましい進歩」「社会状況の全体的な高まり」に言及しつつ、この本では以下のようなものについて詳述されるだろうと述べている。

「工業と商業」というおなじみの言葉で表される複雑にして精緻に組織された物資の配備、輸送通信手段の加速的増大、金融機関の存在意義の増大、あらゆる種類の協会の増加……(1)。

一九世紀ハプスブルク君主国における非優勢諸民族の目ざましい「再生」を考えるとき（チェコ人は疑いなくその典型例である）、ここで称揚されているような、より広い社会的文脈を念頭に置くとよい。よく知られた君主国の国民問題は、西ヨーロッパの評者たちの目には、しばしばエキゾチックで得体のしれないものとして映った。だが、実際には、それは多国民国家の発展段階における当然の結果として、程度こそ違ってもヨーロッパ全体で共通なことなのだった。それまで従属させられていた諸民族が国民として「動員され結集する」のは、「近代化する」社会において、農民、労働者、職人が動員され、結集することと同じことなのだ。

つまり、ナショナリズムは、オーストリア・ドイツ人リベラル派のヘゲモニーを足もとから蝕む二重の作用において、コインの二つの面のうちのいわば民族的な面だったのである。ブルジョア以外の社会集団が自己主張に当たって用いたのと同じく、非優勢国民もドイツ人たちが先鞭をつけた組織化と協会という技法を駆使した。しかしナショナリズムにおいては、弁証法的連関がより強かった。非ドイツ人ナショナリストが、技法だけでなくイデオロギーをもドイツ人リベラル派と共有したのは、彼らもまた国民の発展という自らの信念を進歩の思想から導き出したからだった。進歩について自分たちは正しい側に立っているというリベラル派的な自尊心と、歴史的起源と価値観という情緒的要素の結合が、ナショナリズムに、一種の世俗宗教ともいうべき力を与えたのである。著名なオーストリア人作家ヘルマン・バール（一八八三年、ヴァーグナー記念祭で熱狂的なパン・ドイツ主義演説を行って、ウィーン大学から追放された）は回想録で、進歩を支持する者はリベラル派ではありえないとする父親の混乱ぶりを書き記している。だがより若い世代は、進歩を人間性の向上という抽象的な概念としてではなく、力動的な国民性への希求だと見なすようになっていった。

ともすれば非優勢諸国民の発展は、少数派であるドイツ語話者によって用意された文脈においてみたときに、もっともよく見てとることができる。しかしここでは、非優勢諸集団、とりわけ君主国のオーストリア側にいたそうした集団に焦点をしぼって議論していく。彼らは、二重制期ハンガリーの非マジャール人が与えたよりも大きな脅威を、ヘゲモニーを握らんとする者にもたらすようになったからである。ハンガリーについては次章でたっぷり述べよう。

国民の動員・結集
――「内的主権」に向けて

ハプスブルク君主国における国民の動員、国民としての結集の中心にあったのは、社会経済的な発展である。しかし、両者の関係は過剰に単純化されることがある。有名なアーネスト・ゲルナーの「機能主義」理論には、「伝統型」と「近代型」社会という過度に表層的な区別を設けているという落とし穴がある。ゲルナーはハプスブルク領のスラヴ人のような非優勢民族の国民イデオロギーを、近代化という状況への対応として生まれたものとみなした。この状況のなかでスラヴ人は工業化していく都市に流入し、そこでドイツ人より劣等な立場に置かれた。そのために彼らは、民俗文化から「高級文化《ハイ・カルチャー》」への転換を余儀なくさせられ、そこで、彼らが永遠の隷属状態から免れるために権利の平等を叫んだのだった。この「高級文化」という概念は有益ではあるが、それは、スラヴ言語イデオロギーが産業化が本格的に始まる前のロマン主義時代に形づくられたものだという事実を見逃している。実際、ゲルナー理論では、社会的過程に関する諸思想の関係性をあまりに決定論的にとらえているため、官僚化や都市化、産業化といった「近代化」の多様な側面が混同されている。そのためこの理論では、優勢文化と非優勢文化が産業化の状況の中で接触することで、南ウェールズやスペインのビスケー地方では言語の同化が進行したのに対して、ハプスブルク領のウクライナ人やルーマニア人の間では実質的な経済変化がないままに「高級文化」が出現したのかが、説明できないのである。

したがってハプスブルクのさまざまなナショナリズムは、「近代化」そのものが進展する中で、新しい諸要素を次々と吸収してできた複合物と見るのがもっとも適切であろう。初期段階においては、言語を固有の存在たる民族の精神とする、それ自体が啓蒙主義とロマン主義の混合物であるヘルダー的概念を核として、イデオロギーが形成された。次に、拡大する教育、メディア、結社活動、そして社会変化を通じて、民族集団が動員され結集する社会学的な過程がより広い局面を切り開いていった。そして最後に、政治的な領域において、リベラルな立憲主義が国民と言語の平等原則を公式に確認したのである。

もちろんハプスブルクの様々な国民運動は、たとえ非優勢集団のものであっても、その規模、その民族の歴史や発展の度合いによって大きく異なっていた。またハプスブルクの各ナショナリズムのほぼすべてがそのリベラルな性格を主張するとしても、いまだほとんどリベラルたり得ない社会にあって、それらは間接的にリベラリズム自体のもつ曖昧さと欠点を反映するものだった。もっとも重要なのは、ドイツ人のヘゲモニーを実質的に打ち破られたオーストリアと、マジャール人が言語の対等性を公式に言明することさえ回避することができ、非マジャール人の民族的結集を制限するところまでいったハンガリーとの分割であった。それでもハンガリーにおいてすら、そのうねりを効果的に阻止したり（スロヴァキア人に対しては例外といいうるが）、国民の対等性の問題を政治から排除するところまで、リベラルな原理が腐食することはなかった。程度の差はあれ、先に概括した知的、社会的、政治的な問題は、君主国のすべての民族の発展に実在する要素であった。

愛国主義的な運動の中心は言語の問題でありつづけた。一九世紀が文献学に捧げた愛情を現代において共有することは難しいが、農民のガチョウを社交サロンの白鳥へと言語的に転換させることは、一種の冒険小説のような色彩がある。それは、一八一三年にあるトランシルヴァニア・ルーマニア人が言ったように、「老女が家の中の簡単なことを話すときに使う言葉(2)」を、近代文化の万能機械へと格上げすることだった。そこで必要となる標準文法は、イタリア語におけるトスカーナ方言のように、既存の影響力の強い一つの方言に主として基づくべきだろうか、それとも自然なものではなく、いろいろな方言間で最大限可能な折衷案的言語を作り出し、人々に受入れやすくするべきだろうか。正書法は現行の発音と歴史的なものと、どちらを反映させるべきだろうか。どうしても必要となる新しい専門用語はその言語起源の関連語からつくるべきか、それとも古典語や現代の影響力の強い言語から援用すべきか。これらすべては複雑な問題であり、この世紀の後半に、それを見事に解決したのは、たいへんな総力事業だった。

もちろん一八五〇年以前に近代化を達成していた言語（ドイツ語、ポーランド語、マジャール語）、あるいは実質的に達成していた言語もあった。チェコ語は一八四〇年代末に、ドイツ文字とドイツ語でヴの音に対応するwの使用を廃止した。すでにユングマンは自身が編纂したチェコ語・ドイツ語大辞典で、近代語彙をすでに作り上げていた。それに続く何十年は、それらを実用に移すこと、寿命の短い新造語を捨てること、行き過ぎた反ドイツ的純粋主義を捨てるだけの自信を得ること、そしてその過程で洗練された会話体のチェコ語を創造して、教育を受けた人々が実際にそれを話すようにするための年月だった。他の言語においてはさらにやるべきことがあった。文字と正書法の問題は比較的解決が容易であった。クロアチア語は一八三六年に、スロヴェニア語は一八三九年にチェコ語の発音区別符号（č、š、ž）を採用し、一八六〇年代にルーマニア語はキリル文字を捨て、セルビア語はキリル文字に手を加えることを決めた。方言の問題はもっとややこしかった。チェコ人は相変わらず、スロヴァキア語はチェコ語の一形態だと主張していたし、クロアチア人のなかには一八八〇年代まで、スロヴァキア人が言語的に同族であることを認めてくれることを期待する風潮があった。だがスロヴァキア語とスロヴェニア語は、それぞれが独自の言語であるという地位を異なった方法で確立していった。スロヴァキア人は中部地方の方言を文語の基準とし、スロヴェニア人は基準とする方言を徐々に広げていくことで、誰も実際に話していない標準語を意図的に考案した。クロアチア語の抱えた問題は、とりわけ先鋭なものだった。地域的な言葉の差異の裏に、クロアチア人とセルビア人、あるいはクロアチア人同士（ダルマチアとリエカにしばらくの間、ガイの言語改革に批判的な別々の言語学派があった）の激しい競争意識がひそんでいたからだ。ガイがもともとザグレブ方言寄りの形で始めた正書法を、徐々にシト方言（クロアチア人の大半が話し、セルビア人のすべてが話す方言）に基づくものに純化していったことは、非現実的なセルビア偏愛であってクロアチア人のアイデンティティを裏切るものだという非難を巻き起こした。これは現代にも尾を引く問題である。もっとも特異なのは、ルテニア語の場合である。書き言葉として、権威は高いがなじみのないロシア語を採用するのか、その逆であるウクライナ語にするのかを決めるのは困難を極めた。このせめぎ合いは一八九〇年代以降、ウクライナ語にとって有利に推移した。ルテニア語のこの論争は一九一四年になっても決着がつかなかったが、他の言語においてはこの時期になると、非標準的な方言を書き言葉として使用し続けるのは、西部ハンガリーのブルゲンラント・クロアチア人のように地理的に同胞から切り離された一部の集団だけになっていた。

言語運動におけるもっとも印象的な成果の一つは、辞書編纂者たちの活動である。かたや二〇世紀のほとんどをかけてオックスフォード英語辞典を編纂してきた一団がいるが、おそらく多くの協力者を動員して編纂されたボゴスラフ・シュレクのドイツ語・クロアチア語辞典（一八六〇年）は、有名なハインシウスのドイツ語辞典に収められた総語彙数にほぼ匹敵する内容をもつものだった。彼はさらに、植物学（一八六六年）、軍事（一八七〇―七五年)、化学に関するクロアチア語の語彙の拡充に取り組んだ。話者数が少ないスロヴェニア語は、ドイツ語の文化的支配に代わるものとして近縁のスラヴ諸語をとりいれた。一九六二年刊行の現代スロヴェニア語辞典に掲載された語の三分の一が、他のスラヴ語からの借用語である。しかしこういった努力は、目的のための手段でしかなかった。愛国主義者にとって、形成されつつある言語が、「頭の上を通り過ぎていく進歩」から言葉と階級の両面で疎外されている農民大衆の精神文化にとって真の道具とならない限り、それ意味はないのだ。したがって、非優勢国民のナショナリズム運動の歴史は、その影響力が、領邦首都の知識人たちから始まって、粗野な母語が話されている地域を貫いて普及するまでに拡大する過程を跡付けなければならない。ここにきて、言語を通して「魂」を表現する文化共同体が国民であるとするロマン主義的な理念が、啓蒙と結社というリベラルな原理と結びつくのである。拡大しつつある学校や新聞、結社のネットワークが、「国民という思想」を広く放射していく基盤となった。現代の歴史家は、この過程を「国民統合」と呼んでいる。

たとえば、ボヘミアのチェコ人は密度の点でドイツ人に匹敵する中等学校のネットワークを一八九〇年代までに作り上げていたが、モラヴィアのチェコ人は大戦直前にようやくそれを成し遂げた。モラヴィアを次第に手中に収めていくと、チェコ人愛国主義者たちは立ち遅れた第三の領邦シレジアに不安な視線を向けた。かくして一九〇三年、石のように硬い手をしたシレジア・チェコ人鉱夫たちが抱くドイツ人雇主への抑えきれない憎しみをあらわにした『シレジアの歌』は、その出版と同時に、熱狂的に受け入れられたのである。その無名の作者(ペトル・ベズルチと称したがこれも筆名だった)が長年モラヴィアの首都ブルノで郵便局員をしていた人物で、シレジアには二年間勤務したことがあるだけだったということが明らかになってもまだ、その熱は収まらなかった。

自意識の強いチェコ人世界はその境界を広げようとし、スロヴェニア人はひかえめにそれをまねた。一八八〇年代はじめにリュブリャナ市政委員会とクライン領邦議会の主導権を握ったスロヴェニア人は、ここを拠点にして、一九一四年までにスロヴェニア語圏南シュタイアーマルクの初等学校の言語別比率を変え、ゴリツィアの国立ギムナジウムの言語別分割もなしとげた。リュブリャナには、私立ではあるが、スロヴェニア語のみの八年制ギムナジウム（一九〇五年）が設立された。しかしケルンテンではドイツ人、トリエステではイタリア人という敵対的な多数派を前にして、スロヴェニア語小学校すらつくることができなかった。だが公的にはできないことも、自発的な組織で部分的に補うことはできた。トリエステのスロヴェニア人の先頭に立ったのは日刊紙だった。ハンガリーでは、国からの圧力で独自の学校システムが縮小された非マジャール人にとって、自発的な協会が唯一の道だった。地方で貯蓄銀行、協同組合、文化団体などが育ったおかげで、非マジャール人意識の骨組だけは何とか保たれていた。そうしたなかでトランシルヴァニアとハンガリーのルーマニア人が、一八八〇年代まではばらばらだった諸政党を合併しその政策を融合させていったことは、統合のいい手本となるものだった。このようにチェコ諸邦とハンガリーが、支配勢力による圧力の現れ方の両極をなした。ガリツィアはその中間にあった。そこではウクライナ人が人口比率に合わせて初等学校を作っていくことができた。しかし、領邦議会ではポーランド人が優勢だったため（ウクライナ人の後進性もあいまって）、一九一一―一二年にこの領邦のウクライナ語ギムナジウムは八校しかなく、ポーランド語ギムナジウムの七〇校に大きく水をあけられていた。

ナショナリズム運動の基盤は領域的に広がっただけでなく、社会的にも広がっていった。当初は、農村部からの産業移民が新たな民族的・言語的環境に吸収されていき、一八七〇年代のボヘミアで起こったように、資本家が国民帰属の差異につけこんで彼らを分断するのを認めるべきではないといった議論を受け入れていった。ただ、彼らにとってはナショナリズムより社会主義のほうがより自然に受け入れられるものだったため、老チェコ党指導者のリーゲルのように、ナショナリストのなかには「胃袋を満たすことしか関心のない」労働者や社会主義者にも選挙権を与えることになるという理屈で、普通選挙権反対の側に回る者がいるほどであった。(3) しかし、一八八〇―一九〇〇年の間に、五〇万人あまりのチェコ人がドイツ語圏ボヘミアをはじめドイツ語地域へ職を求めて移入していくと、ドイツ的世界への同化傾向は次第に弱まっていった。一つには、ドイツ人雇主が、より従順であるとみなしたチェコ人労働者を隔離しておこうとしたからであり、また一つには技術を身につけたチェコ人労働者が、仕事と引き換えに脱国民化するのを望まなくなったからであった。彼らは、ドイツ語地域にチェコ人の「少数派学校」を作るという論争的な提起をするようになった。チェコ人の国民運動の指導権が老チェコ党から青年チェコ党に移り、一八九〇年代に革新的知識層と若い学生たちによる「進歩的」運動が勃興すると、チェコ人労働者たちはますますナショナリズムに引き寄せられるようになった。こうした一連の圧力が、前述した一八九六年のオーストリア社会民主党の連合体としての組織改革につながったのである。

社会主義者の国民問題に関する政策の重心は、母語でのプロパガンダの必要性に置かれていた。一九〇六―一二年に発行された約一三〇のスロヴェニア語定期刊行物のうち、およそ四分の一が労働者や職人に向けたものだった。[4] 社会主義者は、媒体と記事内容を明確に線引きしていたが、ハプスブルクの文脈にあってこれらの新聞・雑誌は、民族別に組織化された社会生活のパターンを助長し、強化していったのである。トリエステのスロヴェニア人労働者をイタリア化しようというかつての傾向が、一九世紀末からなぜ衰えていったのかも、以上のことから説明がつく。作家イヴァン・ツァンカル（一八七六―一九一八）の生涯を通じた仕事は、この時代の風潮をよくつたえている。労働者階級の出身で、社会主義者にしてスロヴェニア愛国主義者かつ南スラヴ愛国主義者であった彼は、トリエステに長期滞在して、社会的・国民的に二重の搾取を受けている普通のスロヴェニア人の不屈の生命力を肌で感じ、のちには声高に主張するようになった。同じようにブダペシュトでも、ハンガリー社会民主党のスロヴァキア人とルーマニア人の一派が新聞を発行し、知識層の支持も得ることで、これら少数派国民の生活に大きな役割を担うようになったが、同化を食い止めることにはあまり成功しなかった。

労働者の支持をめぐって社会主義者とナショナリストが競ったことで、彼らは民族と言語への忠誠心を維持することができた。ここで問題となっているのは、自覚的なナショナリズムである。というのも、社会主義者が民族アイデンティティに譲歩するのは、ナショナリズムを抑制する目的もあったからだ。これと対照的であったのは、ウェールズの例である。ウェールズ人労働者たちは一九世紀に労働者向けウェールズ語新聞を発展させたが、言語運動が欠如していたために、英語が普及するにつれてこの新聞は衰退していった。国民言語に対する意識は、ゲルナー的状況における機能的な産物ではなかったのだ。国民運動が社会的に広まるかどうかは、それが同時に深化するかどうかにかかっていた。つまり、近代国民（と彼らがみなした）という目標へ向かって行動するにあたって、あらゆる局面で自らの言語を使用する活動家集団が存在するかどうかにかかっていた。ポーランドの歴史家フレボウチクが鮮やかに述べたところの「内的主権……自らの国民共同体の中で創造的に暮らし、働く権利」への意欲が東・中央ヨーロッパの一九世紀ナショナリストたちの運動の究極の原動力であり、それは「外的主権」あるいは独立といった理念がほのかに見えてくるまで、彼らを支えていたのである。[5] そこにはほかの文化や言語を系統的に取り入れることなく、伝統的民族集団という枠組みが人々に近代文明を仲介することができると信じて尽くした人々もいたはずだ。個人的な二言語併用は許容されても、国民としての二言語併用は、同化への一歩だとして拒絶された。これは多分に心理学的な問題であった。国民再生の端緒において、非優勢民族のわずかばかりの教養エリートたちは、自分たちの文化は近代的生活の手段としてはふさわしくないものだという優勢集団の発想に沿って育てられ、それを内面化していた。それゆえ、強迫観念にとりつかれたように、それが逆であることを示そうとやっきになったのである。

　多くの国民再生主義者にとっては根拠のうすい夢、その対抗者にとっては根拠のうすい脅威と当初は思えたものが、双方が考えていたよりたやすく実現されうることが明らかになった。社会的要素に二つの心理的要素が加わってきた。その一つは、地方において多数派を構成していることの重要性である。ドイツ人の経済力と世界語《ヴェルトシュプラッヘ》としてのドイツ語は、村の学校や小さな町の劇場で支配権を握らないかぎり茫とした抽象的なものでしかなかったし、そうした支配権もどんどん失われていた。もう一つは、非優勢文化は優勢文化と全面的に対抗する必要はないということである。ただ特定の場面で対抗できる可能性を示せればよかった。率直に言えば、国民再生のおかげで、シェイクスピアのどの戯曲をもスロヴェニア語に申し分なく訳すことができるようになったという事実が、スロヴェニア人の自意識にとっては、すべての戯曲が訳されたわけではないということよりも重要なことだった。結局は、もっとも高度な教養をもつ人たちでさえ、知的好奇心はすぐに満たされてしまうものだ。いわんや平均的なスラヴ人の、当時の気のきいた表現をかりるなら「文化的な労働者」にとっては、自分たちの言葉で書く表現派の詩人が存在するというだけで満足でき、そうした詩人がフランスやドイツと同じくらいいるかどうかは問題ではなく、さらにその作品を自分自身で読まなくても十分なのだ。文学史は、規模がまったく違うところにおいても類似性を見出そうとするこうした人間の特性を反映している。この分野の本の叙述は、ロマン派からリアリズム、自然派から近代派／表現派へとたどり、各流派を詳説するために四、五人の作家を選び出す。その文学が七〇〇〇万のドイツ人に向けられたものでも、八〇〇万のチェコ人、三〇〇万のクロアチア人、一二五万のスロヴェニア人を対象としたものであってもかわらない。この思考様式が、小規模国民の知識層を活気づかせ、自分たちはすでに目標に「到達」し、いまや確かに文化的な民《クルトゥーア・フェルカー》になったと思わしめたのだ。

こう言ったからといって、非優勢国民の文化再生が実際に達成したものを過小評価するわけではない。すでに一八五〇年代には、シェイクスピアの一五作品がチェコ語で上演されていた。チェコ語話者による弁護士（一八六四年）、言語学者（一八六八年）、医師・自然科学者（一八六九年）、化学者（一八七二年）などの組織が生まれ、同じころに建築家と技師、数学者と科学教師のために二言語併用で設立された組織も、チェコ語のみのものへとすばやく変容した。一八六八年、チェコ人はスメタナのオペラをもって国民劇場のこけら落としを行い、一八八〇年代までには八〇〇を越すアマチュア演劇団体ができた。ナショナリストですらこうした出来事の意味を把握できず、一八八三年、リーゲルは、「教養あるチェコ人にはドイツ人からの完璧な指令が必要だ」と言って、青年チェコ党のあざけりを買った。文化的な「内的主権」は予想より早くやってきたのである。ほかの非優勢国民の運動の成果は、チェコ人のそれよりもっと散発的だったが、英雄的だったことには変わりがない。アウグスト・シェノア（一八三八―八一）は、ドイツのみならず全ヨーロッパの模範例をふまえて、最初の質の高いクロアチア語文芸月刊誌『花冠《ヴィエナツ》』を編集した。彼はまたクロアチア語の歴史小説の分野を開拓し、当時の生活を描いた多くの短編および長編小説を残し、「クロアチア・リアリズムの父」とされている。それだけでなくシェノアは、一八六一年に設立されたクロアチア国民劇場の上演責任者も一時つとめた。それはヨーロッパの上演作品をすべて知り、さらに年に約六〇本の新作脚本を読み、そうした中から年間約四五本の作品を提供しなくてはならない仕事だった。国際的な流れと同調して、一八九五年以降ザグレブでモダニズムが受け入れられていったことは、近代クロアチア語文学のために行ったシェノアの生涯かけた仕事が無駄ではなかった証拠である――とはいえ、クロアチア人の大半、おそらく八〇%は文字が読めなかった。

このような著しい不均衡は、一九世紀およびそれ以後の東・中央ヨーロッパの非優勢集団の歴史に通底するものである。社会的活性化がかろうじて始まったばかりという、遠隔にあって遅れた地域もあった。たとえばルテニア人とルーマニア人が人口の大半を占めるブコヴィナでは、まるで絶対主義時代に後戻りしたかのようにドイツ人役人の支配を受け入れていた。あるいは占領下ボスニアでは、一九一四年までに中等教育を修了した者はおそらく人口の〇・一%にあたる二〇〇〇人程度であった。より発展していたスロヴェニア人地域においてさえ、再生が長期的な成功を収めたかについては、著名な歴史家によって疑問が投げかけられている。下層農民や労働者からなるエスニシティが経済的にもがき苦しみ、過剰人口は定期的に移民によって漉きとられ、産業資本の九割はよそ者の手中にあり、一八四六年には八九%だったスロヴェニア語地域での彼らの人口比率が一九一〇年には七七%に減少するという寒々しい状況が展開するのである(6)。こうした見方は、本書ですでに提示した像とはいわば対照的であり、おそらく悲観的に過ぎるだろう。スロヴェニア諸邦の中心であるクラインやその隣接地域のように、地方政府や基礎教育がほぼスロヴェニア人の手のなかにあった地方において、いかなる事態が脱国民化を可能にしえたであろうか。第二次世界大戦期のナチの蛮行が顕わにしたのは、スロヴェニア人が、あらゆる近代的規範を拒絶することでしか転覆できないと彼らの敵に思わせるほどに、すでに状況を変革していたことであった。それゆえ、ナチは、一八六五年にパラッキーが警告したこと――国民意識を抑圧することは殺人に等しい(7)――を、実行に移したのである。彼らは、パラッキーの言葉は空疎なレトリックではなく、一九世紀に非優勢国民のナショナリズムがなしとげたことを正確に指摘していたということを示したのだった。件の集団は、社会発展の過程の中で記号化された新たな種類の意識を獲得しており、これを最終的に破壊することは、この過程自体に挑むことによってのみ可能になったのである。

国民抗争の心理学

　ナショナリズムは内側から見ると、活動家がいうように建設的でいくつしむべきプロジェクトだった。「ナショナリズムの時代は、公生活・私生活に、新しい倫理と尊厳をもたらした(8)」と現代ナショナリズム研究の大家ハンス・コーンが書いたとき、彼の心中にあったのはこのような見方であった。しかしコーンがそれに続けて言及する影の側面もまた、そのいとしさの裏にある防衛的な装いのなかに含みこまれている。愛国主義者たちは、いったい誰に対して自らを守ろうとしたのか？　民族的アイデンティティを解剖しようとした現代の一連の研究の成果は、境界という観念、他者の排除を通じた自己定義、すなわち「我々」と「彼ら」の差異化を明らかにしたことである。ナショナリズムの時代は、まだ民族的な固定観念が定まらず、うぬぼれたっぷりになったり卑屈になったりと振れ続けた時代でもあった。

　一八四八年にエンゲルスはスラヴ的後進性の特徴を描写してみせたが、これはドイツ人の固定観念を規定することになった。一八七五年においてもなお、リベラルな『ヴェスターマン絵入りドイツ月報《ヴェスターマンス・イルストリールテ・ドイッチュ・モナーツヘフテ》』は、スラヴ人とドイツ人の対立の原因を、スラヴ人ブルジョアの欠如に帰している。この雑誌は近代文明をブルジョア文化と同一視していたため、ドイツ人がスラヴ人と付き合うには「もっとも広い意味での感性」による手法ではなく、物質的な手法によるしかないと論じている(9)。ただいわば例外的にチェコ人のことを引き合いに出し、勤勉や倹約といったドイツ的資質を注意深い子供のように学び取っているとみなしているのは、お世辞とは言い難い。こうした考え方は、次のようなことに反映されている。一八七四年、ベルリン大学で初代のスラヴ文献学教授となったクロアチア人のヴァトロスラフ・ヤギッチの下には何年間も一人の学生も来なかった一方で、辺境のエキゾチックなスラヴ世界（ダルマチアの「モルラチ」や、ボスニアのムスリム、モンテネグロの人々）への関心は、ドイツ語の二流紀行文を介して高まっていったのである。一方、同時期の他の帝国主義列強でもみられたように、ドイツ人（あるいはハンガリー人や二文化クロアチア人）の中には、サライェヴォにバルカン学研究所を設立したカール・パッチュや、バルカン中世史家でボスニアの行政官でもあったマジャール人ラヨシュ・タッローツィなどのように、自らの影響下に引き込もうとしている諸民族の伝統についての先駆的な仕事をした者もいた。

ドイツ人による侮蔑には、スラヴ人による根深い怨恨が対応していた。チェコの古い諺を引用しながら、アントン・シュプリンガーは一八六五年に「ドイツ人がスラヴ人に善をなすならば、蛇は氷の上で暖を取るだろう」と書いている。[10] チェコ人の歴史は平和的な農民社会と攻撃的なドイツ軍国主義との相互作用だ（反発しあう時もあればひきつけあう時もある）とみるパラツキーの視点は、単純化すれば、チェコ人の歴史が本質において千年に及ぶドイツ化に抗する闘いであったという紋切り型の主張につながるものであった。有名なリアリズム作家ヤクブ・アルベスが一八九五年に小冊子を書きはじめた時点では、この事実はもはや解説不要のものとなっていた。[11] かくて二年後、チェコを代表する詩人アントニーン・ソヴァは、バデーニ危機（第一〇章三七三―五頁）について「チェコ人の鈍感な頭は殴られなければ気づかないぐらい堅い」と語ったドイツ人歴史家テオドール・モムゼンに抗議したのだった。

奴隷制を声高に語る者よ。
自国の花の盛りしか、目に入らないのか、
征服者の戦車で
悪意にみちた目をもって踏みにじっていくのか……？
それは、心を合わせること、人間らしさを讃えることを忘れているから……
無数の奴隷が人間として苦しみ、飢えているこのときに……

我らが孫たちは決して忘れない……
汝の人種の没落が封じ込められた汝の言葉をむきだし
にするだろう(12)。

他のスラヴ諸国民の活動家たちも、同様の苛立ちを感じていた。一八六七年、シュトロスマイエルが友人のラチュキに不満をもらしたように、支配者然としたドイツ人とマジャール人はスラヴ人を奴隷化しようと欲していたのである。カルヴァン派とユダヤ人とフリーメーソンから成る国民であるマジャール人は、クロアチア人へのくびきが彼らの自由だと考えているのだ(13)。ダルマチアの有力クロアチア語新聞は、一八八九年の復活祭を次のような言葉で迎えている。

苦痛と拷問に長くさらされてきたクロアチア国民よ、
復活祭を祝おう。あきらめてはいけない。素晴らしい
日が来ることを祈ろう。すでに十字架を背負うて辛い
道を歩いてきたのだ。すでに苦杯は飲み干したのだ。
敵はあなた方を墓穴へと追いやった……(14)。

こういった感情は君主国でももっとも皇帝に忠実《カイザートロイ》なはずの地方から起こったのだ！　非優勢国民の苛立ちと恨みは、しばしば尊大なドイツ人を皮肉ることで発散された。ドイツ人の衒学ぶりや横柄さをあげつらうのは、それはどのスラヴ国民にも共通した態度だった。しかしそのユーモアの質は、それぞれの集団の伝統によって異なった。野蛮なほど辛辣なものは、ボスニアのセルビア人コチッチ（一八七七―一九一四）の寸劇に登場する占領下の「文化の使者《クルトゥールトレゲリ》」（オーストリアが自ら主張する「文化的使命」を風刺している）、ずる賢く破壊的なものでは、ヤロスラフ・ハシェクの作り出した有名なシュヴェイク（ドイツ人やハンガリー人の上司をからかうのは上手なのに見かけは無口でおとなしいチェコ人一兵卒）などがいた。弱者の最大の武器はからかいなのである。

民族間の絶えざるけなしあいは、ナショナリズムの時代の精神風土としておそらくもっとも重要な現象を伴っていた。すなわち、あらゆる集団が他の集団は容赦ない敵意をもっていると信じこんだのである。一八六九年、「ドイツ人」が、クロアチア人は怠け者でまぬけだとくり返すのも不思議ではないと、クロアチア人改革者は言

っている。結局のところドイツ人は、何百年もの間クロアチア人をいためつづけてきた敵であり、そのことをいつクロアチア人が確信するのかが問題なのだと。[15]「ルテニア人はひどく貧しい。……持っているすべて、歴史的遺産までも……敵が巻き上げていく」。ルテニア語新聞『祖国《バトキヴシチナ》』は一八七七年にその巻頭の論説でこう主張した。[16]こうした強調は、一国民の魂という教養そのものに根ざしていた。もし国民が人間性と進歩の具体的な現れであるなら、もしその国民性がその魂に宿り、それが言語や文化に内在するなら、それを母語としない者は他者であって、その人々の進歩を妨げるだけの存在ということになる。理想主義的進歩派にしてユーゴスラヴ主義クロアチア人の教育者イヴァン・フィリポヴィチはこの立場から、クロアチア経済が弱いのは「外国人」の責任であると非難した。これが、二〇世紀の途上国社会における反帝国主義的ナショナリズムの感情的起源である。国民的反感は、傍観者でありたい人までも引きずりこむ。ポーランド人民主派の新聞は一八九一年、尖鋭化するルテニア人の自己主張について記事にした。「(ルテニア人の)権利を認めたとしても、……ポーランド国民への憎しみをあらわにするような連中に屈服する必要はない」[17]。

ちょっとした仮定が、ジャーナリズムやパンフレットでの故意の論争によって大掛かりなものにされていく。どの集団にもこだわる論点があった。スロヴェニア人にとっては、ドイツ人が否定するところのクラインのスラヴ的性格、ルテニア人にとっては、ポーランド語話者合同派教徒やウクライナ語話者カトリック教徒の国民帰属の問題、ルーマニア人にとっては、トランシルヴァニアへの先住権の問題……というように。中でも二つの集団の対立が突出していた。セルビア人とクロアチア人の対立は、言語を基にした国民帰属決定の困難さを明らかにしている。南スラヴ人である両者はヘルダー流の通説に従えば一つの「イリリア」国民または「ユーゴスラヴ」国民になるのだが、これは民衆感情および社会学的現実と衝突した。双方が、真のアイデンティティはセルビア人である、あるいは、クロアチア人であると主張したために、相手が単にカトリックのセルビア人である、あるいは逆に正教徒のクロアチア人にすぎない、といった議論になっていったのである。後者を支持するのは、シュトロスマイエルのユーゴスラヴ主義に反対してアンテ・

スタルチェヴィチ（一八二三―九五）が創立したクロアチア人の一派、（歴史的）権利党と呼ばれる者のみだった。この党は自らの脆弱さにいらだってオーストリア人、ハンガリー人、セルビア人を攻撃した。セルビア人覇権主義者たちの見解のほうが広まったが、折に触れてクロアチア人が、セルビア人は生来、悪意ある人だと批判したのは完全に正当であるとはいいがたい。一八四九年、ヴク・カラジッチが、クロアチア人とはアドリア地方で話されるチャ方言話者だけのことだと断じたとき、彼は、言語に基づいて国民を規定するヘルダーの仮説にのっとって、二つの国民の基となるべきセルビア＝クロアチア語の二つの流れを誠実に位置づけようとしたのだった。もしクロアチア人がこの地域的枠組みを受入れなかったとしたら、カラジッチは、現在でこそ欠陥は明らかだが当時は刺激的だった方法で、すなわち両者を単純に宗教で区分するつもりであった。だがこの解決策はボスニアのムスリムを無視するものであるし、どちら側にとっても非科学的で一九世紀にふさわしい品位に欠けるものだった。一八七八年、ボスニアのムスリムがオーストリアの支配下に入って以降、彼らをめぐるセルビア人とクロアチア人のせめぎ合いが、シュトロスマイエルのユーゴスラヴ主義を終焉させ、クロアチアにおいて権利党が一世代のあいだ大衆勢力として振る舞うことを可能にしたのである。逆に一九〇二年、あるボスニア・セルビア人は、クロアチア人はセルビア語を盗み取り、非スラヴ的宗教を除けば何のアイデンティティをももっておらず、もはやパン・セルビア主義に対して降参するしかない、と論説した(18)。これは、ザグレブでの反セルビア人暴動を引き起こすことになったのである。

　これよりもっと宿命的な対立は、チェコ人とドイツ人の間にあった。一八六八年プラハで開かれたスラヴ会議を冷笑して『新自由新聞《ノイエ・フライエ・プレッセ》』は、チェコ人に対して、来るべきチェコ人対ドイツ人の闘いに関して勘違いするでないと通告している。言語境界沿いおよび混住地域でドイツ人学校協会《ドイッチャー・シュールフェライン》やそのチェコ人版などのような団体が展開した国民資産《ベズイッツシュタント》をめぐる闘争の古典的な中心地は、ボヘミアだった。学校協会《シュールフェライン》は創立後数年で、一〇万七〇〇〇人の会員を抱えて最盛期を迎えた。一九一〇年に八万五〇〇〇人を擁したスロヴェニア人聖モホリイェ協会などの団体と異なり、諸々の学校保護協会は明らかに国民間の競争を目的として多数の会員を組織化したのだった。だが国民文化の振興は、最終的に国民間の対立と切り離されえたであろうか？　また、国民体をまたいでオーストリア人としてのアイデンティティをもっている人にはどんな立場が残されていたのだろうか？　ましてや、ガリツィアのほとんどのユダヤ人の母語であるイディッシュ語が公式に認められていなかったように、一般的な言語による国民定義にあてはまらないユダヤ人は、どうなるというのであろうか？　非ユダヤ人たちのナショナリズムに直面して、ユダヤ人には三つの道があった。一つはガリツィア出身のウィーンのラビ、ヨーゼフ・ブロッホの国民超越的なオーストリア愛国主義、二つめは、おもにハンガリーで見られた、周囲のナショナリズムへの同化、三つ目はユダヤ・ナショナリズムであった。これは、ガリツィアでは親ポーランド的ユダヤ人（一九〇七年に帝国議会議員を三人擁していた）を攻撃の的とし、プラハでは一八九九年にユダヤ人学生が興したバル・コホバ運動にシオニズム的傾向をもたらした。シオニズムの先駆け、テオドール・ヘルツル（一八六〇―一九〇四）は、ナショナリズムにおける集団間の相互作用が果たす役割を身をもって示した。反ユダヤ主義が、ドイツ人のリベラル文化に同化していた彼（ユダヤ教の一三歳の成人式バルミツバを堅信礼と呼んでいたほどだ）を、自分がほとんど知らない文化の人々の擁護者に作りあげたのである。

もとよりハプスブルク君主国のナショナリズムについての我々の見方には、もちろん後世の見方が影響しているだろう。平凡な暮らしを営む当時の大多数の人にとっては、こういった論争や関連は無縁のものであったとか、今日のスコットランドのように、世論調査をしたなら彼らは行動計画の筆頭に社会問題を置いていたことがわかるはずだ、といった議論は可能だろうか。我々の社会は、人々の常識がメディアによって作られた大量の暴力映像を中和すると考えたがる。もしそうならば、それと同様の品位が、ここで研究している社会において、もっとも個人的な民族間関係を特徴づけたのではないか。

こう推測するのは、経験的な裏付けがあるからだ。シェーネラー流の急進的ナショナリズムは、多数派の支持を得るには程遠かった。ハプスブルク君主国における民族間の暴力は、何千人もの犠牲者を出した帝政ロシアの社会運動は言うまでもなく、現代または一九世紀のベルファストと比べても控えめなものであった。ゴルとペカシが率いるチェコと、クラクフ歴史学派が主流をなしたポーランドのアカデミー歴史記述を特徴付けるのは、節度と現実感覚である。ペカシは一九一二年、チェコ人の歴史をロマン化しすぎているとしてマサリクを批判した。強力な労働者階級の運動の一方で、言語境界を無視した教区制を持つ教会も国民的な自制に対してさらに大きな影響力を持っていた。教会の公式の見方によれば、拡大家族としての国民は愛の正統的な対象であったが、これを過度に強調するのはキリスト教精神に反するとしてとがめられた。

こういった説明は十分に説得力をもつものではない。ハプスブルク末期の一般の選挙人の社会的関心と国民的関心をあまりにはっきり対置させるのは賢明ではない。一八八〇年代、チェコ人農民は老チェコ党が自分たちの社会的利害を無視していることに不満を持ち、ドイツ人農民と共同でことを起こそうともくろんだ。それと同時に農民たちは、チェコ諸邦とその国家の権利を声高に主張しないとして老チェコ党を糾弾した。一八九九年にようやく設立されたチェコ農業党は、かつてのブルジョア・ナショナリストと同じように、憲政問題についてのみナショナリストであった。前節で述べた経緯では、あらゆる要求が国民というプリズムを通して主張されるという枠組みを作り出していた。それは、活動家が批判したような意味で、大衆がナショナリズムへと知的鞍替えをするという問題では必ずしもなかった。むしろ、オーウェン・チャドウィックが一九世紀の宗教の世俗化について論じたように、社会・政治構造の変化は、ナショナリズム以前の忠誠心が作用していた文脈を腐食させ、それ自体は必ずしも新しいわけではない物の見方に新たな重要性を与えたのである。

教会はこの過程が作用した顕著な例である。チェコ人とドイツ人の緊張が高まると、合法的愛国主義とその行き過ぎとの間に教会が常に引いていた一線が曖昧になり、司祭たちがそれぞれの陣営の見解を実際に支持するのを止めることができなくなった。フラデツ・クラーロヴェー（ケーニヒグレーツ）の司教ブリニヒは一八九九年、チェコ人に言語的権利を与えた言語令の撤廃に際してフランツ＝ヨーゼフに書簡を送り、自分はボヘミアで生まれボヘミア語を母語としているのだと書くことができた。この文言は知的には空虚なものだが、感情的、政治的には意味深長である。一九〇二年に創立されたチェコ人司祭の組織の会報第一号は、たしかにナショナリズムに大きく門戸を開いている。「司祭は、もちろん神に仕える。だが同時に人々にも仕える。したがって両方のためになるよう考慮しなくてはならない[19]」。

ハプスブルク末期のナショナリズムは、どのように要約すればよいだろう？ こうした大きな主題には、おそらく消極的概括を試みるしかない。大半の人々にとって、生活上のさまざまな重大事件にくらべれば、ナショナリズムは間違いなくほぼ常に端役だった。だからといって、その影響力が強いものでなかったということではない。その理由は、発展の過程においてそれが果たす役割にあった。変革の歩調が速ければ速いほど、その役割は突出したのだ。それゆえハンガリーの周縁に取り残された少数派においては、ナショナリズムは相対的に脆弱だったのである。ここで、次の興味深い例外が法則を裏付けるだろう。文化人類学者キャサリン・ヴァーダリーはトランシルヴァニアの村人に関するすぐれた研究の中で、たたき上げのルーマニア人企業家ヨアン・ミフの例を挙げている。かつてはマジャール人のものだった家をミフから買った同胞ルーマニア人が、それを別のマジャール人に売ろうとしたとき、ミフはこう説教したという。「オオカミの口元からこの家を取り上げたというのに、君はそれはまた返してやると言うのか[20]」。ミフの国民意識は、成功を重ねるにつれて大きくなっていったのだ。ヴァーダリーはまた、一九一八年以後のルーマニア農民は、ルーマニア人地主のもとで起こった飢饉は天災であるとみなし、かつての主人であるマジャール人に持っていたような恨みはなかったとも記している。この主題について仮にまとめてみよう。大衆の社会的関心と国民的関心は対立しており、後者は虚偽意識であるとか、あるいは両者は完全に重なっていて、一方は他方の鏡像であるといったありがちな見方は修正しなくてはならない。多くの人にとって、国民アイデンティティは現実のものであり、社会的過程が、それをより意味あるものとしていったのである。

同時代人の見たナショナリズム

今日からの視点はどうであれ、ナショナリズムの渦に自身がほとんど巻き込まれなかった人も含めて、教養ある同時代人がナショナリズムをどう理解していたかという問題が残る。ただ、ナショナリズムは今日の人々が感じるような重大な響きはまだ持っていなかったし、今でこそナショナリズム研究にとりいれられているいくつかの学問分野も、当時はまだ十分に発達していなかったことを念頭におく必要がある。一八四八―四九年の出来事の後でさえも、パラツキーは、国民対立が二〇〇年前の宗教のように分裂を生むものになるのであろうかと思案することができた。では、その時代を生きていた人々にとって、「ナショナリズムの時代」はどのように解釈されていたのだろうか。

いつの時代にも、現実の困難はあったにせよ、たいていの人々は型にはまった暮らしを営み、その日常生活にしっかりしみこんだ思想に従順であった。ハプスブルク君主国において前途多難な状況の中でも「国民という思想」が熟慮されることなく受け入れられたのは、人間の持つこの傾向によると言えよう。一九一四年六月、君主国の南スラヴ諸邦で学生たちのテロリズムがすでに何件も報告されていた時点においても、ボスニアの政府主任視察官は、モスタルのギムナジウムでのナショナリストの騒動に関する報告書をこう書き起こしたほどだ。「健全なナショナリズムの発展を友とする人々は、若者がこのように国民的発想を持ち、若さのもっとも美しい特権といえる理想と夢を抱いていることに喜びを感じる」[21]。ハプスブルク君主国はナショナリズム現象について多くの有名な論争に材料を提供してきたが、それは非常に陳腐でもあった。ナショナリズムに直面した政治家がぶつかる困難の一つは、宗教や哲学といった昔ながらのイデオロギーがほとんど役に立たず、当時の文献学や歴史学は彼らが解決するより多くのものを約束し、一方の社会科学はまだ未熟だったことであった。

教会がナショナリズムに対する独自の視角を持ちそこなったことは特筆すべきことである。教会の社会的役割は、いまだ重要だったからである。伝統的な二つの立場は、この時期を通して、どちらも進展することはなかった。一つは政府と高位聖職者の大半によって維持されていたものである。彼らが強調したのは、王冠と聖壇との結合、教会ヒエラルキーが会衆の政治的忠誠心を確保するために果たす役割、そして民族アイデンティティの宗教的側面であり、それはより世俗的な言語ナショナリズムの対立項となるものだった。この観点からすると、たとえば一六九〇年以来、ハンガリー南部でセルビア人に認められていた自治には宗教的性格があり、近代国家的規範という名目の下に一八六七年以降セルビア人に押し付けられた中央集権化の波に冒されていないということになる。さらに萌芽期のユーゴスラヴ運動の中でセルビア人とクロアチア人に宗教の違いを思い出させ、仲たがいをさせることもできた。ところが結局、このやり方は両刃の剣だということが明らかになった。スレムスキ＝カルロヴツィのセルビア人総主教座への統制があまりにきびしかったので（人気のない総主教を任命するなど）、平信徒からは聖職者ヒエラルキーへの信用が低下し、ついにハンガリーのセルビア人の間では、反教権的な「急進党」が生まれることになった。同じく、政府寄りの方針を掲げる正教聖職者たちに反対して、一八九七年から長期間ボスニアのセルビア人活動家が行った教会行事ボイコットも、内部からしみ出てきた動きであった。ナショナリズムに対抗する王冠と聖壇の結合はだんだん時代に合わなくなり、ナショナリストよりもずっと教会を傷つけるものとなりつつあった。

人々の支えとしての教会というもう一つの伝統は、この時期、すぐにナショナリスト的な色合いを帯びていった。このことは、正教徒のセルビア人やルーマニア人、大司教シェプティツキがその発展に大きな役割を演じたルテニア合同派のような民族教会に限ったことではない。前述したボヘミアの例のように、カトリック聖職者も自らを民族の代弁者だと認識するようになった。もっとも、イタリア化したイストリアのクロアチア人司教ドブリラの聖書的な雄弁さに匹敵する者はほとんどいなかった。彼は人々を茨と抑圧にゆだねたままファラオの宮廷で快適に泳ぎ回ることより、石だらけのシナイ山でモーゼとともに羊を放牧しているほうがいいと言った[22]。シュトロスマイエルがセルビア人とクロアチア人は同胞だと主張したのは、聖書のもっとも単純な原理によっている。つまり愛による和合だ。一八七〇年代にクロアチア政界から身を引いたシュトロスマイエルは、一八八一年からカトリック教会でスラヴ典礼を取り入れる運動を始めた。それは、ローマ教会と東方教会さらには宗教的に分断されたスラヴ人をも再統合することをめざしたものだった。この運動はやがて、クロアチアとスロヴェニアのほぼすべての司教区に広まったが、それは、君主国沿岸部でイタリア語に対するクロアチア語の優位を主張していたカトリックが、事実上ナショナリストの大義となるものに、いかにすんなり取り込まれえたかを示している。陳腐さを超越し、ナショナリズムとインターナショナリズムの要求の間でどっしりとバランスを取っていたカトリック神学は、オーストリア・マルクス主義者が唱えたように、地域ではなく個人に基づいた国民的権利が認められるよう主張するイグナーツ・ザイペルの『国民と国家』が刊行される一九一六年までは安泰だったのである。

哲学者たちは相変わらず分析的なレベルでナショナリズムとかかわろうとしていなかった。チェコ人の運動が始まる前、三月前期にプラハ大学教授だった著名なベルナルト・ボルツァーノは、チェコ人とドイツ人から成る一つのボヘミア国民を擁護したが、それは遅れた同胞たるスラヴ人に対するボヘミア・ドイツ人の寛容といういささか恩着せがましい前提に基づいていた。一九世紀末のウィーンの思想家たちは民族的な主題に興味を示さず、確立した文化に共通して見られるように、非優勢国民のナショナリズムに対してそっけなかった。そのそっけなさは別の形をもとり得た。人間性が国民性を経て獣性に至るのが人類の進歩だとする、劇作家グリルパルツァーの警句のように痛烈にもなるし、官僚がいない一つの部屋に入れられれば、チェコ人とドイツ人がいくらいてもすぐ合意に達するというヘルマン・バールの言葉のように、あっけらかんとしたものにもなるし、彼の仲間の小説家ローベルト・ムージルの、オーストリアの立憲制を崩壊させるナショナリストの騒動はそう悲劇的にとらえなくていいという後年の主張のように、鋭敏ながらもなお冗舌な機知にもなりうるのだ。

折々には、……誰もがみんなと素晴らしくうまくいき、問題など一度もなかったかのように振舞った。たしかに、現実の問題はなかった。他の人間がうまくやろうとすることに対して誰しも感じる反感——今日〔一九三〇年）我々全員の意見が一致する反感だ――が、破局によって進化の芽が摘まれていなかったなら重要性をおびるようになっていたかもしれない崇高な儀式の形態を装いながら、あの国で早い時期に明確になったというのは、事実以外のなにものでもなかった[23]。

オーストリア・ドイツ人政治家たちの何人かはナショナリズム研究に寄与したが、思想の専門家はほとんど寄与しなかった。

一九世紀の国民的野心を要約した学問分野をあげるとすれば、それは歴史学だった。パラツキー、それにシュトロスマイエルの右腕ラチュキ、リヴィウ大学で最初のウクライナ史教授フルシェフスキらはみなナショナリスト政治家の代表格となった。歴史劇、小説、絵画、彫刻などは、どれも君主国の最後まで民衆のお気に入りだったが、歴史学はそこに素材を提供した。そのため歴史学は、近似する文献学ともども、あまりにナショナリズムの時代に組み込まれたため、これに客観的な解釈を施すことはできなかった。逆に歴史学は、とくにチェコ人とドイツ人、オーストリア人とハンガリー人、それにクロアチア人およびすべての参加者の間で議論された「国家の権利」をめぐって、ナショナリストに常に論争の場を提供した。パラツキーの『チェコ国民の歴史』が一五二六年で終わっているように、一九世紀の歴史著作は、暗黒時代、中世、近世において民族が出現し発展した場面に重きを置いている。この世紀の最後の三〇年の間に知的推進力としてのロマン主義とリベラリズムが弱まっていくと、大学や学究的諸団体で学術的な歴史学が台頭し、大規模国民の間ではとくに、より実証的・批判的な形をとるようになった。しかし広い総合的見地に立つというより専門学術的論考を志向したため、ロマン主義時代に由来する一般的な歴史認識を覆すことはできなかった。一九一八年、マサリクは民衆の喝采に応えて、ターボル（急進的フス派の拠点の地。彼の見解によればチェコの歴史と使命のシンボル）こそ、新生チェコスロヴァキア共和国の目指すものだと述べたのだった。

今日、民族問題を研究する筆頭である社会科学は、ハプスブルク期には独立した学問分野として登場していなかったと言ってよい。さらには、流布していた社会理論のうち、社会ダーウィニズムの変種のようにもっとも影響力をもっていたものは、現代から見ると、有害とは言わないまでも粗雑に見えるものだった。ガリツィアのユダヤ人テオドール・グンプロヴィチの『人種間の争い――社会学的研究』（一八八三）はおそらく、当時、もっとも注目された研究書であった。あらゆる自然の営みと同じく人間の歴史の中にも「絶対不変の法則」と「苛酷な必然性」をグンプロヴィチは見て取り、すべての民族集団（相互に憎悪している点を彼は強調する）は、破壊もしくは同化によって圧服させうる、自分より弱い集団を探しているのだと論じた。これは理論的にはその結果としての世界文明をほのめかしているが、それが達成されるのはあまりに遠い先なので、「永遠に続く人種闘争」とも言えるのである。ゲルマン人、ロマンス人、スラヴ人といったライバルの間から一つの「ヨーロッパ人種」が生まれるとしても、それまでには何百年にわたる血なまぐさい人種戦争があるのだ[24]。一九〇二年にザグレブで起こったセルビア人とクロアチア人の衝突を誘発した記事にグンプロヴィチが引用されたのは意味深い。多くの非優勢国民のジャーナリズムにある感傷的自己憐憫は、自分たちは滅びに向かう弱小民族であるという見通しで培われているところがあった。「国家の権利」を成就するとか、それぞれ個別に押し付けられた固定観念を解釈しなおすとか、「抜け道」は当然用意されていたはずなのに。かくて一八九〇年、ネトコ・ノディロのザグレブ大学学長就任講演はこうだった。スラヴ人は柔弱だというビスマルクの言説を引きあいにだしながら、彼は聴衆に対して、ゲルマン的な冷たい理性ではなく、この柔弱な繊細さに誇りを持て、そしてエジプト人、アラブ人、さらにトルコ人に世界史が割り振ったような運命を恐れてはいけないと説いたのだ[25]。

同じころ、ヨーロッパ植民地主義の影響で、さげすみを伴った民族と文明に関する一般化が流行した。一八八三年、ハンガリー科学アカデミーで行った演説でベーニ・カーライは、西と東の間におけるハンガリーの位置づけについて語りながら、無秩序な個人主義と専制主義の東洋と、秩序ある文明社会の西洋を区別して見せた。一八八二―一九〇三年、共通財務相としてボスニア統治を管轄したカーライは、とりわけセルビア人を、彼の執政官然とした支配に対する東洋的な脅威とみなした。彼の同僚で同じ頃（一八八三―一九〇三年）クロアチア総督だったマジャール人のクーエン＝ヘーデルヴァーリも一時期クロアチア人を「東洋人」と呼んでいた。専門化してきた歴史研究は慎重で実証論的な殻に引きこもるようになり、包括的考察は生まれたての社会科学に引き継がれることになった。結局、ナショナリズムの問題への知的寄与は、一九世紀末以前の病院医療と同じくらい役に立たないものであった。

ナショナリズムの時代、非優勢集団の中でもっとも印象的な人物として、トマーシュ・マサリクに注目すべきだろう。彼の思想もまた、時代の刻印を帯びていた。カトリック教会の影響力が衰えたために帝国を治める手段としての王冠と聖壇の結合（彼はそれを「神権政治」として非難したが）が不安定なものになったと考えて、マサリクは一九世紀らしいやり方で、失われし村落的なカトリック信仰に代わるものを別の包含的な倫理観の中に求めた。かれはそれを「民主主義」への熱望のなかに見出したのである。世界史は、国民再生以来、一八世紀の啓蒙主義以来、そして窮極的にはチェコのフス宗教改革とその「人文主義」の遺産以来ずっと、この到達点に向かって動いているのだ。マサリクはナショナリズムとインターナショナリズムを結びつけ、国民の使命についてのロマン主義的なヘルダー流の信念を、彼のきわめて巧みで教訓的なやり方に現れているような一九世紀末の実証的精神と結びつけた。ハプスブルクの「神権政治」から解き放たれた人々は、自分のような高邁な精神をもった権威を統治者に選ぶだろうと想定する点において、彼の言う民主主義は、ジョン・スチュアート・ミルのそれと共鳴していた。マサリクの知的名声は、その折衷主義とチェコ史に対する主観的な見方のゆえに批判にさらされることになった。こうした批判は一九一四年以前からあったが、後年には、これにプラトン的エリート主義が加わった。彼の民主主義観は一九世紀的な信念に基づいていることは確かだ。グンプロヴィチが確信していたように、語らざるを得ないいかなる「真理」も人を傷つけはしないのだった。社会ダーウィン主義者たちの「科学万能主義」の罠を彼が免れていたとしたら、それは国民を倫理的実体だとする古風なヘルダー的見方のおかげだった。この道徳主義のためにチェコ人は国民的主張を正当化しなくてはならず、マサリクは「他者」たるドイツ人を公平に扱わねばならないと感じるに至った。だが彼は、ユダヤ人がチェコ人になりうるという考えを否定する程度にはナショナリストの範疇を受容してはいた。しかしながら、君主国の枠内においてではあったが、マサリクは、国民問題への国家権からのアプローチに対しても、強者の法という宿命論的主張に対しても、それと反対の人道的な路線を打ち出したのである。

国民問題に真の貢献をした教養エリートの一団を挙げるなら、それは、法律家たちだ。このことは驚くべきことではない。オーストリアのあらゆる大学では法学部が飛びぬけて大規模であり、ヨーゼフ主義啓蒙以来の政治発展において、法学と市民的平等の観念が歴史的に重視されていたことを反映するものだった。一八六七年基本法第一九条では、シスライタニアにおけるすべての国民体と言語の平等が明確に認められ、当局との折衝や学校において、現地言語を用いる権利を市民に対して約束している。だがこの規定は多くの曖昧な点を含んでいた。さらなる法規定を必要とする単なる原則の宣言なのか、それともすでに効力を有しているのか？　現地言語と領邦言語という二つの異なる表現は、別の意味なのか、それとも同義語なのか？　言及されている権利は、個人に対してのみ適用されるのか、それとも文化団体およびそれに類するものもまた、言語的権利を要求できる「法人」になりうるのか？　第一九条の含意をできるだけ狭義にしたいドイツ人側は、以上のあらゆる点について、先に述べたほうの立場をとっていた。

結局、帝国裁判所《ライヒスゲリヒト》と行政裁判所《フェアヴァルトウンクスゲリヒツホフ》の判断は、基本法を広義に解釈する方向をとった。それゆえ、ドイツ語圏領邦であるはずの下オーストリアの三つのチェコ語自治体は、一八七七年に法人として認められ、チェコ語学校設立を申請する権利も手にした。自治体が、彼らと対立する領邦当局から、彼らの言語で書かれた文書を受け取る権利を得たのは、新たな立法を経ずに、第一九条の解釈から導きだされたのである。実際、一八八〇年代半ばに蓄積された判例によって、ボヘミアのドイツ語地域に、少数派であるチェコ語学校の設立準備が実質的に認可されたのだが、そこには起草者の思いもよらない法解釈が行われていた。ヘプ（エーガー）の町で〇・四%しか話者のいないチェコ語を、法廷は、権利を付与された現地言語として認めたのである。こういったことは、チェコ人およびその他の非優勢国民の願望がつのっている現実を追認するものであった。それはつまり、国民帰属と言語は純粋に個人的な事柄であるというドイツ人リベラル派の立場を捨て、自らの権利を主張すべく組織化を進める小規模国民を実質的に支援することでもあった。だが、これらの権利を実際にどこまで勝ちとれるかは、相変わらず地域の現状の中での、各集団の政治的力量にかかっていた。スロヴェニア語の権利は、居住する領邦によって大きく異なった。とくにケルンテン領邦当局は、スロヴェニア人の学校設立や法廷、領邦議会でのスロヴェニア語使用を阻止するのに成功した。二重制「中央集権主義」の下にあってもなお、オーストリア諸領邦の重要性は常に留意され続けていたのである。

ドイツ人のヘゲモニーを徐々に削りとるのが時代の流れであった。興味深い例として一八八四年、帝国裁判所ではドイツ語話者である判事たちの主張が却下されたことがある。その主張とは、あるチェコ人医師について、彼はボヘミアのドイツ人都市の市政委員会に公式には雇われているわけではないが、彼が医師としての責務をまっとうするにはドイツ語を理解する義務があるので、委員会に出す診断書をドイツ語で書かなくてはならないというものだった。専門職にはドイツ語が不可欠という古い観念が次第に薄れていったため、帝国が機能するかどうかは教養層の共通言語しだいだと信じている多くの閣僚たちは、この時期、不満をこぼした。だが、ドイツ語系の人々がいつも負けていたわけではなかった。ウィーンにやってきた一〇万人あるいはそれ以上のチェコ移民に対して、チェコ語は「現地」に根ざしているとは見なしえない言語であることから、いかなる言語的権利も認められなかったし、一方、イタリア語圏ティロールなどではドイツ人自身が少数派としての権利を行使した。概して、上級裁判所の判決は寛大さと実用性、それに時代感覚を併せもっていたようだ。しかし当然あらゆる者がそれに満足するわけではなかったのは、ヘプとウィーンにおいてチェコ語話者の扱いが著しく違うものだったことからもわかる。一八六九年以降のオーストリア国勢調査も、言語に関して用意周到な記載を行っている。調査が政治問題化しないよう、国民帰属についての項目は設けず、言語の項目では母語ではなく「普段使っている言葉」を記すなどの配慮が見られる。しかし、これももちろん批判にさらされた。職場を支配する大規模国民に有利だというのだ。そして実際そこに書かれた言語は、どの国民に所属するかを表すものと見なされた。それでも、公的には原則が守られたのだった。

非優勢民族のふくれあがる願望は、長い任期をつとめた帝国裁判所判事アントン・ヒーのような一八四八年の古参リベラル派の家父長的温情によって、第一九条を徐々に拡大させていくだけでは結局は満たされなかった。場合に応じた対応を繰り返したオーストリアの法体系の柔軟さは、民族問題についてより包括的なアプローチをすることができただろうか。国民的諸組織を徐々に法人として認めていったことは、競合する国民体の権利をひとつの合意された枠組みの中で保障するシステムとして機能したがゆえに、たしかに前向きなことであった。一八九〇年のボヘミアにおけるチェコ人・ドイツ人妥協は、この方針にのっとって、二つの国民のために別々の教育委員会を作り、議会では拒否権をもった国民単位の両院を作り、プラハの最高裁を二言語併用判事と一言語使用ドイツ人判事の二つに分割するなどした。これらはそれまで拒否されてきた事柄だった。しかしターフェ後の時期、政治は国民問題の泥沼にずぶずぶとはまっていったため、一八七〇—七一年のホーエンヴァルト＝シェフレ内閣以来のオーストリア国内政治で最大の構想をもった斬新な試みがなされたとしても驚くにあたらない。その結果が、一八九七年のバデーニ危機であった。

ナショナリズムの政治——バデーニ危機に向かって

一八九〇年代、オーストリア政治の背景にあったのは、ターフェのかつての「鉄の環」政治における多数派たるポーランド人、老チェコ党、ドイツ人保守派聖職者から漏れ落ちた、チェコ人という要素を補う必要性であった。そのころのドイツでも同じだったが、君主は自らの大権を議会多数派に渡そうなどとは考えていなかった。それどころか大権を握っていることは明らかに好都合だった。ただ、「名士」の党派を弱体化させることでそれを保持するのは、社会変動のためにますます難しくなっていたのであった。そのため、青年チェコ党が勝利したからといって、これを老チェコ党と簡単に入れ替わるわけにはいかなかった。青年チェコ党は皇帝の怒りを買っていたからだ。皇帝は、「おかしなやつらが次々現れる。我々は決然とした策をとらなくてはならない」とまで評しているほどだ[26]。このことから、次に起こるけちくさい迫害の理由がわかる。一八九三―九五年のプラハへの戒厳令、急進派青年たちの集団裁判、警察への密告者殺害に関与したとして青年チェコ党を中傷する動きとなってこれは最高潮に達した。

ターフェ失脚（一八九三年秋）の後、チェコ人がいなくなると、一八七九年以来初めて、ドイツ人の穏健リベラル派が政府に返り咲き、ポーランド人、ドイツ人聖職者と手を組んだ。政府を動かしているのは首相のアルフレート・ヴィンデシュグレーツ公ではなく、財務相にして統一ドイツ左派のリーダー、エルンスト・プレナーであった。とはいえ、プレナーは非優勢国民と良い関係にあったことがなく、閣僚としての業績をめざす彼の希望は、やがて一風変わった民族的衝突によって打ち砕かれた。南シュタイアーマルクのスロヴェニア語農村に囲まれた地方に、ドイツ人住民が多数派を占める小さな町ツエリエ（ツィリ）がある。ここのドイツ語ギムナジウムにスロヴェニア語学級を設置する計画を新政府は引き継いでいた。それにかかる支出はわずか一五〇〇クローネであったが、理念上の問題としてプレナー派はこのスラヴ語の発展を認めるよりは連立から身を引き、そのため内閣はわずか一八ヶ月で倒れた。少し間を置いて、ポーランド人のカジミェシュ・バデーニ伯が首相を引き受けた。

ヴィンデシュグレーツの政府は、その閣僚の幾人かは行政機構ではなく議会派を基盤としていたため、オーストリア的な意味では議会政府と見なしえたが、この政府が瓦解したことで、再びいかにして議会多数派を確保するかという問題が浮上した。バデーニは、成功につれて急進性の角が取れてきたことから、青年チェコ党はいまや御せるだろうと抜け目なく見抜いた。一八九六年に普通選挙に基づいた七二人から成る第五クーリエを創設することについて、青年チェコ党の支持をすでに得ていた。次にバデーニは、いわゆる行政の「内部業務」についてチェコ人の要求に応じることで、これを一層確実にしようとした。すなわちチェコ語を話す市民と役人のやり取りはチェコ語でなくてはならない（これは権利として、一八八〇年シュトレマイアーの布告で保障されていた）というだけでなく、役所内部においてもチェコ語で処理しなくてはならないというものであった。一八九七年四月の有名なバデーニ言語令は、ボヘミアにおいて実質的にドイツ人との言語的対等性をチェコ人に与えたのである。

だがバデーニの決断はオーストリア体制の多くの弱点を明らかにした。まず、体制内の官僚らしく彼は、言語令をチェコ人・ドイツ人問題の全面解決のための一策としてではなく、目の前の問題への対処として提示したことである。この年、一〇年ごとに見直すハンガリーとの経済協約交渉のため、彼は自分の立場を強化せねばならず、議会の多数派を必要としていた。さらに、チェコ人とドイツ人の完全和解が真の議会制への道をさらに開き、多数派の意見に沿って首相と皇帝をもっと固く結び付けてくれると思われた。バデーニの目的はターフェのように党派の上に君臨すること——しかもドイツ人リベラル派とチェコ人の支持というしっかりした基盤をもって——だった。次に、信頼できる仲介者を立てて諸党と交渉するという彼の典型的なオーストリア的やり方は、人々の厳しい目にさらされると失敗しがちだったことである。この点において、彼の意図に関してドイツ人の同意を得られなかったバデーニのやり方が不器用だったという批判は、公平を欠くかもしれない。なぜなら、ドイツ人指導層は何が起こっているのか気づいており、しかも直接の接触は断ったであろうからだ。もっとまずかったのは、匿名で行った会見であろう。その中で彼はドイツ人に何らかの確約を与えたため、それが青年チェコ党を怒らせ、喧嘩腰の三五の要求項目リストを提出させてしまったのだ。さらに悪いのは、一八九七年三月の議会選挙の影響を読み誤ったことである。このとき青年チェコ党の支持を得たスラヴ人を主とする右派が完全なる多数を獲得して彼らによる議会内閣を主張したため、ドイツ人の好戦気分が濃くなっていたのだった。ドイツ人は議事妨害を始めた。そこでバデーニは会期を終了させたが、その夏を冷却期間としてではなく、バデーニ布告に反対するドイツ人たちを国家権力で迫害するために使ったのだった。

その結果、ドイツ人の憤慨は大波となって襲ってきた。これは、ドイツ帝国の八六〇人の大学教授が、野蛮なチェコ人にドイツ文化《クルトゥーア》が負けたと非難するなど、ドイツ帝国からもあおられていた。ドイツ人の危機感にもまっとうな理由があった。言語令は、ボヘミアの全役人が四年以内に二言語併用能力を身につけることを定めていたが、そのうちのチェコ人役人は当然すでに二言語併用であったのに対して、ドイツ人役人にはわざわざチェコ語を学ぶ動機がなかったのである。しかしもっとも注目すべき点は、ボヘミア以外での抗議の強さだった。その中心は、アルプス諸邦のドイツ人地域、そしてとりわけスロヴェニアのツェリエ事件の傷がまだ癒えていないグラーツであった。そこでは学生と急進的なジャーナリストの扇動が目立った。秋に議会が再招集されるまでには、ドイツ人の議事妨害はあまりに激しくなったため、政府は危険な一歩を踏み出すことにした。既存秩序の非合法的な変革を目指すものとして、警察力をも動員してこれを弾圧したのである。社会民主党の議員たちは、革命は鎮圧されようとしていると叫びつつ、バリケードで遮断された演壇へとなだれをうって殺到した。一方、チェコ人は皇帝に、国民の平等を通すため立憲クーデタを起こしてくれと要求し、ドイツ人聖職者はバデーニ支持から手を引いた。一一月二八日、フランツ＝ヨーゼフはバデーニの辞任を承認した。大胆な政策が抵抗にあったとき、皇帝が内閣を更迭したのはこれが初めてではなかったが、彼はすぐに後悔することになるのである。

ボヘミアでの言語の問題は、公には以後も長くあとをひいた。バデーニを継いだパウル・ガウチュ男爵は長く教育相の職にあった人物で、一八九八年二月「臨時布告」を出した。これは領邦全域における公務上の二言語使用という原則を放棄することで、ドイツ人の異議申し立てに対処しようというものであった。とはいえ、心理的にはすでにダメージを受けていた。ガウチュはすぐにドイツ志向の強いボヘミア大貴族、F・A・トゥーン伯に道を譲った。トゥーンは一八九九年、ガウチュ、バデーニ両方の布告を廃止した。こうして理論的には、チェコ人は振り出しにもどった。実際には行政内部でチェコ語使用が増えたが、彼らは苦々しい思いをかかえることになったのである。

このエピソードでは現実面と同じく心理的影響も重要である。オーストリア帝国議会での驚くべき混乱は議会制の大義を汚すものとして深く記憶された。このバデーニ事件の間に、パン・ドイツ主義議員カール・ヘルマン・ヴォルフが、首相自身との対決を含む三回の決闘を行ったことに注目する人もいるだろう。気に入らない法案に対しては議事妨害という方法が、どの党派もとる普通の戦術となってしまったため、帝国議会は一八六七年の基本法第一四条を発動しなければ機能しなくなった。これは元来、非常時に布告によって立法することを認めるものであった。一八九七年以前に計三〇回用いられたこの条項は、その後の七年間でも七五回、年間予算案では七回のうち五回、発動された。一八九八年二月、カール・シュヴァルツェンベルク公がのちの外相エーレンタール男爵にこう書き送っているのももっともなことである。「議会政治が盛りを過ぎたという認識が高まっているが、それは我々真の保守派に益するだけだ(27)」。

バデーニ危機はオーストリアの議会主義だけではなく、政治的多国民主義の成果の価値をも減じさせた。それはまたツェリエ事件に始まったドイツ人聖職者と南スラヴ人の間の亀裂を決定的なものとし、そして一八九七年秋までにドイツ人聖職者をドイツ人ナショナリスト陣営と手を組ませることになった。ルエーガーの新しいキリスト教社会党は初めから、ドイツ人ナショナリストの反バデーニ路線にくみした。第五選挙部会《クーリエ》の支持を受けたこの党は三月の選挙で、議席を一〇から二八に伸ばし、保守派聖職者とほぼ肩を並べていた。みかけ上の国民超越的立場にこだわるのは、社会民主党のみとなった。一八九七年に選ばれたチェコ人社会民主党議員五名が、同僚のチェコ人議員による国家権利宣言への署名を拒否したのは、その明白なしるしである。

オーストリア社会民主党の指導者、ヴィクトル・アードラーは、このバデーニ危機によってそれまで避けていた国民問題に直面せざるを得なくなった。彼は今や自らの陣営にも飛び火しかねないナショナリズムの力を恐れたのである。一八九九年ブルノで開かれた党大会は、君主国を歴史的な王冠の地の集まりから、民族を単位とした「諸国民体の連邦国家」として再編することを決議した。それは本質的には文化面での連邦制となるはずだった。政治経済は国家の中央機関がその任にあたるだろう。中央はさらに、少数派間のこみいった問題を調停するとされた。こういった設定をしたものの、実行のための青写真を提出することは困難であった。実際のところ、ブルノ綱領は、党員の気持ちを社会主義者としての重要関心事に向けなおし、党分裂の芽を摘むためにもくろまれた一つの戦術だった。しかし国民問題のより全面的な検討が、個々の社会主義者の著作でなされることになる。すなわちカール・レンナー（一九〇二年と一九〇六年）およびオットー・バウアー（一九〇七年）である。この二人の書き手はともに、連邦制における属地主義に対して属人主義として知られるようになるものを主張した。すなわち、現代教会の信徒のように、国民というまとまりもまた、どこに住んでいようと母語を同じくする帰属者によってグループ分けされるというものである。とりわけバウアーは、国民的要求と社会主義的要求を、単に戦術的にではなく全面的に統合する試みを行うことで、著作に知的な深みを添えた。すなわち、資本主義者の枷から生産力を解放することで、社会主義のみが豊かさをもたらすことができ、それによって国民の文化が階級を越えて継承されるべき財産となるのである。この豊かさこそが専制的な国家という壁を不要にし、一つのインターナショナルな連邦共和国《コモンウエルス》の中で諸国民が栄えることを可能にするはずである。バウアーの雄弁さは、個人の自律理論という決定的な欠点を覆い隠している。もし民族集団がそれぞれ自分たちの文化的発展に責任を持つのなら、経済的により進んだところが、貧しいところから利を得るようになるのではないだろうか？　実際、バウアーは著作の中で、ドイツ人は、ドイツ人の文化的技能の恩恵を受けるだろうウクライナのような地方に移住するべきだと提案している。生存圏《レーベンスラウム》の不気味な社会主義者版である。国民としての権利を割り振るための個人の自律と法的枠組みという社会主義者的考え方は、どちらも国民帰属というものを、経済問題と分離しうる文化的なアイデンティティであるとみなしている。チェコ人リベラル派のアルビーン・ブラーフは一八九〇年代に、チェコ人の運動は権利の平等を求めるところから、経済の平等すなわち権力の平等へと移らなくてはならないと論じたが、こういった概念的束縛を国民問題がどう突き破ることができるかを、彼は示していたのである。

バデーニ危機について最後に一言加えることで、多面的な国民帰属問題のある一面、最終的に要求を通すことになる側面が見えてくるだろう。バデーニ布告はもともと、ハンガリーとの経済交渉の際にシスライタニア側の手札を強くしたいということから出されたものだった。一番のハンガリーのナショナリズムは明らかに最強で、成功例であり、オーストリアの国内問題（ハンガリーは連邦制へのいかなる動きにも反対していた）や君主国の対外的立場への影響は、ハンガリー自身の国内的発展への影響と同様、君主国が直面する単一の問題としては最重要のものであると、ほぼ誰もが認めていたからである。次は、この問題に入っていく。

第一一章　ハンガリー

アジアはウィーンの東から始まる。一八一五年、メッテルニヒはにべもなくそう言いはなった。だが彼の愚弄は、近代ブルジョア社会の要件を見るまに満たしつつあった、一九世紀後半のハンガリーにはあてはまらない。オーストリアの首都からハンガリーの首都まで、汽車に乗れば四時間四〇分で行くことができたし、一八八八年にはブダペシュトからヴェネツィアへ、一〇〇年後にくらべてなんと一時間短い汽車旅で行くことができたのである。ブダペシュトからは、放射状に少なくとも一二本の幹線が王国の四方八方へと延びており、集権化した官僚機構にとって、古ぼけた県制度を片隅に追いやるのもやりやすかった。国家による保健対策の強化もあって、一八八〇年代には死亡率が下降線に転じた。一八七三―七四年にコレラが流行する以前の四半世紀のうち、六年間は出生数より死亡数が多くなったが、これ以後そんなことはもうなかった。一九一三年までにコレラと天然痘は致命的な病気の公式リストからはずされた。一八七六年には医者の供給を規定する法律ができたし、この間病院数は一〇倍近く（四四から四二七）にふえた。一八六九年と一九一〇年の国勢調査の間に、ハンガリーの人口は一三六〇万人から一八三〇万人にふえている[1]。とはいうものの、これらはあくまで相対的な向上を示すにすぎない。一九一〇年になっても四五％の子供は五歳になるまでに死んでいたし、平均余命が三〇年から四〇年に伸びたとはいえ、ハンガリーは今日わかっているどの社会よりまだ遅れていた。

この若い国民――一九一〇年の平均年齢は二七歳にすぎない――は、また、教育程度の高い人々でもあった。

最低四年間の就学をまっとうできない子供は五分の一以下、非識字率は一八六七年から半減して三三%になり、一九一〇年までにはブダペシュトでは一〇%未満になっていた。すでにヨーロッパで六番目の大都会となっていたブダペシュトは、さまざまな点で近代的な町だった。一九一〇年時点で、ハンガリー全体では二一%だったのに対し、ここではほぼすべての家が煉瓦か石造りであった。一八七三年には初めて電気の街灯が設置され、一八八一年には電話が、一八八七年から路面電車が走った。ハンガリー人がドナウ盆地に到達して千年になるのを祝う祭り(一八九六年)のために、この美しく若い都市を六〇〇万の人々が訪れた。この数字は、ハンガリー国内全体での外国人旅行者――一八九〇年代半ばの一三万人から大戦前には二五万人にのぼり、それ自体かなりの数と言ってよい――をはるかにしのぐものだった。中央ヨーロッパ風の六〇〇軒ものカフェ、劇場、オペラハウス、二四紙もの日刊紙(一九〇〇年)、八〇〇〇台の印刷機、ウィーンやベルリンの同胞と緊密な関係にあるユダヤ人コミュニティ、こうしたもろもろを有する首都は、復興途上にあるひとつのヨーロッパ国民の野望をまさに体現している感があった。東のトランシルヴァニアや南のクロアチアがブダペシュトよりはるかに遅れていたとはいえ、君主国のもう半分、オーストリア側でもそうした状況は同じである。二〇世紀はじめ、ダルマチアの一人あたりの所得は下オーストリアの四〇%しかなかったのだから。

したがって一九〇〇年以前のオーストリアとハンガリーの違和は、社会的なものというより、主として文化的・政治的なものから生じていたに違いない。大きな要因の一つは、オーストリア人が、習得する気を萎えさせるマジャール語をほぼ完全に無視してかかったことにある(マジャール語はヨーロッパ諸言語の中ではフィン語としか類縁関係がない)。それとは対照的に、教育あるマジャール人のほとんどがドイツ語を使いこなした。だがそのドイツ文化の恩恵は、オーストリアのドイツ人ではなくドイツ世界全体から得ていると彼らは受け止めていた。オーストリア・ドイツ人に対しては、シスライタニアでスラヴ人を統御するのに失敗した連中だとして、軽蔑していたのである。ここにオーストリア・ハンガリー関係の中枢点があった。一八六七年以後、政治意識の高いオーストリア・ドイツ人の多くが当初、二重制を試みたあとの屍の上に統一帝国を復活させようと願っていたからである。二重制の問題が最初にあらわになったのが、彼らが予想していたハンガリー内部からではなくオーストリアの国民体論争であったことで、彼らの憤りは深まった。ハンガリー人たちは反スラヴ政策という共通項があるなかで、オーストリア・ドイツ人の考えに理解を示すのではなく、彼らの狼狽に喝采をおくった。公共施設の標識を新しく二言語併記（マジャール語とクロアチア語）とすることに反対した、ザグレブのデモに端を発する一八八三年のクロアチア危機が転換点であった。これに懲りてブダペシュトはもっと協力的になってくれるだろうというオーストリア・ドイツ人の期待は、すぐにはかなわなかったが、クロアチア人の抗議を鎮圧したことが、二重制を最終的にゆるぎないものにしたと言える。この体制のもと、オーストリアのドイツ人上流ブルジョアジーは、スラヴ人の連邦制要求に対する防波堤としての役割に甘んじざるをえなくなったのである。

しかし二重制は、『新自由新聞《ノイエ・フライエ・プレッセ》』のたぐいには受け入れ可能なものになっていったとしても、大多数のオーストリア一般大衆にはそうならなかった。ハンガリーの農業利権者はより大規模な穀物保護策を迫っていた。そうなれば彼らはハプスブルク市場を席巻してしまうだろうし、オーストリアの生産者も消費者もともに打撃をこうむるだろう。自信が増すにつれ、マジャール人は政治的譲歩をさらに迫ってきた一方で、オーストリア内部における民族的・政治的な不和は、屈辱的な脆弱さをさらけ出していた。オーストリア・ドイツ人の批判は、勝ち誇っているかに見えるマジャール人支配層にぴたりと向けられた。彼らは、マジャール人貴族が頑として譲らない古い国家権利と、それまでなかった経済的影響力を結合する存在だった。勢いを増しつつあるオーストリアの反ユダヤ運動に、新ハンガリーのマジャール化したユダヤ人が果たした役割といえば、反マジャール感情をいっそうかきたてたことだけであった。偏見にもとづく固定観念のやり玉にあがったのは、マジャール人支配階級による政治の特色の一つ、すなわち強力な国民的衝動である。たしかに彼らの政治にはそういった側面があったし、従来の社会的指導者がその価値観を、成長途上の中産階級各層に広く注入する手腕をもっていたことで、むしろ強化されていた。二重制下ハンガリーと君主国のもう一方との差異がいくつかの点で以前より小さくなったとしても、ハンガリーの優位意識は相変わらずはっきりしており、それゆえになおのこと恨みを抱かれたのである。

マジャール人のヘゲモニー――独特の社会民族的構造

二重君主国においてハンガリーの特異性を示す鍵は、支配集団として、オーストリア・ドイツ人に比べマジャール人がより強い立場にあったことにある。ここで、歴史と地理が交錯する。一〇〇〇年を誇るハンガリー国家は地理的な統一体であった。ドナウ盆地とその周縁山地からなり、南西にはあとから付け加わった半自治のクロアチアがドラヴァ川とサヴァ川の間に広がり、アドリア海に達した。中央平原に定住したマジャール人は、非マジャールの辺境に歴史的ヘゲモニーを保持することができ、それはオスマン帝国支配下にあって人口の上でマジャール人が少数派になっても変わらなかった。

二重制期に、町々がマジャール人中心国家の刻印をいっそう強く押されるかたちで都市化されていくにしたがい、マジャール世界への実質的な同化が起こった。農村に比べて都市の人口は二・五倍から三倍の速さで増加したため、一九一〇年にはハンガリー人の三分の一強が、五〇〇〇人以上の規模の集落に住むようになっていた。とくにブダペシュトは全土から人をひきつけた。一八五〇年から一九一〇年の間に増加した人口の（現在の市域において二〇万六〇〇〇人から一一〇万九〇〇〇人にまで増えている）そのほとんどが国内移民によるものだった。移入者の出自はさまざまだったが、この期間を通じて首都でマジャール語を母語とする人々の割合は、三分の一から八〇％に跳ね上がった。マジャール人とされる何十万もの人々が、国勢調査ではマジャール語と他言語の二言語併用者であると申告していることから、ここで起こっていたことの手がかりが得られる。きわめて多くの者がかつては非マジャール人もしくはその子供だったが、都市に出て来るにあたって、マジャール人のアイデンティティを選び取ったのだ。さらに都市での同化などといった過程が、人口におけるマジャール人比率を膨れ上がらせた。中央平原に散在する非マジャール人集落（そもそもペトロヴィチ姓だった詩人ペテーフィは、そうした集落の出身である）を吸収したことや、非マジャール人に比べてマジャール人の出生率が高いこと、移民に出ることが少ない点なども、その原因だった。その結果、一八八〇年には四六・六％の少数派だったマジャール人は一九一〇年の国勢調査では五四・五％の多数派となっていた。

このマジャール人口の大部分は二つのかたまりに分かれていた。大きなほうはドナウ盆地の中心地域、小さなほうは東トランシルヴァニアにあるセーケイ人居住地の言語島だった。一八九〇年、これらの地域では八四〇万人の人口のうち七四〇万人がマジャール人だった。のこり九〇万のマジャール人は別の土地で非マジャール人七七〇万人の中に暮らし、スロヴァキア人が最大多数を占める北西の六県では人口の三％にしかならなかった。しかし、そのような土地でもマジャール化は進行していた。一八八〇年、現在のスロヴァキアにある一四の主要都市のうちの九つではスロヴァキア人が絶対多数であり、ハンガリー人の比率は最大でも二八％を超えなかった。それが三〇年たつとマジャール人が多数派の都市は五つとなり、スロヴァキア人が多数派の都市は四つにすぎなくなる。[2] ルーマニア人の例は、マジャール人の優位にとって都市の果たした役割が大きかったことを、さらによく物語っている。人口三〇〇万人ほどのルーマニア人（一九一〇年）は非マジャール国民体の中では最も多く、トランシルヴァニアの絶対多数を形成していた。だが、あらゆる規模の都市をひっくるめても、ルーマニア人が占める割合が最大だったのは、一万二〇〇〇人のルーマニア人が居住するブラショフの二九％でしかなかったのである。

一八八〇年以後、こうしておそらく一〇〇万人以上がマジャール世界に吸収されていった。このことに関してハンガリーの歴史家は、概括的な用語としてはきわめて正しい「マジャール化」について、自発的マジャール化《マジャロショダーシュ》と強制的マジャール化《マジャローシーターシュ》との区別を主張し、論争はいまだに続いている。たしかに同化の大半が、政治的命令ではなく人々が社会的環境に適応した結果として起こっていた。そして同化した中の大きな部分を占めるユダヤ人やドイツ語話者にとって、それは近代化とハンガリー愛国主義の、あるいはそのいずれかの一側面として積極的にとらえられることが多かった。しかし一方では、社会環境とはある支配的な文化が形成するものでもあり、国家権力はその文化のもつ吸引力を培うことを義務とみなしていた。同化を、二重制の支配階級のイデオロギー的意図と切り離して考えることができないのは、このためである。マジャール化は支配階級の目的であると同時に、それが行われた限りにおいて正当化でもあったのだ。オーストリアのドイツ人で二重制支持のエリートたちは、あいまいかつやや傲慢に「文化《クルトゥーア》」を主張することで自らを正当化したが、ハンガリーではもっと明確で、それほどエリートくさくない目標を持っていた。ハンガリーを、すでにハンガリー語では存在していたマジャールの地《マジャロルサーグ》に十全に仕上げるという目標である。だがこの地で、非マジャール「諸国民体」（この言葉によって彼らは弁別されるようになっていた）に、いったいどのような役割が残されているのか、意見がわかれて当然の問題だった。その指導者がマジャール人のヘゲモニーを受け入れるか、将来の指導者を教育することによってマジャール化を受け入れるか、いっそのことまるごとマジャール世界に同化することを受け入れるか、といったように。だが、諸国民体が当面の現実であって、ハンガリーは諸民族集団の連邦ではなく一つの国民国家になるべきだということを否定するマジャール人はいなかった。こういったいくつかの変数の枠内で、だれもが国民国家を作るという理想に熱中できたのである。こうしてマジャール人世論は活気づき、おそらくそれがブダペシュトの知的様相をウィーンよりもずっと政治参加色の濃いものとした。

　この世論が貴族の伝統に強く影響されたものだったという事実は、ハンガリーの歴史と、一八二五―四八年の「最初の改革運動」を指導したのが貴族であったことを思えば、当然である。ハンガリーはブルジョア期に相当程度の自治を達成していたから、リベラリズム、ナショナリズム、資本主義を改革的に統合することには秀でていた。あらゆる民族が歴史の中に発想の手がかりを求めるナショナリズムの風潮にあって、ハンガリーの文筆家が二〇世紀初頭に英語圏の人々に向けて書いた文章の中で、貴族指導者の国民的役割を、とりわけその官位貴族がいだくハプスブルクへの忠誠心のゆえに称揚し、また、中貴族すなわちジェントリの国民的役割を、「愛国的・進歩的精神が具現化され」、「過去に民主的な人々を輩出した」がゆえに称揚することは予測のつくことだった[3]。

だがこういった言い回しは、自由を追求するものとして、イングランドとハンガリーの歴史を同じだと考える傾向の表れでもあり、そしてその点で、ハンガリーの「ジェントリ」を、存在しない中産階級の代替とするものでもある。イングランドからの連想が大変強かったため、中貴族層が新しいブルジョア的秩序に適応するにともなって、この社会集団を意味していたそれまでの表現にかわって、英語のジェントリが一八八〇年代にハンガリー語に借用されるようになったほどである。一八九〇年代までにはジェントルマン的中間階級《ウーリ・ケゼープオスターイ》という新しい言葉ができたように、二重制ハンガリーにおいてブルジョアの成長がいかに緊密に旧来のジェントリの遺産と結びついていたかを示している。「ウール」は権力ある人を意味する、封建期にさかのぼる的な言葉で、ドイツ語の「ヘル」に相当するものである。

こういった術語の造り替えの背景にあるのは、かつての中貴族たちを襲った経済危機だった（第八章二九六頁参照）。とはいえ、ハンガリーの国家官僚の数が膨れ上がったことで、破産領主の多数の御曹司が、近代世界で事務官職という避難所を見つけることができた。ジェントリ的価値観からして商売などは受け入れがたいものだったろう。そして生き残った中規模土地所有階級と、こうして官僚になった貴族の双方にとって「ジェントリ」という言葉が考案されたのは時宜を得ていた。名誉に重きを置く古い貴族の規範を取り入れた「ジェントリ」のライフスタイルは、自由専門職、知的職業従事者、官民の従業員やビジネスマンを含めた、貴族の出自ではない急成長しつつある中産階級への新参者を大きくひきつけた。ユダヤ人あるいはドイツ人を出自とする人々にとっては、このライフスタイルを取り入れることは、より広い世界に受け入れられる希望が得られることを意味した。また特に、マジャール人ブルジョアの伝統に参入しようとしても、そうしたものが存在しないという文脈にあっては、マジャール化するということは「ジェントリ」に同化することという論理が当然のように見えたのだ。ハンガリーの「中産階級」すなわち「ジェントルマン的中間階級」として知られるようになったものは、一九世紀終盤にハンガリーの経済発展が生み出した雑種であり、彼らはジェントリ的価値観への敬意でのみ結びつけられていたのである。ジェントリ精神の影響はロマン主義的な科学的資本主義賛歌の中にさえその一端が見てとれる。ハンガリーでもっとも人気があった作家モール・ヨーカイの『黒いダイヤモンド』（一八七二年）では、炭鉱を所有する主人公の技師は貴族に誹謗されて決闘で優越性を示さなくてはならなくなる。剣をふるったことなど生まれてから一度もないにもかかわらず、彼はじつに沈着にことを運ぶのだ。

「ジェントリ」の、しかも土地持ちの人々が、この異例な中産階級の核であった。土地所有貴族は二重制ハンガリー政府の閣僚の半数を輩出し、一八六一年には国会議員の六四％、一九一四年には四一％を出している。さらに、ブルジョアらしくふるまいつづけた人々に対する伝統的価値観の影響力を知りたければ、二重制下でたった一人、貴族でなかった首相シャーンドル・ヴェケルレ（一八四八―一九二一）の例を見ればよい。彼はドイツ系の封建所領管理人の家系だが、貴族と結婚し、そのライフスタイルに従った。二重制ハンガリーでもっとも有能な財務相として知られるが、彼は資産を大所領に投資し、市場株は持たなかった。彼は、全国カジノ《オルサーゴシュ・カシノー》設立に熱心に取り組み、一八八三年、それは有力貴族とブルジョアが親しく出会える公の場を提供すべく設立された。

以上のように定義された中産階級は、社会のほんのわずかな部分しか占めていなかった。一番数が多いブダペシュトで、二〇世紀に入るまでにおそらく人口の一二％に近づいていたが、全国規模でみると、役人と知識層はほぼ四％であり、これに実業界を加えても、数千人の比較的豊かな実業家と数万人のより小規模な実業家、およびその家族がいたにすぎなかった。ブダペシュトの推計は家屋の統計に基づくものである。というのも当時は、一人または複数の使用人が住み込み、ときには住み込み家庭教師や主人の仕事のための事務所を含む三―六部屋の家屋が中産階級のステータスとみなされていたからである。この線より下には、一九一〇年には人口の一三％を占める職人、小店主、下っ端役人、小売商人などといった下層中産階級が続く。このころハンガリーの職人の六一％は一人で仕事をしており、彼らはしばしば狭い住居の一部を貸し出す必要に迫られたために、上のステータスとははっきりと区別されていた。またこの線より上には、全部でせいぜい一〇〇〇家族と見積もられる上流ブルジョアがいて、その多くはブダペシュト出身だった。こういった数字が示すのは、教育の普及によって――二重制期を通じて教養知識層は三倍増となった――、困窮した状況にある有能な人材が大勢生み出されていたということだ。あまり先行き明るくない雰囲気の中で戦間期ファシズムにつながっていく中産階級の貧困問題が、すでに存在していたのである。専門職の人々の間でも収入格差は大きくなり、一握りのエリートが不釣合いに金持ちになっていった。一九一〇年には、産業家・金融家が首都の納税者リストの上位を占めていた。ハンガリー商業銀行（その役員たちは重工業支援に乗り出し、計一五〇社の経営権を握っていた）頭取のレオー・ラーンツィや、ユダヤ人で一般信用銀行《アールタラーノシュ・ヒテルバンク》頭取にして四国債務転換の立案者であり、リエカ（フィウメ）港の開発者、ジグモンド・コルンフェルドなどを見ると、金融部門が大きな威力を発揮しはじめたことがわかる。二人ともハンガリーの貴族院議員になった。

　二重制下で中産階級が形成されていくにあたって、ユダヤ人は重要な役割を果たした。移入によって、一八一五―一九一〇年の間に人口に占める割合は一・八%から五%に増え、一九一〇年にはブダペシュトの人口の二三%になり、ハンガリーのジャーナリスト、法律家、医者の約半分、金融幹部の八五%を占めるようになっていた。旧君主国でハンガリー貴族の称号を獲得したユダヤ人は三四六家族と推計されるが、そのうち正統派ユダヤ教徒は二家族だけだったということは、支配的文化への適応がユダヤ人に望まれていたことを示している。さらに一九一〇年までには七八%がマジャール語を母語としていると回答している。これが支配階級が彼らに対する寛容を支持する基礎だった。しかしユダヤ人がマジャール世界に寄与したのは、数的・経済的側面だけではなかった。ブダペシュトのコスモポリタン的世紀末《ファン・ド・シエクル》の開花も、彼らに負うところが大きかったのである。ブダペシュトでは二四紙あまりの日刊紙の総発行部数の三分の二が実際に読まれ（一八九六年）、一九一四年までで、ハンガリーの二〇〇〇に及ぶ定期刊行物（二重制が始まってから一〇倍に増えた）の四分の三を引き受けるマジャール語文化の中心となったのだった。

　成功したかに見えるユダヤ人の統合は、ハンガリー愛国主義者が誇るべき国民進化の一側面でしかなかった。アルベルト・アポニ伯は一九〇八年、このように述べている。

革命なしにハンガリーの民主主義を作り上げるうえで……ハンガリー貴族はこの民主主義のためにはかり知れないほど尽くした。伝統の精神を取り入れたのだ。新しい中産階級……工業や商業を牽引する人々、数多くの知識人……すべてが旧き要素と混じり合っている。いにしえの精神が新たな混合体に混入することが可能な、現代の野心に……その伝統的特質を……伝えることが可能な程度と比率において混じり合っているのだ。[4]

ハンガリーのエリート政治に影を投げかけた、国民の連続性に対する妄想がかった思い入れが、アポニのおめでたい文言から読み取れる。なぜなら封建期の「貴族としての国民」から一九世紀の言語を基礎とした国民への移行は、概念的用語としては革命だったからである。そのことはハンガリーの約半分の人々、つまり非マジャール語話者は、国民概念にてらせば原理的によそ者であり、だからこそマジャール人のヘゲモニーを保つためには、政治的調整を巧みに行う必要があることを意味していた。一方、愛国主義者が強調する真のハンガリーの伝統の側面、とりわけウィーンとの闘争の伝統は、彼ら特有のレトリックによって、その伝統の主役たる「ジェントルマン的中間階級」に強く吹き込まれていた。そのため、彼らは、愛国主義者たちのコシュート的本性を制御すべくさらなる対処をする必要にせまられながらも、一八六七年「妥協」には大半が反対の立場をとりつづけた。ハンガリーの経済成長がことをいっそう複雑にした。経済によって国民の自信が強まると、オーストリアとの結びつきへの不満が大きくなり、また諸国民体へのより激しい抑圧を鼓舞することにもなった。世紀転換期には、雰囲気は、「マジャール帝国主義」の観念を助長するものになっていった。それは君主国の中心として活気を失ったウィーンにブダペシュトが取って代わり、バルカンの小民族にまでヘゲモニーを広げるというものだった。グスターヴ・ベクシチとマジャール化したドイツ人イェネー・ラーコシがこうした思想の主な唱道者で、彼らはマジャール人の力をことさら大きく描いてみせた。これこそ、アポニの楽観的な見通しに、最初に影を投げかけたものだったのである。

二番目の影は、多数派の支持を思うように得られないシステムを守る必要から、アポニの誇るべきリバタリアン的遺産が力を弱められたことであった。二重制期の最初からハンガリーのリベラル派は、もしリベラリズムとナショナリズムが衝突したなら、ナショナリズムを選ぶ方がまだ災いは小さいだろうと釈明していた。「我々は少数派国民に顧慮しているが、我々自身のためにもまたやらねばならないことがある。それを無視することは、わが国民の存立に対する犯罪である」と、一八七四年、ジュラ・サパーリ伯は内務相としてこう述べた[5]。保守主義がハプスブルク絶対主義と結びつくものである以上、ハンガリーには強力な保守党はありえず、リベラルの色彩を帯びたものしかありえなかったが、そのことはハンガリーのリベラリズムを不定形なものとし、また、いわば統治機構のイデオロギーを覆い隠すイチジクの葉たらしめてしまった。だが一八九〇年代までに、問題はさらに深刻化していった。リベラリズムはその魅力を失いつつあった。それがふさわしくないからではなく、すでにオーストリアについて見てきたように、ヨーロッパ規模でその信条に疑問がもたれていた状況の、局地的現れなのだった。しかしハンガリーでは、ジェントリの遺産とハンガリー経済の特質に影響を与えるかたちでリベラリズムの危機がおとずれた。その結果、今日「重商主義」と称されるリベラルなシステムに対して、当時「農業主義者」の抗議と呼ばれたものが高まり、政治的カトリシズムと反ユダヤ主義がこの闘争に加わるなどいくつかの動きをともなった。

農業主義は、土地持ちジェントリ、もっと広く言えばハンガリー中産階級の経済的苦境に根ざすものだった。全般的には「大不況」期の北アメリカ産穀物がもたらした競争と、とくに一八九〇年代初頭における経済の下降と、リベラルな自由放任《レッセフェール》原則に対する疑念をはっきりさせた。そこでは、土地所有者連盟《ブント・デア・ラントヴィルテ》を通じて行われたドイツの農業組織化の前例（一八九三年）もまた、なんらかの役割を果たしたことは間違いない。同じく非常に重要なのは土地所有大貴族であった。彼らは国民神話の中ではより好戦的なジェントリにくらべ影が薄いが、その土地所有比率は大きく増加し、下院ではつねに議席の一二

—一六%を保持し、二重制下の首相を輩出しつづける層であった。大貴族層の中には、土地持ちエリートが通常振りかざす保守の旗に強くあこがれる人々もいた。農業主義のイデオローグ、シャーンドル・カーロイ伯は、国内でもっとも裕福な家柄の出であった。その甥ミハーイ・カーロイが記しているのは、彼がリベラルな経済の教義に影響されていることを教養豊かな伯父が知ったときに、みごとなまでに大貴族的な反応を示したことである——「カール・マルクスをおまえにくれてやろう」。だが伯父の先制攻撃は不発に終わり、ミハーイ少年はのちに民主革命を率いる「赤い伯爵」「階級の裏切り者」となるのである。

農業主義者たちの主要な具体的要求は、農業関税の引き上げであった。だがより感情的なレベルでは、公生活でユダヤ人が突出していることへの中産階級のつのる恨みを利用することもできた。ブダペシュトの文化は本当はマジャール的ではないという批判は、ジェントリのロマン主義や、ある意味では今日にまで尾を引く反ユダヤ主義と結びついた。結局、カトリック教会は近代社会をリベラル派の手に渡さないという、教皇レオ一三世による決定〈信仰の自由や市民婚を認める法案に対して、カトリック精神の復興を呼びかける特別回勅を出した〉と、ハンガリー版「文化闘争《クルトゥーアカンプフ》」（後述）が、ズィチ伯の人民党（一八九五年）を通じて政治的カトリシズムの出現の道を開いた。そして人民党の枠内ではあったが、一九〇三年までにはキリスト教社会主義運動が出現した。オットカール・プロハースカ（一八五八—一九二七）やシャーンドル・ギースヴァイン（一八五六—一九二三）のような有力な思想家は、新トマス主義的立場からリベラル派の知的へゲモニーに挑戦した。すなわち、聖トマス・アクィナスのごとく、いま自分たちが住んでいる世界と矛盾することなしにカトリック教義を合理的に解釈してみせようとしたのだ。

以上の簡単な記述からも、二重制ハンガリー社会についてのアポニの見解が、現代の歴史家から見てアイロニーを帯びていることは明らかであろう。マジャール人の覇権エリートの間でのある種の社会統合が中心的役割を果たすことをアポニは正しく見抜いてはいたが、その統合が政体に及ぼす問題、エリートの間に生み出す緊張を彼は見落としていた。それは彼だけではなかった。二重制下のハンガリー政府には戦略的機敏さのみならず、稀有な政治手腕と、国民の侵してはならない領域を認識する能力と、それと取り組む勇気が求められていた。だがこうした課題は不十分なかたちでしか対処されなかった。

二重制ハンガリーにおけるエリート政治 ――一八七五―一九〇五年

君主国のハンガリー側では有能な政治家にはこと欠かなかった。フェレンツ・デアークやカールマーン・ティサについてはすでに言及した。しかしデアークは二重制の基盤が固まるずっと以前、一八七六年の死の前には次第に忘れられた存在となっていた。一八六八―七五年の国家歳入の増加（二二%）は歳出の増加（五八%）に追いつかず、そのギャップを埋めるために国債が発行され、五五―七五%の割引でヨーロッパの金融市場に出回り、国家の負債も二・五倍にふくれあがった。その間、党派の政治的連携に変化が生じ、与党である軋轢だらけのデアーク党は崩壊寸前だった。それを立ち直らせたのは、カールマーン・ティサの功績だった。

ティサはカルヴァン派が多数を占めるハンガリー東部の貴族の出であった。彼が実務派政治家としてすぐれていたのは、ハンガリーは二つの局面で十分に強力でなかったことを認識していたことである。一つは、コシュート派の一八四八年党の主張に沿うかたちで一八六七年「妥協」を拒否できなかったこと、もう一つは彼自身の中道左派党による「妥協」の別バージョンをフランツ＝ヨーゼフに認めさせることができなかったことである。すなわち、妥協から共通軍、関税、代表会議といった二国にまたがる制度を外すという一八六八年のビハール計画である。さらに、一八七一年以降不穏だった国際情勢が落ち着くと、ハンガリーのナショナリストたちは取り引きできる相手を失った。このような情勢を読み取って、ティサはデアーク派との連携を工作する機会をうかがい、一八七五年には新たに与党となった「自由党」の指導者として登場した。彼の以前の中道左派党の同志で、彼に与するのをきらった人々は第二の反二重制集団、独立党を結成した。また自由党の中でさえ、オーストリアに対抗してさらなる自治権を望む声もなかったわけではなく、党内「反体制派」から野党に転向する例もしばしばあった。

有名な保守派の歴史家セクフューは戦間期に、一八六七年「妥協」をめぐる二重制ハンガリーの思想的混乱を指摘している。表面的にはハンガリー政界は二つ――「妥協」を支持する一八六七年派と、反対する一八四八年派――の二つに分かれる。その点で、一九二二年のイギリス・アイルランド条約への態度が現代アイルランドの政党政治で優先されてきたのと似ている。しかし、ハンガリーが十分に圧力をかけることで、「妥協」で示された自治を「総仕上げ」にまでもっていけるのではないかと考えて、次第に一八六七年派の中から一八四八年的立場に移っていく者が出てきた。一方、ハンガリーの合法的根拠として一八四八年諸法だけしか認めないと主張する一八四八年派は、事実上は一八六七年の枠組みの中で機能しており、その指導者たちは王冠に対して公職の宣誓をすることで、結果として法的にその枠組みを受け入れていたのである。セクフューは亡命中のコシュートがさらに事態をまぜっかえしたと主張する。頻繁に声明を出したり手紙を送ったりすることで、一八四八年と一八四九年の差異をたくみにぼかし、ハンガリーに在住する支持者に対して、国民の合意の時期につくられた四月諸法と、二重制ハンガリーの高官の多くが理想に燃える若者として参戦していた一八四九年独立戦争へのオーラを供給しつづけていたと言うのだ[6]。一八六七年派が一八四八年派に転身しえたことや、その逆は、ハンガリー政治の人為性と分裂性の要因になっていた。政党は具体的問題ではなく愛国主義的な象徴をめぐって分裂と再編成を繰り返したのだった。かくて「妥協」の「総仕上げ」というキャンペーンの中で最も重要なものが、一八八九年に勝ちとった譲歩だった。これにより、オーストリア＝ハンガリーの共通組織の名称が「帝国－王国の」から「帝国かつ王国の」になった。一八八四年、反二重制の二つの党が合併して、分裂の危機を内包した「独立と一八四八年党」となった。一方、リベラル派より右には大貴族の影響下に一八七五年以来存在した保守派が、統一野党（一八七八年）や穏健野党（一八八一年）といった名の下でのゆるやかな連合を形成しながら、反体制リベラルを定期的に補充していた。

つまり与党リベラル派の両脇に、反二重制派と保守派／反対派が位置する三層の政党構造があったといえる。その最後のグループは内部分裂（中央集権主義／分権主義、教権主義／リベラル）ゆえに結局は無力であったが、反二重制派の大多数は、時の権力に受け入れられなかったために実質的には一党支配になった体制内で、定期的な不満の安全弁として機能した。とはいえ、真に自由な選挙が行われたら、反二重制派が勝利したであろう。同時代のある人物は、普通のマジャール人有権者の耳にはコシュート的議論はポピュラーソングのように聞こえ、デアーク的議論は室内楽のように聞こえたと評している(7)。だからティサとその手下の県令たちが行った選挙操作は体制にとって欠かせないものだったのだ。にもかかわらず、二重制期を通じて、野党はマジャール人有権者の六割を獲得していたのだった。

それゆえ、ハンガリーの立憲主義は単なる見せかけではなかった。政権初期、ティサは続けざまに危機に見舞われた。まず一八七六―七七年のオーストリアとの経済協約の更新交渉、次いで東方危機、そして一八七七―七九年のオーストリア・ハンガリーによるボスニア・ヘルツェゴヴィナ占領、これらを通じて離党や棄権によって表面上は圧倒的だった議会多数派が急減してしまったのだ。そのため、ハンガリーに独立の国立銀行を確保するのに失敗した経済協約を議会で通過させるのに、一九回の採決を経なければならなかった。ティサ自身、一八七八年八月の国会議員選挙では東部のハンガリー・カルヴァン派の都市デブレツェンの選挙区で敗れている。反対に彼が七七議席差で多数派を確保してこの選挙に勝利したのが、出資がかさみ犠牲も多く、スラヴ人をさらに君主国に加えることになったボスニア軍事占領の高まりのときであったことは、いざとなれば政府の選挙統制が有効に働いた事実を示すものでもある。一八八〇年代、ティサは厳重な行政統制システムを完成して、選挙を三年に一度から五年ごとに変える前には、一連の選挙で二二五、二四二、二六一議席の多数派を獲得していた。一八八六年には地方当局をより中央集権化し（県令は自治体のいかなる決定に対しても拒否権をもつ）、一八八五年には上院を改革して、任命された一代貴族もメンバーに加えた。また諸国民体については政府が管轄することを宣言した。これらすべては、伝統的な機構より近代的専門知識を重んじるという点ではリベラルに見え、ハンガリー国家を強化するという点ではナショナリスト的にも見えた。一八八〇年代にはまた、財務相シャーンドル・

ヴェケルレが税収の重心を直接税から間接税に移し、はっきりした累減的軌道に乗せることで均衡財政パターンを作り上げた。だが当初ぐらぐらしていた政体の安定化に成功したまさにそのことが、ナショナリズムをあおり不安定化をもたらした。ティサが一八八九年の軍事法案で（共通軍の年間の新兵補充割り当てを一〇万三〇〇〇人に漸増し）、帝国集権主義に譲歩したことに反対する大規模デモは、その翌年に彼が国民感情と衝突して失脚する予兆となったのである。二重制は傷を負った。アルベルト・アポニ伯は、ウィーンから譲歩を引き出して「妥協」を「実行」させようというキャンペーンを張って農業主義の保守層を取り込み、「穏健野党」を「国民党」に改組した。それはティサが一八七五年に断念していたものと同じ、二重制のうまい汁だけ吸おうとするむしのよい試みであった。

ティサの後継者たちはたちまち、支配階級に生じた亀裂のもう一つの問題をめぐって混乱した。異宗派婚で生まれた子供たちは同性の親の宗派で洗礼すべしという一八六八年の法規定にカトリック司祭たちが違反していたことから、文化闘争《クルトウーアカンプフ》が勃発した。この事件は、瀕死のリベラリズムが再生を賭けて事件の種を探し出したものとこれまでは見られていたが、左派歴史家のペーテル・ハナークは、政治的カトリシズムが政府を混乱させようとしてたくらんだ攻撃の第一弾と見ている。これは、出生登録は教会でなく国家が行い、民事婚も認めるという議案を、信仰心厚い君主が不本意ながらも裁可して決着した。しかしフランツ＝ヨーゼフが政府と距離をとっていることを見て取った上院は、この議案を否決した（一八九三年春）。その前年首相になっていたヴェケルレはいったん辞任したものの、フランツ＝ヨーゼフお気に入りの後任者が組閣に失敗したため、リベラル派と国民派に請われて復帰した。宗教関連法は可決された。しかしこういった危機は、二重制ハンガリーの政治的現実を無気味な虚脱状態に陥れた。国王は真の多数派意見と向き合うことから逃げ、彼と対立した首相も生き残れなかった。そして、国王が民事婚法の承認を遅らせたことが、ヴェケルレ辞任の引き金となったのだった。

彼の後任、トランシルヴァニアのカルヴァン派男爵デジェー・バーンフィにいたって、ハンガリーのリベラリズムはついに息切れを起こした。バーンフィはルーマニア人が大半を占める県の首席県令として用いていた露骨な技術をもっと広い舞台に持ち込み、そのため、日に日に不寛容になっていくナショナリズムがこの体制の最大の特徴となっていった。法治国家《レヒツシュタート》（市民的自由のことだ）に幻想を抱きすぎるのは危険だと彼は宣言し、のちに示した政治信条の表明（一九〇三年）では、ハンガリーの政治家は、非マジャール人問題を片づけないでウィーンのことにかまけすぎていたと非難した。バーンフィは首相管轄の特別な部局を設けて社会運動や国民体問題を処理させ、全国でマジャール語以外の地名表示を禁止した（一八九八年）。だが、ウィーンからやってきた宿敵が、資本主義的「重商主義」に対抗して高まりつつある支配者エリートの「農業主義者」的揺り戻しを映し出すことになる。経済協約継続について一八九八年に勝ちとった条項には、ハンガリーの長年の要求もいくつか含まれていた。しかし（フランツ＝ヨーゼフの指令によって）「イシュル条項」も加えられていた。この条項は、もし共通関税について今後の交渉がうまくいかなかったら、現行関税がそのまま継続するというものであった。ナショナリスト野党は、これは、同意しなければ共通組織を無効にできるハンガリーの権利を奪うものだととらえた。街頭デモと議事妨害に対して、一八九六年の過酷な選挙で選ばれていた一六〇以上の議席差をもつバーンフィ多数派は、与党議員たちが反旗を翻すなかで崩壊し、ついに一八九九年二月、バーンフィは政権の座を去った。しかし彼が去ると、彼の内閣の閣僚たちが、いまや二二七議席に回復した多数派を擁して、新しい政権を牛耳ったのである。狭く閉ざされた政治システムがやがやと鳴動して、出てきたのはねずみ一匹だったのだ。

　新首相セール（かつて財務相から銀行家になり、かつ農業者の利益・圧力団体全国ハンガリー農業者協会《オーエムゲー》の委員）は、重商主義者と農業主義者の対立を和らげるべく任命された。即座にオーストリアと合意したその「セール原則」は、一時的な経済協約の延長について、法的にはハンガリー独自の関税はすでに存在している、だがそれはたまたまオーストリアと同じものであるにすぎない、と巧妙に宣言することでナショナリストの同意を得た。君主国の熱狂的な土壌にあって、この条項はオーストリア人のハンガリー嫌いを強めたものの、基本的には名目主義であり、既存の共通関税協定は結局一九〇七年まで延長された。セールは、農業主義者たちが望む穀物関税率の上昇についてオーストリアと長期交渉を続け、一九〇二年一二月三一日のいわゆる大晦日深夜合意において、近代ヨーロッパ制度の研究者にはおなじみの流儀で、時間ぎれ寸前までねばり通した。だがセールは、この成功を足場にして共通軍増強法案を通せるものと判断を誤り、その結果、マジャール人が軍最高司令部の五、六％でしかないことに憤っている「ジェントルマン的中間階級」と、反オーストリアを掲げて激発しかねない広範な大衆とを、反セールの立場で結びつけてしまった。議事妨害をうけて彼は失脚し、一九〇三年九月、フランツ＝ヨーゼフは「フロピ宣言」において非妥協的な態度で共通軍を擁護した。宣言はハンガリーの軍事的譲歩要求を拒絶するものであり、ハンガリー人にとっては屈辱的な、「全体の幸福に向けて、すべての民族集団の特性を導く統一と調和の精神[8]」への言及がされていた。こうした危機を経て一九〇三年一一月に政権の座に呼び出されたのは、二重制ハンガリー最後の実力者、カールマーン・ティサの息子イシュトヴァーン・ティサであった。

ピューリタン的気質と鉄のごとき意志をもった敬虔なカルヴァン派、イシュトヴァーン・ティサは、二〇世紀初頭ヨーロッパの立役者の一人である。「妥協せず」が彼の信条であった。「自らの権利と自由に攻撃が加えられたとき、力の優劣や戦いの見通しを読んだりすることなく、命を賭けた闘いにためらいなく血を流せる国民こそが、国民として命脈を保つに値する[9]」。彼は父親と同様、ハンガリーの利益のために「オーストリアとの一体化」が必要だと深く信じ、ハンガリーを第二のポーランドにしてしまいかねない国際政治の展開を恐れていた。そうなっても、ハンガリーの政治階級は袋小路にはまった議事妨害をめぐる抗争で身動きがとれず、対応できないのではないか。ティサはハンガリー版ギゾーであり、その超保守的リベラリズムは、ハンガリーの民主化を、近い将来、今ある社会的分裂を埋めてくれるはずの教育プロセスと結び付けた。一方、彼はハンガリーを近代化し、非マジャール人を吸収する手段として、産業化を擁護した。やがて彼に好機がやってきた。一九〇四年、鉄道の大ストライキを抑えることで、彼は呪われた議事妨害からハンガリーの立憲制を救う機会を手にしたのである。だが、戦術的な議事妨害の禁止と、「討論打ち切り」を導入する議案の強行通過をはかって生じた大混乱のため、一九〇五年一月には選挙をせざるをえなくなった。ティサが選挙工作をしようとしなかったのは、彼の特異な「リベラリズム」が理想主義的傾向をおびていたことの証しである。結果として、彼は敗れた。過半数の投票者（四一万人対二六万八〇〇〇人）は二重制をよしとする政党を支持したが、与党自由党は一五九議席しかとれなかった。それに対し独立党（いまやアポニも加わっていた）は一六六、野党すべてを合わせると二五四議席だった。ちなみに一〇八議席については議席が争われていない。一八七〇年代の外相の息子で、反体制リベラルである小アンドラーシとの合意にこぎつけられなかったために、フランツ＝ヨーゼフは将軍のゲーザ・フェイエールヴァーリ男爵を暫定政府首班に任命することで応じたが、議会多数派、そしてなんとティサまでが暫定政府は違憲であるとして協力を拒んだ。そこで一九〇五年七月二七日、エリート官僚出身でフェイエルヴァーリ内閣の内務相ヨージェフ・クリシュトーフィは社会主義者の代表に向かって、普通選挙法案を上程する意思を伝えた。ジェントリ的ハンガリーの政治的階級全体に対抗して、宮廷はポピュリストのカードを使うことにやぶさかではなかったようだ。

コシュート派は、一八六〇年代後半の二〇議席あまりしかない「極左」の残党から、一九〇五年には独立党として比較多数派にまで成長した。それは一八六七年派がジェントリのリバタリアニズムと急成長しつつある国民的自尊心を、自らの目標に生かすことに何度も失敗したからだった。しかしコシュート派の中にも変遷はあった。それは一八九四年の父の死後、ハンガリーに戻ったコシュートの息子フェレンツの凡庸な人柄によく象徴されていた。彼は運動が、見栄えだけの政治の中で安全に収まるよう導いた。あるハンガリー人歴史家が近年、リベラル派の自己イメージと現実とのギャップによってもたらされた二重制政治の「非合理性」について書いているが、現実的原理が衰えるにつれて名誉をめぐる政治的決闘が増えたのだという。[10] この評価は手厳しいが不当ではない。ここまで優れた政治家として言及してきた人々はみな、オーストリアに対する独立主義的立場で折り合う必要性を感じていた。しかしデアークを部分的に例外として、彼らは非マジャール人や下層階級に対する長年のジェントリ的姿勢を変えることはなかった。そのため、一九〇五年にポピュリスト的策略には無防備になってしまった。普通選挙でもっとも恩恵を受けるのは彼らが無視してきたこれらの集団だったからだ。だがハンガリーの政治エリートは、フランツ＝ヨーゼフやその側近より創造力に乏しかっただけなのか、彼らはさらに失うべき何かを持っていたのか、どちらだったのだろうか。社会問題と国民体問題に積極的に取り組まなかった怠慢は、どこまでとがめられるべきなのだろうか。

国民体問題

ハンガリーの二重制エリートが残したもっともうさんくさい業績の一つは、従来の政治的言説から「国民体」問題をほとんど見えないところに追いやってしまったことだった。これは妥協の時期とはずいぶん様相が異なった。そのころは、クロアチア人に加えて三五人ほどの非マジャール人ナショナリストの王国議会議員（与党にも二五人の非マジャール人がいた）が、それぞれの国民単位で公用語をもつ、多元主義ハンガリーの代替ヴィジョンを支持していた。だがこれは、もっともリベラルなマジャール人にさえ実質的な王国分割と受け取られていた。さらに、セルビア人が主導権を握るノヴィ＝サドの市政委員会をはじめとする各地では、一九一八年以後にハンガリーから割譲された諸地域で発生する事態を予兆するような、非マジャール人の専横が当時から報告されていた。こうしたことを考え合わせるなら、マジャール人の間に、問題となっているのは言語的権利拡大ではなく権力闘争ではないか、そうであれば一八四八—四九年の反ハンガリー運動のシナリオが再現されかねないのではないか、という不安が生じたとしても不思議ではない。二重制ハンガリーは不穏な空気に包まれはじめた。ハンガリーのセルビア人指導者スヴェトザル・ミレティチと、生まれて間もないセルビア人インテリの青年運動《オムラディナ》は、バルカン危機を奇貨としてセルビアと南スラヴ世界全体を統一運動へと巻き込もうと企んでいるように思えた。アフリカーナーの場合と同様、マジャール人が民族的ライバルに対し計画的に抑圧するようになったのは、制圧されることへの当初の不安に根ざしていたのだ。ハンガリーの内務相は、一八六九年に行われたセルビア人とルーマニア人の選挙集会について、彼らが国民体問題に関する立場を繰り返し主張するさまを「現行の法に敵対する思想を広め、国内の静穏をたくみに乱すことを目的とし、人心をあおりたるがゆえに、公式の反乱とさえいえる」と言っている。この発言からも、ブダペシュトが反対派に非寛容であったことが見てとれる[11]。このころにはノヴィ゠サドでは、ミレティチ市長と公選市政委員会は、すでに放逐されていた。

中央ヨーロッパのリベラリズムは国家に自治団体を「監督する」権利を認めてきた。が、カールマーン・ティサはそれを少数派を効果的に抑圧する手段にした。文化団体に対する恒常的な立ち入り調査は、やがて、スロヴァキア人の最大の文化組織「マチツァ」の全面的な活動禁止処分（一八七五年）や、セルビア人の同種の組織「マティツァ」の基金接収にまで立ち至った。トランシルヴァニアのザクセン人の伝統的な地方自治権は一八七六年に終わりを告げた。少数派がジャーナリズムを通して政府の国民体政策を批判することは、民族的憎悪をかきたて立憲制を脅かすとして、訴追される危険があった。諸国民体の小学校（一八七九年）ついで保育園（一八九一年）では、マジャール語教育が義務化された。また、非マジャール人地域には、政府によってマジャール語学校が新設され、ハンガリーで一般的な教会が運営する国民体の学校に対しては、その資金難に乗じて二言語学校に転換するよう誘導した。こうしたことは、カトリックとルター派が併存するスロヴァキア人の場合のように、教会の上層部が主にマジャール人で占められているほど、容易に進められた。こうして、スロヴァキア人が多く居住する一五の県で、スロヴァキア語学校もしくはスロヴァキア語も用いられる学校とマジャール語学校の比率は、一八七六年の二〇一六対一〇三六から、一九〇八年には五〇二対三四七八に変化した。一方で、教会上層部がマジャール人に直接支配されていない、正教徒のセルビア人やルーマニア人、合同派のルーマニア人やルテニア人の場合は、少数派学校をめぐる状況は格段に良く、セルビア語やルーマニア語の中等学校も複数設立された。しかしここでも、政府は宗教指導者たちが抱く地方世俗知識人たちに対する対抗意識を利用して圧力をかけてきた。リベラル派エトヴェシュによって、正教二教会は、平信徒が過半数を占める国民教会会議を介した実質的な教会自治権を認められていた。政府にとって、これは苛立たしいものではあったが、骨抜きにすることが可能だった。一八七五年から一九〇八年の間にセルビア教会会議から提出された動議のうち、ハンガリー政府が裁可したのは一本だけであった。また、フランツ＝ヨーゼフは一八八一年、これまで連続して選挙会議で大敗してきた保守主義者を、セルビア大司教に任命したのである。

こうした戦術はかなりの成功を収めた。諸国民体はハンガリー議会に参加しないというチェコ方式に切り替え、傍観者の立場をとるようになった。一八七八年選挙では六人、一八八七年では一人だけしか、少数派のナショナリストは選出されなくなったのである。同化主義者は中等学校をソーセージ製造機になぞらえる。一方からスロヴァキア人の少年がはいると、マジャール愛国主義者となって、もう一方から出てくるというわけだ。一九〇〇年までに地方役人の九三%、判事の九七%が自らの国民帰属をマジャール人としている。絶え間ない圧力は、政治運動の分裂を促進した。ミレティチのセルビア国民自由党は一八八四年以後、急進党と自由党、そしてセルビアの歴史叙述で「日和見」派と呼ばれる党派に分裂した。スロヴァキア人の政治的ナショナリズムは瀕死の状態だった。ルーマニア人の政治活動はもう少し活発だったが、一八九三年のメモランダム運動に対する当局の厳しい対応によって、一時活動が抑えられていた。フランツ＝ヨーゼフに覚書《メモランダム》の受け取りを拒否された運動の「首謀者たち」は、嘆願権行使のゆえに投獄されたのである。マジャール化していない知識層という狭い枠内からしか補充されない少数派指導者は、圧倒的な数の農民を結集する術を持っていなかった。一九一〇年になっても、マジャール人の農業従事者が五五%になっていたのに対し、ルーマニア人では八六%を占めていたのである。

だが「ハンガリー国家理念」の名のもとにかちとった勝利には、多くの犠牲が伴った。二重制初期にはどの少数派の国民運動にも、マジャール人との協調を模索する一派が存在した（ルーマニア人ではブダペシュト大学教授のヴィンチェンツィウ・バベシュ、スロヴァキア人では「新学派」、セルビア人ではリベラル派指導者で長く議員をつとめたポリト＝デサンチッチなど）のに対し、世紀転換期には、政治運動を継続している者の間には重苦しい失望感が広がっていた。とくに、一八七〇年代にはまだ普通選挙と少数派の権利擁護を訴えていたハンガリー独立派に対する幻滅が大きかった。一九〇一年、ヴェトザル・ミレティチの死亡記事で、急進派マジャール語新聞がわめきたてている。

裏切り者は死んだ。……毒グモは自らの巣の中で、最後の息を吐ききった。……我らが手にするペンは、ヴェトザル・ミレティチの名を紙に記す時、軽蔑のあまり震えている。(12)

初心を貫いた独立党の元党首ラヨシュ・モチャーリは、それゆえに孤立し、一八八七年には党を追われた。彼はその後、ルーマニア人が大半を占める選挙区から立候補して、議員に復帰した。

このころまでにマジャール人ナショナリズムの波は、自治クロアチアの防波堤にも押し寄せていた。一八六八年の「ナゴドバ」の規定により、この自治はもともと文化と行政に限定されていた。クロアチアの層の薄い専門エリートたちにはこの国の経済の慢性的な脆弱性を克服する手段は与えられていなかったし、それが彼らの優先事項でもなかった。一八八三年、ブダペシュト政府は、クロアチアの公共施設表示をクロアチア語とハンガリー語の二言語表記に変更させた。これは、クロアチアにとっては「ナゴドバ」の規定に違反することであった。ナショナリストたちの発作的な反応は、次第に増加する負債に苦しむ農民たちの抗議行動へと急速に拡大していった。クロアチア人穏健ナショナリストを介してクロアチアを統治しようという一八七三年以来の試みはここに崩壊した。ティサは総督として、あるスラヴォニア大土地所有者を押しつけた。彼はクロアチア語を知ってはいたが、その他の点ではクロアチア人感覚がほとんどなかった。イギリスの保守党政権で、ウェールズ担当相がウェールズ人の感覚をもっていなかったのと同じである。その総督、クーエン゠ヘーデルヴァーリ伯は、クロアチア議会での暴力沙汰も含めて、彼を待ち受けていたこの難局を切り抜けた。クロアチアのセルビア人少数派に対しては文化的な譲歩を行うことで手懐け、クロアチア選挙人団（人口の二％）の半数を占める国家役人を通じてこれを統御し、一方では独立国民党（クロアチア国民党はクーエンの縄張りだった）内のシュトロスマイエル陣営と、激しやすいスタルチェヴィチ率いる反セルビアの権利党の反目にも助けられた。しかしクロアチア政界の老闘牛士は二人とも表舞台を去り、志の低い実務的政治家に代替わりしつつあった。一八九五年に両野党が合同したものの、権利党の強硬派が分裂したことで、クーエン派与党の一角を崩すには至らなかった。二重制政治ではしばしばそうであったように、転換は議会によってではなく、集団暴力によってもたらされた。一九〇三年のクロアチア農民蜂起である。これを契機にクーエンは、その調整能力を発揮するべく、首相としてブダペシュトに呼び戻されたのである。水面下で、「新路線」が準備されつつあった。クロアチア人とセルビア人の間のいさかいに一時的に終止符を打ち、南スラヴ人を二重制がはめていた箍《たが》から解放し、ハプスブルクの地政学に介入しようというものであった。そのきっかけとなったのは一九〇五年秋のクロアチア・セルビア連合の結成である。これがハンガリーの独立党主導の連立政府に対してウィーンに対する共闘を呼びかけたことで、急に視界が開けたのだった。

オーストリアに属するダルマチアとハンガリーに属するクロアチアの政党間合意に基づいて実現したクロアチア・セルビア連合は、狭義のハンガリー王国内の諸国民体の間にも観察できるある傾向を如実に映し出している。この傾向とは、小規模諸国民が「現実主義」の方向へ戦略を再編したこと、そして自身の経済基盤を強化へと向かわせたことである。一九〇二—〇七年の間にクロアチアの信用機関は倍増し、株式資本は六〇％も増大した。一九〇五年、代表的な親ナショナリスト銀行の頭取にクロアチア・セルビア連合所属のハンガリー王国議会議員が就任したが、クロアチア議会議員でセルビア自治党党首でもあったこの人物は、もっとも裕福なクロアチアのセルビア人で、自らの出身グループの大銀行と固く結びついていた。一九一〇年段階で、従業員二〇人以上の企業に働く者は二万三八〇四人（二〇年前には一万人以下だった）しかいない社会を工業化社会とは呼ぶことは難しいが、ハンガリーの資本比率が下がり、セルビア・クロアチア語を話す企業家の率が上昇したことは、政治階級の間にこれまで以上の経済的向上心が生まれたことを示している。遅ればせのブルジョア化がクロアチア人の心性に及ぼした影響は、リエカを拠点として活動したジャーナリストで、民主主義的傾向をもった社会ダーウィニズム主唱者であったフラノ・スピロ（一八七〇―一九一七）が体現している。スピロは、アドリア海へのドイツ人の進出に対抗するために、セルビア人‐イタリア人左派、さらにはハンガリー独立運動をクロアチアの味方につけようとした。クロアチアのセルビア人との交渉で提示したのは、セルビア人はクロアチアの「国家権」を支持し、その見返りにセルビア人はひとつの共通国民の対等な部分として承認されるというものであった。ハンガリー独立派に対しては、オーストリアに対するハンガリーの国家権をクロアチア人が支持するかわりに、この枠組みの中で、ダルマチアとの合併を含む、広範なクロアチア自治を求めた。小規模諸国民の政治家の多くがおしだまるか、さもなければ何もできない現実を避けようといたずらに右往左往するなかで、このクロアチア・セルビア連合の計画は、みごとなまでに大胆な一撃で、一九〇五―〇六年のハプスブルク君主国の危機を演出したのである。

狭義のハンガリーにおける非マジャール人は資力が乏しかった。それでも一八九〇――一九一五年の間に金融機関の数は七倍以上に増え、総資本は一二倍にふくれあった。しかし、これは国全体の資本の約六%にしかすぎなかったため、事態の深刻化の度合いほどには、当局の懸念を駆り立てはしなかった。というのも、一九一〇年時点でルーマニア人の一三%しかマジャール語を話せず、いまだ農民の大半が単一言語使用者だった一方で、非マジャール人の経済ネットワークの成長は、彼らの間に国家理念を浸透させることを困難にしていったからである。だが、リベラルという前提はまだ根強く、単なる弾圧は容認されなかった。一九〇四年にマジャール人ジャーナリストが記したように、諸国民体はいまや近代兵器を用いて闘っていたのだ。

反国民的な学校を閉鎖することはできる。危険な団体を解散することはできる。扇動者を投獄することも可能だ。しかし、市民が協会や金融機関を作って仲間の市民に資金を提供することを禁じることはできない。(13)

諸国民体を経済的に脆弱化させようという政府の試みがあったとしても、それは遂行されたというよりも、なにもしなかったという意味が強い。移民数の不均衡がそれを示している。一八九九年から大戦勃発までに公式に記録された一四〇万人の移民のうち、三分の二が非マジャール人であった。世紀転換期には、ハンガリー北東部から貧困に打ちのめされたルテニア人が流出していくのを、政府は防ごうとしなくなっていた。しかしいったん国外に出た非マジャール人たちは、強烈な国民意識を生みだした。アメリカ合衆国が舞台であった。その影響が本国に及ぶのを防ぐため、ブダペシュト政府はスロヴァキア語新聞などへの資金援助や、従順な聖職者への働きかけを展開することになった。しかしながら、非マジャール人の相対的な貧困にもかかわらず、皮肉なことにハンガリー国内の土地売買が非マジャール人を利することも少なくなかった。戦争直前の一〇年間に、トランシルヴァニアではマジャール人ジェントリや大貴族の土地の五%近くが、ルーマニア人やザクセン人の手に渡ったのである。

このことが、あらゆる指標は諸国民体が国家統制下での衰退を示しているにもかかわらず、二〇世紀になってその政治的な役割が復活した原因である。さらに重要なのはおそらく、ルーマニア王国や、チェコ人（とりわけマサリク）、あるいはセルビア、クロアチアといった近隣の地域から近親諸国民に及ぼされた影響であろう。スロヴァキア人たちの雑誌『声《フラス》』、トランシルヴァニアの自治より普通選挙を優先せよというルーマニア国民党への圧力、一九〇二年セルビア教会会議選挙での急進派の勝利、これらはすべて、何も生み出さない受動的態度の終わりを表していた。一九〇五年、ハンガリー議会選挙に参加した少数派は九議席を獲得、一九〇六年には二五議席を獲得した。だが普通選挙が導入されたとしたら、さらに何議席が上乗せされるだろうか。内務相クリシュトーフィの選挙権提案が解き放ったドラマが内包した言外の意味は、結局国民体問題がいかに未解決なままかということだった。

社会問題と一九〇六年四月の敗北

国民体の問題が、古くからある問題として眼識の乏しい者からは過去の遺物とみなされるものだったのに対し、社会問題はある時期まで不確かな未来の問題であると考えられていた。リベラル派の大新聞『ブダペシュト新報』は一八九九年一二月三一日、次のような社説を掲げた。

> 一九世紀は民主主義のルール、権利の勝利、個人の確立をもたらした。……しかし詮索好きな知識が、不敵にも限界を越え、この時代から新しい時代へ突き進もうとしている。……社会革命が民主主義を包囲し、集団主義の理念が神聖な個人の権利を攻撃している。……[14]

世紀転換期にハンガリーで書かれたものに漂う社会状況への不安感は、しばしば移民増加に対する危惧と結びついていた。（実際には、海外移民の大半はいずれ帰国するつもりであり、近年の研究によると実際に帰国したのは公式記録による数字である三〇％を上回っていた）。また、いまだ高度に農民的な国において、「社会問題」は、都市社会主義者の想像力のなかで作り上げられたものであったことも特記しておくべきだろう。

農村部の大衆に関するかぎり、彼らが自己充足していたことには少なくとも二つの原因があった。農奴制が廃止されるとともに、農民の間にあったなんらかの一体性も消滅した。一九〇〇年までには、ハンガリーの貴族を除く農村住民は大きく三つに分かれ、それぞれがまったく別個の生活を送るようになっていた。土地持ち農民、土地なし農業労働者、そして農場下僕である。もう一つの事情は、何百年にもわたって下層階級に植えつけられた恐怖と服従が、まだ生き残っていたことである。トランシルヴァニアのルーマニア人の格言で「垂れた頭を剣は刎ねない」と言い、ハンガリー人の農場使用人たちは主人のことをたとえ陰ではののしっていたとしても、呼びかけるときは肩書きのすべてをつけた（「伯爵閣下さま」）[15]。だからこそ、ヴェケルレやイシュトヴァーン・ティサのようなハンガリー政治家が現れたのである。彼らは二人とも大土地所有者であり、都市の社会問題に真剣に取り組んだが、農民層が心配の種になることはないと判断したのだった。

土地持ち農民の大半は、封建期の分与地農奴の子孫だった。この階層を大雑把に分類すると、富裕層が一に対して、中間層が四、貧困層が一〇、困窮層が九の比率だった。約一二ヘクタール以上の土地を持つ上位二階層が、ブルジョアや貴族のライフスタイルに近づくきざしを部分的に示していたが、生み出した文化は農民に特有のものだった。農民の自意識がもっとも高かったハンガリー大平原《アルフェルド》では、三圃式農法が残存し、富農は集約農法に転換するのではなく、資本を土地購入に振り向けた。農民の服装は一八四八年以前の貴族の衣装を簡素化してとりいれ、旧い踊りや音調は、チャールダーシュのような今日典型的ハンガリー風とみなされるものになっていった。裕福な農民は高級な民芸品を作ったり買ったりする財力を手にした。ドナウ川西部では、より集約的な混合農法が発展しつつあったが、ここでもやはり、農民たちは階層社会の中に自分たちを位置付けることで満足していた。

土地なし農民は、一九一〇年には全人口の四分の一にあたる四三五万人を数えた。大半はかつての隷属的な小屋住み農の子孫で、困窮層も含めて彼らは、昔の主人に対して新封建的な従属関係におかれた。最近ある人類学者が記録したトランシルヴァニアのルーマニア人老婆の回想によると、彼女が若いころ地主に支払った上納金は、一八二〇年代に、彼女の先祖が払っていたのと同じ額であった。[16]大所領が多かったドナウ盆地では、マジャール人農民の圧倒的多数は土地をもたず、その三分の一弱が農場下僕として大邸宅の脇に立つ木の小屋に住みこんでいた。労働時間は慣習的に毎日、日の出の三〇分前から日の入りの三〇分後まで、休みは日曜の午後だけだった。一生をこのような生活で過ごす彼らは、冬眠中の動物そのものであった。だが、下僕たちのこうしたみじめな境遇も、土地なし労働者と比べればいささかなりとも安定していた。彼らは、たとえば四月から九月まで一部現物支給による季節契約《スンマ》を確保したり、あるいは耕作人夫として二、三ヶ月の契約ができれば幸運だった。しかも、こういった条件を彼らが進んで呑んでも、せいぜい恩着せがましく見下されるのがおちだったようである。「彼らの品性はもちろんひどいものだし、ほとんど当てにならない」と一九〇九年、ある政府役人は書いている。[17]

一八九一—九二年、一八九七年、一九〇五—〇六年にハンガリーの三つの地域で別個に起こった農民ストライキに参加したのは、この第三のカテゴリーの農業労働者たちだった。一万五〇〇〇人の耕作人夫を巻き込んだ一八九七年の運動は、反体制社会主義者にしてかつての農場労働者イシュトヴァーン・ヴァールコニが率いる独立社会党の創設にまで至った。所領農地を小さな単位の借地として強制的に貸し出せという彼の主張は、貧しい土地なし農民には農地分割へむけての第一歩として受け止められた。首相バーンフィは農民ストライキを違法としてヴァールコニを投獄し、その新聞を発禁にすることでこれに応えた。のちに農民指導者となるジャーナリスト、ヴィルモシュ・メゼーフィは一九〇〇年に、富農アンドラーシュ・アーヒムは一九〇五年にそれぞれ政党を結成したが、ヴァールコニが唱えた無政府的な色彩にかえてマジャール人ナショナリズムの要素を取り入れたため、その運動では理想主義的な傾向が希薄になった。これら二党は、ハンガリーでもっともうまく組織化された運動であった社会民主党が初議席を獲得できなかった一九〇五年の選挙で、ともに議席を獲得した。

　ハンガリーの社会民主主義が直面した苦悩は、おそらく二重制ハンガリーの特徴をもっともよく反映するものだった。すなわち、先進的な中央ヨーロッパ《ミッテルオイローパ》とバルカンの特徴をともに抱え込んでいたのである。サンクトペテルブルクに次いでヨーロッパでもっとも人口が密集し、二重制初期の平均労働時間が少なくとも一二時間にのぼり、出生数より死亡数のほうが多かった大都市ブダペシュトには、社会主義運動の十分な土壌があった。しかしながら、ギルドを廃止した一八七二年と一八七五年の産業法はストライキそのものでなくストライキを組織することを禁止し、職人組合を教育と相互扶助機能のみに限定した。そのうえ、多国民的な労働者を組織するのはむずかしかった。初期の労働運動は、ハンガリー人でなく、ドイツ人によって担われた。このことは、これらがオーストリアの運動ときわめて似通った展開をみせたことを意味する。首都における最初の全国組織は、印刷工をさきがけとして結成された一般労働者協会（一八六八年）であった。これが政府によって早々に弾圧されると（一八七一年）、一八七〇年代、一八八〇年代には労働者政党を結成するという試みは弾圧や内部抗争に常に苦しめられた。結局、安定した組織としてハンガリー社会民主党が設立されるまでには、前年の第二インターナショナル設立大会を受けた一八九〇年を待たなければならなかった。

　職人組合から発展した労働組合組織が一八九〇年代に

出現していたことで、この新しい党は組織化に関する法規制を満たすことができたが、ストライキ行動が制限されていたため、実際の社会主義運動の基盤は、オーストリア以上に複数の「自由協会」に置かれていた。これらは新聞や各種の組織的活動を支援する名目でつくられていたものの、事実上、党の指導部と組合、また双方のブレーンたちをつなぐ役割を果たしていた。萌芽期の社会主義運動におけるこの自由協会の本当の役割は、当局も把握していたが、労働組合法を近代なものにするという要求は拒否していた。法改正によって、政府による恣意的な介入ができなくなるからであった。一九〇五年までに労働組合評議会には七万一〇〇〇人が加入し、党の主要機関紙である『民の声《ネープサヴァ》』は日刊となって二万五〇〇〇人が定期購読した。民族的に従属的な立場にあった非マジャール人には搾取されているというメッセージを受容する素地があり、彼らの言語で書かれた社会主義新聞が伸びることには、とりわけ見込みがあった。キリスト教社会主義も舞台に登場していたし、一九〇四年の鉄道労働者のストライキは独立党の運動と結びついていたが、それらの動向以上にマルクス主義的なハンガリー社会民主党が重要性を帯びていたことは、急進的な知識層が党に対して示した関心を反映している。急進知識層が一九〇〇年に創刊した旗艦誌は、その名を『二〇世紀《フサディク・サーザド》』とし、一九〇一年に創設された社会科学協会の名称と同様に、時代遅れのリベラルあるいはナショナリストのロマン主義からハーバート・スペンサー流の社会学に影響された実証主義への転換を感じさせるものだった。とはいうものの、若き聡明な詩人エンドレ・アディ（一八七七―一九一八）の近代性の信奉と、ハンガリーの「アジア的」保守性の拒絶にはいささか芝居じみたところがある。彼がロダンの彫刻『考える人』に寄せた、「プラトンの言うところの二本足で無翼の動物は、かつてこのような複雑で混乱した、そしてきつい世界に生きたことはなかった」という言葉は、息苦しく偽善的停滞とも思われるものの中で、多くの若い知識人が感じている不安を要約してみせた[18]。トランシルヴァニアのユダヤ教からプロテスタントへの改宗者の息子で、ブルジョア急進派の中心的理論家かつ『二〇世紀』の発行人オスカール・ヤーシは、社会主義者に対する協力を惜しまなかった。ヤーシは自身の改革プログラム（土地改革、普通選挙権、諸国民体への譲歩）が、社会主義者から、マルクス主義の最大限要求にとっての第一歩とみなされてもなお、動じなかった。同時に彼は、路線は異なるにせよ、ハンガリーの近代化を望む保守的なエリートたちとも付き合っていた。イシュトヴァーン・ティサは社会科学協会の会員だった。ジェントリ的ハンガリーは、貴族の夢であるリベラルで保守的な英国のようではなかったかもしれないが、帝政ロシアとも違っていた。分極化は、まだ全面的なものではなかったのである。

ヨージェフ・クリシュトーフィが普通選挙権という爆弾を投げ込んだのはこのような複雑な状況のなかであった。一九〇五年九月一五日「赤い金曜日」には、社会主義者が組織した一〇万人のデモ隊がこれを支持して議会議事堂をとり囲んだ。当時のオーストリア社会主義者と同様に、ハンガリー社会民主党は一九〇三年の党大会以降、普通選挙を通じた政治の民主化をその戦略の目玉にしていた。しかし派閥主義と教条主義が横行するなかで、民主的ハンガリーが直面するであろう諸問題についての見通しは不明確なままだった。反体制社会主義者のヴァールコニやメゼーフィと異なり、ハンガリー社会民主党が農民を動員するのに失敗した原因は、「もっと土地を」という農民の夢をプチ・ブルジョア的個人主義だとしてはねつけたことが大きい。国民問題についての見解は、一九〇五年党大会でのマジャール人参加者が表明した意見を乗り越えることは実質的になかった。「国民問題というものを、我々は知らない。あるのは、搾取する者とされる者の問題だけだ」[19]。こうして、ハンガリー社会民主党は、母語によるプロパガンダや党内部の国民別組織を認めた（一九〇五年）にもかかわらず、党綱領に掲げた自治を民族的・地域的な自治として明記すべきだというセルビア人党員の提案は拒否したのである。基本的には、近代化とは民族による違いを崩していくものだという幻想を、社会民主党は抱いていたのだった。

結局のところ、社会民主主義者は舞台上の軍隊さながら、実際は見かけほど多くなかった。そもそも、人口の二―三%しか工業に組み入れられていなかったのだ。フェイエールヴァーリの計画は、皇帝と顧問団の支持を受け、ハンガリーの実質的にすべての特権層を敵に回し、さらにはシスライタニアでの普通選挙実施を恐れるオーストリア首相ガウチュを向こうにまわして、進歩的なかたちで総選挙を戦うことに同意しないかぎり、承認されないだろう。それに代わるのは、ハンガリー人に対する軍事行動か（計画自体はすでに存在していた）、独立党主導の連立政権しかなかった。一九〇五年八月二二日、枢密会議が後者を選択したのももっともなことである。事実はこうである。アポニやアンドラーシのような一八六七年派の古株をかかえる独立党には、一八六〇年代にデアークが行った有名な税の不払い運動を引き合いに出してはいたものの、そんな長丁場を戦う気はなかった。一九〇六年二月、ハンガリー議会は解散させられ、抗議の声は沈静化した。四月初め、フランツ＝ヨーゼフは野党が政権を握ることに同意したが、それは前年にアンドラーシが拒否した条件をともなうものだった。すなわち関税同盟と共通軍は実質的に変わらないというものである。独立党連立政権の首相には、好機をとらえた一八六七年派リベラル、老獪なヴェケルレが就任したが、このことは、ハンガリー・ナショナリスト陣営が一八四八年の立場からいかに遠くへ来てしまったかを浮き彫りにするものだった。

ハンガリーの一九〇五―〇六年の危機は、この国の政治体制にひそむ奇怪さをあらわにした。世代を越えてハンガリーの民主化を要求してきた独立派野党は、目標に向かって推進してきたその最も遠大な要求を自ら握りつぶし、大切にしてきた議会の慣習を破ってまでして、熱心に妨害してきた政策を実行するために政権についたのだった。三〇年間にわたって圧倒的な勢力を誇っていた自由党の国会議員の半数は、一九〇五年一月の選挙に敗北すると数ヶ月のうちに離党し、国王がヴェケルレと取引をした数日後、党はずるずると消滅していった。フェイェールヴァーリ内閣は、しばらくの間その主な交渉相手として、国内で一番よく組織されていたものの、これまで一人の議員も選出されていない党、ハンガリー社会民主党を選んでいた。しかし、その後野党が彼らに近づいてくると、ハンガリー社会民主党は、おそらく有益なものになっただろう政府からの提案を拒否してしまったのである。こうしたいっさいの混乱の中で、社会主義者とブルジョア知識人はことの流れに消極的な影響しか及ぼすことができなかった。民衆の急進主義が抑えきれなくなることへの危惧から、明らかにエリート同士が手を結ばざるをえなくなっていたからである。

こう要約するのは厳しすぎるのかもしれない。さまざまな局面で二重制ハンガリーが実質的進歩をとげたからこそ、そのぶん政治的欠陥も際だつのである。政治危機は停滞の結果ではなく、不均衡な発展の結果だった。この点において、二〇世紀初頭のハンガリーは君主国全体を代表していたとも言える。しかし、自治ハンガリーが二重制の決定的な特徴であるなら、そうしたハンガリーが一九〇五—〇六年に危機に直面したということは、末期の二重制全体に困難が拡大していることをもっともよく示唆しているのである。

第一二章　二〇世紀初頭のオーストリア＝ハンガリー

オーストリア＝ハンガリーの国際的威信にとって、一九〇五―〇六年のハンガリーにおける立憲体制の危機は、バデーニの議会スキャンダルと較べても、さらに大きな打撃であった。ハンガリーに先立つこのバデーニ危機に引き続き、ハンガリーとの一〇年定期の経済協約更新が不首尾に終わったことで、疑りぶかい観察者から首にかけられた「立ち退きを通告された君主国」という屈辱的な札が説得力をもつようになった。結果的に、一九〇二年の大晦日の夜の合意で、最低限一九〇七年までの共通関税は確認できたが、ここで発揮されたハンガリーの圧力が意味するのは、この措置がいまや君主国の二国間における「条約」とみなされうるということであり、通商同盟が基づくのは主権国家同士の相互利益以外のなにものでもないという強い意味合いがそこにはあった。一九〇二年の国際砂糖協定にハンガリーは独自に署名した。また一九〇五年のハンガリーの選挙で独立党連合が勝利したことが、君主国の将来を一挙に不安定な状態に投げ込んだ。ドイツ政府が当時、ロシアとアメリカ双方に対して、オーストリア＝ハンガリーが崩壊してもドイツは領土的野心をもたないことを確約する必要があると感じていたことからも、そうした不安定性ははっきりしている。

この時期の共通閣議議事録を公刊したエーヴァ・ショモジは、その解説で、「二重制」というプロジェクト全体にまつわる曖昧さを明らかにしている。閣議は共通の帝国政府に等しく、それを招集する外相は帝国の外相に等しいということなのだろうか？　ハンガリーの「国家権」の原則から言えば、それは論外だった。共通の外相、財相、陸軍相とともに、オーストリアとハンガリーの首相もいつも出席していたが、彼らは正式なメンバーだったのだろうか？　また、一八六七年の立法で達成されるべきものとして明記された、外交政策における彼らの「協調」とはいったいいかなるものだったのだろうか？共通議会というものがないなか、共通相たちは、オーストリア＝ハンガリー代表会議の定例会に向けて作成される報告書によって、憲法上の責務を名目的には果たしていたが、しかし共通相に責任をとるよう代表会議が要求したさまざまな手段が、結果として功を奏したことは一度もなかった。さらに一八六七年法には何の根拠ももたない共通軍事会議が頻繁に開かれていたし、いま何が起こりつつあるのかをうまく隠しつつ、合同の軍事予算を代表会議に提示する方法もあった。だが共通政府のこうした半絶対主義的側面にもかかわらず、というよりもそれだからこそ、全体的な問題にはきわめて慎重になり、軍事的威信を維持するために必要だと専門家が考えていた年間徴兵割り当ての引き上げは、はじめ一八九二年に発議されたにもかかわらず、一九一二年まで成立させることができなかった。ショモジは、ハンガリーにおとらずオーストリアも、自国の権益をしばしば優先させて共通政府の軛になっていたと諄々と説いているが、一方、それにもかかわらず交渉パートナー同士、依然として継続的な協調を強く支持していたことも明らかにしている。どちらの側も二重制の諸制度を骨抜きにしたいという思いがあったが、二〇世紀が幕を開けるまで、それ以上に深刻だった問題は、これらの制度に固有の脆弱性だったのだ。とはいえ、帝国の行政官たちのストイックなペシミズムを育んでいた果てしのない国民的・政治的諸問題に、経済的、あるいは文化的衰退が軌を一にしていたというわけではなかった。末期ハプスブルクはこの点で、そのころの「ボスポラスの病人」としてのオスマン帝国あるいは崩壊期のソ連帝国とは異なっていた。政治的な危機と、別の局面での相対的な上昇気分との交錯こそが、ハプスブルク帝国最後の日々に魅惑をともなう痛々しさを添えていたのである。

二〇世紀初頭のハプスブルク社会

心配性な政治家たちがしきりに論じ合っていた国際的

な状況は、少なくとも初めのうちは、市民の心にはほとんど捉えられていなかった。バルカン問題を「凍結」するという一八九七年の墺露協商は、一九〇三年、オスマン領マケドニアの不穏な情勢に二国が協調行動をとったことで確証され、被害妄想者でないかぎり大方の人にとっての安心材料となったはずだ。この期間、ロシアの関心は極東に集中していたし、オーストリア＝ハンガリーとの関係が悪化したのは一九〇八年以降のことであった。一九〇四―〇七年のオーストリアの産業好況、それに一八〇六―一二年に世界で二番目に急速だったハンガリーの成長は、さまざまな状況が比較的安定しているように見えている間に始まった。「会社設立ブーム《グリュンダーツァイト》」（一八六七―七三年）のときと異なり、今回の前進では周縁部を置いてきぼりにしなかった。一九〇〇年に三〇校だったガリツィアのポーランド語中等学校は、一九一一―一二年には一〇四にふえていた。クロアチアはクーエン時代の経済的停滞から脱しつつあった。ボスニアで活動する結社の数は一九〇五―一二年の間に二六六から九五〇に跳ね上がった。都市の社交生活は趣向においても技法においても、より「近代的」になった。二〇世紀はじめの一〇年間で、その後の九〇年間に極めて一般的なものになるさまざまな物の導入や大衆化があった。ウィーンでは、電話は一九〇五年に二万五〇〇〇台、一九〇九年に四万台あり、自動販売機は一九〇九年に二一六一台、映画館は六二館あった。最初の百貨店は一九〇〇年に開業した。『新自由新聞《ノイエ・フライエ・プレッセ》』では自動車と航空機にそれぞれ定期欄が設けられ、一九〇九年にウィーンで、三〇万人の観衆が見守るなか行われたフランスの飛行家ブレリオのデモ飛行もそこで報じられている。映画のほかにも新しい娯楽が広まり、サイクリングの普及で女性の「服装革命」が促進された。当初、対立を生み出すものとして愛国者たちが眉をひそめた競技スポーツに人気が集まり、一九〇一年にはチェコ・サッカー連盟が作られ、一九〇二年に初めてオーストリア対ハンガリーのサッカーの試合が行われた。海辺のリゾートの人気は伝統的な温泉療養に追いつきつつあったが、後世の水準からすれば控えめなものだった。イストリアのオパティアには年間三万五〇〇〇人の旅行客が訪れた。

　文化にも近代化の香りが漂ってきた。ウィーンのアヴァンギャルドの創造性についてはすでに述べたとおりである。文学ではリアリズム、絵画・装飾では細部にこだわる具象主義、建築では歴史主義（過去の形式の折衷的模倣）といったそれまでの様式から、もっと主観的な、あるいは簡素なものへ移行した。象徴主義、印象主義、機能主義などである。音楽での新しい調性、絵画や抒情詩での性愛の強調などが、因習性に異議を唱えた。フランツ＝フェルディナントはあるとき、画家ココシュカの骨は一本残らず折るべきだと発言している。こうした風潮は広がりをもっていた。ボヘミア同様ハンガリーでも、文化的趣向の大きな変化は君主国と軌を一にしていたわけではなく、すでに二〇年前から始まっていたのである。アディはハンガリー新世代の高揚と焦慮を表現し、一九〇八年に作られたブダペシュトの急進的な学生組織ガリレオ・サークルの名称そのものが、既成概念を打ち壊そうとする風潮を物語っていた。トランシルヴァニアのバイア＝マーレ（ナジバーニャ）の芸術家コロニー（一八九六年）は、フランス外光派《プレネリスム》の画風を取り入れ、新印象派を経て一九〇七年には完全なモダニズムに移行した。その一方で一九一三―一五年、行動派を自称する芸術家は急進的な政治参加を目指し、これが、短命に終わった一九一九年ハンガリー評議会共和国の、目を引く政治ポスター様式ができあがる下地となる。ボヘミアでは一八九六年のチェコ・モダニスト宣言があらゆる領域における個人の創造性を呼び掛けたが、そうした領域にはナショナリズムのいかにも古びたテーマに対する政治的な忠誠、排他的であるがゆえに群れた家畜のごとき忠誠も含まれていた。象徴派のオトカル・ブジェジナや同性愛のデカダンで貴族の称号を装うイジー・カラーセクらの詩人は、能天気な愛国主義やそれまでの素朴なリアリズムの系統からまるでかけ離れていたし、アナーキストで後にコミュニストとなったS・K・ノイマンもそうだった。彼らはいずれも、一八六八年から七五年の間に生まれている。スロヴェニアの代表的なモダニスト作家ツァンカルの『エロティカ』は、一八九九年、リュブリャナ司教の代理人の手で燃やされた。クロアチアでは多作な文芸批評家で印象派の詩人で、何年間かパリでアディのようにボヘミアン的生活をしていたA・G・マトシュ（一八七三―一九一四）が同じような変化の足跡をのこしている。その世代の非ドイツ系芸術家・作家がパリに惹かれていくのは、ドイツの文化的ヘゲモニーが衰えた一つの兆候として注目される。ドイツ文化に代わるものとして、作曲家のバルトークやコダーイはハンガリーの片田舎の民謡にインスピレーションを求めた。彼らの最初のコレクションは一九〇六年に発表されている。

より一般的なレベルで見るなら、変化は、結社の原則が拡大されたことにもっとも顕著にあらわれ、そのためかつてなく広い階層を取り込むことができた。そこでは各地に存在する団体を一括してカバーする、全国規模の「屋根組織《ダハオルガニザツイオン》」すなわち傘組織が重要な役目を果たすことになる。シスライタニアの産業は、一八七五年、当初は比較的ゆるやかな「産業家クラブ」において、次いで一八九〇年代には、「中央産業協会」（CVI）と保護主義色をやや弱めた「産業家同盟」において組織され、一九〇三年には、これら三団体による「常設委員会」をもつに至った。ハンガリーでは、工業関係者は一九〇二年創設の工場資本家同盟（GYOSZ）に、商業関係者は一九〇四年結成の全国ハンガリー商業者協会（OMKE）に集結した。ハンガリーの地主たちは一八七九年には全国ハンガリー経済協会（OMGE）、一八九六年にはハンガリー土地所有者同盟としてすでに組織されていた。オーストリアの農業主義者たちには一八九八年に総本部《ツエントラールシユテレ》ができたが、その主な目的は農業保護のためのロビー活動であった。教師と公務員も、このころ組織力を増強させていた大きな圧力集団の一つであり、一九〇五年の帝国中等学校協会同盟や、リベラルでカトリックよりの小学校教師の諸団体が組織された。女性団体も、一九〇一年にオーストリア女性協会同盟が設立されるに至った。こうした利益集団の組織化は、裕福な者の少ない社会にあって自らの利益を守らなければならない人々の要望を反映していた。

その時代の人々には、国民の境界線を越えるこうした集団の発展が、民族間の非難合戦の袋小路から抜け出す希望を与えてくれるかのように見えた。たとえば、中等学校教師の同盟は八つの民族集団から成員を集めており、各集団は比率に応じて指導部に代表を送っている。バデーニ危機の一八九七年、テンサイ栽培者と精製業者が一つのカルテルを結成したが、前者は主にチェコ人であり、後者は主にドイツ人だった。新世紀になると各国民集団内部でも、階級や信条にもとづく新しい党派が、青年チェコ党のようなブルジョア国民政党に対し、ますます異議を申し立てるようになった。ナショナリストの空虚な誇大妄想ではなく、T・S・マサリクが唱道した有名な「小さな行動」が、大戦に至るまでの数十年間、プラハのチェコ語大学で彼に感化された多くの若いスラヴ人知識層の間で反響を呼んだ。労働者階級の熱望に対するマサリクの共感は、マルクス主義ではないにしても、当時としては「進歩的」と見なされた、より広範な世論の流れに沿ったものであり、ヨーロッパ各地におけるリベラル左派の動向と異なるところはなかった。そしてこの共感とともにあったのは、「女性問題」に心を開き、教育改革に取り組もうとする姿勢だった。

　利益団体を擁護するものであれ改革をめざすものであれ、世論は国家装置に影響を与えるべく組織化された。影響を期待することは、けっして非現実的ではなかったし、とりわけオーストリアではそうだった。帝政ロシアでは専制政治の高い障壁が、また表層的に民主化された多くの二〇世紀社会では風土病的な政治腐敗が国家と社会を隔てていたが、オーストリアではそうではなかったのである。有能な人材が学術世界と官僚世界をたやすく移動できたことで、国家システムに優秀な人を採用できたし、しばしば軋んでスローダウンしたものの、国家機関をおおむね寛容に、かつうまく運営するには十分なヨーゼフ主義の精神が残っていた。なるほど、一九一一年の大がかりな調査で、対象となった役人の三分の一近くが一日に書類一ファイルないしそれ以下しか処理していないことが判明したにもかかわらず、業務迅速化の試みがなかなか進捗しなかったのも事実である。しかしいくつかの主要な改革を経て、オーストリアは金本位制となり、それによって国家財政改善の基盤ができた（一八九二年）。また民事訴訟の手続きと税制が時代に合ったものになった（一八九六―九八年）。社会保険システムも自営業者や農村の労働者・老人を含めた包括的なものが準備されたが、関連法案がととのった段階で大戦が始まり、頓挫してしまった。行政は富と権力を持つ者の道具ではなくなった。かくて一八九八年の公務員法は、下級役人の賃上げ率が上級官僚のそれを上回るという従来の賃金体系を維持し、一九一四年の公務員規定《ディーンストプラグマティーク》ではついに最低等級の役人の昇進問題にまで着手した。中等学校の中で、かつてはもっとも権威のあったギムナジウムの丸暗記や古典語重視への不満から、一九〇八年、大学入学に同等の格付けと機会をもつ実科高等学校《レアルギムナジエン》が作られた。学習項目を改定し、成績の七段階評価を四段階に減らして精神的負担を軽くし、学習努力に与えられる段階評価はまるごと廃止してしまった。したがって、住宅、労働者保護、労使調停など、社会的改良の諸課題に取り組むきわめて多くの団体が、国家に好感をもったとしても驚くにあたらない。一八九六年に設立された、そもそもがウィーンの進歩的ブルジョアの一団体である社会自由党もその一つだった。

ハンガリーでは様相はいくらか異なる。たしかにここでも社会科学協会や雑誌『二〇世紀』にとって、社会の近代化は突出した課題だった。それほど急進的でないかたちでなら、イシュトヴァーン・ティサやヴェケルレといった体制側の政治家もこれを受け入れたし、ヴェケルレがとくに目をかけたプロジェクトは、田園都市の基本構想のもとにブダペシュト郊外に作られ、一九二〇年には二万人が居住したヴェケルレ団地《ヴェケルレテレプ》だった。しかしジェントリの国ハンガリーでは、こういった行動計画も新ヨーゼフ主義のオーストリアほどには国家的伝統と合致しなかった。たとえば古典主義ギムナジウムの改革は、ハンガリーではさほど成功しなかった。この教育機関はジェントリの威信とともにあり、官界への入り口とみなされていたからで、一九一二年から一三年では、ハンガリーのギムナジウムには実科学校の五倍の生徒が在学していた。しかしジェントリの利害とかかわりの薄そうな分野では、ハンガリーも沈滞していたわけではなかった。オーストリアより早く女子の大学入学が認められ、一九一〇年までに三二六人が入学した。これは学生全体の二%程度に当たる。

フェミニスト運動は、挫折はあったものの、当時の人々が社会変化というものをどう見ていたかの例証となっている。それは人々の趣向に応じて歓迎されることも、批判されることもあり、後者の場合、できる限り方向がそらされ行く手がさえぎられる。だが結局は見識ある保守派にとって、この問題にとりくむことは、ほとんど避けられないものだった。君主国初の女性の組織や初等学校卒業者を対象とする女学校は、一八六〇年代に設立された。そして一八九〇年ごろの新たな活動の波がそれに続き、プラハには初の（チェコ語の）女子ギムナジウムができ、女性参政権を要求する初めての政治集会もウィーンで開かれた。これ以降この急伸する運動がとりくむようになった課題は、大学教育と専門職（まずは中等学校教師や医師として）への機会の獲得、郵便や電信など一八七〇年代から臨時雇用なら認められていた公的業務での正規雇用、平等な公民権と参政権、売春に対する制限等々であった。この運動は、選挙権を除いたこれらすべての戦線で、一九一四年以前に一定の前進をかちとることができたのである。アウグステ・フィッケルトらフェミニスト指導者が「世界のモラルの再構築[1]」（一八八九八年）を成し遂げることに失望したからといって、得られた成果をおとしめる理由にはならないように思われる。実際、フィッケルトの誇大な目標は、女性には男性の冷静な合理性とは無縁な別個の役割があるとする反フェミニストの基本前提を受容していることを暗に示すものだったが、事態の推移からすればこれは、後に明らかになるほどには害にならなかった。公的な役割を求めるフェミニストの運動に対し、目的をそらそうとするこの男性的な手法が、かえって「国民青年の母親たる女性」という別の形での運動に道をつけてしまったのだ。ナショナリズムが女性たちのエネルギーにとって願ってもない機会を提供した。一八八五年、ドイツ人学校協会《ドイッチャー・シューレフェライン》は一万人の女性メンバーを擁している。愛国主義は、チェコ人フェミニズムにおいても重要な要素であり、これによりフェミニスト指導者はチェコ人諸政党をまるめこむことができた。すなわち、一九一二年のボヘミア議会選挙で女性を選出させるべく応援させたのである。

　これよりはるかにドラマチックだったのは、社会民主主義の加速度的な躍進である。拍車をかけたのはなによりもまず厳しい生活条件だった。そこに旧来のさまざまなかたちの不平等と、都市や地方で資本主義がもたらしたプロレタリア化の影響が加わった。世紀転換期から実質賃金が上昇したおかげで、労働者の視野がようやく広がりをもったこともある。オーストリアの労働組合加入者は一九〇三年から一三年の間に、一五万四〇〇〇人から四二万四〇〇〇人に増えた。動員の水準からみればイギリスやドイツよりかなり少ないが、一方で、この数字は、フランスをしのぐものだった。予想されるようにもっとも組織率が高いのは印刷工で、一九〇八年のボヘミアでは九四％にのぼった。こうして彼らは力を蓄え、労働条件においていくつもの改善をかちとったが、目ざましい成果といえるほどではなかった。雇用主のほうもまた、組織化を速めた。これに対応してオーストリア労働組合中央委員会は、それがあくまで必要で入念に準備されたものでない限り、ストライキを思いとどまらせた。労働運動はこれまでにくらべ、労働協約の枠内なら技術革新を受け入れる用意ができていた。

これらはいずれも、もとより不完全ではあるとはいえ、社会主義を社会の中に位置づけようとする手段の一部だった。専制ロシアとは異なり、社会主義はここでは革命的知識人を量産する場とはなっていない。実際、ハプスブルクの三大国民の指導者たちは、それぞれ異なった角度からマルクス主義を、重要な批判にさらしたのである。オーストリア・ドイツ人のベーム゠バヴェルクは経済面から、ヤーシは社会学の観点から、マサリクは倫理的な側面からそれを行った。とはいえ、君主国のどちら側にしても社会主義のモデルはドイツからやってきたのである。ドイツ社会民主党（SPD）の党派内抗争の性格をより強く反映していたのは、オーストリアよりもむしろハンガリーの社会主義だった。オーストリアではプラグマティックで柔軟なヴィクトル・アードラーのリーダーシップが、一役演じていたからだ。戦間期社会主義において、オーストリアの独自性を際立たせる「オーストリア・マルクス主義」は、レンナーとバウアーの国民体問題への独創的アプローチを除いて、この段階ではまだ明瞭なものではない。にもかかわらず、とりわけレンナーの個性は、少なくともドイツ語話者陣営の底流にあるオーストリア愛国主義を反映しており、対立陣営からは破壊的な運動とみなされているものだった。彼の発想はそもそもが、マルクスのライバル、ラサールによる、「ヨーロッパは、人民と知識によってのみ救われる」という主張にもとづいており、その後マルクスから得たのはペダンチックな唯物論だったように思われる。回想録で、自然の美は神の摂理というよりも地質学的法則の驚異である、と注意深く記しているし、貧しい日雇い労働者や、パン屋の徒弟で技能の修得を一生涯の職務としてそれをやりとげる大胆さをもつ者——といった「近代的ヒロイズム」のイメージが依然としてレンナーの感情的推進力になっていた(2)。また彼はけっして熱烈な反軍国主義者ではなかったし、ハプスブルクの兵役は普通の人々にとって人生のステップアップであると見ていた。長い人生の最後、二度目のオーストリア大統領となったレンナーは、フランツ＝ヨーゼフについてこう言ったと伝えられる。「老皇帝はすべての上に君臨する」(3)。レンナーの一代話は、社会主義者の大義に占める倫理の力と、基本的に保守的な社会でそれが勝利した理由をおのずと語っているだろう。

大戦前に盛んだったもう一つの大衆運動、キリスト教社会主義は、レンナーにしてみれば近代から一歩、狭い職人的世界に回帰するものだった。しかし、この見方が必ずしも正当だったわけではない。ルエーガーがウィーン市長であった一八九七―一九一〇年に、主な都市ガスと電力の供給網の整備が始まり、路面鉄道は電化された。彼は死去するまで市長の座にあったが、その間に多岐にわたる職種、すなわち、生存を脅かされている職人ばかりでなく、公私企業に勤める事務職員など明らかに近代的な下層中産階級の人々や、多数の教師らを含むグループを支持者としてひとつにまとめあげた。さらには、キリスト教社会主義の政治家がより広い構想を描いて大企業の支持を獲得しようとし、最初の支援者の保護を求める声にうんざりしはじめると、職人たちと党との絆はほつれはじめたのである。キリスト教社会主義者は、反社会主義を掲げて中産階級の近代的な大衆党へと発展する兆しを見せていた。しかしそれが成就するのはまだ先のことである。中産階級の分裂は融和にはほど遠かったし、他方、キリスト教社会党がドイツ語話者のみの大衆党だったからだ。イデオロギー上の接着剤は、戦間期までにはカトリシズムが提供しうるようになるものの、この時点ではまだ固まっていなかった。もっとも、カトリック復興はかなりの進展をみせていた。これは、ルター派からの改宗者で先駆者のフォーゲルザンク（一八一八―九〇）のコーポラティズム的教えを現代に合ったものにしようという動きであり、より近代的な社会プログラムをそなえ、学生や知識人の間に影響力を強化しようとしていた。「敵が変わったのなら、我々の武器も変わらなければならない」と、一九一四年、勢力を伸ばしつつあるオーストリア・カトリック人民同盟の指導者、シュミッツは書いている。「我々を過去と結びつけているのは、原理、イデオロギー、目的の共有である」(4)。一九〇七年、ルエーガーはカトリック教徒が大学を再征服することを促す演説を行ったが、それは政治的カトリシズムがヨーロッパの国々で知的・政治的主流に復帰するであろう未来をめざしたものだった。こうした理由から、宗教はハプスブルク君主国の国民体に橋をわたすことはできなかったし、非ドイツ人もそれぞれのキリスト教社会主義運動を展開したものの、スロヴェニア人を例外として、ルエーガーの運動のような影響力は彼らの社会では達成されえなかった。

このようにキリスト教社会主義は、成熟した中産階級の大衆党にはいまだ至っておらず、その反ユダヤ主義も同様の事情をかかえていた。ルエーガー自身の反ユダヤ主義は（そしてそのカトリシズムですら）、マルクス主義者の多くが帯びていた革命主義と同程度に軽いものでしかなかったが、ジョン・ボイヤーが注意を喚起しているのは、大衆レベルでの反ユダヤ主義の動きが一段落したと見るべきではないということだ。ユダヤ人は、競争にさらされている職人、自らの、あるいは教会そのものの地位が失われることに脅えるカトリック聖職者、ハンガリーの衰退しつつあるジェントリ階級、民族的ヘゲモニーが脅かされている知識層ドイツ語話者等々、変革にいきどおる彼らにとって、あまりに格好のスケープゴートだったのである。ユダヤ人がキリスト教徒少女を宗教儀式で殺害したとされる免罪事件の直後に行われた一八八四年のハンガリーにおける選挙では、反ユダヤ主義政党が一七議席を獲得した。この党の最大支持基盤となったのは、ユダヤ人を多く抱える地域ではなく、二重制に対立するカトリシズムとマジャール人ジェントリが最も強い地域であった。チェコ人社会でも一八九九年に宗教儀式殺人の申し立てが扇情的な役割を演じたが、そこではプチ・ブルジョアの間に反ユダヤ主義が蔓延していた。一九〇〇年に八三万人のユダヤ人がいるガリツィアではこれは農民の間に広まっていた。ハンガリーでは反ユダヤ主義はオットカール・プロハースカの知的武器でもあった。だが反ユダヤ主義でいちばん注目される点は、最も進んだハプスブルクの国民集団、すなわちドイツ人の間にそれが浸透していったことである。ユダヤ人自身は、彼らとはきわめて親しい関係にあると思っていたのだ。ドイツ人社会では、キリスト教社会党支持の職人にとどまらず、オーストリア・ドイツ人の中産階級リベラリズムを継承する諸党派の間でも、反ユダヤ主義は支配的なイデオロギーになっていった。一九〇一年の選挙で最大の二一議席を獲得した人種的反ユダヤ主義者シェーネラーの「パン・ドイツ党」がその後後退したことは、たいした影響をおよぼさなかった。その四年前には、有力なドイツ人ブルジョア組織の国民党《フォルクスパルタイ》が反ユダヤ主義を公式綱領の一部に掲げていた。国民党は、ウィーンからユダヤ人帝国議会議員が選出されることに異議を唱え、一九〇七年までには、ドイツ人リベラル派残党の共同戦線に向けた交渉を妨害するほどになっていた。

　反ユダヤ主義は二重制を支持するマジャール人エリートとユダヤ人との暗黙の連携を決して壊さなかったし、チェコ人の反ユダヤ主義はボヘミアのユダヤ人の間に起こったチェコ化運動を決して邪魔しなかった。では、なぜドイツ人の間ではこのようなことが起こったのだろうか。その答えには、ハプスブルク君主国の国民的テーマと社会的テーマの非常に重要な関係が内在している。ブルジョアの反ユダヤ主義は、一方でオーストリアの相対的に小規模な経済発展に負うところがあったが（国民党は中小企業家から多くの支援を得ていた）、むしろ一八六七年あるいは一八七九年以後のオーストリア・ドイツ人の、厄介な国民的立場から生じたものだった。彼らはハプスブルク君主国における伝統的ヘゲモニーを取り上げられ、ドイツ内に持ちえたはずの国民国家をも失った。これは、ハンガリー人は国家を獲得し、チェコ人もそれに続こうとしていたのとは対照的であった。そこで国民と国家の乖離を感じて、いっそう国民に対する感情的忠誠が強くなっていったのである。だがやはり、強い挫折感と憤りは残った。このころの新ヘルダー的思想は国民を文化的尺度で見ており、その意味でユダヤ人はドイツ人たりうるかという、この世紀を通じて存在しつづけた疑問をあおることになった。しかし、オーストリア・ドイツ人のアイデンティティが緊張にさらされる状況にあって、このようなかたちで純化された国民概念を主張するという行為が、結果的に、「よそ者」であるユダヤ人の影響力の排除を、まさしくナショナリストとしての関与の試金石をなしてしまったのである。こうした排除の源流が、学生による政治活動の感情的世界に最も根強くあったというのも驚くにあたらない。一八七八年に、オーストリア・ドイツ人学生の友愛団体はユダヤ人の会員登録を拒むようになった。だがドイツ人学校協会《ドイッチャー・シュールフェライン》のように、より実世界に組み込まれた組織ではそう横柄にふるまうわけにいかない。「ドイツ人世界」が脅かされていた多くの地域、とくにプラハで、ドイツ語話者におけるユダヤ人の割合が高かったからである。とはいっても戦前のオーストリア・ドイツ人政治家の多くはその政治的通過儀礼を、学生時代の高揚した雰囲気と、一八八〇年代に盛りあがったシェーネラーの運動の双方、もしくはそのいずれかから受けていた。これらのことが、一つの風土をつくりだしていた。そこにはたっぷり反ユダヤ主義がしみこんでおり、風刺作家のカール・クラウスや没後有名になったオットー・ヴァイニンガーといった傑出したユダヤ知識人にいわせれば、ユダヤ性とは文化的腐敗の象徴であり、ユダヤ人自身がそうした内なるユダヤ性と闘い克服することこそ、人間であることの最高の証しであった。「解体から再生へ」が、反ユダヤ主義問題についてクラウスがユダヤ人社会に対して示した答えである。(5) ヴァイニンガーは二三歳で自殺することでこれを実行に移した。反ユダヤ主義と反フェミニズムが奇妙に混成する『性と性格』(一九〇三年)を出版した直後のことだった。その死によって、この本は有名になったのである。

反ユダヤ主義はさまざまな形で、オーストリア＝ハンガリー社会の陰の面を浮き上がらせた。そこでは、一九一四年以前のヨーロッパ世界の一般的特徴がとりわけくっきりと現れていた。すなわち、資本主義の世の中にあって、ヨーロッパの諸国民の一部が、ヨーロッパあるいは非ヨーロッパの他国民に比べ力を伸ばしたことで新たな民族関係が生じたが、それを制御する力が脆弱にすぎたということである。反ユダヤ主義は、差異の拡大に関する短絡的な解釈として、後から振り返るとこの時代のもっともつまらない知的特徴に思えるのだが、粗雑な民族的・文化的ステレオタイプ化のならいにぴったりあてはまった。白人か黒人か、チュートン人かケルト人、もしくはスラヴ人か、プロテスタントの北方かカトリックのラテンかといったたぐいの問題である。反ユダヤ主義が、しばしば女性嫌悪《ミソジニー》と結びつけられる程度のその未熟な人種的、社会ダーウィニズム的諸理論の中で明らかにした最も重要なことは、大規模な変化がいつでも抱える困難、実際にいま起こっていることに対して真正面から取り組むことの困難さであり、この場合は強化された社会・民族的動員との取り組みであった。オーストリア・

ドイツ人のアイデンティティ、ドイツ人とユダヤ人の間でゆれるアイデンティティ、他に見られないかたちで問題の中枢を占めるこれらが、その困難さをさらに増幅していた。悩める社会の病理に向けた鮮やかな批評とされている世紀転換期ウィーンの文化的開花のいくつかは、筆者には病理そのものにはまりこんだものにも見える。カール・クラウスが風刺したさまざまな世相や、もう一人のヴァイニンガー、精神を病んだロック歌手カート・コバーンのように――。

末期の二重制が抱える不安のかなめとなっていたのは、躍進する国々に比べた後進性の意識である。ハンガリーがアジア的国家であることに向けられたアディの怒り、「チェコ人小市民」の俗物根性を罵倒するチェコ・モダニズム運動、生まれたてのスロヴェニア人ブルジョアの虚栄を揶揄したツァンカルの風刺――これらはいずれもこうした意識から生じていた。ギムナジウム改革や社会立法をめぐる議論にしても、ゲーテやシラーが変わらぬ威光をもっていることにしても、あるいはヘルマン・バールのように「オーストリア人」であることに自覚的な作家でさえ利用したドイツの出版社の威光がいまだ変わらないことにしても、さらには、経済不況を克服するためには共通の愛国心が生むエネルギーが必要であるといった痛々しい発言にしても、オーストリア・ドイツ人にとって手本は常にドイツ帝国であった。ハプスブルクの臣民は、大帝国の住人ではあるが、富と力のある従兄を畏怖する貧しい親戚のような心性をもっていた。こうした心性は、滑稽でおおげさな態度となって表れがちである。ある編集主幹が、自分の女性嫌悪に抗議する女性たちに侮辱のことばをあびせた。そのことについて有力なフェミニスト系刊行物の通信員がこう書いている――こういった連中は意識の高いフランスやイタリアなら死ぬほど叩かれるだろうし、イングランドなら見せしめとしてタールと羽毛をぬりたくられるだろう。「だがウィーンではいったいどうなる」[6]。隣の芝生は青いという思いこみは、劣等意識を持った社会では習い性となってしまうものだ。だからこそ、末期ハプスブルク・オーストリアの経済面・文化面での実質的収穫は、重苦しく停滞しているといういささか一方的な自己イメージの前で過小評価されてしまった。その一方で、国民的目標――オーストリアの人々はドイツ人の目標は心から賛美し、ハンガリー人の目標は不快に思っていた――の喪失感にともなう自己過信の危険についてはまったく見過ごされていた。もちろん、否定的に自己をステレオタイプ化する主な原因は、失敗つづきの国の政治に対する絶望であった。だが政治的失敗なるもの自体が単純化されていないだろうか。バデーニから一九一四年までの政治については、一般に向けられている注意以上のものを払う意味がある。

シスライタニアの政治――一九〇〇―一四年

君主国晩年のオーストリア政治については、一般的には厳しい見方がされている。バデーニ危機以後、制御のきかなくなった帝国議会は議事妨害に苦しめられ、無責任な政党政治家がこれによって自らに有利な譲歩を強要し、他グループについてはこれを妨害しようとした。こうして生みだされた政治空白のなかで、皇帝と官僚は実質的に新絶対主義的な役割を再びはたすようになる。ナショナリズムから社会発展へと注意をそらせば、議会という船を再び浮上させられるのではないかという当時唯一の希望は、一九〇七年の普通選挙制度改革が失敗したことで潰えさった。

このような素描は、不十分ではあってもそれほど間違ってはいない。もっと長い時間枠で考えてみると、この時期のオーストリアの政治体験が、戦間期に向けて崩壊していく東・中央ヨーロッパの議会主義理念の運命と、多国民環境における議会運営システムとを興味深く照らしだしてくれる。第一に、オーストリア議会主義の度重なる混乱は、想像されるほどには当時その権威を失墜させなかった。オーストリアの人々が議会制度そのものを非難するより、むしろ自らの弱点をとがめがちだったからだ。議会制はなおもヨーロッパ的進歩と力の決定的な一部とみなされ、一九〇五年には部族的なモンテネグロでさえ取り入れられたのである。第二に、ヨーゼフ主義の伝統があるオーストリアのような国では、官僚が首相に就任することは、イギリスやフランスで想定されるほど議会の失敗の象徴とはならなかった。オーストリアの二〇世紀の首相はすべて官僚出身だが、彼らを二つのグループに分けることができる。無難に乗り切ることだけ心がけ、代議制民主主義の理想にはまったく関心を示さなかった人たちと、オーストリアの政治を近代化し、政府と有権者の関係を作り直すことに精力と創意を注いだ人たちである。野心的な官僚が、裏では同等の影響力を行使しえたにもかかわらず、大臣のポストをほしがったのも確かだ。ヨーゼフ・ベルンライターとルドルフ・ジークハルトが、上記二タイプのそれぞれの例である。

ボヘミア言語令が最終的に撤回された後、一九〇〇年一月に首相に就任したエルネスト・フォン・ケルバーは、改革派の陣営に属する人物である。前任者たちとは異なり、彼は、主に政党政治家からなるという意味での「議会制」政府をつくるつもりはなかったが、社会民主党への弾圧を緩和し、出版に対して開放的になり、一〇億クローネ規模のインフラ整備計画を立てて民心をとらえようとした。一九〇一年六月には、アルプスにトンネルを掘ってトリエステへつなげる鉄道建設の、またドナウ川とエルベ川、オーデル川、ヴィスワ川をつなぐ運河建設の巨額な予算案が、帝国議会で熱狂のうちに可決された。波に乗ったケルバーは一九〇二年の予算について、第一四条非常事態条項によらずに承認させることができた。これはバデーニ以来なかったことである。ハンガリーとの経済関係に関する大晦日の夜の合意と、兵員補充の立法がそれに続いた。ケルバーの施政は、官僚政府は政党を基盤とした政府にくらべ、帝国議会の意向といかに密接に関係をもつ必要があったかをよく示している。政党政府なら議会の半数の支持で機能しえたが、ケルバーの場合ほぼ九割の承認が必要だった。議事手続き規則によれば、妨害しようと思えば議員五〇人で討論打ち切りに持ち込めたからである。

それでも青年チェコ党は一九〇三年後半から執拗な妨害を再開し、翌年末までにケルバー内閣は倒れる。なぜ彼は失敗してしまったのだろうか。一九〇一年の投資計画は、トリエステへのアルプス鉄道ルートが完成した以外は結果的に中断されてしまったが、その理由は何だったのか、経済史家ガーシェンクロンは、この計画を開発経済学の実例として重視しすぎた結果、説明に窮している。当時の人々も、また、のちの歴史家たちも、指摘されるようなケルバーの決断力の欠如、あるいは実際には財務省が反対していたというようなことに加え、国民問題に換えて経済問題を優先させる戦略に重点を置きすぎていたのではないだろうか。こういった置き換えの努力は一時的な緩和をもたらすかもしれないが、長い目で見て、病根である国民問題そのものを鎮静化するにはいたらない。ローター・ヘーベルトが指摘しているように、ケルバーの投資戦略が魅力的に見えたのは、一つには、いつか利権にありつけるだろうと期待をもたせることで各党の機嫌をとろうとしたからだ。しかし運河の流路や建設の優先権がいったん決まってしまうと、根拠となる動機はほとんど意味を失ってしまう。ケルバーは国民問題の重要性をはっきりわかっていた。彼の内閣が最初に率先してやろうとしたことが、チェコ人・ドイツ人協議会の招集だったことからもそれはわかる。だが協議は決裂し、一九〇〇年夏には一時的にチェコ人の議事妨害をまねいた。彼の公式文書には、当時にあって合憲的なクーデター計画の草案がまじっている。帝国議会の議席の六〇%を普通選挙によるとする布告を出したり、チェコ語・ドイツ語言語問題を決着したりすることもそこには含まれていた。だが一九一四年以前しばしばそうであったに、強権によって忍従をしいることはできなかった。チェコ人は変革を待つことにうんざりし、一九〇三年のいっそう不毛な交渉のあと、ケルバーの命運に終止符を打つことにしたのである。

ケルバーの後継者で長年教育相を務めたパウル・ガウチュ男爵の短い任期は、ハンガリー危機と一九〇五年のロシア革命に揺さぶられた。保守派のガウチュはオーストリアへの連鎖効果を恐れてハンガリーでの普通選挙に反対した。しかしロシア革命の過激化と、ウィーンで起こった社会主義者による参政権要求の大規模なデモが、一一月に方針の急旋回をもたらした。この転換は、フランツ゠ヨーゼフ自身が指令したものであった。何が皇帝をその気にさせたのか。伝統政党の大半が改革のために議席を失うかもしれないのに、なぜ反対の声があがらなかったのか。山盛りの理論より、宮殿の二・三枚の破れ窓のほうがフランツ゠ヨーゼフの気持ちを変えるのにききめがあった、とドイツ大使は皮肉っている。だがこれに付け加えるなら、いやおうなしに変革に慣れ親しまなければならない時代になっていたということだろう。社会全体が前進しているこの時代に、変革に逆行する可能性などもはやほとんど考えられないことだった。かくていままでの制度がぐらついたなら、可能な選択肢は、自らも前進することで、こうむる影響が緩和されるよう期待するしかなかった。これが青年チェコ党、キリスト教社会党、ドイツ人リベラル派の指導者たちの間に漂っていた気分だったと思われる。彼らのいずれもが、新しい民主主義の時代に、民主主義に抵抗しているかのように見られることで、はなからつまずくことを懸念していたのだ。大土地所有者の議員でさえ、それぞれの選挙部会《クーリエ》が消滅すれば選挙で敗北しかねないにもかかわらず、有力者の発言に見られるように、結局は「いたく沈痛な心持ちで」[7]大半がこれに従った。彼らの立場に立った進言を聞いて皇帝は、「そのとおり、彼らは多くを失うだろう」と特有のぶっきらぼうな言い方で見解を述べたが、それに対しする応答も「陛下、彼らはいっさいを失うのです」だった[8]。他の集団に与えられた丸薬はいろいろな処方で糖衣に包んであった。領邦が望めば強制投票が行われ、キリスト教社会党はこれにより、より組織化された社会主義者の勢力を相殺することができた。帝国議会議席数が拡大したことで、地方レベルでそれぞれの国民体間の議席分配が促進された。また、一代貴族任用に今後制限を設けることで上院をなだめることができた。だが多重投票は拒否された。こうした処置がほどこされ、全五一六議席の新たな帝国議会が成立した。議員は普通選挙にもとづいて選出されたが、納税額が考慮されたため、完全な普通選挙とは言えなかった。かくして二四一議席が配分されたドイツ語圏の選挙区の平均人口が四万人なのに対し、一〇八人のチェコ人議員は一人当たり平均五万五〇〇〇人、三四人のルテニア人議員は一〇万二〇〇〇人を代表することになった。しかし全体からいえば、ドイツ人は初めて少数派となった。結果として一九〇七年に、民主主義と既存の民族的序列を繊細に融合することができたというのは、オーストリアの国政がなしとげた注目すべき実績であり、とりわけ、前年首相に就任したマックス・ヴラディーミル・ベック男爵の功績であった。

ベック（一八五四―一九四三）もやはりキャリア官僚だったが、シスライタニアの二〇世紀の指導者のうちでおそらく一番面白い人物だろう。きわめて保守的な皇位継承者フランツ＝フェルディナントの、長年にわたる保守的な相談役であることを自認しつつも、ベックは時代の趨勢に逆らわないで進もうとした。オーストリアのような複雑な社会では、社会を上からの指令に従わせることはできないと確信していた彼は、新しい議会の中心課題に据えられている発展の段階的プロセスに、選挙民および彼らの政党をもっと巻き込み、それによって多大な自己規律と責任を持たざるを得ないように仕向けることで、強い政府が実現すると結論づけた。さらに、政党政治家で組閣される議院内閣づくりにも取り組みたいという意思も表明していた。青年チェコ党から二人、ドイツ人リベラル派から一人、ポーランド人から二人、さらにキリスト教社会党からのちに二人を加えた組閣でこれが実現し、一九〇七年に予定されていたハンガリーとの一〇年ごとの通商協定は首尾よく合意に達したのである。キリスト教社会党がこの協定に賛成票を投じ、その結果入閣したということは、ルエーガーが扇情的に、憎き「ユダペシュト」（ユダヤ人を意味するドイツ語Jude《ユーデ》の語呂合わせ）との取り引きを攻撃していたにもかかわらず、ハプスブルクの政治家は演説よりははるかに責任感を持って行動できたことを示している。高度に分裂し増殖する政治システムの中で、改革が意図した結集に成功して、その恩恵を最大限に享受したのは、九七議席を獲得したキリスト教社会党と、八七議席（うち五〇人がドイツ人）を獲得した社会民主党であった。かつてウィーンに特化していたキリスト教社会党は、いまや諸領邦のカトリック保守派との連合を通じて全土に広がる党派となった。一方、大衆政党間の競合によって弱体化し、七九議席へと議席を半減させていたかつてのドイツ人リベラル派の後継諸党も、地位を強化するために、再結集の必要を感じていた。当初は進歩党と国民党《フォルクスパルタイ》の議員のみが合同し、のちにドイツ急進党とドイツ農業党が合流してドイツ国民同盟《ドイッチャー・ナツィオナルフエアバント》を結成した。シェーネラーのパン・ドイツ党は一九〇一年の選挙で得た二一議席が三議席になるなど崩壊し、運動の大部分はすでに、カール・ヘルマン・ヴォルフ率いるよりプラグマティックな急進党として分離していた。だが一方、党派結集と並行して、普通選挙は、それまで支配権を握っていた青年チェコ党やポーランド保守派政党の翼の下から、一群の新政党を巣立ちさせる結果ももたらした。一八議席の青年チェコ党はいまやチェコ人政党としては農業党、社会民主党に次ぐ三番手となったが、議席数で聖職者や国民社会主義者といった集団を上回っていた。ポーランド国民民主党と（農民）人民党は、ポーランド人八〇議席のうち四二議席を占めた。社会民主党の躍進はフランツ＝ヨーゼフに衝撃を与えた。国民問題から社会問題領域への政策転換は、左派の社会主義者と右派のブルジョアとの均衡をとるために意図されたのではなく、社会主義者の脅威に対してブルジョア勢力の結集を促すためだったからである。統治エリートは民主主義をいまだ二〇世紀的に思い描いてはいなかったのだ。

有望だったにもかかわらず、ベックの実験はわずか二年半で挫折した。悩みの種の一つは、フランツ＝フェルディナントだった。自身が反対していた普通選挙が行われたことでかつての腹心に裏切られたと感じた彼は、一九〇七年の経済妥協を確実にするためにベックがハンガリーに対して行った立憲上の譲歩によって、さらに孤立していた。ハンガリーにどのような態度で臨んだかということが、この当時のオーストリアの保守主義を見る際の興味深い試金石となる。いまや穏健派になっていたベックたちは経済上の合意のためには必要とあらば軍事的・政治的譲歩を選ぶし、強硬な保守派なら経済合意を犠牲にしようとしただろう。ベックの譲歩が、象徴的なものとも、仮説的とも呼びうるものだった（関税同盟は再び「条約」と呼ばれ、一九〇五―〇六年危機の際のように、行政部がハンガリーの県自治を封じることに制限が加えられた）にもかかわらず、フランツ＝フェルディナントは、帝位継承にあたってはこの協約に縛られるつもりはないと内密の宣誓証言をした。それでも、彼にもっとも近かったキリスト教社会党に働きかけ、ベックの失脚を確実にしようとしたにも拘らず、大公のこの決断は、ボヘミアにおける政府の政策がいまにも崩壊しようとしているなか、その展開を早めたにすぎなかった。チェコ人・ドイツ人問題は破壊力を内在したままだった。

チェコ人・ドイツ人論争の解決のために繰り返し無益な試みがなされ、晩年の君主国ではそれがすっかり定着していた。ケルバーの頃から、同じような形をとっていた。ボヘミアにチェコ語圏・ドイツ語圏を認め、前者における行政上の「内部言語」の地位をチェコ語に全面的に与えるという言語問題の決着は、行政区画を引きなおすことで、プラハに半自治地帯を要求しているドイツ人を満足させることと見合うだろうと政府は期待していた。ボヘミア議会にさらなる権力を求めるチェコ人の希望に譲歩しても、重要審議のときは議会少数派であるドイツ人にある種の拒否権を与えることで、バランスがとれるはずだった。これらはどれもチェコの国家的権利からはるかにかけ離れたものだったが、他方で、青年チェコ党の指導者、クラマーシュは一九〇六年の綱領書の中でその夢を多少なりとも断念していた。チェコ人は中心であるオーストリア国家に大きく参画することでこの夢に近づける、それによりドイツ人に権限委譲の名分を与えることになろう、と論じている。この「積極主義的」アプローチは、一八九〇年代に短期間オーストリア財務相をつとめたヨーゼフ・カイツルにさかのぼる。他の国民の心臓部に少数民族が住むというようなきわめて繊細な問題（プラハのドイツ人のような）も含め、可能な一括交渉は何回かにわたって、ほぼ全面的に合意に達した。二つの共同体がボヘミア以上に点在していたため言語に関してはやや相違していたものの、ボヘミアの姉妹邦モラヴィアでは、一九〇五年に実際に交渉が成立した。これは、支配者である少数派はそのヘゲモニーを危うくするというイジー・コジャールカの興味深い見解を反映しており、モラヴィアのドイツ人はこれ以上の災厄に遭わないことを保障してもらう見返りに、議会で多数派であることを放棄したのである。しかし常に最大限の緊張下におかれていたボヘミアでは、ルービック・キューブのようにあらゆる問題がぴったり同時に解決に至らなければならなかった。

一九〇八年、言語前線が崩れはじめた。ドイツ語圏ボヘミアのいくつかの法廷が、チェコ語の書類の受け取りを拒否した。それに対し八一のチェコ人都市が、ドイツ語による書類は受け取らないと宣言し、ベックの提案を審議するボヘミア議会が九月に開かれるころには、民族関係は気圧の谷に入っていた。多数派のチェコ人はチェコ人の役人のみを指名し、ドイツ人議員はパン・ドイツ的な讃歌『ラインの守り』を歌いつつ抗議の退席をした。ベックは、大土地所有者の代表から支援をとりつけることができず（彼の提案の一つが、議会選挙を民主化することを目ざしていたからに違いない）、リュブリャナでドイツ人とスロヴェニア人が衝突して流血沙汰になると、彼は絶望して議会を停会とした。ベック内閣のチェコ人閣僚が辞任し、キリスト教社会党の閣僚もそれに続いた。こうしてもっとも野心に満ち、創意に富んだオーストリア首相の一人は職務を去り、二度と戻ってはこなかった。

ベックの失脚によって、オーストリアの議会制度は骨抜きになった。主たる後継者ビーネルト（一九〇八―一一）とシュテュルク（一九一一―一六）は、議会制内閣をつくろうとはしなかった。ビーネルトは議事妨害の兆候が現れるやいなや、ただちに第一四条に頼って帝国議会を停会にし、それを繰り返した。シュテュルクは議会制度を支持すると表明したものの、ただし議会制度それ自体が目標なのではなく、国家と人民に奉仕するためのものであるとつけ加えた。懐疑をたっぷり内に秘めた条件付与である。ボヘミア問題に対する最後の大きな取り組みが一九一〇年に行われたが、欺瞞的なものにすぎなかった。大土地所有者の間で、親チェコ派と親ドイツ派が合意に達し、それが他の党派にも広がっていくことが期待された。しかし大土地所有者たちの主たる関心は、帝国議会の選挙部会《クーリエ》を失って以降、彼らの唯一の公的フォーラムとなったボヘミア議会を再浮上させることにあり、国民的決着を全面的に進めることには熱が入っていなかった。決着がついたなら、仲介者としての役割がなくなるだろうし、彼らを代償にして民主化のプロセスが完成してしまうだろう、というのが理由である。こうした事情は舞台裏にいたフランツ゠フェルディナントの見方でもあったし、その証拠が残されている。実際、論争に加わっているどの党派も、決着を遅らせることに関心を払っていた。チェコ人にとっては、彼らはいま上げ潮にあり、もう少し待てばドイツ語圏ボヘミアの工業地帯にチェコ人が移住し、境界を確定した自治領にしようとしているドイツ人の計画をつぶせるだろうと想定することが可能だったからである。またドイツ人にしてみれば、決着が遅れることでボヘミア議会の借りはさらに増え、そのつけを教師その他に払わせるようチェコ人に譲歩を迫ることができたからだ。だが、多人数でやるチェスのように、違った角度から見るのも意味のあることだった。君主国全体の中でより有利な取り引きをするために、チェコ人はボヘミアで譲歩しただろうか？　たとえばウィーンには公立学校入学を拒否されたチェコ人が一〇万人以上もいたのである。ドイツ帝国が地方勢力を慰撫したことが、ドイツ系ボヘミア人をますます頑なにするのに、どれだけ大きな役割を果たしただろう。公的なフォーラムはあまりに無能力化していた。一九一三年にシュテュルクがボヘミア国法の効力停止に踏み切っても、無言の抗議以外に反応はなかったし、領邦議会の常任委員会がもっていた行政機能は国家委員会に奪われてしまった。

　一方、一九一一年にビーネルトが行った帝国議会選挙では、彼の思惑通りの結果が出なかった。チェコ人の間でもキリスト教社会党の間でも聖職者勢力が後退し、社会民主党とチェコ人急進ナショナリスト諸派が勢力を伸ばした。一九〇七年以降目立ってきた政党合併への流れは逆行した。キリスト教社会党の都市派と農村派に再び亀裂が入り、アルプスのドイツ国民同盟《ドイチャー・ナツィオナールフェアバント》党員はボヘミア・ドイツ人の優位に憤り、社会民主党員の間でさえ民族的調和がくずれはじめた。社会主義者も彼らをとりまくナショナリズムの高揚にまったく影響を受けないわけにはいかなかったのであり、運動の内部論争に対する見方にもしだいにナショナリスト的色づけがなされるようになったからである。たとえばチェコ人が、一九〇五年の普通選挙を求めるゼネストに対し、腰のひけた指導者層（主としてドイツ人）を非難しがちだったのも、殉教者フスの国民としての、急進的な自己像からきたものだった。またオーストリア・ドイツ人がウィーンで、多数のチェコ人労働者を代表するチェコ人社会民主党候補者を認める気になれなかったのは、ドイツ人ナショナリストから激しい反発を招きかねなかったからである。

　このような状況にあってつまはじきにされたチェコ人は、労働組合運動の各分野で次々に対抗的分派組織をつくりはじめ、一八九六年に設立が認められたチェコ労働組合中央委員会を、実質的な分離組織の原動力とした。こうした「分離主義」に対して、国際労働組合運動と第二インターナショナルが非難を浴びせたが、彼らの中にはチェコ人について無知をさらけだす者もいたから、その非難はむしろ逆効果だった。そうこうするうち、一九一一年、連邦派のチェコ人陣営から親ウィーン分子が離脱した。彼らは連邦派の分離主義的傾向を批判しつつ、ナショナリスト的色彩の薄いモラヴィアのブルノに本拠を置く「中央派の」チェコ社会主義者組織を結成する。連邦派がこの新しいチェコ人運動を察知すると、チェコ社会主義者の母体組織はウィーンとの提携を断ち、事実上離脱した。チェコ人とドイツ人の社会主義者がウィーンとボヘミアでたがいに対立したように、中央派と分離派のチェコ社会主義者は選挙で対立し、分離派が苦もなく勝利した。チェコ人の社会主義支持者に限っていえば、自らの候補者が落とされたとき、二次投票では大半がドイツ人社会主義者に票を入れたが、ドイツ人の社会主義支持者から同様の見返りを得ることはごくまれだったのである。戦争が始まる前に、ルテニア人とトレントのイタリア人社会主義者がやはり国民問題で分裂し、一九一六年にはポーランド人と南スラヴ人が離脱して、連邦派は完全に活動を停止した。実際、純粋な意味での全オーストリア党大会は、一九〇五年以降、開かれていなかった。

社会主義者は、議事妨害の放棄というタブーを破ることは思いとどまったが、他の党派はこれも放棄していた。一九一四年三月にシュテュルクが停会にした帝国議会が、以後二年半の間招集されなかったとき、その場にいたのは控えめなスロヴェニア人だった。チェコ人対ドイツ人の主戦場の周りを、小規模な争闘が取り巻き、しばしば激しく火を噴いた。スロヴェニア人、ルテニア人、イタリア人は、独自の大学を要求していた。一九〇八年、一人のルテニア人学生が、ポーランド人のガリツィア総督を射殺した。分離主義者の宣伝活動は、イタリア人の間では隣のイタリア王国から、ルテニア人の間にはしばしば正教会の衣をまとってロシアから浸透していった。イタリア人と南スラヴ人は、カトリック典礼での古代教会スラヴ語の使用をめぐって論争していた。ナショナリスト的な目的のために旧い特権が蘇らされたのである。オーストリアでは議会政治が成り立たないとわかった以上、いまや事態の始末に取り組むべき時がきていると、フランツ＝ヨーゼフが一九一四年初頭に苦衷を訴えた背景には、こうしたさまざまなことが重なっていたのである。

その対極では、社会主義者たちが普通選挙にはかない夢を託していた。普通選挙によってオーストリアのブルジョアジーは官僚制の隠された世界から現れ出て、正当な民主主義の中に身をおくことができるだろうし、そこでは階級と自由の問題が毒気に満ちたドイツ人対スラヴ人問題に取って代わるだろう、とレンナーとバウアーは論じている。閉塞した官僚社会と無責任な政治文化は、ささやかな民族的優遇のためにその支配権を保っていたというのが、大半の同時代人の、そして後世の歴史家の結論である。

おおむねそのとおりであろうが、これでは批判のトーンが強すぎないだろうか。オーストリア・ドイツ人のリベラル・ナショナリスト政治を研究する歴史家ローター・ヘーベルトは、外交政策や防衛問題に口をはさめない政党政治家にとって、自国民の取り分のために奮闘することは、残された活動の場としてもっともわかりやすいものだったと指摘している。(9) 分裂社会が必然的に分裂した政治をもたらしたのであり、ボヘミア、モラヴィア、ウィーン、アルプス諸邦などで見られた、各地域における政治集団同士のたえまない組み替えと再編成がこうした政治の例証となるだろう。さらにいえば、一八六七年から九三年に展開された文化闘争《クルトゥーアカンプフ》に沿って、ドイツ人リベラル派が反教権主義と学校教育を柱にした「進歩」について強く支持を表明する一方で、スラヴ人が多数を占める右派の党はそれに反対するという意味でのイデオロギー的党派政治の基盤は、発展と民主化によって、たしかに腐食しつつあった。二〇世紀に入る頃には社会問題が前面にでて、労働者保険、労働条件、労働組合、フェミニズムなど、帝国議会での立場がはっきりと二分されない重要な争点が持ち上がっていた。多くの場合、こうした問題は実際、各領邦、あるいは重要な責務を主体的に引き受けていた自治体の管轄に属していたのである。ルエーガーのウィーンがそうであり、その意味ではこの時代のイギリスの進取的な都市自治体と変わらない。そしてその対応は国際的な水準にも十分かなうものだった。たとえば、オーストリアのフェミニストは社会的後進性を嘆いていたが、オーストリアの少女たちはプロイセンの少女よりも早く中等学校終了試験、「マトゥーラ」を受けられるようになったし、大学で学ぶこともできるようになっていたのである。一八六五年から一九〇五年の領邦予算は、全体的にみると中央の予算の三倍の速さで増加している。これは、国家官僚の圧制によって硬化症にかかっているというオーストリア像に対置されてしかるべき数字である。

二重制末期のオーストリア政治についての妥当な裁決は、どうみても情状酌量をともなう過失といったところである。すべてのもくろみが不発だったわけではないのだ。青年チェコ党、キリスト教社会党、国民党がいずれも基本的には、普通選挙による政府を支持し、大衆政治への移行が以前の対立関係をやわらげてくれるという見方に一定程度くみしていたことは注目してよい。ヤン・クジェンによると、選挙を有効に利用しようというチェコ人の「積極主義的」選択は、増大しつつある「社会諸勢力」のある感覚、すなわち、民主化された帝国で同等の役割を担えば、古くさい領邦エリートの国家権教義より活動範囲が広まるだろうという感覚を反映しており、ナショナリズムを越えるものとしてではなく、あらゆる者にとってあたかも国民国家となるかのような君主国が目標だった。しかし彼は同時に、この期待はかなわなかったとも記している。一九〇八年から一四年まで続いた中央官僚による政府と、ドイツ帝国の支援に頼るバルカンへの急進策によって、幻想からめざめたスラヴ人は従来の立場に踏みとどまり、積極主義の内部崩壊を招いて、その主唱者たちを第一次大戦中、進んで分離主義へと移らせることになる。マサリクはのちに、一九〇七年からは君主国に見切りをつけ、当時の民主化の流れが、自国民にとって君主国の代替となるものを形成してくれることを期待していた、と書いている。圧倒的多数の人々にとって、オーストリア諸国民による闘争は国家を統御することを目的として展開されたのであり、それを見捨てるためではなかったというのはそのとおりだ。しかし、一方これによって引き起こされた風土病のごとき競い合いは、妥協への意志を低下させた。さらにモラヴィアやブコヴィナのように国民妥協が成立した地域では、個人は二者いずれかの国民帰属登録を要請され、差異を緩和するどころかむしろ際だたせてしまったとゲラルド・シュトゥルツは指摘する。

したがって大戦前夜のオーストリアの相対的な平穏さの中に、より長期的な楽観論を過大に読みこむべきではない。にもかかわらず、あらゆる集団が絶望の瀬戸際まで追いつめられずにいられたのは、経済発展と優秀な行政能力、それに政治的な配分システムがかみ合っていたおかげだった。体制を危機に放りこむ激震がシスライタニアからではなく、ハンガリーと南スラヴ地方から走ったのはこのためである。そこでは以上の要件がそれほど明瞭に存在していなかった一方、言うまでもなく外側の世界では、事態は悪化の一途をたどっていたのだった。

ハンガリーの政治

オーストリアの世論は、ハンガリーの政治家がハンガリー側の利益を押し通そうとする、そのあからさまな威力に憤っていた。だが彼らの強さよりもむしろ彼らの弱さが君主国を真に危険に直面させたことは間違いない。オーストリアと、マジャール人大衆と、非マジャール人たちに同時に対峙し、それぞれに対してエリートの国民ビジョンを貫き通すことができなかった弱さである。マジャール人ナショナリズムの限界は、一九〇五—〇六年危機の帰結があらわにしている。この時、独立党は要求していたハンガリー単独軍を棚上げにし、選挙改革とオーストリアとの関税同盟の更新に向け積極的に取り組むことを誓約して、二重制という枠組みの中で政権に参加することに同意したのだ。だが、ジェントリ的ナショナリズムをこのようにさらけだしても、ハンガリーの問題は軽減されなかった。かえって、満たされない独立党連合が支持者を得て地位を回復すべく、体制にこびりついたかさぶたを剥がしにかかるのはありそうなことだったし、一方で非マジャール人に対して、怒りを買うほど高圧的になっていたのである。二重制そのものが正面から異議を唱えられたわけではないものの、その前途は多難なものになっていた。

独立主義者たちの軟化は新政府の構成にも反映され、親二重制派が一八四八年派を上回った。そこには時の首相であり、かつて自由党内閣でも首相だった手だれのプラグマティストで、フランツ＝ヨーゼフがやむを得ず任命したヴェケルレもはいっていた。この二人の男の性質の違いは、フランツ＝ヨーゼフの即位六〇周年祭に際して、昔日のハンガリー族長、アールパードの墓に教会を建てる件での意見のやりとりによくあらわれている。物知りではあるが頭の固いフランツ＝ヨーゼフが、アールパードの墓については正確な位置もわかっていないと指摘すると、ヴェケルレは、陛下のお好みのところにアールパードは埋葬されているのです、と答えたのだった[10]。前者アポニは教育相、アンドラーシは内務相となった。前者は自党を独立党に合流させ、後者はかつて元自由党反体制派を糾合して立憲党を結成していた。伝統を誇る一八四八年派は二つのポストのみを得、フェレンツ・コシュート自身は商業相となった。

新政府はコシュートの名声に見合った重い期待を引き継いだ。その意向は有力な農業者や事業家を（国家による産業支援にみられるように）支援することにあったが、一方、疲弊した組織にいる労働者に保険や安い住宅を提供することで、彼らを懐柔する姿勢もとっていた。だが連立政府が目標として宣言していた「国民的利得」がなかったため、支持は徐々に失われていった。ハンガリーの共通経費分担率を上げる見返りとして、軍事的・立憲的譲歩を経済妥協のなかに盛り込ませるための交渉圧力も減じていった。甥フランツ゠フェルディナントの強い反対に配慮したフランツ゠ヨーゼフは、ささやかな譲歩しかせず、さらに見返りに過激なナショナリストたちを手なずけるよう求めたが、連立政府にはそれが実行できるほどの力はなかった。しかし、マジャール人ナショナリスト以外は不満だった。小学校への（課せられた高度な水準を満たすのに必要な）国家援助を受けるのに、それまで以上にマジャール語で教育することを強いるアポニの一九〇七年教育法に非マジャール人が、また、ハンガリー―クロアチア間のすべての国鉄職員はマジャール語を解さなければならないという要求にクロアチア・セルビア連合が、そして、アンドラーシの一九〇八年の選挙権案には社会民主党が、それぞれ不満をいだいたのである。アンドラーシの提案は、文字が読めず資産をもたない人々は一二人で一票を、文字が読める人は教育程度と財産に応じて一―三票を与えるというものだった。社会主義者の抗議キャンペーンは、一〇月六日、ブダペシュトのゼネストと大デモにおいて、その頂点に達した。マジャール人農民を基盤にした独立党の伝統的影響力も、新興の地域運動の前に屈した。これらの運動はいずれも、大私有地を借地農民に分割することを要求していたが、アーヒムの社会主義農民党のように過激なヴァールコニ的伝統か、イシュトヴァーン・サボーの全国農業者党の小自作農モデルか、どちらかの立場に立つものだった。

しかしながら、政治の大きな流れは相変わらずナショナリストの行動計画に左右されていた。経済妥協が決着したこととあいまって、オーストリア゠ハンガリー共通銀行に矛先が向けられた。普通選挙制の理念に忠実だったジュラ・ユシュトは、小者根性的な反骨の矛先を「裏切り」政策に向けることで、フェレンツ・コシュートのライバルとして独立党内で頭角を現した。コシュートはかつて、私的な形ではあったが、銀行頭取に対して、ハンガリーはまだ独自の発券銀行をもてる段階に至っていないと思うと語っていたのである。ヴェケルレ政府が提案したオーストリア゠ハンガリー銀行を、カルテル関係を結ぶ二つの銀行に再編するという案が、フランツ゠ヨーゼフによって拒否されると、ヴェケルレは一九〇九年四月に辞表を出した。この辞表は受理されなかったが、それは、皇帝が後継政府として一八六七年派だけからなる政府を準備する時間を稼ぐためにほかならなかった。一一月に独立党が正式に分裂し、ユシュトが所属議員の多数を掌中にしたことが、連合の崩壊と、親二重制リベラル派の復権を促進した。だが彼らリベラル派はいま、新首相クーエン゠ヘーデルヴァーリが一九一〇年二月に結成した「国民労働党」に集められ、解党したアンドラーシの立憲党員の大半は——アンドラーシ自身を除いて——ここに居場所を見つけた。国民労働党は新たに任命された一群の県令を使って、五月の選挙では順当にも大勝した。独立党のコシュート派は五五議席、ユシュト派は四一議席にとどまった。独立党連合の失敗は、あまりに多くの対立と偽善を内にかかえるナショナリスト的伝統の特質を如実に物語るものといえる。

共通軍への補充兵の割り当てを増やす法案をユシュト派が妨害すると、クーエンの圧倒的多数派はたちまち麻痺し、対立はさらに大きくなった。この法案に対する認識は、高まる国際緊張への対応としては遅きに失しているというのが一般的だったが、にもかかわらずジェントリの健全なリバタリアン的伝統に不安をもたらし、クーエンの失脚を招いた。真の後継者は、財政に暗い新首相ルカーチではなく、下院議長イシュトヴァーン・ティサであった。彼は戦術的議事妨害の非合法化法を成立（一九一二年六月）させるなかで、議会を威圧するために軍隊を動員した。これは二重制ハンガリーの転換点であり、戦間期には当然のものとなる議会の行き詰まりに対する強権的措置の先例をなした。この軍隊投入は、大規模な社会主義者のデモが武力で鎮圧され、六人が死亡した事件の直後だった。その後デモが繰り返されることはなくなった。一九一三年、ティサは自ら首相の任に就き、そのうえでマジャール世界および社会秩序の敵との来たるべき対決に備え、市民権に向けて全面的な攻撃を仕掛けた。選挙プロセス・出版・集会に対する行政による統制の強化、陪審員の束縛、それに比較的リベラルなハンガリー刑法改定の発議——これは戦争が始まるころには棚上げにされた——など、政府の権限を強化する特例法を次々と通していったのである。

ティサは単なる強権主義的政治家ではなく理念を重ん

じる政治家であり、神を否定する反国民的唯物論に対する文化闘争《クルトゥーアカンプフ》の必要性を深く信じていた。このことから、左翼と右翼の隔たりようがわかる。一九〇六年八月、社会科学協会の指導権争いで、アンドラーシに率いられた保守リベラル主流派三七人が離脱した。社会科学協会はそこでオスカール・ヤーシの影響の下、重要な役割をはたすブルジョア急進主義のフォーラムとなり、社会民主党と協力して普通選挙を推進しようとする一方、大私有地の分割と徹底した世俗主義に肩入れしていった。成人労働者の教育を目的にした社会科学協会の自由学校《サバド・イシュコラ》（一九〇六年）は、ウィーンの同名の運動に対応するものであり、ヤーシはハンガリーに根強いフリーメーソンの伝統から運動に対する援助を得ようとして、ロッヂまで設立した。ヤーシによる批判の基礎は、七〇年前のイギリスでコブデンとブライトの反穀物法同盟が行った批判のように、農業保護に支えられた利己的な貴族が原因となって国が発展できない、という点におかれた。かくて彼は、ハンガリー単独の発券銀行と関税域の問題についてはユシュト派とも協力したのである。これらを国の産業化とブルジョア化の手段だとみなしていたからだ。一九一四年、ヤーシは急進党を結成した。しかしこれは、中産階級の政治家にしてブダペシュトのユダヤ人ヴィルモシュ・ヴァージョニの民主党と同様、ハンガリー社会にあって政治の主流に割ってはいることはできそうになかった。一九八八年、ある卓越したハンガリー系アメリカ人歴史家が、一九〇六年のジェントリ議会とは、「結局のところ、ハンガリー全土から選出された議員の集会」であり、改革グループは単に「主としてユダヤ人であり、ますます急進的になっているブダペシュト知識人の一部」[11]を代表しているにすぎないと見抜いた。この事実は、ハンガリーにおけるブルジョア改革運動が、イギリスにおいて同種の運動が勝利したちょうど二世代後に直面していた困難を明らかにするものである。

大戦前夜のティサのハンガリーはこのように二極分化した社会であり、その中で彼はカトリックとプロテスタントという古い垣根を越え、教会の力を動員しようと画策した。そこに非マジャール人の有力者も加えたいという希望は興味深いものだったが、結果においてそれまでの政策が広げた裂け目があらわになっただけだった。精力の過半は、一九一〇年と一九一三―一四年に高位聖職者を介して実現した交渉でトランシルヴァニア・ルーマニア人を口説き落とすために費やされた。しかし、教会・学校問題で譲歩する意思はあったティサが直面したルーマニア人側の要求は、公務員と国会議員を大幅に増やし、ルーマニア人の教育を大学レベルまで引き上げ、ガリツィアのポーランド人に倣って政府に閣僚を一人送りこむというものだった。フランツ゠フェルディナントが後押ししてくれることを知って、彼らは要求を引き上げたのである。一九一〇年の選挙で九人の親政府派ルーマニア人が当選したのに対して、ルーマニア国民党の候補は三三人のうち五人しか当選しなかったことを考えれば、トランシルヴァニアでの突然の権力移行は、ティサの言い方に従えば、たしかに「マジャール人の胃袋には重すぎる」ものだったろう。しかし、そもそも最初に勘違いに基づいて出発点を設定したのは、マジャール人の虚栄心だったのだ。かつての共通財務相で思索的なブリアーンは、一九一四年一二月に少数派の国民意識は経済的欠乏によっても経済的成功によっても拍車がかかると、私的に記しているが、この好ましからざる真実を認識する者はほとんどいなかった。

南スラヴ問題

少数派ルーマニア人問題に関するハンガリーの政策が、オーストリアはおろかドイツ帝国の注目をも引いたのは、それが独立ルーマニア王国が一八八三年に結んだ中央同盟との協定に対する忠誠心に大きく影響したからである。だがクロアチアに対するハンガリーの政策は、さらなる悪影響を与えかねなかった。ハプスブルク帝国の南スラヴ問題で、クロアチアの重要性はしばしば見過ごされている。八世紀にわたるハンガリーとクロアチアの一体性はもはや、その核心部分で文化的な結合力の大部分を失っていた。かつては文化が両者の大貴族層をほぼ融合し、クロアチアの貴族ズリンスキを一七世紀の最も偉大なハンガリー語詩人の一人ズリニに仕立てていたのだった。ところが、一九〇四年のクロアチア・モダニズム宣言の署名者四四人の中に、狭義のハンガリーで学んだ者は一人もいなかった。一方、ハンガリー人のクロアチア専門家は、クロアチア語を話せるハンガリー人は白いカラスと同じぐらい珍しいと一九一八年に書いている。(12) クロアチアとボスニアで、それぞれクーエン＝ヘーデルヴァーリとカーライによる統治が長期にわたりうわべの成果をあげていた間に、南スラヴ諸邦に対する警戒心は全般的に稀薄になっていた。クロアチアにおけるクロアチア・セルビア連合の盛り上がりは、こうした認識の限界を明らかにしたのである。一八九〇年代後半以降、ボスニアのセルビア人とムスリムの指導者が宗教・学校問題で国家の干渉を絶とうとした運動も同様である。この時カーライは、彼特有の鷹揚さと皮肉を交えつつこれを抑えこもうとしたが、不首尾に終わった。賄賂とスパイと脅しの入り混じった近代社会では東洋人は苦境に陥るという、高慢な一般化に基づいた皮肉であった。

一九〇六年五月のクロアチア議会選挙でクロアチア・セルビア連合の「新路線」が勝利したことが、南スラヴ問題の転換点となった。これは「ユーゴスラヴ主義」をバルカン半島の行動課題に引き戻し、クロアチア、ボスニア、セルビアの政治と、フランツ＝フェルディナント大公を取り巻く「大オーストリア」サークルに大きな影響を与えることになった。だがこの勝利はハンガリーの独立党政権の意図によるというより、むしろ誤算の結果だった。一九〇五年秋の連合との申し合わせを、政府では左派を除いてみなあっけなく忘れてしまっていたのである。ヴェケルレ首相は「自由な」選挙を求める連合の要請を聞きいれた。これは行政介入をしないという意味だが、どちらにしても、主流のクロアチア国民党が勝利するだろうと踏んでいたからだ。彼らが勝利をつかみそこねたことは、南スラヴの従属的政治に対して民衆の意志が風穴を開けた貴重な例として、当時の人々を驚かせた。スコットランド人R・W・シートン＝ワトソンのように高潔なアウトサイダーの目には、クロアチア・セルビア連合は権力の不正な行使に立ち向かう、倫理的品位を代弁する勢力として映った。すなわち世界の紛争地域でリベラルな精神の人々が絶えず求めているような勢力である。彼の著書、『南スラヴ問題』（一九一一年）では、連合は再生されるべきハプスブルク君主国の「三重制」のなかで、南スラヴの野心の正当な解決を目指すための焦点として扱われた。だが、連合は社会そのものを反映していた。才知に富んだ人材（スピロ）が地域の支配的利害に対する挑戦であるということを頭に描けるほど成熟してはいたが、不可避の反撃に合って挑戦を持続できるまでには至っていない、そんな社会だったのである。

ハプスブルクの南スラヴ地域には、大きく四つのタイプの政治家が現れた。まず、ユーゴスラヴィアの歴史叙述で軽視されてきたのが、クーエンのかつての国民党への協力者たちである。半マジャール化した大貴族の家柄の人物、大資本に近い実業家、あるいは、一八九〇年代にクーエン統治期の文化部門の頭だった活動的な日和見主義者、イジドール・クルシュニャヴィのように、権力そのものよりもその行使に関心がある専門職である。次は、反対派の名士たちである。不当に扱われている自民族と利害を同じくする者たちであり、連合の主力ではあるが根っからの急進派ではなく、専門職や実業家である。実業家の場合、その政治は地元商業の利害としばしばからみ合っていた。たとえばドゥブロヴニクの市長であり抵当銀行家、そして新聞社社主にして船会社のオーナーをつとめながら、ハンガリーとオーストリアの有力な船会社のために影がうすくなっていたペタル・チングリヤもそうだった。そして三番めは急進派である。このグループは、(プラグマティックなスピロその人を入れても) せいぜい一握りの活動家と、連合のクロアチア側では少数派であった進歩党に属する知識層で、彼らの多くがマサリクの影響を受けていた。地域の違い、民族の違い、イデオロギーの違い、そのどれもが一つの連合の中で巧みに取り扱われなければならなかったのであり、ダルマチア進歩党のスモドラカはそれを、「きわめてばかげたものまで入った、考えうるあらゆる勢力の複合体」(13)と称している。その外側に四番めの、スタルチェヴィチの大クロアチア主義の伝統——これこそ、国民の脆弱性に対する過剰な反応だ!——を主張する人々がいた。彼らは後継者ヨシプ・フランク博士にたくみに誘導されて、スタルチェヴィチが忌み嫌ったウィーンに歩みよっていった。農民と社会主義者の運動は狭い選挙区のためにいまだに身動きが取れなかった。

議会に対する責任を総督に課すことや、ダルマチアとの再統合といった目標を強く主張することができないまま、ザグレブの行政はともあれ連合の手に委ねられたものの、めざましい改革を遂行することはほとんどなかった。スピロは普通選挙には反対していた。クロアチアの現況では、それは連合に対立する聖職者や農民政党を強化すると考えたからだ。しかし彼の全面的なブダペシュト志向の戦略は、名ばかりの彼の同盟者フェレンツ・コシュートが提起した一九〇七年の鉄道規定（前述）に邪魔された。クロアチア人議員団は、ハンガリー議会で議事妨害を始めた。また、直前の地方議会選挙で一議席もとれず、連合のセルビア人メンバーを反逆罪で告発する計画を立てはじめていた強権主義的なレヴィン・ラウチ男爵が総督に任命されると（一九〇八年一月）、ヨシプ・フランクの反セルビア派クロアチア権利党から歓声が上がった。これが、「新路線」の終焉であった。

ラウチの父親は、一八六八年に親マジャール派で満たされた議会で、ハンガリー・クロアチア妥協《ナゴドバ》の承認を強行した総督である。二重制下でのハンガリーのクロアチア政策は、二つの主な戦術を交互にとっていた。一つはクロアチア人ナショナリストの感情をじかに踏みにじることで、もう一つは、クーエンが一八八三年以後、国民党に対して成功させたように、それを薄めて骨抜きにすることだった。ボスニアは、主にマジャール人が歴任した共通財務相によって帝国共同統治下に置かれていたが、そこでも一九〇三年の政府の交代にともない、クロアチアと似たような戦術転換が起こった。すなわちカーライの強硬路線から、柔軟に対応することでナショナリズムの機先を制しようとするブリアーン的志向への転換である。セルビア人は一九〇五年に、ムスリムは一九〇九年に、それぞれ文化的自治を認められ、かつてカーライが作りだそうとしていたボスニア人としてのアイデンティティの残存要素は一掃された。しかしもはや、マジャール人の一存で歩調が調整できるわけもなかった。この地域の運命はますます君主国の権力中枢全体の関心事となり、そこには短気で野心的な皇位継承者フランツ＝フェルディナントも含まれていた。

長く沈静していたバルカンへの関心が復活したのは、変革の年、一九〇三年にさかのぼる。クーエンとカーライがそれぞれクロアチアとボスニアを去り、マケドニアの蜂起が近東の安定を脅かしたことに加えて、カラジョルジェヴィチ王朝がベオグラードに復活したことが契機であった。秘密裡に取り交わされた一八八一年のオーストリア・セルビア条約が、アレクサンダル・オブレノヴィチの殺害によって無効になった後のことである。この事件で、条約によって二代にわたってオーストリアのヘゲモニーを認めていたオブレノヴィチ家の王位が消滅したのだ。事件に先立つオーストリアの見方は、外相ゴウホフスキが一九〇一年に、雄弁に語っている。

　政治的には完全な無秩序であり、財政的には破綻の瀬戸際にあり、軍事的には重要性も力もまったくないこの国は、あまりに多くを我々の威力にゆだねており、今後もつねに我々に依存することになろう。(14)

ゴウホフスキはその後、一九〇四年に結ばれたセルビア・ブルガリア通商協定を破棄し、武器をフランスからではなくオーストリアから買うことをベオグラードに求めるが、先の彼の発言はこうした不器用な対応の説明にはなるものの、弁明にはならない。君主国とセルビアの貿易戦争（「豚戦争」一九〇六―一一年）は、結果的にセルビアのオーストリア＝ハンガリーに対する通商依存度を減じさせたが、緊張はいっそう高まるばかりであった。一方、ボスニアにおいて人口の四三％を占める多数派を形成し、もっとも裕福で、もっとも自信に満ちたボスニア・セルビア人は、オーストリアで教育された少数知識層の政治組織化をすすめつつあった。彼らは、オスマン宗主権下での自治をセルビア人とムスリムの名において要求するという便宜的戦術をとっていたが、その重要性は一九〇八年七月にイスタンブールで青年トルコ革命が起こると、さらに高まっていった。しかしボスニアの地位を確定することは、南スラヴ世界全体、あるいは二重制の構造だけでなく、三国同盟をも再考することを意味した。というのも、イタリアがアドリア海とバルカン半島における権益を主張していたからである。イタリアの脅威は、ハプスブルク海軍の後ろ盾であるフランツ＝フェルディナントにとってとりわけ重大だった。そのため彼はダルマチアの経済復興に関心を示すようになり、一九〇六年に『新自由新聞《ノイエ・フライエ・プレッセ》』紙上で南スラヴ計画を提起して以降、これをこの計画の柱の一つとしたのである。

　おおよそ三本のシナリオが可能であると思われた。君主国の指導者が恐れていたのは、ユーゴスラヴ運動であった。それはセルビア人とクロアチア人が協同することで、イタリア統一時のピエモンテの役割を担うセルビア王国を中心として、なし崩し的に君主国の外部に南スラヴ人の統一が実現することを意味していた。それゆえ、フランツ＝ヨーゼフは、かつての青年チェコ党と同じように、クロアチア・セルビア連合をそもそも忠誠心なき組織とみなし、ベオグラードとの接触を必死になって監視したのである。（実際のところベオグラードは、連合もクロアチア人の意図も信用していなかったのだが。）ほかの二つの組み合わせは、ボスニアのクロアチアおよびダルマチアとの連合（クロアチア「三重制」）か、また、ハンガリーの中世以来の要求に沿ってボスニアが直接ハンガリーに帰属することを見据えたものだった。自己欺瞞と不誠実の空気が濃厚に漂っていた。一九〇六年にゴウホフスキを継いだ外相エーレンタールはボスニア・クロアチア合同案を支持した。しかし彼は、これを、フランツ＝フェルディナント大公を支持する権利党のクロアチア人を歓喜させる結果になりかねない三重制への前奏曲にするつもりはなかったし、実際大公にもそのつもりはなかった。連合のクロアチア人も、ボスニアに対する要求を取り下げるほど親セルビアではなかったため、ボスニア問題は彼らとセルビア人僚友の間では暗黙のうちに後回しにされた。かくして「偉大なオーストリア人」とハンガリー人、クロアチア人は、ボスニアの併合に合意し、一九〇八年八月一九日、これは共通閣議で承認された。だがその実施ではすぐに障害につきあたった。九月一五日、エーレンタールはモラヴィアのブフロフ城でロシアの外相イズヴォリスキーと会見したが、内容の解釈は食い違った。エーレンタールはこれを、ボスニアに対するそれぞれの要求と両海峡の開放に関して、両国が相互に支持しあうことを合意したものとして解釈した。それに対して、イズヴォリスキーは、ヨーロッパ規模の協議が必要だとして解釈したのである。この誤解は一〇月五日、イズヴォリスキーが両海峡に関して外交準備を完了する前に併合が発表された後、表面化することになった。併合に対するロシアとセルビアの不快感は、数ヶ月の間に及んで、一触即発の状況におかれたのである。

こうした状況が、一九〇九年三月三日に最高潮に達することになる、クロアチア・セルビア連合に対する信用失墜キャンペーンの背景に存在したのだ。この時、連合のセルビア人メンバー五三人が反逆罪で裁判にかけられたのである。一九〇九年のザグレブ裁判と、それに付随する裁判、すなわち名誉毀損で連合から訴えられた歴史家ハインリヒ・フリートユンクの裁判は、一九一八年までには広くヨーロッパ人の意識に浸透することになる、固定観念の逆転に重要な役割を果たした。ハプスブルク体制は、ベオグラードのオーストリア＝ハンガリー公使館からもたらされた偽造文書に基づいて連合メンバーを告訴するほど堕落し、無能であることがわかったのである。無名のスラヴ人破壊分子ではなく、セルビア人高級国家官僚やトマーシュ・マサリクを含む、錚々たる証人が続々登場した。マサリクは、フリートユンクは原本と照合せず、偽造文書の翻訳を用いてザグレブ裁判の被告人を攻撃したと暴露している。その文書をフリートユンクに渡した人物がエーレンタールであったことも、明らかにされた。この二つの裁判の後、ラウチは総督を解任され、クーエンのかつての協力者トマシッチに代わった。彼はナショナリストを二重制の体制内につなぎとめようとする従来のやり方に戻り、クロアチア議会多数派の連合となんとか折り合いをつけつつ、一方で連合内のより保守的な一派を抱き込んで新たな政権与党を作ろうともくろんだ。二度の選挙で、言いなりになる多数派をつくりそこねたあげく、彼もまたその地位から去り、中等学校の大規模ストライキが起こると憲法は一時停止され、彼の後任は一九一二年に行政府代理長官に任じられた。

こういった細部は、君主国の最後の一大対外政策、すなわちボスニア併合が国内的な結着で行き詰まった理由だけでなく、より一般的な事態として、末期ハプスブルク政治において支配集団と非優勢集団双方が手ひどい挫折を味わったことを傍証するはずである。ザグレブとブダペシュトの勢力バランスのために、クロアチア・セルビア連合は彼らのモラル上および選挙での勝利を意味ある改革に結びつけることができなかった。クロアチア人有権者が二％から六％前後へ増えたことは、この問題に対するハンガリー・エリートの申し訳程度の努力を表す事象にすぎなかった。憲法が回復し、一九一四年までに連合がザグレブで「権力」の座に復帰したことは、いまや連合が現状を乗り切るために許容しうるパートナーとなったことを意味した。しかしこれもまた労多くして功少ないピュロスの勝利であり、複雑な帝国内における、見当はずれで絶え間ない闘争における時の権力者の、古くさい形での一時的な勝利だった。風刺作家ムージルはオーストリアの政治が滑稽な茶番であることを見抜いていたが、それほど知的訓練のできていない人間の反応は違っていた。ヒトラーは、帝国議会のチェコ人議員が彼にはわからない言葉で議事妨害するのをじっと見つめていたし、「青年ボスニア」の陰謀者チャブリノヴィチは、ボスニア議会の傍聴席からたわけた議論を延々と続ける名士連の真ん中にどうやって爆弾を投げ込もうかと策を練っていた。確かにハプスブルクの政治力が衰えたいま、ボスニア議会は一九一〇年の幕開けから当たりをとっていたのだ。連立関係が目まぐるしく変わり、セルビア人、ムスリム、クロアチア人がつま先旋回で舞い踊り、行政府はその公演を維持継続していたのである。

「青年ボスニア」のテロリズム、また一九一〇年からのハプスブルク・南スラヴ諸邦での青年学生の過激化の拡大は、周縁の後進社会――統治下ボスニアにおける小作農《クメット》の半奴隷的身分を廃止していなかった――では合憲的ナショナリズムの展望が得られないことへの一つの反応だった。貧しい荷馬車屋の息子で、ボスニアのオーストリア人学校を追放され、教育の機会を求めてベオグラードまで歩いた、一九一四年のフランツ゠フェルディナントの暗殺者ガヴリロ・プリンツィプの物語は、第三世界における二〇世紀青年学生の物語として多くのことをあらわしている。ここにはアナーキズム、社会主義、ナショナリズムそれぞれの教義の折衷的寄せ集めから、新旧の価値観のはざまにとらわれた社会的・国民的に恵まれない人々の熱情にいたるまで、すでにすべてが出そろっているのだ。「我が人生もまた苦渋と憎悪に満ち、我が喪冠には人より多くのいばらがついている」プリンツィプは友人にこう書き送っている。「読むんだ。読まなければならない。現実の悲劇を忘れる最良の方法だからだ」。九〇〇人前後の中等学校生がいるサライェヴォでは、一軒の書店だけで一年間に、ショーペンハウアーの名誉についての本が一〇〇〇部、同じく『性愛の形而上学』が一五〇部、代表的なセルビア人文芸評論家のセルビア・クロアチア・ナショナリズムに関する著作が一五〇部売れている(15)。学生運動のなかには、ユーゴスラヴ派、狭義のセルビア派、そして、まれにクロアチア派や、スロベニア人学生のユーゴスラヴ運動、といった路線の違いがあった。これらはすべて、若々しい活力と、一九一二―一三年のバルカン戦争でのセルビアの勝利がもたらした陶酔感という文脈の中で、もっとも目につくようになったのである。連合に幻滅したスピロが一時、青年の支援を動員しようとし、また青年ボスニアの暗殺者グループが銃器を手に入れるため、ついにはセルビア軍士官に頼ったりしたとはいえ、マサリクの影響が強かった時代とは異なり、学生の政治活動は先輩指導層からほとんど自立して行われていた。

一九一〇年のボスニア長官襲撃と、一九一二年のクロアチアの国王代理長官襲撃の二つの失敗から始まる南スラヴ学生運動への暴力の導入は、ハプスブルク政治の激しやすいが殺傷を好まない風土のなかで、当初なじみにくいものだったと思われる。だが、ハプスブルクの政治紛争が基本的に抑制のきいたものだったという見方には、おそらく注記を要するだろう。一九〇七年にチェルノヴァで憲兵隊に射殺された一三人のスロヴァキア人、一九〇八年のガリツィア長官の暗殺とリュブリャナの民族暴動の犠牲者、一九一二年のブダペシュトの社会主義者デモにおける六人の死者、そしてプラハの度重なる民族騒動と包囲状態。これらの出来事も念頭に置かれなければならないのだ。君主国の政治活動の骨髄にしみついていた痛憤と絶えざる民族的隷属感・不公平感に目を向けないかぎり、「諸民族の牢獄」といった活動スローガンを理解するのは難しい。

痛憤の材料は支配層の中にも見いだせた。末期ハプスブルクの政治家の言葉には、病める政体を清めるため、断固不屈の意志を喚起すべき呪文があふれていたのである。たとえば「決然たる」（ドイツ語で zielbewusst《ツイールベヴスト》、ハンガリー語でその翻訳借用語の céltudatos《ツエールトウダトシュ》）というのが彼らの常套語だった。それでも彼らは概して、やがて戦争に引きつづきやってくる強権的手段はとらなかった。そしてそのことが大公フランツ＝フェルディナントに幸いした。この敬虔で保守的な皇位継承者の痛憤は、ティサのような親二重制派マジャール人にまで向けられていたからである。補佐役の一人、オットカール・ツェルニン伯から忠告されたように、「民の声は群れた家畜の声」だった[16]。一九〇八年から一二年までさまざまなかたちで作成された計画の中で、大公の統治に向けたツェルニンの提議には、チェコ人ナショナリスト指導者を即刻逮捕すること、ジェントリ勢力を破る多数派が（皮肉にも普通選挙によって）獲得できるまでハンガリー議会を解散とすることなどが含まれていた。大公の側近には、スロヴァキア人のミラン・ホジャや、ルーマニア人のヴァイダ＝ヴォエヴォド、アウレル・ポポヴィチなどの非マジャール人指導者がいた。ポポヴィチはかの有名な連邦制君主国計画、『大オーストリア合州国』（一九〇七年）の著者である。大公自身は連邦主義者ではなく、むしろ（青写真を残していないことから）再集権化を志向していたようだ。大オーストリア計画は大公の南スラヴ工作にも適用され、この地域の対内的・対外的重要性を将来にわたり見通しているが、彼と結びついたのはクロアチア人政治家の反セルビア派およびヨシプ・フランク博士の少数党だった。この協力が理想からかけ離れたものとなったのは、フランク派の目標が「大オーストリア」ではなく「三重制における大クロアチア」にあったからである。一九一一年までにクロアチア人居住諸邦の権利党系勢力を糾合する組織が、聖職者のより強い刻印とスロヴェニアとの連携をともなって形成されたことは、大公側にとってある程度の勝利だったが、それでもこの組織は三重制路線を断固維持していた。双方ともが幻を見つつ、セルビア人への憎しみにおいて結びついていたのである。

フランツ＝フェルディナントが帝位についたなら、実際に無慈悲な独裁者になっていただろうか。対立者と議論するより、臣下を威嚇するほうを好んだという証言がいくつかあるし、なるほどツェルニンは第一次世界大戦時の外相として、その大言壮語にくらべてやることはずっとおとなしかった。とはいえ大公はともかくも、行動を起こして流れを断ち切りたいと願うハプスブルク統治エリート層の気分を体現していたのだ。ガヴリロ・プリンツィプは、一九一四年六月二八日サライェヴォにおいて、精神的同胞であり南スラヴ三重制の支持者を殺したと、かつては素朴に論じられていた。だがそれにとどまらず、セルビア・ナショナリストである田舎青年と高慢なカトリック大公との直接対面は、痛烈な象徴性を帯びているのである。たとえ戦争と崩壊の瀬戸際にあった君主国のあらゆる写真に、尊厳にみち、実情に適応して広く敬愛されている老皇帝自身の肖像が写っていたとしても。

重要事項はフランツ＝ヨーゼフが相変わらず最終決裁をしていた。その直立不動の老人の肖像は、たとえ堅苦しくとも旧き世界秩序と気品で聞こえたかつての君主国を、何にもましてその声価のままにとどめている。ボスニアの暗殺者（一九一〇年、老皇帝の初のサライェヴォ訪問時、皇帝に向かって引き金を引けなかったボグダン・ジェライッチ）をして発砲をためらわせたこのオーラは、大衆ナショナリズム時代におけるハプスブルクの政治の暗転としてここまで進めてきた議論に、相反するのではないだろうか。だが一九一〇年、セオドア・ローズヴェルトに対して自らを過去の遺物であると語った皇帝は、新たな現実がその指導力を制約しつつあることを認識していた。一八七〇―七一年と一八九七年の二度にわたり、フランツ＝ヨーゼフはチェコ・スラヴ人と和解することで帝国内のバランスを再調整しようとしたが、それは王朝のもつ、諸国民を超越する公明正大な力としての伝統的自己イメージとも合致するものだった。しかしこれらの試みは二度とも拒絶され、バデーニ危機の間はドイツ人が路上公然と反対の意思表明をした。いまや皇帝は、君主国のハンガリー領域で起こっている二重制の硬直に、進んで立ち向かう力が自分にあるとは思っていなかった。一八九三年のルーマニア人請願者に対する、あるいは一九〇三年のハンガリーのクロアチア人に対する処遇に関して抗議する、シスライタニアのクロアチア人との接見をこばんだとき感じていたように――。これらは重要な意味を持つエピソードだった。君主国のあらゆる国民のあいだで世論がいっそう沸騰しはじめ、さらなる警戒を要するまさにその時に、統治者がとりうる選択のなかでより自制的な道を選んだのも、こうしたエピソードが影を落としていたからなのである。

たしかにしばしば指摘される想像力の欠如が、フランツ＝ヨーゼフに二重制の欠点を安易に黙認させていた。しかし二重制の代替案がポポヴィチの一六の準国家からなる連邦「大オーストリア」、あるいはこれに類する構想にこそあると考えることも逆に、それにより何がうまくいかなくなるのかを想像させることを困難にするのである。一九〇五年のモラヴィアとの、一九一〇年のブコヴィナとの妥協、また一九一四年のガリツィアにおけるポーランド人とルテニア人の暫定的な合意（これによってルテニア人は領邦議会でより多くの議席を得たが、対等にはほど遠かった）といった前向きの兆候も、大戦前夜のボヘミア、ハンガリー、南スラヴ世界における後ろ向きの兆候をしのぐほどではなかった。結局、社会経済的発展によって高まった民主化の波が、対抗関係にあるナショナリズムのどちら側にも打ち寄せ、支配エリートが取り引きしようともくろんでいた非優勢集団の有力者の足もとを崩したのである。フランツ＝フェルディナントからイシュトヴァーン・ティサまでの幅をもつ保守派も、複雑な平和要因にさらに複雑な戦争要因が付け加わるべき時でないことはわかっていた。しかし一九一四年六月二八日サライェヴォで、緊張のいや増す国際情勢を背景に、フランツ＝フェルディナントが事件の現場から血まみれで運び去られると、それまで和平派だった皇帝と外相ベルヒトルトは、コンラート＝フォン＝ヘッツェンドルフの意見に屈した。一九〇七年以来――一度解任されているが――参謀総長として、イタリアさらにはセルビアとの戦争を主張しつづけてきた人物である。もつれたゴルディオスの結び目は解きほぐされないまま、切断されようとしていた。

第一三章　世界大戦へ、そして崩壊

一九二〇年代のハンガリー文化相クレーベルスベルグ伯は、戦前ハンガリーの政治は、まるで太平洋に浮かぶ孤島の政治だったと語っている(1)。もちろんこの老いたる君主国の外部にマジャール人の同族がいたわけではない。一方、パン・スラヴ主義やパン・ドイツ主義もまた、現実的な政治課題というよりは心情的な問題だった。ハヴリーチェクからマサリクまで、ロシアあるいはその文化に通じているチェコ人は、ロシア人の妻がいる「新スラヴ人」クラマーシュを例外として、ほとんどが反ツァーリ主義者だったのだ。クロアチア人ジャーナリストのヨシプ・ホルヴァトは、一九一八年に合同することになるセルビアについて、クロアチア人はほぼ完全に無視していたと、のちに書いている。北極圏のフランツ＝ヨーゼフ諸島（フラーンツァ・ヨースィファ諸島）の名は、ヴィルツェク伯による一八七四年の探検でつけられたものだし、チェコ人修道士で冒険家のアロイス・ムージル――小説家ムージルの従兄――の中東遍歴は、帝国主義の時代にあって、他に劣らず特異なものだった。にもかかわらずオーストリア＝ハンガリーの多民族構成が、この国のあからさまな自己没入に歯止めをかけることはなかったのである。

「外交政策の要請の産物であり、そのおかげで維持されていた(2)」にすぎないとされる国家における、外国事情に対する全般的な無関心はどのように解釈したらいいのだろうか。そもそもこうした評価自体、一般性があるとしても、おそらくは王朝の役割と、ドイツ文化の影響と、さらにはハプスブルクの諸民族自身がこの国家を受容していたという事実を過小評価している。この時代の末期まで、それぞれのナショナリズムは帝国内での競い合いに関心があったのであり、ここから離脱しようとしていたわけではなかったのだ。だが、より肝心なのは、七章ですでに言及したいくつかの要因であろう。皇帝およびおおむね貴族からなる外交官の狭いサークルによって、外交政策のプロセスが隠蔽されがちであったこと、教養エリート層ですらいまだに限られたパターンでしか外国旅行をしていなかったこと、それに多国民の広大な領土が自己充足してしまい、そこでは臣民の関心が、宗派、階級、民族の構築、すなわち生存と名誉に向けられていたことである。

しかし、外部世界へのオーストリア人の無関心は、そのまま自分に返ってきた。フランスにとって一八四八年以後の君主国は、それがドイツの野心に対する緩衝地帯となるかどうかの議論は常にあったものの、一八六六―七〇年を除いて重要な関心の対象とはならなかったと、ジャン・ベランジェは強調する。[3] 西欧文化に焦がれるバルカンの新興エリートや給費留学生が、スイスやドイツ、そしてなによりもフランスに向かう途次、オーストリア＝ハンガリーを迂回するのはごくふつうだった。イギリス外務省文書に、一九一一年にドイツから送られてきた「一般通信文」リストが九巻、ペルシアからのものが二二巻あるのにくらべ、同年のウィーンからのものは二巻にすぎず、これはアビシニア〔エチオピア〕、オランダと同じ巻数である。ヨーロッパ安定のための一勢力として二重君主国を漠然と認知することの裏には、大いなる無視が潜んでいたのだ。ドイツ帝国成立後の君主国の戦略的求心性の低下についてはすでに述べたところである。

だが君主国の外交にとって最後の大成果であった一八七八年ベルリン会議のおかげで、それまでの予言があてにならなくなってきた。ハプスブルク帝国は期待をかけられたのである。会議の成果自体、オーストリア、イギリス、フランスによる非公式のクリミア連合がロシアの野心を阻止すべく形成されるという際立ったものだった。ところがオーストリア＝ハンガリーは、それから三年たたないうちに、ロシア、ドイツとの装いを新たにした保守三帝同盟に入ったのであり、四年を待たずして、一八七九年のドイツとの二国同盟がかつての敵イタリアを含めた三国同盟へと拡大されたのである。さらにいえば、一八八一年にはセルビアと、一八八三年にはルーマニアと秘密協定を結び、これらバルカン小国家の政策を君主国に同調させたのだった。

その後一九一四年にいたるまで、ハプスブルクの国際関係がたどったのは、これらの選択権がせばめられていく道程である。なかにはその出発点から限界の見えていたものもあった。一八八二年、三国同盟というかたちで結ばれたイタリアとの条約は、イタリア国内の情勢不安とフランスの圧迫に備え、この新しい王国を安定化することを主にもくろんでいた。だが、約七五万人のイタリア語話者が、トレントからダルマチアまでオーストリアの国境沿いに連なる「未回収のイタリア」のハプスブルク臣民であるかぎり、イタリア人にとって三国同盟は悩ましい問題であり、気の持ちようでかたづくものではなかった。さらに重要なのは、一八七九年のドイツとの二国同盟と、一八八一年の三帝同盟が、ビスマルクのロシアに対する統合失調症的態度を反映していたことである。彼は、予想されるロシアの脅威に対する支援を望む一方、三帝同盟によってより広範な保守的連帯が実現し、オーストリア・ロシア間の緊張が緩和されること望んでいたのだった。かくてビスマルクはバルカン半島において、二国同盟のゆえに、ロシアに対しオーストリア寄りにならざるをえないことを強く拒絶したのであり、彼の外交術の多くはロシア、オーストリアの二国のどちらかを選択しなければならないことを避けるために意図されたのである。一八八五―八八年のブルガリア危機をめぐってオーストリア・ロシア間の緊張が高まったとき、ビスマルクは一八八七年の「地中海協定」を仲介することに力をそそぎ、その結果、イタリア、イギリス、オーストリアがまとまることでロシアによるバルカンの現状への侵犯に抵抗することができた。この斡旋は君主国を安全にするとともに、第二帝国にとってなんら危険を伴うものではなかった。そしてこのことから協定が三国同盟に拡張されたのであり、それによってバルカン半島になんらかの変化があったときにはイタリアに対する補償が約束された。結局はこれがオーストリアにとってうとましい錯綜をもたらすのだが、とりあえずのところ地中海協定のおかげで、イギリスとオーストリアとの、伝統的に友好的だった強国間の協力関係は最高潮に達したのである。

これに続く何年かでオーストリア＝ハンガリーの選択

権がもっともせばまったのは、イギリスおよびフランスとの関係においてである。決定的な要因は、一八九四年までに強固になるフランスとロシアの同盟への動きだった。これは、主として新ドイツの国力に対応するものだったが、その影響は君主国にも及んだ。ロシアとフランスの両艦隊と対峙する危険性が出てきたために、両海峡での軍事行動を地中海協定で想定されているものとしてイギリスに認めさせることが、より困難になった。フランスを抑えこむという誓約をドイツから得られないまま、ソールズベリーは結局、一八九七年に協定の更新を拒否した。「東方問題」をめぐる一世紀に及ぶイギリスとオーストリアの協力態勢に、ここで終止符が打たれたのである。

ドイツの世界政策《ヴェルトポリティーク》を警戒するイギリスが、フランスおよびロシアとの植民地をめぐる対立を克服して、それぞれと一九〇四年、一九〇七年に協商を結ぶと、クリミア連合はひっくり返った。西欧列強は、これまで反対してきたロシアの近東における野望を支持することに、すぐに合意したわけではなかった。フランスは、ロシアとの反ドイツ協定の適用範囲を東ヨーロッパ地域にまで拡大することに長い間抵抗していたのである。だが、同盟の論理――恐るべき敵を前にして友好国が欲しくなるという心理――にはそのような禁制を腐食させる力が潜んでいた。二〇世紀に入るまでに、二重君主国は帝政ロシアとの間で地域的な利害対立に直面したが、西ヨーロッパに対する選択権はなんらもっていなかった。こうしたなか、イギリス寄りのイタリアが三国同盟の迷夢から覚めたのは、オーストリアに対する未回収地回復運動《イレデンティスモ》とともに、イギリスとドイツの離反に対する不安が背景にあったためである。一九〇〇年と〇二年におけるイタリアとフランスとの協定は、イタリアには手近に取り換えのきく提携国があることの明らかなしるしだった。

イギリスとドイツの断絶とともに、バルカンにおけるオーストリアとロシアの抗争は、二〇世紀初頭の列強間の緊張で最も重大なものだった。だが、ドイツとイタリアにおいてかつての優位性を失ったことにすでに順応しているいま、老君主国に痛痒を感じさせたのは何だったのか。そこにこそやっかいな問題があった。オーストリアの対外政策責任者の多くにとって、強国の地位とは帝国とその特権を意味したのであり、中央ヨーロッパで挫折を味わったあと彼らがその特権を行使するのに残された唯一の勢力範囲がバルカンだったのだ。カールノキ外相は、オーストリアはバルカン諸国の独立を妨げるつもりはないが、完全に勢力範囲内にある地帯では、「精力的かつ無慈悲に」介入してアナーキーなあるいは敵対的な動向を鎮圧するだろう、と一八八四年の公的書簡のなかで書いている[4]。二重君主国は一九世紀後期ヨーロッパのいかにも帝国的な態度と無縁だったとする見方は、完全に正しいとは言えない。ベーニ・カーライは一八八二年から一九〇三年まで、ボスニア゠ヘルツェゴヴィナの典型的な地方長官だったが、彼はアルジェリアとエジプトのイギリス・フランス植民地当局と、賛辞と忠告を交わしあったのである。

ハプスブルクのバルカン政策は、国内政治のある傾向を興味深い点で反映していた。どちらの場合も保守的な権力者は、進歩の議論になじんだこの世紀にあってスラヴ勢力の結集に直面したし、どちらの場合も彼らは、保護すべき合法的な要求と妨害すべき非合法の要求との間に同じように区別をもうけていた。したがって選択の可能性は自ずから明らかだったし、国内的にはベックとフランツ゠フェルディナントがオーストリア政治でたもとを分かったことに代表されるように、保守主義はいざとなるとリベラルの方向にも反動の方向にも――和解か攻撃か――舵を切りえたのである。ハプスブルクの対外政策にリベラルな方向と保守的な方向の二つの極性があったことは、ハンガリーの歴史家ディオーセギが強調しているが、前述の論法に拠っていたわけではない。彼によればリベラル派の傾向は、アンドラーシ外相の一八七〇年代における反ロシア主義願望に代表され、それはハンガリーの国民覚醒に鼓吹されつつ、ハプスブルクの盾のもと、バルカンの人々と協働関係を築いていくというものだった。対照的にカールノキ（一八八一―一九五）やエーレンタール（一九〇六―一二）のような保守的外相は、神聖同盟や三帝同盟の基盤をなすロシアとの協商の理想により強く魅かれていたとしている。これら三人の外相が、親ロシアであれ反ロシアであれ、どのようにして彼らの基本的信念と対立する政策を遂行するようになったかについてのディオーセギの説明は、二重君主国の政治のあらゆる側面に特徴的な、挫折感を引き起こしがちな抑制の正体を見抜くのに役立つ。だが彼のリベラリズム観には、本質的問題について、一九世紀の同国人と共通するある盲点が存在するように思われる。アンドラーシが抱いていた（そしてその弟子であるカーライが抱いていた）バルカンの人々の従属的役割に対する考え方は、現実的というよりもっと冷笑的なものだったからだ。根本のところで、ディオーセギにとってのリベラルとは反ロシアを意味しているのだが、ひとりのハンガリー人が二〇世紀に、あるいはその前世紀に保持した立場として、それは理のないものではおそらくないだろう[5]。

他方、ハプスブルクの保守派は、おそらくディオーセギの類型化に適うほどロシアとの協同に楽観的ではなかった。基本的問題として、バルカンを、西はオーストリア、東はロシアといったように、勢力範囲をきれいに分割することなど到底できなかったのだ。ビスマルクは彼の二つの同盟相手を和解させる手段として、この分割による解決策を押しつけようとしたが、オーストリアの外相でこれを支持した者はいなかった。ロシアによるブルガリアの全面支配をオーストリアが認めたくなかった背景には、ブルガリア危機が確かに影を落としていたのであって、なかでもこれがセルビアにおけるオーストリアの地位に影響を及ぼしかねないことを恐れたのだった。とはいえ同時にイデオロギー上の信念も働いていた。「パン・スラヴ主義は……ロシア主義と等しい」と一八八三年にサンクトペテルブルクの大使は主張した。「ロシアの外相がパン・スラヴ思想そのものを完全に否定するなど想定しえないことであり、不可能なことを彼に要求するのと変わらない[5]」。問題の外相が、歴史家から保守的な反ナショナリストの典型として描かれるギールスであったことは、オーストリアとロシアの協調の持続をはばむものが何であったのかを、まさしく明らかにしている。カールノキは、ロシアとの戦争を繰り返し要求するハンガリーの圧力を抑えてきたが、それでも一八八八年にはすでに、長期的には戦争は避けられないと考えていた。

一八七八年から一九〇八年までの、オーストリア＝ハンガリーの対ロシア関係が比較的安定していた三〇年を、とりわけ一八九七年以降の協商関係を考えていくとき、こうした背景は留意しておかなければならない。一八九七年の合意は、アゲノル・ゴウホフスキ伯が外相だった時期に成立したが、彼はポーランド人であり根っからの親ロシア派というわけではなかった。これにより両強国は不干渉を前提に、バルカンの現状を維持することを約し、またヨーロッパ・トルコがこれ以上存続できないとわかったときには、将来のバルカン再編について協定を結ぶことになっていた。合意が成立した背景には、ロシアの関心が極東にくぎ付けにされていたことと、地中海協定が崩壊した後、オーストリアには代替となるものがなかったことがあった。オーストリアの他の外交官、とりわけサンクトペテルブルク大使のエーレンタールは、ドイツ、ロシアとの保守連合に向けて、協商をより前向きなものにしようとさまざまに圧力をかけたが、ゴウホフスキはこれをはばんだ。実のところ、彼の高圧的なセルビア政策のために、ロシアの新聞には彼に対する怒りの声が沸いていた。一九〇三年のセルビア王朝の交替がオーストリアにとって決定的な意味をもったのは、半世紀後の中東における西欧列強と同様、オーストリアが、ナショナリズム感情と対立する人気のない君主たちを通じて、セルビア内の影響力を維持しようとしてきたからだ。オーストリア＝ハンガリーがセルビアに家畜の輸出を禁じると、結果として関税戦争（一九〇六―一一年）が起こるが、成長したセルビアは、冷蔵技術と別の輸出ルートを開発することでこの戦争に勝った。ナショナリズムに対する保守的な過小評価は、ここではその報いを受けたのである。

一九〇六年にエーレンタールがゴウホフスキに取って代わると、彼は親ロシア路線の一環として、セルビアとの確執を緩和した。だがロシアはこのころには、君主国よりむしろイギリスとの新しい友好関係を重視するようになり、復活した保守同盟には興味を示さなくなっていた。エーレンタールはいらだち、ボスニア国境からテッサロニキまでのトルコの鉄道敷設権を取り決め、それによって一九〇八年初めにオーストリア・ロシア協商を激しく揺さぶった。まえもって協議をもちかけられていないロシアには、これが純粋に経済的な問題かどうかを疑う根拠があった。バルカン鉄道計画はけっして経済問題ではなかった。この年の後半のボスニア＝ヘルツェゴヴィナの併合と、エーレンタールとロシア側の外相イズヴォリスキーとのブフロフ会談における誤解（第三章四四八頁参照）により、この間のすべての親交はついえることになる。イギリスがロシアの憤激に同調し、ベルリン条約（一八七八年）にもりこまれた列強の協調路線から逸脱する行動をとっているとして、オーストリア゠ハンガリーを非難したとき、変化の予兆はあった。だが、フランスが動かなかったために三国協商には疎隔が生じ、一方君主国にはドイツからの支援があった。セルビアの好戦的姿勢をこれ以上支援しないよう、ロシアに対してドイツが最後通告を出したことで、この危機は一九〇九年三月、オーストリアに有利なかたちで収束したのである。

一九〇八―〇九年のボスニア危機は、君主国にとって失うものの多いピュロスの勝利だった。一九一二年にエーレンタールが白血病で死ぬころには、イタリアとの、さらにはロシアとの関係すら改善されていたが、セルビアは相変わらず経済面での甘言に動かされなかった。セルビア単独ではオーストリア゠ハンガリーに危険はないものの、小国を保護下に置ける力量をもって大国がそれぞれの国威を測るものさしとしているいま、主客ところをかえる可能性はぬぐいきれなかった。ボスニア危機は同盟体制間の分極化を先鋭にしていたのだ。だがエーレンタールの一撃が、国威優先の政治のなかで失策であったと見るのは厳しすぎるだろう。ボスニア併合は、この地方の不安定な情勢に伴うボスニア対立陣営の動き、また一九〇八年七月の青年トルコ革命後のトルコ議会内で、ボスニア代表が有名無実と化したことを考えれば、論理的な一歩だったからだ。さらには君主国がますます他国の、とりわけドイツの政体と国益の従属物と見なされているとき、エーレンタールが君主国の立場を再び主張しようとしたことは、たんなる大言壮語といえるものではなかった。

エーレンタールは君主国の国内問題と対外問題を関連づけようとした、稀有な政治家の一人である。一九〇七年の覚書ではすでに、ダルマチアとボスニアがハンガリーへの割譲というかたちで併合されることを見据えたうえで、見返りとして、オーストリアが求める経済妥協に対しハンガリーがこれ以上妨害しないことを期待していた。つまるところ、彼にはプログラムがあったということだ。もとよりこれは保守的なプログラムであり、ハプスブルクの小規模な諸国民にとってはほとんど意味のないものではあった。ハンガリーのもとでのボスニア、クロアチア、ダルマチアの合同は、クロアチア人が夢みる三重制への序奏として意図されたのではなかった。エーレンタールとボヘミア大貴族の友人たちとの間に交わされた手紙には、彼の根深い反ユダヤ主義と反立憲主義が現れている。彼自身一部ユダヤ人の血を引いていたが、それと知れる痕跡を、自ら『ゴータ貴族年鑑』から抹消したのであった。確証のない捏造文書を歴史家フリートユンクに提供し、それによってクロアチア・セルビア連合のセルビア人メンバーの名誉を傷つけた彼の行為から、君主国の国民体問題にはふさわしからぬ、安易に弱者をみくびるやり方がわかる。ボスニア併合後引き続いて行われた立憲的な取り決めよりも、二重制の転換を求める彼の提議のほうがドラマチックだったのは、驚くにあたらない。それは、アルザス＝ロレーヌ帝国直轄領《ライヒスラント》がドイツ帝国にありながら独自の議会をもつように、ボスニア＝ヘルツェゴヴィナには、二重制の外にあって特別な地位が与えられるというものだった。

エーレンタールは対外政策でも同様に、オーストリア保守主義の限界をあらわにした。一九〇九年、セルビアとの戦争を断念したことが経済進出を優先するうえで現実的であったにもかかわらず、この政策は、オーストリア＝ハンガリーの保守政治の、容赦ない、断固たる行動を求める度重なる要請と衝突した。これまで見てきたように、保守派は国内あるいは対外政策における何十年かのこの種の議論において、勇を鼓して決断にいたったことなどなかった。もちろんこれは、一九一四年に至るまでの話である。このことが、対立陣営と和解することもなく自らの士気を弱めてしまったのだ。結局のところ、君主国には有効なバルカン経済政策のための準備資金が不足していた。実際には君主国それ自身が資金注入の必要に迫られていたのだ。ハンガリーへの国家債務に対して、大戦前夜にパリ金融市場が門戸を閉ざしてしまったことは、老帝国に不利な方向へと同盟体制が硬化していく過程の不穏な徴候だった。

エーレンタールのあとを、いささかしぶりながらも引き継いだのは、レオポルト・ベルヒトルト伯だった。生え抜きの外交官で、四九歳にしてすでにモラヴィアの所領に隠退していた。ロシア外交は、セルビアとブルガリアを基盤にしたバルカン同盟を秘密裡に形成しつつあった。ロシア人は、意図的にトルコに対抗しようとしたわけではなかったが、もはや小規模国民のナショナリズムを確実に制御することはできなかったのだ。この同盟の攻撃的な企図が明らかになった段階でも、ベルヒトルトは対抗手段をとらなかったが、このことはおそらく弁護されていいだろう。トルコとバルカンの衝突にどう決着がつくのかまだ予測がつかないとき、セルビア攻撃のそしりを招く必要がどこにあろうか。バルカン同盟が、予想よりはるかに早く、一九一二年秋にヨーロッパ・トルコになだれ込んだあと、ベルヒトルトは危機管理者としての立場を守ることに成功した。各国大使によるロンドン会議（一九一二年一二月―一三年五月）で、セルビアのアドリア海進出を封じるべくアルバニア国家を作ることに、列強の同意を得たのである。ところが一九一三年初夏の、獲得領土の配分をめぐる第二次バルカン戦争では、セルビア、ギリシア、ルーマニア（そしてトルコ）がブルガリアに勝利し、セルビアはマケドニアの大部分を手に入れたうえ版図を倍加してしまった。セルビアの勝利は、スロヴェニア、クロアチアを含むハプスブルクの南スラヴ人に大興奮で迎えられた。一九一三年三月のモンテネグロによる、つづいて一〇月のセルビアによるアルバニア侵略に対して、オーストリアは最後通告をもって威嚇し、危機における武力外交の味に食欲をそそられつつあった。対峙的な威信政策が転落しはじめたと、歴史家は指摘している。

一九一四年七月に至る背景はこのようなものである。世界大戦への道筋は直線的なものではなかった。対立しあう同盟体制は長らく、巨大な岩の一部と化すことを拒んでいた。ボスニア危機ではフランスはロシアを支持しなかった。その時点でのオーストリアへのドイツの関与――それはロシアとの交戦の可能性がなかったために甘いものだった――は、その後修正された。フランツ゠フェルディナントは日ごろ、和平を唱えて国内的な再建を優先し、イタリア、セルビアとの予防戦争を主張するコンラートは一九一一年秋から一年間、職をはずされた。だが一九一三年までには、戦線は硬化しつつあった。この年、フランスは初めてバルカンにおいて同盟国ロシアの支援に乗りだした。秋にはヴィルヘルム二世が、セルビアに対するオーストリアの外交処理を仰々しく称揚した。さらにはドイツ自身、引き続きトルコに接近し、ベルリン・バグダッド鉄道の建設を押し進めるなど、バルカンおよび近東における経済的権益と戦略的権益が密接に絡み合うことを認識していた。

平和であった最後の数ヶ月、オーストリア゠ハンガリーの選択権がいかにせばまっていたかは、バルカン小国家の間でその地位を立て直そうと、ほとんど必死に没頭していたことからもわかる。優先すべきはルーマニアを改心させて同盟国寄りにすることであり、その結果が見えるまで、代わりになりうるブルガリアを厚遇しておくことが肝要だった。いまから見ればこれは、衝突を目前にしたタイタニック号でいまさらながら甲板を整備しなおす行為に近い。そして、一九一四年六月二八日のサライェヴォの暗殺後には、公的には戦争は避けられないと判断していたように思われるのだ。共通財務省のバルカン専門家タッローツィの日記は、セルビア・ナショナリズムがまさにセルビア人聖職者、教師、商人の心の中で育まれているように、ルーマニア人は心の底では「我々を憎んで」いる、と彼が確信していることを示している。さらに七月七日には、そうした「心理的契機」がそこにはある、と書かれている。彼が関心を寄せるのはおもに、決定的な戦争をうまく切り抜ける機会はセルビア人には与えられないだろう、ということだった(7)。これはコンラートの抱く危惧でもあった。七月下旬、彼は君主国の予備軍をセルビア戦線に派遣した。これによりガリツィアの戦線がロシアの進軍にさらされることになったが、この破滅的な派遣の決断は、セルビアとの戦争を望みどおり強行したいという思いにあらかた起因していた。来たるべき軍事介入をロシアに思いとどまらせる役割は、ドイツに――あるいは運命に――委ねたままに。

戦争へと移る最終段階には、確かに、ある種の宿命論がはたらいていた。フランツ゠ヨーゼフは一九一三年以降、冷静な態度で戦争を予期していたように思われるが、おそらくそれは名誉という、彼を決闘の暗黙の擁護者にさせたのと同じ基準によるものだろう。だが、こうした心の保ちようも、ドイツの支援を前提にしてのことだった。暗殺のあと、ハプスブルクの目が注がれたのはベルリンの動向であり、両国を開戦へと突入させたのは、七月六日、ドイツが首を縦に振ったことだった。とはいえ、オーストリア゠ハンガリーも戦争決断への間接的な誘因になっていた。唯一残った同盟国が、セルビアとの関係を清算したいと願っているいま、それを支援する必要性が認められるかどうかは、ドイツにとって重要な意味をもっていたからだ。ハプスブルクの政治指導者のなかでティサだけが、二週間ほど同意に躊躇したが、フランツ＝ヨーゼフの態度と、時間がたてばドイツの支援が得られなくなるのではないかという懸念と、セルビアに対して行動を起こせばルーマニア人は思いとどまるだろうという議論によって気持ちが揺らいだ。皇帝はヨーロッパ大戦の可能性を認識していたとする証拠をカンが挙げているが、決定的な数週間にあって、ロシアとハプスブルクの政治家は、ドイツのさらに向こうにあるものを、そして危機そのものをも見ていなかったように思われる。大戦の認識はあったにしても、全体的な印象からいえば、道路をのこのこ横断しているハリネズミが、向こうからやってくる自動車に轢き殺されるかもしれないのにそれから目をそらしている、といったところだろう。ハプスブルクの指導者は、明らかに、確信的にロシアとの戦争に賭けた。とはいえ二重制になって以来の数十年間、君主国の国際的役割の変化と軌を一にして、オーストリアの視野が縮小し、局地化していたことが全体的に強く印象づけられるのである。

　だからこそ、一九一七年に出版されたエーレンタールの外交政策に関するベルトルト・モルデンの記述は、いっそう興味深いものとなる。ここでは、イギリスが帝国のヘゲモニー防衛のために行っている同盟体制の冷厳な再編が、世界戦争を引き起こした第一の要因であるとされている。一九一四年七月のウィーン側の予測にイギリスはほとんど現れてこないにもかかわらず、だ。モルデンは、オーストリア版の戦争責任論議に一つの論拠を提供している。ドイツ語の記念碑的シリーズ『ヨーロッパ諸政府の国際政策』《ディ・グロッセ・ポリティーク・デア・オイローパイツシエン・カビネッテ》（一九二二―二六年）ともっとも密接にかかわるものであり、このシリーズは、戦争の直接の背景から、戦争に先立つ四〇年間のヨーロッパ国家体制に焦点を移すことで、ドイツには特有の好戦性があるとする見方の根拠を崩したのだった。なるほど、アメリカ外交史家ポール・シュレーダーの著作では、イギリス国際政治の破壊的な役割は、四〇年よりさらに以前、クリミア戦争にまで確実にさかのぼることができるとされている。イギリスは、勢力均衡政策と、英国議会内ホイッグ党が外交術にもちこんだ、予測できない価値判断にこだわった。この二つが、初めはメッテルニヒを、次にビスマルクの欧州協調を足もとから崩すのに役立ったのである。

モルデンとシュレーダーの視点は注目に値する。イギリスは二〇世紀に入りオーストリア支持からロシア支持にまわったが、この切り替えは、勢力均衡にとってドイツが脅威になるという固定観念に基づく、性急で過剰に色づけされたもののように思われる。オーストリア゠ハンガリーはドイツの従属国であるという独断が、たちまちイギリス外務省内にできあがっていた。「不実なイギリス」《パフィディオス・アルビオン》に対する不信をヨーロッパ人に抱かせる、リベラルな理想主義と先鋭なイギリス帝国意識の混交は、『タイムズ』紙ウィーン特派員ウィッカム゠スティードが戦前、ウィーンとドイツの連携を危惧していた事実にもたしかに見てとれるし、これほど明白ではないにしても、スコットランド人文筆家のR・W・シートン゠ワトソンが、ハンガリーの抑圧されたスラヴ人支援に宗旨がえしたことにも読みとれる。だがアラン・スケッドは、シュレーダー説の拡大解釈を批判し、オーストリアこそ一八五九年、一八六六年、一九一四年の戦争をしかけた張本人であり、バルカンにおいてロシアとの和解に向けさらに努力していたなら、もっとうまくやれただろうとしている。さらにいえば、シートン゠ワトソン（そしてそのフランス版とも言うべき親チェコ・カルヴァン派エルネ・ドゥニ）は、国民体政策でのリベラルな改革を期待していたものの、一九一四年までは君主国を強く支持していたのだ。君主国は国際政治の犠牲者であるという見方は、結局のところ正当化できないのである。新絶対主義を受容した段階で、君主国が言うところの有益な国際的役割を維持する費用があまりに高くなってしまったことは、シュレーダー自身も認めている。

本書はここまで、外交政策と国内政策について、もとより相互に絡み合っているにしても、後者のほうが優先されたということを前提にしてきた。ハプスブルク帝国は一八五九年、一八六六年、一九一四年と、各国民の野心が結集されつつあるなか、戦争という手段に訴えた。こうした結集は、少なくともしばらくの間はそれほど強力なものではなかったから、ビスマルクやルイ゠ナポレオンなら自らの目標のためにうまく利用できただろうが、君主国の組織構造は彼らをまねるにはあまりに動きが重く、かつ保守的だった。一八六七年の「妥協」によってハンガリーの脅威はある程度緩和されたものの、これがかえって他の問題を悪化させてしまったのである。ビスマルクが鋭く見抜いていたように、君主国の真の危険はロシアのパン・スラヴ主義からではなく、自国のスラヴの民からもたらされた。こうした弁別はいささか底の浅いものかもしれないが、ドイツ人・マジャール人へゲモニーに対する内外からの脅威は、ハプスブルク・エリートのなかで過度に融合し、国内の動揺が国際舞台にそのまま投影されるまでになっていた。すなわち、パン・スラヴ主義は、攻撃意思のきわめて乏しい君主国を包囲する、つねに攻撃的な敵であるという認識が君主国を戦争へと押しやったのである。バルカンのなかで唯一、一九世紀にヨーロッパ列強のひとつの手に落ちたボスニア゠ヘルツェゴヴィナを獲得したこと、セルビアで行ったように一八八〇年代にはブルガリアでロシアの覇権に対抗したこと、何百万という非優勢スラヴ人を統治したこと、これらいずれもがオーストリア゠ハンガリーによって行われていたにもかかわらず――。一九一四年におけるドイツの好戦性は国内にルーツがあるとしたフリッツ・フィッシャーの説は、オーストリア゠ハンガリーにも間違いなくあてはまるのである。

望みなきにしもあらず――一九一四―一六年

戦争の初期段階、他の参戦国も当初経験したように、オーストリア゠ハンガリーは国内的な休戦状態に入った。オーストリアでは帝国議会が閉会されており、すでに政党政治は制限されていたが、議会はなんと、戦闘の始まる前から陸軍病院に転用されていた。だが、元来猛々しかったハンガリーの議会政治までが休戦状態になった。社会民主主義者にとって、帝政ロシアがいまや主要な敵となった以上、それまでの反戦の旗を降ろすのは簡単なことだった。喉元に短剣をつきつけられたら、最初にしなければならないのはそれをどけることだ、とヴィクトル・アードラーは説いているし、ハンガリーの階級闘争は終わった、と有力な労働組合機関誌は一九一四年一〇月に書いている(8)。ローベルト・ムージル、ライナー・マリア・リルケ、フェレンツ・モルナールといった著名な作家は、いずれも戦時ジャーナリズムに従事し、大貴族の令嬢は看護師になり、その母たちは病院に傷病兵を見舞った。「兵士たちよ」とザグレブの大司教は叫んだ。

「神はあなたがたを戦争へといざなっている。神が、永遠の真理が、あなたがたをいざなっている」(9)と。

初期の狂騒は、歴史的な非優勢集団のなかにも見られたが、すべてというわけではなかった。大公が暗殺されると、セルビア人は元凶とみなされ、サライェヴォではクロアチア人やムスリムの群衆からその商売が攻撃され、ボスニアでは正教会の教会学校や体育団体が無期限閉鎖となった。チェコ人も苦しんでいた。チェコ人部隊はこともあろうに、明るい帝国の歌ではなく暗い歌を歌っていたかどで告発されてしまった。要するに、彼らに対して批判的な連中によっておそらく誇張された忠誠違反の罪、誇張とはいえ一九一五年四月に、一部を除くプラハ第二八歩兵連隊のほとんどがロシア陣営に脱走したことで、さもありなんと信じられてしまった忠誠違反の罪で告発されたのである。オーストリアとの関係維持に積極的なチェコ人は社会主義者とカトリック教徒だけだった。商業銀行《ジヴノステンスカー・バンカ》は顧客に対し、オーストリア戦時国債はリスクが大きいとひそかに忠告していた。だがこうした戦術は大きな代償を伴った。銀行の役員は裁判にかけられ、一九一五年一二月から翌年七月まであやしげな訴追が続いたあと、ほかでもない青年チェコ党の指導者クラマーシュと『国民新聞《ナーロドニー・リスティ》』紙の編集者が、のちに減刑されたものの、死刑判決を受けた。ボスニアのセルビア人活動家に対して行われたバニャルカ裁判もこれによく似ている。戦争の初期から憲法上の自由が停止され（実際には七月二五日から）、チェコ人に対するドイツ語の使用、教科書の改変、検閲などの拡大強化が重くのしかかった。軍政下にあった地域、たとえばガリツィアでは、この半世紀で初めてポーランド人以外の総督がおかれ、公生活のドイツ化圧力が強化された。

強硬路線は忠誠違反をうわべは減らしたかもしれない。だが同時に、チェコ人やポーランド人の間に、何のために進んでハプスブルク体制を維持するのか、その実質的な根拠に疑問をいだかせた。トマーシュ・マサリクとともに一九一四年一一月に国外に亡命したチェコ人有力者はほんのひとにぎりにすぎなかったものの（むしろユーゴスラヴ政治家のほうが多く、特に注目されるのはスピロやトルムビッチもこの道をたどったことだ）、内実は外観どおりではなかったのだ。自らの小党、リアリスト党に属したマサリクは政治基盤も小さいものだったが、より大きな党派の親オーストリア路線は戦術的なものであり、君主国には、代わるべきものはないという想定に基づいていた。パン・ドイツ主義に取って代わられたならもっとひどかろう、というわけだ。

全面戦争の恐怖を経験するとたちまち、忠誠心はぎりぎりまで張りつめられた。オーストリア゠ハンガリーの軍事計画には、近代戦争は激烈であったとしても短期間に終わるというこの時代の考え方が反映されていた。かくして熟練労働者が一気に、あまりにも大量に軍に編入されたため、労働力不足と生産の停滞が引き起こされた。経済の急激な軍事化による混乱は、さらに生産力を低下させ、一九一四年秋までには軍事衣料の在庫が底をついた。攻撃一辺倒の参謀総長コンラート゠フォン゠ヘッツェンドルフは、自身で戦争を始めてみて、勝算の乏しいことを悟った。当初は曖昧なドイツの約束を信じ、またロシアの動員が緩慢なため、セルビアと戦っている間、この帝政の巨像をくぎづけにしておけると信じていたが、その迷いからさめると、一九一四年八月下旬にはオーストリア軍を、援軍のないままロシア領ポーランド攻撃に投入し、退却を余儀なくされてガリツィアの大半をロシアの手に渡してしまった。この戦いで三五万人の兵力が失われた。さらにそれ以上の兵士を、プシェミシルのガリツィア駐屯部隊救援に向けて執拗に展開された、凍てつくカルパチア山脈越え冬期作戦で失ったが、それだけ戦死者を出したにもかかわらずプシェミシルは一九一五年三月に陥落した。一方、精彩に欠けるポティオレックに率いられたオーストリア゠ハンガリー軍が小国セルビアに対して展開した三つの作戦が、屈辱的なかたちで撃退され、一九一五年四月にイタリアが参戦して第三の戦線が開いたときには、戦線の延びすぎた君主国は対ロシア戦でドイツの援軍に頼るしかなくなった。ドイツの指揮下で行われたオーストリアとドイツの共同作戦は実に一九一五年夏、ガリツィアからのツァーリ軍掃討に成功をおさめ、この年の後半のセルビア制圧においてもドイツ軍が主導権を握った。一方、コンラートによってオーストリア単独で行われた秋のロシア作戦および翌春のイタリア作戦は、以前と同様戦果があがらなかった。ただこれによって、一九一六年六月に三五万人が捕虜としてロシアにとられることになるブルシーロフ攻勢を遅らせることはできた。コンラートの推定では、君主国は一九一五年末までに総計二〇八万三〇〇〇人を、戦死か重度の負傷によって失ったのである。

それでもこうした惨禍があったからといって、人的失策はさておき、ハプスブルク体制が戦争開始後の何年かはきわめてよく機能していたという事実を見落とすわけにはいかない。一九一五年春までには、人的資源は配置しなおされ、経済は均衡をとりもどし、これまでの軍事供給をはるかに超える莫大な軍事関連の発注が成長を刺激した。一九一六年までに鉄生産は一九一三年の水準を超え、石炭の生産と消費は一九一四年を上回った。石炭の生産地では、前年には六九％しか充足されていなかった必要な車両が、いまやほぼその需要を満たしたのである。軍需品の状況も満足のいくものだった。一九一五年六月には必要とされる弾丸の九五％が用意できた。だが、一九一五―一六年のうわべの健康状態は、熱のある病人の一見元気そうな赤い頬にたとえることができる。戦時公債による資金で潤ったこともあり、インフレの原因が当初見過ごされてしまったからである。結局のところ、オーストリアもハンガリーも、戦争の資金調達の手段として戦時課税よりも公債のほうに重きを置き、これが他のどの国よりもインフレ率を上げてしまったのだ。

君主国の大戦遂行能力に関して、きわめて批判的な同時代の人々の評価と、最近のより肯定的な評価との間でバランスをとるのは容易ではない。判断の鍵を得るには、君主国が相変わらず西・中央ヨーロッパと東ヨーロッパの間でぎこちなく均衡を保っていたことを想起する必要があるかもしれない。ドイツに比べ弱体であるという意識から士気が落ちていた面はあっても、ハプスブルクの戦闘遂行能力は、帝政ロシアにくらべてはるかによく、また長く機能していた。バルカン戦争以降、立法によって軍事的非常時の産業労働者の強制徴用が可能になり、離職者はだれであれ召集に応じる義務が生じた。当初、軍政官の一部が労働者に軍隊相場でしか賃金を支払わなかったとはいえ、総じて軍部の強制力は強権的であるとともに庇護的でもあった。民間雇用者が不安を感じていたにもかかわらず、一九一六年には賃金審査の、一七年には不服審査の委員会が設けられ、それを推進したのは軍事省だった。大量の労働者の疾病手当や失業手当まで支給された。軍需産業のストライキ数は一九一四年の二〇四から二年後には一五に減った。戦争関連産業はドイツ式に中央本部《ツェントラーレ》を設立した。職員は民間雇用者の資金でまかなわれていたが、国外での原料入手から広範な国内規制まで多岐にわたる業務について、商業省と軍事省の拒否権に従うというものである。戦争終了時までに、オーストリアにはこのような中央本部が九一あった。食料生産と、のちに鉄鋼が国家の直接管理に組み込まれ、軍事省と、オーストリアでは戦時管制局《クリークスユーバーヴァフンクスアムト》が相当程度の行政権を握った。配給券は初めパンに導入され、やがて食料全体に行きわたり、皮革などの品目にも及んだ。他国と同様、民政当局と軍事当局の当局間の口論、あるいはオーストリアとハンガリーの言い争いは、それほど毒を含んだものではなかったように見える。もっとも知られているのはオーストリアへの、農業国ハンガリーからの穀物供給不足にかかわるものである。一九一八年に軍の徴発が導入されるまでハンガリー当局が協力的でなかったのは、彼ら自身の備蓄が少ないうえに、相変わらず世論の動向に注意しながら議会制度を維持していたのだから無理もなかった。確かに、戦時ハプスブルク帝国における争いの口調は、きわめて重大な問題がかかっていたわりには紳士的に感じられる。コンラートは終始失敗したが、こうした結果に対しても、狭い社会的エリートによる上からの支配にならされた社会だからこそ、あれだけ長く寛容でいられたのだと容易に想像されるのである。

戦果がはっきりせず、その結果、コンラートが「隠れた敵」と称する高慢な同盟国ドイツに、君主国はますます頼らざるを得なくなった。援軍と援助資金に加え、一九一六年までにドイツはオーストリアに精巧な手榴弾、ガスマスク、鋼鉄ヘルメット、塹壕砲を供与し、君主国はといえば、誇り高き青の軍服を脱ぎ捨て、ドイツ製の布で作られた見栄えのしない灰緑色のものに変えてしまっていた。ドイツを中心とする中央ヨーロッパの衛星国としての宿命が行く手に待ち受け、一九一五年秋に出版されたフリードリヒ・ナウマンの『中央ヨーロッパ《ミッテルオイローパ》』ではそれが前面に押し出された。北ドイツ人のリベラル、ナウマンは、経済的かつ一部政治的な一体化を柔らかな表現で提起したが、そこでは太陽としてのドイツの周りに惑星としての小規模諸国民が位置するというもので、連合組織の司令部はプラハに置かれることになっていた。最終目標は、イギリス人、アメリカ人、ロシア人がすでに手にしている（とナウマンが仮定する）世界的強国の地位に向けて、中央ヨーロッパをドイツの拠点にすることだった。これに対するさまざまな反応は中央ヨーロッパ世界における錯綜した確執を浮き彫りにした。競合を懸念する実業家やハプスブルクへの忠誠を抱く官僚クラスは別として、オーストリアのドイツ人は熱狂した。一部の農業主義者やヴェケルレのような長年の「中央ヨーロッパ人」を除き、ハンガリー人は反対した。もっとも興味深いのは、反帝国主義を掲げる左派社会民主主義者から、言葉たくみなチェコ人や退廃的なハプスブルク人より東方の生存圏《レーベンスラウム》に関心があるパン・ドイツ主義者まで、ドイツ帝国のドイツ人たちが示した消極性の度合いである。――「断固として、冷厳に、容赦なく明言しなければならないことを、あなたは穏やかに、甘い言葉で語っている」(10)。ここに見られる態度から、ドイツ帝国のドイツ・ナショナリストが君主国を、高圧的姿勢でのぞむべき老衰したお荷物とみなしていたことがわかる。ドイツ軍の燃料費、敵地占領地帯におけるドイツ人の容赦ない権益の追求、そして一九一六年夏のオーストリア軍司令部とドイツ軍司令部の強制的な統合――当然ドイツ軍が指揮権を握った――に加えて、さらに高い代価をオーストリアは支払わされたが、これでは意気が上がらなかった。

ハプスブルクとドイツの関係は、二重制に起因するさまざまな複雑さに新たなレベルの複雑さを加えたにすぎなかった。これらは当初から戦時戦略にとって足かせになっていた。ハンガリーの首相ティサはイタリアに参戦させないための領土割譲に反対した。トランシルヴァニアに対するルーマニアの、同種の要求の先例となることを恐れたからだ。結局、君主国がどうにか申し入れできたのは、イタリア語圏ティロールだけだったが、それも戦争終了時点での割譲というものであった。これは、イタリアを協商国側の一員として参戦させることになった、一九一五年四月のロンドン条約でイタリアが約束されたものよりはるかに少ない見返りであった。皮肉なことに、勝利が二重制の拘束服を引き裂こうとしていた。帝国内で、スラヴ人の数がこれ以上膨れ上がることは避けたいとティサが望んだため、制圧したセルビアは併合されず、国境調整とハプスブルクの経済支配に従うという合意に達した。それでも彼はダルマチアとボスニアのハンガリーへの編入を要求した。制圧したロシア領ポーランドが君主国に併合されれば、オーストリア側が拡張しうるとみて、そのバランスをとろうとしたのである。だがこの、ポーランド問題をめぐるいわゆるオーストリア・ポーランド解決案は、ポーランド人が三重制の一員になるという幻影を呼び起こし、ティサはこれに猛烈に反対した。実際には、主導権を握るドイツ帝国が別の考えをもっていた。一九一六年一一月五日のドイツ・オーストリア共同声明では、占領したロシア領ポーランドは、同盟国側と連合する「独立した」国家であるが、経済的にはドイツの勢力圏内におかれることが言明された。これにより、ガリツィアの立場が不確かなものとなり、新しいポーランド人の独立体――国境はいまだ定められていない――との関係に問題が残った。ポーランド問題は二重制の矛盾を際立たせたのである。

ガリツィアはハプスブルクの国内論争に二局面で影響を与えた。一つは、この戦火で荒廃した領邦の再建が、ハンガリーの拠出分を含む帝国の共同予算でまかなわれることに、ティサが反対したことである。もう一つ、さらに直接的に重要だったのは、ガリツィア問題の解決がどのようなものであれ、それがやむことのないチェコ人・ドイツ人論争に及ぼすであろう影響である。論争は一九一五年から一六年にかけて徐々につのっていき、オーストリア・ドイツ人ナショナリストは、自分たちに望ましいボヘミア問題の解決案を押しつけるべくさまざまに画策した。これらの、当時の用語で言うなら特権授与には、ドイツ語を国家言語とし、公用チェコ語はチェコ語圏に限定され、強力な地方政府である郡《クライス》によって議会のチェコ人多数派を無力化し、また、一八八二年のリンツ綱領以来おなじみの手法だが、帝国議会でドイツ人の多数派を確固たるものにすべくガリツィアの議員数を削減するといった内容が含まれている。ブルジョア・ナショナリストの要求は一九一六年の妥協のない「復活祭要求《デジグラータ》」として公にされ、やや薄まってキリスト教社会党への、ドイツ語話者共通の拠点づくりに向けた提起となった。社会民主主義者でさえドイツ国民同盟の指導者から話をもちかけられた。だがキリスト教社会党の一部は、上からの特権授与について、必然的に議会の召集を遅らせるものであるとして、これに反対した。シュテュルク首相は議会召集に反対だったが、ブリアーン外相は、議会政治は人民への責務であり、説明責任の手段であるとしてこれに異議を唱えた。民主制への侵犯をさらに強く感じた者もいた。一九一六年一〇月二一日、社会民主党指導者の息子フリードリヒ・アードラーは、レストランでシュテュルクを暗殺した。「絶対主義を追い払え！われらに平和を」と叫びながら。

シュテュルクの暗殺と、ポーランドに関するプロイセンにおもねる宣言は、戦争が三年目に入るにともない、君主国がますます弱体化していった徴候でもあった。それでも、中央同盟が占領していた敵の領土はその逆の何倍もあったし、フランツ＝ヨーゼフ人生最後の数週間には、ルーマニアに対する連合作戦が繰り広げられて勝利を収めつつあった。ルーマニアは無謀にも宣戦布告し、一九一六年八月、トランシルヴァニアに侵攻していたのである。皇帝は、統治六八年目の年の一一月二一日に死去した。カタリーナ・シュラットはその胸に二輪の白バラをのせた。まもなく始まる終焉への歩みを皇帝が目にすることはなかった。

暗雲

新しい君主、フランツ＝フェルディナントの弟オットー（一九〇六年没）の子、カールは、同時代の何人かに、二九歳という年よりも若い印象を与えている。温和な性格の敬虔なカトリック教徒だが、その善意は非凡な才能で補強されてはいなかった。フランツ＝フェルディナントを取り巻いていた人々に影響され、彼の気質よりはむしろ思い込みを引き継ぎながら、カールは短い治世をたび重なる国内外の危機と闘っていくことになる。

当初、より目前に迫って見えたのは国内危機だった。ドイツ大使がベルリンに報告しているように、素朴な疑問は、どれだけ長期間君主国は戦争を続行できるかということだった。オーストリア＝ハンガリーの戦時期間を四期にわけるならば、カールが皇位を継承したのはおよそその第三期に入ろうとする時期にあたる。すなわち初期の衝撃と、見た目の回復のあと、やがて最終第四期で一九一八年の機能停止をもたらすことになる全面的な不足・窮乏化が、容赦なく始まるころであった。この過程が、分野によって若干の時期的・速度的な違いをともなって展開されたことは言うまでもない。早くも一九一六年春には、綿、羊毛、皮革、鉄の不足が、一九一六年から一七年にかかる冬には石炭が、続く春にはその他の金属、馬、予備兵の不足が深刻になった。兵器を除く軍需品生産は、まだ急落してはいないものの上昇が止まった。一九一七年の石炭の供給量は一九一六年から五%減少したにすぎなかったが、備蓄の影響で鉄生産が二〇%近く落ちた。輸送にも大きな障害が生じた。鉄道車両の運行が十分に維持できなくなったのである。

最悪の危機は生活レベルで現れた。協商国の封鎖による衣料生産への影響については見通しが甘かった。だがハンガリーが自国産穀類を戦前に比べて六五%しか消費しなかったように、食糧危機はもっと深刻な問題だった。全体として、小麦とライ麦の生産量は一九一四年の九〇〇〇万キンタルから、つづく三年で七九〇〇、六三〇〇、六二〇〇万キンタルに落ち込み、とくにオーストリアで落ち込みが大きかった。ジャガイモの生産も、一九一七年は一四年の数字の四二%だった。プラハの老いた女性たちは込みあう列車に乗って田舎まで五、六〇マイルも遠出をし、衣類や靴を食料と交換した[11]。前線部隊へのパンの配給量は、ごくわずかに減らされただけで一九一七年には四七〇グラムだったが、そのほかの部隊とオーストリアの民間人となると話はべつで、前者は二四〇グラム（最小値で）、後者は一六五グラムにまでなった。ハンガリーの民間人は二一〇グラムだった。一九一七年二月にラントヴェーア将軍のもとで共同食糧委員会が設立されたが、事情はほとんど緩和されなかった。皇帝は週に何度かラントヴェーアと話をしたが、確かに、実行能力のない男であり、一九一八年初めには辞任するよう説得せざるをえなかった。低生産と同様、不公平な配分も打撃を与えた。配給の対象からはずされた人々（穀類生産者および彼らから直接買っている者）は、半工業化されたオーストリアで、配給を受ける人々のおよそ半分であった。ハンガリーでは前者は後者の二倍、規制の緩いクロアチアでは四倍以上に達した。

当然、大衆からは抗議の声が上がりはじめた。一九一七年五月の大ストライキが、この戦争で最初の（臨時手当ではなく）賃上げをもたらした。社会主義者で主流派指導者たちはますます公的な戦争協力に組み込まれ、政府・組合間の協力が進み、一方社会主義者の煽動が全国規模で広まった。だがこうしたことは一見するほどつじつまのあわないことではなかった。社会主義者の改良派も革命派も、ともに新たな意味付けと、急進分子に対する影響力のすべてが失われることのないよう、戦術化を巧みになしとげる労働組合運動づくりを責務としていたからだ。外相の積極的な擁護をうけて、オーストリアとハンガリーの社会主義者は、国際社会主義平和大会に代表者を送ったが、西ヨーロッパの同輩が政府から参加を禁じられたため、その影響力は知れたものだった。さらに大きな意味をもつのは労働組合運動の復活である。一九一七年六月にはハンガリーの労働組合員が二一万五〇〇〇人と前年秋のほぼ四倍になったが、それとともに、正式には労働組合に加入を認められていない専門技術者の間から、「技術者社会主義」なるものをめざす運動が起こった。フリードリヒ・アードラーが公判のなかで、時に六時間にも及んで雄弁にその怒りを表明したことは、二〇世紀初頭の政治システムの難題《エニグマ》を浮き彫りにしているる。何年にもわたり国民に、戦線における異常な死傷率と、本国における半飢餓状態を強要できるだけの力をもっていながら、それでも裁判で、それ自体が告発されることを容認するようなシステムである。アードラーほど能弁ではない民衆の体験は、クロアチアの青年ミロスラフ・クルレジャの短編集『クロアチアの軍神《フルヴァアツキ・ボグ・マルス》』（一九二二年）から推測できよう。農民青年の悲痛な姿を描いたもので、彼らは住み慣れた土地から引きはがされ、はるか遠方の戦線まで長い距離を移送され、乱暴な下士官や堕落した将校、さらには病気、障害、そして死に服従させられるのである。そして、一九一七年二月と一〇月のロシア革命が、権力者の心を暗鬱にさせた。

新皇帝をつき動かしていたのは、民衆を駆り立てすぎてはいないだろうかという不安だった。だが伯父から受け継いだ旧い思考法と彼自身の能力の限界から、君主国のどちら側についても進みうる方向は限られていた。カールはフランツ＝フェルディナントと同様、ハンガリーの指導者に、とりわけイシュトヴァーン・ティサに対し不信を抱き、彼を再建の障害になると考えていた。この支配者然としたカルヴァン派の首相が、自らの手でカールに戴冠し、ハンガリー国王につかせるという決定をしても、根っからのカトリック教徒である君主が彼に親しみをおぼえることはなかった。だがこの若き国王には、勇気を奮ってティサを解任することはできなかったのである。ティサに対するすべての批判が公正だったというわけではない。オーストリアとの関係では、彼はおそらく、主要なハンガリーの議会人のなかでもっとも排外主義から遠かった。一九一六年末にオーストリア商業相シュピッツミュラーとの間で結ばれた経済妥協では、オーストリアの求める二〇年の延長に合意する一方、ハンガリーの分担金削減幅は、本来なら延長の見返りにハンガリーの世論が求めたに違いない幅より小さかった。ハンガリー側の（戦後に履行されるはずの）分担条項が公表されなかった理由が、このことから説明できる。ティサは戦争が宗教的・保守的感情を強化したと確信し、選挙改革を主導するよう求める一九一七年四月のカールの要請を事実上無視した。五月二二日、国王は突如決断をして彼を解任した。これは、一八九〇年の、若きヴィルヘルム二世によるビスマルクの解任とほぼ同様に、象徴的な行動だった。

だがカールは、大胆さをばねに進んでいける男ではなかった。ティサの後継人事では、経験豊かなアンドラーシがはずされ、政治的色づけのされていない大貴族が選ばれた。その政府は一九〇六―〇九年の独立党連合とほぼ変わらない支持層を得たが、ブルジョア民主主義者や社会民主主義者とのつながりのほうが強く、新司法相ヴァージョニ（彼自身はユダヤ教徒だ）は彼らと選挙改革に関する合意に達した。この一見希望にみちたシナリオを台なしにしたのは、ほかならぬティサの国民労働党だった。まだ改革されていない議会でいまなお多数派をしめており、政府と君主が総選挙にうってでる気構えをもたないかぎり、その立場は安泰だったのだ。こうしたことから、みたび首相の座についたヴェケルレのもと、まもなくティサ派が選挙改革一括法案の削減を勝ち取ると、ハンガリーの公的政治活動は保守主義の隘路に逆戻りしていった。その一方で、住民を覆うフラストレーションは膨張していた。

オーストリアでカールが任用しうる行政官僚のうちもっとも有能だったのは、おそらく、首相としてシュテュルクの後を継いだケルバーと、マックス・ベックだった。だが、二人ともフランツ＝フェルディナントの不興をかっていたことから、カールはケルバーを解任し、ベック指名にも躊躇した。首相の座はボヘミア大貴族クラム＝マルティニッツに落ち着いたが、これはほとんど、大貴族層のチェコ寄り「封建派」の役割が破綻したことの現れと言ってよい。父権主義的オーストリア主義の内実は、もはや、クラムの言う「気立てのよい」チェコ人にとってさえ、事実上なんら意味をなしていなかったのであり、彼は、チェコ語の通じる自分の所領で死を迎えられなくなったことを嘆きながらも、ドイツ人優遇特権授与という中央集権的な前提の枠内で活動していたからである。カールは反スラヴ的布告を慎重に拒否した。いまとなっては、そんな布告をだしたところで、結果はほとんど明らかだった。ロシアの二月革命と最近の講和提議がもつ民主化への影響力、チェコ人が軍事生産を妨害するのではないかという懸念、そしてカール自身が傲慢なドイツ世界をますますきらいになってきたこと、こうした要素が拒否を招いたのである。代替策は帝国議会の召集であった。議会は一九一七年晩春に開かれ、クラムが「部分ではなく全体を、輪郭の曖昧な政体ではなく幸福で安全で強力な国家を……この政府のプログラムはオーストリアなのだ！[12]」との演説がむなしく響いた。だがガリツィアの自治をめぐるポーランド人との軋轢《あつれき》から、クラムは議会多数派の庇護を失い、六月に辞任した。彼の後を継いだのは農業省出身のドイツ人官僚エルンスト・ザイドラーである。ごく平凡な政治的出来事だった。

　オーストリア政府は「勝ちのない」状況にあって、すでに強硬路線は放棄していた。ボヘミアの軍政長官が七月に述べたように、工場を軍隊式にしても、個別の破壊分子には有効だが、近代的労働組合運動に対しては効果がなかったのだ。だが強硬路線から立憲秩序に戻ったことで、チェコ人や南スラヴ人議員に対して、独立国家の地位を求める一連の宣言の機会を与えてしまった。国家として、ハプスブルク体制にどう準拠するかは、まぎれもなく条件しだいだったが、他方それは、くすぶるオーストリア派と急進的ナショナリストの対立を回避するための手段でもあった。一九一七年五月のチェコ人議員による宣言は、前年秋に結成されたチェコ連盟が作成したものである。要求は初めてチェコ人単一の国家ではなく、チェコスロヴァキア人の国家を求めるものとなったが、そこには亡命中のマサリクの構想の、核心部分が反映されていた。夏から秋に季節が移るにつれ、チェコ連盟内のバランスは「積極主義」、すなわちハプスブルクの政治に、議会で口出しだけでもしていこうという主張に対し、反「積極主義」に移行していった。重要なのはこの移行が、チェコ人社会主義者と農業党という二つの大きな階級政党のなかで起こったことであり、かつてのブルジョア・ナショナリスト集団であるクラマーシュの青年チェコ党のような反ハプスブルク的立場に向かっていたということだ。単に文化的自治しか提起しなかった（そして一九二〇年代にチェコ共産党の指導者となる）ボフミール・シュメラルが、秋に社会民主党の代表を辞任した事例がこれにあてはまる。同様にこのころ南スラヴ人の間では、オーストリア派のスロヴェニア人指導者シュシュテルシッチが、社会主義志向とユーゴスラヴ志向のより強いクレックとコロシェツにとって代わられた。二人とも聖職者だった。ハプスブルクのルーマニア人の間では、政治階級での論争はおおむね終わっていた。それは、一九一六年の年末に八万人のルーマニア人が、退却するルーマニア軍とともにハンガリーを去っていたことに顕著なかたちで現れている。戦時中ガリツィアの自治が侵害されたことで苦悩してきたオーストリア派のポーランド人は、一九一八年二月、ブレスト＝リトフスクで同盟国がロシアと交わした条約によって大打撃を受けた。ポーランド人とウクライナ人の間で争われていた地域が、新たにできたウクライナ国家に配分されてしまったのである。

ハプスブルク帝国解体の兆しは、一九一八年の初めにはこのように目に見えるものになっていた。一月の、配給量削減が引き起こしたウィーンとブダペシュトの大規模ストライキの波は、プラハではよりナショナリスト的なうねりとなった。だが、過去を簡略化しないで見ていくなら、当時はまだ正反対の兆しもあったと言わなければならない。とりわけ南スラヴ人は、まだ目標が一致しているとは言い難かった。オーストリアの南スラヴ人がユーゴスラヴ連合を求めた一九一七年五月の帝国議会での宣言に、ザグレブ議会の最大グループであるクロアチア・セルビア連合は同調しなかった。この連合のセルビア側は、問題のユーゴスラヴ国家が、ベオグラードではなくウィーンの盾のもとにある限り、これには消極的だったし、クロアチア人と異なり、この国家にスロヴェニア人が加わることを好まなかった。さらに言えば、イタリアはなおも、アドリア海沿岸に強力な南スラヴ人国家を作るという考えそのものに反対していたのである。

実際、君主国の反ハプスブルク・ナショナリストたちにとって、一九一八年初めまでに主要な問題となっていたのは、国外からの支援が現実にどれだけあるかということだった。トルムビッチとスピロは一九一五年、ロンドンを拠点に「ユーゴスラヴィア委員会」を設立していた。チェコ人亡命者はパリにすでに結成していた組織の名称を、一九一六年に国民評議会と変更し、三二歳のエドヴァルド・ベネシュを書記に据えていた。連合国側との接触ルートはできあがっており、それにより連合国軍内でチェコ軍団（大半は捕虜からなる）を認知させることができたし、一九一七年一月にウィルソン大統領に伝えられた連合国の戦争目的のなかに、「スラヴ人とチェコスロヴァキア人」の解放への言及をもりこませることもできた。だが一年後、プラハの亡命運動地下グループ（マフィアと呼ばれていた）からベネシュに、新情報を送るよう要請があった。新情報が来ないプラハは絶望的で、信用は傷つき、チェコ人が連合国側となんらかの接触をもっているなど、いまやだれも信じていないとベネシュは告げられる。この要請があったのは、ロイド＝ジョージの一九一八年一月六日の演説、ウッドロー・ウィルソンの和平への「十四カ条」のすぐあとで、両者とも君主国の解体ではなく連邦化を想定したものだった。西側の連合国はスラヴ人ナショナリストたちを、単独講和によってドイツからオーストリア＝ハンガリーを離反させる圧力として使っているにすぎない、という彼らの疑念を、この二人の指導者は深めさせたようだ。

こうした懸念が生じる根拠は十分に存在した。実際、皇帝カールの外交は即位以来、西側との合意に達することができるという期待を前提にしたものだった。もっとも溌剌としていた統治の第一歩にあって、一九一七年二月、彼は義理の弟であるブルボン＝パルマ家のシクストゥス公をフランスのポアンカレ首相との密談に派遣した。この密談のあとカールはポアンカレに書簡を送ることになるが、そこにはアルザス＝ロレーヌをめぐるフランスの「正当な要求」を、将来の講和会議で支持したい旨が書かれていた。その後接触した人物には、イギリス戦時内閣の閣僚だったJ・C・スマッツや、戦前の駐英オーストリア大使などがいる。だがいずれの場合も実質的な進展はなかった。カールはあれだけドイツに苛立ってい たにもかかわらず、これらの予備折衝が全面講和への道を開くと期待していたが、一方連合国側はベルリンから彼を分断することだけに関心があったからである。そのうえ、ロイド゠ジョージによって秘密協定に引き込まれたイタリアが、再び受け入れがたい領土要求をしてきた。シクストゥスの挿話は、めぐりめぐって一九一八年四月、再び皇帝のもとに舞い戻ってくる。ツェルニン外相が、秘密裏に講和の話を進めたとしてフランスを非難したのに対し、クレマンソー首相がそれはカール自身による交渉だったとばらしてしまったのだ。事態が困惑の度をさらに増したのは、ツェルニンが、アルザス゠ロレーヌ書簡が本物であることを知らずに、偽物であるとして君主に公的な否定を迫ったからである。

この事件が直接意味をもつのは、中央同盟の連帯を強化することでドイツへの忠誠の証をたてるよう君主国が強いられるようになったことである（一九一八年五月のスパ合意）。少なくともイギリス外交筋が懐疑的だったこともあり、君主国側の単独講和の見通しが失われると、連合国は君主国を破壊する必要性に目を向けはじめた。

ツェルニンが、君主のアルザス゠ロレーヌ書簡（その存在自体は知っていた）の決定的な詳細を知りえなかったということは、オーストリア゠ハンガリーのおかれていた状況と、状況がはらむ責任能力のない絶対主義への潜在的可能性をくっきりと照らしだす。イギリスではロイド゠ジョージがシクストゥスの事件を秘密にしていたことは事実だが、カール皇帝と違い、彼は技術と経験の証を要求される政治プロセスを通して、今日の地位にいたったのである。雑多な歴史的経験がまれに、一つのパターンに向かって自ずから秩序づけられていくように見える時がある。ふだんの錯綜した確執が解消され、歴史が明確に一方向に流れはじめるのである。善意のカールが嘘つき専制君主の列に追いやられなければならなかったことは、このような老君主国にのしかかっていた宿命を例証しているだろう。あらゆる指標がいよいよ君主国の滅亡を指し示していた。四月二日にツェルニンから反逆罪で告発されたことに対し、チェコ人ナショナリズム運動は民主主義的レトリックをもって応答したが、それはプラハの一集会の熱気をしのいで、いかにも真実味を帯びたものだった。

終わりなき戦いは最高潮に達しようとしている……。我々の聖なる権利が最後に勝利することを断固として、ゆるぎなく確信し、……歴史的大事変にあって権利が強権に勝利し、自由が束縛に勝利し、民主主義が特権に勝利し、真実が虚言に勝利することを確信し、我々は手を挙げおごそかに誓う……。わが民族が歓呼して自由を手にするその日まで……それぞれが故郷の地で自由になるまで、がんばりぬこう。(13)

非優勢集団がその対立集団にくらべ、「民主主義」や「自決」の概念にずっと明確に結びついていたことは間違いない。これは、前世紀を通じて見られたある種の社会的動員がもたらしたものだった。これらに対応するものとして、辛酸をなめた多くのオーストリア・ドイツ人労働者、マジャール人労働者にはもちろん、社会主義的な目的論があった。旧い秩序にみなぎっていた悲痛が、まぎれもなく鋭敏なこれら歴史ドラマの解釈手法をますます合法化した。過去の強権主義と将来の民主主義の衝突としてこのドラマをとらえる解釈である。マサリク自身、こうした言葉を用いて同盟国と連合国の争闘を見ていた。

崩壊

臣民への配給が履行できなくなり、君主国に対する告発がはじまった。一九一七年に蒔種した小麦の収穫量は、一九一六年にくらべてさほど悪化してはいなかったが、今回は大麦生産量の壊滅状況が重なり、ドイツからの援助が大幅に削減され、ブルガリアは支援を断り、ブレスト＝リトフスクで同盟国がウクライナと結んだ条約に明記されている一〇〇万トンの穀物供給は、実現不可能になった。一九一八年四月、ラントヴェーア将軍がルーマニアのドイツ向け供給物資を略奪してセンセーションを巻き起こしたが、効果のほどは知れていた。六月には配給量の四五％しかまかなえなかった。そのためウィーンでは再び配給が半分になり、シュコダ兵器工場の所在地プルゼニでは、パン、つまりは小麦粉が五日間手に入らず、暴動がおこり、五人が射殺された。夏の収穫でやっとひととき、窮乏が緩んだのである。

すでに紙底の靴もよく見かけるようになっていた前線部隊に対しても、これまでのような手厚い配給で庇護するわけにはいかず、四月には三分の一以上削減された。イタリア戦線兵士の平均体重は八・五ストーン〔約五四キロ〕だった。さらに少ないところもあった。陸軍は一九一八年一〇月時点で、名目上はまだ四〇〇万人の要員を有していたが、戦線にあったのはわずか五〇万人であり、主にイタリア軍と対峙していた。この状況のなかコンラートは一九一八年六月、最後の大攻勢（ピアーヴェ川の戦い）を敢行し、惨憺たる結果を招いた。ある資料によれば九日間で一四万二〇〇〇人を失い、戦闘部隊は一四万七〇〇〇人まで減少してしまっている。多くの部隊が一九一八年には「国内戦線」に従事し、穀物の徴発や暴動の鎮圧にあたったが、軍隊内で反乱や脱走が続き、軍当局は、古来の王朝的忠誠に対するイデオロギー的挑発をなんとしても食い止める必要が生じた。だが、そのほとんどが新任の将校からなる軍団は——その筋の専門化集団は早期に絶滅していた——、プロパガンダ活動の道具としては頼りにならないことがわかったのである。陸軍は総計八〇〇万以上の男子を（そして一〇万の女子を）この戦争で召集し、そのうち一〇一万六〇〇〇人が戦死し、一六九万一〇〇〇人が活動能力を失うか生死不明となり、四七万八〇〇〇人が敵の捕虜となった[14]。

体制が機能不全におちいっているなか、首相としての最初の仕事として閣内唯一のチェコ人閣僚を解任したザイドラーは、今度は帝国議会（一九一八年七月）で、彼が親ドイツ路線を採っているとするスラヴ人の非難を否定する気はない、と述べた。「ドイツ人は今日、この多様な形態からなる国家の屋台骨であり、今後ともそれは変わらない[15]」。実際には、ボヘミアに国民的に均質な郡《クライス》をつくろうというのがこの発言の真意であり、三〇年もの間ドイツ人が要求してきたことだった。ハンガリーでは、本格的な選挙改革に対するティサの抵抗がますます成果を上げていた。九月になって君主国の南スラヴ諸邦を視察したときには、彼はテーブルを激しくたたき、地元政治家に向かってこう告げたのである——絶対に三重制になることはない。

これらすべてが、老帝国は改革不能であるとする、亡命中のスラヴ人やルーマニア人のプロパガンダにとってまさにおあつらえむきだった。西側連合国は、それぞれの理由から分割を支持するようになっており、そこにはドイツの力を、その盟友であるハプスブルクを通じて弱めたいという願いが反映されていた。亡命者たちが代替となる自決の手法に明確に輪郭を与えており、西側の民主主義的価値観にきわめて適合する議論を進めてきたため、列強にとっては、一九一八年夏に行った地域戦略の決定的な変更をめぐって、場合によっては強く感じたであろう罪の意識は、それほど大きくはなかった。列強はさらに、めざましいいきおいで新路線を宣伝しはじめたが、この路線はイギリス宣伝省長官ノースクリフ卿のような現実政策的予測にもとづくとともに、マサリク派の理念に深くかかわっていたR・W・シートン゠ワトソンやエルネ・ドゥニら個人に負うところもあった。戦間期の君主国「後継諸国家」で、亡命者はお役ご免になったとするのは、それを過大視することと同じぐらい間違っているだろう。カルダーは、イギリスが大戦期間を通じて行った亡命政治家との接触は、しだいに彼らの自覚する意図からはなれて、亡命計画における一定の任務へと引き込んでいったのではないか、と論じている。確かに──ウィーンの想定に反して──イギリス外務省は戦時中、君主国を破壊することよりもそれを保存することに積極的だったようには見えず、亡命者の分割計画には当初から入っていきやすかった。分割を渋っていたウッドロー・ウィルソンでさえ、自決へと方針転換するにあたって、一九一八年夏の、ロシアにおけるチェコ軍団の軍事的潜在力に感化されたのであり、それは彼のリベラルで民主的な世界秩序像を脅かしかねないボルシェヴィキへの対抗装置になりうるのだった。こうしてパリのチェコ国民評議会が、チェコスロヴァキア国家の「基礎」として、あるいは「信託を受けたもの」として、さらには「事実上の」政府そのものとして、フランス（六月二九日）、イギリス（八月九日）、アメリカ（九月三日）から承認されるのである。ユーゴスラヴ運動の承認はこれよりやや不明瞭だった。四月にローマで開かれた「被抑圧民族大会」の決議によって承認されるというかたちをとり、スラヴ人国家の建設を求め、またイタリア─ユーゴスラヴ間の紛争を調停するものと見られた。これは後にそうではなかったことが判明する。

　ナショナリストの念願を連合国が承認したことで、君主国内部の代表者は勇気づけられた。かくて、戦争初期に設立され、この七月に復活したチェコ国民委員会の九月下旬の声明は、大胆にも、いま戦争から得られる唯一の恵みは連合国の勝利であると述べ、ほどなくチェコ人議員は帝国議会から去った。クロアチア・セルビア連合と、帝国議会でユーゴスラヴ宣言を行った議員団は、初秋、ザグレブで開催された民族会議で最終的に一つにまとまった。ドイツ語話者の社会主義者も、一〇月八日の会議で、ドイツ・オーストリア国民評議会の設立を呼び掛けた。オットー・バウアーの左派路線がカール・レンナーのハプスブルク愛国主義に勝利したのである。歴史の流れに敏感なマルクス主義者バウアーは、ある時期、社会主義者の国民体問題に対する伝統的アプローチからすれば、国民自決が避けられないことを全面的に受け入れるべきであると考えていたことがあった。だが彼のアプローチは、ハンガリー語話者の社会主義者のなかに同調者を見いだせなかった。彼らが提唱していたのは単一ハンガリー国家のなかでの、限られた文化的自治だったのだ。

政府の周りでは暗鬱の度が深まっていた。何かをあきらめなければならなかった。九月後半、テッサロニキからの連合国軍の大規模攻撃の前にブルガリア戦線が崩壊し、ソフィアが戦線を離脱した。輸送手段が欠如していたため、ハプスブルク軍部隊を送って空隙をふさぐことができなかった。九月二七日の共通閣議は、高い代償を覚悟で講和をめざす決定をした。春と七月の大攻勢で力を使いはたしたドイツは、一九一八年一月八日の一四カ条提案にもとづいて、ウッドロー・ウィルソンに対し、休戦を要請する並行交渉を行うことに合意した。第一〇条で二重君主国の連邦化（イタリアおよびポーランド諸邦を除いたうえで）を想定していた一四カ条より、その後に行われたチェコスロヴァキア人とユーゴスラヴィア人との約束が、当然のことながら優先された。この最終段階にあって、ハプスブルク政治は非現実的な空気に包まれた。ツェルニン事件のあと再び外相となったブリアーンは、一四カ条が求めているポーランドの独立は、ポーランド傀儡国家という枠組みによって免除されるのではないかと思っていたらしく、なおもこれをドイツと協議していた。なんと、オーストリア・ドイツ関税協定が一〇月一一日に合意に達した。いずれも、いわば亡霊間の交渉だった。

それでも治安秩序をこれまでどおり維持したい臣民は、亡霊に対しいまだに充分な畏敬を感じていた。かくて一〇月半ばをめざして組織されたチェコ人社会主義者のゼネストは芽のうちに摘み取られ、社会主義者はブルジョアが優勢な国民委員会にとって代わられた。だが政府にはもはや、肯定的な意味での影響力は失われていた。一〇月一六日、二重制最後の首相フッサレクは、連邦制度導入に向けた議案を提出した。このなかで、ハンガリーを関連条項の対象からはずしたのは誠実だったが、にもかかわらずヴェケルレ首相は、ここぞとばかり、ハンガリーはこれ以上一八六七年「妥協」にしばられないと宣言した。ほかに反応はなかった。延々と議論されてきたオーストリアの連邦化問題は、いまや時代遅れになっていたのである。君主国がウィルソンに送った通告に対するアメリカの回答は、彼らが、チェコスロヴァキアおよびユーゴスラヴィアの独立に関与することを繰り返し強調することで、君主国に対して、消滅の運命を決定づけるものであった。しかし、君主国がこれを交渉の土台として受け入れ可能だと宣言したとき、非現実性は新たな局面を帯びるようになった。だが、最終段階に追い込んだのはハプスブルクのこの反応だった。プラハ市民は、ウィーンはいまや彼らの独立を認めたと論理的に受け取り、一〇月二八日街頭に飛び出した。国民委員会は騒乱防止のため先手を打つことを決め、独立を宣言し楽団を繰り出して群衆の目を引きつけた。プラハの人々はその後、しかるべき消防隊にあらかじめ通報したうえで、プラハ旧市街広場の処女マリア像撤去にとりかかり、一九一六年にこの像の反対側に立てられていたヤン・フス像を広場の中心に据えた。警察も軍部も一切手出ししなかった。

クラクフは一〇月二八日から三一日にかけてすでにワルシャワで樹立宣言をしていたポーランド国家に、ザグレブは二九日、「セルビア人、クロアチア人、スロヴェニア人の国民・主権国家」の一部であることを表明する勢力に、それぞれ平和裡に引き渡された。リュブリャナもサライェヴォもこれにならい、ユーゴスラヴィア国家が一二月一日についにベオグラードで成立する。一〇月三一日、ドイツ語圏オーストリアでは連立政府が支配権を握った。しかし、ブダペシュトではこれほど平和裡にことは運ばなかった。ドン＝キホーテ気質のカーロイによって国民評議会が結成され、彼の独立党と社会民主党、それにヤーシの急進党がそれに結集した。カーロイは一〇月三一日に国王カールによって首相に指名された。これは、ティサが兵士に襲撃されて自宅で射殺された、まさにその日のことだった。ハンガリーのルーマニア人とスロヴァキア人指導者は、それぞれルーマニアとチェコスロヴァキアへの忠誠をすでに宣言していたが、ここでは、新たな取り決めがまとまるまで交渉と武力が交互に繰り返された。東ガリツィアも同様である。当地ではルテニア人が一一月一日に独立を宣言し、ただちにポーランド人に攻撃された。イタリアは、戦争の最後の数日間にヴィットリオ＝ヴェネトでオーストリア＝ハンガリー戦線をついに崩壊させ、ロンドン条約でイタリアに約束されていたゴリツィア、イストリア、ダルマチアの南スラヴ人約六〇万人を含む領土の確保を期待していた。これらの瓦解にともなう直接的な諸状況には、だが、何世紀も老帝国の底流をなしてきた抗争と複雑な関係性を視野に入れて考えれば、不思議なほど流血や暴力がなかったと断言していいだろう。

崩壊はあまりに急速に進んだ。一一月四日にパドヴァで休戦協定が取りまとめられる頃には、なおもカールの権威を認めていたのは陸軍だけになっていた。だがこの権威も消滅しかかっていたし、またイタリア人の手で囲いこまれようとしていた。カーロイには、連合国バルカン軍のフランス人司令官から個別条件が課されていた。皇帝にとって最後の屈辱は、これまで彼の王国の核となっていたオーストリア・ドイツ人とマジャール人がそれぞれ共和制に移行することを受け入れることだった。前者に向けては一一月一一日に、後者には一三日に、それぞれ国家に関わる責務を、正式に王位を放棄しないまま「放棄」した。一九八二年、彼の妻がようやくオーストリアへの帰国訪問を許可されたとき、彼女もまた王位を放棄していなかった。カールが、マデイラ島のじめじめした、すきま風の入り込む邸宅で若くして死んでから、六〇年がたっていた。

評価

『戦争と平和』のなかの歴史に関するトルストイの有名な議論は、歴史家によって単純化された、道徳的に不快な仮定――と彼はとらえた――に対する強い反感に駆り立てられたものだった。たとえば、（トルストイは軽蔑していた）ナポレオンのような人物であればこそ、ナポレオン戦争の中で、何百万もの人々を苦しめつづけることができた、といった仮定である。今の歴史家はトルストイが想定していたよりは洗練されているし、大きな流れは例外なく個人の意思や行動を超えて展開されるという見方は、ごくありふれたものになっている。悲劇的な出来事は、その役割からして避けられないと見るのと、人間の過失あるいは悪業によるものであり避けうると見るのとでは、どちらが慰めになるのか、結論の出ない議論がいまだ続いている。だが、大きな出来事にかかわる大きな問題を回避しているとして、トルストイが歴史家を非難したのは正しかった。

ハプスブルク君主国と第一次世界大戦の事例で言えば、大きな問題とは戦争への突入とその遂行にかかわるが、なによりも大きいのはこの老いたる国家の最期を見舞った解体である。そこで起こったことをまとめるなら、個人的要因と構造的要因のバランスはどうなるだろう。より短期的要因とより長期的要因のバランスはどういったものだったのか。比較的まとまりのあった君主国の戦時政府については、先に、参謀総長コンラート＝フォン＝ヘッツェンドルフの破滅的な個性と対比させて叙述した。フランツ＝ヨーゼフの年齢、ティサの頑固さ、ベルヒトルト、シュテュルク、ポティオレックの凡庸さ、そしてカール本人の純真さと経験不足についても語る必要がある。他方、重要な構造上の要因については、まず短期的な視点から見て、敵の兵員総数の優位性と同盟国側の不利な戦略的位置があげられる。同盟国軍は二つの戦線で、オーストリア＝ハンガリー軍の場合は三つの戦線で身動きがとれなくなり、事実上封鎖されてしまった。ドイツが計画していた開始早々のノックアウト・ブローが一九一四年夏に失敗に終わると、この封鎖によって、より長期的に見るなら、協商国勝利の公算がますます高くなった。そしてこうした全面戦争では、軍事的敗戦はほぼ確実に政治的瓦解を意味したのである。さらに言えば、ハプスブルクの指導者の質は、彼らが育った体制から単純に切り離すことができないということだ。ティサの頑固さは、彼が守ろうとしているものに対する彼の見方と直接結びついている。フランツ＝ヨーゼフに選ばれた将軍の大半が、ほどなく戦争という試験で落第したことは、彼が実質よりも形としての軍人らしさを重んじていたことを反映している。たとえば、一九一一年に軍事相に就いた有能なアウフェンベルクに彼が感じた不満は、閲兵式でアウフェンベルクが与える貧相な印象に起因するところがあった。大貴族的名誉という観念が君主国を誤った判断による戦争へと導くにあたって果たした重要な役割、戦争を指揮するにあたって相変わらず存続した社会的エリート主義（恥ずべきことに、カーロイ大隊の戦線への出発は、彼の子どもが誕生するまで遅延された）、この危急存亡のときにあたって首相を務めた無名の大貴族や凡庸な官僚の数々、――これらすべてが示唆するのは、諸国民の戦争において浅瀬で難破してしまうような保守国家の、長期的な構造上の欠陥である。当時の人々は社会の後進性をなげき、この地域出身の歴史家はしばしば彼らに共鳴している。

二〇世紀ヨーロッパと足並みをそろえることのできないハプスブルク的偏屈さは、テーマとして有力ではあるが、ことの核心を完全にとらえるものではない。現実感覚に欠ける将軍たち、将校と兵士の間のねじれた関係、名誉やその類の強調、これらはつまるところ、民主的なイギリスやフランスを含め、大戦においてはどこでも見られることだったからだ。オーストリア＝ハンガリーの保守主義は確かに、君主や大臣が外交政策を指揮するなかで、彼らに残存していた半絶対主義のなかにはっきり見られた。とはいえ、この本のテーマの一つは、二重君主国は発展の多くの局面で、他のヨーロッパ諸国と似たような軌道をたどっていたのであり、むしろその隔絶は多少縮まっていた、ということである。君主国内部では、ハンガリーがオーストリアに徐々に追いつき、周縁地帯は主要都市に徐々に追いついていった。現代の研究では、戦時オーストリアの軍需産業の実績について、「驚異的なもの」だったとするものさえある[16]。

だが、議論をこの方向でさらに進めていくと弱い部分も見えてくる。ローベルト・ムージルの風刺に現れているのがそれだ。

> そこでは……すでに消滅し、正しく理解されることのなかった国家では……スピードももちろんあるにはあったが、過度のものではなかった。……大空の制覇が

そこでも始まっていたが、過熱していたわけではなかった。……スポーツに熱中する者もいたが、なにがなんでもアングロ・サクソン流というわけではなかった。陸軍に巨額を費やす者もいたが、列強のなかで最弱から二番目の国家の存続をその男に保証するのに、ちょうど見合うだけの額だった。……[17]

結局のところ、オーストリア＝ハンガリーについては、近代化を達成したことがもっと注目を浴びるべき平均的な中央ヨーロッパ社会として要約することはできない。当時の人々が苦闘した君主国の特殊性こそ、主要な構造的特質だったのだ。だがその中核では、社会・経済的後進性やこの地域特有の強権主義的遺物が見られただけでなく、これらと、老帝国が進化する過程で一貫して決定的な位置を占めてきた国民体問題とが、相互に影響しあっていたのである。

こうした見方は、もちろん新しいものではない。だが、当時もそれ以降も、必ずしも十分に理解されてはいなかった。経済上・教育上の目覚ましい発展全体を通して、あまねく貧困が存在しつづけたということは、確かに一九世紀ヨーロッパのもっとも重要な特質であり、この本の主要なテーマでもある。スターリンは、ナショナリズムについての有名な一九一三年論文で、ボヘミアの鉄道標識の言語をめぐる些細な論争を、もっともながら簡単に片づけてしまったが、当時の人々がたびたび「胃袋の問題《マーゲンフラーゲ》」と呼んだことがらを、時代の基底にある真の問題としてナショナリズムに対置させると、ナショナリズムのまぎらわしい特性を誤認してしまう。イデオロギーのレベルでは、ナショナリスト活動家の関心の対象は、しばしば民衆の関心からかけ離れていた。だがナショナリズムは、具体的にはイデオロギーの原理としてよりも、組織原理として社会的影響力を発揮していたのである。社会は、この文化コード（ハプスブルクなら言語）によって組織されるべきなのか、それとも別のコードによるべきなのか、ということだ。スラヴ人の大半が読み書きのできない農民である以上、村落のレベルを超えて社会的に組織化するには伝統的に優勢な言語を通じて進めるしかなかった。近代なるものはチェコ語やスロヴェニア語やルーマニア語による自己表出を見いだしたが、社会的動員こそがこれを可能にしたのである。民衆のレベルでは、ナショナリズムはかくて中身の問題ではなく、表現手段の問題だった。現在の用語でいう「大衆」が、社会問題に優先順位をつけ、国民的な枠組みの中でこれを解決したいと考えたとしても、まったく不思議ではなかった。事実、彼らの野心が増大するにつれ、こうした国民的次元はますます必要なものに感じられてきたのであり、彼らの言語使用の限界が彼ら自身の階層移動の限界であることもはっきりしてきたのである。また同時にはっきりしてきたのは、国民の「文化的自治」に関する社会主義者の模範解答が、非優勢言語の自由を相変わらず束縛したまま、より高次の経済的・政治的領域をその伝統的優勢言語のために確保しているということであった。これが、社会民主党員の大半が戦争の後半までに、社会主義との矛盾をなんら感じることなく、文化的自治から自決へと移行してしまった理由である。社会問題と国民問題は、優勢民族集団と非優勢民族集団の間に昔からある分離境界線を越えて融合することはなかった。

もちろん、実社会にはもちつもたれつの関係がある。常識によるなら、たとえばスロヴェニア人はドイツ語を習うことには実益があると思うだろうし、一方ドイツ語の話者はスロヴェニア語の地域にあって、妥当な状況であれば、事実上の母語が使用されることに寛容を示すだろう。これが非優勢言語の話者が長い間受け入れていた見方であり、最大の多数派であるドイツ語の話者がもっと長い間当然とみなしていた見方だった。だが、経験が教えるのは、実行するうえで絶えず困難が繰り返され、前時代の不平等の心理的遺産（遺恨や揺り戻し）と絡み合って、こうしたもちつもたれつがもたらす問題解決を、常識のシナリオが示すよりはるかに難しくしているということだ。ヨーゼフ・レートリッヒがハプスブルク国家問題に関する有名な著作で、「もし、平等に権利を与えられた人々の連合という壮大で創造的な理念の助けをかりて、本気で努力したなら」「有機的解決」はまだ見いだしえただろう、と述べていることと、彼や、彼と意見を同じくする人々が回避されることを望んでいた解体は、「あらゆる可能性において不可避の」ものであったとする認識があい対立しているのは、その底に上記のような事情があるからである。ケベックにしてもイギリスそれ自体にしても、伝統的にイギリス風リベラリズムの温和な環境と信じられていたところにさえ多民族性の困難は存在する。そしてこれが、君主国を多国民国家の原型とみなす主張に学問的風味を添えるのだ。それは、君主国の空気がけっして温和なものではなかったからである。実際、優勢／非優勢の関係は、ますます毒を含む異様な相貌を帯びていった。

　その経緯は、一九世紀後半、苦難をともないつつ発展したオーストリア・ドイツ人のコミュニティを通してたどることができる。この時期に先立ち、オーストリアのドイツ語話者はすでに、民族集団であると同時に社会集団であり、系譜と同化によって形成されていた。君主国内のドイツ文化はかくて中立的な国家形成の道具として登場することが可能となり、ヨーゼフ二世もこの文化がその役割を担うことを望んでいた。英語がこれまでのところインドで担いえている役割である。だが、世紀の半ばにオーストリア・ドイツ人がドイツ国民運動に巻き込まれたことと、一八六六年に彼らが敗北したことで、このようなドイツ文化に対する見方は打ち壊されてしまった。それ以来、二重制オーストリアに不均衡が生まれ、それによってドイツ・リベラル文化は象徴的意味合い（王朝的絶対主義から立憲的規範への移行を足固めするうえでの）がさらに増したにしても、ドイツ語話者自体は衰退する威信の名残と化し、一八七九年までに政権から転落した。この不均衡がスラヴ人を駆り立てた。彼らは、政治的ヘゲモニーにつづいてドイツの文化的ヘゲモニーをも解体することで不均衡の是正をはかろうとした。根気を要する繰り返しの議論に没頭していたオーストリア・ドイツ人は、このことに屈辱を覚え、全オーストリア人としての愛国心を求める空しい主張をしだいに捨て去り、濃淡さまざまなドイツ・ナショナリストとしての、不安定なアイデンティティにしだいに行きつこうとしていた。ドイツ人・スラヴ人の関係が毒を含んだのは、このようにオーストリア・ドイツ人の、強さではなく弱さのなせるわざだった。カナダでイギリス文化のヘゲモニーがもたらした、あるいはハンガリーでハンガリー文化のヘゲモニーがもたらしたかに見える相対的な安定性を、弱者ゆえにもたらすことができなかったのである。

　このような状況のなかで、オーストリア・ドイツ人もスラヴ人もともに、それぞれの期待と恐れを抱きつつ帝国《ライヒ》を見守った。前者の中では、とりわけドイツ帝国に対する巨大な劣等感が育まれていった。ボルツァーノが三月前期にドイツ語話者に向かって主張したように、民族的不利益の終焉へと穏やかに収束するのではなく、二者の対立姿勢は深まっていった。スラヴ人が伸張し、それによって社会的動員やイデオロギーの面で民主主義の軌道に総じて近づいてくると、こうした動きはドイツ・ナショナリストの揺り戻しと衝突した。こうした動きはドイツ・ナショナリストは、「理想主義」と称し、彼らが言うところのユダヤ人の「唯物主義」や低俗な民主的多数決を拒絶するなど、当時の帝国《ライヒ》ドイツ文化の反民主主義的側面にますます引き寄せられていたのである。イデオロギーの音質の違いは、後から見ればより相対化しやすいにしても、だからといって国民体問題の責任は主としてオーストリア・ドイツ人にあったというわけではない。レートリッヒがここで、二つの主要国民および「平等な権利」の障害になっている官僚が、力まかせに突っ走っていたことをとくに指摘したのは、いわれのないことではなかった。だがスラヴ人もまた、彼らなりに強引に疾駆したのである。ふくらみつづける要求が伝統的に優勢なドイツ語話者にもたらす困難、あるいはどんな政体でもその中核にもとめられる「共有の領域」の必要性、こういったものに、彼らはもっと注意をはらうことができたはずだ。保守的なポーランド人マデイスキはこういった趣旨の申し入れをしたが、予想にたがわず同胞スラヴ人に無視された[19]。こうして連邦制が成立する機会はほとんどなかったし、オーストリアの当時の大臣で、もっとも長生きした人物となったアレクサンダー・スピッツミュラーの回想録によれば、シスライタニアにおけるドイツ人の指導的役割を全面的に放棄することに、中央官僚が不安を抱きつづけていたことがわかる。したがってどんな画策も失敗に終わっただろう。たとえば、ハンガリー人が二重制にこだわらなかったとしても、チェコ人のボヘミア全土に対する領有権の主張や、ドイツ系ボヘミア人の自治要求にもとづいた画策などは失敗しただろうし、またたとえば、ルテニア人に対等な地位を与えることに対し、ポーランド人はマデイスキも加わって反対したが、こうした緊張関係にもとづいた画策にしても同様である。ユーゴスラヴィアの事例も示すように、連邦制は、相対的同質性と善意がすでに存在し、歴史的差異に対する万能薬が存在しない地域でもっともよく機能する。君主国の滅亡の直接の原因が、悲惨な戦争に突入する決断にあったとしても、決断を促した、一見終わりのない国民体間抗争の影響は見逃すことができない。大戦後にこの地域を席巻することになる反リベラルな衝動は、それほどどぎついものではなかったにしても、大戦前から高まっていた。その影響力は、ドイツ人エリートは国内的に脅かされて一九一四年の戦争を選択したという、フリッツ・フィッシャーの有名な説を思い起こさせるのである。

第二帝国のもろもろの問題は、統一への苦難の歩みと不消化な近代化に起因する。だが、見かけのダイナミズムと成功のために、いまならくっきり見える帝国ドイツ・モデルの欠陥が、オーストリアのドイツ帝国崇拝者には見えていなかった。二重制期の君主国の主要な構造的弱点は、非ドイツ的野心が君主国内部そのものに進軍してきたそのときに、指導層が外交的にも心理的にもドイツへの依存を強めてしまったことにあった。一八七九年にドイツ・オーストリア同盟が締結され、君主国と他の列強とのつながりが徐々に失われていった結果、一九一四年七月、この国家はなんの疑いもなくドイツの軍事力に身をゆだねてしまうことになる。戦争への道が整った七月七日の共通閣議で、ティサを除く全員がドイツを後ろ盾にできる喜びにひたってしまったのだ。戦時中の帝国《ライヒ》への屈辱的な依存は、かくて、軍事上の圧力それ自体によって生じたというより、それを上回るものがあった。本書で繰り返し強調しているように、ハプスブルク帝国のさまざまな困難に対する、強権主義的アプローチと改良主義的アプローチの二つをその底流で分かったのは、まさにこうした、問題のもっとも根幹にかかわる部分であった。ドイツ・ナショナリズムとスラヴ・ナショナリズムは、異なる軌道にのっていたのであり、一見すると非ナショナリストである社会主義者やキリスト教社会主義諸派者が戦争前に台頭しても、彼らが本質的な軌道修正に成功することはできなかったのである。

ハンガリー人もこの束縛から抜けられなかった。プロイセンは、一七九〇年と一八六六年にはハンガリーと同盟するはずだったし、マジャール人アンドラーシは一八七九年に二国同盟に関して交渉していた。猛者ティサが一九一四年七月に戦争を回避できなかったことは、ハンガリーの力の限界を示している。一方で、ハンガリー自身のナショナリズムが、南スラヴ問題の過熱と、二重制の硬直化に総体としておおいに力を貸した。啓蒙運動によって幕を開けたハプスブルク君主国の近代化が、この多国民コミュニティの解体なくして完成しえたとは考えにくいのである。とはいえこの解体は温和なものではなかったし、栄誉ある業績を刻んだ国家は、悲惨で恐ろしい戦争の犠牲となり、一世代あとにはさらなる恐怖が待ち構えていた。最終的な瓦解は、当時の言い方に従えば「恐怖を伴う終わり」であったが、戦争の歳月を経てみれば、「終わりなき恐怖」とするほうがふさわしいものでもあった。[20]

オーストリア問題はヨーロッパ問題になっていた、と一九二〇年にレートリッヒは論断している。これは戦間期の地域的緊張関係では、きわめて具体的意味において正しかった。そして近年、ヨーロッパの多文化コミュニティという、より一般的な観点から見るとき、この言葉はさらに妥当性を増している。ハプスブルクの経験が示しているのは、超国民的理念を有する官僚政治は、その理念のゆえに、意思決定過程から外されていると感じている諸国民の心をつかむことはできない、ということだ。さらに、文化の異なる人々に対し、慎重な手法で法的権力を付与するならそれがどれだけ豊かな結果をもたらしうるかということ、また対立するコミュニティの代表者間で、一定の合意に達することがありうるということもこの経験は明らかにしている。だが、至上命令は社会発展にこそある。法的・立憲的規定は単に枠組みを創出するにすぎず、そのなかで、こうした発展が友好的に進行してこそ、かすかに目に映る新たな生活パターンへと移行するために、必要な時間が与えられるのである。ハプスブルク君主国は、バロック的「宮廷社会」から一九世紀の法治国家《レヒツシュタート》へと移行し、ヨーゼフ主義的官僚主義と、概して保守的な大衆に影響を与えたブルジョア時代精神との、独特の混交を見せた。この社会に、平等な諸国民による民主的な連邦化へとつき進んでいく気配がほとんど見られなかったのは、驚くべきことでも恥ずべきことでもない。そのようにして結びついている社会など、まだどこにもないからである。

ひとつの国家としてのハプスブルク君主国

監訳者解題

ここに訳出したのは、ロビン・オーキー著『ハプスブルク君主国　一七六五年頃から一九一八年まで――啓蒙から没落へ』（原題）Robin Okey, *The Habsburg Monarchy c.1765-1918: From Enlightment to Eclipse* (Basingstoke, Hampshire / London, 2001) である。

著者のオーキー氏は、一九四二年イギリス生まれの歴史家で、現在、イギリスのウォーリック大学（The University of Warwick）歴史学部の名誉教授である。また、一九八九年に千葉大学の客員教授をつとめたのをはじめ数回にわたって来日するなど、日本の研究者にも多くの知的刺激を与え続けている。現在、オーキー氏を、ハプスブルク君主国および東ヨーロッパ近現代史研究の大家と呼ぶことに、なんらの誇張もないだろう。氏の研究は、地理的にはオーストリアからバルカンまで、時間的には一八世紀から二〇世紀までを対象とした、非常に幅広いものである。また、この地域、時代を研究する者がまず直面する難題、すなわち、言語の多様性も、ドイツ語をはじめ、チェコ語、ハンガリー語といった言語だけでなく、クロアチア語、スロヴァキア語、スロヴェニア語といった諸言語をも駆使することで、軽々と乗り越えている（いや、むしろ言い回しは奇妙だが、「重厚に乗り越えている」といったほうがよいかもしれない）。ハプスブルク君主国の歴史を、その中心と周辺に目を配りながら、さらに、政治、経済、社会、文化など、さまざまな局面に言及しながら、一五〇年間にわたって通観するという本書の作業は、オーキー氏の分厚い研究蓄積と、広い視野があってはじめて可能なことだったと言うことができる。

オーキー氏の著作としてはすでに『東欧近代史』(越村勲・田中一生・南塚信吾編訳、勁草書房、一九八七年:原著は一九八二年刊)が翻訳されている。また、本書刊行後には、東ヨーロッパ社会主義体制の崩壊を扱った *The Demise of Communist East Europe: 1989 in Context* (*Historical Endings*)(London / New York, 2004)、ハプスブルク君主国のボスニア支配を分析した *Taming Balkan Nationalism: The Habsburg 'Civilizing Mission' in Bosnia 1878-1914* (New York, 2007) などが発表されている。

本書と若干重なるところがある概説書『東欧近代史』は、原題に「一七四〇—一九八〇:封建主義から共産主義へ」とあるように、一八世紀から、社会主義体制がまだ崩壊せざる現代までの、東ヨーロッパの歴史を概観している。この著作では、前史として中世末期・一六世紀の転換から筆を起こすことで、東ヨーロッパの「近代化」過程が帯びたゆがみを描くことを基調にしていた。すなわち、東ヨーロッパの人々が、西ヨーロッパに対する後進性と従属性を意識し、それを克服しようとした試みの連続として歴史が叙述されるのである。それゆえ、そこでの対象地域からは、一九世紀からバルカンやハプスブルク君主国、そしてポーランドなどと別の道を歩むギリシアが除外され、また戦後のオーストリア共和国も、冷戦下の「東側」に属さなかったことをもって、考察の対象から外されたのである。

これに対して本書の特徴としては、まず、ハプスブルク君主国をひとつの国家として描き切ろうとしていること、そして、この国家が帯びた特殊性が必ずしも特殊なものではなかったと示唆しようとしていることだと言えるだろう。この国をひとつの国家として扱うことは、実はそうたやすいことではない。「まえがき」で触れられているように、このMonarchy（君主国）を指し示す名称は長く存在しなかった。この国の支配者は、同時に国王であり、大公であり、辺境伯等々であり、唯一の称号の下にその統治権を掌握しているわけではなかった。この支配者が自らのものとしたもっとも権威のある称号、「皇帝」も、神聖ローマ帝国の皇帝であって、その領域の大半は実質的に支配力がおよばぬ地だった。また、「女帝」マリア＝テレジアにしても、（同時代でもそう呼ばれることがあったとしても）けっして皇帝として戴冠してはいなかった。そのことは、本書第二部で扱われるオーストリア＝ハンガリー二重君主国（Dual Monarchy）の時期に至ってもさほど変わらない。外務、軍事、そして財政の一部を共通にするこの国家の長は、オーストリア皇帝かつハンガリー国王であり、内政上の幅広い権限は二つの政府が「独立して」有していた。つまり、本書の題名が *The Habsburg Monarchy* すなわち『ハプスブルク君主国』であることは、見た目以上の意味をもっているのである。オーストリアの臣民がその下にあったのは決して「国王」ではなく、ハンガリー人は「皇帝」を戴いていたわけではなかった。それゆえ、この国家を、「帝国」や「王国」、「二重帝国」や「二重王国」と呼ぶことは適切ではない。ぎこちない響きを我慢しながら、「君主国」と称するしかないのだ。

また、君主国が消滅したという結末も、この国家をひとつの塊として叙述することに多大な困難を与えている。本書の対象外であるため、本文では各所で示唆されるにとどまっているが、一九一八年以降にハプスブルク君主国の旧領域に成立した「継承諸国家」の存在が、（言語が多岐にわたるということ以上に）ハプスブルク君主国を一体として取り扱うことを難しくする原因となっている。戦間期、「残余の部分」としてアイデンティティの模索に苦闘したオーストリアは、合邦とナチズムを経験したのち、第二次世界大戦後から、ドイツともハプスブルク領域とも異なる枠組みとしての「オーストリア国民」を構築していった。第一次世界大戦後に「瓦解」し、二重制期のハンガリー王国（ハンガリーでは「歴史的ハンガリー」とも称される）の領域の約三分の二を失ったハンガリーでは、戦間期、摂政のみをおく「国王なき王国」という選択をせざるを得なかったことにも表れているように、国制の継続性とハプスブルク家の正統性、さらには大きく縮小した国境線のこちら側とあちら側という二重の矛盾にさいなまれ、それは現在までハンガリー国民というアイデンティティの再構築に影響を及ぼしている。

こうした事情は、君主国崩壊後に成立した新国家においても同様である。チェコスロヴァキア国民の創造に挑みながらも、ウィーンとブダペシュトというかつての帰属先の差異を清算することに失敗し、第二次世界大戦期の分解を経験しながら最終的に一九九三年に分離した、チェコとスロヴァキア。同じようにウィーンとブダペシュトにそれぞれ密接にかかわった過去を持ちつつ、その中心を君主国の埒外においていたセルビアを軸とするユーゴスラヴィア国家に居場所を定め、一九九〇年代にそれを解体していったスロヴェニアとクロアチア、ボスニア＝ヘルツェゴヴィナ、そしてセルビア。さらには、第一次世界大戦後にかつてのトランシルヴァニア侯国を大きく上回る領域を、ハプスブルク君主国から獲得したルーマニア。ハプスブルク期にポーランド文化の揺り籠として卓越した地位を占めたクラクフを含むガリツィアを包含した国家として再出発しながらも、一八世紀の分割前のポーランド゠リトアニア国家、すなわち「ジェスポスポリタ」の枠組みと現在の領域との矛盾を抱えるポーランド。最後に、第二次世界大戦後にブコヴィナ北部とルテニア、ガリツィア東部を自らの領域としつつも、ソ連・ロシアとの距離の置き方に苦悩するウクライナ。こうして列挙するとともすれば繁雑になりかねない継承諸国家の政治、社会、文化、そして歴史叙述は、それぞれに異なる（時期によっても異なる）まなざしをハプスブルク君主国に向けてきたし、向け続けている。それぞれの文脈と必要に応じて、君主国の一部が（領域的にも、人的にも、主題的にも）切り取られて、それぞれの国民史に織り込まれるのである。そうした状況が、ハプスブルク君主国を一体として語ることを（そもそもそれを語ることが必要なのかという問いを含め）、厄介なものとさせているのである。

しかし、君主国の「その後」をこのように冗長にここで書くことは、著者の意図とは相いれないかもしれない。現在の世界地図にかかれた国境線が引かれたのが、第一次世界大戦後であれ、第二次世界大戦後であれ、一九九〇年代であれ、さらには、そのすべてでさえあれ、こうした国境線に囲まれた諸国家と、それらとの整合性を模索する諸国民について語ることは、本書の範疇には入らない。むしろ、最後の皇帝・国王カールが「国事に関する責務を放棄」したことをもって叙述を終えるという、ある意味ストイックともいえる態度に、国家としてのハプスブルク君主国を想像することにかけた著者の決意を感じ取ることができるのだ。第一次大戦後のヴェルサイユ条約やトリアノン条約、また、戦間期の継承諸国家に引き継がれた君主国の遺産は、この枠組みには入る余地がないのである。

では、著者は、いかにしてハプスブルク君主国をひとつの単位として描こうとしているのであろうか。導きの糸となるのは、ヨーゼフ主義、リベラリズム、そして「近代化」である。

ヨーゼフ主義というキーワードは、本書が一七六五年というヨーゼフ二世の皇帝戴冠の年を、分析の出発点としていることのなかにも鮮明に現れている。マリア゠テレジア期の改革の成果と啓蒙主義官僚を引き継いだヨーゼフの約一〇年間の治世を、オーキー氏は、過大評価も過小評価もしない。第二章で、ヨーゼフに対する同時代の批評と歴史家たちによる評価を検討しながら、著者は、彼の試みが多くの失敗を伴ったこと、後世に残したものがいずれも「部分品」でしかなかったことを認めている。しかし、その「部分品」が、社会改革であれ、宗教寛容であれ、官僚制国家であれ、ドイツ人中心の中央集権主義であれ、その後の君主国の社会が向きあうべきものとしてこの時、設定されたのである。著者は、ハプスブルク君主国を貫く縦軸がその王朝的性格であることを相対化しようと試みるが、それはヨーゼフ主義をヨーゼフ個人とある意味切り離し、その遺産に注目することで可能になる。それはまた、君主とその周辺によって担われた、列強の一角として振舞うべく展開される外交政策を、本書の叙述の軸とはしないことにもつながる。ヨーゼフ主義の遍在を観察すること、そのことによって、内政と社会に焦点をあてた君主国の歴史が一貫したものとして展望することができるようになったのである。ヨーゼフ主義が君主国の辺境地域にもその担い手を見出したこと、ヨーゼフ主義にもっとも抵抗したハンガリーでさえ、一九世紀にはそれを乗り越えようと苦闘し始めたこと、メッテルニヒ期のオーストリアでもヨーゼフ改革が追い求めた分厚い官僚層を作り上げただけでなく、その社会では産業化が進み、ヨーゼフ主義を養分としてリベラリズムとナショナリズムが次第に形をなしていったこと……。極めて広範な本書の射程が、こうして（それに収斂されることは決してないが）ひとつのまとまりとして浮かび上がってくるのである。

ヨーゼフ主義は、第二部で扱われるオーストリア＝ハンガリー二重制の時代を通観する糸口にもなっている。つまり、「法的平等、公平な行政、ある特定の教義や階層に利することを自制するといったヨーゼフ主義の原則は、国家でなく臣民の視点から再解釈してみると、リベラルなひねりを加えることもできた」（二四一頁）のである。こうして、二重制期の君主国を語る導きの糸としてのリベラリズムが、叙述の前面に登場してくる。オーストリアにおけるドイツ人リベラル派の影響力とその伝統、小規模諸国民におけるリベラリズムの浸透、ハンガリーにおけるジェントリ・リベラリズムの開花。こうした主題を、著者は丹念に記述していく。そのことによって、リベラリズムが涵養した官僚機構、協会の組織原理といった政治的かつ社会的な土壌が、キリスト教社会党や社会民主党、農民層やプチ・ブルジョアジーといった「反リベラル」な勢力にリベラルな色彩を帯びさせたことが、非常に明快に理解できるようになるのである。

本書の導きの糸の三つめは「近代化」である。都市化、ブルジョア化とプロレタリア化、さらには立憲主義への移行や世俗化など、ハプスブルク君主国は「近代化」の指標とされるものをあまねく経験してきた点において、西ヨーロッパ諸国となんら変わりがなかった。本書が、行政組織の構築や内政の展開といった主題とならんで、経済と社会の変容に紙幅の多くを割いているのは、この

「近代化」の過程を明らかにするためにほかならない。それによって、オーキー氏は、君主国の歴史を特殊なものとして扱うことを拒否することに成功する。この国家と社会は、すくなくともその過程において、西ヨーロッパと同様の道を歩いたのである。それは、君主国の歴史が特殊なものとして扱われるもう一つの要素、すなわち、勃興する諸国民のナショナリズムも、この国の特殊ならざる「近代化」の道のりと密接にかかわるものとして分析することにつながる。著者は、ハプスブルク君主国のさまざまなナショナリズムが、「近代化」に伴う産業化の結果として台頭したのではなく、むしろ、「近代化」に付随したものであったことを強調する。すなわち、「ナショナリズムは、「近代化」そのものが進展する中で、新しい諸要素を次々と吸収してできた複合物」（三四九頁）なのである。こうして、ハプスブルク君主国を特徴づけるとされてきたナショナリズムの競合は、本文中で重厚に論じられながらも、「近代化」という文脈の中に入念に織りこめられることになる。

ハプスブルク君主国の「近代化」が丹念にたどられていること、そして、その枠組みにナショナリズムが溶かし込まれていくことによって、著者が、この国家の崩壊をどのように解釈しているかが明確になる。一九一八年の崩壊は、君主国が封建遺制を温存していたからではなく、君主国がまさに「近代化」の道を進んでいたために、そして「近代化」と一心同体のものであるナショナリズムをはぐくんだがために、不可避的に生じたのである。こうして、オーキー氏の描くハプスブルク君主国は、後進的な特殊な国家としてではない、また逆に、多民族・多文化共生を実現した理想郷としてでもない、ひとつの国家として完結する。本書の最後に著者は、ヨーロッパ統合の多文化主義イデオロギーを念頭に置きながら、次のように書いている。「ハプスブルクの経験が示しているのは、超国民的理念を有する官僚政治は、その理念のゆえに、意思決定過程から外されていると感じている諸国民の心をつかむことはできない、ということだ」（四九八頁）。そして、平等な諸国民の社会を実現できなかったハプスブルク君主国は、その失敗のゆえに非難されるべきではない。なぜなら、成功例など「まだどこにもないからである」。

最後に、翻訳・監訳にあたって基準とした原則を注記しておきたい。

地名は、原則として現在の帰属国の公用語地名で表記した。また、必要に応じて（原著で括弧入りで他言語による地名が記載されている場合や、監訳者が必要と判断した場合）は、括弧内に記した。そのため、原著の表記法と違いがある。たとえば、原著でPressburg（modern Bratislava）とされている地名は、ブラチスラヴァ（ポジョニ、プレスブルク）と記した（七頁）。ハンガリー人名は、原著に従い、他言語の人名と同様に、名—姓の順で表記した。

原著内で〝〟でくくられた言葉は「 」でくくり、イタリック体で表記された単語は原則として翻訳したうえでルビを付した。ただ、イタリック体で表記されているが翻訳が困難な語については、「 」で表記するか、傍点を付した。また、「賦役《ロボタ》」など頻出するものに関しては、すべてにルビを振ってはいない。

用語に関しては、東ヨーロッパ研究者を常に憂鬱にさせる語についてのみ訳語の基準を記す。ethnicity は民族、nation は国民、nationality は国民体または国民帰属、people は民衆または民族または人々とした。

また、本書は、近代ヨーロッパ史、近代世界史の基礎知識を有した読者に対して書かれているため、とくに外交政策や他国・他地域との比較に言及する際に、説明を省略する場合が多い。訳書では、ごく限定的に、かつ、原著の文体を損ねない範囲で本文中に加筆、あるいは〔〕内に注記した。なお、引用文中の〔〕は、原著者による挿入である。

二〇一〇年二月　ブダペシュトにて

秋山晋吾

監訳者あとがき

今日、ヨーロッパ統合が進み、どの国においても、移民や外国人労働者など、多くの人びとが国境を越えて往来し、また、民族紛争が世界を揺るがす様子につねに直面させられているとはいえ、私たちにとってなお、ハプスブルク君主国をひとつの「国家」として把握するのは、容易なことではないだろう。ハプスブルク家が通婚と併呑を通じて数世紀にわたり拡大させてきた広漠たる版図は、十九世紀末には、さまざまな民族と言語集団の利害が犇《ひし》めき合う、複雑な集合体となっていた。

ロビン・オーキー教授による本著は、ハプスブルク君主国が歩んだ数奇な歴史の道程を、マリア＝テレジア、ヨーゼフ二世による啓蒙主義的改革から帝国崩壊にいたるおよそ一五〇年間を中心に俯瞰した、優れた概説書である。とりわけ、旧態依然としたバロック的国家のなかにヨーゼフ二世が吹き込んだ改革政治の精神が、その後二十世紀にいたるまで、本来の属性を保ったまま大きな政治哲学の潮流として引き継がれることなく、その個々の構成要素がいわばクラスタ化され、あたかもキマイラのごとく変幻自在に姿を変えながら、リベラリズムばかりか、保守主義、ナショナリズム、反ユダヤ主義など、一見、啓蒙的改革精神とは逆行するようなイデオロギーの中にまで取り込まれ、さらに所与の環境に好都合な形で受容されるさまを、ひとつの大きな流れとして精緻かつドラマティックに再現する手法は、この種の概説書としてはひときわ斬新といえるだろう。こうした書物が、わが国において、ハプスブルク君主国に関心をもつ多くの人びとの間に、新たな視野を拓いてくれることを願ってやまない。

本書の翻訳企画がスタートしたのは、二〇〇一年のことである。翻訳家の三方洋子さんが、原著にして約五百ページにおよぶテクストの翻訳に着手されたが、たいへん専門的な内容を含む書物であるため、途中、数度にわたり、莫大な時間を投じて、抜本的な訳文の変更、修正作業を余儀なくさせられることになった。また、内容に関しては、最終的に、われわれ監訳者が三方さんの訳に本質的な変更を加え、あるいは全面的に改訳せざるをえない部分も多数あった。とりわけ監訳作業は、版元の事情もあって、きわめて限られた時間の中で仕上げることを要求されたため、訳文の充分な推敲はもちろん、訳注を付すこともできず、こうした点で、監訳者としての不満が残らないわけでもない。今後、広く読者の皆様からのご教示をいただければ幸いである。

以上のような紆余曲折を経てようやく上梓にいたった本書ではあるが、専門外の大著に挑まれた三方さんの努力がなければ、おそらくこのような形で出版されることはなかったであろう。監訳者として、彼女の労にたいしてここに心から敬意を表したい。また、時間的に切迫した状況での依頼にもかかわらず、「日本語版への序文」の寄稿をご快諾下さった原著者のロビン・オーキー教授、そして、出版にいたるまでの長い期間、本書完成のために献身的にその衝に当たられたＮＴＴ出版の遠藤千穂さんの誠意と尽力にも、この場を借りて深い感謝を申し述べたい。

二〇一〇年　立春

山之内克子
秋　山　晋　吾

著者紹介

ロビン・オーキー（Robin Okey）
1942年イギリス生まれ。ウォーリック大学歴史学部名誉教授。
著書：*Eastern Europe, 1740-1980: Feudalism to Communism*（London, 1982）（越村勲・田中一生・南塚信吾編訳『東欧近代史』勁草書房、1987）, *The Demise of Communist East Europe: 1989 in Context*（*Historical Endings*）（London / New York, 2004）, *Taming Balkan Nationalism: The Habsburg 'Civilizing Mission' in Bosnia 1878-1914*（New York, 2007）など。

訳者紹介

三方洋子（みかた ようこ）
1953年生まれ。東京大学文学部西洋史学科卒業。ノンフィクションを中心に翻訳を手掛ける。
訳書：ロバート・スワン著『北極を歩く』（図書出版社、1993）、『猪口孝が読み解くペリー提督日本遠征記』（猪口孝監修、ＮＴＴ出版、1999）など。

ハプスブルク君主国 1765-1918
マリア＝テレジアから第一次世界大戦まで

2010年4月5日 初版第1刷発行

著　者　ロビン・オーキー
訳　者　三方洋子
監訳者　山之内克子・秋山晋吾

発行者　軸屋真司
発行所　ＮＴＴ出版株式会社
〒141-8654 東京都品川区上大崎3-1-1 JR東急目黒ビル
営業本部／TEL 03-5434-1010 FAX 03-5434-1008
出版本部／TEL 03-5434-1001 http://www.nttpub.co.jp

本文デザイン　エイアール　湯浅レイ子
装幀　妹尾浩也（*iwor*）

印刷・製本　中央精版印刷株式会社

ISBN 978-4-7571-4062-2 C 0022

監訳者紹介

山之内克子（やまのうち よしこ）
1963年生まれ。早稲田大学大学院文学研究科西洋史学専修博士後期課程単位取得満期退学、ウィーン大学精神科学部経済社会史学科博士課程修了。神戸市外国語大学教授。西洋史学専攻。
主要著書：『ウィーン：ブルジョアの時代から世紀末へ』（講談社、1995）、『啓蒙都市ウィーン』（山川出版社、2003）、『ハプスブルクの文化革命』（講談社、2005）。
訳書：ディーター・ヒルデブラント著『第九：世界的讃歌となった交響曲の物語』（法政大学出版局、2007）。

秋山晋吾（あきやま しんご）
1971年生まれ。千葉大学大学院社会文化科学研究科修了。一橋大学大学院社会学研究科准教授。東欧史学専攻。
訳書：ヤーノシュ・サーヴァイ著『ハンガリー』（南塚信吾との共訳、白水社、1999）。

ガリツィアにおける――　353
→ルテニア人の項も見よ
ヴラニツァーニ，アンブロズ　Vraniczany, Ambroz　105, 170
ヴルホヴァッツ，マクシミリヤン　Vrhovac, Maksimilijan　81
ヴルムブラント，ヴィルヘルム　Wurmbrand, Count Wilhelm　149
ウルメーニ，ヨージェフ　Ürményi, József　12
エヴァンス，デヴィッド　Evans, David　104, 105
エーレンタール，アロイス・フォン　Aehrentahl, Baron（Count）Alois von　378, 450-1, 461-5
エカテリーナ二世（ロシア皇帝）　Catherine II　56, 59, 61, 74
エクスネル，フランツ　Exner, Franz　148, 206
エステルハーズィ家　Esterházy family　10, 12, 313
――と所領　10, 25, 112
エトヴェシュ，ヨージェフ　Eötvös, Baron József　132, 151, 157, 188, 222, 267, 401
――の政策　266-7
エリーザベト（皇后）　Elizabeth　199, 311, 330
エンゲルス，フリードリヒ　Engels, Friedrich　109, 138, 181, 193, 358
オブラドヴィッチ，ドシテイ　Obradović, Dositej　40, 64, 81
オーストリア・ドイツ人　15-8（ドイツ人）
ナショナリズムと――　179, 180, 185, 425-7
→チェコ人（チェコ人・ドイツ人対立と），チェコ人（ドイツ人から見た），ドイツ語とドイツ文化，リベラリズム（オーストリア・ドイツ人の）の項も見よ
オーストリア継承戦争　8, 31
オーストリア=ハンガリー銀行　107, 292, 294, 442
オーストリア=ハンガリー代表会議　235, 393, 416
オーストリア領ネーデルラント　15, 29, 58, 59, 86, 92
→ベルギーの項も見よ
オーストロ・スラヴ主義　159, 181, 183
オスマン帝国・トルコ　4, 90, 96, 217, 464-6
――と「青年トルコ」　449, 464
――の衰退　31, 59, 370
ボスニアと――　278, 449
マジャール人多数派と――　23, 384
オタカル（ボヘミア国王）　Otakar　4, 14
オルシッチ，アダム　Oršić, Count Adam　40
オロモウツ（オルミュッツ）　103, 178, 200, 220
音楽　19, 99, 343, 345, 419
――と『魔笛』　39, 73

カ

カーライ，ベーニ　Kállay, Béni　275, 337, 370, 446, 448, 461
カール一世（皇帝）　Charles I　477-9（諸所に），490-2（諸所に）
――とツェルニン事件　483-4
カール（大公）　Karl, Archduke　87, 89, 91, 95
カールノキ，グスターヴ　Kálnoky, Count Gustav　338, 339, 461, 462
カールマーン，ヨージェフ　Kármán, József　80, 84
カール六世（神聖ローマ皇帝）　Charles VI　8, 44
カーロイ，ミハーイ　Károlyi, Count Miháy(Michael)　392, 489, 490, 492
ガイ，リュデヴィド　Gaj, Ljudevit　128, 137, 138, 141, 156, 160, 167, 190, 351
外交政策（オーストリア［=ハンガリー］の）
アンドラーシと――　278-81

墺露協商（1897 年） 417
シュヴァルツェンベルクと―― 199-201
1850 年代における―― 217-9
1880 年代の―― 337-8
1848-49 年と―― 187-7
大戦中の―― 483-4, 487-90
大戦前――の分析 458-70
トゥーグートと―― 86-87
――に対するドイツ統一とその影響 245, 275
バルカン問題 448
――への一般的な無関心 246-7, 338, 458
メッテルニヒと―― 90-1, 95-8
ヨーゼフ二世と―― 58-60, 61-2
レオポルト二世と―― 65-6
カイザーフェルト，モーリツ Kaiserfeld, Moritz 234, 259
カイツル，ヨーゼフ Kaizl, Josef 435
カヴール，カミッロ Cavour, Count Camillo 219
ガウチュ，パウル Gautsch, Baron Paul 377, 411, 431
カウツキー，カール Kautsky, Karl 325
カウニッツ，ヴェンツェル・アントン Kaunitz, Prince Wenzel Anton von 12, 37, 42-7(諸所に), 53, 60, 72, 90, 93
――の性格 37-38
学生軍団 162, 165, 171
家産的裁判 16, 52, 120, 175
カズィンツィ，フェレンツ Kazinczy, Ferenc 24, 62, 80, 151, 154
カッタネオ，カルロ Cattaneo, Carlo 130
カトリシズム
三月前期における―― 123-6
絶対主義と―― 5, 8-9
1850 年代における―― 205-7
1848 年における―― 167-8
――と啓蒙（カトリック改革派） 32, 55, 71-3
――とナショナリズム 364-5, 366
二重制下の（オーストリア）―― 248, 250, 313, 424
二重制下の（ハンガリー）―― 391-2, 396
カナダ，比較 160, 194, 495
カフカ，フランツ Kafka, Franz 344
上オーストリア 8, 10, 16, 34, 102, 111, 114（カルヒグルーバー）
カムペリーク，フランチィシェク Kampelík, František 126
カラジッチ，ヴク Karadžić, Vuk 135, 362
ガリカニスム 32
――とフランツ=ヨーゼフ 310
カリシュ同盟 91
ガリツィア 15, 21, 40, 58, 93, 123, 142-4, 163-4, 276, 455
――議会 114, 226, 236
――と 1848 年 163-4, 175-6, 191
――における農民運動 320
――におけるユダヤ人 22, 54, 321
――の経済状況 51, 296-302(諸所に), 306
ヨーゼフ二世の農民改革と―― 51, 63, 66, 296-302(諸所に), 306
カルヒグルーバー（別名ミヒャエル・ヒューマー） Kalchgruber (Michael Huemer) 114
カルボナリ 103, 143
環状道路（リンクシュトラーセ） 223-4, 242, 254
関税 44, 60, 76, 118, 212, 286, 392
→関税同盟の項も見よ
関税同盟 488
オーストリア・ハンガリー間の――（1850 年） 212
（1867 年経済協定） 395, 397, 415, 434, 442, 480
ドイツ関税同盟（ツォルフェライン） 102, 118, 212, 231, 232
カント，イマニュエル Kant, Immanuel 83, 124
官僚制 10, 50-1, 100, 215, 319, 420

ギールス，ニコライ・カルロヴィチ　Giers, Baron Nikolai Karlovich　462
ギスクラ，カール　Giskra, Karl　251, 257, 260
ギゾー，フランソワ　Guizot, François　147, 255, 398
貴族
オーストリアの——　12-16（諸所に），131
ガリツィアの——　21, 176, 269, 332
クロアチアの——　132, 156-7
経済と——　9-10, 36, 104, 111-4, 293, 296-301（諸所に）
啓蒙と——　38, 40, 73, 74
——に対するマリア゠テレジアの対応　42, 61, 76
ハンガリーの——　6, 7, 57, 62-3, 129-30, 151-2
→大貴族・官位貴族，ジェントリ（ハンガリー中貴族）の項も見よ
貴族院　247, 254, 255, 313
急進党（ハンガリーのセルビア人）　367, 402, 406
宮廷軍事会議（ホフクリークスラート）　6
宮廷財務局（ホフカマー）　6, 104, 118-9, 169
キューベック，カール　Kübeck, Kari Friedrich, Baron von Kubau
三月前期における——　118-122（諸所に），128, 208
新絶対主義期における——　199, 201, 202
1848年における——　168
教育　7, 11-12, 47, 114
クロアチアにおける——　273, 297
——と国民動員　78, 81, 135, 225, 352-3, 362
——の人文教育偏重　291, 420-1
——への政府の政策　43, 99, 203（新絶対主義），248-9, 266（エトヴェシュ），331, 401（マジャール化）
リベラリズムと——　256, 342
ギリシア蜂起（1821年）　96
キリスト教社会主義運動　317, 339-40, 424-6, 432, 434, 439, 497
——の選挙での勝利　336, 378, 433, 437
ハンガリーにおける——　392
ギルド　60, 76, 100, 212, 323-4, 330, 409
——の衰退　105
金融
銀行（近代の）と——　212-6（諸所に），284-96（諸所に）
国家債務　216
信用機関・貯蓄銀行　108, 293-5, 320, 404
通貨　91-2, 107, 209, 307
→オーストリア゠ハンガリー銀行，商工業信用銀行（クレディートアンシュタルト），商業銀行（ジヴノステンスカー・バンカ；ジヴノバンカ），税制の項も見よ
クーエン゠ヘーデルヴァーリ，カーロイ　Khuen-Héderváry, Count Károly　297, 371, 403, 443-51（諸所に），446, 448
クートリヒ，ハンス　Kudlich, Hans　177
クーン，フランツ　Kuhn, Baron Franz　249
クザ，アレクサンドル・イオン（ルーマニア侯）　Cuza, Alexandru Ion　219
組合運動　300, 321, 353
グラーツ　103, 255, 317, 324, 377
クライン　4, 175
スロヴェニア人と——　21, 227, 352, 357, 361
クラウス，カール　Kraus, Karl　427, 428
クラウス，フィリップ・フォン　Krauss, Philipp von　168, 199, 202
クラクフ　178, 296, 324
——大学　269
——大司教　9
——歴史学派　364
クラプカ，ジェルジュ　Klapka, György　219, 246
クラマーシュ，カレル　Kramář, Karel

339, 435, 471, 482
クラム=マルティニッツ, ハインリヒ Clam-Martinic, Count Heinrich 481
クラム=マルティニッツ, ハインリヒ・ヤロスラフ Clam-Martinic, Count Heinrich Jaroslav 314
クラメリウス, マチェイ・ヴァーツラフ Kramerius, Matěj Václav 78, 145
クランダ, イグナーツ Kuranda, Ignaz 127, 169
クリジャニチ, ユライ Križanić, Juraj 26
クリシュトーフィ, ヨージェフ Kristóffy, József 399, 406, 411
クリミア戦争 217-8, 219
——と「クリミア連合」 245, 281, 458, 460
クリムト, グスタフ Klimt, Gustav 344
グリルパルツァー, フランツ Grillparzer, Franz 98, 99, 172, 368
クルージュ（コロジュヴァール） 11, 80
クルシュニャヴィ, イジドール Kršnjavi, Izidor 447
クルレジャ, ミロスラフ Krleža, Miroslav 479
グレーグル, ユリウス Grégr, Julius 270
クレーベルスベルグ, クーノ Klebelsberg, Count Kunó 457
クレック, ヤネツ Krek, Janez Evangelist 482
クレマンソー, ジョルジュ Clemenceau, Georges 484
クレムジール憲法 189-95(諸所に), 203, 249, 272；193-5（分析）
クロアチア 4, 25, 26
啓蒙と—— 40, 81
——における国民形成 137, 156, 350-2, 357
——における国民問題政策 156-7, 162, 184-5, 361-2, 369, 403-4
——における農民運動 175, 403, 404
の経済状況 36, 105, 107, 296, 302, 319, 404-5
南スラヴ問題と—— 445-54(諸所に)
リベラリズムと—— 132, 170, 273
→セルビア人（セルビア・クロアチア関係), クロアチア・セルビア連合の項も見よ
クロアチア・セルビア連合 404, 442, 446, 465, 482, 488
クロプシュトック, フリードリヒ・ゴットリープ Klopstock, Friedrich Gottlieb 49, 135
クロムニェジーシ（クレムジール） 178
軍 168, 331
——第一次世界大戦における 471-5, 486-90(諸所に)
——の改革 45, 91, 249-50
——の財政 41, 47, 96, 215
ハンガリーと—— 7, 265, 396, 398, 441
軍税（コントリブティオ） 6, 41, 45
軍政国境地帯 7, 25, 26, 162, 166, 203, 236
グンプロヴィチ, テオドール Gumplowitz, Theodor 255, 370, 371
警察 92, 163, 202, 248
→ペルゲンの項も見よ
啓蒙 31, 37, 55, 78
愛国主義と—— 134
オーストリア—— 31-41, 67, 71, 84
ドイツ—— 32, 37, 38
——の権威主義的側面 83
マリア=テレジアと—— 47
ヨーゼフ二世と—— 40-2
→絶対主義, 啓蒙の項も見よ
ゲーテ, ヨハン・ヴォルフガング・フォン Goethe, Johann Wolfgang von 124, 126, 142, 428
ゲシュトナー, フランツ・ヨーゼフ Gerstner, Franz Joseph 103
——とその息子, フランツ・アントン Franz Anton 103
決闘 45, 315, 467
ケメーニ, ジグモンド Kemény, Zsignond 221

ゲルゲイ，アルトゥール　Görgey, Arthur　188, 189
ケルバー，エルネスト・フォン　Koerber, Ernest von　341, 430, 480
ケルンテン　4, 21, 353
言語
国民運動における――　134-57（諸所に）, 350-6, 361-2, 493
――に由来する諸問題　153, 182
――の法的規定（オーストリア）　372-4
→二言語併用・バイリンガリズム，チェコ人，ドイツ語とドイツ文化，ハンガリー人（言語と文化）の項も見よ
ゲンツ，フリードリヒ・フォン　Gentz, Friedrich von　88, 90
ケンペン，ヨハン　Kempen, Baron Johann　202, 220
権利党（クロアチア）　362, 404, 448, 450
公安委員会（1848 年）　165, 174
工業化　36, 44-5, 76, 101-8, 124, 213, 284-96, 417
公衆衛生　44, 256, 324, 381
交通網
国民体への影響　144, 159
水運網　35, 103-4, 213
鉄道網　103, 111, 118, 206, 209, 284-6, 289, 430
道路網　103, 208, 211
合同派教会　27, 144, 164
――とルーマニア人　29, 155, 401
ルテニア人と――　22, 81, 144, 170, 361, 367
ゴウホフスキ，アゲノル・R　Gołuchowski, Count Agenor R.　220
ゴウホフスキ，アゲノル・マリア・アダム　Gołuchowki, Count Agenor M.A.　449, 450, 462
国事詔書（プラグマティカ・サンクティオ）　8, 14, 26, 185
国民衛兵　162・165, 173, 174, 186
国民軍（ホンヴェード）　184, 265
『国民新聞（ナーロドニー・リスティ）』　270, 293, 471
国民体法
（オーストリア）　276, 372
（ハンガリー）　189, 267-8
国民党（クロアチア）　403, 446, 448
国民党（フォルクスパルタイ）　341, 426, 433, 439
国民労働党（ハンガリー）　443, 480
ココシュカ，オスカー　Kokoschka, Oskar　344, 418
コシツェ（カッシャ）　80, 150, 155
コシュート，フェレンツ　Kossuth, Ferenc　399, 441, 443, 448
コシュート，ラヨシュ　Kossuth, Lajos
三月前期の――　126, 135, 157, 159
1848-9 年の――　129, 175, 183-90（諸所に）
――とコシュート主義　153, 390, 399
亡命後の――　219, 222, 234, 264, 394
コチッチ，ペタル　Kočić, Petar　360
国家会議（シュターツラート）　42, 93, 98
コピタル，イェルネイ　Kopitar, Jernej　146
小屋住み　9, 16, 34, 113, 116, 210, 408
コラール，ヤン　Kollár, Jan　125, 139, 225
ゴリツィア
（都市）　352
（領邦）　4, 21, 490
コルンフェルド，ジグモンド　Kornfeld, Zsigmond　290, 389
コロヴラート＝リーブシュタインスキー，フランツ・アントン　Kolowrat-Liebsteinsky,Count Franz Anton　95, 98, 117-122（諸所に）, 150
コロシェツ，アントン　Korošec, Anton　482
コンファロニエリ，フェデリコ　Confalonieri, Count Federico　103
ゴンペルツ，テオドール　Gomperz, Theodor　258, 260
コンラート＝フォン＝ヘッツェンドル

フ，フランツ　Conrad von Hötzendorf, (Baron, Count) Franz　456, 466, 472, 491, 474, 486, 491

サ

サードヴァーの戦い　233-4, 237, 311
ザイ，カーロイ　Zay, Count Károly　154
ザイドラー，エルンスト・フォン　Seidler, Ernst von　481, 486
ザイプト，カール・ハインリッヒ　Seipt, Karl Heinrich　33
ザイペル，イグナーツ　Seipel, Ignaz　368
サヴォワ公オイゲン　Eugen of Savoy, Prince　58
ザクセン人（トランシルヴァニアの）　24, 29, 401
ザクセン　92
ザグレブ　11, 26, 137, 162, 226, 242
——と1909年ザグレブ裁判　450
——の人口　270
——の騒擾　362, 383
サトマールの和約　6
ザドルガ　25, 301, 319
サパーリ，ジュラ　Szapáry, Count Gyula　391
サピエハ，レオン　Sapieha, Prince Leon　144
サビナ，カレル　Sabina, Karel　172, 225
サボー，イシュトヴァーン　Szabó, István　442
サライェヴォ　452, 471, 454, 489
ザルツブルク（領邦）　16, 87, 89, 288
サン・ステファノ条約　278
三国協商　464, 460
三国同盟　338, 449, 459-60
三重制
クロアチアの——　277, 446, 450, 454, 465
チェコの——　277
ポーランドの——　476
サンダー，フリードリヒ　Sander, Friedrich　173-4
三帝同盟　245, 278, 330, 337, 338, 458, 461
ジークハルト，ルドルフ　Sieghart, Rudolf　341, 430
シートン=ワトソン，ロバート・W　Seton-Watson, Robert W.　446, 469, 487
シーレ，エゴン　Schiele, Egon　344
シェイクスピア，ウィリアム　Shakespeare, William　356, 357
シェーネラー，ゲオルク・フォン　Schönerer, Georg Ritter von　334, 341, 363, 426, 427, 433
シェーラー，アレクサンダー　Schoeller, Alexander　211
ジェール　110, 289
シェーンベルク，アルノルト　Schoenberg, Arnold　242, 343
シェノア，アウグスト　Šenoa, August　225, 356-7
シェプティツキ，アンドレイ　Sheptickyj, Andrei　367
シェフレ，アルベルト　Schäffle, Albert　276
ジェライッチ，ボグダン　Žerajić, Bogdan　455
ジェントリ（ハンガリー中貴族）　23-4, 66, 222, 264, 387-8, 399, 421, 443
——と「ジェントリ」　387-8
——の経済的衰退　298, 391
シオニズム　242, 363
四月諸法　183, 222, 223, 230, 265, 394
——の概略　166
シクストゥス事件　483-4
七年戦争　20, 27, 41, 46
司法改革　41, 51, 52, 61, 201, 248, 420
シマーチェク，フランチシェク　Šimáček, František　226
下オーストリア　10, 372
——議会　117, 161-2
——の経済　16, 76, 108, 288
社会科学協会（ハンガリー）　410, 411, 421, 444
社会主義　174, 201, 471

スペンサー, ハーバート　Spencer, Herbert　410
スポーツ　80, 129, 328, 417
スミス, アダム　Smith, Adam　104, 118
スメタナ, ベドジフ　Smetana, Bedřich　226, 242, 356
スュス, エドゥアルト　Suess, Eduard　256, 257
スラーヴィ, ヨージェフ　Szlávy, József　337
スラヴォニア　26, 156, 183, 297
ズリンスキ, ニコラ（ズリニ, ミクローシュ）　Zrinski, Nikola(Zrinyi, Miklós)　445
ズリンスキ, ペタル（ペーテル）　Zrinski, Petar(Péter)　13
スレム　116
スレムスキ゠カルロヴツィ（カルロヴィッツ）　27, 29, 81, 155, 156, 164, 367
スロヴァキア人　81, 116, 154, 184, 227, 349-50
——と 1848 年　164, 166, 184
——の言語とアイデンティティ　28, 126, 135, 139, 154, 351
——のルター派　6, 125, 154
——へのマジャール人による圧力　154, 238, 268, 273, 385, 402, 406
スロヴェニア人（語）　21, 350-3, 373, 435, 438
——の経済　104, 295
——の国民再生　81, 126-7, 145, 270-1, 350-3, 356-7
労働運動と——　328, 354
聖イシュトヴァーンの王冠　23, 46
正教会　22, 81, 126, 107, 155, 269, 401, 438
教会の自治と——　267
リベラリズムと——　132, 155
政教協約（コンコルダート）（1855）　205, 248
税制　25, 29, 42, 44, 119, 143, 161, 215), 420, 473
——と 1789 年の税法　63
ハンガリーにおける——　25, 57, 66, 152-3, 215
青年運動（オムラディナ）　400
青年チェコ党
急進派としての——　271-2, 279, 322, 335, 354, 374, 376, 419, 430, 449
ブルジョア・ナショナリストとしての——　431, 433, 482
青年派（ユンゲン）　261, 278
セーケイ人　29, 385
セーチェーニ, イシュトヴァーン　Széchenyi, Count István　104, 111, 127, 151, 153, 159
1848 年における——　187, 189
——の農奴制批判　112, 117, 129
セーチェーニ, フェレンツ　Széchényi, Count Ferenc　76
セール, カールマーン　Széll, Kalman　397
セゲド　106, 212
世襲領　5, 41, 60, 88
絶対主義　5, 6, 13, 477, 484, 492
啓蒙——　31, 32, 35, 40, 47, 49-75（諸所に．特に 49-50, 68-9, 70-1, 73-4）
——と新絶対主義　216, 199-208
保守——　90-100, 166-167
レートリッヒと——　237-8
セドルニツキ, ヨーゼフ　Sedlnitzky, Count Josef　94, 98
セプシュ, モーリツ　Szeps, Moriz　251
セルビア　4, 59, 90, 156, 160, 236, 400, 462-70（諸所に）, 472
——とオーストリア・セルビア同盟（1881 年）　337
——とクロアチア・セルビア連合　450
セルビア人（語）
君主国における——　24, 27-8, 30, 65, 116, 126, 150, 203, 236
セルビア・クロアチア関係と——　156, 183-4, 229, 236, 351, 361-2, 367, 370
1848 年における——　164, 179, 185,

191
二重制ハンガリーにおける――　400-2
――の教会自治　27, 266, 367, 401-2
――の文化発展　40, 81, 135, 351
ボスニア=ヘルツェゴヴィナにおける――　278, 301, 367, 446, 449
→クロアチア・セルビア連合の項も見よ
選挙権
オーストリアにおける――　251, 260, 279, 431
クロアチアにおける――　403, 448, 451
ハンガリーにおける――　176, 226, 399-400, 442, 486
ゾイス,ジークムント　Zois, Baron Siegmund　81
ソヴァ, アントニーン　Sova, Antonín　359
ソールズベリー　Salisbury, Viscount　460
『祖国（ファーターラント）』　263, 316, 342
ソコル運動　226
ゾフィー（皇后）　Sophie　199
ソモドラカ, ヨシプ　Smodlaka, Josip　447
ソルフェリーノの戦い　219
ゾンネンフェルス, ヨーゼフ・フォン　Sonnenfels, Joseph von　38, 71, 82, 134

タ

ダーウィニズム　346
社会――　369, 405, 427
ダーウィン, チャールズ　Darwin, Charles　325, 346
ターフェ, エドゥアルト　Taaffe, Count Eduard　261, 274, 279, 330-7（諸所に）, 375, 376
――への評価　339
ターンチチ, ミハーイ　Táncsics, Mihály　162, 176
ターンブル, ピーター　Turnbull, Peter Evan　108
大学　70, 93, 134, 142, 342
1848年における――　162, 165
――の改革　42, 206, 248
――の国民的役割　78, 229, 269, 273, 376-7, 438
――の発展　37, 248, 256, 342
大貴族, 官位貴族　一般　7-13, 39, 71, 211, 211, 212, 221-3, 236, 312-6, 313, 314, 315
オーストリアの――　131, 133, 169, 253-4
ガリツィアの――　269
クロアチアの――　445
ハンガリーの――　7, 23, 107, 167, 223, 391-2, 444
ボヘミアの――　5, 78, 122, 145, 314, 334, 481
→貴族の項も見よ（特に経済に関して）
大不況　283, 391
ダキア　29
「ダキア人」の統一　164
妥協（アウスグライヒ）　235
ハンガリー世論と――　390, 393-6
→軍, 関税同盟の項も見よ
タッローツィ, ラヨシュ　Thallóczy, Lajos　359, 467
ダルマチア　26, 87, 162, 218, 219, 279, 301, 404, 464, 475, 490
――の経済状況　301, 322, 382
チェコ人　18-20, 235
1848年における――　163, 165, 170, 172, 181-3
チェコ人・ドイツ人対立と――　165-6, 276-277（1870-71年における）, 359, 362, 364, 375-377（バデーニ危機）, 431, 434-7, 476-7
ドイツ人から見た――　18, 140-1, 148, 181-2, 359, 376-7
農民と――　19, 43, 115, 176, 226, 293, 317, 320, 364
――の経済発展　105, 226, 293-5
――の文化的・国民的発展　78-9, 100,

145-8, 225-6, 347, 352, 356, 418
リベラリズムと——　147, 270-2
労働者と——　166, 325, 328, 354, 437-8
→ボヘミアの項も見よ
チェコ農業党　320, 364, 433
チェルニウツィ　249, 260
地中海協定（1887 年）　338, 459, 460
チャルトリスキ , アダム・イェルズィ　Czartoryski, Prince Adam Jerzy　143, 189
中央ヨーロッパ（ミッテルオイローパ）　179, 200, 231, 474
チューリッヒ講和条約　219
賃金　35, 108, 178
官僚制における——　215, 341, 420
世界大戦下の——　473
農業における——　112, 318
ツァンカル , イヴァン　Cankar, Ivan　354, 418, 428
ツィタ（皇后）　Zita　5, 490
ツィンツェンドルフ , カール　Zinzendorf, Count Karl　51, 63, 74, 77, 82, 103
ツェリエ事件　375, 377, 378
ツェルニン , オットカール　Czernin, Count Ottokar　453, 454, 484
デアーク , フェレンツ　Deák, Ferenc　153, 188, 222, 230, 267, 393, 399
——のリベラリズム　129, 152, 266
帝国議会（ライヒスターク）（1848 年）　176, 178
農民と——　176
60% をブルジョアが占めた——　170
帝国議会（ライヒスラート）　168, 202, 220-229（諸所に）, 336, 429-32, 470, 476, 480, 482
——におけるドイツ人支配の終焉　279, 314
——の権限　247, 250
——の政党組織　261
——の直接選挙　275, 277
——のボイコット　224, 229, 272
バデーニ危機と——　377-8
帝国裁判所（ライヒスゲリヒト）　248, 372-3
ティサ , イシュトヴァーン　Tisza, Count István　407, 411, 453
世界大戦における——　475-6, 479, 480, 486, 490
——の開戦反対　456, 468, 497
——の見解　398, 443
ルーマニア人と——　444-5
ティサ , カールマン　Tisza, Kálmán
——とリベラリズム　268
——の政策　393, 395-6, 401
ティミショアラ（テメシュヴァール）　65, 212
ティロール　4, 66, 87, 89, 111, 131
——とヨーゼフ二世　57, 64
——におけるイタリア語話者　373, 475
——所領（ゲオルギコン）　111
テッシェディク , シャームエル　Tessedik, Sámuel　76, 81
デブレツェン　23, 39, 188, 189, 212, 395
デミアン , J. A.　Demian, J.A.　28, 82
テレキ , シャームエル　Teleki, Count Sámuel　62
デンマーク　233
ドイツ , 君主国との比較
（経済）　102, 214, 304-5, 307
（文化・政治）　172-3, 249, 333-4, 340-1, 428, 495-6
——統一と君主国　165, 179-80, 185, 189, 200-1, 231-4, 276
→ドイツ・オーストリア二国国同盟 , フランクフルトの項も見よ
ドイツ・オーストリア二国同盟　280, 399, 458, 497
——の大戦中の困難　427-6（諸所に）, 482-3
ドイツ国民同盟　433, 437, 476
ドイツ語とドイツ文化
——のヘゲモニー　12, 17-19, 57, 123-4, 150-2, 224, 243-4, 259
——への挑戦　348-9, 355-6, 493-6（そ

の他諸所に）
ドイツ人（君主国の）
→オーストリア・ドイツ人の項を見よ
ドイツ人学校協会　362, 422, 426
ドイツ農業党　320, 433
統一宮廷政庁　43, 45, 53
統一ドイツ左派　334, 375
トゥーグート，ヨハン　Thugut, Baron Johann　87, 90
ドヴール・クラーロヴェー手稿　146, 147
トゥーン=ホーエンシュタイン，レオ　Thun-Hohenstein, Count Leo　121, 145, 182, 206-7
ドヴォジャーク，アントニン　Dvořák, Antonin　242
ドゥナイェフスキ，ユリアン・アントニ　Dunajewski, Julian Antoni　314
ドゥニ，エルネ　Denis, Ernest　487
トカラツ=イグニャティイェヴィチ，インブロ　Tkalac Ignjatijević, Imbro　225, 246
トクヴィル，アレクシス・ド　Tocqueville, Alexis de　127
独立党　396, 399, 403, 441, 443, 490
——と独立連合　412, 442-3
都市　10-12, 322
——における生活水準　77, 108-9,
——におけるドイツ人（語）の影響力　123, 193, 270, 277
——の人口　10-11, 270, 283
マジャール化と——　384-5
土地台帳令（1767 年）　46, 176
ドナウ川
社会・経済的分水嶺としての——　77, 297, 301
地政的な要素としての——　15, 179, 303, 384
——の商業と河川整備　36, 110, 129, 208, 213, 291, 340
ドナウ両侯国　→ワラキア=モルドヴァの項を見よ
ドブリラ，ユライ　Dobrila, Juraj　367
ドブルホフ，アントン　Doblhoff, Baron Anton　131, 169, 173
ドブロフスキー，ヨセフ　Dobrovský, Josef　55, 78, 137, 145
ドボルザーク　→ドヴォジャークの項を見よ
トマシッチ，ニコラ　Tomašić, Nikola, Ban　451
トメク，ヴァーツラフ・ヴラディヴォイ　Tomek, Václav Vladivoj　207, 225
トラウトソン，ヨハン・ヨーゼフ　Trautson, Johann Joseph　33
ドラシュコヴィチ，ヤンコ　Drašković, Count Janko　156
トラットナー，ヨハン　Trattner, Johann　37
トランシルヴァニア　23, 28-30, 109, 188, 289, 301, 305, 385, 475
——とハンガリーの合同　166, 184, 236
——の自治　6-7, 93, 166, 227
→ルーマニア人の項も見よ
トリエステ　4, 9, 21, 36, 143, 303
鉄道と——　211, 284, 430
——とスロヴェニア人　329, 353, 354
ドルバック，ポール　Holbach, Paul d'　32, 135
トルムビッチ，アンテ　Trumbić, Ante　471, 483
トレフォルト，アーゴシュトン　Trefort, Ágoston　292, 297
トレント（イタリア語圏ティロール）　438, 459
トロヤン，アロイス　Trojan, Alois　149, 135

ナ

ナープルステク，ヴォイタ　Náprstek, Vojta　270
ナウマン，フリードリヒ　Naumann, Friedrich　474
ナゴドバ　236, 297, 403, 448
ナショナリズム（一般）　133-42, 347-

380, 493-7
社会主義と――　328-9, 353, 378-9, 437-8
社会的動員と――　135, 347-358
宗教と――　364-5, 367-8
――の心理学　139, 147-8, 358-61
――の理論　133-42, 348-350, 379
リベラリズムと――　133-6
ロマン主義と――　137
ナポリ　161, 168
ナポレオン（皇帝）　Napoleon　86, 87, 90, 91
ナポレオン三世（皇帝）　Napoleon III　188, 197, 217-9, 233, 235, 272, 469
ニェムツォヴァー, ボジェナ　Němcová, Božena　79
二月勅令　224, 230, 248
二言語併用・バイリンガリズム　355
クロアチアにおける――　403
チェコ諸邦における――　19, 146, 163, 165, 182, 226, 335
ハンガリーにおける――　120, 384, 401, 405
ニコライ一世（ロシア皇帝）　Nicholas I　96, 98, 101, 205, 217
ネストロイ, ヨハン　Nestroy, Johann　99, 190
ネポムクの聖ヤン　Jan of Nepomuk　5
ネルダ, ヤン　Neruda, Jan　270
ノヴィ=サド　27, 81, 135, 266, 270, 400
農業　9, 25, 36-7, 76, 110-3, 167-211, 185, 296-302, 478
――と農業協会　36, 111, 320
農場領主制（グーツヘルシャフト）　9, 16, 64
農奴制　19
→農民（――の解放）の項も見よ
農民　16-17, 19, 24-5, 112-7
――と農民政党　320
二重制オーストリアにおける　299-300, 317-22
二重制ハンガリーにおける　407-9
――（農民地［ルスティカル］, 分与地［ウルバリアル］, 領主地［ドミニカル］/マノリアル）の定義　9
――の解放　42-3, 46, 51-2, 63, 116-7, 151-2, 175-8, 209-211
ノスティッ=リーネク, フランツ・アントン　Nostitz-Rienek, Count Franz Anton　137
ノディロ, ネトコ　Nodilo, Natko　370

ハ

バーベンベルク家　Babenbergs, family　4
パーマストン　Palmerston, Viscount　98, 188
バール, ヘルマン　Bahr, Hermann　348, 368, 428
パールフィ家　Pálffy family　10
パールフィ, カーロイ　Pálffy, Count Karoly　62
ハーンカ, ヴァーツラフ　Hánka, Václav　146
バーンフィ, デジェー　Bánffy, Baron Dezső　396-7, 409
バイエルン　59, 86, 89, 97
バイエルン継承戦争　47, 58
ハインケ, フランツ・ヨーゼフ　Heinke, Franz Josef　43-44
バウアー, オットー　Bauer, Otto　379, 423, 438, 488
バウエルンフェルト, エドゥアルト・フォン　Bauernfeld, Eduard von　150
ハウクヴィッツ, フリードリヒ・ヴィルヘルム　Haugwitz, Count Friedrich Wilhelm　41-4(諸所に)
ハヴリーチェク, カレル　Havlíček, Karel　126-32(諸所に), 132, 147, 172, 182, 191, 204, 457
ハウリク, ユライ　Haulik, Juraj　168
パジェット, ジョン　Paget, John　127
ハシュカ, ロレンツ・レオポルト　Haschka, Lorenz Leopold　73
パスキエヴィチ, イヴァン・フェドロヴィチ　Paskievich, Ivan Fedorovich　189
バチャーニ, ヤーノシュ　Batsányi, János

88
バッチャーニ，ラヨシュ　Batthyány, Count Lajos　183, 185, 188
バッチャーニ家　Batthyány family　10
バッハ，アレクサンダー　Bach, Alexander　131, 169, 173, 199, 215, 220
——の政策　204, 208
バデーニ，カジミェシュ　Badeni, Count Kasimir　375-7, 430
——とバデーニ危機　379, 455
バナート　36, 50, 60, 81, 116, 203
ハプスブルク家　Habsburg family　4, 5, 8, 309
バベシュ，ヴィンチェンツィウ　Babeş Vincenţiu　402
パラツキー，フランチシェク　Palacký, František　124, 145, 149, 172, 181, 235, 270, 358, 366
——の出自　125, 139, 170
——のフランクフルト国民議会への手紙　181, 192
リベラル・ナショナリストとしての——　147, 148, 229, 272
歴史家としての——　137, 255, 359, 369
ハラッハ（伯）　Harrach, Count　13
パリ・コニューン　261
パリ講和（1856年）　217
バリツィウ，ジェルジェ　Bariţiu, George　128, 132, 154, 170
バルカン戦争（1912-13）　452, 466
ハルティヒ，フランツ　Hartig, Count Franz　20, 197
バルテンシュタイン，ヨハン・クリストフ　Bartenstein, Johann Christoph, Freiherr von　17, 49
バルトーク，ベーラ　Bartók, Béla　419
ハルトマン，モリッツ　Hartmann, Moritz　148
パルマ，ルイジ　Palma, Luigi　245
パン・スラヴ主義　125, 146, 154, 183, 273, 316, 457, 462, 470
——とパン・スラヴ会議（1848年）　165, 181, 183
パン・ドイツ主義　457, 472
——とパン・ドイツ運動　334, 335, 426
ハンガリー　5-10, 23-30, 381-413
——とプロイセン　62, 276, 497
——における政治　62-8, 88-9；129-30, 150-9（改革期）；162-78［諸所に］，183-9（1848-49年）；221-4, 202-3, 230（1849-67年）；234-5（1867年「妥協」）；263-269, 393-400, 411-3, 440-5（1867-1914年）；474-5, 479-80, 489, 490,（世界大戦）
——の経済状況　36, 76-7, 105-7, 112-4, 209-215, 288-292, 297-302(諸所に), 305, 478
ハンガリー人（マジャール人）
——型のナショナリズム　121-2, 151-5, 267-8, 292, 386-7, 391
「諸国民体」と——　153-4, 268, 400-6
——の言語と文化　79-80, 150-2, 203, 223, 384-6, 389, 397, 401
マジャール化と——　155, 385-6
ハンガリー大平原（アルフェルド）　15, 109, 299, 408
反教権主義　125, 167, 248, 256-7, 259, 439
ドイツ人以外での——　271
反ユダヤ主義　109, 148, 137, 172, 265, 321, 323, 334, 339-40, 383, 391-2, 425-6, 465
——の重要性　346, 427
ピアリスト会　12, 33
ヒー，アントン　Hye, Anton　206, 249, 374
ビーゲレーベン，ルートヴィヒ・フォン　Biegeleben, Ludwig von　233
ビーダーマイヤー様式　79
ビーネルト，リヒャルト　Bienerth, Baron Richard　436, 437
ピウス六世（教皇）　Pius VI　56
ピエモンテ＝サルディニア　161, 163, 164, 219

ビスマルク, オットー・フォン　Bismarck, Otto von　197, 198, 230, 332, 342, 370, 480
オーストリア政治における――　277, 310
――の外交政策　231-3, 281, 337, 459, 462, 468
ピラースドルフ, フランツ・クサーヴィアー　Pillersdorf, Baron Franz Xavier　128, 168
ピンカス, アドルフ・マリア　Pinkas, Adolf Maria　224
ファシズム　321, 389
フィケルモント, カール・ルートヴィヒ　Ficquelmont, Count Karl Ludwig　169, 172
フィッケルト, アウグステ　Fickert, Auguste　422
フィッシュホフ, アドルフ　Fischhof, Adolf　169, 259
ブーオル=シャウエンシュタイン, カール・フェルディナント　Buol-Schauenstein, Count Karl Ferdinand　202, 217
フェイェールヴァーリ, ゲーザ　Fejérváry, Baron Géza　399, 411
賦役（ロボタ）　9, 110, 115, 175, 177
――に関する保守派の立場　82, 110, 130, 132, 171
――の経済　112, 129, 177, 209, 214
――の廃止　43, 51, 66, 117, 175
――の負担　16, 19, 46
フェシュテティチ, ジェルジュ　Festetics, Count György　76
フェブロニウス　Febronius　55
――とフェブロニウス主義　33
フェルダー, カエタン　Felder, Cajetan　258
フェルディナント一世（皇帝）　Ferdinand I　117, 165, 168, 173, 181-7（諸所に）, 237
フェルディナント（ブルガリア国王）　Ferdinand　338
フェルビガー, アボット・ヨハン・イグナーツ　Felbiger, Johann Ignaz　43
フォアアールベルク　4, 111
フォアランデ　15, 87
フォーゲルザンク, カール　Vogelsang, Baron Karl　316, 424
ブコヴィナ　15, 22, 249, 357, 440, 455
フス, ヤン　Hus, Jan　20, 78, 124, 139, 316, 489
フス派　369, 371
ブダ　129, 163, 183
ブダペシュト（1873年の合同までブダ=ペシュト）　13, 135, 170, 175, 235, 354, 485
――の経済　159, 212, 283, 289-90, 290, 302, 308, 409
――の社会構造　388
――の騒擾　162, 173, 442, 453, 482, 489
――の発展　129, 151, 381-2
ユダヤ人と――　306, 382, 392, 444
→ブダ, ペシュトの項も見よ
フッサレク, マックス・リッター・フォン　Hussarek, Max Ritter von　489
フュスター, アントン　Füster, Anton　167
ブラージュ　28, 164
ブライヴァイス, ヤネツ　Bleiweis, Janez　145, 272
フライブルク　15, 70
ブラウネル, フランチシェク　Brauner, František　116, 149, 170, 270
ブラショフ　132, 385
ブラチスラヴァ（ポジョニ, プレスブルク）　7, 11, 15, 56, 135, 150, 162
プラハ　11, 15, 78, 191, 204, 474
――における教育　33, 37, 103, 126, 207, 420, 421
――におけるチェコ人の運動　78, 149, 182, 226, 328
――の経済状況　37, 106, 212, 284, 288, 294-5（金融の中心）
――の混乱　109, 236, 375, 453, 483
――社会状況　37, 270

——の政治　163, 165-6, 220, 483, 489
——のドイツ人　12, 25, 149, 181, 435
——のパン・スラヴ会議　165, 181, 183
——のユダヤ人　109, 172, 427
ブラン，フランツ・アントン・フォン Blanc, Franz Anton von　42, 49
フランク，ヨシプ　Frank, Josip　447, 448, 454
フランクフルト国民議会（1848-49年） 179, 182, 183, 186, 188, 199-200
フランクフルト連邦議会　92, 93, 97, 218, 233
フランス　8, 85-98（諸所に）
君主国との比較　73, 82, 160, 178-9, 186, 190, 237, 252, 429
——の外交政策　37, 59, 217-8, 233-4, 458-60, 464, 466, 487
フランス革命，君主国への影響　67, 79, 88-9
フランツ，コンスタンティン　Frantz, Constantin　232
フランツ＝シュテファン（神聖ローマ皇帝）　Francis Stephen　41
フランツ二世（一世）（皇帝）　Francis II(I)　67, 107, 82-101, 120, 122, 151, 160
——の性格　95, 101, 115
——の性格　454
フランツ＝フェルディナント（大公） Franz Ferdinand, Archduke　418, 432, 434, 446, 436, 445-54（諸所に）, 461
——による戦争への反対　456, 466
フランツ＝ヨーゼフ（皇帝）　Franz Joseph I　187, 198, 424, 477
外交政策と——　202, 216-8, 232-3, 250, 275, 279, 467-8
教会と——　205, 248, 252, 310
軍と——　216, 219-20, 309, 315, 398, 491
シスライタニアの政治と——　277-280, 431
スラヴ人と——　235, 274-7（諸所に）, 316, 335, 455
絶対主義と——　202, 208, 216
——の性格　199, 205, 309-11, 344, 441, 454
ハンガリーと——　230, 234-7（妥協）, 242, 264, 268, 400, 412
リベラル立憲制と——　220-221, 242, 310, 341, 438
ルーマニア人と——　236, 402
ブリアーン，イシュトヴァーン　Burián, Baron István　445, 476, 488
フリートユンク，ハインリヒ　Friedjung, Heinrich　334, 344, 450, 465
フリードリヒ（大公）　Friedrich, Archduke　313
フリードリヒ二世（プロイセン国王） Frederick II　8, 14, 46-7, 49, 58, 59, 61, 74
フリーメーソン　62, 67, 72, 81, 134, 360, 444
フリバル，イヴァン　Hribar, Ivan　295
プリンツィプ，ガヴリロ　Princip, Gavrilo 452, 454
ブルガリア　42, 79, 466, 467, 488
オーストリア・ハンガリーと1885-88年の危機における——　338, 459, 462, 470
プルキニエ，ヤン・エヴァンゲリスタ Purkyně, Jan Evangelsta　141
プルジブラム，ルートヴィヒ・リッター・フォン　Przibram, Ludwig Ritter von 225, 228, 264
ブルジョアジー
スラヴ人における——　229, 269-73, 404
——と中間層（ミッテルシュタント） 336
——と都市民　11, 322
——とプチ・ブルジョア　322-5
——の凝集性　99, 223
ハンガリーにおける——　66, 264, 387-9
ブルジョア階級　37, 66-74（諸所に）, 131, 169, 190, 197-8, 216, 243, 254-60,

343-5
→リベラリズムの項も見よ
プルスキ，フェレンツ　Pulszky, Ferenc 135, 189
プルゼニ（ピルゼン）　212, 284, 288, 485
ブルック，カール・フォン　Bruck, Freiherr Karl von　199, 200, 216, 220, 311
ブルノ（ブリュン）　34, 68, 186, 378, 437
——の産業　104, 213, 288
ブルノ綱領　378
フレーベル，ユリウス　Fröbel, Julius 174, 179
プレシェレン，フランツェ　Prešeren, France　135, 145, 225
ブレスト・リトフスク条約　482, 485
プレスブルク　→ブラチスラヴァを見よ

——の和約（1809 年）　87
プレナー，イグナーツ・フォン　Plener, Ignaz von　223, 230, 255
プレナー，エルンスト・フォン　Plener, Ernst von　228, 247, 258, 259, 279, 331, 332-8(諸所に), 375
プレラドヴィチ，ペタル　Preradović, Petar　123
プロイセン
オーストリアとの比較　8, 14, 38, 59-61, 86, 167, 177
——とオーストリアとの競合関係　8, 14, 38, 59, 61
ハンガリーと——　62
フロイト，ジークムント　Freud, Sigmund 242, 344
プロテスタント　5, 7, 15, 32, 124, 157, 220
宗教寛容令と——　53
——チェコ諸邦における　18, 44
——ハンガリーにおける　6, 24, 39, 62, 153, 157
プロト工業化　36, 101
プロハースカ，オットカール　Prohászka, Ottokár　392, 425
フンボルト，ヴィルヘルム・フォン Humboldt, Wilhelm von　206
分離派（ゼツェシオーン）　242, 344
ベーア，アドルフ　Beer, Adolf　255, 257, 259, 285
ベートーヴェン，ルートヴィヒ・ファン Beethoven, Ludwig van　99
ヘーベンシュトライト，フランツ Hebenstreit, Franz　68
ペカシ，ヨセフ　Pekař, Josef　364
ペシュト　79, 107, 123, 129, 135, 150, 170
——の商業　36, 110
ベック，フリードリヒ・フォン　Beck, Friedrich von　249
ベック，マックス・ヴラディミール Beck, Baron Max Vladimir　432-5, 461, 480
ベッシェニェイ，ジェルジュ　Bessenyei, György　80
ベネシュ，エドヴァルド　Beneš, Edvard 483
ベネディクト，モーリッツ　Benedikt, Moritz　342
ベネデク，ルートヴィヒ・フォン Benedek, Ludwig von　234
ベム，ヨーゼフ　Bem, Józef　186, 188, 190
ベル，マチェイ　Bel, Matthias　28
ベルギー　13, 64, 65
ハプスブルク君主国との比較　242, 250
ベルクレディ，リヒャルト　Belcredi, Count Richard　230, 234, 235
ペルゲン，ヨハン・アントン　Pergen, Count Johann Anton　40, 64, 66, 72, 73, 82
ベルゼヴィツィ，ゲルゲイ　Berzeviczy, Gergely　62, 74, 75, 80, 153
ヘルダー，ヨハン・ゴットフリート Herder, Johann Gottfried　49, 137, 371, 426
——のイデオロギー　139, 146, 361-2, 371, 426

ヘルツル, テオドール　Herzl, Theodor 242, 363
ベルヒトルト, レオポルト　Berchtold, Count Leopold　456, 465, 466, 491
ヘルフェルト, ヨーゼフ・アレクサンダー　Helfert, Baron Joseph Alexander　207
ベルリン会議　279
ベルンライター, ヨーゼフ・マリア Baernreither, Joseph Maria　341, 430
ポアンカレ, レモン　Poincaré, Raymond 483
ボイスト, フリードリヒ・フェルディナント・フォン　Beust, Baron (Count) Friedrich Ferdinand von　234, 255, 274, 276, 278
法治国家（レヒツシュタート）　248, 341, 498
ホーエンヴァルト, カール　Hohenwart, Count Karl　276, 330
　――とホーエンヴァルト=シェフレ内閣　276, 374
ホーファー, アンドレアス　Hofer, Andreas　89
ポーランド
　オーストリアとの比較　64, 73-4
　――とロシア領ポーランドの蜂起 96, 143, 230
　分割　47, 86, 89
ポーランド人
　オーストリアにおける――　21, 143, 144
　社会主義と――　325-8（諸所に）
　――と 1846 年蜂起　116, 144
　二重制政府における――　330, 336, 433
　――による二重制の受容　269, 276
　――のガリツィアにおける支配的立場 176, 297, 353
　――の連邦主義　227
　→ガリツィアの項も見よ
ポーリン, マルコ　Pohlin, Marko　21
保守派
　旧保守派（ハンガリー）　220, 230
　――の脆弱性（ハンガリー）　391
　保守的連邦主義者, 封建保守派（オーストリア）　121, 314, 334, 481
　「若き保守派」（ハンガリー）　153
ボスニア　59, 218, 275, 362, 367, 370, 471
　――と「青年ボスニア党」　452
　――の占領　279, 395
　――の統治　159, 337, 446, 448, 461
　――の併合　450, 463-5
ポップ, アーデルハイト　Popp, Adelheid 325
ポティオレック, オスカル　Potiorek, Oskar　472, 491
ホテク, ルドルフ　Chotek, Count Rudolf 63
ポトツキ, アルフレート　Potocki, Count Alfred　275, 276, 326
ホフバウアー, クレメンツ・マリア Hofbauer, Klemenz Maria　125
ボヘミア　17-21, 145
　政庁　41, 277
　――の経済状況　43, 46, 75, 102-12（諸所に）, 115-6, 284-8, 293-5, 298-9, 302
　――の再カトリック化　5, 33
　ハンガリーとの比較　5-8
　――領邦議会　5, 8, 82, 137, 149, 223, 235-6, 271, 277, 331-5, 422, 434, 436
　→チェコ人（チェコ人・ドイツ人対立と）の項も見よ
ボヘミア産業組合　149, 225
ポポヴィチ, アウレル　Popovici, Aurel 453, 455
ポリト=デサンチッチ, ミハイロ　Polit - Desančić, Mihailo　402
ボルシェヴィキ　487
　ボルシェヴィキのロシア　67
ホルスキー, フランチシェク　Horský, František　111, 293
ボルツァーノ, ベルナルト　Bolzano, Bernard　125, 146, 148, 368, 495
ホルマイア, ヨーゼフ　Hormayr, Joseph von　88, 89, 150
ボルン, イグナーツ・フォン　Born,

Ignaz von 38, 39, 55, 134
ホルンマイスター, ジーモン Hollnmeister, Simon 17
ホレア Horea 57

マ

マーラー, グスタフ Mahler, Gustav 242, 345
マイスナー, アルフレート Meissner, Alfred 148
マイヤー, カイェタン Mayer, Cajetan 193
マケドニア 417, 466
マサリク, トマーシュ Masaryk, Tomáš Garrigue 364, 451, 369, 423, 438, 457
世界大戦における—— 471, 481, 485
——の影響 406, 420, 453, 487
——の思想 371-2
マジュラニチ, イヴァン Mažuranić, Ivan 273
マシレヴィチ, サムイロ（大司教） Maširević, Samuilo 271
マッツィーニ, ジュゼッペ Mazzini, Giuseppe 139, 198
マッハ, エルンスト Mach, Ernst 343
マデイスキ, スタニスワウ Madeyski, Stanislaw 496
マトシュ, アントン・グスタヴ Matoš, Anton Gustav 418
マニン, ダニエレ Manin, Daniele 163, 171, 178, 185, 190
マリア＝クリスティーナ（大公妃） Marie Christine 60
マリア＝テレジア Maria Theresa 8, 10, 17, 20, 24, 29, 41, 49, 53, 71
——に対する評価 32, 41, 45-8, 72
——の改革 11, 41-6
——の治世の文脈 13, 31
ヨーゼフ二世と—— 47, 49, 50
マリー, ヤコブ Malý, Jakub 225
マリー＝アントワネット（フランス王妃） Marie Antoinette 86
マリー＝ルイーズ（フランス皇后） Marie Louise 89
マルクス, カール Marx, Karl 109, 423
マルティニ, カール・アントン・フォン Martini, Karl Anton Freiherr von 38, 82
マルティノヴィチ, イグナーツ Martinovics, Ignác 68
ミガッツィ, クリストーフ Migazzi, Cardinal Christoph 33, 55
ミク＝クライン, サムエル Clajn, Samuel 28
ミハイロ（セルビア公） Michael 219, 236
ミュールフェルト, カール・フォン Mühlfeld, Karl von 169
ミュンヘングレーツ協定 98
ミュラー, アダム Müller, Adam 88, 94
ミュラー, ヨハネス Müller, Johannes von 88
ミラノ 163, 178
——公国 15, 43, 60
ミラン・オブレノヴィチ（セルビア国王） Milan Obrenović 338
ミル, ジョン・スチュアート Mill, John Stuart 258, 371
ミルデ, ヴィンツェンツ（大司教） Milde Vinzenz 167
ミレティチ, スヴェトザル Miletić, Svetozar 170, 227, 229, 271, 400, 402
ムージル, アロイス Musil, Alois 457
ムージル, ローベルト Musil, Robert 309, 368, 451, 470, 492
ムラトーリ, ルドヴィコ・アントニオ Muratori, Ludovico Antonio 33
メシュトロヴィチ, イヴァン Meštrović, Ivan 242
メゼーフィ, ヴィルモシュ Mezőfi, Vilmos 409, 411
メッセンハウザー, ヴェンツェル Messenhauser, Wenzel 187
メッテルヒニ, クレメンス・ヴェンツェル Mettcrnich, Prince Clemens Wenzel 101, 117, 120, 150, 162, 197, 201
——と経済 118, 208

——に対する評価　92-6, 121-2, 158
——の外交政策　90-1, 95-8
メフメト・アリ　Mehemet Ali　98
メンガー，カール　Menger, Karl　242, 343
メンデル，グレゴール　Mendel, Gregor　343
モチャーリ，ラヨシュ　Mocsáry, Lajos　403
モムゼン，テオドール　Mommsen, Theodor　359
モラヴィア　4, 14, 44, 52, 54, 102, 113
——と1905年妥協　435, 440, 455
——における国民体の状況　20, 182, 270, 352
モルナール，フェレンツ　Molnár, Fercnc　242, 470
モルラチ　26-27, 359
モンテスキュー　Montesquieu, Baron de　63, 65
モンテネグロ　278, 301, 429, 466

ヤ

ヤーシ，オスカール　Jászi, Oszkár(Oscar)　410, 423, 444, 490
ユーゴスラヴ主義　135, 229, 361, 446, 449, 482, 487
——の問題　361-2, 367
→クロアチア・セルビア連合の項も見よ
ユシュト，ジュラ　Justh, Gyula　13, 442-3, 444
ユスティ，ヨハン・H・G　Justi, Johann H.G.　13, 38
ユダヤ人　22, 53-4, 171, 306, 315
ナショナリズムと——　136, 363, 372
——の土地所有制限　216, 220
ハンガリーの——　264, 267, 382, 389
リベラリズムと——　345-6
→反ユダヤ主義の項も見よ
ユングマン，ヨゼフ　Jungmann, Josef　146, 350
ヨーカイ，モール　Jókai, Mór　223, 242, 388
ヨーゼフ主義
官僚主義と——　132, 167-8, 206, 243, 251, 255, 345, 420, 498
教会と——　167, 205, 248
集権主義と——　118
正教徒と——　118
農民政策と——　121
——の分裂　121
ヨーゼフ二世（神聖ローマ皇帝）　Joseph II　44, 47-8, 49-85(諸所に), 100, 115, 117, 125, 159, 341, 495
啓蒙と——　50-1, 70-2
——に対する歴史家の評価　68-74
——の遺産　75-83
——の性格　49-51
——への評価　75, 83-4
→ヨーゼフ主義（遺産に関して）も見よ
ヨハン=サルヴァトール（大公）　Johann Salvator, Archduke　312
ヨハン（大公）　Johann, Archduke　89, 111, 145, 168, 180
ラープ，フランツ・アントン・フォン　Raab, Franz Anton von　43, 52, 63, 110

ラ

ライッチ，ヨヴァン　Rajić, Jovan　81, 116
ライナー（大公）　Rainer, Archduke　202, 216
ライプツィヒ　127
——の戦い　86, 91
ライムント，フェルディナント　Raimund, Ferdinand　99
ラウシャー，ヨーゼフ・オトマール　Rauscher, Cardinal Joseph Othmar　199, 201, 205
ラウチ，レヴィン　Rauch, Baron Levin, Ban　448
ラウドン，ギデオン　Laudon, Gideon, Freiherr von　65
ラオテンシュトラオホ，アボット・フラ

ンツ・シュテファン　Rautenstrauch, Abbot Franz Stephan　55
ラクソール，ナサニエル　Wraxall, Sir Nathaniel　40
ラサール，フェルディナント　Lassalle, Ferdinand　261, 324, 423
ラチュキ，ツァノン・フラニョ　Rački, Canon Franjo　229, 255, 338, 360
ラディチ（兄弟）　Radić brothers　320
ラディチェヴィチ，ブランコ　Radičević, Branko　123
ラデツキー，ヨーゼフ　Radetzky, Count Joseph　163, 168, 172, 185
ラトゥール，テオドール　Latour, Count Theodor de Baillet　185
ラヤチッチ，ヨシフ　Rajačić, Josif　164, 184
ランカスター式授業法　103, 127
ラントヴェーア，オットカール　Landwehr, Ottokar　478, 485
リーガー，パウル・ヨーゼフ・フォン　Riegger, Paul Josef von　38, 49, 82, 189
リーゲル，フランチシェク・ラディスラフ　Rieger, František Ladislav　170, 189, 228, 235, 270, 272
——の不満　334, 338
——の保守主義　272, 353, 356
リーズベック，A.　Riesbeck, Baron A.　20
リーデル，アンドレアス　Riedel, Baron Andreas　67, 68, 73, 82
リープル，フランツ・クサーヴァー　Riepl, Franz Xaver　103
リヴィウ（ルヴォフ，レンベルク）
（政治）　164, 178, 325
（鉄道）　260
（文化）　81, 142, 144, 269
リエカ（フィウメ）　236, 351
リカード，デヴィド　Ricardo, David　118
リシンスキ，ヴァトロスラヴ　Lisinski, Vatroslav　141
リスト，フリードリヒ　List, Friedrich　179
立憲派大土地所有者　254, 314, 332
リッテル＝ヴィテゾヴィチ，パヴァオ　Ritter - Vitezović, Pavao　26, 137
リヒター，ヨーゼフ　Richter, Joseph　73
リヒテンシュタイン家　Lichtenstein family　211
——とアロイス・リヒテンシュタイン　Prince Alois Lichtenstein　316-7
リベラリズム
オーストリア・ドイツ人の——　130-2, 161-2, 169-75, 247-52
経済的——　100, 104, 285, 301, 317
ナショナリズムと——　133-6
——の残存　339-43, 345
ハンガリーの——　129-30, 263-269, 291, 386, 391, 398-9
非優勢民族と——　132, 269-74
ヨーゼフ二世と——　68, 71, 74
リベレツ（ライヒェンベルク）　76, 212, 285, 288
リュブリャナ（ライバッハ）　21, 211
（教育）　81, 353
（経済）　104, 270, 295, 352
（政治）　273, 435
領邦議会，一般　7, 223-4, 247, 277
→個々の領邦議会については地域名を見よ
旅行　382, 417
リンツ　103
（リンツ綱領）　333, 476
リンハルト，アントン　Linhart, Anton　81
ルイ＝ナポレオン　→ナポレオン三世の項を見よ
ルイ＝フィリップ（フランス国王）　Louis Philippe　96, 161
ルートヴィヒ（大公）　Ludwig, Archduke　117
ルーマニア　305, 445, 466, 477, 485, 490
ルーマニア人　22, 28, 29, 57, 350, 353, 385, 467, 482
三月前期における意識覚醒　126-32（諸所に）, 155

1848年における―― 164, 170, 184, 188
1849-67年における―― 224, 227
――に対するマジャール人の政策 267, 400-6(諸所に)
――による請願 81（1791年）; 402, 455（1893年）
ルエーガー, カール Lueger, Karl 323, 336, 378, 424-5
ルカーチ, ラースロー Lukács, László 443
ルソー, ジャン=ジャック Rousseau, Jean-Jacques 32, 71, 83, 135
ルター, マルティン Luther, Martin 39, 56, 94
ルディギアー, フランツ・ヨーゼフ Rudigier, Franz Josef 248
ルテニア人 22, 28, 138, 228
――と1848年 164, 183, 191
――の意識覚醒 81, 144, 351, 306
農民の不満 115, 319
ハンガリーにおける―― 116, 154, 406
ポーランド人と―― 270, 361, 438, 490, 496
ルドルフ（皇太子） Rudolf, Crown Prince 250, 311, 315, 330, 338
ルドルフ, ハプスブルク家の Rudolf of Habsburg 4
レートリッヒ, ヨーゼフ Redlich, Josef 237, 341, 494, 496, 498
レーナー, ルートヴィヒ・フォン Löhner, Ludwig von 169
レオ一三世（教皇） Leo XIII 392
レオポルト二世（皇帝） Leopold II 50, 57, 65, 66, 67, 86, 82
――に対する評価 74-5
レヒベルク, ヨハン・ベルンハルト Rechberg, Count Johann Bernhard 232, 233
レリコヴィッチ, マティヤ・アントン Reljković, Matija Antun 40
レンナー, カール Renner, Karl 315, 319, 379, 424, 438, 488
――の性格 423
連邦主義 234, 267, 454
オーストロ=スラヴ―― 182-3
クレムジール―― 193
社会主義者の―― 378-80
ドナウ―― 222
――に対する評価 231, 496-7
ロイド=ジョージ, デヴィド Lloyd - George, David 483, 484
老チェコ党 271-2, 279, 334, 364, 374
労働組合 409-10, 422, 437, 479,
労働者 173-4, 178, 332
工業における 119, 288
農業における 268, 318-9, 407-9
→職人, 社会主義, 労働組合の項も見よ
ロートシルト（ロスチャイルド）家 Rothschild family 107, 216
ロートシルト, アンセルム Rothschild, Anselm 212, 284, 313
ロートシルト, サロモン Rothschild, Salomon 103
ローニャイ, メニヘールト Lónyay, Count Menyhért 291
ローラー, ヨーゼフ Rohrer, Joseph 15, 82
ロキタンスキ, カール Rokitansky, Karl 256, 257
ロシア 131, 133, 169
チェコ人と―― 146, 457
――と君主国との比較 101, 167, 198, 209, 237, 300, 318, 411, 420, 423
――の外交 59-62, 90-2, 96-8, 200, 217-8, 278, 281, 330, 337, 417, 450
ハンガリーと―― 189, 275
ロシア革命（1905年）と―― 431
ロシア革命（1917年）と―― 479, 481
ロプコヴィッツ家 Lobkowitz family 9, 312
ロベスピエール, マクシミリアン Robespierre, Maximilien 56, 190

ロンドン条約（1915年）　475, 490
ロンバルディア　15, 29, 60, 87, 130, 219
（ロンバルディア=ヴェネト）　142, 161, 165, 170-1

ワ

ワラキア=モルドヴァ　30, 164, 217, 219

注

第1章　ハプスブルク君主国の基礎

(1) R. J. W. Evans, *The Making of the Habsburg Monarchy, 1550-1700* (Oxford, 1979), 174.
(2) J. Van Horn Melton, 'Arbeitspläne des aufgeklärten Absolutismus', *Mitteilungen des Instituts für österreichische Geschichitsforschung* (*MIÖGf*) 90 (1982), 49.
(3) J. G. Keysler, *Travels through Germany, Bohemia, Hungary, Switzerland, Italy, and Lorraine*, tr. from the 2nd German edn, 4 vols (London, 1756-57), iv, 81-2.
(4) J. Rohrer, *Abriss der westlichen Provinzen des österreichischen Staates* (Vienna, 1804), xix, 20.
(5) R. Sandgruber, *Die Anfänge der Konsumgesellschaft. Konsumgüterverbrauch, Lebensstandard und Alltagskultur in Österreich im 18. und 19. Jahrhundert* (Vienna, 1982), 337.
(6) G. Grüll, *Bauer, Herr und Landesfürst: Sozialrevolutionäre Bestrebungen der oberösterreichischen Bauern von 1650 bis 1848* (Linz,1963), 432.
(7) J. F. Seyfahrt, *Entwurf einer allerneusten Beschreibung des Königreichs Böhmen* (Frankfurt, 1757), 9; [J. J. Kausch], *Ausführliche Nachrichten über Böhmen* (Graz, 1794), 50.
(8) Baron Riesbeck, *Travels through Germany*, 3 vols (London, 1787), ii, 127; Count F. Hartig, *Genesis of the Revolution in Austira* の英訳は、W. Coxe, *History of the House of Austria* (London, 1895), Vol.4, 79. 保守的なハルティヒは、国民間の緊張が教養層にしか影響を及ぼさなかったと述べている（*Ibid.*, 87.）。
(9) Gillespie Smyth, *The Romance of Diplomacy ...With a Memoir, and Selection from the Correspondence ...of Sir Robert Murray Keith*, 2 vols (London, 1861), i, 477-8.
(10) B. Grünwald, *A régi Magyarország 1711-1825* (Budapest, 1910), 105-6.
(11) A. Fortis, *Travels into Dalmatia* (London, 1778), 77-83.
(12) Riesbeck, *Travels*, ii, 24-5.
(13) J. Demian, *Darstellung der österreichischen Monarchie*, 4 vols (Vienna, 1804-7), ii, 49.
(14) E. Bruckmüller, *Sozialgeschichte Österreichs* (Vienna, 1985), 270.
(15) P. Bělina, *Česká města v 18 století a osvícenské reformy* (Prague, 1985), 48.
(16) W. J. McGill, 'Kaunitz: The Personality of Political Algebra', *Topic* 34

(1980), 29-42 (35).

(17) J. Haubelt, *České osvícenství* (Prague, 1986), 305.

(18) F. Maass, *Der Josephinismus. Quellen zu seiner Geschichte*, 5 vols (Vienna, 1951-61), iii, 31.

(19) I. N. Kiss, 'Versorgung und Preispolitik Maria Theresias im Königreich Ungarn', in R. G. Plaschka *et al.* (eds.), *Österreich im Europa der Aufklärung*, 2 vols (Vienna, 1985), i, 269-85 (272).

(20) P. G. M. Dickson, *Finance and Government under Maria Theresa 1740-80* (Oxford, 1987), 325.

第2章　ヨーゼフ二世とその遺産

(1) D. Beales, *Joseph II. 1. In the Shadow of Maria Theresa 1741-80* (Cambridge, 1987), 166.

(2) H. Glassl, *Das österreichische Einrichtungswerk in Galizien (1772-1790)* (Wiesbaden, 1975), 214.

(3) C. Tropper, 'Schicksale der Büchersammlungen niederösterreichischer Klöster nach der Aufhebung durch Joseph II und Franz II (I)', *MIÖGf* 91(1983), 95-139(111).

(4) G. Otruba, 'Probleme von Wirtschaft und Gesellschaft in ihren Beziehungen zu Kirche und Klerus', in E. Kovács (ed.), *Katholische Aufklärung und Josephinismus* (Munich, 1979), 128-9.

(5) S. K. Padover, *The Revolutionary Emperor: Joseph II of Austria*, 2nd edn(London, 1967), 175.

(6) J. F. Bright , *Joseph II* (London, 1897), 133.

(7) P. von Mitrofanov, *Joseph II*, 2 vols (Vienna, 1910), i, 292.

(8) Beales, *Joseph II*, 406, 409.

(9) イギリス大使キースに対するヨーゼフの発言。Smyth, *Romance of Diplomacy*, ii, 222.

(10) Zs. Trocsányi, *Wesselényi Miklós és világa* (Budapest, 1970), 11-12.

(11) D. Beales, 'Die auswärtige Politik der Monarchie vor und Nach 1780', in R. Plaschka *et al.* (eds), *Österreich im Europa der Aufklärung*, 2 vols (Vienna, 1985), i, 567-74 (570).

(12) R. Rosdolsky (Rozdolski), *Die grosse Steuer- und Agrarreform Josefs II* (Warsaw, 1961), 97-102.

(13) *Magyarország története 1790-1848*, chief ed. Gy. Mérei, 2 vols (Budapest, 1980), i, 46-7.

(14) *Ibid.*, 199.

(15) E. Wangermann, *Aufklärung und staatsbürgerliche Erziehung. Gottfried van Swieten als Reformator des österreichischen Unterrichtswesens 1781-1791* (Vienna, 1978), 30.
(16) E. Wangermann, 'The Reaction to Joseph II's Reforms in the Pamphlet Literature', unpublished paper to the World Congress of Slavists (Harrogate, 1990), 8.
(17) B. Němcová, *Granny* (Westport, 1976)〔栗栖継訳『おばあさん』岩波文庫〕, 53-4.
(18) M. C. Ives, *Enlightenment and National Revival ... in Late Eighteenth Century Hungary* (London, 1979), 95.
(19) H. Reinalter, 'Der Nationsbegriff der österreichischen Jakobiner', *MIÖGf* 91 (1983), 401-11 (404).
(20) Ives, *Enlightenment*, 222-3.

第3章　メッテルニヒのオーストリア

(1) K. A. Roider, *Baron Thugut and Austria's Response to the French Revolution* (Princeton, 1987), 260-1.
(2) W. C. Langsam, *The Napoleonic Wars and German Nationalism in Austria* (New York, 1930), 17-18.
(3) A. Ernstberger, *Böhmens freiwilliger Kriegseinsatz gegen Napoleon* (Munich, 1963), 68-73.
(4) G. de Bertier de Sauvigny, *Metternich and his Times* (London, 1962), 54 (in 1820).
(5) M. Ullrichová(ed.), *Clemens Metternich. Wilhelmine von Sagan. Ein Briefwechsel 1813-15* (Graz, 1966), 119.
(6) A. G. Haas, 'Metternich and the Slavs', *Austrian History Yearbook* (1968-69), 120-49 (141).
(7) Graf Stephan Széchenyi, *Über den Credit*, 2nd improved edn (Pesth, 1830), 85.
(8) J. Slokar, *Geschichte der österreichischen Industrie und ihrer Förderung unter Kaiser Franz I* (Vienna, 1914), 44.
(9) K. Giday, 'Hozzászólás Tolnai György: A parasztipar kialakulása és tőkés iparrá fejlödése Magyarországon (1842-49) c. vitacikkhez', *Századok* 91 (1957), 790-98 (794).
(10) H. Freudenberger, 'Progressive Bohemian and Moravian Aristocrats', in S. Winters and J. Held (eds.), *Intellectual and Social Developments in the Habsburg Empire* (Boulder, Colorado, 1975), 115-30 (124).

(11) E. Violand, *Die soziale Geschichte der Revolution in Oesterreich* (Leipzig, 1850), 47.
(12) Grüll, *Bauer, Herr und Landesfürst*, 570.
(13) *Ibid.*, 463.
(14) J.-P. Himka, *Galician Villagers and the Ukrainian National Movement in the Nineteenth Century* (Edmonton, 1988), 23.
(15) Slokar, *Österreichische Industrie*, 37, 50.
(16) C. A. Macartney, *The Habsburg Empire 1790-1918* (London, 1968), 281.

第4章　リベラリズムとナショナリズム

(1) I. Bartha, *A fiatal Kossuth* (Budapest, 1966), 17.
(2) *Tagebücher des Carl Friedrich Freiherrn Kübeck von Kübau* (Vienna, 1909), 550.
(3) Graf Stephan Széchenyi, *Ueber Pferde, Pferdezucht und Pferderennen* (Pesth, 1830), 71.
(4) Gy. Wlassics (ed.), *Deák Ferencz munkáiból*, 2 vols (Budapest, 1906), i, 81-8.
(5) K. R. Greenfield, *Economics and Liberalism in the Risorgimento*, revised ed. (Baltimore, 1965), 240.
(6) E. Castle (ed.), *Sonderabdruck aus Anastasius Grün's Werken* (n. p., 1907), LXI.
(7) [F. Schuselka], *Deutsche Worte eines Oesterreichers* (Hamburg, 1843), 141.
(8) K. Hitchins, *The Rumanian National Movement in Transylvania, 1780-1849* (Cambridge, Mass., 1969), 164.
(9) これについては、アーネスト・ゲルナーが議論している。Ernest Gellner, *Nations and Nationalism* (Oxford, 1983)〔加藤節監訳『民族とナショナリズム』岩波書店〕.
(10) J. G. Herder, *Ideen zur Philosophie der Geschichte der Menschheit*, Vol. 6 of Johann Gottfried Herder. *Werke* (Frankfurt, 1989), 698-9. 初版は 1791 年。
(11) A. Springer, *Aus meinem Leben* (Berlin, 1892), 1-2, 14-15.
(12) I. Rudnytsky, 'The Ukrainians in Galicia under Austrian Rule', *Austrian History Yearbook* 3 (1966-67), 394-429 (397).
(13) Leo Graf von Thun-Hohenstein, *Über den gegenwärtigen Stand der böhmischen Literatur* (Prague, 1842), 5.
(14) E. Denis, *La Bohême depuis la Montagne-Blanche*, 2 vols (Paris, 1903), ii, 71.
(15) J. Chlebowczyk, *On Small and Young Nations in Europe* (Wrocław, 1980), 120.
(16) E. Winter, *Der böhmische Vormärz in Briefen Bernard Bolzanos an F.*

Příhonský (1822-48) (Berlin, 1956), 55-6.

(17) A. Okáč, *Český sněm a vláda před březnem 1848* (Prague, 1947), 372.

(18) M. Csáky, *Von der Aufklärung zum Liberalismus. Studien zum Frühliberalismus in Ungarn* (Vienna, 1981), 164.

(19) P. Brock, *The Slovak National Awakening* (Toronto, 1976), 82.

第 5 章　1848－49 年

(1) A. Sked, *The Survival of the Habsburg Empire. Radetsky, the Imperial Army and the Class War, 1848* (London, 1979), 160.

(2) S. Pech, *The Czech Revolution of 1848* (Chapel Hill, 1969), 344.

(3) G. Spira, *A Hungarian Count in the Revolution of 1848* (Budapest, 1974), 192.

(4) A. Stein, 'Friedrich Hebbels politisch-publizistische Beteiligung an der Wiener Revolution 1848', *MIÖGf* 99 (1991), 164.

(5) W. Häusler, *Von der Massenarmut zur Arbeiterbewegung. Demokratische und soziale Frage in der Wiener Revolution von 1848* (Vienna, 1979), 314.

(6) R. Rosdolsky, *Die Bauernabgeordneten im konstituierenden österreichischen Reichstag 1848-1849* (Vienna, 1976), 65.

(7) A. Csizmadia, *A magyar választási rendszer 1848-1849-ben* (Budapest, 1963), 326-9.

(8) *Magyarország története 1848-90*, chief ed. E. Kovács, 2 vols (Budapest, 1979), i, 147-8.

(9) パラツキーの手紙の英訳は次を見よ。*Slovanic and East European Reiew* 26 (1947-48), 303-8.

(10) Häusler, *Massenarmut*, 285.

(11) K. Marx, *Revolution and Counter-Revolution in Germany* (1971), 47-8. この記事はエンゲルスによって書かれ、マルクスの名で発表された。

(12) G. Illyés, *People of the Puszta* (Budapest, 1967; first published in 1936), 65-6.

(13) F. Potrebica, *Požeška županija za revolucije 1848-1849* (Zagreb, 1984), 118.

(14) V. Krestić, *Istorija srpske štampe u Ugarskoj 1791-1914* (Novi Sad, 1980), 73.

(15) J. C. Campbell, *French Influence and the Rise of Rumanian Nationalism* (New York, 1971), 346.

(16) E. K. Sieber, *Ludwig von Löhner. Ein Vorkämpfer des Deutschtums in Böhmen, Mähren und Schlesien im Jahre 1848-1849* (Munich, 1965), 89.

(17) R. A. Kann, *The Multi-national Empire*, 2 vols (New York, 1950), ii, 32 から

引用。

第6章　波乱の移行期、1849–67年

（1）*Metternich-Hartig. Ein Briefwechsel des Staatskanzlers aus dem Exil 1848-1851* (Vienna, 1924), 40.

（2）たとえば、次を参照。R. Austensen, 'Felix Schwarzenberg: Realpolitiker or Machiavellian? The Evidence of the Dresden Conference', *Mitteilungen des österreichischen Staatsarchivs* 30 (1977), 97-118; K. W. Rock, 'Felix Schwarzenberg, Military Diplomat', *Austrian History Yearbook* 11 (1975), 85-100; H. Rumpler, *ibid.*, 101-5（解説）。

（3）C. Wolfsgruber, *Joseph Othmar Cardinal Rauscher, Fürsterbischof von Wien* (Freiburg, 1888), 481.

（4）C. Stölzl, *Die Ära Bach in Böhmen* (Munich, 1971), 255.

（5）H. Lentze, *Die Universitätsreform des Ministers Graf Leo Thun-Hohenstein* (Vienna, 1962), 135.

（6）C. Czoernig, *Oesterreich's Neugestaltung 1848-1858* (Stuttgart, 1858), 447.

（7）J. Komlos, *The Habsburg Monarchy as a Customs Union* (Princeton, 1983), 226.

（8）*Magyarország története 1848-90*, chief ed. E. Kovács, 2 vols (Budapest, 1979), i, 532.

（9）I. Szabó, *A parasztság Magyarországon a kapitalizmus korában 1848-1918*, 2nd edn (Budapest, 1973), 144.

（10）Komlos, *Monarchy as a Customs Union*, 39-40; T. Huerta, *Economic Growth and Economic Policy in a Multi-National Setting. The Habsburg Monarchy, 1841-65* (New York, 1977), ch.2.

（11）R. Sandgruber, *Ökonomie und Politik. Österreichische Wirtschaftsgeschichte* (Vienna, 1995), 238.

（12）Komlos, *Monarchy as a Customs Union*, 234-6.

（13）H.-H. Brandt, *Der österreichische Neoabsolutismus. Staatsfinanzen und Politik 1848-60*, 2 vols (Göttingen, 1978), i, 304-14. ライナー大公の発言は314ページにある。

（14）H. von Srbik, *Deutsche Einheit*, 4 vols (Munich, 1935-42), ii, 216-31.

（15）A.J.P. Taylor, *The Struggle for Mastery in Europe, 1848-1918* (London, 1954), 61.

（16）Brandt, *Österreichischer Neoabsolutismus*, ii, 998.

（17）*Magyarország története 1848-90*, i, 490.

（18）R. Horvath, 'Kossuth's Views on Economics in his Lectures on National

Economy at London University', *Journal of European Economic History* 2 (1973), 339-54.

(19) I. Pfaff, *Česká přináležitost k Západu v letech 1815-1878* (Prague, 1996), 23; Stölzl, *Ära Bach*, 67.

(20) O. Urban, *Česká společnost 1848-1918* (Prague, 1982), 126-7.

(21) J. Prunk, *Slovenski narodni vzpon* (Ljubljana, 1992), 75-6.

(22) F. Palacký, *Oesterreichs Staatsidee* (Prague, 1866), 13.

(23) H. Rumpler, *Österreichische Geschichte 1804-1918* (Vienna, 1997), 389-90.

(24) By Gerhard Ritter, in O. Pflanze (ed.), *The Unification of Germany, 1848-1871* (Hinsdale, 1968), 103.

(25) A. J. P. Taylor, *The Habsburg Monarchy 1809-1918* (London, 1948)〔倉田稔訳『ハプスブルク帝国 1809-1918』筑摩書房〕, 76.

(26) J. Redlich, *Das österreichische Staats-und Reichsproblem*, 2 vols (Leipzig, 1920-6), i, 691-2, 699.

第7章　リベラリズム

(1) A. Ara, 'Die Haltung Italiens gegenüber der Habsburgermonarchie', in vol.6 of *Die Habsburgermonarchie 1848-1918: Im System der internationalen Beziehungen*, 2. Teilband (Vienna, 1993), 190-246 (217).

(2) B. von Bruschek-Klein, 'Ernst von Pleners Weg in die Politik', *MIÖGf* 89 (1981), 287-334 (322).

(3) Scott W. Lackey, *The Rebirth of the Habsburg Army. Friedrich Beck and the Rise of the General Staff* (Westport, 1995), 34.

(4) A. Auersperg (Anastasius Grün), *Politische Reden und Schriften* (Vienna, 1906), 150-1.

(5) W. Rudolf, 'Fürst Karl Auersperg (1814-90). Ein liberaler österreichischer Staatsmann und Politiker' (Vienna D. Phill., 1975), 44.

(6) E. Heinrich, 'Der Lehrkörper der Wiener Universität in den öffentlichen Vertretungskörpern Österreichs 1861-1918' (Vienna D. Phil., 1947), 62.

(7) A. Wandruszka, *Geschichte einer Zeitung. Das Schicksal der 'Presse' und der 'Neuen Freien Presse' von 1848 zur zweiten Republik* (Vienna, 1958), 64.

(8) W. Wadl, *Liberalismus und soziale Frage in Österreich* (Vienna, 1987), 140.

(9) Heinrich, 'Lehrkörper', 107-8.

(10) E. Suess, *Erinnerungen* (Leipzig, 1916), 157.

(11) T. Gomperz, *Essays und Erinnerungen* (Stuttgart, 1905), 126-32 (1885 memorandum); 36 (J. S. Mill).

(12) E. Stransky, 'Adolf Beer als Politiker und Historiker' (Vienna D. Phil.,

1958), 55, 59.

(13) F. Edelmayer, 'Das Natinonalitätenproblem in der liberalen Ära am Beispiel Böhmens. Der Deutschliberalismus und das böhmische Staatsrecht 1873-79' (Vienna, D. Phil., 1993), 220.

(14) Wadl, *Liberalismus und soziale Frage*, 52.

(15) L. von Przibram, *Erinnerungen eines alten Österreichers*, 2 vols (Stuttgart, 1910), i ,187.

(16) *A Magyar Tudományos Akadémia másfél évszázada 1825-1975* (Budapest, 1975), 142.

(17) T. Gottas, *Ungarn im Zeitalter des Hochliberalismus* (Vienna, 1976), 40.

(18) M. Znoj *et al.* (eds), *Český liberalizmus* (Prague, 1995), 138.

第 8 章　経済、1867－1914 年

(1) Stransky, *Beer als Politiker*, 40.

(2) *Magyarország története 1848-90*, ii, 942.

(3) *Ibid.*, ii, 922.

(4) P. Heumos, *Agrarische Interessen und nationale Politik in Böhmen, 1848-1889* (Wiesbaden, 1979), 81-2.

(5) R. L. Rudolph, *Banking and Industrialisation in Austria-Hungary* (Cambridge, 1976), 130-1.

(6) S. Kieniewicz (ed.), *Galicja w dobie autonomicznej (1850-1914). Wybór tekstów* (Wrocław, 1952), 164.

(7) R. Sandgruber, 'Die Agrarrevolution in Österreich', in A. Hoffmann (ed.), *Österreich-Ungarn als Agrarstaat* (Munich, 1978), 202; I. Berend and G. Ránki, *Hungary: A Century of Economic Development* (New York, 1974), 48.

(8)C. Cipolla (ed.), *The Fontana Economic History of Europe*, Vol.3 (Glasgow, 1973), 472.

(9)O. Jászi, *The Dissolution of the Habsburg Monarchy* (Chicago, 1929), 185-212.

(10)Sandgruber, *Ökonomie und Politik*, 179 (*Zollverein*); Hoffmann (ed.), *Österreich-Ungarn als Agrarstaat*, 201 (for 1800).

(11)Rudolph, *Banking*, 66, 96, 102-6.

第 9 章　社会と社会運動

(1) R. Musil, *The Man Without Qualities*, 3 vols (London 1953; first published in Germany, 1930)〔加藤二郎訳『特性のない男』松籟社〕, i, 33.

（2） L. Cassels, *Clash of Generations: A Habsburg Family Drama* (Newton Abbot, 1974), 30.

（3） H. Friedjung, 'Kaiser Franz Joseph I', in *Politische Aufsätze* (Stuttgart, 1919), 30.

（4） B. Hamann (ed.), *Meine liebe, gute Freundin! Die Briefe Kaiser Franz Josephs an Katharina Schratt* (Munich, 1996), overpage from 177. フランツ＝ヨーゼフは鉄道官吏の妻アンナ・ナホフスキーと 1875 年から 1889 年まで肉体関係を持った。

（5） Cassels, *Clash of Generations*, 55.

（6） *Memoirs of Michael Károlyi* (London, 1956), 15.

（7） H. Stekl and M. Wakounig, *Windisch-Graetz. Ein Fürstenhaus im 19 und 20. Jahrhundert* (Vienna, 1992), 235.

（8） Heumos, *Agrarische Interessen*, 66.

（9） F. Šišič (ed.), *Korespondencija Rački-Strossmayer*, 4 vols (Zagreb, 1928-31), iv, 21.

（10） V. Škutina, *Český šlechtic František Schwarzenberg* (Prague, 1990), 77.

（11） W. D. Bowman, 'Religious Associations and the Formation of Political Catholicism in Vienna, 1848 to the 1870s', *Austrian History Yearbook* (1996), 65-76(73).

（12） Himka, *Galician Villagers*, 138.

（13） B. Stojisavljević, *Povijest sela. Hrvatska-Slavonija-Dalmacija 1848-1918* (Zagreb, 1973), 182.

（14） *Die österreichisch-ungarische Monarchie in Wort und Bild* (Vienna, 1891), Vol. 8 (Carinthia and Carniola), 409.

（15） I. Karaman, *Jadranske studije* (Rijeka, 1992), 126.

（16） J. Buszko, *Dzieje ruchu robotniczego w Galicji Zachodniej 1848-1918* (Cracow, 1986), 89.

（17） I. Barea, *Vienna* (London, 1966), 341.

（18） A. G. Ardelt, 'Viktor Adler vor Gericht', in K. R. Stadler (ed.), *Sozialistenprozesse. Politische Justiz in Österreich 1870-1936* (Vienna, 1986), 99.

（19） K. M. Lienhart-Schmidlecher, 'Prozesse in der Steinermark 1875-89', in Stadler, *ibid.*, 78.

（20） H. Mommsen, *Die Sozialdemokratie und die Nationalitätenfrage im habsburgischen Vielvölkerstaat* (Vienna, 1963), 153.

（21） H. Pepper, 'Die frühe österreichische Sozialdemokratie und die Anfänge der Arbeiterkultur', in W. Maderthaner (ed.), *Sozialdemokratie und Habsburgerstaat* (Vienna, 1988), 93.

（22） Cassels, *Clash of Generations*, 123.

（23） A. von Czedik, *Zur Geschichte der k. k. österreichischen Ministerien 1861-*

1916, 4 vols (Teschen, 1917-20), i, 340.
(24) Urban, *Česká společnost*, 379.
(25) Heumos, *Agrarische Interessen*, 187.
(26) 1883年に書かれたルドルフの未公開の文章。B. Hamann(ed.), *Kronprinz Rudolf. Schriften* (Vienna, 1979), 84.
(27) 1895年7月のメモ。次に所収。W. Rauscher, *Aussenpolitik zwischen Österreich-Ungarn und dem Deutschen Reich unter besonderer Berücksichtgung der slawischen Reichsratsabgeordneten (1887-95)* (Vienna D. Phil., 1988), Appendix, 19.
(28) W. Koči, 'Das Leben des kleinen Mannes im Spiegel der Annoncen der Neuen Freien Presse des Jahres 1909' (Vienna D. Phil., 1983), 2.

第10章　ナショナリズム

(1) *Památník na oslavu padesátiletého panovnického jubileu jeho veličanstva a krále Františka Josefa I* (Prague, 1898), II.
(2) W. Bahner, 'Das Sprach- und Geschichtsbewusstsein in der Rumänischen Literatur von 1780-1880', *Sitzungsberichte der Deutschen Akademie der Wissenschaften zu Berlin. Klasse für Literature und Kunst*, Jahrgang 67 (1967), 52.
(3) S. Z. Pech, 'F. L. Rieger: The Road from Liberalism to Conservatism', *Journal of Central European Affairs* 17 (1957-8), 21.
(4) J. Šlebinger, *Slovenska bibliografija za let 1907-12* (Ljubljana, 1913) より算出。
(5) J. Chlebowczyk, *On Small and Young Nations in Europe* (Wrocław, 1980), 38.
(6) J. Pleterski, 'Die Slowenen', in A. Wandruszka and P. Urbanitsch (eds.), *Die Habsburgermonarchie. Band III. Die Völker des Reiches* (Vienna, 1980), 801-38.
(7) F. Palacký, *Oesterreichs Staatsidee* (Prague, 1866), 16.
(8) H. Kohn, *The Idea of Nationalism* (New York, 1944), 575.
(9) C. Lammich, *Das deutsche Osteuropabild in der Zeit der Reichsgründung* (Boppard am Rhein, 1977), 39, 41 から引用。
(10) A. Springer, *Geschichte Oesterreichs seit dem Wiener Frieden 1809*, 2 vols (Vienna, 1863-65), ii, 8.
(11) J. Rak, *Bývali Čechové* (Prague, 1994), 99.
(12) P. Selver, *A Century of Czech and Slovak Poetry* (Prague, n.d.), 113-15.
(13) Šišič, *Korespondencija*, i, 42 (helotisation); iii, 220 (Magyars, 1886).
(14) *Narodni List* (Zadar), 20 April 1889.
(15) 教育雑誌 *Napredak* 10 (1869), 269 にある。
(16) Himka, *Galician Villagers*, 69.
(17) J. Gruchała, *Rząd austriacki i polskie stronnictwo polityczne w Galicji wobec*

'kwestii ukraińskiej' (1890–1914) (Katowice, 1988), 48.
(18) M. Artuković, *Ideologija srpsko-hrvatskih sporova (Srbobran 1884-1902)* (Zagreb, 1991), 150-62, 241-3.
(19) B. Schmid-Egger, *Klerus und Politik in Böhmen um 1900* (Munich, 1974), 54.
(20) K. Verdery, *Transylvanian Villagers* (Berkeley, 1983), 209.
(21) アラウポヴィッチ視察官の報告書は以下に所蔵。Bosnian State Archives, Joint Finance Ministry records, Pr BH 705/1914.
(22) B. Milanović, 'Biskup Dobrila i njegovo doba', in J. Ravlić, *Hrvatski narodni preporod u Dalmaciji i Istri* (Zadar, 1969), 351-402(361-2).
(23) Musil, *Man Without Qualities*, i, 33.
(24) L. Gumplowicz, *Der Rassenkampf. Soziologische Untersuchungen* (Innsbruck, 1883), *passim*, partic. 22, 263, 345.
(25) *Narodni List*, 1890, no.89.
(26) B. Graver, *The Young Czech Party 1847-1901* (New Haven, 1978), 146.
(27) L. Höbelt, *Kornblume und Kaiseradler. Die deutschfreiheitlichen Parteien Altösterreichs 1882-1918* (Vienna, 1993), 161.
(28) O. Bauer, *Die Nationalitätenfrage und die Sozialdemokratie* (Vienna, 1907), 452.

第11章　ハンガリー

(1) 統計の方法が異なるため、本章では特記しないかぎりは、本章で扱うハンガリーの統計数値にはクロアチアは含まれない。
(2) スロヴァキアの都市については次を参照。L. Szarka, 'Magyarosodás és magyarosítás a felső-magyarországi szlovák régióban a kiegyezés korában, in E.Somogyi (ed.), *Polgárosodás Közép-Európában* (Budapest, 1991), 36-47. 他の数字は次から引用。*Magyarország története*, vols for 1848-90 and 1890-1918.
(3) A. Apponyi, 'The Hungarian Constitution', in P. Alden (ed.), *Hungary of To-day* (London, 1909), 103-208(132); J. Andrássy, *The Development of Hungarian Constitutional Liberty* (London, 1908), 165.
(4) Alden, *Hungary of To-day*, 140-1.
(5) G. Vermes, *István Tisza* (New York, 1985), 26.
(6) Gy. Szekfű, *Három nemzedék*, 5th edn (Budapest, 1938), 214-23.
(7) Vermes, *Tisza*, 24.
(8) *Magyarország története 1890-1918*, chief ed. P. Hanák, 2 vols (Budapest, 1988), i, 525.
(9) I. Tisza, *A helyzetről* (Budapest, 1905), 8.

（10）A. Gerő, *Modern Hungarian Society in the Making* (Budapest, 1993), 111, 134.

（11）N. Petrović (ed.), *Svetozar Miletić i Narodna stranka. Gradja*, 2 vols (Sremski Karlovci, 1968-69), i. 593.

（12）O. Jászi, *The Dissolution of the Habsburg Monarchy* (Chicago, 1964, 1st edn, 1929), 446.

（13）G . Kemény (ed.), *Iratok a nemzetiségi kérdés történetéhez Magyarországon a dualizmus korában*, Vol. 4 (Budapest, 1966), 29.

（14）I. Schlett, *A szociáldemokrácia és a magyar társadalom 1914-ig* (Budapest, 1982), 5.

（15）Verdery, *Transylvanian Villagers*, 263; G. Illyés, *People of the Puszta* (Budapest, 1967; first published 1936), 15.

（16）Verdery, *Transylvanian Villagers*, 215.

（17）A. György, 'The State and Agriculture', in Alden, *Hungary of To-day*, 259-84(272).

（18）Endre Ady, *The Explosive Century. Selected Articles*, ed. G. Cushing (Budapest, 1977), 50.

（19）*Dejiny Slovenska*, Vol.4 (Bratislava, 1986), 250.

第12章　20世紀初頭のオーストリア＝ハンガリー

（1）B. Zaar, 'Frauen un Politik in Österreich, 1890-1934', in D. F. Good *et al.* (eds.), *Frauen in Österreich* (Vienna, 1994), 53.

（2）K. Renner, *An der Wende zweiter Zeiten* (Vienna, 1946), 243 (nature), 218 ('modern heroism').

（3）*Memoirs of Alexander Spitzmüller*, tr. C. de Bussy (Boulder, 1987), 137.

（4）J. W. Boyer, *Cultural and Political Crisis in Vienna. Christian Socialism in Power 1897-1918* (Chicago, 1995), 318.

（5）R. Wistrich, *Socialism and the Jews. Dilemmas of Assimilation in Germany and Austria-Hungary* (London, 1982), 217.

（6）H. Anderson, *Utopian Feminism. Women's Movements in Fin-de-Siècle Vienna* (New Haven, 1992), 21.

（7）F. Höglinger, *Ministerpräsident Heinrich Graf Clam-Martinic* (Graz, 1964), 30.

（8）J. C. Allmayer-Beck, *Ministerpräsident Baron Beck* (Vienna, 1956) , 163.

（9）Höbelt, *Kornblume*, 359.

（10）G. A. von Geyr, *Sándor Wekerle, 1848-1921* (Munich, 1993), 326.

（11）J. Lukacs, *Budapest 1900* (London, 1989)〔早稲田みか訳『ブダペストの世紀末』白水社〕, 200.

(12) I. Banac, 'Croat-Magyar Relations, 1904-14', *Slovene Studies* (1987), 43-8; J. Bajza, *A horvát kérdés*, ed. T. László (Budapest, 1941), 65.
(13) G. Schödl, *Kroatische Nationalpolitik und 'Jugoslavenstvo'* (Munich, 1990), 289.
(14) F. R. Bridge, *From Sadowa to Sarajevo. The Foreign Policy of Austria-Hungary, 1866-1914* (London, 1972), 425.
(15) P. Palavestra, *Književnost Mlade Bosne*, 2 vols (Sarajevo, 1965), i, 201 (bookseller); V. Dedijer, *The Road to Sarajevo* (Manchester, 1967), 211 (Princip quotation).
(16) R. A. Kann, 'Count Ottokar Czernin and Archduke Francis Ferdinand', *Journal of Central European Affairs* 16 (1956-57), 117-45 (131).

第13章　世界大戦へ、そして崩壊

(1) Lukacs, *Budapest 1990*, 186.
(2) S. R. Williamson, *Austria-Hungary and the Origins of the First World War* (London, 1991), 12.
(3) J. Bérenger, ' Die Österreichpolitik Frankreichs von 1848 bis 1918', in Vol.6 of *Die Habsburgermonarchie 1848-1918: Im System der internationalen Beziehungen*. 2. Teilband (Vienna, 1993), 491-538(491).
(4) E. Rutkowski, 'Gustav Graf Kálnoky von Köröspatak: österreichisch-ungarische Aussenpolitik von 1881-85' (Vienna D. Phil., 1958), 304.
(5) I. Diószegi, 'Az osztrák-magyar monarchia külpolitikája', in I. Diószegi, *Hazánk és Europa* (Budapest, 1970), 246-354.
(6) Rutkowski, *Kálnoky*, 551.
(7) F. Hauptmann (ed.), *Dr Ludwig Thallóczy-Tagebücher, 23/6/14-31/12/1914* (Graz, 1981), 38.
(8) A. J. May, *The Passing of the Habsburg Monarchy 1914-1918*, 2 vols (Philadelphia, 1966), i, 288; J. Galántai, *Hungary in the First World War* (Budapest, 1989), 65.
(9) Galántai, *ibid.*, 69.
(10) H. C. Meyer, *'Mitteleuropa' in German Thought and Action, 1815-1945* (The Hague, 1955), 213.
(11) Urban, *Česká společnost*, 583.
(12) Höglinger, *Clam-Martinic*, 187-8.
(13) H. L. Rees, *The Czechs during World War I* (Boulder, 1992), 102-3.
(14) これらの人的損害の数は以下を参照。I. Deák, *Beyond Nationalism. The Social and Political History of the Habsburg Officer Corps 1848-1918* (OUP,

1992), 105-6.

(15) Rees, *Czechs during World War I* , 120.

(16) R. J. Wegs, *Die österreichische Kriegswirtschaft 1914-1918* (Vienna, 1979), 126.

(17) Musil, *Man without Qualities*, i, 32.

(18) Redlich, *Staats-und Reichsproblem*, i, XIII,VI.

(19) J. Radzyna, *Stanisław Madeyski 1841-1910* (Vienna, 1983), 203, 268.

(20) G. Gratz and R. Schüller, *Der wirtschaftliche Zusammenbruch Österreich-Ungarns* (New Haven, 1930), 204.

文献案内

この文献一覧では、手に負えないほどの網羅性と、英語圏の学生に対する簡単な紹介の中間を行こうと思う。ここでは英語の文献を主に列挙していくが、昨今では、かつてドイツ語が広く使われていた本書の対象地域の学生や研究者も、英語を第二言語として徐々に用いるようになっているため、英語の文献がない主題に関しては、ドイツ語の文献を多く挙げたし、必要に応じて君主国の他の諸言語によるものも提示した。いずれにせよ、ここでは、細かい主題を扱ったものよりも、歴史叙述の全般的な傾向を示すよう心がけた。

文献の選択は、本書で扱った主題に従っている。ただ、脚注にあげた文献のすべてを入れているわけではない。前掲のあとの括弧には、前掲（**全般**）のように、すでに言及した章を明記した。

略表記

AHR	*American Historical Review*
AHYB	*Austrian History Yearbook*
JCEA	*Journal of Central European Affairs*
JEcH	*Journal of Economic History*
JMH	*Journal of Modern History*
MIÖGf	*Mitteilungen des Instituts für Österreichische Geschichitsforschung*
MÖSA	*Mitteilungen des Mitteilungen des Österreichischen Staatsarchivs*
SEER	*Slavonic and East European Review*

全般

1945年以降のハプスブルク史研究文献一覧としては、ドイツ語文献に偏ったものだが、M. Uhlirz (ed.), *Handbuch der Geschichte Österreichs*, 4 vols (2nd edn, Graz, 1963) が最良だ。個別の主題に関する文献一覧は、アメリカでの研究が中心の *Austrian History Yearbook* 各巻に掲載されているほか、*Historische Zeitschrift* 別冊 1 (1962) と 9 (1980) がハンガリー、3 (1969) がスロヴァキアとユーゴスラヴィア、4 (1970) がチェコ諸邦、5 (1973) がポーランドを取り上げている。西欧諸語による論文が掲載される次の雑誌も参考になるだろう。*Acta Historica*（ハンガリー）、*Historica*（チェコ）、*Acta Poloniae Historica*（ポーランド）、*Revue Roumaine d'Histoire*（ルーマニア）、

Slovene Studies（スロヴェニア）。イギリスでの研究を中心とした年刊誌 *Austrian Studies* は、文学と歴史学に関する論文を掲載している。また、1818年以降に出版された書籍やパンフレットの一覧と解説は F. R. Bridge, ed. *The Habsburg Monarchy 1804-1918* (London, 1967)。

君主国の後期の歴史を扱った概説は驚くほど少ないのが現状だ。英語では、C. A. Macartney, *The Habsburg Empire 1790-1918* (London, 1968) がもっとも内容豊かで、文献案内としてもすぐれている。A. J. P. Taylor, *The Habsburg Monarchy 1809-1918*〔倉田稔訳『ハプスブルク帝国1809-1918：オーストリア帝国とオーストリア＝ハンガリーの歴史』筑摩書房、1987年〕は、概説としては50万語と若干大部だが、もっとも刺激的な政治分析となっている。社会学の観点から書かれた Oscar Jászi, *The Dissolution of the Habsburg Monarchy* (Chicago, 1929) は、概念的な分析に意欲的に取り組んでいる。それに対して、Robert Kann, *A History of the Habsburg Empire, 1526-1918* (Berkeley, 1974) と、同著者の *The Peoples of the Eastern Habsburg Lands, 1526-1918* (Seattle, 1984)、Macartney の 前掲書の短縮版である *The House of Austria* (Edinburgh, 1978) は、叙述を楽しむものというよりも、情報源として有益である。A. Sked, *The Decline and Fall of the Habsburg Empire 1815-1918* (London, 1989)〔鈴木淑美、別宮貞徳訳『図説ハプスブルク帝国衰亡史：千年王国の光と影』原書房、1996年〕は、書名が示唆するほど網羅的ではないが、外交政策に関して示唆的な記述がある。フランスでの研究を代表する二人の歴史家の著書は、以下のものが英語に翻訳されている。V.-L. Tapié, *The Rise and Fall of the Habsburg Monarchy* (tr. London, 1971) は、J. Bérenger, *A History of the Habsburg Empire, 1700-1918* (tr. London, 1997) より出版が古いが、私はむしろ前者を高く評価している。N. Pelling, *The Habsburg Empire 1815-1918* (London, 1996) は、簡潔な教科書である。ドイツ語での研究は、当然のことながら、1918年以降オーストリア共和国領となる地域を中心に扱っている。研究の概要を知るには二つのシリーズに目を通すことが必要だ。権威ある *Die Habsburgermonarchie, 1848-1918*, eds. P. Urbanitsch and A. Wandruszka (Vienna, 1973-) は、君主国全域を対象としており、経済、行政、国民、宗教、軍事、外交に関する6巻が刊行されている。もうひとつのシリーズ、*Österreichische Geschichte*, ed. H. Wolfram で本書と関連するものとしては、1699-1806年の期間を扱った G. Klingenstein (1998)、1804-1918年を扱った H. Rumpler (1997)、それから、社会経済史を主題とした R. Sandgruber (1995) を挙げておこう。

各国史では、英語で読めるものではハンガリー史がもっとも豊富にある。簡略史としては C.A. Macartney, *Hungary: A Short History* (Edinburgh, 1962)、マルクス主義の視点から書かれたものとしては E. Pamlényi (ed.), *A History of Hungary* (London, 1975)〔田代文雄、鹿島正裕共訳『ハンガリ

ー史』恒文社、1980年〕、非マルクス主義的な観点からのものでは P. F. Suger (ed.), *A History of Hungary* (London, 1990) がある。政治史に関しては、Suger が詳しい。チェコ史は、英語での通史が最近は書かれていないため、少々古いが A. Hermann, *A History of the Czechs* (London, 1975) と、W. V. Wallace, *Czechoslovakia* (Boulder, 1976) の序章を利用するのがよいだろう。古典的なものとしては、E. Denis, *La Bohême depuis la Montagne-Blanche*, 2 vols (Paris, 1903) が、チェコ国民運動に関してまだ有益だ。*Bohemia*, ed. M. Teich (Cambridge, 1998) は、魅力的な新しい観点を提供しているが、全体像はまだ見えてこない。ハプスブルク君主国の領邦としてのガリツィアについては、P. Wandycz, *The Lands of Partitioned Poland, 1795-1918* (Seattle, London, 1974) が有益だ。ガリツィアに関しては、P. R. Magocsi, *Galicia. A Historical Survey and Bibliographical Guide* (Toronto, 1983) もある。小規模諸国民を扱ったものでは、スロヴァキアについて、S. J. Kirschbaum, *A History of Slovakia* (New York, 1995) 、クロアチアについて、M. Tanner, *Croatia. A Nation Forged in War* (New Haven, London, 1997) と S. Goldstein, *Croatia. A History* (London, 1999) がある。君主国のすべての国民について章ごとに論じているものとしては、*Austrian History Yearbook* (3 parts, 1967) の第3巻と、上述の *Die Habsburgermonarchie* の第3巻 (1980) がある。最後に、係争地域トランシルヴァニアについては、ハンガリー側およびルーマニア側の視点から書かれたものが、それぞれ英語で出版されている。G. Barta (ed.), *History of Transylvania* (Budapest, 1994); S. Pascu, *A History of Transylvania* (Detroit, 1982).

第1章　ハプスブルク君主国の基礎

〈ハプスブルク社会〉

簡潔で射程の広い入門書としては C. Ingrao, *The Habsburg Monarchy 1618-1815* (Cambridge, 1994) を挙げておこう。専門家にとって欠かせないものとしては、P. G. M. Dickson, *Finance and Government under Maria Theresa 1740-80*, 2 vols (Oxford, 1987) がある。「宮廷中心社会」の概念については、E. Bruckmüller の秀逸な研究 *Sozialgeschichte Österreichs* (Vienna, 1985) が本書の対象時代を扱っており、R.J.W. Evans, *The Making of the Habsburg Monarchy 1550-1700* (Oxford, 1979) もある。ハンガリー国制史の詳述としては、H. Marczali, *Hungary in the Eighteenth Century* (Cambridge, 1910) がまだ有益だが、最近の研究成果としては L. Péter, 'Montesquieu's Paradox on Freedom and Hungary's Constitution, 1790-1990', *History of Political Thought*, Spring 1995, 77-104 を挙げることができる。W.D. Callahan (ed.), *Church and State in Catholic Europe of the Eighteenth Century* (Cambridge, 1977)

に収められているJ. BérengerとB. L. Királyの論文は、それぞれ、オーストリアとハンガリーの教会について論じている。軍隊に関しては、C. Duffy, *The Army of Maria Theresa* (London, 1977)がある。代表的な官位貴族一族に関しては、政治史の観点からはR. Gates Coon, *The Landed Estates of the Esterházy Princes* (Baltimore, 1994)、文化史の観点からはM. Horányi, *The Magnificence of Esterháza* (tr. Budapest, 1962)が論じている。

土地制度と社会秩序については、豊富な研究蓄積があるが、なかでもR. Rosdolskyの諸研究がとくに明快である。'The distribution of the agrarian product in feudalism', *JEcH*2 (1951), 247-65; 'On the nature of peasant serfdom in Central and Eastern Europe', *JCEA* 12 (1952-3), 128-39。オーストリアの生活水準については、前掲のBruckmüller, *Sozialgeschichte*のほか、非常に冒険的な論を展開しているものとして、J. Komlos, *Nutrition and Economic Development in the Eighteenth-Century Habsburg Monarchy* (Princeton, 1989)、18-19世紀の消費行動を通観したものとして、R. Sandgruber, *Die Anfänge der Konsumgesellschaft* (Vienna, 1982)がある。上オーストリアの農民・領主関係を扱ったG.G. Grüll, *Bauer, Herr und Landesfürst: Soziale Bestrebungen der oberösterreichischen Bauern, 1650-1850* (Linz, 1963)と、労働者住宅を扱ったH. Stekl, *Österreichische Zuchts-und Arbeitshäuser 1671-1920* (Vienna, 1978)の貧困対策に関する箇所は、社会史のモノグラフとして卓越したものである。ハンガリーの社会経済史研究では、大所領経営に関するJ. Kallay, 'The Management of Big Estates in Hungary, 1711-1848', *AHYB* 21 (1985), 339-62、農業生産性に関するZ. Kirilly *et al.*, 'Production et productivité agricoles en Hongrie à l'époque du féodalisme tardif (1550-1850)', *Nouvelles études historiques publiées à l'occasion du XII Congrès International des Sciences Historiques*, vol.1 (1965), 581-638、文化に関するD. Kosary, Culture and Society in Eighteenth-Century Hungary (Budapest, 1987)がある。ハンガリーの民族誌研究では、G. OrtutayとT. Bodrogiが編集した*Europa et Hungaria* (Budapest, 1963)を挙げておこう。一八世紀初頭のクロアチアについて、私が全面的に依拠したのはCatherine Simpson, *Pavao Ritter Vitezović: defining national identity in the Baroque Age* (Cambridge D. Phil., 1991)である。

〈啓蒙〉

非常に読みごたえのある入門書としてはE. Wangermann, *The Austrian Achievement 1700-1800* (London, 1973)がある。社会経済改革については、英語でも豊富に研究がある。特にボヘミアに関しては、土地制度についてE. Link, *The Emancipation of the Austrian Peasant, 1740-98* (New York, 1949)とW. E. Wright, *Serf, Seigneur and Sovereign: Agrarian Reform in Eighteenth-Century Bohemia* (Minnesota, 1966)、マニュファクチュアについては、H. Freudenbergerとチェコ人経済史家A. Klimaの研究を挙げておこう。たと

えば、H. Freudenberger, 'Industrialisation in Bohemia and Moravia in the eighteenth century', *JCEA* 19 (1959), 347-56、*The Industrialisation of an East Central European City: Brno and the Fine Woollen Industry in the 18th Century* (Edington, Wiltshire, 1977)、A. Klima, 'Domestic Industry, Manufactures and Early Industrialisation in Bohemia', *JEcH* (1985), 509-27、Industrial Development in Bohemia 1640-1781,' *Past and Present*, no. 11 (1956-7), 57-97。ドイツ語のものでは、論文集を二つ挙げておこう。R. Plaschka *et al.*, *Österreich im Europa der Aufklärung*, 2 vols (Vienna, 1985) と E. Zöllner (ed.), *Österreich im Zeitalter des aufgeklärten Absolutismus* (Vienna, 1983) はとくに広い射程をもっている。

啓蒙期の国政については、F. A. Szabo, *Kaunitz and Enlightened Absolutism, 1753-1780* (Columbia UP, 1994)、R.A. Kann, *Studies in Austrian Intellectual History*, part 3 (London, 1960: for Sonnenfels)、K.-H. Osterloh, *Joseph von Sonnenfels und die österreichische Reformbewegung* (Lübeck, 1970) がある。ヨーゼフ二世を扱った D. Beales, *Joseph II. I. In the Shadow of Maria Theresa, 1741-1780* (Cambridge, 1987) は、マリア゠テレジアについての最新の伝記としても読むことができる。女帝については E. Crankshaw, *Maria Theresa* (London, 1969) が詳しい。また、東方問題を扱った K. A. Roider Jr, *Austria's Eastern Question 1700-1790* (Princeton, 1982) も参照したい。啓蒙のプロジェクトについて興味深い分析を行っているものとして、たとえば J. Van Horn Melton, *Absolutism and Eighteenth-Century Origins of Compulsory Schooling in Prussia and Austria* (Cambridge, 1988) と、H.E. Strakosch の素晴らしい研究 *State Absolutism and the Rule of Law. The Struggle for the Codification of Civil Law in Austria, 1753-1811* (Sidney, 1966) が挙げられる。啓蒙主義の宗教問題については、英語ではほとんど研究が発表されていないため、E. Winter, *Der Josephinismus. Die Geschichte des österreichischen Reformkatholizismus 1740-1848* (Berlin, 1962) を手始めに、ドイツ語の大部な文献を列挙しておこう。F. Maass, *Der Josephinismus. Quellen zu seiner Geschichte*, 5 vols (Vienna, 1951-61) は史料集だが、長文の序説も付されている。Maass の宗教改革政策に対するカトリック教会による批判に関する簡便な総説としては H. Rieser, *Der Geist des Josephinismus* (Vienna, 1963) がある。その後の研究を総括したものとしては E. Kovács (ed.), *Katholische Aufklärung und Josephinismus* (Munich, 1979) がある。また、兵制については H. Wunder, 'Die Institutionalisierung der Invaliden-, Alters- und Hinterbliebenenversorgung der Staatsbediensteten Österreich (1748-90)', *MIÖGf* 92, (1984), 341-406 を見よ。

第2章　ヨーゼフ二世とその遺産

前章で挙げた文献は本章にも引き続き関連してくる。ヨーゼフ二世期に関するもっとも網羅的な研究としては、P. Mitrofanov, *Joseph II. Seine politische und kulturelle Tätigkeit*, 2 vols (tr. Vienna, 1912; Russian edn, 1910) がいまだ有効だ。ヨーゼフ二世の刺激的な伝記としては、三点ほど挙げておこう。F. Fejtö, *Joseph II*、S. K. Padover, *The Revolutionary Emperor. Joseph II of Austria* (2nd edn, London, 1967)、ドイツ語では V. Bibl, *Kaiser Joseph II. Ein Vorkämpfer der grossdeutschen Idee* (Vienna, 1943)。最近の研究の簡潔な総括となっているのは P. B. Bernard, *Joseph II* (New York, 1968) と、短い解説と史料からなる T. C W. Blanning, *Joseph II and Enlightened Despotism in Austria* (London, 1970)、D. Beales, 'Was Joseph II an Enlightened Despot?', in R. Robertson and E. Timms (eds), *The Austrian Enlightenment and its Aftermath* (Edinburgh, 1991), 1-21 がある。Bernard, *The Limits of Enlightenment. Joseph II and the Law* (Urbana, 1979) は、ヨーゼフ二世を批判的に検討している。同著者の著作では、ほかに、イエズス会とジャコバンを扱った *Jesuits and Jacobins. Enlightenment and Enlightened Despotism in Austria* (Urbana, 1971)、警察長官ペルゲンの伝記 *From the Enlightenment to the Police State. The Public Life of Johann Christian Pergen* (Urbana, 1991) も挙げておこう。Wangermann, *From Joseph II to the Jacobin Trials* (Oxford, 1959) も特筆に値する。検閲制度については、O. Sashegyi, *Zensur und Geistesfreiheit unter Joseph II* (Budapest, 1958) がある。宗教に関して網羅的な研究としては、C. C. O'Brien, *Ideas of Religious Toleration in the time of Joseph II* (Philadelphia, 1969) と、H. Hollerweger, *Die Reform des Gottesdienstes zur Zeit des Josephinismus in Österreich* (Regensburg, 1976) がある。両書ともマリア＝テレジア期も扱っている。Maass, *Josephinismus* (1) の第三巻もこの主題を扱っている。1789年の租税法に関しては、R. Rosdolsky, *Die grosse Steuer-und Agrarreform Josefs II* (Warsaw, 1961) が必須である。

トルコ戦争については、K. A. Roider Jr, 'Kaunitz, Joseph II and the Turkish War', *Slavic Review*, 54 (1976), 538-56 (これは、カウニッツがヨーゼフより好戦的だったとの解釈を提示している) と、P. B. Bernard, 'Austria's Last Turkish War', *AHYB*, 19-20 (1983-84), 15-32 を挙げておく。ヨーゼフ改革に対するハンガリーの反応については、簡潔な研究としては H. Haselsteiner, *Joseph II und die Komitate Ungarns* (Vienna, 1983) があるが、ハンガリー啓蒙についてより詳細に論じているものとしては、B. Király, *Hungary in the Late Eighteenth Century* (New York, 1969) や B. C. Ives, *Enlightenment and National Revival ... in Late Eighteenth-Century Hungary* (London, 1979) が有益である。ヨーゼフに対するその他の諸邦の反応に関しては、ボヘミアについては R. Kerner, *Bohemia in the Eighteenth Century*

(New York, 1932, reprinted 1969)、ネーデルラントについてはW. W. Davis, *Joseph II. Imperial Reformer for the Austrian Netherlands* (The Hague, 1974)、トランシルヴァニアのルーマニア人についてはK. Hitchins, *The Rumanian National Movement in Transylvania, 1780-1849* (Cambridge, Mass., 1969)、ガリツィアについてはH. Glassl, *Das österreichische Einrichtungswerk in Galizien (1772-1790)* (Wiesbaden, 1975)がある。前掲Kernerは1790-92年のボヘミア領邦議会に特化して議論している。チェコ語話者の反応については、チェコ語による研究も参照する必要があるため、二点だけ挙げておく。F. Kutnar, *Sociálně myšlenková tvářnost obrozenského lidu* (Prague, 1948)、J. Haubelt, *České osvícenství* (Prague, 1986)。レオポルト二世についての基本書は、A. Wandruszka, *Leopold II*, 2 vols (Vienna, 1963-65)のほか、前掲のWangermann, *From Joseph II* も英語でレオポルトの諸計画の概要を提供している。革命派サークルについては、この分野の第一人者H. Reinalterが簡潔にまとめた *Österreich und die Französische Revolution* (Vienna, 1988)が有益だ。

第3章　メッテルニヒのオーストリア

フランス革命・ナポレオン戦争期の主題については、K.A. Roider Jr, *Baron Thugut and Austria's Response to the French Revolution* (Princeton, 1987)、P. R. Sweet, *Friedrich von Gentz: Defender of the Old Order* (Westport, Connecticut, 1941)のほか、古いものだが当該期全般を扱った英語の研究としては次のものが唯一である。W. C. Langsam, *The Napoleonic Wars and German Nationalism in Austria* (New York, 1930)。そのほか、D. Kosary, *Napoléon et la Hongrie* (Budapest, 1979)と、A. Ernstberger, *Böhmens freiwilliger Kriegseinsatz gegen Napoleon* (Munich, 1963)も有益だ。カール大公については、G. E. Rothenberg, *Napoleon's Great Adversary: the Archduke Charles and the Austrian Army* (Bloomington, 1982)がある。

メッテルニヒの伝記は、H. Srbik, *Metternich: der Staatsmann und der Mensch*, 2 vols (Munich, 1925)以来、大部の研究は現れていない。Srbikの有名なこの著作は、メッテルニヒに対して寛大な評価を下している。英語では、G. A. de Bertier de Sauvigny, *Metternich and his Times* (London, 1962)と、A. Palmer, *Metternich* (London, 1972)がもっとも有益だと思える。メッテルニヒの外交政策に関しては、ウィーン体制についてはH. Kissinger, *A World Restored. Europe after Napoleon* (New York, 1964)、そのほか、P. Schroeder, *Metternich's Diplomacy at its Zenith 1820-23* (Austin, 1962)がある。E. Kraehe, *Metternich and the German Question* (Princeton, 1963)は、1814年までの叙述は有益だが、1815年を扱う第2巻は詳細にすぎるきらいがある。

また、R. D. Billinger, *Metternich and the German Question: States' Rights and Federal Diets, 1820-34* (London, 1991) も挙げておこう。メッテルニヒの国内政策については、若干誇張しすぎの記述があるが、A. J. Haas, Metternich, *Reorganisation and Nationality, 1813-18* (Wiesbaden, 1963) を挙げるべきだろう。そのほか、D. E. Emerson, *Metternich and the Political Police: Society and Subversion in the Habsburg Monarchy, 1815-30* (The Hague, 1968)、E. Radvany, *Metternich's Proposals for Reform in Austria* (The Hague, 1971)、これより明快な論調のものとしては、R. W. Seton-Watson の講義要旨 'Metternich and internal Austrian policy' in *SEER* 17 (1938-9), 539-55, and 18 (1939-40), 129-41 がある。ドイツ語のモノグラフ F. T. Hoefer, *Pressepolitik und Polizeistaat Metternichs* (Munich, 1983)、G. Seide, *Regierungspolitik und öffentliche Meinung im Kaisertum Österreich anlässlich der polnischen Novemberrevolution* (Munich, 1971) も有益である。

社会経済史の諸テーマについては、R. Sandgruber, *Ökonomie und Politik* (Vienna, 1995) や、*Magyarország története 1790-1848*, chief ed. Gy. Mérei, 2 vols (Budapest, 1980) の当該章など、英語以外の研究の水準が高い。ただ、前掲（**全般**）Macartney も示唆的である。概説としては D. F. Good, *The Economic Rise of the Habsburg Monarchy, 1750-1914* (Berkeley, 1975) が卓越している。初期工業化について新しい視角を提示しているものとしては、N. T. Gross, 'Industrial Revolution in the Habsburg Monarchy', in C. Cipolla (ed.), *Fontana Economic History of Europe*, Vol.4, part 1 (London, 1973) と、R. Rudolph, 'The Pattern of Austrian Industrial Growth from the Eighteenth Century to the Early Twentieth Century', *AHYB* 11, 1975, 3-25 がある。この主題では、英語圏の研究が理論を提供し、ドイツ語圏の研究では詳細を記述的に提示するという傾向がある。ドイツ語による研究としては、F. Tremel, *Wirtschafts- und Sozialgeschichte Österreichs* (Vienna, 1969) や、産業家・銀行家 30 人の伝記を掲載する J. Mentschl and G. Otruba, *Österreichische Industrielle und Bankiers* (Vienna, 1965) を挙げておく。チェコ諸邦については、B. Michel, 'La révolution industrielle dans les pays tchèques au dix-neuvieme siècle', *Annales* 20 (1965), 984-1005 と、題名は無味乾燥だが A. Klima, 'The Beginnings of the Machine-Building Industry in the Czech Lands', *JEcH* 4 (1975), 49-78 が生き生きとした叙述を展開している。それよりは叙述の魅力には劣るが、J. Purš, 'The industrial revolution in the Czech lands', *Historica*, 2 (1960), 183-272 も挙げておこう。J. Blum, 'Transportation and Industry in Austria, 1815-48', *JMH* (1943), 24-38 は、前二者の中間といったところか。

農村に関しては、J. Blum, *Noble Landowners and Agriculture in Austria, 1815-48* (Baltimore, 1948) が優れている。個別研究では、シュヴァルツェンベルク家とロプコヴィッツ家に関する H. Stekl, *Österreichische Aristokratie im Vormärz* (Vienna, 1973)、ボヘミア大貴族の世界観に関する C. Thienen-

Adlerflycht, *Graf Leo Thun im Vormärz* (Graz, 1967) が特筆すべき研究だ。研究蓄積の大きいハンガリーについては、B. Ivanyi, 'From feudalism to capitalism: the economic background of Széchenyi's reform in Hungary', *JCEA* 20-21 (1960-61), 268-88、Gy. Mérei, 'L'essor de l'agriculture capitaliste en Hongrie', *Revue d'histoire moderne et contemporaine* (1964), 51-64、J. Varga, *Typen und Probleme des bäuerlichen Grundbesitzes in Ungarn (1767-1849)* (Budapest, 1963) が、ハンガリー語を読むことができない読者にとって有益だ。チェコ諸邦の農村は若干近づきにくい主題だと言える。いくつか挙げるならば、F. A. Brauner, *Böhmische Bauernzustände* (Vienna, 1847) の解説、農業改良の開拓者に関する M. Michálek (ed.), *Zemědělští buditelé* (Prague, 1937) を推薦する。ガリツィアについては、S. Kieniewicz, *The Emancipation of the Polish Peasantry* (Chicago, 1969) と、J.-P. Himka の雄弁な著作 *Galician Villagers and the Ukrainian National Movement in the Nineteenth Century* (Edmonton, 1988) がある。

文化については、I. Barea, *Vienna. Legend and Reality* (London, 1966) が優れた社会史研究である。また、S. Musulin, *Vienna in the Age of Metternich* (London, 1975) も挙げておこう。検閲については前二者も扱っているが、より専門的には J. Marx, *Die österreichische Zensur im Vormärz* (Vienna, 1959) がある。ネストロイとグリルパルツァーの簡潔な伝記は W. E. Yates, *Nestroy* (Cambridge, 1972), W. E. Yates, *Grillparzer* (Cambridge, 1972) がある。

第4章　リベラリズムとナショナリズム

〈リベラリズム〉

この時期の教会問題については、E. Hosp, *Kirche Österreichs im Vormärz, 1815-50* (Vienna, 1971) と、B. Gordon, 'The Challenge of Industrialisation. The Catholic Church and the Working Class in and around Vienna, 1815-48', *AHYB* 9-10 (1973-4), 123-43 がある。オーストリア・ドイツ人リベラリズムについては、英語での研究がほとんどない。そのなかでも、R. J. W. Evans, 'Josephinism, "Austrianness", and the Revolution of 1848', in Robertson and Timms, *Austrian Enlightenment* (2), 145-60 が、この時代の知的雰囲気をよく伝えている。ドイツ語では、E. Bruckmüller *et al.*, *Das Bürgertum in der Habsburgermonarchie* (Vienna, 1990) と、H. Stekl *et al.*, *Durch Arbeit, Besitz, Wissen und Gerechtigkeit* (Vienna, 1992) が、君主国全域のブルジョア社会の発展と心性に関する研究の新局面を切り開いている。読書協会《レーゼフェライン》についてのモノグラフでは、W. Brauneder, *Leseverein und Rechtskultur* (Vienna, 1992) が有益だ。これに先立つ時期の思想史では E. Winter, *Frühliberalismus in der Donaumonarchie* (Berlin, 1968) がある。

ドイツ人以外のリベラリズムについては、英語でも豊富な研究がある。たとえば、ハンガリーについてはG. Barany, *Stephen Széchenyi and the Awakening of Hungarian Nationalism, 1791-1841* (Princeton, 1968)、B. Király, *Ferenc Deák* (Boston, 1975)、A. C. Janos, *The Politics of Backwardness in Hungary, 1825-1945* (Princeton, 1982)。ロンバルディアについて、K. R. Greenfield, *Economics and Liberalism in the Risorgimento; A Study of Nationalism in Lombardy, 1815-48* (revised edn, Baltimore, 1965)、チェコ人についてはB. K. Reinfeld, *Karel Havlíček (1821-56): A National Liberation Leader of the Czech Renascence* (New York, 1982)、クロアチアについてはE. Murray Despalatović, *Ljudevit Gaj and the Illyrian Movement* (Boulder, 1975)がある。しかし、いくつかの重要な主題についてはドイツ語の研究を参照する必要がある。たとえば、ハンガリーの封建制議会の転換についてはL. Révész, *Die Anfänge des ungarischen Parlamentarismus* (Munich, 1968)、愛国主義的知識人の出現についてはM. Csáky, *Von der Aufklärung zum Liberalismus. Studien zum Frühliberalismus in Ungarn* (Vienna, 1981)がある。また、英語では統計を重視したJ. Mazsu, *The Social History of the Hungarian Intelligentsia, 1815-1914* (Boulder, 1997)が有益だ。

〈ナショナリズム〉

ナショナリズムの近代性を論じる古典的な思想研究はE. Kedourie, *Nationalism* (4th edn, Oxford, 1993)〔小林正之、栄田卓弘、奥村大作訳『ナショナリズム』第2版、学文社、2003年〕、社会学的研究ではE. Gellner, *Nations and Nationalism* (Oxford, 1983)〔加藤節監訳『民族とナショナリズム』岩波書店、2000年〕がある。社会的動員に注目したM. Hroch, *Social Preconditions of National Revival in Europe* (tr. Cambridge, 1985)は、反響を呼んだ。東ヨーロッパにおける「歴史的権利」を中心に論じたものとしてはI. Lederer and P. Sugar (eds.), *Nationalism in Eastern Europe* (Seattle, London, 1969)〔P. F. シュガー、I. J. レデラー編、東欧史研究会訳『東欧のナショナリズム：歴史と現在』刀水書房、1981年〕が、章ごとに各国民を扱っている。同種のものとしては、前掲（**全般**）*Austrian History Yearbook*の第3巻がある。

チェコ人の国民的動員に関する研究は、前掲Reinfeldと並んでP. Brock and G. Skilling (eds.), *The Czech Renascence in the Nineteenth Century* (Toronto, 1970)によって発展した。文化・イデオロギーについては、V. Začek, *Palacký: The Historian as Scholar and Nationalist* (The Hague, 1970)、M. Součková, *The Czech Romantics* (The Hague, 1958)、R. Wellek, *Essays on Czech Literature* (The Hague, 1963)、また、J. Kořálka, *Tschechen im Habsburgerreich und in Europa 1815-1914* (Vienna, 1991)が必須だ。Kořálkaが展開している議論のうちいくつかは、H. A. Agnew, 'Noble *Natio* and the Modern Nation:

the Czech case', *AHYB* 23 (1992), 50-71 にも登場している。パラツキーの思想については同著者の *Gedenkblätter. Auswahl von Denkschriften, Aufsätzen und Briefen aus den letzten fünfzig Jahren* (Prague, 1874) がある。

コシュートの伝記は、英語やドイツ語では十分に研究がなされていない。ハンガリーのロマン主義ナショナリズムについては、国民詩人ペテーフィを通して概観するのがよいだろう。B. Köpeczi (ed.), *Rebel or Revolutionary? Sándor Petőfi* (Budapest, 1973) 、伝記としては Gy. Illyés, *Petőfi* (tr. Budapest, 1973) がある。また、L. Deme, 'Writers and Essayists and the Rise of Magyar Nationalism in the 1820's and 1830's', *Slavic Review* 43 (1984), 624-40 も参考になる。ロマン主義に起源をもつ小規模国民のナショナリズムの諸相については、H. Kohn, *Panslavism* (New York, 1953) 、D. Wilson, *The Life and Times of Vuk Stefanović Karadžić, 1787-1864* (Oxford, 1970) 、P. Brock, *The Slovak National Awakening* (Toronto, 1976) 、また、トランシルヴァニアのルーマニア人に関して前掲（**第2章**）K. Hitchins 、同著者の *Orthodoxy and Nationality. Andreiu Şaguna and the Rumanians of Transylvania, 1846-73* (Cambridge, Mass., 1977) がある。イリリア運動については、ガイについての前掲 Despalatović のほか、W. Vucinich, in S. Winter and J. Held (eds.), *Intellectual and Social Developments in the Habsburg Empire* (Boulder, 1975), 55-113 がある。これほど明快な議論を展開していない（むしろわかりにくい）が興味深い研究として W. Kessler, *Politik, Kultur und Gesellschaft in Kroatien und Slawonien in der ersten Hälfte des 19. Jahrhunderts* (Munich, 1981) も挙げておく。クロアチア人指導者については J. Šidak, 'Der Illyrismus - Ideen und Probleme' in L. Holotík (ed.), *Ľudovít Štúr und die slawische Wechselseitigkeit'* (Bratislava, 1969), 61-89。

第5章　1848−49年

研究の手がかりとしては、古い研究ではあるが、P. Robertson, *Revolutions of 1848. A Social History* (Princeton, 1952) が生き生きとした記述で、F. Fejtö (ed.), *The Opening of an Era-1848* (London, 1948) が分析の鋭さでいまだ有効である。本文中でも言及したシュプリンガーの著作は、Anton Springer, *Geschichte Oesterreichs seit dem Wiener Frieden 1809*, 2 vols (Leipzig, 1863-5) 。革命の主要な中心地については、英語でそれぞれ基本書としてのモノグラフがある。J. R. Rath, *The Viennese Revolution of 1848* (Austin, 1957) 、I. Deák, *The Lawful Revolution: Louis Kossuth and the Hungarian Revolution of 1848* (Chapel Hill, North Carolina, 1969) 、P. Ginsborg, *Daniele Manin and the Venetian revolution of 1848-49* (Cambridge, 1979) 。また、J. V. Polišenský, *Aristocrats and the Crowd in the Revolutionary Year 1848* (New York,

1980) は、生き生きとした挿話が盛り込まれ、チェコ人に注目して叙述されているが、若干散漫な感がある。北イタリアについては、A. Sked, *The Survival of the Habsburg Empire. Radetzky, the Imperial Army, and the Class War, 1848*(London, 1979) がある。L. Deme, *The Hungarian Radical Left in the Hungarian Revolution of 1848* (Boulder, 1976)、セーチェーニについてはG. Spira, *A Hungarian Count in the Revolution of 1848* (Budapest, 1974)、シンポジウムの記録である 'National Interests and Cosmopolitan Goals in the Hungarian Revolution of 1848-9', *AHYB* 12-13 (1976-7), 3-89 も参照に値する。クロアチアでの革命については、前掲（**第3章**）Despalatović, *Gaj* があるほか、クロアチア語でしか出版されていないが J. Šidak, *Studije iz hrvatske povijesti za revolucije 1848-1849* (Zagreb, 1979) が決定版である。

革命期の選挙に関しては P. Burian, *Die Nationalitäten in Cisleithanien und das Wahlrecht der Märzrevolution 1848/49* (Graz, 1962)、R. Rosdolsky, *Die Bauernabgeordneten im konstituierenden österreichischen Reichstag 1848-1849* (Vienna, 1976)、A. Czizmadia, *A magyar választási rendszer 1848-ben* (Budapest, 1963) が明らかにしている。社会問題については W. Häusler, *Von der Massenarmut zur Arbeiterbewegung. Demokratische und soziale Frage in der Wiener Revolution von 1848* (Vienna, 1979) が必携だ。また、ハンガリーの農民解放については J. Varga, *A jobbágyfelszabadítás kivívása 1848-ben* (Budapest, 1971) が重厚な分析を展開している。国民体問題の中央ヨーロッパにおける文脈については、Droz, *L'Europe centrale. Evolution historique de l'idée de 'Mitteleuropa'* (Paris, 1960) が欠くことができない。君主国の連邦化諸計画については R. A. Kann, *The Multi-National Empire* (New York, 1950) が古典的な研究だ。ドイツ問題に関する最新の研究成果としては W. Siemann, *The German Revolution of 1848-49* (tr. London, 1998) がある。シュヴァルツェンベルクについては Adolph Schwarzenberg, *Prince Felix zu Schwarzenberg, Prime Minister of Austria 1848-52* (New York, 1946)、ボヘミア・ドイツ人の巻き返しについては E. K. Sieber, *Ludwig von Löhner. Ein Vorkämpfer des Deutschtums in Böhmen, Mähren und Schlesien im Jahre 1848-1849* (Munich, 1965) がある。エンゲルスのジャーナリストとしての執筆記事は、カール・マルクスとの共著として1896年にグラスゴーで出版された。*Revolution and Counter-Revolution, Germany in 1848*, 1896〔武田隆夫訳『革命と反革命』岩波文庫、1955年、野沢協訳『革命と反革命』白水社（文庫クセジュ）、1969年など〕。エンゲルスについては R. Rosdolsky, *Engels and the 'non-historic' peoples: the national question in the revolution of 1848* (tr. Glasgow, 1986) も見よ。

第6章　波乱の移行期、1849−67年

フランツ＝ヨーゼフ治世初期についての概説としては、J. Redlich, *Emperor Francis Joseph of Austria* (tr. New York, 1929) がまだ最良のものである。シュヴァルツェンベルクのドイツ政策はK. Rock and H. Rumpler in *AHYB* 11 (1975), 85-105、R. Austensen, 'Felix Schwarzenberg: Realpolitiker or Machiavellian? The Evidence of the Dresden Conference', *MÖSA*, 30 (1977), 97-118が分析している。クリミア戦争については、P. W. Schroeder, 'Bruck versus Buol: The Dispute over Austrian Eastern Policy, 1853-55', *JMH* 40 (1968), 193-217が簡潔で、同著者の詳細な *Austria, Great Britain and the Crimean War* (Ithaca, 1972) よりもよいだろう。C. W. Halberg, *Francis Joseph and Napoleon III, 1852-64* (New York, 1955) も明快な議論を展開している。.

新絶対主義の国内的な側面は、英語では研究が少ないが、例外的に経済史では以下の書籍がある。J. Komlos, *The Habsburg Monarchy as a Customs Union* (Princeton, 1983)、T. Huerta, *Economic Growth and Economic Policy in a Multi-National Setting. The Habsburg Monarchy, 1841-65* (New York, 1977)、前掲（**第3章**）Good, *Economic Development*。重要な研究として、比較史のH.-H. Brandt, *Der österreichische Neoabsolutismus. Staatsfinanzen und Politik 1848-60*, 2 vols (Göttingen, 1978)、H. Lentze, *Die Universitätsreform des Ministers Graf Leo Thun-Hohenstein* (Vienna, 1962)、K. Frommelt, *Die Sprachenfrage im österreichischen Unterrichtswesen, 1848-59* (Graz, 1963) がある。軍事史を扱ったものとしては、A. Schmidt-Brentano, *Die Armee in Österreich. Militär, Staat und Gesellschaft 1848-67* (Boppard am Rhein, 1975) があるが、より専門的なものとして前掲（**全般**）*Die Habsburgermonarchie* の第5巻 *Die Bewaffnete Macht* (1987) も挙げておこう。バッハの伝記はまだ現れていないが、W. Heindl, 'Bachs neue Verwaltung im österreichischen Neo-Absolutismus', *Österreichische Osthefte*, 22 (1980), 231-63が有益だ。ボヘミアについては、O. Urban, *Česká společnost 1848-1918* (Prague, 1982) のドイツ語版があるが、今日の水準としてはものたりない。C. Stölzl, *Die Ära Bach in Böhmen* (Munich, 1971) もバッハについて論じているが英語では出版されていない。S. Kimball, *Czech Nationalism: A Study of the Czech National Theatre Movement, 1845-83* (London, 1964) も部分的にだがこの時期のボヘミアを知る手がかりを与えてくれる。クロアチアについては、クロアチア語の原書の明快な抄訳であるM. Gross, *Die Anfänge des modernen Kroatien* (Vienna, 1993) が、1848-80年の時期を扱っている。ハンガリーの社会経済史には、良質のモノグラフがある。J. Held, *The Modernisation of Agriculture. Rural Transformation in Hungary 1848-1975* (Boulder, 1980)、V. Sándor, *Die Hauptmerkmale der industriellen Entwicklung in Ungarn zur Zeit des Absolutismus, 1849-67* (Budapest, 1960)。

1860年代に関しては、L. Eisenmann, *Le compromis autriche-hongrois de 1867*, 2 vols (Paris, 1904)や、J. Redlich, *Das österreichische Staats-und Reichsproblem*, 2 vols (Leipzig, 1920-26)が、現在でもその結論を参照するに値する古典である。英語ではこれらに匹敵するような研究がないため、フランツ＝ヨーゼフに関する前掲Redlichや、デアークについての前掲（**第3章**）Király、シャグナについての前掲（**第4章**）Hitchins、あるいは、P. Bödy, *Joseph Eötvös and the Modernisation of Hungary, 1840-70* (Philadelphia, 1972)といった、概説や伝記を参照する必要がある。G. Szabad, *Hungarian Political Trends between Revolution and Compromise* (Budapest, 1977)、S. Pech, 'Passive resistance of the Czechs, 1863-79', *SEER* 36 (1957-8), 434-52も参照のこと。1860年代のハンガリー・セルビア人については、Haselsteiner, *Die Serben Ungarns und der österreichisch-ungarische Ausgleich* (Vienna, 1976)が簡潔で便利だ。射程の広いドイツ問題については、E. Kraehe, 'Austria and the Problem of Reform in the German confederation, 1851-63', *AHR* 56 (1950-51), 276-94が簡潔な背景説明を提供している。また、最近のオーストリアでの研究としては、H. Rumpler, *Österreich 1804-1918. Eine Chance für Mitteleuropa* (Vienna, 1997)、若干滑稽な修正史観を提起しているR. Bridge, 'Österreich-(Ungarn) unter den Grossmächten', Vol. 6, *Die Habsburgermonarchie*, Teilband I (Vienna, 1993), 196-373がある。W. Carr, *The Origins of the Wars of German Unification* (London, 1991)とD. Blackbourn, *The Fontana History of Modern Germany, 1780-1918* (London, 1997), ch. 5も簡潔な通史である。

第7章　リベラリズム

英語では、リベラル文化と政治についての古典的作品C. Schorske, *Fin-de-siècle Vienna* (London, 1980)〔安井琢磨訳『世紀末ウィーン：政治と文化』岩波書店、1983年〕がある。A. J. May, *The Habsburg Monarchy, 1867-1914* (Cambridge, Mass., 1950)は、今も有益な入門書だ。この主題についてのドイツ語の文献としては、古いものではG. Franz, *Liberalismus. Die deutschliberale Bewegung in der habsburgischen Monarchie* (Munich, 1955)と、反強権主義に重点を置いたK. Eder, *Der Liberalismus in Alt-Österreich* (Vienna, 1955)がある。ブルジョアジーについての最近の研究では、前掲（**4章**）Bruckmüller(ed.)がある。前掲（**第4章**）Stekl (ed.)は、非優勢集団の国民エリートの登場を社会・文化的な観点から分析している。イデオロギーの諸相は、まだ伝記や回想を基に描かれている。たとえば、本章の注に明記したEduard Suess、Karl Auersperg、Adolf Beer、Theodor Gomperzの回想、また、A. Arneth, *Aus meinem Leben*, 2 vols (Vienna, 1891-

2)、C. Felder, *Erinnerungen eines Wiener Bürgermeisters* (Vienna, 1964)、M. Wolf, *Ignaz von Plener* (Munich, 1975)、E. von Plener, *Erinnerungen*, 3 vols (Stuttgart, 1911-21) もある。オーストリア・ドイツ人リベラル派に関する諸相は、クーンのリベラル改革についてS. W. Lackey, *The Rebirth of the Habsburg Army. Friedrich Beck and the Rise of the General Staff* (Westport, London, 1995)、そのほか、K. Paupié, *Handbuch der österreichischen Pressegeschichte, 1848-1959* (Vienna, 1960)、D. Harrington-Müller, *Der Fortschrittsklub im Abgeordetenhaus des österreichischen Reichsrates 1873-1914* (Vienna, 1972)、注目すべき研究としてW. Wadl, *Liberalismus und soziale Frage in Österreich. Deutschliberale Reaktionen und Einfluss auf die frühe österreichische Arbeiterbewegung, 1867-79* (Vienna, 1987) を挙げておこう。K. H. Rossbacher, *Literatur und Liberalismus. Zur Kultur der Ringstrassenzeit in Wien* (Vienna, 1992) は、文学テキストの刺激的な解釈を行っている。

ここでも、英語ではドイツ語話者以外についての研究が豊富である。二重制が創りだした立憲体制の分析は、G. Barany, 'Ungarns Verwaltung, 1848-1918', in *Die Habsburgermonarchie* (Vienna, 1975), vol. 2, 304-468、また、L. Péter, 'The Dualist Character of the 1867 Hungarian Settlement', in G. Ránki (ed.), *Hungarian History-World History* (Budapest, 1984), 85-164、P. Bödy, *Joseph Eötvös and the Modernisation of Hungary, 1840-70* (Philadelphia, 1972)、前掲(**第3章**)Király, *Deák*、前掲(**第4章**)Janos, *Politics of Backwardness* がある。A. Vámbéry, *The Story of my Struggles*, 2 vols (London, 1904) も魅力的だ。チェコ人については、詳細なB. Garver, *The Young Czech Party 1874-1901* (New Haven, 1975) のほか、社会的背景も扱う伝記としてはZ. Šolle, *Vojta Náprstek i jeho doba* (Prague, 1994) があるが西欧語では出版されていない。チェコ語が読めるようなら、M. Znoj (ed.), *Český liberalizmus. Texty a osobnosti* (Prague, 1995) が簡潔な研究として有益であり、スロヴェニア語が読めるならI. Prijatelj, *Slovenska kulturnopolitična in slovstvena zgodovina 1848-1895*, 6 vols (Ljubljana, 1955-85, first published 1938-40) を基本書として挙げることができるだろう。ガリツィアのポーランド人については研究が乏しいが、ポーランド語の史料集としてS. Kieniewicz (ed.), *Galicja v dobie autonomicznej (1850-1914). Wybór tekstów* (Wrocław, 1952) が有益だ。

外交政策については、F. R. Bridge, *From Sadowa to Sarajevo. The Foreign Policy of Austria-Hungary, 1866-1914* (London, 1972) と、アンドラーシについてのI. Diószegi, *Hungarians in the Ballhausplatz* (Budapest, 1983) が金字塔だ。Bridge, *The Habsburg Monarchy among the Great Powers 1815-1918* (New York, 1990) も参照のこと。オーストリアでの外交史研究の代表作としてはF. Engel-Janosi, *Geschichte auf dem Ballhausplatz. Essays zur österreichischen Aussenpolitik 1830-1945* (Graz, 1963) がある。「東方問題」については多くのモノグラフが英語でも出版されている。一例として1875-78年のオー

ストリア・ロシア関係を扱った G. Rupp, *A Wavering Friendship* (Cambridge, Mass., 1941) を挙げておこう。

第 8 章　経済、1867－1914 年

このテーマについても英語で豊富な研究蓄積があるが、もっとも広範な情報を記載しているのは、前掲（**全般**）*Die Habsburgermonarchie* の第 1 巻 *Die wirtschaftliche Entwicklung* (1973) である。第 3 章で挙げた文献のほか、前掲 Good, *Economic Development* の section 3、H. Matis (ed.), *The Economic Development of Austria since 1870* (Aldershot, 1994)、R. L. Rudolph, *Banking and Industrialisation in Austria-Hungary: the Role of Banks in the Industrialisation of the Czech Crownlands* (Cambridge 1976)、I. Berend and G. Ránki, *Hungary: A Century of Economic Development* (New York, 1974)、さらに、示唆的な T. Hočevar, *The Structure of the Slovene Economy, 1848-1953* (New York, 1965) を挙げておこう。ドイツ語の文献では、A. Hoffmann (ed.), *Österreich-Ungarn als Agrarstaat* (Vienna, 1978) があり、英語では同種の研究はない。

経済と政治の相互関係を扱ったものとしては、I. Berend and G. Ránki, 'Economic factors in nationalism: the example of Hungary at the beginning of the 20th century', *AHYB*, 3 (1967), part 3, 163-86、B. Michel, *Banques et banquier en Autriche au début du 20e siècle* (Paris, 1976) がある。この時代のクロアチア経済史の代表的な研究、たとえば I. Karaman, *Industrijalizacija gradjanske Hrvatske (1800-1941)* (Zagreb, 1991) は、まだ翻訳されていない。内容豊富な社会経済史研究 G. Drage, *Austria-Hungary* (London, 1909) は、には、クロアチアとガリツィアに関する記述もある。Sidney Pollard の代表作 *European Economic Integration, 1815-1970* (London, 1974)〔鈴木良隆、春見涛子訳『ヨーロッパの選択 : 経済統合への途 1815 ～ 1970 年』有斐閣、1990 年〕も参照のこと。Gerschenkron の理論は *Economic Backwardness in Historical Perspective* (Cambridge, Mass., 1962)〔絵所秀紀 [ほか] 訳『後発工業国の経済史 : キャッチアップ型工業化論』ミネルヴァ書房、2005 年に一部所収〕。

第 9 章　社会と社会運動

フランツ゠ヨーゼフの伝記では、最近の英語によるものとしては J.-P. Bled, *Franz Joseph* (tr. Oxford, 1992)、S. Beller, *Francis Joseph* (London, 1996)〔坂井榮八郎監訳、川瀬美保訳『フランツ・ヨーゼフとハプスブルク帝国』刀水書房、2001 年〕が良質だ。ルドルフ皇太子については、B.

Hamann, *Kronprinz Rudolf* (Vienna, 1978) が最良だが、英語ではL. Cassels, *Clash of Generations: A Habsburg Family Drama in the Nineteenth Century* (Newton Abbot, 1974) が参考になる。オーストリア大貴族層については、Hannes Stekl, 'Österreichs Hocharistokratie vom 18. bis ins 20 Jahrhundert' in H.-U. Wehler (ed.), *Europäischer Adel 1750-1950* (Göttingen, 1990), 145-65、個別研究としてH. Stekl and M. Wakounig, *Windisch-Graetz. Ein Fürstenhaus im 19 und 20. Jahrhundert* (Vienna, 1992) がある。軍隊については、G. E. Rothenberg, *The Army of Francis Joseph* (West Lafayette, 1976) と、I. Deák, *Beyond Nationalism. The Social and Political History of the Habsburg Officer Corps, 1848-1918* (New York, 1990) が士官以外の主題についても有益だ。教会については、*Die Habsburgermonarchie* の第4巻 *Die Konfessionen* (Vienna, 1983) が組織に注目してまとめている。W. D. Bowman, 'Religious Associations and the Formation of Political Catholicism in Vienna, 1848 to the 1870s', *AHYB* 27 (1996), 65-76も有益だ。教会と保守思想の関係は、J. C. Allmayer-Beck, *Der Konservalismus in Österreich* (Munich, 1959) が分析している。

民衆の生活環境に注目しているものとしては、前掲（**第1章**）Bruckmüller, *Sozialgeschichte*、前掲（**第1章**）Sandgruber, *Konsumgesellschaft*、前掲（**第8章**）Drage, *Austria-Hungary*、興味深いモノグラフとしてはW. Hubbard, *Auf dem Weg zur Grossstadt. Eine Sozialgeschichte der Stadt Graz 1850-1914* (Vienna, 1984) がある。ボヘミアの農業労働者については、Kadedová, 'Die Lohnwirtschaft auf dem Grossgrundbesitz in Böhmen in der zweiten Hälfte des 19. Jahrhunderts', *Historica* 14 (1967), 123-74、ガリツィアについては前掲（**第3章**）Kieniewicz, *Emancipation*、前掲（**第3章**）Himka, *Galician Villagers*、S. Hryniuk, *Peasants with Promise: Ukrainians in Southeastern Galicia, 1880-1900* (Edmonton, 1991) がある。農民動員に関しては、1918年までのドイツ語圏オーストリアについてE. Bruckmüller, *Land-wirtschaftliche Organisationen und gesellschaftliche Modernisierung* (Salzburg, 1977)、ボヘミアについてP. Heumos, *Agrarische Interessen und nationale Politik in Böhmen, 1848-89* (Wiesbaden, 1979)、ガリツィアについてK. Stauter-Halsted, 'Peasant Patriotic Celebrations in Austrian Poland', *AHYB* 25 (1994), 73-95を参照のこと。

プチ・ブルジョアジーに関しては、G. Crossick and H.-G. Haupt, *The Petite Bourgeoisie in Europe 1780-1914* (London, New York, 1995) が画期的な論集である。このテーマについて、オーストリアを対象としたものでは、G. Crossick and H.-G. Haupt (eds.), *Shopkeepers and Master Artisans in Nineteenth-Century Europe* (London, 1984) 所収のJosef Ehmer, 'The artisan family in nineteenth-century Austria', 195-218がある。1880年代保守政治については、W. Jenks, *Austria under the Iron Ring*, 1879-93 (Charlottesville, 1965)、M. Grandner, 'Conservative Social Politics in Austria, 1880-90', *AHYB* 27 (1996),

77-101 が扱っている。キリスト教社会主義運動の台頭に関しては、オーストリア政治の地方の基盤を扱った J. W. Boyer, *Political Radicalism in Late Imperial Vienna. The Origins of the Christian Social Movement, 1848-1897* (Chicago, London, 1981) が古典的な研究である。社会主義に関する英語での研究は、V. J. Knapp, *Austrian Social Democracy, 1889-1914* (Washington DC, 1988) と、J. G. Polack, 'The beginnings of trade unionism among the Slavs of the Austrian Empire', *American Slavic and East European Review*, 14 (1955), 239-59 がある。ドイツ語の文献では、政治闘争については K. R. Stadler (ed.), *Sozialistenprozesse. Politische Justiz in Österreich 1870-1936* (Vienna, 1986) 、組織化については W. Maderthaner (ed.), *Sozialdemokratie und Habsburgerstaat* (Vienna, 1988) がもっとも有益だろう。ポーランド語では代表的な歴史家 Józef Buszko の *Dzieje ruchu robotniczego w Galicji zachodniej 1848-1918* (Cracow, 1986) を挙げておこう。

ウィーンの世紀末《フアン・ド・シエクル》文化については、膨大な英語文献がある。なかでも推薦に値するのは、前掲 Schorske, *Fin-de-siècle Vienna*〔『世紀末ウィーン：政治と文化』〕、A. Janik and S. Toulmin, *Wittgenstein's Vienna* (London, 1973)〔藤村龍雄訳『ウィトゲンシュタインのウィーン』平凡社、2001 年〕、S. Beller, *Vienna and the Jews 1867-1938* (CUP, 1989)〔桑名映子訳『世紀末ウィーンのユダヤ人：1867-1938』刀水書房、2007 年〕だろう。リベラル派の分裂に関する優れた個別研究としては、W. McGrath, *Dionysian Art and Populist Politics in Austria* (New Haven, 1974) が、主要な思想潮流については W. Johnston, *The Austrian Mind. An Intellectual and Social History, 1848-1958* (University of California, 1972)〔井上修一［ほか］訳『ウィーン精神：ハープスブルク帝国の思想と社会：1848-1938』1・2、みすず書房, 1986 年〕がある。政治的転換を扱ったものとしては、L. Höbelt, *Kornblume und Kaiseradler. Die deutschfreiheitlichen Parteien Altösterreichs 1882-1918* (Vienna, 1993) が優れている。また、P. Judson, ' "Whether Race or Conviciton Should Be the Standard." National Identity and Liberal Politics in Nineteenth-Century Austria', *AHYB* 22 (1991), 76-95 、同著者の ' "Not Another Square Foot!" German Liberalism and the Rights of National Ownership in Nineteenth-Century Austria', *AHYB* 26 (1995), 83-98 も示唆的だ。シスライタニアのユダヤ人については、前掲 Beller のほか、R. S. Wistrich, *The Jews of Vienna in the Age of Franz Joseph* (Oxford, 1989) 、H. J. Kieval, *The Making of Czech Jewry* (New York, Oxford, 1988) 、R. S. Wistrich (ed.), *Austrians and Jews in the Twentieth Century* (New York, 1990) 所収の Kieval の論文、P. Wróbel, 'The Jews of Galicia, 1869-1918', *AHYB*, 25 (1994), 97-138 がある。ユダヤ人についての全般的な概観としては W. McCagg, *A History of Habsburg Jews, 1670-1918* (Bloomington, 1989) がある。

第10章　ナショナリズム

一般的な参考文献は第4章で挙げた。ハプスブルク地域のナショナリズムを総合した研究はまだ存在していないが、東欧型ナショナリズムの理論枠組みを提示したものとしてJ. Chlebowczyk, *On Small and Young Nations in Europe* (Wrocław, 1980) と、M. Hrochのワーキングペーパー *The Social Interpretation of Linguistic Demands in European National Movements* (Florence, 1994) を挙げておく。本章で示した観点は主に近年の研究成果を介して得たものである。言語の発展については、R. Lenček, *The Structure and History of the Slovene Language* (Columbia, Ohio, 1982)、D. Verges, *Die Standardisierung der slowakischen Literatursprache vom 18. bis 20. Jahrhundert* (Frankfurt, 1984)、Z. Vince, *Putovima hrvatskoga književnog jezika* (Zagreb, 1978)、R. Hausenblas and J. Kuchař, *Čeština za školou* (Prague, 1979)。国民間の緊張関係についての尖鋭な個別研究としてはG. Cohen, *The Politics of Ethnic Survival. Germans in Prague, 1861-1914* (Princeton, 1981)、M. Glettler, *Die Wiener Tschechen um 1900* (Munich, 1972)、B. Schmid-Egger, *Klerus und Politik in Böhmen um 1900* (Munich, 1974) がある。ヨーロッパ学術基金（European Science Foundation）の全8巻のプロジェクト *Comparative Studies on Governments and Non-Dominant Ethnic Groups in Europe, 1850-1940* (New York, 1991-3) のなかでは、J. Tomiak (ed.), *Schooling, Educational Policy and Ethnic Identity* (1991)、D. A Kerr (ed.), *Religion, State and Ethnic Groups* (1992)、S. Vilfan (ed.), *Ethnic Groups and Language Rights* (1993)、G. Alderman (ed.), *Governments, Ethnic Groups and Political Representation* (1993)、A. Fikret (ed.), *The Formation of National Elites* (1992)、M. Engman (ed.), *Ethnic Identity in Urban Europe* (1992) を挙げておく。国民問題に関する歴史叙述の場としては、二国間シンポジウムも挙げておこう。K. Obermann and J. Polišenský (eds.), *Aus 500 Jahren deutsch-tschechoslowakischer Geschichte* (Berlin, 1958)、W. Leitsch and S. Trawkowski (eds.), *Polen im alten Österreich* (Vienna, 1993)。

歴史叙述の諸潮流についてはR. Plaschka, *Von Palacký bis Pekař* (Graz, 1955)。19世紀のステレオタイプについての問い直しにもっとも精力的に取り組んでいるのはチェコの歴史家である。チェコ人の英雄的自己イメージを見事に分析したJ. Rak, *Bývali Čechové* (Prague, 1994)、チェコ人・ドイツ人関係についてのJ. Křen, *Konfliktní společenství* (Toronto, 1989) は抵抗史観を乗り越えることを試みている。これらと対照的なものとしてV. Krestić, *History of the Serbs in Croatia and Slavonia 1848-1918* (tr. Belgrade, 1997) を挙げておこう。マサリクについては多量の文献があり、そのほとんどすべてが英語に翻訳されている。優れた伝記としてはP. Selver, *Masaryk* (London, 1940)、より抑制的な観点からはR. Szporluk, *The Political Thought*

of Thomas G. Masaryk (New York, 1981)、論集としてはR. B. Pynsent (ed.), *T.G. Masaryk*, 3 vols (London, 1989) を挙げておく。

オーストリアにおける言語の公的取り扱いについては、より実証的な研究としてK. Hugelmann, *Das Nationalitätenrecht des alten Österreich* (Vienna, 1930)、分析的な研究としてG. Stourzh, 'Die Gleichberechtigung der Volkstämme als Verfassungsprinzip 1848-1918', in *Die Habsburgermonarchie* (Vienna, 1980), vol. 3, 975-1206、住民調査の分類項目についてはE. Brix, *Die Umgangssprachen in Altösterreich* (Vienna, 1982) がある。社会主義と国民問題についてはH. Mommsen, *Die Sozialdemokratie und die Nationalitätenfrage im habsburgischen Vielvölkerstaat* (Vienna, 1963) が古典的な研究だが、英語ではA. Kogan, 'The Social Democrats and the Conflict of Nationalities in the Habsburg Monarchy', *JMH*, 21 (1949), 204-17が有益だ。1897年のバデーニ危機については、B. Sutter, *Die Badenischen Sprachenverordnungen*, 2 vols (Graz, 1960)、ドイツ人の急進ナショナリズムについてはA. G. Whiteside: *The Socialism of Fools. Georg Ritter von Schönerer and Austrian Pan-Germanism* (Berkeley, 1975) と、同著者の *Austrian National Socialism before 1918* (The Hague, 1962) がある。

第11章　ハンガリー

二重制期ハンガリーの全般的な傾向分析は、良質なものが複数ある。前掲（**全般**）Pamlényi and Sugar (eds.)、前掲（**第4章**）Janos, *Politics of Backwardness*、A. Gerő, *Modern Hungarian Society in the Making* (Budapest, London, 1995)。当該期の専門家の研究は、英語では以下のようなものがある。Péter Hanák, 'Economics, Politics and Sociopolitical Thought in Hungary during the Age of Capitalism', *AHYB*, 11 (1975), 113-35、*AHYB* symposium, volume 3, part 1、*The Garden and the Workshop: Essays on the Cultural History of Vienna and Budapest* (Princeton, 1998)。Hanákの著作はドイツ語で出版されているものもある。*Ungarn in der Donaumonarchie* (Budapest, 1984)。また、L. Péter, 'The Aristocracy, the Gentry and their Political Tradition in Nineteenth-Century Hungary', *SEER*, 70 (1992), 77-110も有益だ。J. Lukacs, *Budapest, 1900* (London, 1989)〔早稲田みか訳『ブダペストの世紀末：都市と文化の歴史的肖像』白水社、1991年〕は、この時代の優れたポートレートになっている。政治的言説の分析は、ハンガリー語を用いるほかない。*Magyarország története* (Budapest, 1987 and 1988) の1848-1890年、および1890-1918年を扱った巻が有益だが、社会経済史のテーマに重心がおかれている。伝記では、G. Vermes, *István Tisza* (New York, 1983), M. Károlyi, *Memoirs of Michael Károlyi* (London, 1956)、G.A.

Geyr, *Sándor Wekerle* (Munich, 1993: in German) が一読の価値がある。カールマーン・ティサについては、T. Gotta, *Ungarn im Zeitalter des Hochliberalismus. Studien zum Tisza- Ära* (Vienna, 1976)。ユダヤ人と反ユダヤ主義については、W. McCagg, *Jewish Nobles and Geniuses in Modern Hungary* (Boulder, 1972) 、R. Fischer, *Entwicklungsstufen des Antisemitismus in Ungarn, 1867-1939* (Munich, 1988) 、政治的カトリシズムについては、J. Gergely, *A politikai katolicizmus Magyarországon* (1890-1950) (Budapest, 1977) を見よ。

政治経済史についてはすでに列挙してきた。特記すべきものとしては、前掲（**第6章**）Held, *Modernisation of Agriculture* 、前掲（**第8章**）Berend and Ránki, *Century of Economic Development* を挙げておこう。G. Illyés, *People of the Puszta* (1936; tr. London, 1967) [加藤二郎訳『プスタの民』法政大学出版局、1974年] は、農場下僕の生活を感動的に描いている。労働運動については、R. Tökés, *Béla Kun and the Hungarian Soviet Republic* (New York, 1967) の第1章、E. Kabos and A. Zsilák, *Studies on the History of the Hungarian Trade Union Movement* (Budapest, 1977) が英語圏の読者には有益だろう。また、ハンガリー語では I. Schlett, *A szociáldemokrácia és a magyar társadalom 1914-ig* (Budapest, 1982) が簡潔で便利だ。

マジャール人の非マジャール人政策については、まず、スロヴァキア人に重点を置いた R.W. Seton-Watson, *Racial Problems in Hungary* (London, 1908, reprint, 1972) と、同著者の *The Southern Slav Question and the Habsburg Monarchy* (London, 1911, reprint 1969) を挙げるべきだろう。後者は、英語で二重制期クロアチアの政治を扱ったものとしては最良の研究である。関連した文献として P. Alden (ed.), *Hungary of To-day, by members of the Hungarian Government etc* (London, 1909) も挙げておこう。非マジャール人政策については、アメリカに移民したスロヴァキア人に対する政府の対応について M. Glettler, *Pittsburg-Wien-Budapest* (Vienna, 1980) 、また、P. Hanák (ed.), *Die nationale Frage in der Österreichisch- Ungarischen Monarchie 1900-1918* (Budapest, 1966) もハンガリーを主に扱っており、有益だ。1905-06年危機については、英語では P. Sugar, 'An Underrated Event: The Hungarian Constitutional Crisis of 1905-06', *East European Quarterly*, 15 (1981), 281-306 があるが、この問題を十全に論じたものとしては I. Dolmányos, *A koalíció az 1905-6 évi kormányzati válság idéjén* (Budapest, 1976) を挙げておく。

第12章　20世紀初頭のオーストリア゠ハンガリー

ウィーンとプラハの日常生活に関しては、W. Koči, *Das Leben des kleinen Mannes im Spiegel der Annoncen der Neuen Freien Presse des Jahres 1909* (Vienna D.

Phil., 1983)、P. Vošahlíková, *Jak se žilo za času Františka Josefa I* (Prague, 1996) がある。教育の諸相については H. Engelbrecht, *Geschichte des österreichischen Bildungswesens*, Vol. 4 (Vienna, 1986) が 1848-1918 年の時期を扱っている。官僚制については K. Megner, *Beamte* (Vienna, 1986)、フェミニズムについては H. Anderson, *Utopian Feminism. Women's Movements in Fin-de-Siècle Vienna* (New Haven, 1992) と、D. F. Good *et al.* (eds.), *Austrian Women in the Nineteenth and Twentieth Centuries* (Providence, RI, 1996)（ドイツ語版もあり）、K. David, 'Czech Feminists and Nationalism in the late Habsburg Monarchy', *Journal of Women's History* 3 (1991), 25-45 がある。フェミニズムの概観は E. Saurer, 'Women's History in Austria', *AHYB*, 27 (1996), 261-87 を見よ。E. Timms, *Karl Kraus* (New Haven, 1986) も参照に値する。

オーストリア政治に関しては、A. Gerschenkron, *An Economic Spurt that Failed* (Princeton, 1977)、W. Jenks, *The Austrian Electoral Reform of 1907* (New York, 1950)、重要なものとして J. W. Boyer, *Culture and Political Crisis in Vienna. Christian Socialism in Power, 1897-1918* (Chicago, London, 1995) が基本的な事項を網羅している。これらに加えて、ドイツ語文献では前掲（**第 9 章**）Höbelt, *Kornblume*, J. C. Allmayer-Beck, *Ministerpräsident Baron Beck* (Vienna, 1956) も補完的に有益だ。Boyer の 'The End of the Old Regime: Visions of Political Reform in Late Imperial Austria', *JMH*, 58 (1986), 159-93、'Religion and Political Development in Central Europe around 1900: The View from Vienna', *AHYB*, 25 (1994), 13-57、また、G. Stourzh, 'The Multinational Empire Revisited: Reflections on Late Imperial Austria', *AHYB* 23 (1992), 1-22 も見よ。チェコの政治については P. Vyšný, *Neo-Slavism and the Czechs. 1898-1914* (Cambridge, 1977)、S. Konirsch, 'Constitutional Struggles between Czechs and Germans in the Habsburg Monarchy' *JMH*, 27 (1995), 231-61 がある。より専門的には、ドイツ語文献を当たるべきだ。J. Krěn, 'Nationale Selbstbehauptung im Vielvölkerstaat', in J. Krěn (ed.), *Integration oder Abgrenzung 1890-1945* (Bremen, 1986)、前掲（**第 4 章**）Kořálka, *Tschechen im Habsburgerreich*。フランツ＝フェルディナントに関しては、ドイツ語で多くの文献がある。Robert A. Kann, *Erzherzog Franz Ferdinand Studien* (Vienna, 1976) が代表的な研究だが、同著者の 'Count Ottokar Czernin and Archduke Francis Ferdinand', *JCEA* 16 (1956-7), 117-45 も示唆的だ。J. M. Baernreither, *Fragments of a Political Diary*, ed., J. Redlich (tr. London, 1930)、A. Spitzmüller, *Memoirs of Alexander Spitzmüller*, tr. C. de Bussy (Boulder, 1987) は、オーストリア官僚の心性を明らかにしている。Redlich 自身の政治日誌はドイツ語だけで出版されている。R. Löw, *Der Zerfall der 'Kleinen Internationale': Nationalitätenkonflikte in der Arbeiterbewegung des alten Österreichs* (1889-1914) (Vienna, 1984) は、1907 年以降に関して前掲（**第 10 章**）Mommsen, *Sozialdemokratie und Nationalitätenfrage* を補完するものである。

オーストリア・ハンガリー関係については、E. Somogyi (ed.), *Die Protokolle des gemeinsamen Ministerrates der österreichisch -ungarischen Monarchie 1896-1907* (Budapest, 1991) の序章に詳しい。

ハンガリーについては、第11章の参考文献を見ること。それ以外には、F. Pölöskei, *Kormányzati politika és parlamenti ellenzék 1910-14* (Budapest, 1970)、視点開拓的な Z. Horvath, *Die Jahrhundertwende in Ungarn: Geschichte der 2. Reformgeneration, 1896-1914* (Neuwied, 1966) を挙げておく。ハンガリーの諸状況に関するヤーシの批評は、前掲（**全般**）Jászi, *Dissolution of the Habsburg Monarchy*、また、ヤーシについては L. Congdon, 'History and Politics in Hungary: the rehabilitation of Oscar Jászi', *East European Quarterly*, 9 (1975), 315-29 がある。ボスニアについては、知識層に関して S. M. Dzaja, *Bosnien-Herzegowinien in der österreichisch-ungarischen Epoche* (Munich, 1994)、学生テロに関して V. Dedijer, *The Road to Sarajevo* (London, 1967) がある。スロヴェニアについては、C. Rogel, *The Slovenes and Yugoslavia, 1890-1914* (New York, 1977) がある。二重制期クロアチアに関する代表的な歴史家、Mirjana Gross の著作はドイツ語で読むことができる。たとえば、'Erzherzog Franz Ferdinand und die kroatische Frage', *Österreichische Osthefte* 8 (1966), 277-99。Gross の研究は英語では少ないが、'Croatian National-Integrational Ideologies from the End of Illyrism to the Creation of Yugoslavia', *AHYB*, 15-16 (1979-80), 3-33 がある。G. Schödl, *Kroatische Politik und 'Jugoslavenstvo'* (Munich, 1990) はダルマチアの「新路線」に関して重宝する。

第13章　世界大戦へ、そして崩壊

〈外交政策〉

まずは、ヨーロッパの文脈について A. J. P. Taylor, *The Struggle for Mastery in Europe, 1848-1914* (London, 1954)、君主国に関する基本書として前掲（**第7章**）Bridge, *From Sadowa to Sarajevo* を挙げておく。オーストリア＝ハンガリー政治と列強の君主国への態度についての専門的な研究は、*Die Habsburgermonarchie 1848-1918* の第6巻第1部と第2部を見よ。エーレンタール外相時代については、F. R. Bridge, *Great Britain and Austria-Hungary, 1906-14* (London, 1972)、B. Molden, *Alois Graf Aehrenthal. Sechs Jahre äusserer Politik Österreichs* (Stuttgart, 1917) の特に結論が有益だ。クリミア戦争に関する前掲（**第6章**）Schroeder の最終章も参照に値する。前掲（**全般**）Sked, *Decline and Fall* も挙げておく。S. R. Williamson, *Austria-Hungary and the Origins of the First World War* (London, 1991) は簡潔でよい。重要な主題を扱ったものとしては、S. Wank, 'Foreign Policy and the Nationality Problem in Austria-Hungary 1867-1914', *AHYB*, 3, Part 3 (1967), 37-56 がある。

〈世界大戦〉

もっとも網羅的な研究としては、A. J. May, *The Passing of the Habsburg Monarchy 1914-18*, 2 vols (Philadelphia, 1966)、J. Galántai, *Hungary in the First World War* (Budapest, 1989)、R. A. Kann *et al.* (eds.), *The Habsburg Empire in World War I* (Boulder, 1977) をまず挙げるべきだろう。軍事的な展開を追ったものとしてはH. Herwig, *The First World War. Germany and the Central Powers* (London, 1997) が優れている。また、銃後の社会を扱ったものとしてH. L. Rees, *The Czechs during World War I* (Boulder, 1992)、R. J. Wegs, *Die österreichische Kriegswirtschaft 1914-18* (Vienna, 1979)、G. Gratz and R. Schüller, *Der wirtschaftliche Zusammenbruch Österreich-Ungarns* (Vienna, New Haven, 1930)、M. Grandner, *Kooperative Gewerkschaftspolitik in der Kriegswirtschaft* (Vienna, 1992)、1918年の国内不安に対する軍事行動については、R. G. Plaschka *et al.*, *Innere Front*, 2 vols (Munich, 1974) がある。皇帝カールについては、G. Brook-Shepherd, *The Last Habsburg* (London, 1958) がある。

対外関係については、元オーストリア＝ハンガリー外相が書いたS. Burián, *Austria in Dissolution* (London, 1923)、そのほか、G. Gratz and R. Schüller, *The Economic Policy of Austria-Hungary During the War in its External Relations* (New Haven, 1928)、R. A. Kann, *Die Sixtus-Affäre* (Munich, 1966) がある。君主国に対するイギリスの対応についてはいくつか研究がある。たとえば、K. J. Calder, *Britain and the Origins of the New Europe 1914-18* (Cambridge, 1976)、H. and C. Seton-Watson, *The Making of a New Europe. R. W. Seton-Watson and the Last Years of Austria-Hungary* (London, 1981) は、政策決定過程をもっともよく描いている。重厚なT. Glant, *Through the Prism of the Habsburg Monarchy. Hungary in American Diplomacy and Public Opinion in the First World War* (New York, 1998) は、アメリカの視点についてW. Mamateyの研究を乗り越えるものだろう。Z. Zeman, *The Break-up of the Habsburg Monarchy, 1914-18* (Oxford, 1961) は、スラヴ人亡命者に関する優れた研究である。この主題については、イタリアとハンガリーに関するL. Valiani, *The End of Austria-Hungary* (London, 1973) も参照のこと。簡潔だが豊富な視点を盛り込んだものとして、M. Cornwall (ed.), *The Last Years of Austria-Hungary* (Exeter, 1990) とシンポジウムの記録*AHYB* 3 (1967), part 3を挙げておこう。

当然のことながら、歴史家の想像力をいっそうかきたてるのは、モノグラフや統計よりも、文学や旅行記である。英語で読むことができるものとしては、Jan Neruda、Arthur Schnitzlerの短編、Mór Jókaiの小説、Ferenc Molnárの戯曲とJaroslav Hašek, *The Good Soldier Svejk* (1920-3)〔栗栖継訳『兵士シュヴェイクの冒険』岩波文庫、1974年〕が、君主国を辛辣に描き出している。Joseph Roth, *Radetzky March* (1932)〔平田達治訳『ラ

デツキー行進曲』鳥影社、2007年〕も挽歌調だ。ハプスブルク諸邦の訪問者が書き残したものも、同様の愉しみを与えてくれる。Sir Nathaniel Wraxallの旅行記、旅する音楽家Dr Charles Burney、1770年代のJohn Paget、1830年代のPeter Evan Turnbullの旅行記、歴史文化的な記述が繊細なClaudio Magris, *Danube* (1986)などがある。